קובץ הקיץ

מסכת ראש השנה דף כז. – כט.

יכיל בתוכו:

גמרא ראש השנה כז. - כט.
רא"ש רי"ף מהרש"א וילקוט מפרשים ר"ה כז. - כט.
חידושי הרשב"א ברכות יג.
חידושי הרשב"א ראש השנה כז. - כט.
חידושי הריטב"א ראש השנה כז. - כט.
תוספות הרא"ש ראש השנה כז. - כט.
בית הבחירה ראש השנה כז. - כט.
חידושי הר"ן ראש השנה כז. - כט.
תוספות רבינו פרץ ראש השנה כז. - כט.
פירוש הרמב"ם ראש השנה כז. - כט.
שמות בארץ - יום תרועה ראש השנה כז. - כט.
פני יהושע ראש השנה כז. - כט.
טורי אבן ראש השנה כז. - כט.

חידושי ר' עקיבא איגר ראש השנה כז. - כט.
ערוך לנר ראש השנה כז. - כט.
שפת אמת ראש השנה כז. - כט.
חידושי ר' שלמה
קהלות יעקב ר"ה סימן כב
רמב"ם הל' שופר
טור ארח חיים סי' תקפ"ו - תקפ"ט
שלחן ערוך סימן תקפ"ו - תקפ"ט
משנה ברורה סימן תקפ"ו - תקפ"ט
שלחן ערוך ארח חיים סימן ס'
ערוך השלחן סימן ס'
משנה ברורה סימן ס'
גמרא פסחים קיד: - קטו:

מחנה תאומי מתיבתא

אב תשפ"ג

עין משפט
נר מצוה

כ א מיי' פ"א מהלכות שופר הלכה ז טוש"ע א"ח סי' תקפו סעיף יג:
כא ב מיי' שם טוש"ע שם סעיף יד:
כב ג ד מיי' שם הלכה ו טוש"ע שם סעיף טו:
כג ה מיי' שם טוש"ע שם סעיף כ:
כד ו מיי' שם טוש"ע שם סעיף יב:
כה ז מיי' שם טוש"ע שם סעיף יא:
כו ח ט מיי' שם הלכה ה טוש"ע שם סעיף ז:
כז י מיי' שם טוש"ע שם סעיף ח:
כח כ ל מיי' שם טוש"ע שם סעיף ט:
כט מ מיי' שם הלכה ז טוש"ע שם סעיף ו:
ל נ מיי' שם הלכה ה טוש"ע שם סעיף טו:
לא ס מיי' שם הלכה ח טוש"ע א"ח סי' תקפז סעיף א:

תורה אור השלם

א) וְהַעֲבַרְתָּ שׁוֹפַר תְּרוּעָה בַּחֹדֶשׁ הַשְּׁבִעִי בֶּעָשׂוֹר לַחֹדֶשׁ בְּיוֹם הַכִּפֻּרִים תַּעֲבִירוּ שׁוֹפָר בְּכָל אַרְצְכֶם: [ויקרא כה, ט]

רבינו חננאל

בראש השנה תוקעין בשל זכרים וקיי"ל כוותיה: **[מתני'] שופר שנסדק ודבקו פסול כו'.** ת"ר ארוך וקצרו כשר. גרדו והעמידו על גלדו כשר. ציפהו זהב מבפנים פסול. מבחוץ אם נשתנה קולו מכמות שהיה פסול ואם לאו כשר נתן שופר בתוך שופר ותקע בו אם קול פנימי שמע יצא. ואם קול חיצון שמע לא יצא: **ת"ר גרדו בין מבפנים בין מבחוץ** וכן אם גרדו והעמידו על גלדו כשר **הפכו** כגון שהרחיב את הקצר והוא ראש הקרן או קצר הרחב והוא מקום הדבוק לראש של בהמה ותקע בו לא יצא כדרב מתנה דא' והעברת שופר תרועה בעינן דרך העברתו בשעה שתוקע ומריע. **דיבק שברי שופרות פסול.** הוסיף עליו כל שהוא בין במינו בין שלא במינו פסול ר' נתן אומר במינו כשר שלא במינו פסול. מדחזינן ר' יוחנן דמתרץ אליבא דר' נתן ש"מ הלכתא כותיה והוא שנשתייר רובו של שופר שלם והני מילי שסתמו בקרן שהוא מינו אבל שלא במינו אפילו נשתייר רובו שלם פסול. אע"ג דלישנא בתרא לאו הכי הוא א) אתברירא לן הי מינייהו לישנא בתרא הלכך עבדינן לחומרא: **נסדק לאורכו פסול.** לרחבו אם נשתייר בו שלם למעלה או למטה מהסדק שיעור תקיעה והוא טפח שוחק כשר. דאמרינן כאילו מקום הסדק חתוך הוא והנותר הוא השופר. ואם נשתייר פחות מזה השיעור פסול: **וכמה שיעור תקיעה.** פי' רשב"ג כדי שיאחזנו בידו לכאן ולכאן. שיערו חכמים טפח שוחק. כדגרסינן בנדה פרק ג' תני אושעיא זעירא דמן חבריא ה' שיעורן טפח ואלו הן שיליא ושופר ושדרו של לולב ואזוב ודופן סוכה: **היה קולו עבה** או דק או צרור כשר שכל הקולות כשרין בשופר: **שלחו ליה [לאבוה] דשמואל קדח בזכרותו.** כלומר נקבו במקדח בזכרותו שבתוך הקרן כשר. מהו דתימא מין במינו חוצץ קמ"ל ב) דאין במינו חוצץ: **התוקע לתוך הבור** או לתוך הפיטום אם קול שופר שמע יצא ואם קול הברה שמע לא יצא. ואוקמה רב הונא באותן בני אדם העומדין על שפת הבור. אבל העומדים בבור יצאו. תני נמי הכי כו': **אמר רבה שמע מקצת תקיעה בבור** ומקצת תקיעה על שפת הבור יצא הואיל ובור מקום תקיעה הוא לאותן העומדים בבור. אבל מקצת תקיעה קודם שעלה עמוד השחר ומקצת אחר שעלה עמוד השחר כיון שהלילה לאו זמן חיובא הוא לחד לא

ניקב וסתמו אם מעכב את התקיעה פסול ואם לאו כשר. אם נפרשה דאיירי לאחר הסתימה לפי שלא הוסלקה סתימת הנקב אין הרוח יוצא בפשיטות ומעכב את הקול קשיא כיון דכל הקולות כשרין בשופר כדאמרינן בגמרא מה לי מעכב מה לי אינו מעכב ונראה דאיירי קודם סתימה דקודם שנסתם היה הנקב מעכב את הקול שהיה הקול משתנה מחמת הנקב וכשסתמו חזר לכמות שהיה ובירושלמי[ה] גרס בהדיא אם היה מעכב קודם שסתמו פסול כשסתמו וטעמא דפסול כיון דסתימה זו מסייעה לקול משום דשופר אחד אמר רחמנא שלא יסייע דבר אחר לקול כמו לפהו זהב דאם נשתנה קולו פסול אבל אם לא היה מעכב את התקיעה שלא נשתנה קולו מתחילה מחמת הנקב הרי הוא כאילו לא ניקב ואין לחוש במה שסתמו והיכא דלא סתמו קאמר בהדיא בירושלמי דכשר משום דכל הקולות כשרין בשופר והשתא רבי נתן דקאמר בגמרא במינו כשר שלא במינו פסול ע"כ אהיה מעכב את התקיעה קאי דאפ"ה כשר במינו דהא ר' יוחנן קאמר עלה בגמרא והוא שנשתייר רובו והוא שנפחת רובו ואי אפשר לנקב גדול כל כך שלא יעכב את התקיעה ומתני' כרבנן א"כ כר' נתן ובשלא במינו ללישנא קמא דרבי יוחנן ומיהו לאידך לישנא דרבי יוחנן דקאמר שלא במינו פסול והוא שנפחת רובו משמע אבל במינו אף על פי שנפחת רובו כשר קשיא מתני' כמאן דע"כ הא דאמרי רבנן בין במינו בין שלא במינו פסול יעמיד כמו כן רבי יוחנן כשנפחת רובו דמאי שנא לרבי נתן מלרבנן כמו שדומה לו לרבי נתן סברת דלא נפחת רובו כשר אפילו שלא במינו למה לא יאמר כמו כן לרבנן דכולה ברייתא בנפחת רובו מיתוקמא ואע"פ שלא נפחת אלא מיעוטו אי אפשר שלא יעכב הנקב את התקיעה אם לא נסתם ואפילו הכי כשר ולכך נראה ודאי לפרש מ"מ דאם מעכב את התקיעה לאחר שסתמו קאמר ובירושלמי קתני במילתיה דרבנן בין במינו בין שלא במינו אם מעכב התקיעה פסול ואם לאו כשר וכן בתוספתא (פ"ב) ואפילו הכי קאמרי בירושלמי דמתני' ר' נתן ומסקנא דשמעתא °והלכה למעשה נראה דשופר שניקב וסתמו במינו וחזר לקולו לכמות שהיה מתחילתו קודם שנקב לית דין ולית דיין דכשר אפילו היה מעכב התקיעה קודם שנסתם דפי' זה עיקר דאם מעכב את התקיעה לאחר שנסתם קאמר ולא סתמו כלל כשר אפילו מעכב הנקב את התקיעה כדקאמרינן בירושלמי דכל הקולות כשרין בשופר:

ארוך וקצרו כשר. איצטריך לאשמועינן דלא תימא דפסול משום דכתיב והעברת:

צפהו זהב במקום הנחת הפה. היה נראה לפרש לעובי השופר במקום שמניח פיו קרי מקום הנחת הפה ושלא במקום הנחת פה היינו מבחוץ אבל א"כ היינו לפהו זהב מבחוץ ואם נפרש דשלא במקום הנחת הפה היינו ראשו האחד[י] לגד הרחב הא אמרינן בסמוך

צפהו מבפנים פסול. לפי שאין קול שופר אלא קול זהב וכן מבחוץ כיון דנשתנה קולו: **אם** קול חיצון שמע לא יצא. שהקול יוצא באויר שבין חילון לפנימי והיינו ב' או ג' שופרות: **נסדק** לארכו פסול. לא תני הכא אם נשתייר בו שיעור תקיעה כשר כדקתני גבי נסדק לרחבו משום דלארכו לא מיפסל אא"כ נסדק על פני ארכו מראשו ועד סופו: **[כ] ושמע** קול שופר או קול מגילה אם כוון לבו יצא. הא דאמרינן בפ' כל גגות (עירובין דף צב: ושם) ליבור בקטנה ושליח ליבור בגדולה אין יוצאין ידי חובתן שאני התם דליכא עשרה עם שליח ליבור והא דאמרינן בשילהי כילד צולין (פסחים פה: ושם) מן האגף ולחוץ כלחוץ ואמר רב וכן לתפלה ורבי יהושע בן לוי אמר אפילו מחילה של ברזל אינה מפסקת בין ישראל לאביהם שבשמים קשה במאי קא מיירי אי לענין לרוף כגון לבור ושליח לבור או ט' ויחיד אם כן הויא סוגיא דכל גגות דלא כרבי יהושע בן לוי וכוותיה קיימא לן דהא הני נשי קיימי לחודייהו כדמוכח[ל] בסוטה בפ' ואלו נאמרין (דף לח: ושם) דמייתי מינה ראייה לברכת כהנים דאין מחילה מפסקת ואי לענין לנאת איירי אם כן קשיא מתניתין לרב ויש לומר דאיירי לענין לענות עם הלבור קדושה ויהא שמיה רבא משום דאמרינן (ברכות דף כא:) כל דבר שבקדושה לא יהא פחות מי' אבל בתקיעה ומגילה מודו[מ]:

מתני' ניקב וסתמו אם מעכב את התקיעה פסול ואם לאו כשר א) התוקע לתוך הבור או לתוך הדות או לתוך הפיטס[ב] אם קול שופר שמע יצא ואם קול הברה שמע לא יצא וכן[ג] ב) מי שהיה עובר אחורי בית הכנסת או שהיה ביתו סמוך לבית הכנסת ושמע קול שופר או קול מגילה אם כוון לבו יצא ואם לאו לא יצא אע"פ שזה שמע וזה שמע זה כוון לבו וזה לא כוון לבו: **גמ'** תנו רבנן א ארוך וקצרו כשר ב גרדו והעמידו על גלדו כשר ג ציפהו זהב במקום הנחת פה פסול שלא במקום הנחת פה כשר ד ציפהו זהב מבפנים פסול מבחוץ אם נשתנה קולו מכמות שהיה פסול ואם לאו כשר ניקב וסתמו אם מעכב את התקיעה פסול ואם לאו כשר ה נתן שופר בתוך שופר אם קול פנימי שמע יצא ואם קול חיצון שמע לא יצא ת"ר גרדו בין מבפנים בין מבחוץ כשר גרדו והעמידו על גלדו כשר הניח שופר בתוך שופר אם קול פנימי שמע יצא ואם קול חיצון שמע לא יצא ו הפכו ותקע בו לא יצא אמר רב פפא לא תימא דהפכיה כבתונא אלא שהרחיב את הקצר וקיצר את הרחב מ"ט כדרב מתנה דאמר ג) רב מתנה א) והעברת דרך העברתו בעינן: דיבק שברי שופרות פסול: ת"ר ז הוסיף עליו כל שהוא בין במינו בין שלא במינו פסול ניקב וסתמו בין במינו בין שלא במינו פסול ר' נתן אומר ח במינו כשר שלא במינו פסול אמר רבי יוחנן ט והוא שנשתייר רובו מכלל דשלא במינו אע"פ שנשתייר רובו פסול איכא דמתני לה אסיפא שלא במינו פסול א"ר יוחנן והוא שנפחת רובו מכלל דבמינו אע"פ שנפחת רובו כשר ציפהו זהב מבפנים פסול מבחוץ אם נשתנה קולו מכמות שהיה פסול ואם לאו כשר י נסדק לאורכו פסול כ לרוחבו אם נשתייר בו שיעור תקיעה כשר ואם לאו פסול ד) ל וכמה שיעור תקיעה פירש רשב"ג כדי שיאחזנו בידו ויראה לכאן ולכאן[ג] מ היה קולו דק או עבה או צרור[ד] כשר שכל הקולות כשירין [בשופר] שלחו ליה לאבוה דשמואל קדחו ותקע בו יצא פשיטא כולהו נמי מיקדח קדחו להו אמר רב אשי נ שקדחו בזכרותו מהו דתימא מין במינו חוצץ קמ"ל: התוקע לתוך הבור או לתוך הדות כו': אמר רב הונא[ה] ס לא שנו אלא לאותן העומדים על שפת הבור אבל אותן העומדין בבור יצאו תניא נמי הכי התוקע לתוך הבור או לתוך הדות יצא והתנן לא יצא אלא לאו שמע מינה כדרב הונא ש"מ ° איכא דרמי להו מירמא תנן התוקע לתוך הבור או לתוך הדות לא יצא והתניא יצא אמר רב הונא לא קשיא כאן לאותן העומדין על שפת הבור כאן לאותן העומדין בבור אמר רבה[ו] שמע

גמ' העמידו על גלדו. גלד דק: **מבפנים פסול.** שהתקיעה בזהב: **אם קול חיצון שמע לא יצא.** דאיכא מחילות[ז] הפנימי מפסקת התקיעה: **כבתונא.** כהפיכת חלוק לעשות פנימי חיצון: **שקיצר את הרחב.** ברותחין: **והעברת דרך העברתו.** כלדרך שהאיל מעבירו בראשו בבהמה מחיים: **דיבק שברי שופרות כו': במינו כשר.** אם אינו מעכב את התקיעה: **נסדק.** כולו וכן נסדק לרחבו כל רחבו להקיפו: **אם נשתייר בו.** מן מקום הסדק עד מקום הנחת פה שיעור תקיעה כשר חשיב[ח] ליה כמאן דאשתקיל כוליה והוה ליה ארוך וקצרו: **צרור.** לשון יבש רו"יש בלע"ז: **קדחו.** נקבו וקס"ד נקב הנחת פה קאמר: **שקדחו בזכרותו.** כשהוא מחובר בבהמה עצם בולט מן הראש ונכנס לתוכו ומוציאין אותו מתוכו וזה לא הוציאו אלא נקב את הזכרות: **אותן העומדין בבור יצאו.** שהן[ט] קול השופר לעולם שמעו: **איכא דרמי להו מירמא.** יש תלמידים שאין שונין להא דרב הונא בענין לא שנו לפרושי מתניתין אלא רמו מירמא מתניתין ובריתא אהדדי ועלה קאי רב הונא ומשני: שמע

בשופר

מסורת הש"ס
עם הוספות

א) [לקמן דף כח.], ב) [לקמן כח: כט.], ג) [לקמן לד.], ד) [נדה כו. ע"ש], ה) ה"ו.

גליון הש"ס

גמ' **איכא דרמי להו.** כעין זה סוכה דף טז ע"א. ודף לב ע"ב. ב"ב דף יט ע"א. ודף כו ע"א: תוס' ד"ה ניקב כו'. והלכה למעשה. תמוה לי למה דוקא במינו הא בירושלמי מוקי למתני' אף כר"נ וא"כ איירי מתני' באינו מינו ואפ"ה אם אינו מעכב כשר ובזה לא פליגי רבנן אלא דס"ל דבמעכב אף במינו פסול אבל מה דכשר לר"נ באינו מינו ה"ג לרבנן:

ליקוטי רש"י

שיהו הכלים נפנין וא"ח כלי עליו בגדיו ומתכת מטבילן והם טהורים ועל מה חסה תורה על כלי חרס ופכו שאין להן טהרה אלא שבירה וכל כך חסה תורה על ממונן של ישראל ק"ו על ממונן של לדיקים [חולין מט:]. **התוקע לתוך הבור וכו' הדות.** בור בחפירה דות בבנין בתוך הקרקע אישקדיי"א [עירובין קב: ורשב"ם ב"ב סא.]. שניהן עמוקין בקרקע ויש בהן מים מכונסין. בחפירה. בקרקע קשה שמחזיק מים בלא בנין. בבנין. חופרין בור בעפר תיחוח ובונין לו כותל אבנים ומקרי דות [שם סד.]. בור בחפירה בלא בנין כתלים ודות בבנין [ערכין יט.]. **אם קול שופר שמע.** בלא קול הברה יצא. **אם קול הברה שמע.** עם קול השופר לא יצא [לקמן כח.]. **פיטס.** פטסין. חביות גדולות [ביצה טו:]. חבית גדולה פונטי"ן בלע"ז [לעיל ע"א]. **שיאחזנו בידו.** אחיזה אית בה טפח שהטפח ארבע אצבעות בגודל [נדה כו.]. **(צרור) [צרוד].** צריך לשון יבש ודוגמתו בר"ה (כז:) היה קולו דק או עב או צרוד [חולין לו. וכעי"ז פסחים כ.].

הגהות וציונים

א] [מלשון בעלי פטסין בביצה טו ע"ב] (גליון): ב] [התוי"ט לא גרס מלת וכן] (גליון): ג] [נדה כו ע"א ע"ש דסיים **לכאן ולכאן טפח** וכצ"ל ע"פ סוגיא דהתם] (גליון): ד] [גי' הערוך **צרוד** וכ"א ברש"י חולין לו ע"א ד"ה צריד כו' ע"ש] (גליון): ה] גי' הרא"ש **רב יהודה** (גליון): ו] [גי' הרא"ש **רבא**] (גליון): ז] ברש"י שברי"ף דאיכא **חציצת פנימי**, וזהו סוף הדיבור: ח] צ"ל **דחשיב** (בארות המים): ט] ברש"י שברי"ף **שהם שומעין** קול השופר לעולם: י] צ"ל **האחר**, וכן העתיק ב"י (דבש תמר), וכן בתוס' הרא"ש היינו **בעובי** ראשו **האחר**: כ] שייך לעיל במשנה (דבש תמר): ל] [צ"ל **וכדמוכח** ולא קאי אדלעיל שמוכח שם כ"כ בספר פני יהושע ע"ש] (גליון): מ] צ"ל **מודה** עי' באה"מ, וקאי ארב:

חשק שלמה על ר"ח א) נראה דצ"ל מ"מ כיון דלא אתברירא וכו' ועי' בר"ן. ב) קמ"ל דמינו אינו חוצץ.

[א] שמע מקצת תקיעה בבור ומקצת תקיעה על שפת הבור יצא [ב] מקצת תקיעה קודם שיעלה עמוד השחר ומקצת תקיעה לאחר שיעלה עמוד השחר לא יצא אמר ליה אביי מאי שנא התם דבעינא כולה תקיעה בחיובא וליכא הכא נמי בעינא כולה תקיעה בחיובא וליכא הכי השתא התם לילה לאו זמן חיובא הוא כלל הכא בור מקום חיובא הוא לאותן העומדין בבור למימרא דסבר רבה [ו] שמע סוף תקיעה בלא תחילת תקיעה יצא וממילא תחילת תקיעה בלא סוף תקיעה יצא ת"ש [ב] [ג] תקע בראשונה ומשך בשניה כשתים אין בידו אלא אחת ואמאי תסלק לה בתרתי פסוקי תקיעתא מהדדי לא פסקינן ת"ש [ג] התוקע לתוך הבור או לתוך הדות או לתוך הפיטם אם קול שופר שמע יצא ואם קול הברה שמע לא יצא ואמאי ליפוק בתחילת תקיעה מקמי דליערבב קלא [ד] כי קאמר רבה בתוקע ועולה לנפשיה אי הכי מאי למימרא מהו דתימא זמנין דמפיק רישיה ואכתי שופר בבור וקא מיערבב קלא קמ"ל. אמר רב יהודה בשופר של עולה לא יתקע ואם תקע יצא [ד] [ז] בשופר של שלמים לא יתקע ואם תקע לא יצא מ"ט עולה בת מעילה היא כיון [ה] דמעל בה נפקא לה לחולין שלמים דלאו בני מעילה נינהו איסורא הוא דרכיב בהו [ולא נפקי לחולין] מתקיף לה רבא אימת מעל לבתר דתקע כי קא תקע באיסורא תקע אלא אמר רבא אחד זה ואחד זה לא יצא הדר אמר [ה] אחד זה ואחד זה יצא [א] [ו] [ו] מצות לאו ליהנות ניתנו אמר רב יהודה [ז] [ז] בשופר של ע"ז לא יתקע ואם תקע יצא [ח] בשופר של עיר הנדחת לא יתקע ואם תקע לא יצא מ"ט עיר הנדחת כתותי מיכתת שיעוריה אמר רבא [ט] המודר הנאה מחבירו [ב] מותר לתקוע לו תקיעה של מצוה [י] המודר הנאה משופר מותר לתקוע בו [ג] תקיעה של מצוה ואמר רבא המודר הנאה מחבירו [ג] מזה עליו מי חטאת בימות הגשמים אבל לא בימות החמה [כ] המודר הנאה ממעין טובל בו טבילה של מצוה בימות הגשמים אבל לא בימות החמה שלחו ליה לאבוה דשמואל [ל] כפאו ואכל מצה יצא כפאו מאן אילימא כפאו שד והתניא [ח] [מ] עתים חלים [ד] עתים שוטה כשהוא חלים הרי הוא כפקח לכל דבריו כשהוא שוטה הרי הוא כשוטה לכל דבריו אמר רב אשי שכפאוהו פרסיים אמר רבא [ה] זאת אומרת [ט] התוקע לשיר יצא פשיטא היינו הך מהו דתימא התם אכול מצה אמר רחמנא והא אכל

אבל

רש"י

שמע מקצת התקיעה בבור כו'. קא סלקא דעתך דהכי קאמר היה עומד הוא בשפת הבור וחבירו תוקע בבור ויצא לחוץ (א) בחצי התקיעה ואשמעינן הכא דבקצת נמי יוצא: קודם עמוד השחר. לאו זמניה הוא כדאמרינן במסכת מגילה (דף כ:) כל היום כשר לתקיעת שופר ויליף טעמא מיום תרועה יהיה לכם [י] יום ולא לילה: הכי גרסינן [ח] למימרא דסבר רבא דכי שמע אינש סוף תקיעה בלא תחילת תקיעה יצא וממילא כו': תקע בראשונה. פשוטה שלפני תרועת המלכיות: ומשך בשניה. בפשוטה של אחריה כשתים ונתכוין לצאת בה אף ידי פשוטה שלפני תרועת הזכרונות שעתיד עליו לתקוע תיכף לזו: אם קול שופר שמע. בלא קול הברה יצא: אם קול הברה שמע. עם קול השופר לא יצא: בתוקע ועולה לנפשיה. ואין אחר עמו לצאת בו אלא תוקע ועולה הוא דלדידיה תחילתה וסופה בהכשר דבתחילה הוא והשופר בבור ואמרן לעיל (דף כז:) אותן העומדים בבור יצאו: של עולה. ותלשו מחיים דאילו לאחר זריקה אין מעילה לא בעורה ולא בקרניה שהכל לכהנים כדאמרינן במנחות (דף פג.) ובזבחים (דף פו.) נאמר [כ] לו יהיה בעולה ונאמר [ל] לו יהיה באשם מה אשם עצמותיו מותרין אף עולה עצמותיה מותרין: שלמים לאו בני מעילה נינהו. דאין מעילה בקדשים קלים אלא באימורים ולאחר זריקה כשהורמו לחלק גבוה [מ]: לא ליהנות ניתנו. לישראל להיות קיומם להם הנאה אלא לעול על צואריהם ניתנו: בשופר של ע"ז. שנשתמשו בו לע"ז ונאסר בהנאה כדתניא במסכת ע"ז (דף נא:) אבד תאבדון את כל המקומות [נ] בכלים שנשתמשו בהן לע"ז הכתוב מדבר: ואם תקע יצא. דמצות לאו הנאה נינהו: כתותי מיכתת שיעוריה. דהא לשריפה קאי וכשרוף דמי ושופר בעי שיעור כדאמרינן לעיל (דף כז:) כדי שיאחזנו בידו ויראה לכאן ולכאן: מותר לתקוע לו. טעמא דכולהו משום דמצות לאו ליהנות ניתנו: חבירו מזה עליו בימות הגשמים. שאין כאן אלא הנאת קיום המצוה ומצות לא ניתנו ליהנות: אבל לא בימות החמה. דאיכא הנאת הגוף: [ז] שכפאוהו פרסיים. ואע"ג שלא נתכוון לצאת ידי חובת מצה בליל ראשון של פסח יצא: התוקע לשיר. לשורר ולזמר כך שמעתי מפי מורי הזקן ויסודו של מורי רבי יצחק בן יהודה ראיתי התוקע לשד להבריח רוח רעה מעליו: פשיטא. דזאת אומרת כן: מהו דתימא התם אכול מצה קאמר רחמנא והא אכל. ונהנה באכילתו הלכך לאו מתעסק הוא שהרי אף לענין חיוב חטאת אמרינן (כריתות דף יט:) המתעסק בחלבים ובעריות חייב שכן נהנה:

קא

תוספות

בשופר של עולה לא יתקע. כלומר במזיד ואם תקע כלומר בשוגג יצא דבשוגג מעל ונפיק לחולין אבל במזיד אין מעילה ולא נפיק לחולין וכשמחלק בין עולה לשלמים היה יכול לחלק בעולה גופה בין מזיד לשוגג אבל השתא מחלק בשוגג גופיה:

אמר רב יהודה בשופר של ע"ז לא יתקע ואם תקע יצא. תימה מאי שנא משלמים דלא יצא משום דמצות ליהנות ניתנו ורבינו חננאל גריס הכא רבא [ס] ותימה דבסוף כסוי הדם (חולין דף פט. ושם) תניא תקע לא יצא וכן קשיא אההיא מהא דאמר רבא בפרק מצות חליצה (יבמות דף קג: ושם) חלצה בסנדל שאינו שלו ובסנדל של ע"ז חליצתה כשרה ולא אמרינן מכתת שיעוריה ופרישית כולה בשלהי כסוי הדם ופ' לולב הגזול (סוכה דף לא: בד"ה באשרה):

המודר הנאה משופר מותר לתקוע בשופר של מצוה. בפרק ג' דנדרים (דף טו:) מחלק אביי בין הנאת סוכה עלי לאומר שלא אהנה מן הסוכה דיכול לאסור הסוכה עליו שאינה משועבדת לו אבל אין יכול לאסור עצמו על הסוכה שהוא משועבד לה ופריך עלה רבא וכי מצות ליהנות ניתנו אלא אמר רבא הא דאמר ישיבת סוכה עלי הא דאמר שבועה שלא אשב בסוכה ולדברי רבא היה משמע דכאן נמי אי אמר הנאת שופר עלי מותר לתקוע בשופר של מצוה דמצות לאו ליהנות ניתנו אבל אם אמר תקיעת שופר עלי אסור לתקוע בשופר של מצוה אפי' לרבא כמו דאמר גבי סוכה אם לא נחלק משום דגבי סוכה בלאו מצוה יש הנאה בישיבה אבל שופר אי לאו מצוה אין הנאה בתקיעה דאינו מכוון לשיר ועל סוגיא דהתם קשיא דמשמע דוקא כשאמר שבועה שלא אשב בסוכה הוא דאינו יכול לאסור עצמו על סוכה לפי שהוא משועבד לה אבל אם אמר ישיבת סוכה עלי בשבועה אסור כמו בקונם וא"כ מאי חומר בנדרים משבועות דקתני התם הא שניהם חלין בענין אחד ויש לומר דנדרים חלין בכל ענין דשייכי דהיינו האסרת חפץ כדאמרינן בריש מסכת נדרים (דף ג:) דנדרים וחרמים מידי דמיתסר חפצא עליה לאפוקי שבועה דקאסר נפשיה מן חפצא ולכן חלים הנדרים בכל ענין שיאמר חוץ מהיכא דהזכיר הנאה משום דמצות לאו ליהנות ניתנו ומה שמחלק שם בין אמר ישיבת סוכה עלי לשבועה שלא אשב לא בא אלא לומר שיש חילוק בין נדר לשבועה לפי שהנדר בכל ענין שיאמר מיתסר חפציו עליה ושבועה בכל ענין שיאמר קאסר נפשיה מן חפציו [ע]: **המודר** הנאה ממעיין. הא דאיצטריך לאשמועינן מודר הנאה מחבירו ומשופר וממעיין דס"ד אמינא דוקא במודר מחבירו הוא דשרינן לתקוע לו ולהזות משום דסתם מודר מחבירו אין דעתו על דבר מצוה כשאין מפרש בהדיא אבל אם פירש בהדיא ממעיין ומשופר אסור קמ"ל:

אמר רבא זאת אומרת התוקע לשיר יצא. דמצות אינן צריכות כוונה בפ' ערבי פסחים (פסחים דף קיד:) משמע דהוי פלוגתא גבי הביאו לפניו מטבל בחזרת דקתני בגמ' אכלו דמאי יצא אכלו בשלא מתכוין יצא ובאידך ברייתא תניא ר' יוסי אומר אע"פ שטבל בחזרת מצוה להביא לפניו (מצה [פ]) חזרת וחרוסת ודייק התם ע"כ לאו משום היכרא הוא מדקתני מצוה אלא משום דמצות צריכות כוונה והשתא מה שהולך רבא לדקדק מכאן ולא הביא מברייתא דהתם דקתני בהדיא דהוה אמינא היינו בירקות דרבנן אבל מצות דאורייתא בעי כוונה ומה שמקשה עליו מברייתות דלקמן ולא פריך מרבי יוסי דהתם דהוה מצי לדחויי דלעולם מצוה משום היכרא:

אבל

מסורת הש"ס עם הוספות

א) [לעיל כז.], ב) [לעיל כז:], ג) לעיל כז., ד) [עי' תוס' זבחים פו. ד"ה אחיה ותוספות בכורות כו. ד"ה השולם], ה) [פסחים דף כז:], ו) [עירובין לא.], ז) חולין דף פט., ח) [תוספתא דתרומות פרק א'], ט) [לקמן דף לג:], י) במדבר כט א, כ) ויקרא ז ח, ל) שם פסוק ז, מ) מעילה דף ז ע"ב, נ) דברים יב ב, ס) [ועי' תוספות חולין פט. ד"ה והתניא], ע) [ועי' תוס' נדרים טז: ד"ה הא דאמר.

הגהות הב"ח

(א) רש"י ד"ה שמע מקצת כו' תוקע בבור ויוצא לחוץ בחצי התקיעה:

הגהות וציונים

א] בכת"י נוסף מ"ט: ב] בדפו' וכת"י מותר לתקוע לו, ולגי' זו המודר עצמו אסור לתקוע בו, וכ"ה דעת הכל בו, ולגי' דידן מותר לתקוע בו, מותר גם המודר עצמו לתקוע בו, (ב"ח סי' תקפו ד"ה המודר). ועיין בברכי יוסף (שם אות ז) שמסיק שאין כאן מחלוקת הפוסקים: ג] בכת"י ובדפו' נוסף חבירו, וכ"ה ברש"י ובר"ח: ד] [פי' בריא כדכתיב ותחלימני ותחייני. ערוך ערך חלם ג (גליון)]: ה] [גי' הרא"ש רבה] (גליון): ו] נראה דכוונתו לאפוקי מגי' כת"י דליתא "סוף תקיעה בלא תחילת תקיעה יצא וממילא" (וכן גורס רבא, דק"ס): ז] בדפוס קראקא נוסף כאן דיבור חלים. בריא כדכתיב (ישעיה לח, טז) (ותחלימני ותחייני): ח] חיבת מצה יש לגרוסה, וכן היא גירסת התוס' שם בברייתא שם וכגי' ר"ש שם (באה"מ), וכ"ה בהרא"ש ובתוס' הרא"ש כאן:

ליקוטי רש"י

תקע בראשונה. בפשוטה שלפני התרועה [לעיל כז.]. פשוטה שלפני התרועה תקע כדרכה [לקמן לג:]. ומשך בשניה כשתים. לפי שהיה צריך לתקוע כאן שתי תקיעות, לפשוטה אחת לאחריה דמלכיות ואחת לפשוטה שלפניה זכרונות [לעיל שם]. תקיעה של אחר התרועה משך כשתים כדי לצאת בה ידי שתים שהיה צריך לעשות זו פשוטה לאחריה דמלכיות ופשוטה שלפניה דזכרונות. אין בידו אלא אחת. דפסוקי תקיעה אחת לשתים לא מפסקינן [לקמן שם]. התוקע לתוך הבור וכו' הדות. מדלא ניכהו אלא שהבור בחפירה והדות בבנין על הקרקע ליסטרנ"א בלע"ז [לעיל שם]. בור בחפירה דות בבנין בתוך הקרקע איסקדיינ"א [עירובין קב: ורשב"ם ב"ב סא.]. שאין עמוקין בקרקע ויש בהן מים מכונסין. בחפירה. בקרקע קשה שמחזיק מים בלא בנין. בבנין. חופרין בור בעפר תיחוח ובונין לו כותל אבנים ומקרי דות [שם סד.]. בור בחפירה בלא בנין כתלים ודות בבנין [ערכין יט.]. פיטם. פטסין. חביות גדולות [ביצה טו:]. חבית גדולה פונטי"ן בלע"ז [לעיל שם]. מצות לאו ליהנות ניתנו. הלכך משום הנאה לא איכפת לן [עירובין ל.]. יש לומר דכי אמרינן מצות לאו ליהנות ניתנו ה"מ לומר שאין קיום המצות חשוב הנאה אבל מ"מ אי מתהני גופיה בהדי דמקיים מצוה הנאה מקרי ומשום הכי אמרינן בפ' [illegible] הנאה מן המעיין טובל בו בימות הגשמים אבל לא בימות החמה [ר"ן נדרים טו:]. כתותי מיכתת שיעוריה. דכיון דלשריפה קאי כתותי מיכתת שיעוריה [סוכה לג:]. שיעורא בעינן. בשופר כדי שיאחזנו בידו ויראה לכאן ולכאן [illegible] השנה (לעיל כז:) לולב מפרש במסכת סוכה (לב:) שיעור הדס וערבה שלשה טפחים ולולב ארבעה ועבודת כוכבים כיון דלשרפה קיימא כל העומד לישרף כשרוף דמי הלכך [חולין פט:]. חלים. בריא [פסחים עח: כתובות כ.]. דעתו [illegible] [יבמות קיג:].

עין משפט נר מצוה

לב א טוש"ע א"ח סי' תקפז סעיף ג:
לג ב שם סעיף ג ושם סי' תקפה סעיף ג:
לד ג מיי' פ"א מהלכות שופר הל' ד טוש"ע א"ח סי' תקפו סעיף א:
לה ד טוש"ע א"ח סי' תקפו סעיף ג:
לו ה ו מיי' פ"א מהל' שופר הלכה ג:
לז ז מיי' שם טוש"ע א"ח סי' תקפו סעיף ג:
לח ח מיי' שם:
לט ט טוש"ע א"ח סי' תקפו סעיף ו וטוש"ע י"ד סי' רכא סעיף יב:
מ י מיי' שם טוש"ע א"ח סי' תקפו סעיף ה וטוש"ע י"ד סי' רכא סעיף יג:
מא כ טוש"ע י"ד שם:
מב ל מיי' פ"ו מהל' חמץ ומצה הלכה ג טוש"ע א"ח סי' תעה סעיף ד:
מג מ טוש"ע א"ח סי' תקפט סעיף ה:

גליון הש"ס

גמ' בשופר של שלמים. עיין זבחים דף פו ע"א תד"ה אחיה. ובכורות דף כו ע"א תד"ה השולם ובנדרים דף י ע"א תד"ה אלא מהא כבשות ומעילה דף יג ע"ב תד"ה הלב: [מכות שם] שם מותר לתקוע לו. ע' תוס' שבועות דף כה [ע"ב] ד"ה ורב יוסף אומר כשומר שכר דמי:]

רבינו חננאל

יצא למימרא דסבר רבה שמע סוף תקיעה בלא תחלת תקיעה או תחלת תקיעה בלא סוף תקיעה יצא. והתנן תקע בראשונה ומשך בשניה כשתים אין בידו אלא אחת כו'. ודחינן כי קאמר רבה בתוקע ועולה שנמצאת התקיעה ששמע אחרי עלותו מן הבור תקיעה שלימה. אי הכי מאי למימרא כו': אמר רב יהודה בשופר של עולה לא יתקע ואם תקע יצא. בשופר של שלמים לא יתקע ואם תקע לא יצא. והדר ליה רבא הכי אחד שופר של עולה ואחד שופר של שלמים יצא מ"ט מצות לאו ליהנות ניתנו: בשופר של ע"ז לכתחלה לא יתקע ואם תקע יצא בשופר של עיר הנדחת אפי' דיעבד לא יצא. מ"ט כתותי מכתת שיעורה. אמר רבא המודר הנאה מחבירו מזה עליו מי חטאת בימות הגשמים אבל לא בימות החמה. וכן המודר הנאה ממעיין טובל בו טבילת מצוה בימות הגשמים אבל לא בימות החמה: שלחו ליה לאבוה דשמואל כפאו ואכל מצה בפסח יצא ופירשה רב אשי כשכפאוהו פרסיים ש"מ מצות אין צריכות כוונה. אמר רבא זאת אומרת התוקע לשיר יצא כגון הא דכתיב הללוהו בתקע שופר שתוקעין להלל וכיוצא בו אם תקע כסדרן אע"פ שהוא לשיר השומע יצא כי מצות אין צריכות כוונה. פשיטא מהו דתימא התם

עין משפט
נר מצוה

מד א מיי' פ"ב מהל' ק"ש הלכה א סמג עשין יח טוש"ע א"ח סי' ס סעיף ה:
מה ב מיי' פ"ב מהל' שופר הל' ד טוש"ע א"ח סי' תקפט סעיף ח:
מו ג מיי' פי"ד מהלכות נשיאות כפים הלכה יב טוש"ע א"ח סי' קכח סעיף כו [רב אלפס פ' הקורא את המגילה דף רעג]:
[ג] מיי' פט"ו מהל' נשיאות כפים הי"א טוש"ע א"ח קכח סכ"ח:
מז ד ה מיי' פ"ב מהל' פסולי המוקדשין הלכה יא:

אבל הכא [א] זכרון תרועה כתיב והאי[א] מתעסק בעלמא הוא קמ"ל אלמא קסבר רבא [ב] [א] מצות אין צריכות כוונה איתיביה [ב] היה קורא בתורה והגיע זמן המקרא אם כוון לבו יצא ואם לאו לא יצא מאי לאו כוון לבו לצאת לא לקרות לקרות הא קא קרי א בקורא להגיה ת"ש [ג] היה עובר אחורי בית הכנסת או שהיה ביתו סמוך לבית הכנסת ושמע קול שופר או קול מגילה אם כוון לבו יצא ואם לאו לא יצא מאי לאו אם כוון לבו לצאת לא לשמוע לשמוע והא שמע סבור חמור בעלמא הוא איתיביה ב נתכוון שומע ולא נתכוון משמיע משמיע ולא נתכוון שומע לא יצא עד שיתכוון שומע ומשמיע בשלמא נתכוון משמיע ולא נתכוון שומע כסבור חמור בעלמא הוא אלא נתכוון שומע ולא נתכוון משמיע היכי משכחת לה לאו בתוקע לשיר דלמא דקא מנבח נבוחי [ד] א"ל אביי אלא מעתה [ד] הישן בשמיני בסוכה ילקה אמר לו שאני אומר מצות אינו עובר עליהן אלא בזמנן מתיב רב שמן בר אבא ג מנין לכהן שעולה לדוכן שלא יאמר הואיל ונתנה לי תורה רשות לברך את ישראל אוסיף ברכה אחת משלי כגון [ב] ה' אלהי אבותיכם יוסף עליכם ת"ל [ג] לא תוסיפו על הדבר והא הכא כיון דבריך ליה עברה ליה זמניה וקתני דעבר הכא במאי עסקינן בדלא סיים והתניא סיים סיים ברכה אחת והתניא סיים כל ברכותיו שאני הכא כיון דאלו מתרמי ליה צבורא אחרינא [ד] הדר מברך כוליה יומא זמניה הוא ומנא תימרא דתנן [ה] ד הניתנין במתנה אחת שנתערבו בניתנין מתנה אחת ינתנו מתנה[ג] אחת מתן ד' במתן ד' ינתנו במתן ד' מתן ד' במתן אחת ר"א אומר ינתנו במתן ד' רבי יהושע אומר ה ינתנו במתן אחת אמר לו ר"א הרי הוא עובר על [ג] בל תגרע אמר לו ר' יהושע הרי הוא עובר על בל תוסיף א"ל ר"א לא נאמר בל תוסיף אלא כשהוא בעצמו[ד] אמר לו ר' יהושע לא נאמר בל תגרע אלא כשהוא בעצמו ועוד אמר רבי יהושע כשלא נתת עברת על בל תגרע ולא עשית מעשה בידך כשנתת עברת על בל תוסיף ועשית מעשה בידך והא הכא כיון דיהיב ליה מתנה[ה] מבכור עברה ליה לזמניה וקתני דעבר משום בל תוסיף לאו משום דאמרינן כיון דאילו מתרמי ליה בוכרא אחרינא הדר מזה מיניה כוליה יומא זמניה [ממאי[ו]] דלמא קסבר ר' יהושע מצות עובר עליהן אפי' שלא בזמנן אנן הכי קאמרינן רב שמן בר אבא מ"ט שביק מתני' ומותיב מברייתא לותיב ממתניתין[ז] מתניתין מ"ט לא מותיב כיון דאילו מתרמי ליה בוכרא אחרינא בעי מזה מיניה כוליה יומא זמניה הוא ברייתא נמי כיון דאי מתרמי צבורא אחרינא הדר מברך כוליה יומא זמניה ורב שמן בר אבא התם לא סגי דלא יהיב הכא אי בעי מברך אי בעי לא מברך רבא אמר לצאת לא בעי כוונה לעבור בעי כוונה והא מתן דמים לרבי יהושע דלעבור[ח] ולא בעי כוונה אלא אמר רבא לצאת לא בעי כוונה לעבור בזמנו לא בעי כוונה [ו] שלא בזמנו בעי כוונה [ו] אמר ליה ר' זירא לשמעיה איכוון

רש"י

קא משמע לן. דאע"ג דמתעסק הוא יצא דמצות אין צריכות כוונה: זמן המקרא. של קריאת שמע והוא היה קורא בתורה פרשת שמע: קורא להגיה. אף קרייה אין כאן אלא מגמגם: דקא מנבח נבוחי. ואינו תוקע כשיעור תקיעה המפורש במשנתנו בפ' אחרון (דף לג:): אלא מעתה. דשאין מתכוין למצוה כמתכוין דמי: הישן בשמיני בסוכה. שלא לשום מצוה: ילקה. שהרי מוסיף על מצוה ועובר משום בל תוסיף: מצות אין עובר עליהן. בבל תוסיף אלא בזמנן כגון חמשת המינין בלולב וה' טוטפות בתפלין חמש ציציות בטלית[ז] אבל תוספת יום על ימים או שעה על שעה אין זה מוסיף: בשלא סיים. אלא הוסיפה באמצע: והא סיים קתני[ט]. בברייתא: הניתנין במתנה אחת. כגון דם בכור שנתערב בדם בכור חבירו או בדם מעשר: ינתנו מתנה אחת. והרי יש בה משניהן ועולה לשניהן: מתן ארבע. שלמים ואשם ועולה ותודה: דלמא קסבר רבי יהושע כו'. ומתרתי הנך ממתני' ומברייתא איכא לאותובי לרבא: אנן הכי אמרינן. אנן דמייתינן סייעתא מהא דטעמא משום דאי הדר מתרמי ליה כו' הכי קאמרינן ליה לרב שמן: מאי טעמא שבק מתניתין כו'. שבק מתניתין הניתנין במתנה אחת. משנה היא בשחיטת קדשים: לותיב ממתניתין. דאלימא לאקשויי: לא סגי דלא יהיב. אי הדר מתרמי ליה דקדשים לא מפסיד: לצאת לא בעי כוונה. דבלאו מתכוין יוצא ידי חובתו: לעבור בעי כוונה. שיתכוין לשום מצוה ואי לא לא עבר: והא מתן דמים כו'. שאין מתכוין בשאר מתנותיו לשם בכור וקאמר רבי יהושע הרי הוא עובר על בל תוסיף:

תוספות

אבל הכא. תוקע לשיר מתעסק בעלמא הוה ולקמן בפרק בתרא (דף לג:) תנן המתעסק לא יצא: אבל נתכוון שומע ולא נתכוון משמיע היכי משכחת לה. לא הוה מצי למימר כגון שלא נתכוון משמיע להוציא השומע דמשמע משמיע לעצמו דומיא דשומע לעצמו[י] אלמא [לא[כ]] בעי כוונה:

דקא מנבח נבוחי. פי' בקונט' דאינו תוקע כשיעור תקיעה המפורש במשנתנו וקשיא דאם כן אפילו נתכוון נמי לא נפיק ונראה לי מנבח נבוחי שאין מתכוין לתקוע שיעור תקיעה ותקע שיעור תקיעה ושמא כך רוצה לומר בקונט' אי נמי כעין שפירש בקונט' לקמן בפרק בתרא (דף לג:) מתעסק שהיה נופח בשופר ועלתה לו[ל] בידו תקיעה:

ומנא תימרא דתנן. גבי זריקת דם תימה מאי אולמיה דהך מההיא דכהן שעולה לדוכן ויש לומר דגבי כהן שמתכוין לברך ולהוסיף יכול להיות שעובר אע"ג דלאו זמניה הוא אבל כאן שאין מתכוין להוסיף ואינו עושה אלא מחמת ספק אין לו לעבור אי לאו משום דחשיב זמניה אלא ודאי אמרינן דחשיב זמניה משום זמנין דאי מתרמי ליה בוכרא הדר מזה מיניה והוא הדין גבי כהן מהאי טעמא וא"ת הא דאמר בפ"ק (דף טז: ושם) למה תוקעין ומריעין כשהן יושבין ותוקעין ומריעין כשהן עומדין כדי לערבב את השטן והא עבר משום בל תוסיף ועוד אמר בפרק בתרא (דף לד.) שלש תרועות נאמרו בר"ה שנים מדברי תורה ואחת מדברי סופרים ואיכא למאן דאמר ב' מדברי סופרים והשתא עבר משום בל תוסיף אע"ג דכבר עבר[מ] ויצאו מכל מקום אי אתרמי ליה צבורא אחרינא הדר ותקע והשיב זמניה ועוד דאפי' לאו זמניה כיון דמתכוין לשם מצוה עובר משום בל תוסיף דמסיק רבא בסמוך לעבור שלא בזמנו בעי כוונה וי"ל כדפרישית בפ"ק (דף טז: ושם) דלא שייך בל תוסיף בעשיית המצוה שתי פעמים וברכת כהנים נמי אפי' מברכין כמה פעמים לצבור אחד אין זה בל תוסיף אלא אם כן מוסיף ברכה אחת כגון יוסף (ה') עליכם ככם (דברים א) או כיוצא בה וכן אם נטל לולב כמה פעמים ביום או אוכל בפסח כמה זיתים של מצה אין זה בל תוסיף וכל הניתנים במתנה אחת אם נתן כמה פעמים במקום אחד אין זה בל תוסיף אלא אם כן נותן במקום אחר וכן בהדס וערבה שבלולב אפילו נותן כמה הדסים וכמה ערבות בלולב אין זה בל תוסיף אפילו למ"ד[נ] צריך אגד אלא אם כן מוסיף מין אחר ומיהו תימה דלפי' זה אם היה נותן כמה חוטין בציצית וכמה פרשיות בתפלין בבית אחד לא היה עובר משום בל תוסיף ומסוכה אין להביא ראיה כאן מה שאין עובר בעשה ד' מחיצות אע"ג דאמרינן[ס] שתים כהלכתן ושלישית אפי' טפח דכל שכן כשעושה ד' מחיצות טפי עדיף דהוי תשבו כעין תדורו[ע]:

מתן ארבע במתן אחת. כגון דם בכור שהוא מתן אחת בדם עולה ושלמים שהם שתי מתנות שהן ארבע ולא בדם חטאת שהן ארבע מתנות בד' קרנות דההוא למעלה מחוט הסקרא והני למטה[פ]:

לא נאמר בל תוסיף אלא כשהוא בעצמו. והלכך טוב שלא יגרע המצוה:

לא נאמר בל תגרע אלא כשהוא בעצמו. והלכך כיון דיוצא באחד למה נזקקנו ליתן ארבע ועוד טפי עדיף באחד מארבע כמו שמפרש:

דלמא קסבר רבי יהושע מצות עובר עליהן שלא בזמנן. והישן בשמיני בסוכה ילקה לרבי יהושע ובשמיני ספק שביעי לא יתיב[צ] ומיהו לא קיימא מסקנא הכי:

הכא אי בעי מברך. משמע מכאן דכיון דעלה לדוכן פעם אחת ביום שוב אינו עובר בעשה דאמור להם (במדבר ו) כל היום דהא קאמר אי בעי לא מברך:

רבינו חננאל

התם תאכלו מצות אמר רחמנא והא אכליה אבל הכא בענין תקיעות כוונת הלב בעינן וליכא קמ"ל מצות אין צריכות כוונה: איתיביה היה קורא בתורה בענין ק"ש והגיע זמן ק"ש אם כוון לבו למצות ק"ש יצא ואם לא כוון לא יצא. ודחינן מתניתין בקורא להגיה. שאינו קורא התיבות בקריאתן אלא ככתיבתם החסרות והיתירות כמות שהן כתובות. לפיכך אם כוון לבו וקרא כמסורת יצא ואם לאו לא יצא: ת"ש מהא דתנן הכא במתנית' היה עובר אחורי ביהכ"נ או שהיה ביתו סמוך לכנסת ושמע קול שופר או קול מקרא מגילה אם כוון לבו יצא ואם לאו לא יצא אע"פ שזה שמע וזה שמע זה כוון לבו וזה לא כוון לבו מאי כוון לבו לצאת וש"מ מצות צריכות כוונה. ודחינן כוון לבו לשמוע ולהבחין אם הוא תקיעת בן אדם או צהלת סוס: איתיביה נתכוון א) משמיע לא יצא הא היכי משכחת לה לאו בתוקע לשיר קשיא לרבה ופריק לא דקא מנבח נבוחי. כלומר אינה תקיעה שלימה אלא כמין נבוח הוא ולפיכך לא יצא אבל אם היתה תקיעה אע"פ שלא נתכוון יצא. אי הכי כי המצות [אין] צריכות כוונה התורה אמרה בסכות תשבו שבעת ימים ואין לך להוסיף על שבעת הימים אי הכי הישן בשמיני בסוכה ילקה על שעבר בבל תוסיף אף על פי שלא נתכוון לישן בסוכה משום מצוה. ודחינן שאני אומר מצות אין עובר עליהן משום בל תוסיף אלא בזמנן: מותיב רב שימי בר אביי מנין לכהן שיעלה לדוכן שלא יאמר הואיל וניתנה לי רשות לברך את ישראל אוסיף אני ברכה אחת משלי כגון ה' אלהי אבותיכם יוסף עליכם וגו' ת"ל לא תוספו על הדבר אשר אנכי מצוה אתכם. (ודחינן כיון דאילו מתרמי ליה ציבורא אחרינא) [וכיון] דסיים כל הברכות עברה לה זמן המצוה וקתני דעובר אם יוסיף ודחינן כיון דאילו מתרמי ליה צבורא אחרינא הדר מברך להו כולה יומא זמניה הוא: ומנא תימרא דאמרינן כי האי גוונא דכוליה יומא זמניה הוא דתנן בשחיטת קדשים פ"ח הניתנין מתנה אחת שנתערבו בניתנין מתן אחת ינתנו במתן אחת כו' והא הכא כיון דיהיב ליה

חשק שלמה על ר"ח

א) צ"ל נתכוון שומע ולא נתכוון משמיע לא יצא.

מסורת הש"ס עם הוספות

א) [פסחים דף קיד:], ב) ברכות יג., ג) [לעיל כז: לקמן כט. תוספ' פ"ב], ד) [עירובין צו.], ה) עירובין ק. זבחים פ., ו) [לקמן דף לג:], ז) סנהדרין פח ע"ב ובספרי ראה פר' פב, ח) סוכה יא., ט) סוכה דף ו:, י) סוכה כח., כ) זבחים דף י., ל) ע' סוכה מז ע"א.

גליון הש"ס

[מכת"י גמ' א"ל אביי. [ע'] תוס' סוכה דף מג ע"א ד"ה אמר לאמי וכו']: גמ' שלא בזמנו בעי כוונה. עיין תוס' ישנים יומא דף (ז) [נח] ע"א ד"ה נותן: תוס' ד"ה אבל נתכוון כו' לא הוי מצי לומר. עיין תשובת מהרש"ל ספר שני סי' פה:

תורה אור השלם

א) דַּבֵּר אֶל בְּנֵי יִשְׂרָאֵל לֵאמֹר בַּחֹדֶשׁ הַשְּׁבִיעִי בְּאֶחָד לַחֹדֶשׁ יִהְיֶה לָכֶם שַׁבָּתוֹן זִכְרוֹן תְּרוּעָה מִקְרָא קֹדֶשׁ: [ויקרא כג, כד]

ב) יְיָ אֱלֹהֵי אֲבוֹתֵכֶם יֹסֵף עֲלֵיכֶם כָּכֶם אֶלֶף פְּעָמִים וִיבָרֵךְ אֶתְכֶם כַּאֲשֶׁר דִּבֶּר לָכֶם: [דברים א, יא]

ג) לֹא תֹסִפוּ עַל הַדָּבָר אֲשֶׁר אָנֹכִי מְצַוֶּה אֶתְכֶם וְלֹא תִגְרְעוּ מִמֶּנּוּ לִשְׁמֹר אֶת מִצְוֹת יְיָ אֱלֹהֵיכֶם אֲשֶׁר אָנֹכִי מְצַוֶּה אֶתְכֶם: [דברים ד, ב]

ליקוטי רש"י

מצות אין צריכות כוונה. שיהא מתכוין לשם מצוה [ברכות יג.]. שהעושה מצוה לריך שיכוין בה [עירובין צה:]. היה קורא בתורה. פרשת ק"ש. והגיע זמן המקרא. זמן ק"ש. לקרות. אבל לצאת ידי מצוה לא. לענין שיהא מתכוין אלא לקרות בתורה בעלמא. הא קא קרי. הא בקורא על עסק תנא ואתי דקתני היה קורא בתורה. בקורא להגיה. את הספר אם יש בו טעות דאפילו לקריאה נמי לא מתכוין [ברכות שם]. מנבח נבוחי. מגמגם קרויש"ט [ביצה יד.]. הישן בשמיני בסוכה ילקה. דמוסיף שמיני על השביעי ואנן מותב יתבינן בשמיני בספק שביעי לכתחלה משום דלא לשם מצוה בלא כוונה לאו תוספת הוא והכי שריך דאי שמיני הוא לא מכוינן למצות סוכה [עירובין צו.]. לא תוסיפו. (ספרי) כגון חמש פרשיות בתפילין חמשת מינין בלולב וחמש ציציות וכן לא תגרעו [דברים ד ב].
[המשך בסוף המסכת]

הגהות וציונים

א] תיבות "זכרון תרועה כתיב והאי" ליתא בכת"י (וכ"מ בתוס'), וכ"ה נכון דהא לכאורה מה צריך לקרא דהא מתעסק לא יצא ודוקא גבי מצה יצא דאכיל ונהנה וכן הקשה בס' יום תרועה (דק"ס), ועיין ערוך לנר שמתרץ דבעלמא כה"ג לא מיקרי מתעסק, ורק לענין שופר מדכתיב זכרון תרועה הוא אמינא דהוי מתעסק, עיי"ש: ב] לפי הגהת הגליון דלעיל ע"א צ"ל גם כאן רבה וכ"ה בראשונים, וכן מוכח בגמרא להלן בסוף העמוד מדאמרינן "רבא אמר" לצאת וכו' ולא אמרינן "הדר אמר רבא" משמע דעד עכשיו לאו רבא אמרה (דק"ס, ערוך לנר, שפת אמת): ג] בכת"י במתנה וכ"ה בזבחים וברש"י דפו"י: ד] [פי' כשהדבר עומד בעצמו ולא כשיש בו דבר אחר.] ה] בדפו"י ובכת"י נוסף אחת: ו] ס"א (גליון): ז] בדפו"י ובכת"י מ"ט וכו': ח] בכת"י נוסף הוא: ט] רש"י גרס כן בגמ' במקום "והתניא סיים", וכ"ה בכת"י, ועיין בריטב"א שהכוונה דקתני בברייתא אחריתא: י] דומיא דשומע לעצמו דקרי ליה נתכוון שומע ומשמיע דיצא אלמא וכו' בצ"ל (גליון): כ] נ"א (גליון) ויש להוסיף להוציא לא בעי (הג"ר שמחה מדעסויא): ל] תיבת "לו" ליתא בתוס' הרא"ש: מ] צ"ל עבר זמניה ויצא מ"מ (בא"מ), ובתוס' הרא"ש דכבר תקעו יצאו:

[דף כח ע"א - כט ע"ב]

ניתנו. והא דאמרינן בפרק כיסוי הדם (דף פט.) לא יצא ומפרש טעמא התם משום כתותי מיכתת שיעוריה. התם מיירי בע"ז של ישראל דאין לה בטול עולמית וכיון שאין לה בטול כתותי מיכתת שיעוריה וכה"ג איכא בפרק לולב הגזול (דף לא:) ההא דאמר רבא לולב של ע"ז אם נטל יצא. ופריך ממתני' לולב של אשירה פסול ומשני מתניתין באשירה דמשה והכא מיירי בע"ז של נכרי כיון דראויה להתבטל לא מיכתת. ואם תאמר ע"ז של נכרי נמי [ק] מכי אגבהה נעשית ע"ז של ישראל כדאמרי' בפ' כל הצלמים (דף מב.) גזירה דלמא מגבה להו והדר מבטל. ויש לומר במגביה על מנת שלא לקנותה והיא דלולב בי"ט שני שיוצא בשאול וגזול וכן בשופר אם תקע בשופר גזול יצא. והכי איתא בירושלמי (סוכה פרק ג' הלכה א') מה בין לולב לשופר אמר רב אסי בלולב כתיב ולקחתם לכם [ר] משלכם [ש] ברם הכא יום תרועה יהיה לכם מ"מ:

י [ת] **אמר** רבא המודר הנאה מחבירו מותר לתקוע לו תקיעה של מצוה. והמודר הנאה משופר מותר לתקוע בו תקיעה של מצוה * המודר הנאה ממעין טובל בו טבילה של מצוה בימות הגשמים אבל לא בימות החמה **:

יא [דף כח ע"ב] ג **היה** עובר אחורי בהכנ"ס או שהיה ביתו סמוך לבהכנ"ס ושמע קול שופר או קול [מגילה] אם כיון לבו יצא [א] ואם לא כיון לא יצא. שלחו ליה לאבוה דשמואל כפאו ואכל מצה יצא. אמר א) רבה זאת אומרת התוקע לשיר יצא דמצות אין צריכות כוונה. אמר ליה ר' זירא לשמעיה איכוין ותקע לי אלמא קסבר משמיע נמי בעי כוונה. רב אלפס ז"ל לא הביא א דברי רבה אלא רק דברי ר' זירא משום דס"ל דהכי הלכתא [ב] אע"ג ב דרבה ורבא והנך דשלחו לאבוה דשמואל סברי דמצות אינן צריכות כוונה הלכתא כר' זירא דפליגי ביה תנאי בפ' ערבי פסחים (דף קיד:) גבי ירקות אכלן דמאי בלא מתכוין יצא. [ג] ובאידך ברייתא תניא ר' יוסי אומר אע"פ שטבל בחזרת מצוה להביא לפניו (מצה) חזרת וחרוסת ודייק התם דלאו משום היכירא דתינוקות קאמר מדקאמר מצוה. אלא דמצות צריכות כוונה והכי נמי קאמר רבי יוסי בשמעתין דיחיד לא יצא עד שיתכוין שומע ומשמיע ור' יוסי נימוקו עמו וכן פסק בה"ג. [ד] וגרסי' נמי בירושלמי היה עובר אחורי בהכנ"ס וכו' הדא אמר מצות צריכות כוונה. * ותניא נמי נתכוין שומע ולא נתכוין משמיע כו' עד שיתכוין שומע ומשמיע. [ה] ואע"ג דשנינהו רב אשי שינויא דחיקא נינהו ופשטא דמתני' וברייתא לא כוותיה הלכך אזלינן לחומרא ובעינן דעת שומע ומשמיע. ואם תקע להוציא את עצמו אין חבירו השומע התקיעה יוצא עד שיתכוין לו. והני מילי יחיד אבל ש"צ כיון דדעתיה אכ"ע לא בעינן עד דמתכוין ליה גופיה. כדתנן היה עובר אחורי בהכנ"ס ושמע קול שופר או קול מגילה אם כיון לבו יצא ואם לאו לא יצא *:

יב [דף כט ע"א] **מתני'** חש"ו אין מוציאין את הרבים ידי חובתן זה הכלל כל המחויב בדבר מוציא את הרבים ידי חובתן. וכשאינו מחוייב בדבר אינו מוציא את הרבים ידי חובתן: **גמ'** ת"ר הכל חייבין בתקיעת שופר כהנים לוים וישראלים גרים ועבדים משוחררים טומטום ואנדרוגינוס. מי שחציו עבד וחציו בן חורין. [ו] אנדרוגינוס מוציא את מינו ולא את שאינו מינו. טומטום אינו מוציא לא את מינו ולא את שאינו מינו. מי שחציו עבד וחציו בן חורין אינו מוציא לא את מינו ולא את שאינו מינו. אמר רב נחמן אף לעצמו אינו מוציא דלא אתי צד עבדות שבו ומפיק צד חירות שבו:

יג **תני** אהבה בריה דרבי זירא כל הברכות אע"פ שיצא מוציא [ז] חוץ מברכת הלחם וברכת היין. וה"ה לכל ברכות הנהנין שאם לא יצא מוציא ואם יצא אינו מוציא *. בעי ה) רחבה [דף כט ע"ב] ברכת הלחם של מצה וברכת היין של קידוש מהו כיון

הגה"ה

*בפרק ב' דנדרים (דף טז:) מסיק רבא דאם אמר הנאת סוכה עלי שרי בין בלשון שבועה בין בלשון נדר דמצות לאו ליהנות ניתנו. אבל אמר ישיבת סוכה עלי קונם או אפי' אמר קונם שלא אשב בסוכה אסור לישב בסוכה של מצוה דבאיזה לשון שיאמר קונם מידי דמיתסר חפצא עלי' לכך אסור דאין הסוכה משועבדת לו אבל אמר שבועה שלא אשב בסוכה או אפי' אמר ישיבת סוכה עלי בשבועה הכל חשיב אוסר עצמו מן חפצא וכיון שהוא משועבד לה לא מצי אסר עליה. ונראה דה"ה גבי שופר דאי אמר תקיעת שופר עלי קונם אסור לתקוע אם לא נחלק משום דגבי סוכה ב) בלא סוכה יש הנאה בישיבה אבל שופר אי לאו מצוה אין הנאה בתקיעה דאינו מתכוין לשיר. פר"י מהרי"ח:

הגה"ה

**אבל לא בימות החמה דאיכא הנאה הגוף פרש"י. מהרי"ח:

הגה"ה

*אבל בא"ז פסק כרבה דמצות לא בעי כוונה לא שומע ולא משמיע ואביי נמי סבר הכי וכן סתמא דגמרא כדמוכח פרק לולב הגזול והוה ליה רבי זירא יחיד לגבייהו רק שהתוקע יתכוין לתקיעה בעלמא וגם השומע יתכוין לשמיעה בעלמא. ג) וכן נדה שנאנסה וטבלה קאמר רב (בחולין לא.) טהורה לביתה והלכתא כרב. מא"ז:

הגה"ה

*ד) והא דאמרי' בפרק כל גגות (ד' לב:) ליבור בקטנה ושליח ליבור בגדולה לא יצאו ידי חובתן התם מיירי שאין י' עם שליח ליבור דאין אותן שבחוץ מלטרפין עמו והיא (כילד לולין דף פה:) דמן האגף ולפנים כלפנים ולחוץ כלחוץ התם מיירי לענין לענות עם הליבור קדיש וברכו ויהא שמיה רבה דאמרינן כל דבר שבקדושה לא יהא פחות מעשרה והא קיימא לן כרבי יהושע דאפי' מחילה של ברזל אין מפסיק בין ישראל לאביהם שבשמים ויכול לענות עם הליבור אפי' אותן שבחוץ. פר"י מהרי"ח:

הגה"ה

*פירוש שאינה חובה על האדם ואינם באות אלא בשביל הנאה כגון ברכת הלחם והפירות והריחני שאם ירצה לא יהנה ולא יברך לא יצא מוציא וכו'. מא"ז:

הגהות הב"ח

ג תנן היה עובר כו': **א** דברי רבא כצ"ל: **ב** אע"ג דרבא והנך דשלחו כצ"ל ותיבת דרבה נמחק:

קרבן נתנאל

[ק] **מכי אגבהה נעשית ע"ז של ישראל**. וקשה במאי קנאו הישראל דהא הבעלים לא נתייאשו ממנו ממילא אפילו נתכוון לזכות בו לא קנאו. תירץ במגן אברהם סי' תקפ"ו ס"ק ה' דעכ"פ כשנטלו ע"מ לגוזלו אע"פ שאינו קונה מ"מ חייב באחריותו ומקרי שלו וכ"מ בב"מ (דף מא) דמוקי ליה כשנוטלו ע"מ לגוזלו. אבל מה שהביא מ"א ראיה להשיג על הב"ח מדקאמר הש"ס מגבה לה והדר מבטל וה"ל ע"ז של ישראל דמוכח בהדיא דאע"פ שיש לה בעלים מקרי ע"ז של ישראל אי משום הא לא איריא דרש"י פירש להתם וקני לה בהגבהה דכל דבר הפקר כגון מציאה נקנית בהגבהה. ואגב שיטפי' לא עיין בפרש"י גם מה שהשיג על הב"ח דא"כ לא מקשין תוס' כלוס בסוכה דף לא. כבר נשמר הב"ח מזה דקושית תוס' מדאמר רבא סתם ע"ז של נכרי משמע אפי' אין לה בעלים רק שמצאה. אבל האמת יורה דרכו שסברתו היא סברא אמיתית כיון דישראל חייב באחריותו שלו מקרי: [ר] משלכם. כיון דכתיב לכם גבי לקיחה משמע דדרים מינה דהלקיחה צריך משלכם: [ש] **ברם הכא יום תרועה יהיה לכם** מ"מ. ויש לדקדק מ"מ יהיה אסור לתקוע בו משום מצוה הבאה בעבירה שכן פסק רבינו בפ' לולב הגזול סי' ד' גבי לולב. ונראה ליישב דהירושלמי מסיים בתר הך דר' יוסי אמר ר"א תמן בגופו הוא יוצא ברם הכא בקולו הוא יוצא ויש קול אסור בהנייה (בתמיה) וס"ל לרבינו דר"א לא פליג אדר' יוסי אלא שנותן טעם לדבר כדי שלא תאסרוהו משום מצוה הבאה בעבירה כמו בלולב וכ"כ הרמב"ם פ"א מהל' שופר. שופר הגזול שתקע בו יצא שאין המצוה אלא בשמיעת הקול אע"פ שלא נגע בו ולא הגביה השומע יצא ואין בקול דין גזל ועי' בה"ה באריכות שמטעים דבריו ובהשגות א"א אפי' יהיה בקול דין גזל יום תרועה יהיה לכם מ"מ הכי איתא בירושלמי ע"כ. ולפי מה שכתבתי צריך לומר דאין בקול גזל כי היכי דלא להוי מצוה הבאה בעבירה: [ת] **אמר רבא המודר הנאה**. עי' בתוס' ד"ה המודר ובהגה"ה: [א] ה"ג **ואם לאו לא יצא**: [ב] **אע"ג דרבה ורבא והנך דשלחו לאבוה דשמואל סברי דמצות אינן צריכות כוונה הלכתא כר"ז**. אבל רמב"ם בפ"ב מה' שופר פסק כר' זירא ובפ"ו מה' חמץ ומצה כתב דכפאו ואכל מצה יצא. ותי' הר"ן דלא פליגי דידיה אדידיה כו': [ג] **ובאידך ברייתא תניא ר' יוסי אומר** כו'. וה"נ **קאמר ר' יוסי בשמעתין** ור"י נימוקו עמו. נראה דמייתי הך דר"י דחזרת למימרא דאפי' בירקות דרבנן ס"ל דצריכה כוונה. ועוד לאפוקי מסברת בעל עשרה מאמרות מאמר אם כל חי חלק א' סי' ל"ב ובן לב ח"ב סי' פ"א דהמשמיע צריך כוונה אבל להוציא את עצמו א"צ כוונה לכן מדר"י דהכא לא שמעינן אלא המשמיע לאחרים צריך כוונה ומפני כך נקיט הרי"ף ורבינו מפסק הרמב"ם: [ד] **וגרסי' נמי בירושלמי**. ובשלפנינו ליתא: [ה] **ואע"ג דשנינהו רב אשי**. ומוקי מתני' כיון לשמוע והברייתא דקתני נתכוון שומע ולא נתכוון משמיע דקא מנבח נבוחי: [ו] **אנדרוגינוס מוציא את מינו ולא את שאינו מינו**. עיין מה שכתבתי בזה באריכות פ' הערל סי' ח' ותמצא נחת: [ז] **חוץ מברכת הלחם וברכת היין**. ואפי' בדיעבד לא יצא בשמיעתו דהא ה"ל ברכתו לבטלה. ב"י ודלא כה"ג. והא דקתני אם יצא אינו מוציא לכתחלה איידי דתנא רישא אע"פ שיצא מוציא אפי' לכתחלה:

קיצור פסקי הרא"ש

ואפי' לאחר ביטול לכתחלה לא יטול ואם נטל יצא וכגון שנתבטל מעי"ט אבל בי"ט בעיא בפרק כל הצלמים אם יש דיחוי אצל מצות ולא איפשיטא]: י המודר הנאה מחבירו מותר לו לתקוע תקיעה של מצוה. המודר הנאה ממעיין ומשופר מותר לו לתקוע תקיעה של מצוה ולטבול בימות הגשמים טבילה של מצוה: **יא** היה עובר אחורי בית הכנסת לשמוע קול שופר או מגילה אם כיון לבו יצא ואם לאו לא יצא וה"מ ששומע מש"צ אבל שמע מיחיד דעלמא לא יצא עד שיתכוין התוקע להוציא דמצות צריכות כוונה והתוקע לשיר לא יצא: **יב** חש"ו אין מוציאין אחרים ידי חובתן שכל שאינו מחויב בדבר אין מוציא אחרים ידי חובתן. אנדרוגינוס מוציא דוקא מינו טומטום אף מינו אינו מוציא ומי שחציו עבד וחציו בן חורין אף עצמו אינו מוציא: **יג** ה) כל הברכות אע"פ שיצא מוציא חוץ מברכת הנהנין שאם יצא אינו מוציא מ"מ לבניו ולבני ביתו יכול לברך אע"פ שיצא כדי לחנכן במצות וברכת הלחם של מצה וברכת היין של קידוש מברך אע"פ שכבר יצא:

שדה צופים

דף כח ע"א **ואמאי תסלק לה בתרתי פסוקי תקיעתא לא פסקינן**. הרא"ש בר"ה פ"ד סי' ח': דף כח ע"ב **אלמא קסבר רבא מצות אין צריכות כוונה**. הרא"ש בסוכה פ"ג סי' ל"ג: **מנין לכהן שעולה לדוכן שלא יאמר וכו'** אוסיף ברכה אחת משלי. הרא"ש במגילה פ"ג סי' י"ז: **א"ל ר"א לא נאמר בל תוסיף אלא כשהוא בעצמו**. הרא"ש בסוכה פ"ג סי' י"ד: דף כט ע"א **זה הכלל כל שאינו מחויב בדבר אינו מוציא את הרבים ידי חובתן**. הרא"ש בברכות פ"ז סי' כ': **כל הברכות כולן אע"פ שיצא מוציא חוץ מברכת הלחם וברכת היין**. הרא"ש בברכות פ"ז סי' ט"ו. ובפסחים פ"י סי' ה' וסי' ל"ו:

קובץ מפרשים

א) לפנינו הגי' רבא [גליון]: ב) צ"ל בלא "מצוה" יש. ג) **[וכן נדה כו'**. אבל הרמב"ן כתב דההיא פלוגתא דהתם בנדה שנאנסה וטבלה לא תליא כלל בפלוגתא דהכא במצות צריכות כוונה. דההיא דהתם הוי הכשר מצוה] [ארץ צבי]: ד) **והא דאמרינן בפ' כל גגות כו'**. עיין מזה במרדכי [ובתוס' כ"ז ב' ד"ה ושמע] [ארץ צבי]: ה) לפנינו הגי' רבא [גליון]: ו) **כל הברכות אע"פ שיצא מוציא חוץ מברכת הנהנין שאם יצא וכו'**. כצ"ל [תפארת למשה]:

פירושו לעיל א] דבקידוש החדש נמי דלא כתיב עדות בעי נמי דיעידו בפני חבירים ברלוהו בלילה והך דרבי טרפון מוקמינן לה נמי פרק החובל ב] ברלוהו בלילה אבל רלוהו ביום אמרינן בדיני נפשות נמי לא תהא שמיעה גדולה מראיה וק"ל: בפרש"י בד"ה שהוא קרן כו' וגבי יוה"כ שופר כתיב והעברת שופר גו' גמרינן ר"ה מיובל עכ"ל. הס"ד וכל"ל: בפרש"י בד"ה ותיטב לה' תפלתי משופר ובשור קמשתעי קרא עכ"ל. כל"ל ור"ל לר"י דדריש משור פר משופר משמע ליה מיניה נמי דפרה אקרי שופר דפשטיה דקרא בשור קמשתעי ג] וק"ל: תוס' בד"ה דרחמנא כו' שפירשנו בפרק שני דכתובות כו' אפי' עד המעיד נעשה כו' עכ"ל. כל"ל: תוס' בד"ה והיה במשוך בקרן היובל תימה כו' עכ"ל. כל"ל: תוס' בד"ה אקרי קרן ואקרי שופר פ"ה אקרי כו' יש מקשי' אמאי כו' ועוד צריך להוכיח דבעלמא שופרות אקרי שופר עכ"ל. כל"ל ור"ל דעוד לריך להוכיח דכל השופרות איקרו שופר וזה אינו מוכח מהאי קרא ד] דבמשוך בקרן היובל גו' דאינו מוכח מיניה אלא דאקרי קרן ולכך הולרך לאתויי קרא דבמשוך היובל ויהי קול השופר גו' ה] דהתם לא כתיב קרן וקרי ליובל שופר ודו"ק: תוס' בד"ה לנדה גלמודה ונ"מ לכדדרשינן בסוטה כי עדת חנף גלמוד הס"ד ואח"כ מה"ד חלגלוגות ונ"מ לזב בפ"ק דיומא דאמרי' כו' עכ"ל. כל"ל מת"י:

ח"א דף כו ע"א

ח"א דף כו ע"א דכתיב ותיטב לה' משור פר אם כו'. פרש"י ותיטב לה' תפלתי משופר ובשור משתעי קרא עכ"ל עיין ע"ז בחידושי הלכות: אין כ"ג נכנס בבגדי זהב לפני כו' לפי שאין קטיגור נעשה סניגור כו'. והא דאמרינן ו] קח לך עגל בן בקר יבא עגל ויכפר על מעשה עגל למאי דמסיק הכא מבפנים קאמרינן ניחא דקרבן העגל מבחוץ היה מיהו יש לתת טעם בזה שנאמר לדבר שהוא קטיגור מבפנים יהיה סניגור וכפרה מבחוץ ועיין ברא"ש בפרק שמיני ז]: קורין לדכרא יובלא כו'. מפורש בפ"ק ח]: קורין לנדה גלמודה מאי גלמודה גמולה דא כו'. ברוב המקרא כתיב גלמוד בלשון זכר בלא ה' אחרונה וי"ל ג"כ בלשון זכר גמול דא ע"ש יחיד המופרש ומובדל כנדה מכל כמ"ש ט] בכפן ובחסר גלמוד מיהו בב"ר י] דריש ליה נמי בלשון נקבה בחסר ובכפן הוי רואה את אשתך כאלו היא גלמודה דהיינו כנדה: היו קורין למעה קשיטה כו'. והיינו דכתיב יא] ויתן את פני העיר ואמרינן פרק ב"מ יב] מטבע תיקן להם דהיינו מטבע קטנה כגון מעה שהיא ששית הדינר תיקן להם שלא היה להם מקודם והוא ודאי תיקן לישא וליתן כפי הצורך במטבע קטנה: מי שת בטוחות וגו' אילו כליות כו'. שהם שני יועלי הלב כמפורש פרק הרואה יג]:

דף כו ע"ב

דף כו ע"ב גמרא וביום הכפורים כמה דכייף איניש טפי מעלי. כ"ה בכל נוסחאות הישנות וא"א לומר כך דהא אליבא דת"ק דמתני' קיימינן ואיהו לא פליג ביוה"כ אר"י דס"ל בשל יעלים והיה נראה להגיה וביוה"כ כמה דפשיט איניש כו' אבל ממה שפרש"י ודיוה"כ נמי משום דשויה בג"ש כו' נראה דל"ג ליה הכא כלל ומיהו לעיל בדברי ר"י לא תקשי דקאמר תלמודא טעמא וביוה"כ כמה דפשיט כו' דהתם ודאי איצטריך להאי טעמא אע"ג דלית ליה ג"ש מ"מ למה לא נימא ביוה"כ בין בפשוט בין בכפוף ובדפוס חדש בבזיליאה הגיהו ובתעניות כמה דכייף איניש כו' גם זה אינו מיושב לפי מה שפרש"י ובתעניות דלכנופיא לא איכפת לן ועבדינן כפופים להיכרא כו' ול"ע יד]: תוס' בד"ה של יעל כו' כשבה נקבה וקרן הכשבה כו' עכ"ל. כל"ל: בא"ד ומיהו ק"ק דהא ר' לוי כו' היינו משום דילפינן ג"ש כו' עכ"ל. ועיין ברא"ש ייסוב לזה: תוס' בד"ה ר"י אומר כו' בשל זכרים כשל ר"ה כו' יום הדין ולהזכיר עקידה כו' אין לחוש אלא שיהא שם שופר עליו כו' עכ"ל. כל"ל ק"ק לדבריהם דהא קאמר טעמא בגמרא לר"י וביוה"כ כמה דפשיט כו' ודו"ק: בא"ד אע"ג דר' לוי נמי משוה להו לענין זה כו' עכ"ל. כל"ל:

ח"א דף כו ע"ב

ח"א דף כו ע"ב במאי קבעך כו' וממילא הוה ידענא כו'. ר"ל דמתוך תשובתו של ההוא גברא אהנך שאלות הייתי מבין מה כוונתו בלשון קבען וקאמר דאיהו לוי הוה סבר דמילתא דאיסורא קא"ל ולא שייך לשאול באיסורא במאי קבעך כו': לא הוו רבנן ידעין כו' שמעוה לאמתא כו'. דאשכחן דרבנן לא היו משתמשין לפעמים לא בלישנא דקרא ולא בלישנא דשאר אינשי ולפעמים אפי' בלישנא דרבנן לא הוי משתמשים כדאיתא בפ' עשרה יוחסין טו] דא"ל ר"נ לרב יהודה פורתא דגונדרא קעבידנא וא"ל מי סני מעקה דכתיב באורייתא או מחילה דאמרי רבנן כו' ומי סני ספסל כו' או איצטבא דאמרי אינשי כו' ע"ש בכה"ג ואפשר דההיא מבית ר' הוית דידעי התם בכל הני לישני דנקט בשמעתין ולא הוו ידעי ביה רבנן:

דף כז ע"א

דף כז ע"א בפרש"י בד"ה ומשך בשניה כו' לאחריה דמלכות ואחד לפשוטה לפניה דזכרונות עכ"ל. ולא ניחא ליה לפרש בפשיטות טפי בתקיעה אחרונה דתשר"ת שמשך בה שתהיה גם לפשוטה לפניה דתשר"ת טז] שניה דברייתא זו שנויה מקמיה דתיקן ר' אבהו לתקוע כן מספיקא יז] ולא היו תוקעין מקמיה דר' אבהו רק תר"ת למלכיות ותר"ת לזכרונות ותר"ת לשופרות וק"ל יח]: בפרש"י בד"ה התורה חסה כו' מהרה במקוה עכ"ל. הס"ד כל"ל: תוס' בד"ה בתורה אחד כו' ומתרגמין יחד עכ"ל. הס"ד ואח"כ מה"ד אבל שנים כו'. כל"ל: תוס' בד"ה כמאן מצלינן כו' אבל בשאר יומי לא כו' עכ"ל. לשון מגומגם הוא ובת"י אינו ויש ליישבו בדוחק דר"ל אבל בשאר יומי (דר"ה) [דיום הכפורים] יט] שאינו ביובל לא וק"ל כ]: תוס' בד"ה כמאן דלא כו' תימה הא ע"כ לא כו' עכ"ל. כל"ל: תוס' בד"ה שופר שנסדק כו' ואפילו נפסל מטעם משום שנים וג' שופרות וכו' עכ"ל. ר"ל דרישא שופר שנסדק ודבקו דפסול טעמא אחרינא אית ביה דהיינו דאין שם שופר עליו וק"ל כא]:

ח"א דף כז ע"א

ח"א דף כז ע"א כמאן מצלינן האידנא זה היום תחלת מעשיך כו' כר"א דאמר בתשרי נברא עולם כו'. וכבר כתבנו דבפרקי ר"א כב] מפורש דתחלת הבריאה ביום א' היה בכ"ה באלול וביום ו' (הוא) נברא אדם כג] וע"ש זה נקרא ר"ה תחלת מעשיך שהאדם היה תכלית של כל הבריאה וכאלו לא נברא שום דבר קודם בריאת אדם ונקרא ר"ה תחלת מעשיך שהאדם הוא עיקר המעשים ומסיים זכרון ליום ראשון שע"כ נקרא יום ו' ר"ה שבו נברא האדם זכרון שהוא זכרון ליום ראשון שיהיה יום זה ראשון של השנה אבל יום כ"ה באלול לא נקרא יום ראשון אלא יום א' מטעם המפורש במדרשות כד] שבו היה ה' אחד:

דף כז ע"ב

דף כז ע"ב תוס' בד"ה ניקב וסתמו כו' א"נ כר' נתן ובשלא במינו כו' עכ"ל. וברא"ש א"נ כר' נתן והוא שנפחת רובו כו' עכ"ל והוא דחוק דהא בלא נפחת רובו נמי מעכב התקיעה כמ"ש התוס' גם הרא"ש גופיה ולריך להגיה בהרא"ש כמו הכא בתוס' ודו"ק: בא"ד ואפ"ה קאמרינן בירושלמי דמתניתין רבי נתן כו' עכ"ל. ר"ל אף כרבי נתן ובשאינו מינו וכ"ש דאתיא כרבנן אף במינו וכ"כ הרא"ש כה] ע"ש: תוס' בד"ה ושמע קול שופר כו' וכוותיה קי"ל דהא הני נשי קיימי לחודייהו כדמוכח כו' עכ"ל. נ"ע לפום סברתם דהשתא לענין לירוף פליגי אבל ללאת אפי' רב מודה א"כ אין ראיה דקי"ל כריב"ל מהני נשי דלחודייהו קיימי דההוא ללאת איירי ורב נמי מודה ביה כו] גם בההיא דאלו נאמרים קשה מאי ראיה לריך לברכת כהנים דההיא ללאת איירי ורב מודה ביה והך דריב"ל דאין מחילה מפסקת איירי לענין לירוף ובת"י כל זה אינו ודו"ק כז]:

דף כח ע"א

דף כח ע"א תוס' בד"ה אמר רב יהודה כו' תניא תקע לא יצא וכן קשיא כו' עכ"ל. כל"ל: תוס' בד"ה המודר הנאה כו' מחלק אביי בין הנאת סוכה עלי כו' חומר בנדרים מבשבועות כו'. כל"ל: תוס' בד"ה המודר הנאה כו' מחבירו משופר וממעין כו' עכ"ל. ר"ל כיון דתני מודר הנאה מחבירו בין לענין תקיעה ובין לענין הזייה דשרי ל"ל למיתני תוב בין מודר הנאה משופר ובין מודר הנאה ממעין אבל הא ודאי לא קשיא להו ל"ל תרתי מודר הנאה מחבירו בתקיעה ובהזייה וכן ל"ל שופר ומעין דכל חדא מלתא אחריתא הוא ודו"ק: תוס' בד"ה אמר רבא כו' דה"מ לדחויי דלעולם מצוה משום הכירא עכ"ל. כל"ל:

דף כח ע"ב

דף כח ע"ב בפרש"י בד"ה קמ"ל דאע"ג דמתעסק הוא יצא כו' עכ"ל. נראה מלשונו דמתעסק בעלמא יצא קאמר וקשה דהא בהדיא תנן לקמן בפרק ב' כח] דמתעסק לא יצא אבל הכי הל"ל קמ"ל דלשיר לאו מתעסק הוא וכ"ה בהדיא לקמן בפ"ב וכמ"ש התוס' וק"ל: בפרש"י בד"ה דלמא קסבר כו' ומתרתי הנך ממתניתין ומברייתא איכא כו'. כל"ל: תוס' בד"ה אבל הכא כו' מתעסק בעלמא הוה ולקמן בפ"ב תנן והמתעסק לא יצא עכ"ל. כל"ל: תוס' בד"ה אבל נתכוין כו' משכחת לה לא הוה מצי למימר כו'. כל"ל מת"י: תוס' בד"ה ומנא תימרא כו' תימה מאי אולמיה דהך מההיא כו' עכ"ל. לא ידענא מאי קשיא להו דהא קאמר תלמודא אנן הכי קאמרינן רב שמן בר אבא מ"ט שביק מתני' כו' דהשתא מלינן למימר דקושטא הוא דלא אולמיה הך מההיא אלא לדברי רב שמן דשביק מתני' קאמר הכי ויש ליישב בדוחק כט]: בא"ד דאי מתרמי ליה בוכרא הדר מזה כו' ומסוכה אין להביא ראיה כו'. כל"ל: תוס' בד"ה לא נאמר כו' כיון דיוצא באחד למה נזקקנו כו'. כל"ל:

דף כט ע"א

דף כט ע"א בפרש"י בד"ה ה"ג כהנים כו' ולא גואלין אחר היובל פחות כו' במקדיש שדה אחוזה כו' עכ"ל. כל"ל: תוס' בד"ה דתנן כו' ראשונה ה"ל לאתויי דההיא כו'. כל"ל:

סליק פרק ראוהו ב"ד

הגהות והערות

א] ד"ה לא תהא. ב] ב"ק דף צ ע"ב. ג] ע' ערוך לנר דכתב דא"צ לומר דפשטא דקרא מיירי בשור. ד] יהושע ו, ה. ה] שמות יט יב-יט. ו] ילקוט שמעוני ויקרא (שמיני) רמז תקכא ד"ה ויאמר אל אהרן. ז] ויקרא ט, ב וברש"י והרא"ם שם. ח] דף טז ע"א וע' במהרש"א שם ד"ה אמרו לפני. ט] איוב ל, ג. י] איוב תתקיז. יא] בראשית לג, יח. יב] שבת דף לג ע"ב. יג] ברכות דף סא ע"א. יד] ע' בערוך לנר וקרבן ראשית. טו] קידושין דף ס ע"א וע"ע תוס' מועד קטן דף י ע"ב ד"ה איצטבא. טז] צ"ל "דתש"ת" (גנזי יוסף אמרי בינה) ובדפו"ר "בתשר"ת" וע"ע מה שכתב כאן אמרי בינה. יז] ע' ערוך לנר שכתב דהרשב"א מפרש כן לפי האמת וקשה עליו קושית המהרש"א. יט] בספרים חדשים איתא "דר"ה" והוא טעות ובספרים ישנים איתא די"ה ונתחלף יוד בריי"ש (דו"מ). כ] ע' בערוך לנר דבחידושי הריטב"א הגירסא כמו בתוס' לפנינו. כא] ע' פנ"י וגנזי יוסף. כב] פרק ח. כג] ע' פי' המהרש"א לעיל דף י ע"ב ד"ה בתשרי. כד] בראשית רבה פ"ג. כה] קרבן נתנאל מיישב כוונתם כפשוטו. כו] ע' פנ"י מש"כ ליישב קושית המהרש"א, וע' בערוך לנר מה שהקשה על דבריו. כז] לענ"ד נראה דס"ל להתוס' השתא דלהתבוך בב"כ עם הצבור הוי כצירוף (גנזי יוסף). כח] ר"ל בפרק בתרא והוא לקמן דף לג ע"ב וע' פני שלמה וערוך לנר. כט] ע' ערוך לנר מש"כ ליישב קושיתו.

כאן נעלם ממנו דבריהם שם ושם וכתב כאן בשביל עצמו: [מלא הרועים]

תוס' ד"ה המודר הנאה משופר לאומר שבועה שלא אהנה. כ"ה שם: [ר"ש מדעסויא]

שם בא"ד אבל אם אמר תקיעת שופר עלי. ולהר"ן שופר לתקיעתו ועי' שו"ע יו"ד סימן רי"ג ס"א. ובהגה"ה שם. ובר"ן נדרים סוף דף ט"ו ד"ה והא מן התורה: [גליון מהרש"א]

שם בא"ד דגבי סוכה בלאו מצוה יש הנאה. ל"ע מנדרים דף י"ז דאותיב רבא לאביי וכי מצות ליהנות ניתנו. ממ"ש הר"ן שם דט"ו גבי קונם הנאת תשמישך עלי: [גליון מהרש"א]

שם בא"ד בישיבה. עי' תשובות נודע ביהודה מ"ת חאו"ח סימן קל"ג: [גליון מהרש"א]

תוס' ד"ה המודר מן המעיין דסתם מודר מחבירו. עי' שעה"מ פ"א משופר: [גליון מהרש"א]

דף כח ע"ב

גמ' אם כיון לבו יצא. מצות צריכות כוונה וכל המסתעף עיין ביאור הלכה סימן ס סעיף ד ד"ה וי"א שצריכות וד"ה י"א שאין מצות צריכות:

שם סבור חמור בעלמא הוא. עי' פר"ח סימן תר"ל: [מצפה איתן]

שם א"ל אביי אלא מעתה. עי' בתוס' סוכה ריש דף מ"ב: [גליון מהרש"א]

שם מתיב רב שמן בר אבא מנין לכהן וכו'. כתה"י (כאן ולהלן כ"פ) רב שימי בר אשי, או רב שימי בר אביי (וכ"ה בר"ח), וכ"ה ברשב"א ובריטב"א, וכ"ה ברש"י בדפו"י, וכ"ה האמת, שהרי ר' שמן בר אבא היה בא"י והיה מתלמידי ר' יוחנן (דק"ס):

שם מנין לכהן שעולה לדוכן וכו'. עיין ביאור הלכה סימן קכח סעיף כז ד"ה ואם הוסיף עובר על בל תוסיף:

שם הדר מזה מיניה. בס"א מכת"י בעי לאקרובי הדר מדי (הוא "מזה" בל' ארמי) מיניה, וכ"ה שם להלן בסמוך. ובגליון כת"י אחד "ובעי למיהדר לאקרוביה", וכ' בדק"ס שכ"ה ישר, דרשות הוא לו, דלא כפי' הרמב"ם שכתב חובה הוא לו להקריבו כיון שהוא במשמר שלו ואינו יכול לומר יקריבנו כהן אחר (וכ' ע"ז בדק"ס דדברי תימה הן):

שם אי בעי מברך אי בעי לא מברך. כתה"י אי בעי מצלי אי בעי לא מצלי, וכ"ה בריטב"א ובר"ח:

שם אלא אמר רבא שלא בזמנו בעי כוונה. נ"ב וא"כ כהן המברך י"ל דהוי מתכוין כמ"ש תוס' בד"ה ומנא: [ר"ש מדעסויא]

שם לעבור בזמנו ל"ב כוונה. נ"ב עי' מנחות מ' ע"ב תוס' ד"ה לאוסופי קא מכוין: [מהר"ץ חיות]

שם לעבור בזמנו לא בעי כוונה. עי' אשר"י פ' לולב הגזול סימן כ"ד: [גליון מהרש"א]

שם לעבור בזמנו לא בעי כונה כו'. עיין תוס' מנחות (דף מ' ע"ב) ורא"מ פ' ואתחנן: [מצפה איתן]

שם א"ל ר' זירא לשמעי' ע"כ. בר"ן הביא כאן ד' שיטות. הגאונים סוברים דר"ז ורבא פליגי ופסקו כרבא והרי"ף פסק כר"ז ואחרים מחלקים דלצאת א"צ כוונה אבל להשמיע צריך והרמב"ם מחלק דכפאו ואכל מצה לא בעי כוונה דנהנה משא"כ בשופר דבעי כוונה. ואפשר לחלק דאם כשעושה מעשה לא בעי כוונה דהא עשה המצוה משא"כ בשומע אם לא כוון לצאת הרי לא עשה כלום לא כוונה ולא מעשה וכן המשמיע בעי כוונה דאל"כ לא נעשה שלוחו וכה"ג כתב רבינו יונה ברכות סוף פרק א' דבמצוה דלית בה מעשה לכו"ע בעי כוונה ע"ש מה שהקשו עליו מק"ש אבל מ"מ מה שכתבתי נראה נכון וצל"ע בפוסקים: [פורת יוסף]

תוס' ד"ה אבל הכא כו' לא יצא. נ"ב ר"ל דלקמן במתעסק גמור מיירי שאינו מכוין מתקיעה כלל כגון מנבח נבוחי ע"ד שפי' התוס' בסמוך או שהיה נופח בשופר כו'. כעין שפי' בקונטרס לקמן בפרק בתרא דף לג ע"ב ושם מפרש בגמ' תרי גווני מתעסק ע"ש: [חכמת מנוח]

תוס' סד"ה אבל נתכוון אלמא להוציא לא. כצ"ל: [ר"ש מדעסויא]

תוס' ד"ה ומנא אי אתרמי ליה צבורא אחרינא הדר ותקע. עי' בהר"ן פ' יוה"כ רכ"ד ב' (קרוב לסוף ד"ה חוץ מעובד כוכבים) אלא משום ולפני עור ל"ת מכשול כו': [גליון מהרש"א]

שם בא"ד אם היה נותן כמה חוטין. עי' פרק התכלת ד"מ גבי הטיל למוטלת: [גליון מהרש"א]

שם בא"ד. לענין הנחת תפילין דר"ת עיין ביאור הלכה סימן לד סעיף ב ד"ה ויכוין בהנחתם וד"ה יניח של ר"ת:

תוס' ד"ה דלמא כו' ובשמיני ספק שביעי כו'. נ"ב דהא מתן ד' במתן אחת נמי הוי כספק ועוד דמוקי ליה שם שנתערב כוס בכוס והוי ספק ממש: [ר"ש מדעסויא]

דף כט ע"א

גמ' אלמא קסבר משמיע בעי כוונה. בנ"א מכת"י (בגליון) נוסף תיבת נמי, וכ"ה ברי"ף וברא"ש ובריא"ד ובשבלי הלקט ובאגור, ועי' עיטור הל' שופר (ד"ה שלחו ליה), ומלחמת (דק"ס):

שם משמיע משמיע לעצמו. עיין רדב"ז סי' ש"א רמ"ו: [מצפה איתן]

שם וקתני לא יצא. נ"ב עד שיתכוין כו' הא כי מכוין רק לעצמו יצא [ומ"ש בהגהות ר"ב רנשבורג בשם הגאון מווילנא דדייק מדקתני לא יצא בלשון יחיד ולא קתני בלשון רבים לא יצאו ש"מ דרק המשמיע לא יצא אבל השומע יצא אף דלא נתכוין לו המשמיע. ובלי ספק לא מפי הגר"א יצאו דבאמת הברייתא מיירי הכל בדין השומע ונתכוין שומע ולא משמיע לא יצא אף השומע. ובדפוס ווארשא הליגו ד"ז בתוך הגהות רה"ג החסיד מווילנא. ונלכדו גם הם בשגגה]: [יעב"ץ]

שם טומטום אינו מוציא את מינו ע"כ. בטו"א הקשה דהא הו"ל ס"ס ואפ"ל דשא"ה משום דאפשר לברר דהא אם יקרע ידעי אם זכר אם נקבה וכל היכא דאפשר שני הספיקות לברורי בוודאי צריך לברורי ולא הוי ס"ס ולא דמי למה שכתבו התוס' בנדה (דף כז ע"א) דהתם במפלת ליכא לברורי: [פורת יוסף]

שם מאן דליתיה אלא בתקיעה דחד יומא וכו'. נ"א מכת"י בתרועה דחד יומא (וכלשון הפסוק):

שם כל הברכות כולן אע"פ שיצא מוציא ע"כ. בטורי אבן מקשה דהא גבי בהמ"ז אמרי' דוקא שאכל כדי שביעה ע"ש ולא ידעתי מאי קשה לי' חדא דהא הביא הר"נ מירושלמי חוץ מבהמ"ז ק"ש ותפלה ועוד דהא לא קאמר אלא בכל הברכות שיכול להוציא את חברו אע"פ שיצא מוציא משא"כ בברכת המזון דאפילו לא יצא ג"כ אינו יכול להוציא דהא קי"ל ברכות (דף מה ע"ב) שנים שאכלו מצוה לחלק אלא דוקא בזימון וגם שם כיון דאומר ברוך שאכלנו כמי שמברך בעצמו דמי ועיין בירושלמי: [פורת יוסף]

שם ואם יצא אינו מוציא. עי' ברכות מ"ח א' תוס' ד"ה עד שיאכל ובמג"א ברכות סוף סימן י"ג בפ' מי שמתו ועי' בט"ז יו"ד סימן א' ס"ק י"ז: [גליון מהרש"א]

שם אע"פ שיצא מוציא. עיין ביאור הלכה סימן קצ סעיף ד ד"ה יטעום אחד וד"ה מהמסובין:

רש"י ד"ה ה"ג כהנים וכו' אין מקדישין לפני היובל. נ"ב ומפרש הגמ' שם דלא הוי אלא עלה טובה: [ר"ש מדעסויא]

תוס' ד"ה דתנן וכו' דאין זה נוהג אלא כו'. נ"ב ערכין דף כ"ט ע"א: [ר"ש מדעסויא]

דף כט ע"ב

גמ' ברכת הלחם של מצה. אבל מוציא דאכילת פת בשבת שהוא חייב לאכול לא יברך לו אם אינו אוכל: [גליון מהרש"א]

שם ובהלל וכו' אע"פ שיצא מוציא. עיין ביאור הלכה סימן תכב סעיף ב ד"ה הלל:

מתני' יו"ט של ר"ה שחל להיות בשבת וכו'. לכאורה יש לדקדק במה שהוצרך לומר יו"ט של ר"ה ולא אמר ר"ה סתם וכמו דאמר לעיל בר"ה כל באי העולם וכו' שופר של ר"ה וכו'. ושמעתי מפי מר אבא מוה"ר ישראל משה הכהן זצ"ל משום דבאמת יש ד' ראשי שנים ולכן הוצרך לפרש דמיירי ביו"ט של ר"ה דכולהו ראשי שנים לאו יו"ט נינהו ומיהו עדיין קשה דמ"ש דתני לה הכא בלשון זה ולא תני כן בש"מ ואמנם לענ"ד נראה די"ל דקמ"ל דדוקא ביו"ט ראשון תוקעין אם חל בשבת אבל בבאו עדים מן המנחה ולמעלה לאחר החורבן דהתקין ר"י בן זכאי שיהו מקבלין כל היום ועיקר יו"ט יום הראשון הוא וממנו חושבין המועדות רק דמ"מ נוהגין קודש גם ביום השני וכמו דאמרינן בביצה דף ה' ע"ב דמי לא מודה ר"י בן זכאי וכו' אפשר דלא היה תוקעין ביום השני אף במקום ב"ד משום דאינו יו"ט באמת רק משום מהרה יבנה בית המקדש משו"ה צריך לנהוג בו קדושת ר"ה וקצת יש לומר דאפשר דלא היו תוקעין כלל ביום השני אף בחל בחול וכן משמע קצת לקמן ל"ב בהא דמקשה שם למימרא דעברוה לאלול ודו"ק: [חשק שלמה]

שם אמר רבי אלעזר. במנחת יהודה כ' של"ל רבי אליעזר (שהיה תלמיד של רבן יוחנן בן זכאי), וכ"ה בד' קרקא (כאן ובסוף העמוד), אמנם בשאר דפו"י וכתה"י הגי' כלפנינו (אך ברש"י לקמן ל ע"א הגי' ר' אליעזר, עיי"ש בהגהות וציונים):

שם אמרו לו אחד יבנה. כאן נקט ראשון הפשוט יותר יותר ולפעמים נקט ראשון שאינו פשוט. עי' בסוכה בתוס' ריש דף כ': [גליון מהרש"א]

שם אמרו לו אחד יבנה. נ"ב יעוין תוס' פסחים פה ע"א ד"ה אחד עלם כו'. ותוס' מס' זבחים לב ע"ב ד"ה אי הכי. ותוס' מנחות סג ע"ב ד"ה אחד שבת: [רב"פ תאומים]

גמ' א"ר לוי בר לחמא ארחב"ה כו' כאן ביו"ט שחל להיות בשבת כאן ביו"ט שחל להיות בחול. והקשה הט"א דמשמע דלר' לויתקיעת שופר מלאכה גמורה היא ובפ"ו דחולין תניא גבי תקיעות דר"ה דאין ודאן דוחה שבת וספיקה דוחה יו"ט כגון טומטום שתוקע לעצמו ביו"ט ואי תקיעה שלא במקום מצוה מה"ת אסור ביו"ט איך ספקו דוחה יו"ט אלא ע"כ דאין אסור אלא מדרבנן. ועוד הק' מדתניא לקמן ג' תקיעות נאמרו בר"ה ב' מד"ת וא' מד"ס ואי תקיעה שלא במקום מצוה ביו"ט אסור מד"ת וכי ב"ד מתנין לעקור דבר מה"ת בקום ועשה. ושוב הקשה מדתנן בספ"ק דחולין יו"ט שחל בע"ש תוקעין פי' להבדיל העם ממלאכה המותרת ביו"ט והא חיוב תקיעות הללו אינן אלא מד"ס ואי תקיעה ביו"ט אסור מה"ת א"א שידחו ליו"ט והניח בקושיא. ונראה די"ל ע"פ מ"ש התוס' בפ"ק דפסחים (דף ה ע"ב) בשם ריב"א גבי הבערה למ"ד ללאו יצאת שאינה אסורה ביו"ט מה"ת כלל דאין שם מלאכה עליה. ולפ"ד ה"ה בשביתת עבד ובהמה שא"מ עליהן ביו"ט כיון דבשבת נמי אינן בכרת אלא בעשה וכ"כ ג"כ הט"א בחגיגה. וא"כ י"ל דר' לוי ג"כ ס"ל לחלק במלאכה דתקיעה בין שבת ליו"ט דודאי מודה דלאו מלאכה גמורה היא להתחייב עליה כרת אלא דלא ס"ל שהיא חכמה ולא מלאכה וכתנא דבי שמואל אלא ס"ל דמלאכה קצת הויא ואיכא איסור עשה עלה כמו בשביתת בהמה. וסברא זו לא נפלאת היא לומר כן אליבא דר' לוי דהרי כ"ה לדעת רש"י בפי' התורה פרשת בהר לפי הברייתא דת"כ שם וכמ"ש בס' פני יהושע לקמן

הגהות וחדושי הרש"ש

דנתכוין לצאת בו ידי בפה"ג ודומה ממש לתוקע לשיר וזה ברור לע"ד: **גמ' שם אמר רבא ז"א התוקע לשיר יצא.** ברא"ש הגי' רבה וכ"מ להדיא במלחמות ור"ן וכ"מ לקמן (ע"ב) א"ל שאני אומר כו' ובסה"ע רבא אמר לצאת כו'. ודלא כב"ח בהגהת הרא"ש: **רש"י ד"ה ה"ג למימרא דסבר רבא כו'.** לכאורה ה"נ להגיה רבה. אמנם ראיתי ברא"ש ור"ן דגרסי לעיל רבא: **רש"י ד"ה אם קול הברה שמע. עם קול השופר ל"י.** לכאורה קשה דהא לעיל מסקינן דבשופר כיון דחביב יהיב דעתי' ושומע ב' קולות יחד כמש"כ שם בס"ד. וי"ל דכה"ג דהכא הוי כמו תרי קלי מחד גברא דאמרי' שם דאין האוזן יכולה לשמוע: **רש"י ד"ה של עולה. ותלשו מחיים כו'.** לאו דוקא ולא אתי לאפוקי אלא לאחר זריקה וכדמסיק: **תד"ה בשופר. אבל במזיד אין מעילה ולא נפיק לחולין.** כצ"ל:

דף כח ע"ב גמ' אבל הכא זכרון תרועה כו'. נ"ל דדייק מלשון זכרון דכיון דקאתי לזכרון דהיינו שיעלה זכרוננו לטובה כדלעיל (טז) נצטרך לה כוונה. או דזכרון משמעו שתעשה בזכרון ורעיון נאות דהיינו כוונה למצוה: **גמ' שם סבור חמור בעלמא הוא.** ק"ל במגילה מא"ל דהא ל"י אא"כ שומע כל תיבה ותיבה כתיקונה וא"כ יודע שמגילה הוא שומע. וי"ל דמ"ל בלועז ששמע אשורית: **גמ' שם א"ל ר' יהושע ה"ה עובר על בל תוסיף.** עי' במלחמות שכ' דשוחט קדשים לשם חולין כשרים ועולין לשם חובה ואפילו חטאת כדאי' בפ"ק דזבחים ע"ש. ותימה דבס"פ ב"ש (מו ב) איתא מתיב רבה כו' א"ל אביי כו' הא היה בלבו לשם חולין כשר ואינו מרצה וכ"פ הרמב"ם בפט"ו מהל' פה"מ ה"ד ועי' בתור"ע שם פ"א אות ט: **גמ' שם והא הכא כיון דיהיב ליה מתנה מבכור עברה ליה לזמניה.** הקשה לי חכם אחד דהא בזבחים (פ ב) בהג"ה שבתד"ה בל תוסיף בסה"ד כתבו דהבל תוסיף היינו מה שנכרת המתנה משני לדין ע"ש. וזהו בבת אחת. והשבתי לו דהכא דייק מפני שא"א לצמצם ואע"ג דר"א ס"ל דאפשר לצמצם (בכורות ר"ד יח) מ"מ לר' יהושע לא מצינו שיסבור כן וביבמות (כח) אמרינן לא סתים לן תנא כריה"ג. וגם סתם בר פלוגתיה דר"א הוא ר"י ודפליגי עליה בנמצא מכוון בין ב' עיירות ס"ל דא"א לצמצם כדמסקינן בבכורות שם. אבל ז"א דא"כ ישאר קושיית התוס' דשם דשניה תעלה לשיריים ואכמ"ל: **תד"ה דלמא. ומיהו לא קיימא מסקנא הכי.** בחדושי הגרע"א הקשה דגם למסקנא יקשה כיון דמכוון למצוה כו'. ותימה דהרי רבא בהא דחדש דלעבור של"ב בעי כוונה בא לתרץ קושיית אלא מעתה הישן בשמיני כו' וכ"כ הר"ן להדיא ועי' רש"י בעירובין (צו) דהקושיא היא מהא דשמיני ספק שביעי מיתב יתבינן ור"ל דאי שמיני הוא לא מכוין למצוה וכפרש"י שם וכ"מ לישנא דאלא מעתה דר"ל אי לא בעינן כוונה כדמוכח שם וכפרש"י כאן ועי' לעיל בתד"ה ומנא תימרא:

דף כט ע"א במשנה חש"ו א"מ אה"ר ידי"ח וכ"ה הלשון בזה הכלל. ול"י כוונת לישנא דאה"ר הכי את היחיד מוציאין: **גמרא טומטום א"מ לא א"מ כו'.** עט"א שהקשה דהא הוי ס"ס כו' ותירץ על פי סברת התוס' דנדה (כז) ד"ה חומר משום דלפעמים תתהפך הס"ס כו' ע"ש. (ומה שתמה הגרע"א בתשו' ו' על ראיה זו ע"ש לכאורה הרגיש בזה הט"א עצמו במש"כ ול"ל כו' דהתם כו' באשה זו גופה כו' ולכן הביא עוד מפ"ט דנדה ע"ש). אבל אנכי תמה משני שבילין דזא"ז ד"ה טהורין ושם ג"כ הס' מתהפך ע' פסחים (י). וגם באדם אחד יוכל להתהפך כשיזה וישנה ויטבול וילך בשביל השני עי' בפ"ה דטהרות מ"ג (וזה יקשה גם על התוס' והגרע"א ועמש"כ בתענית יב ב) ובכתובות ספ"ב כתבתי ישוב לזה בס"ד. ועי' רמב"ם בפי"ט מהל' אה"ט ובמל"מ שם. ועי' עוד בגמ' ס"פ הדר. ומה שאמר ולא את שא"מ דלכאורה הוה זו ואצ"ל זו עמש"כ בזה בחדושי ש"ע סי' תקפ"ט: **גמ' שם מי שחציו עבד כו'.** עט"א ועמש"כ ביבמות (לט ב) בס"ד: **גמ' שם תני אהבה כו' חוץ מברכת הלחם כו'.** עמש"כ בברכות (מג):

פרק ד דף כט ע"ב תד"ה אבל. וי"ל דשופר שהוא להעלות זכרוניהם כו'. ובתוי"ט לקמן (מג) הביא עוד תירוץ מהר"ן דאם לא יתקעו כשחל בשבת חיישינן שתשתכח תורת שופר משא"כ לולב איתא בשאר יומי. וכתב הוא ז"ל ולתירוצו יש ראיה מדלא תנן כו' ע"ש לדברים הללו אין הבנה. ומש"כ עוד ואע"ג דר"ה איתא נמי ב' ימים מ"מ ד"ת אינו אלא יום אחד. ותימה דגם לולב בגבולין אינו מה"ת אלא יום ראשון. ואולי יכוין דר"ה עיקרו אינו אלא יום א' משא"כ סוכות דנהי דמצות לולב שבו אינה אלא ביום הראשון. מ"מ שאר מצותיו הם כל ז'. או דר"ל דמ"מ במקדש הוא ד"ת כל שבעה: בסה"ד שבר"ה לא היה ידוע כו' אלא בירושלים. ואין להקשות דמ"מ בירושלים והקרובים לה מיהא ידחה. די"ל ע"ד דמסקינן בסוכה (מד) לדידהו נמי לא דחי ע"ש ובפרש"י:

אותו יום ראש חודש. ושמא יעלה על דעתנו כי כמו שיספיק יחיד מומחה לדין אע"פ שהעיקר הדין בשלשה כמו שיתבאר במקומו כמו כן יספיק בקידוש החדש ביחיד לפיכך הודיעך כי אין מספיקין בכאן בפחות משלשה או יותר לפי שאמר השם ויאמר ה' אל משה ואל אהרן בארץ מצרים כמו שבאר במה שקדם. וכן אם יעלה על לבך כי לפי שנחקרו העדים יום שלשים ונתקיימה עדותם ביום שלשים כי הם ראוהו אמש ונתברר היות אותו יום ראש חדש ואע"פ שלא הספיקו בית דין לומר מקודש מקודש אלא בלילה ליל אחד ושלשים ויהיה אמרם מקודש מקודש כאילו הוא גמר דין כי העיקר אצלנו גמר דין מותר בלילה ולפיכך הודיענו כי קידוש החדש לא יהיה בלילה בשום פנים כי התורה קראו משפט שנאמר [תהלים פא] כי חק לישראל הוא משפט וגו' משפט לא יהיה אלא ביום לפי שאמר הכתוב [דברים כא] ועל פיהם יהיה כל ריב וכל נגע מה ראיית נגעים ביום ולא בלילה אף דינים ביום ולא בלילה והיות ראיית נגעים ביום ולא בלילה מה שנאמר [ויקרא יג] וביום הראות בו בשר חי יטמא ביום ולא בלילה ולפיכך יהיה ראש חדש יום אחד ושלשים ויהיה החדש שלא מעובר משלשים יום אע"פ שנראה הירח ליל שלשים כיון שלא נתקדש יום שלשים. וממה שאתה צריך לדעת כי הירח כשנראה בזמנו והוא יום עשרים ותשעה ערבית ונשאר מן היום כדי שיאמרו מקודש מקודש קודם שיראו הכוכבים כי זה מותר אע"פ שהעריב השמש כי הלילה אצלינו אינה אלא משעת צאת הכוכבים כמו שבארנו בשני משבת (הלכה ו) וזכרתי לך זה שלא תחשוב כי קידוש החדש לא יהיה לעולם אלא יום ל' כי אפשר שיהיה קודם ליל ל' כמו שבארנו:

כל השופרות כשרין חוץ משל פרה כו': (דף כו ע"א)
קריאת קרן של פרה קרן הוא למה שאמר הכתוב [דברים לג] בכור שורו הדר לו וקרני ראם קרניו. וחכמים טוענים על ר' יוסי ואומרים והלא כל השופרות נקראו קרן ונקראו שופר ושל פרה נקרא קרן ולעולם לא נקרא שופר ואין הלכה כר' יוסי:

שופר של ראש השנה של יעל פשוט כו': (שם ע"ב)
זה הסדר לא היה אלא במקדש לאמרו הש"י [תהלים צח] בחצוצרות וקול שופר הריעו לפני המלך ה' אבל חוץ למקדש אין תוקעין בראש השנה אלא בשופר בלבד. ואין תוקעין בתעניות אלא בחצוצרות בלבד ומפני זה הי' מצות יום תענית בחצוצרות לפי שהתענית אינו אלא על צרות הציבור והשם אמר [במדבר י] על הצר הצורר אתכם והרעותם בחצוצרות ונזכרתם:

שוה היובל לראש השנה לתקיעה ולברכות כו': (שם)
ר"ל בתקיעה מנין התקיעות. ובברכות מנין הברכות שבתפלה. ועוד יתבאר ענינם. ואמר במה שקדם כי שופר של ראש השנה צריך שיהיה מקרן היעלים אינה הלכה ואין הלכה כרבי יהודה אבל פסק הלכה ששופר של יובל ושל ר"ה של זכרים כפופים:

שופר שנסדק ודבקו פסול דבק שברי שופרות כו': (דף כז ע"א)
נסדק פסול וזהו כשנסדק לארכו אבל אם נסדק לרחבו אם נשתייר מארכו לאחר מקום הסדק שיעור של שופר והוא כדי שיאחזנו בידו ויראה לכאן ולכאן הוא כשר. ואם ניקב יש בו דינים והם כי הוא צריך לסתום הנקב אם סתמו במינו ונשאר ממנו רובו שלם בלי נקב ולא עכבו הנקבים את התקיעה כמו שנזכר כשר ואם סתמו שלא במינו פסול. ובור הוא חפירה בגוף הקרקע. ודות מקום גבוה על הארץ מוקף כתלים. ופיטס כלי גדול מחרס. ועל אותן שהם חוץ לבור אמרו אם קול הברה שמע לא יצא אבל אותן שהיו תוך לבור יצאו ידי חובתן. וצריך התוקע שיכוין להוציא את השומע ידי חובתו ואז יתכוין השומע לשמוע ויצא ידי חובתו ומה שלא התנה בכאן בכוונת משמיע כאילו הוא חזן הכנסת ושליח צבור לפי שעיקר הקדמתו על התקיעה אינה אלא להוציא את הרבים ידי חובתן וכשהוא תוקע להוציא כל השומעין מסתמא מתכוין ולפיכך לא נצטרך אלא כוונת שומע:

והיה כאשר ירים משה ידו וגבר ישראל כו': (דף כט ע"א)
דיבר בכאן כפי מה שאנחנו צריכין בו במה שאנחנו בדרכו וכפי כוונת המסכתא:

פרק רביעי

יום טוב של ראש השנה שחל להיות בשבת כו': (שם ע"ב)
כבר בארנו פעמים ג) ד) כי מקדש תקרא ירושלים כולה ומדינה שאר העיירות שבכל ארץ ישראל. והטעם שבעבורו נאסרה תקיעת שופר בשבת גזירה שמא יטלנו בידו ויעבירנו ד' אמות ברשות הרבים כמו שבארנו בלולב לפי שתקיעת שופר אינה מלאכה. ואמרו אחד יבנה ואחד בכל מקום שיש בו בית דין ר"ל כי אפילו כשיהיו בית דין עוברים ממקום למקום ונתאחרו במקום מן המקומות לא על דעת להתיישב שם יש להם לתקוע שם בשופר ואין הלכה אלא כמו שזכרנו קודם שאין תוקעין אותו אלא במקום שיש שם בית דין קבוע ואין הלכה כר' אליעזר:

ועוד זאת היתה ירושלים יתירה על יבנה כו': (שם)
אמרו ועוד יורה כי היה שם מעשה שני מלבד זה שזכר והוא כי בירושלים היו תוקעין כל העם כל זמן שב"ד יושבין במקדש וביבנה לא היו תוקעין אלא בב"ד בלבד כמו שזכרנו ולא נאסר תקיעת שופר על ב"ד בשבת לפי שב"ד זריזין הם ולא יקרם עון בדבר הזה:

בראשונה היה הלולב ניטל במקדש שבעה כו': (דף ל ע"א)
כבר קדם לך הדבר בזה ההלכה בשלישי מסוכה:

בראשונה היו מקבלין עדות החדש כל היום כו': (שם ע"ב)

אמר ר"י בן קרחה ועוד זאת התקין כו': (דף לא ע"ב)
נתקלקלו הלוים בשיר ענינו שלא אמרו שירה כלל שלא ידעו אם היה היום חול ואין שם עדים שיעידו על הראייה או אם הוא קדש ועוד יבאו העדים בסוף היום כי על כל פנים צריך שירה על כל קרבן כמו שיתבאר במקומות ועת המנחה הוא עת הקרבת תמיד שבין הערבים ואחר שמקריבין אותו לא היו מקריבין אחריו שום דבר כמו שמבואר בחמישי מפסחים. ומקום הוועד הוא מקום הידוע לקיבוץ ב"ד כדי שיהיה מקום אחד ידוע בלבד ילכו לשם העדים ולא יצטרכו לחזר על מקומות רבים בלי ידועים ומבואר הוא כי כל ב"ד הנזכר בזה הענין ר"ל שיהיו סמוכין בארץ ישראל כמו שנבאר בסנהדרין:

סדר ברכות אומר אבות וגבורות וקדושת השם כו': (דף לב ע"א)
אמר השם בראש השנה [ויקרא כג] זכרון תרועה ובאה הקבלה זכרון אלו זכרונות תרועה אלו שופרות ועוד אמר [במדבר י] והיו לכם לזכרון לפני אלהיכם אני ה' אלהיכם ובאה הקבלה כי מה שהזכיר אלהיכם בנין אב כל מקום שנאמר זכרונות ושופרות יהיו מלכיות עמהן וזמן הראוי להקדים המלכיות ואחריהן זכרונות ואחריהן שופרות כמו שאמר אמרו לפני מלכיות כדי שתמליכוני עליכם זכרונות כדי שיעלה זכרוניכם לפני לטובה ובמה בשופר והלכה כר' יהודה:

אין פוחתין מעשרה מלכיות מעשרה זכרונות כו': (שם)

אין מזכירין זכרון מלכות ושופר של פורענות כו': (שם)
אלו העשרה ועשרה ר"ל בהם ג' פסוקים מן התורה ג' מן הכתובים שלשה מן הנביאים וא' מן התורה משלים בו ור' יוחנן בן נורי אומר אם אמר אחד מן התורה ואחד מן הכתובים ואחד מן הנביאים יצא ושיעור מאמר ר' יוסי האמור בכאן כפי מה שנראה מדעתו כך הוא כשם שיצא ידי חובתו אם השלים בתורה כך אם השלים בנביא יצא. וזכרון ושופר ומלכות של פורענות כמו שאמר ויזכור כי בשר המה וגו' [תהלים עח] תקעו שופר בגבעה [הושע ה] אם לא ביד חזקה ובזרוע נטויה וגו' [יחזקאל כ] וכמו כן זכרון יחיד כמו זכרה לי אלהי לטובה [נחמיה יג] אין מוציאין מידי חובה והלכה כר' יוחנן בן נורי וכר' יוסי:

העובר לפני התיבה בי"ט של ראש השנה כו': (שם ע"ב)
לא התקינו זה אלא בעת צרה לפי שהיו שומרין לאותו שהיה מתפלל שחרית שלא יתקע בשופר וכשהיו משלימין התפלה היו השומרים הולכים לדרכם ולפיכך אותו שהיה עובר לפני התיבה להתפלל תפלת מוסף היה תוקע. ואמרו ובשעת הלל לפי שלא היו קורין הלל לא בראש השנה ולא ביום הכפורים לפי שהם ימי עבודה והכנעה ופחד ומורא מהשם ויראה ממנו ומברח ומנוס אליו ותשובה ותחנונים ובקשת כפרה וסליחה ובכל אלו הענינים אינו הגון השחוק והשמחה:

שופר של ראש השנה אין מעבירין עליו את התחום כו': (שם)
כבר בארנו לך כי י"ט הוא עשה ולא תעשה כי אמרו שבתון מצות עשה ואמר כל מלאכה לא תעשו ושופר מצות עשה בלבד והעיקר אצלנו לא אתי עשה ודחי את לא תעשה ועשה ודבר שהוא משום שבות הוא כמו שיתחוך אותו בסכין ומשום לא תעשה כמו שיתחוך אותו במגירה שהיא מלאכת חרושת עץ גמורה. ואין מעכבין את התינוקות מלתקוע ואפילו בשבת ובתנאי שיהיו קרובים להיות גדולים כדי שיהיו יודעים לצאת ידי חובתן כשיגיע ראש השנה:

סדר תקיעות שלש של שלש שלש כו': (דף לג ע"ב)
העיקר אצלנו כי תקיעות של ר"ה ותקיעת יובל שוין וכל הכתוב בר"ה נתחייבנו כמותו ביובל וכל מה שכתוב בתקיעת יובל נתחייבנו כמותו בראש השנה ובאלו הכתובים בו כולם נכתבו בכל אחד משני הזמנים וזה למה שאמר השם [ויקרא כה] והעברת שופר תרועה בחדש השביעי וגו' ובאה הקבלה שיהיו כל תקיעות של חדש השביעי זה כזה והעיקר אצלנו כי כל תרועה יש תקיעה לפניה ולאחריה וכן באה הקבלה מנין שפשוטה לפניה תלמוד לומר והעברת שופר ומניין שפשוטה לאחריה תלמוד לומר [שם] תעבירו שופר ונשאית מלת תרועה בר"ה וביום הכפורים ג' פעמים והעברת שופר תרועה שבתון זכרון תרועה יום תרועה יהיה לכם ולפיכך תוקעין ג' תרועות ושתי תקיעות לכל תרועה כמו שנתנו העיקר ואלו הם הט' תקיעות שנתחייבנו בהם בר"ה וביום הכפורים. ואמר שיעור תקיעה כג' תרועות ר"ל כי שיעור כל התקיעות הוא כשיעור כל התרועות והם ג' ומפני זה אנו תוקעין היום תקיעות הרבה כמו שהוא נראה לעין לפי שנתחדש לנו ספק אם התרועה הנזכרת בתורה היא אותה שאנו קורין היום תרועה והיא כמו יללה או אם ג' שברים היא התרועה או אם שם תרועה נופל על שני מינים ולפיכך אנו תוקעין תשר"ת תש"ת תר"ת ג' פעמים ומפני מה אין אנו תוקעין תרש"ת לפי שמצינו אומר בתרגום תרועה יבבא וכתיב [שופטים ה] בעד החלון נשקפה ותיבב. ומן הידוע כי האדם כשמתבלבל תבלה הוא מתאנח תחלה כמו ג' שברים ואח"כ ירים קולו בדמות תרועה: ואמרו תקע בראשונה ענינו כי כשתקע תקיעה הראשונה שהיא קודם התרועה והאריך בה זמן ואח"כ הריע ואח"כ תקע תקיעה שניה והאריך בה זמן כמו שהאריך בראשונה כדי שתעלה לו לפי דעתו אותה תקיעה לשתי תקיעות אחת לתשלום בבא הראשונה ואחת לתחלת בבא שניה ואמר בכאן שלא תעלה לו אלא לתקיעה אחת בלבד. ורצה באמרו מי שבירך כמו מי שהתפלל כי התפלה הם תשע ברכות שקדם זכרם והם ג' ראשונות ומלכיות וזכרונות ושופרות ושלשה אחרונות. ואמרם כשם שש"צ חייב כך כל יחיד חייב בברכות ומחלוקת רבן גמליאל וחכמים אינו בתפלת ר"ה בלבד אבל המחלוקת בכל התפלות כולם כי חכמים אומרים כשם שש"צ צבור אינו יוצא ידי חובתו אלא בתפלת עצמו כך כל יחיד ויחיד אינו יוצא ידי חובתו אלא בתפלת עצמו ורבן גמליאל אומר כי בתפלת ש"צ צבור יוצא ידי חובתו הידוע להתפלל ומי שאינו יודע והלכה כרבן גמליאל בתפלת של ר"ה ושל יוה"כ בלבד לפי שהתפלות ארוכות בשני ימים אלו:

סליק פירוש המשניות להרמב"ם ממסכת ראש השנה

ילקוט מפרשים ג) [מ"ש פ"ג הל' ד' ושקלי' פ"א הל' ג']: [גליון] ד) כבר בארנו פעמים. נ"ב יעוין מה שכתב במס' מעשר שני פ"ג משנה ד'. ובמס' סוכה פ"ג במשנה בראשונה היה לולב ניטל כו': [רב"ם תאומים]

[כז:]

לארכו פסול לרחבו אם נשתייר בו שיעור תקיעה כשר ואם לאו פסול וכמה שיעור תקיעה פירש רבן גמליאל כדי שיאחזנו בידו ויראה לכאן ולכאן היה קולו דק או עבה או צרור כשר שכל הקולות כשרים בשופר שלחו ליה לאבוה דשמואל קדחו בזכרותו ותקע בו (א)יצא דמין במינו אינו חוצץ: **מתני'** התוקע לתוך הבור או לתוך הדות או לתוך הפיטם(ב) אם קול שופר שמע יצא ואם קול הברה שמע לא יצא היה עובר אחורי בית הכנסת או שהיה ביתו סמוך לבית הכנסת ושמע קול שופר או קול מגילה אם כוון לבו יצא ואם לאו לא יצא ואע"פ שזה שמע וזה שמע זה כוון לבו יצא(ג) וזה לא כוון לבו לא יצא:

רבינו נסים

ורב אלפסי ז"ל פסקו כלישנא קמא ולחומרא וכן דעת הרמב"ם ז"ל בפרק ראשון מהלכות שופר (ה"ה) וכן נהגו לעולם בשל תורה להחמיר באסורי כגון בגיטין וקדושין ושאר אסורין ואע"פ שהוא לישנא קמא אלא שבדיני ממונות ובשל סופרים פסקו כלישנא בתרא (ד)וכן פוסקים בכל מקום רבותינו הצרפתים כלישנא דמחמיר בתרי לישני בתרי תנאי* או תרי אמוראי דפליגי דבשל תורה הלך אחר המחמיר ובשל סופרים הלך אחר המיקל (ע"ז ז.). אבל הרב רבי יצחק גיאות ז"ל (הל' ר"ה עמ' לד) פסק אף הכא כלישנא בתרא ולקולא:

אם נשתייר בו שיעור תקיעה כשר. פירוש דוקא שישתייר שיעור תקיעה לצד הפה הוא דמכשרינן משום דחזינן דכל מה שלמעלה ממנו כאילו נטל משם(ה) וכן נראין דברי הרמב"ם ז"ל בפ"א מהל' שופר (ה"ה) אבל הרב בעל העטור ז"ל הכשיר אפילו לא נשתייר לצד הפה(ו) וכן דעת הרב רבי יצחק אבן גיאות ז"ל (ח"א עמ' לג):

כדי שיאחזנו בידו ויראה לכאן ולכאן. והיינו טפח כדגרסינן בפרק המפלת (נדה כו.) תני אושעיא זעירא דמן חבריא חמשה שיעורן טפח שליא ושופר וכו' שליא הא דאמרן שופר דתניא כמה שיעור שופר כדי שיאחזנו בידו ויראה לכאן ולכאן. וכי תימא לימא טפח בהדיא י"ל דטעמא אתא לאשמועינן דמשום הכי הוי שיעוריה טפח כדי שיאחזנו בידו ויראה לכאן ולכאן דשיעוריה דטפח ארבעה בגודל ושית בקטנות כדאיתא במנחות (מא:) וכשהוא אוחז אותו בארבעה אצבעות בינוניות מה שנראה ממנו לכאן ולכאן משלים את השיעור. ולא כדי שיאחזנו התוקע קאמר דא"כ הכל כפי מה שהוא אדם ואגרופו של בן אבטיח ישנו כראש גדול של כל אדם (כלים פי"ז מי"ב) אלא כדי שיאחזנו אדם בינוני והוא טפח:

קדחו בזכרותו. עצם שבתוך השופר שלא הוציאו אלא נקבו מתחלה ועד סוף:

מתני' התוקע לתוך הבור או לתוך הדות. **בור ודות חדא מילתא הוא אלא שהבור בחפירה ודות בבנין: פיטם(ז). חבית גדולה:**

אם כוון לבו יצא. למאן דאמר בגמרא (כח:) מצות צריכות כוונה האי כוון לבו היינו לצאת ולמ"ד מצות אין צריכות כוונה אם כוון לבו שיהא קול שופר בלבד סגי ושלא יהא סבור דחמור בעלמא הוא.

המאור הקטן

שופרות פסול עוד ההיא דרבי נתן היא דתאני ניקב וסתמו בין במינו בין שלא במינו אם מעכב את התקיעה פסול ואם לאו כשר רבי נתן אומר במינו כשר שלא במינו פסול רבי חייא בשם רבי יוחנן כך היא מתניתא אם מעכב את התקיעה פסול ואם לאו כשר פירוש כן היא המתניתא אשלא במינו דרבי נתן רבי אבא בר זמינא בשם רבי זעירא והוא שסתמו הא לא סתמו כשר שכל הקולות כשרין בשופר ר' יעקב בר אחא אמר אבא בר בא שאיל לרבי שופר קדוח מהו אמר ליה בזה תוקעין ביבנה רבי בא בעא קומי רב שופר קדוח מהו אמר ליה בזה תוקעין בעין בול:

מלחמת ה'

מתני' דקתני סתם ניקב וסתמו אם מעכב את התקיעה פסול טפי אתיא כרבנן דמשמע בין במינו בין שלא במינו וא"ת דה"ק אפילו כרבי נתן נמי אתיא ובשלא במינו ולאוקמא אליבא דחד תנא קא מהדר א"כ לא הוה ליה למימר הכי אלא הוה צריך למימר אף כר' נתן אתיא היא ותפתר שלא במינו ועוד דאי רבי נתן ליתני במינו כשר לאשמועינן כח דהיתרא דהוה עדיף ליה טפי ועוד דסתמא דמתני' במינו משמע כי רישא דדבקו ודבק שברי שופרות ועוד אי בשמעכב את התקיעה בלחוד הוא דפסלי רבנן אמאי לא קתני לה בגמרא דילן בברייתא כדקתני לה במתני' ותנא פסול סתם והלא כל עצמן לא חלקו אלא במעכב וכולה ברייתא לפרושי ולאוסופי אקמייתא ואמתני' אתיא וכולה בחם תניא אם קול פנימי שמע אם נשתנה קולו אם נשתייר בו והיאך שנה כאן סתם פסול ולא פי' אם מעכב את התקיעה ותמה על עצמך לדברי בעל המאור שלא במינו פסול דרבי נתן והוא שמעכב את התקיעה וללישנא בתרא דרבי יוחנן והוא שנפחת רובו הא נפחת רובו ואינו מעכב את התקיעה כשר נמצאו תוקעין בשופר שרובו של נחושת או של זפת וטעות שאי אפשר לו להשמע אלא ודאי דברי רבי נתן כמו שאמרו ראשונים דומיא דמתני' במינו ובשאין מעכב את התקיעה ופי' הענין דמאי מעכב את התקיעה דקתני מתני' שהנקב מעכב את התקיעה עכשיו לאחר סתימה כדפרישית כלומר שלא סתמו יפה יפה אלא עדיין קולו פגום מחמת הנקב שמקצת הקול יוצא דרך שם ולפיכך אף על פי שסתמו במינו פסול שאותה סתימה מצטרפת לפסול ולא להכשיר דלעמוד ולינטל משם קאי מאחר שאינה מהודקת יפה ועדיין מעכב את התקיעה ואם הדקו יפה עד שאין קולו משונה ורעוע מחמת הנקב כשר שאותה סתימה בטלה היא בשופר וזהו פי' משנתינו:

ופי' ברייתא ניקב וסתמו בכל ענין אפילו סתמו יפה יפה בין במינו בין שלא במינו פסול והטעם שמאחר שהנקב היה נקב גמור וקול היה יוצא דרך דופן ועכשיו נסתם נעשה כקול שני שופרות ושופר אחד אמר רחמנא ולא שנים ושלשה שופרות ורבי נתן סבר במינו כשר שמין במינו אינו חוצץ ומאחר שנסתם יפה שופר אחד קרינא אבל אילו לא נסתם יפה מאחר שעדיין מעכב את התקיעה לעמוד ולינטל קאי ואינו בטל אגב שופר וזה שלא פירשו בברייתא בדרבי נתן במינו כשר אם אינו מעכב את התקיעה משום דסתמו פסיל ת"ק בכל ענין שיסתם ואתא רבי נתן למימר אם נסתם יפה במינו כשר וכדקתני מתני' וסתם סתימה נמי לגמרי משמע אמור מעתה משנתינו ר' נתן מדקתני אם אינו מעכב את התקיעה כשר ואף על גב דלא פריש במינו כשר וזהו שאמרנו דסתמא במינו משמע משום דרישא כולה במינו היא ודכן סתימתו של שופר נמי במינו היא ומאי דלא פריש בהדיא במתני' פירש בברייתא דכולה נמי לפרושה למתני' אתיא ומוספא אמתני' ואברייתא קמייתא היא דתנן נסדק פסול ובברייתא פירשו לארכו אבל לרחבו אם לא נשתייר ותנן שברי שופרות והוסיפו בברייתא הוסיף עליו כל שהו וכן נמי פירשו סתמו דמתני' דוקא במינו:

ופי' הירושלמי כך הוא שופר שנסדק ודבקו פסול למאן נצרכה לר' נתן דאילו לרבנן מאי אריא נסדק כולו לארכו אפילו נקב נמי ואף על פי שאינו מעכב את התקיעה כדפרישית אבל לר' נתן סד"א מדנקב וסתמו במינו כשר אף נסדק לארכו ודבקו בעצמו כשר צריכא וכן דיבק שברי שופרות נקב וסתמו רבי חייא בר אבא בשם רבי יוחנן אמר דר' נתן היא דתניא נקב וסתמו אם מעכב את התקיעה פסול ואם לאו כשר וכן הגירסא בכל הנוסחאות ופירושה שרבי חייא בר אבא בא לפרש הברייתא לקיים דבריו שהעמיד משנתינו כרבי נתן ואמר דהכי קתני אם היה מעכב את התקיעה מתחלה קודם סתימה ובהא פליגי ת"ק ורבי נתן דלת"ק לעולם פסול אף על פי שעכשיו אינו מעכב ולדברי רבי נתן במינו כשר נמצאת משנתינו שמכשרת אם אין מעכב את התקיעה לאחר סתימה ר' נתן ותפתר בשסתמו במינו ובמעכב עכשיו את התקיעה אפילו רבי נתן מודה דפסול לעולם והיינו דלא קתני בגמרא דילן בברייתא אם היה מעכב את התקיעה משום דפשיטא ליה שאם מתחילה אין הנקב מעכב את התקיעה כלל אינו נקב ואין סתימתו פוסלת לפי שאינה מקייעת בקולו של שופר כלל ועוד שאינו בכלל נקב וסתמו וכירושלמי שינו ופירשו זהו פירושה של שמועה כדברי הראשונים ז"ל והירושלמי מוכיח שהוא מתרץ בלשון הברייתא היה כמו שכתוב בכל הנוסחאות:

וכתבתי זה לברר דברי רבינו הגדול שפסק כרבי נתן שעל כרחנו סתם מתני' כרבי נתן ולא כרבנן ועוד מדקא מתרץ ר' יוחנן אליביה ש"מ הלכתא כוותיה כדאמרינן במסכת שבת (קיב.) ובודאי לא הסכים ר' יוחנן לדברי רבי נתן אלא מפני סתם המשנה ואף על פי שלא אמרו בגמרא מתני' מני רבי נתן היא מלינו הרבה כיוצא בזה בתלמוד בפרק הניזקין (גיטין נב:) תנן המטמא והמדמע והמנסך בשוגג פטור דלא כרבי מאיר אלא כרבי יהודה ועוד אחרת בפרק האשה שנתארמלה כתב הוא (רי"ף סי' קלו) זה דלא כרבי מאיר היא ולא מדכר בגמרא כלום ובפרק אין דורשין (חגיגה יח:) סתמיה כר' מאיר ולא כרבנן וכיוצא בהן הרבה וכלישנא קמא דלחומרא נקיטינן בכל בדאורייתא וכן דעת רבותינו הגאונים וכן פסק כאן (עמ' רסו) רב שמעון בעל הלכות ז"ל:

רש"י

נסדק רחבו(ט). כל רוחב היקפו: **אם נשתייר.** ממקום הסדק עד מקום הנחת פה שיעור תקיעה כשר חשיב ליה כמאן דאיפסקיל כולו והוה(י) כמו ארוך וקצרו: **צרור.** רפוק"ש בלע"ז(יא): **קדחו בזכרותו.** כשהוא מחובר בבהמה עצם בולט מן הראש נכנס בתוכו ומוציאין אותו מתוכו וזה לא הוציאו אלא נקב הזכרות: **מתני' בור ודות.** חדא ניהו אלא שהבור בחפירה והדות על הקרקע איסקרייר"א בלע"ז: **פיטס(יב).** חבית גדולה: **הברה.** ריטנטי"ר בלע"ז:

שלטי הגבורים

א [טור סי' תקפו] והיינו דאמרינן (נדה כו.) שיעור שופר טפח דהיינו ארבע אצבעות בגודל שהן חמשה אצבעות בינוניות וששה בקטנות ושיאחזו בארבעה אצבעות בינוניות ומה שיראה לכאן ולכאן משלים והאי דקאמרינן כדי שיאחזו לאו אתוקע קאי דא"כ ה"ל למתנייה בהדיא הכל לפי מה שהוא אדם ואגרופו של בן אבטיח הוא גדול טפי אלא כדי שיאחזו אדם סתמא דהיינו טפח כדפרישית והרי"ץ גיאות כתב (הל' ר"ה עמ' לג) (שא"ל) [שצריך] טפח שאוחז כדי שיראה לכאן ולכאן ולמאי דפרשינן א"ל:

הגהות וציונים
מתב"ה ושאר מפרשים

(א) מהו אמר להו (כ"י נ"י): (ב) בדפוי"י הגירסא פיטס (ש"נ): (ג) תי' יצא ולא יצא ליתא (כ"י נ"י ר"פ) [וכן במשנה ובגמ']: (ד) האי וכן קאי רק אבשל תורה הלך אחר המחמיר דבזה שווים האלפסי ורבותינו הצרפתים אבל בשל סופרים פליגי ולדעת האלפסי פסקינן תמיד כלישנא בתרא ולדעת הצרפתים כלישנא דמיקל. (ר"ח): (ה) וכן פי' רש"י: (ו) בטור סי' תקפו משמע דבעל העיטור ס"ל דבעינן נשתייר לצד הפה: (ז) בדפוי"י הגירסא פיטם (ש"נ): (ח) נ"ב אם (ב"ח): (ט) צ"ל לרחבו (ב"ח): (י) נ"ב ליה (ב"ח): (יא) נ"ב לשון יבש (ב"ח): (יב) בדפוי"י הגירסא פיטם (ש"נ):

עין משפט

א ב מיי' פ"א מהלכות שופר הלכה ה טוש"ע או"ח סימן תקפו סעיף ט:
ג מיי' שם פ"א הלכה ז טוש"ע או"ח סימן תקפו סעיף ו:
ד מיי' שם פ"א הלכה ה טוש"ע או"ח סימן תקפו סעיף טו:
ה מיי' שם פ"א הלכה ח טור או"ח סימן תקפה וטוש"ע או"ח סימן תקפז סעיף א:

שיטת ריב"ב

לרחבו אם נשתייר בו שיעור תקיעה כשר. פירש רבינו שלמה ז"ל אם נשתייר שיעור תקיעה ממקום הסדק עד מקום הנחת פה כשר והרב רבי יצחק בן גיאות ז"ל כתב שופר שנסדק לרחבו אם נשתייר בו שיעור תקיעה בין למעלה מן הסדק בין למטה מן הסדק כשר: **ושופר שניקב ולא סתמו כלל כשר.** דהכי איתא התם בירושלמי רבי אבא בר זימנא בשם רבי זעירא והוא שסתמו הא לא סתמו כשר שכל הקולות כשרין בשופר רבי יעקב בר אחא אמר אבא בר בא שאל לרבי שופר קדוח מהו אמר ליה כזה תוקעין ביבנה ורבי בא בעי קומי רב שופר קדוח מהו אמר ליה כזה תוקעין בעין בול: **שופר שנסדק לארכו פסול.** מדקאמר לארכו ולא קאמר כארכו על פני כל ארכו קאמר וכן לרחבו לכל רוחב היקפו והיינו דשייך שיור שיעור תקיעה בנסדק לרחבו ולא שייך בנסדק לארכו: **צרור.** יבש כמו צרור של מנחות: **קדחו בזכרותו.** עצם בולט מראש הבהמה ונכנס לתוך הקרן וזה לא הוציא אותו עצם לחוץ אלא נקב בו: **מתני' התוקע לתוך הבור או לתוך הדות וכו':**

השגות הראב"ד

קתני בין במינו בין שלא במינו פסול ולא פליג רבי נתן ובגמרא נמי לא אמרינן מתניתין דלא כרבי נתן אלמא איכא גונא דמודה ביה רבי נתן דהוא פסול אפילו במינו והיינו כלישנא קמא דרבי יוחנן דהיכא דנפחת רובו מודה רבי נתן דהוא פסול אפילו במינו ומשום הכי פסקו הגאונים כלישנא קמא ומה שכתב הרב אבן גיאת ז"ל בין בכלל בין בפרט לא הסכים להלכה כי הוא סובר אם מעכב את התקיעה האמור במשנה לאחר סתימה קאמר ולא היא כבר פירשו בירושלמי (ה"ז) אם היה מעכב קאמר ועוד פירשו שאם לא סתמו כשר שכל הקולות כשרים בשופר מדברי הירושלמי [ספר בכת"י ובדפוס לר"ה (עמ' לא) כתב כזה הלשון ונראה מזה שהעבות שאמרו לא שאינו יכול לתקוע בו אלא שמתקלקל קולו מפני הנקב] לעכב לא שאינו תוקע כלל אלא שנפגמה תקיעתו מפני הנקב וסתמו וחזרה לכמות שהיתה פסול מפני שהוא קול הסתימה הוא"ל וקודם סתימה היתה פגומה:

[כז: - כח.]

והקשו בתוס' (ד"ה ושמע) אפילו[ג] כוון לבו [[ד]אמאי] יצא והא אמרינן בעירובין פרק כל גגות (צג:) לבור בקטנה ושליח לבור בגדולה אין יוצאין ידי חובתן ותירצו דשאני התם דליכא עשרה עם שליח צבור והקשו עוד מדאמרינן בפרק כילד צולין (פסחים פה:) מן האגף ולחוץ כלחוץ ואמר רב ([ה]תנן) וכן לתפלה ופליגא דרבי יהושע בן לוי דאמר אפילו מחיצה של ברזל אינה מפסקת בין ישראל לאביהם שבשמים וההיא פלוגתא במאי עסקינן אי לענין צירוף [ו]דבפרק כל גגות מיקשי לרבי יהושע בן לוי ואנן קי"ל כוותיה כדמוכח בסוטה בפרק ואלו נאמרין (לח:) דמייתי מינה ראיה לברכת כהנים דאין מחיצה מפסקת ואי איירי לענין לצאת וכמתני' דהכא תקשי מתני' לרב ותירצו דההיא דפרק כילד צולין איירי לענין לענות בכל דבר שבקדושה עם הצבור דלרב מפסקת ואין עונה עמהם משום דכל דבר שבקדושה אין פחות מעשרה (ברכות כא:) והרי הוא כעומד מבחוץ ולרבי יהושע בן לוי אין מחיצה מפסקת והרי הוא כעומד בתוך עשרה שבפנים ועונה עמהם וקי"ל כרבי יהושע בן לוי.

וקשיא להו [ז]דהא קול מגילה תנן ומגילה בעינן עשרה בין בזמנה בין שלא בזמנה (מגילה ה.) ואפילו לרב דאמר בזמנה ביחיד [ח]הא אמרינן התם דתש רב לגה דרב אסי דאמר בעשרה* ולאו קושיא היא דהא דבעינן עשרה במגילה היינו משום פרסומי ניסא ובמקום קריאתה הוא דבעינן עשרה לפרסומי ניסא והא איכא ואע"ג דהאי שמע לה במקום דליכא עשרה קריאתה מיהא בעשרה הוא וממקום דאיכא ([ט]משום) פרסומי ניסא שמע לה ומש"ה יצא ואם לאו לא יצא.

ירושלמי א"ר יוסי ברבי חנינא לא אמרן אלא בעובר אבל בעומד חזקה כיון:

גמ' א"ר הונא לא שנו אלא וכו' אבל אותן העומדים בבור יצאו. דאותן העומדים בבור שומעין הן קול שופר לעולם ומסתברא דכי היכי דמפלגינן בבור הכי נמי מפלגינן בפטס דאותן העומדין בתוך הפטס יצאו. אבל הרמב"ם ז"ל בפ"א מהל' שופר (ה"ח) חלק בבור ודות ובפטס לא חלק אפשר שדעתו מפני שהברתו גדולה אפילו העומדין בתוכו אם קול הברה שמעו לא יצאו:

[כח.] **וגרסינן** בגמרא אמר רבא שמע מקצת תקיעה בבור ומקצת תקיעה על שפת הבור יצא ומוקמינן לה בגמרא בתוקע ועולה לנפשיה. כלומר שהוא עצמו תוקע מקצת תקיעה בעודו בבור ובעודו תוקע יצא מן הבור והשלים התקיעה וכי תימא פשיטא דילא דהא אמרינן דאותן העומדים בבור יצאו הא קמ"ל דלא חיישינן זמנין דמפסיק רישיה ואבתי

שופר בבור וקא מערבב קלא והרב אלפסי ז"ל השמיטה לפי שהוא דבר שאינו מצוי וכתב הרב רבינו האי גאון ז"ל (תשובת הרי"ן גיאות עמ' לה) שדברים הללו היו צריכין להן בימי הגזרה והמלכיות שהיו מתיראין מהן מלתקוע בגלוי:

[ז. - ז:]

גמ' אמר רב הונא [א]לא שנו [א] אלא לאותן העומדים על שפת הבור אבל אותן העומדים בבור יצאו [כח.] אמר רב יהודה בשופר של [ב]עבודה זרה לא יתקע ואם תקע יצא דמצות לאו ליהנות ניתנו [ד]אמר רבא [ג]המודר הנאה מחבירו מותר לתקוע לו שופר[א] של מצוה [ד]והמודר הנאה משופר מותר לתקוע לו[ב] תקיעה של מצוה

אמר רב יהודה שופר של עבודה זרה לא יתקע. משום דמאיס (רש"י חולין פט. ד"ה אם): ואם תקע יצא. דמצות לאו ליהנות נתנו לא נתנו לישראל להיות קיומם להם הנאה אלא לעול על צואריהם נתנו: וכי אמרינן דאם תקע יצא דוקא בע"ז או במשמשי[ו] ע"ז של עובד כוכבים דכיון דבבטול סגי ליה לא מכתת שיעוריה אבל בע"ז דישראל אמרינן בסוף פרק כסוי הדם (חולין פט:) דלא יצא משום דכיון דאין לה בטלה [יא]כתותי מכתת שיעוריה ובשופר בעינן שיעורא כדאיתא לעיל (סי' תתקמד ד"ה וכמה שיעור) והוא הדין דבשל תקרובת ע"ז דעובד כוכבים לא יצא דלית ליה בטלה עולמית דהא איתקש למת (ע"ז ג.) אלא ודאי בע"ז דעובד כוכבים א"נ במשמשי ע"ז דעובד כוכבים עסקינן וכגון שנטלו ע"מ שלא לזכות בו דאי נטלו לזכות בו מדאגבהיה קנייה והוה ליה כע"ז דישראל (שם מב.):

אמר רבא המודר הנאה מחבירו וכו' והמודר הנאה משופר מותר לתקוע לו תקיעה של מצוה. דמצות לאו ליהנות נתנו. ואיצטריך לאשמועינן במודר הנאה מחבירו ומודר הנאה משופר דסלקא דעתך אמינא מודר הנאה מחבירו היינו טעמא דשרי לפי שאין דעתו של נודר לדבר מצוה כיון שלא פירש אבל הנודר משופר בפירוש ליתסר קמשמע לן. וכתב הר"ז הלוי ז"ל (בעה"מ סי' תתקמו ד"ה אמר רבא) דלא שרי דוקא בתקיעות דר"ה שהן מצוה מן התורה אבל בתעניות לא ולפי דבריו אף בתקיעות דר"ה* צריך לדקדק לפי שיש בהן מדרבנן. אלא שאין מחוורין דבריו דמכל מקום מצוה איכא.

מיהו מסתברא לי דכי אמרינן מותר לתקוע לו תקיעה של מצוה דוקא כגון שהוא תוקע מאליו להוציא המודר הנאה אבל כל שאמר לו המודר תקע לי והוציאני אסור דשליחותיה קא עביד ומהני ליה ודמיא לדבר מדאמרינן בפרק אין בין המודר (נדרים לה:) איבעיא להו הני כהני שלוחי דידן הן או שלוחי דשמיא הן למאי נפקא מינה למודר הנאה אי אמרת שלוחי דידן הא קא מהני ליה ואסיר ואמרינן נמי התם (שם לו:) אלא לדעתיה דבעל הכרי הא קא מהני ליה דקא עביד שליחותיה אלמא כל היכא דקא עביד שליחותיה אסור אלא ודאי הכא בתוקע מעצמו שלא בשליחותו של מודר עסקינן.

וכי אמרינן נמי דשרי דוקא במודר הנאה משום דמצות לאו ליהנות ניתנו אבל באומר קונם שופר לתקיעתו עלי אסור לתקוע אפילו תקיעה של מצוה לפי שהנדרים חלים על דבר מצוה

המאור הקטן

[כח.] **אמר רבא** שופר של עבודה זרה לא יתקע ואם תקע יצא. ובמסכת חולין [פט.] גרסינן ואם תקע לא יצא ומוקמינן לה להההיא באשרה דמשה דכתותי מיכתת שיעורה[א] ובהלכות הרי"ף ז"ל גרסינן הכא אמר רב יהודה וקשיא דרב יהודה אדרב יהודה דהא אמר רב יהודה בשופר של שלמים לא יתקע ואם תקע לא יצא אלמא מצות ליהנות ניתנו ס"ל[ב] ונראה מדברי הרי"ף ז"ל דהא דאמר רבא אחד זה ואחד זה לא יצא תירוצא הוא למימריה דרב יהודה למימרא דכי איתמר הכי איתמר ולא קשיא דידיה אדידיה[א]* וקיימא לן כרבא דאמר מצות לא ליהנות ניתנו

והמודר הנאה מחבירו מותר לתקוע לו* בשופר של מצוה דוקא בשופר של ר"ה שמצותו מן התורה אבל בחצוצרות בתעניות לא[ב] [ג] והמודר הנאה משופר מותר לתקוע לו תקיעה של מצוה לאפוקי גמיעת מים דלא שרי למיגמע ביה גמועי:

וההיא דאמר רבא שמע מקצת תקיעה בבור ומקצת תקיעה על שפת הבור יצא כיון דאסיקנא בתוקע ועולה לנפשיה שייכא ליה בדרב הונא דאמר לא שנו אלא לאותן העומדים על שפת הבור אבל לאותן העומדין בבור יצאו לפיכך לא כתבו הרי"ף ז"ל:

השגות הראב"ד

(א) כתוב שם: ונראה מדברי הרי"ף ז"ל דהא דאמר רבא אחד זה ואחד זה לא יצא היה הוא רוצה למימר דרב יהודה למימרא דכי איתמר הכי איתמר ולא קשיא דידיה [אדידיה] וכו': אמר אברהם: כאמת כך היא הגירסא בכל הספרים אמר רב יהודה ומה שאמרו דקשיא דרב יהודה אדרב יהודה במצות ליהנות ניתנו לא היא דקמייתא משום דמיכתת שיעוריה הוא דפסילא ליה לרב יהודה כרבי אלעזר דאמר במסכת ובסוף פרק התערובות מקדש [פ.] עלמות קודש וזריקה לא נהגין מהן לעולם הלכך כעי קטרה ומיכתת שיעורייהו והא אליבא דרב יהודה קאמר אמר זה ואמר זה לא יצא סבר לה כרבי יוחנן משום רבי ישמעאל דאמר [שם] דאפילו פרשו קודש וזריקה אתיא וזריקה ופריא להו אלמא לא מיכתת שיעורייהו מאי אמרת מצוה הבאה בעבירה היא [סוכה ל.] ולא ניפוק כלל שהרי נסבה מאיסורי הנאה מצות לאו ליהנות נתנו:

(ב) כתוב שם: דוקא בשופר של ראש השנה שמצותו מן התורה אבל בחצוצרות בתעניות לא: אמר אברהם: זה תבשיל שלא מלח וכי מה איכפת ליה למודר בין תקע או לא תקע וכי בשביל שיהיה אנו תוקעים ואי איתא מיהא לנטר איתא ואפילו הכי לא מיתוותא דהשתא תקיעה ליכא כה שכר מצוה רחמי תקמי שמיא הוא וכי המודר הנאה מחבירו אמרינן שלא יעקם עליו רחמים שיתרפא מחליו וכל שכן נוער הצבור הלכך לא אתא למיעוטי הא מילתא כלל ועוד אי לאו מצוה היא כלל כל שכן שהוא מותר דהא ליכא בהאי תקיעה לא הנאת הגוף ולא קבל שכר אלא למעוטי לשיר דלא:

[א] משום כתותי מכתת שיעורא הא בלא"ה לא יצא משום דליהנות ניתנה וכמ"ש תוס' שם בסוכה אח"כ עיי"ש. ג] עיין בר"ן (ד"ה אמר רבא) שכתב וכ' הרז"ה דכי שרי דוקא בתקיעות דר"ה שהן מצוה מה"ת אבל בתעניות לא ולפי דבריו אף בתקיעות דר"ה צריך לדקדק לפי שיש בהן מדרבנן אלא שאין מחוורין דבריו דמ"מ מצוה איכא עכ"ל ראיתי בטעם המלך (פ"ה מלולב ה"א) שרצה לומר דכוונת רז"ה דוקא בתקיעות של תעניות שעיקרן מדרבנן אבל בתקיעות ר"ה אף שיש מהן תקיעות דרבנן אפ"ה לאו להנות נתנו דעיקרן דאורייתא וכל מה דתיקון רבנן כעין דאורייתא תיקון ומיישב בזה קושית השער המלך על הרז"ה אך כ' אמנם מה אעשה הרי הר"ן ז"ל לא הבין כן מדברי הרז"ה ומי יכול לדון את שתקיף ממנו יעי"ש. ולע"ד אי משום הא לא אריא די"ל לפמ"ש הבית שמואל באבן העזר סי' ב"ח ס"ק נ"ב דהרי דרבנן הוי כדבר שאין לו עיקר בדאורייתא ועיי"ש א"כ י"ל דמש"כ הר"ן דצריך לדקדק בתקיעות דר"ה לפי שיש בהן מדרבנן כוונתו בזה שני דאו הוי הרי דרבנן והרי כאן לו עיקר בדאורייתא וא"כ הוא כמו תקיעות של תענית.

רש"י

גמ' אותם העומדים בבור יצאו. שהם שומעין קול השופר לעולם: של ע"ז. שימשו בו לע"ז ואסור בהנאה כדתנן במסכת ע"ז (מט:) אבד תאבדון את כל המקומות (דברים יב, ב) כלים שנשתמשו בהן לע"ז הכתוב מדבר: ואם תקע יצא דמצות לאו ליהנות נתנו. לא נתנו לישראל להיות קיומם הנאה להם אלא [[יא]עול] על צואריהם נתנו:

שלטי הגבורים

א [טור סי' תקפז] ואם התחיל לתקוע בבור ועלה חוץ לבור וגמרה יצא שכל מה ששמע בין בפנים בין בחוץ היה קול שופר ואחרים לא יצאו אע"פ שבסוף התקיעה שמעו קול שופר כיון שלא שמעו קולו בתחלה לא יצאו שהשומע תחלת התקיעה בלי סופה או סופה בלי תחלתה ואין באותו מקצת שיעור תקיעה לא יצאו ובעל העיטור כתב (ח"ב הל' שופר נג.) שאפילו אם יש במקצתה שיעור תקיעה לא יצא:

לשון ריא"ז

[ה"ב אות א] העומד על שפת הבור אם קול שופר שמע יצא ואם קול הברה שמע לא יצא ואע"פ שהוא שומע קול שופר בתחלת התקיעה קודם שיתערב הקול אינו יוצא [[יב]בתחלת התקיעה] שהרי אין בה שיעור תקיעה עד שמתערבת התקיעה בסופה וכן אם שמע תחלת התקיעה מתוך הבור כערבוב וסוף התקיעה שמע חוץ לבור לא יצא בסוף התקיעה שאין שיעור בסופה בלא תחלתה ואם יש שיעור בסוף התקיעה נראה בעיני שיוצא בה שהרי תקיעה שלימה היא ואין חוששין על תחלתה. [אות ב] וכן אם שמע מקצת תקיעה קודם שעלה עמוד השחר ומקצת תקיעה לאחר שעלה עמוד השחר [[יג]לא יצא] שהרי אין שיעור התקיעה בסופה ואין תוקעין אלא ביום ולא בלילה שנאמר (במדבר כט, א) יום תרועה יהיה לכם. [אות ג] היה תוקע לעצמו בתוך הבור והיה תוקע ועולה עד שהשלים התקיעה חוץ לבור ה"ז יצא ואין חוששין שמא יוציא ראשו לחוץ ועדיין השופר תוקע לתוך הבור:

עין משפט

א מיי' פ"א מהלכות שופר הלכה ח טוש"ע או"ח סימן תקפז סעיף א:

ב מיי' שם פ"א הלכה ג טוש"ע או"ח סימן תקפו סעיף ג:

ג *מיי' פ"ו מהלכות נדרים הלכה ח טוש"ע או"ח סימן תקפו סעיף ז וטוש"ע יו"ד סימן רכא סעיף יב:

ד *מיי' פ"א מהלכות שופר הלכה ג טוש"ע או"ח סימן תקפו סעיף ה וטוש"ע יו"ד סימן רכא סעיף יג:

שיטת ריב"ב

גמ' אבל אותן העומדין בבור יצאו. דאותן העומדין בבור לעולם הם שומעין קול שופר ולא קול הברה: מצות לאו ליהנות ניתנו. לא ניתנו לישראל להיות קיומם להם הנאה אלא עול על צואריהם ובמס' חולין גרסינן לא יצא ומוקמינן לה להההיא באשרה דמשה דכתותי מיכתת שיעורה: מותר לתקוע תקיעה של מצוה. דמצות לאו ליהנות ניתנו:

הגהות וציונים

מכת"י ושאר מפרשים

(א) תקיעה של מצוה (כ"י ובנם): (ב) בו (כ"י י"ם): (ג) אם כוון לבו יצא כצ"ל (א"י כ"י): (ד) גי' מהר"ם: (ה) ד"ת כ"י: (ו) וההיא דבפרק כל וכו' כצ"ל (שטמ"ק כ"י) [וכ"ה בחי' הר"ן]: (ז) לרב (מהר"ם): (ח) ביחיד אבל מקום הא וכו' כצ"ל. וכ"ה בחי' הר"ן (שטמ"ק כ"י): (ט) הוקף בדפו"א: (י) נ"ב עולמות (ב"ח): (יא) גי' מהר"ם: (יב) כ"ה בריא"ז:

שמן למאור

א] אף דלא נזכר בחולין שם דמיירי באשירה דמשה דרב אשי אמר רק הכי השתא התם שיעורא בעינן ועבו"ם כתותי מכתת שיעורא עיי"ש אכן כיון דבסוכה לא: משני הא דקתני במתני' של אשירה פסול באשירה דמשה ע"כ כ' רבינו באשירה דמשה דל"ש כתותי מכתת שיעורא רק באשירה דמשה דהיינו ע"ז דישראל כמ"ש בתוס' סוכה שם עיי"ש והר"ה שופר בע"ז של ישראל מיירי.

ב] לדעת ר"ת דהא דיוצא בשל ע"ז מיירי בבישלו ומ"מ לכתחילה אינו יוצא משום דמאיס למצוה אתי שפיר כמ"ש תוס' בסוכה ל"ב ע"א לתרץ קושיא זו דרב יהודא אדרב יהודא דבע"ז על כרחך מיירי בבישלו עיי"ש א"כ י"ל דגם הרי"ף סובר כר"ת. עכ"פ הבעל המאור דמקשה ע"כ פליג ארבינו תם ז"ל. אך י"ל דאבתי אי אפשר לומר דגרסינן רב יהודא דהא רב יהודא ס"ל מצוה ליהנות ניתנה וא"כ לס"ל למיבער הבציר הגרדות לא יצא

[כח. - כח:]

[ז:]

א והמודר הנאה ממעין טובל בו טבילה של מצוה בימות הגשמים אבל לא בימות החמה: [כח:] תניא נתכוין סב שומע ולא נתכוין משמיע או שנתכוין משמיע ולא נתכוין שומע לא יצא עד שיתכוין שומע ומשמיע

כדבר הרשות (שם יג:) אבל האומר שבועה שלא אשמע קול שופר של מצוה לוקה ושומע קול שופר של מצוה שאין השבועה חלה לבטל המצות אלא בכולל כאומר שבועה שלא אשמע קול שופר(א):

והמודר הנאה ממעין טובל (נר מצוה) בו טבילה של מצוה בימות הגשמים. **שאין כאן הנאה אלא קיום מצוה ומצות לאו ליהנות ניתנו: אבל לא בימות החמה דאיכא הנאת הגוף:**

גרסינן בגמרא שלחו ליה לאבוה דשמואל כפאוהו ואכל מצה יצא. כלומר שאם כפאוהו פרסיים ואכל מצה בלילי הפסח שלא לכונת מצוה יצא ידי חובתו. וכתב הרא"ה ז"ל דדוקא כי האי גוונא יצא שיודע הוא שעכשיו פסח וזו מצה אלא שאינו מתכוין לצאת אבל כסבור חול הוא ואכל מצה או כסבור לאכול בשר ואכל* מצה ודאי לא יצא דהא איתא למה לי למינקט כפאוהו פרסיים לנקוט חד מהני גווני אלא ודאי כדאמרן.

וגרסינן עלה **אמר רבה זאת אומרת התוקע לשיר יצא פשיטא היינו הך מהו דתימא התם אכול מצה אמר רחמנא והא אכל. כלומר דכיון שנהנה באכילתו לא מיקרי מתעסק דהא אפילו לענין חטאת אמרינן** (סנהדרין סב:) **המתעסק בחלבים ובעריות חייב שכבר נהנה:** [כח:] **אבל הכא. כלומר בתוקע לשיר אימא מתעסק בעלמא הוא קמ"ל. ואקשי ליה** אביי לרבא(ב) אלא מעתה כיון דמצות אין צריכות כונה הישן בשמיני בסוכה ילקה. משום בל תוסיף. ואסקא רבא לשמעתא הכי אלא אימא **לצאת לא בעי כונה לעבור.** כלומר על בל תוסיף: **בזמנו לא בעי כונה שלא בזמנו בעי כונה.** ומשום הכי הישן בשמיני בסוכה לא לקי דשלא בזמנו הוא:

א *טוש"ע יו"ד סימן רכא סעיף יג:
ב מיי' פ"ב מהלכות שופר הלכה ד טוש"ע או"ח סימן תקפט סעיף ח:

שיטת ריב"ב

בימות הגשמים. שאין כאן אלא הנאת קיום מצוה ומצות לאו ליהנות ניתנו: אבל לא בימות החמה. דאיכא הנאת הגוף:

השגות הראב"ד

(א) כתוב שם: בפרק ערבי פסחים ברירנא דרבי יוסי ס"ל מצות צריכות כונה ופליגי רבנן עליה הלכך ליתא להא דרבי יוסי:

אמר אברהם: לעולם מעשה רב [שבת כא.] בכל מקום ודרבי זירא אדרבא פליגא אדשלחו ליה לאבוה דשמואל לא פליגא דכיון דאכל מצה הרי נהנה גרונו ומעיו והלא מתעסק שהוא פטור לענין שבת לענין חלב ועריות חייב [כריתות יט:] ולעולם כל לענין אכילה לא בעינן כונה למצוה אבל לשאר מצוות בעינן כונה כפשטה דמתניתין וכן עיקר ואע"ג דהא דרבי אליעזר ורבי יהושע פלוגתא עליה דרבי זירא:

רש"י

אבל לא בימות החמה. דאיכא הנאת הגוף:

הגהות וציונים
מהב"ה ושאר מפרשים

(א) עי' ר"ן שבועות סי' אלף קיז ד"ה ירושלמי: **(ב)** צ"ל לרבה (ב"ח): **(ג)** רעק"א בדו"ח עמ' צג: תיקן ע"פ זבחים מו: אלא שלא עלו אך עיין מ"ש אבנ"ז חו"מ סי' קס ואחיעזר ח"ג סי' נב על זה: **(ד)** כונת רבינו לכל פרק ראשון ע"ש:

המאור הקטן

[כח:] **לפום** סוגיא דשמעתא מתחוורא כרבא דאמר לצאת לא בעי כוונה לעבור בזמנו לא בעי כוונה שלא בזמנו בעי כוונה והכין אסיקנא בפרק המוצא תפילין [עירובין צו.] וליתא לדרבי זירא דאמר לשמעיה איכוין ותקע לי והרי"ף ז"ל כתב הא דרבי זירא ושבקיה לדרבא ויש שסבורים לומר דלא פליגא דרבי זירא על דרבא דלא אמר רבי זירא איכוין ותקע לי למצוה אלא שצריך כונה לשמוע ולהשמיע לשום תקיעת שופר כל דהוא אפילו שלא לשום מצוה ולעולם כוונת מצוה לא בעינן אבל בעינן כוונה לשמוע ולהשמיע וה"ר שלמה ז"ל כתב בפירושו [כט.] איכוין ותקע לי להוציאני ידי חובתי ומדבריו למדנו דרבי זירא פליג על רבא וכן נראין הדברים שאילו לא היה ר' זירא מחמיר בכוונת המצוה על מה היה מחמיר כל כך בכוונת המשמיע לשומע יציבא בארעא וגיורא בשמי שמיא והלא דין הוא שתהא כוונת המצוה יותר חמורה מכוונת המשמיע לשומע ועוד הא אוקימנא לדר' זירא כרבי יוסי ובפרק ערבי פסחים [פסחים קיד:] ברירנא דרבי יוסי סבירא ליה מצות צריכות כוונה ופליגי רבנן עליה הילכך ליתא לא לדרבי יוסי ולא לרבי זירא דקאי כוותיה(א) ולא מהדרינן ולא סמכינן על שנויי דחיקי וכבר כתבנו במקצת דברים הללו בפרק ערבי פסחים [סי' תשפו]:

מלחמת ה'

ועוד: לפום סוגיא דשמעתא מתחוורא כרבא דאמר לצאת לא בעי כונה לעבור בזמנו לא בעי כונה שלא בזמנו בעי כונה והכין אסיקנא בפרק המוצא תפילין וליתא לדרבי זירא וכו' והרב אלפסי זכרונו לברכה כתב הא דר' זירא ושבקיה לדרבא:

אמר הכותב: דרבא לא מכרעא דאיהו פרוקי הוא דפריק הויא דאביי דאקשי עליה דרבה אלא מעתה הישן בשמיני בסוכה ילקה ואמר ליה אין זו דומה לזו דלמאן דאמר נמי לצאת לא בעי כונה לעבור שלא בזמנו ודאי בעי כונה הילכך כי שקלת (דרבה) [דרבא] מהכא ה"ל ר' זירא בתרא ואיהו עדיף למפסק כותיה דאורא דארץ ישראל אחכמיה טפי ועוד דמינקט לחומרא עדיף ועוד דרבה נמי לא מכרעא דהכי סבירא ליה אלא זאת אומרת קאמר ואיהו לא סבר ליה כדקא מתרצינן בגמרא בעלמא בדוכתי טובא בכה"ג ואף על גב דאמרינן לקמן (לג:) לימא מסייע ליה (לרבא) [לרבה] למילתיה דרבה קאמרינן דקאמר לאבוה דשמואל התוקע לשיר יצא דהויא ליה עיקר סיועא לאבוה דשמואל למאי דפריש רבה ולא קאמרינן לרבה משום ד[לא] מסיימא מילתא כלל דהכי סבירא ליה אליבא דנפשיה ואשכחן בכי האי גונא בתלמודא ואנן לא גרסינן כדכתיבא במקצת נוסחי דמשבשן אלמא קסבר רבה מצות אינן צריכות כונה אלא ה"ג פשיטא מהו דתימא התם תאכלו מצות אמר רחמנא והא אכליה אבל הכא כונת הלב בעינן וליכא קמשמע לן מצות אינן צריכות כונה דה"ג רבינו חננאל ורבינו שלמה ז"ל ולעולם זאת אומרת ולא סבירא לי' אלא קמשמע לן שאין לחלק בין אכילת מצה לתקיעת שופר ועוד דפשטייהו דהנך מתני' קשו עליה ואף על גב דפרקינהו אשנויי לא סמכינן דשנויי דחיקי נינהו ובדילמא שני להו ועוד דריש לקיש סבר מצות צריכות כונה בפרק ערבי פסחים (פסחים קיד:) דאמר זאת אומרת מצות צריכות כונה והתם על כרחין זאת וסבירא ליה דהא ממתני' לא איפשיטא התם מצות צריכות כונה אלא מדאשכח ריש לקיש התם תנא דאמר מצות צריכות כונה ואיהו סבר ליה כותיה הוא דמיהדר לאוקמיה למתני' בהכי ולא בעי לאוקמה כאידך תנא דהתם דאמר אין צריכות כונה ודריש לקיש עדיפא דגברא רבה דארץ ישראל הוה ורב הונא נמי הכי סבירא ליה התם ובתנאי נמי לא אשכחן מאן דפליג עליה אלא חדא מתניתא דפסחים דלא ידעינן מני דאילו ת"ק דתקיעות (כט.) לא פליג אלא במשמיע הא בכונת תקיעה מודה מדלא אפליגו בתרתי ואף על גב דמתן דמים לרבי יהושע בלעבור לא בעי כונה דשוחט קדשים לשם חולין כשרין ועולין לבעלים לשם חובה(ג) ואפילו חטאת כדאיתא בפרק קמא דזבחים (ג.) וה"ה לזורק ואף על גב דמתעסק בקדשים פסול הכי נמי מתעסק במצות לכ"ע לא יצא דאפילו למ"ד מצות אינן צריכות כונת תקיעה בעינן ובקדשים נמי בעינן כונת שחיטה אבל כונה דמצוה בקדשים לא בעינן ומשום הכי לעבור דידהו לא בעי כונה לר' יהושע ומיהו לר' אליעזר בעי כונה כדקאמר לא נאמר בל תוסיף אלא כשהוא בעצמו לומר דאף על גב דהוא זורק בכונת דם בכור אינו עובר על בל תוסיף והילכך עובר על בל תגרע דהא חזי דם לזריקה:

ולפי הנראה יש ראיה דמצות צריכות כונה מדקי"ל גבי קריאת שמע דבפסוק ראשון צריכה כונה כדפסק (רבה) [רבא] בדוכתא (ברכות יג:) ואילו למ"ד מצות אין צריכות כונה אפילו פסוק ראשון נמי לא בעי כונה ממאי מדאקשינן ממתני' דהיה קורא מאי לאו אם כיון לבו לצאת ושמע מינה מצות צריכות כונה ומאי קושיא לימא מאי כיון לבו בפסוק ראשון או בפרק ראשון אלא ש"מ למאן דאמר מצות אינן צריכות כונה אף פסוק ראשון אינו צריך כונה כמגילה ושופר ושאר כל המצות (כק"ש) ותנאי היא ועיקר קושיין מסתם מתני' והוה מצינן למימר הא מני חד מהנהו תנאי היא אי נמי רבי אחא היא דאמר (שם) כולה(ד) צריכה כונת הלב הילכך מדקי"ל בפסוק ראשון צריך כונת הלב שמע מינה מצות צריכות כונה ואם תשאל כיון דמצות צריכות כונה כולה נמי ליבעי כונה זו אינה שאלה שעיקר ק"ש פסוק ראשון ובו יוצא ידי חובתו כדאמרינן עלה התם שמע ישראל יי אלהינו יי אחד זו היא ק"ש של ר' יהודה הנשיא ואתמר נמי התם אמר שמע ישראל יי אלהינו יי אחד ונאנס יצא אלמא אף מצות קריאה בדיעבד ליתא אלא בפסוק ראשון ומשום הכי צריך כונת הלב כשאר כל המצות שצריכות כונה ומאן דמפרש תרי גוני בכונה לא נהיר לפום גמרא ולא חוור והכי נמי מוכח בירושלמי בהדיא כדאמרן:

והדיא שמעתא דבריש פרק המוצא תפילין (עירובין צה:) לא מכרעא כלל אי לצאת בעי כונה אי לא דקיימא לן שבת לאו זמן תפילין הוא הילכך ליתנהו להנהו פירוקי דמפרקי דכולי עלמא שבת זמן תפילין הוא ובלצאת ובלעבור בעי כונה פליגי אלא כלישנא אחרינא דאתמר התם עיקר וכן פסק רב שמעון בעל הלכות גדולות (עמ' רכז) שלא יצא עד שיתכוין שומע ומשמיע וידעתי שיש חולקים בדבר אבל לפרש דעת רבינו יצחק אלפסי ז"ל באתי כאן שהוא סובר דמצות צריכות כונה שהרי השמיטה לדרבה וכתבה לדר' זירא והוא גורס משמיע נמי בעי כונה וכ"ש שומע:

ואל יטעה אדם לומר דכונת שומע קאמר מפני שכתב עד שיתכוין להשמיעו ולהוציאו קאמר דלשם מצוה עביד ובשמיעה דמצוה מיירי ואפשר שיתכוין הרב ז"ל לומר אע"פ שהתוקע מתכוין להוציא את עצמו אינו יוצא ידי חובתו עד שיתכוין להשמיעו אבל נתכוין להשמיעו אותה תקיעה אע"פ שלא נתכוין להוציאו לשומע יצא מאחר שהוא תוקע להוציא את עצמו שהרי מתכוין להשמיעו תקיעה של מצוה אבל תוקע לשיר שלא נתכוין להוציא את עצמו לא יצא עד שיכוין להוציאו לחבירו שהרי אין כאן תקיעה של מצוה אבל השומע לעולם צריך כונה לשם מצוה כדר' זירא דקם ליה כר' יוסי וכן פסק בזו רבינו האי גאון ז"ל והתשובה שכתב רב יצחק בן גיאות (עמ' לו) בשמו לאו רבנא אשי מתים עלה והרי בפירושי ברכות שלו בפרק היה קורא כתב כלשון הזה ובתקיעת שופר הא איפסיקא דצריכה כונת שומע ומשמיע ובנדה שנאנסה וטבלה פלוגתא דרב ורבי יוחנן (חולין לא.) ובשחיטה כדאמר בהשוחט* אחד בעוף (חולין לא.) אבל עיקר כללא דקאמר הכא לא פסיק ומתני' דהיה קורא כיון דסליקא דאתוקמא בקורא להגיה הכי עסקינן:

[כט.]

[ז: - ח.]

א"ל רבי זירא לשמעיה [כט.] התכוין ותקע לי אלמא קסבר משמיע נמי א בעי כוונה כלומר אף על פי שמתכוין להוציא עצמו ידי חובתו אין חברו השומע תקיעתו יוצא ידי חובתו עד שיתכוין התוקע להשמיעו והני מילי ביחיד אאבל בשליח צבור כיון דדעתיה לכולי עלמא לא בעינן דמתכוין ליה גופיה כדתנן היה עובר אחורי בית הכנסת או שהיה ביתו סמוך לבית הכנסת ושמע קול שופר או קול מגילה אם כוון לבו יצא ואם לאו לא יצא: **מתני'** בחרש שוטה וקטן אין מוציאין את הרבים ידי חובתן גזה הכלל כל ב שאינו מחויב בדבר אינו מוציא את הרבים ידי חובתן: **גמ'** ת"ר הכל דחייבין בתקיעת שופר כהנים לויים וישראלים גרים ועבדים משוחררים טומטום ואנדרוגינוס ומי שחציו עבד וחציו בן חורין האנדרוגינוס מוציא את מינו אבל לא שאינו מינו וטומטום אינו מוציא לא את מינו ולא את שאינו מינו זמי שחציו עבד וחציו בן חורין אינו מוציא לא את מינו ולא את שאינו מינו: מי שחציו עבד וכו': אמר רב נחמן(א) חאף לעצמו ג אינו מוציא תני אהבה בריה דרבי זירא כל טהברכות כולן אע"פ שיצא מוציא יחוץ מברכת הלחם וברכת היין שאם לא יצא מוציא ואם יצא אינו מוציא: בעי רחבה

רש"י

גמ' ועבדים משוחררים. אבל עבדים לא דכל מצוה שאין האשה חייבת בה אין העבד חייב בה: וטומטום ואנדרוגינוס. שמא זכר הוא: ומי שחציו עבד. משום צד חירות שבו: טומטום אינו מוציא את מינו. טומטום כמותו שמא זה נקבה והשומע זכר: ואנדרוגינוס מוציא מינו. אנדרוגינוס כמותו דאי בתר זכרות אזלינן שניהם חייבים ואי בתר נקבות אזלינן שניהם פטורים: מי שחציו עבד כו'. דלא אתי צד דמשמיע ומפיק צד חירות דשומע:

רבינו

ובתר הכי גרסינן **א"ל ר' זירא לשמעיה** [כט.] **איכוין ותקע לי** ואוקימנא בגמרא לדרבי(ב) זירא כר' יוסי דאמר דדוקא **בשליח צבור דדעתיה אכוליה עלמא** אמרינן דמסתמא איכא כונת משמיע אבל באיניש אחרינא בעינן עד שיתכוין שומע ומשמיע כך היא הצעה של שמועה בגמרא.

והרב אלפסי ז"ל כתב הא דרבי זירא ושבקה לדרבא דאסקא לשמעתא ואמר דלצאת לא בעי כונה. ויש סבורין לומר דלא פליגא דר' זירא אדרבא דלא אמר רבי זירא איכוין ותקע לי למצוה אלא שצריך כונה לשמוע ולהשמיע לשם תקיעת שופר כל דהו אפילו שלא לשם מצוה ולעולם כונת מצוה לא בעינן אבל בעינן כונה לשמוע ולהשמיע. ויש שדנין כן מלשון הרב אלפסי ז"ל בהלכותיו.

והר"ז הלוי ז"ל (בסוגיין) הקשה דודאי מדאוקימנא להא דר' זירא כרבי יוסי דאמר דביחיד לא יצא עד שיתכוין שומע ומשמיע משמע דר' זירא בעי כונת מצוה כר' יוסי דהא בפרק ערבי פסחים (פסחים קיד:) משמע דר' יוסי מצות צריכות כונה סבירא ליה ופליגי רבנן עליה הלכך ליתא לא לדר' יוסי ולא לדר' זירא ואף רבינו שלמה ז"ל כן פירש איכוין ותקע לי **להוציאני** ח. **ידי חובתי** משמע דסבירא ליה לרב ז"ל דר' זירא פליגא אדרבא.

לפיכך כתב הרמב"ן ז"ל בספר המלחמות דאין הכי נמי דר' זירא סבר מצות צריכות כונה גמורה כלומר לצאת וכותיה נקטינן וכי תימא אמאי והא רבא דבתרא הוא סבירא ליה לצאת לא בעי כונה איכא למימר דאפשר דרבא לאו אליבא דנפשיה הוא דקאמר הכי אלא לפרוקי פירכיה דאביי דאמר אלא מעתה הישן בשמיני בסוכה ילקה וקא משני דלא קשיא דאי נמי אמרינן מצות אין צריכות כונה ה"מ לצאת א"נ לעבור בזמנו אבל שלא בזמנו לעבור בעי כונה ואכתי רבא אליבא דנפשיה אפשר דס"ל דמצות צריכות כונה (ורבא) [ורבה] נמי אע"ג דאמר זאת אומרת התוקע לשיר יצא דילמא זאת אומרת קאמר וליה לא ס"ל אלא דאתא לאשמועינן דלמאן דלא בעי כונה באכילת מצה בתקיעת שופר נמי לא בעי. וכיון דמימרייהו דרבה ודרבא לא מכרעו לדידהו מאי סבירא להו מנקט לחומרא כרבי זירא טפי עדיף דסבירא ליה מצות צריכות כונה לצאת. וכן פסק הרמב"ם ז"ל בפרק שני מהלכות שופר (ה"ד) דצריך שיתכוין משמיע להוציא ושומע לצאת הא לאו הכי לא יצא.

אלא שבפרק ו' מהלכות חמץ ומצה (ה"ג) כתב דכפאוהו ואכל מצה יצא. ולא פליגא דידיה אדידיה דסבירא ליה דבתקיעת שופר כיון דחזינן דרבי זירא אמר לשמעיה איכוין ותקע לי נקטינן דצריך כוונה אבל בכפאוהו ואכל מצה כיון דלא חזינן בגמרא מאן דפליג עליה בהדיא לא דחינן לה דאע"ג דבתקיעת

(פירוש)

שופר לא יצא הכא יצא שכן נהנה כדאמרינן בעלמא (כריתות יט:) המתעסק בחלבים ובעריות חייב שכן נהנה ובגמרא נמי עבדינן צריכותא ממצה לשופר הלכך אע"ג דשופר מדחייא דקי"ל צריך כוונה בכפאוהו ואכל מצה נקטינן דיצא.

עין מצוה **אבל** דעת הרבה מן הגאונים דקיימא לן מצות אין צריכות כונה וכן דעת הרשב"א ז"ל (ד"ה א"ל ר' זירא). [(ג)ומ"מ] כתב רבינו שמואל ז"ל דאע"ג דאמרינן מצות אין צריכות כונה הני מילי בסתם אבל במתכוין שלא לצאת אינו יוצא דאי לא תימא הכי (ד)תקשי לך הא דאבעיא לן פ"ק דברכות (יב.) היכא דנקט כסא דשיכרא בידיה וקסבר דחמרא הוא פתח בדחמרא ופרש"י אדעתא דחמרא וסיים בדשיכרא מאי בתר פתיחה אזלינן או בתר חתימה ולא איפשטא ואמאי לא איפשטא נפשוט דיצא דמצות אין צריכות כונה אלא שמע מינה דאע"ג דאין צריכות כונה במתכוין שלא לצאת לא יצא והתם הרי הוא נתכוין שלא לצאת בשכר אלא ביין. ולפי זה כתב הרב ז"ל שזה הוא שנהגו להבדיל בבית אע"פ ששמעו כל בני הבית הבדלה בבית הכנסת לפי שנתכוונו שלא לצאת שם.

ואני אומר* דכיון דבעינן(ה) מיהא* כוונת משמיע להשמיע מטעמא אחרינא מצוה(ו) למעבד הכי משום דהא צריכין למימר (כט.) בהיה עובר אחורי בית הכנסת דבשליח ציבור עסקינן דדעתיה אכוליה עלמא ובודאי שאין דעתו להשמיע אלא מי שרוצה לשמוע אבל להשמיעם כדי להוציאם בעל כרחם לא נתכוין שהרי אינו אלא שלוחם:

כהנים לוים וישראלים. בגמ' מפרש אמאי איצטריך למיתנינהו: ועבדים משוחררים. אבל כי לא משחררי **לא דכל מצוה שאין אשה חייבת בה אין העבד חייב בה** (חגיגה ד.): **וטומטום ואנדרוגינוס. שמא זכר הוא: ומי שחציו עבד וחציו בן חורין. משום צד חירות שבו: אנדרוגינוס מוציא את מינו.** דאנדרוגינוס בריה בפני עצמה היא (ביכורים פ"ד מ"ה) ולא שייך למימר ביה דאתי צד נקבות שבו ומפיק צד זכרות דחבריה ונמצא דאשה הוציאה (אדם) [(ז)זכר] דשניהם בריה אחת הן ובריה זו מוציאה בריה כמותה: **טומטום אינו מוציא** את מינו. טומטום אחר כמותו שאם יקרעו שמא ימצא זה (שקרע) [(ח)שתקע] נקבה וחברו זכר: **אף לעצמו אינו מוציא.** דלא אתי צד עבדות שבו ומפיק צד חירות שבו דהוה ליה כאילו אשה הוציאה זכר:

תני אהבה בריה דרבי זירא כל הברכות כולן אף על פי שיצא מוציא. **שהרי כל ישראל ערבים זה לזה** (שבועות לט.) **במצות** וכיון שלא יצא חבירו כמי שלא יצא הוא דמי: **חוץ מברכת** הלחם. וה"ה לכל ברכת פירות שההנהה חייב לברך ולא שייך בהו ערבים זה לזה שאין זה חובת אדם דלא לתהני ולא ליברך:

עין משפט

א מיי' פ"ב מהלכות שופר הלכה ה טוש"ע או"ח סימן תקפט סעיף ט:
ב ג מיי' שם פ"ב הלכה ב טוש"ע או"ח סימן תקפט סעיף א ב:
ד מיי' שם פ"ב הלכה א:
ה ו מיי' שם פ"ב הלכה ב טוש"ע או"ח סימן תקפט סעיף ד:
ז ח מיי' שם פ"ב הלכה ג טוש"ע או"ח סימן תקפט סעיף ה:
ט *מיי' פ"א מהלכות ברכות הלכה י סמג עשין כז מב טור או"ח סימן תרלב:
י *מיי' פ"א מהלכות ברכות הלכה י סמג עשין כז טוש"ע או"ה סימן (קפו) קסז סעיף יט וסימן ריג סעיף ב וסימן רעג סעיף ד:

שלטי הגבורים

א כ' הטור (סי' תקפט) דלית הלכתא כרבא (כח.) וכו' רב שרירא שדר ממתיבתא דהלכתא כרבא ומיהו מדאשכחן לר' זירא דאמר לשמעיה איכוין ותקע לי אמרינן לא ליעביד לכתחלה אלא יכוין במצוה ואם לא נתכוין יצא והרא"ש ז"ל (סימן יא) פסק דמצות צריכות כוונה (ע"כ הטור) וע"ע בטור סימן תעה גבי אכילת מצה וגם בטור סימן תרל גבי קריאת מגילה וכתבנו בזה ר"פ היה קורא ע"ש:

לשון ריא"ז

[ה"ב אות ז] השומע תקיעת שופר מחבירו אם נתכוין לצאת זה השומע וכן התוקע נתכוין להשמיע לזה להוציאו ה"ז יצא אבל לא נתכוין השומע לצאת אף ע"פ שנתכוין התוקע להוציאו לא יצא וכן אם נתכוין השומע לצאת והמשמיע לא נתכוין להוציאו שלא היה תוקע אלא להוציא את עצמו או להוציא אחרים ולא היתה כוונתו לזה ה"ז לא יצא עד שיתכוונו שניהם השומע לצאת והמשמיע ח. להוציאו ואם היה התוקע ש"צ כל המתכוין לשמוע ממנו יצא הואיל וש"צ הוא דעתו להוציא כל השומעים. [אות ח] אפילו התוקע עצמו אם לא היה מכוין למצוה אלא היה תוקע לשורר ולנגן לא יצא לפי שהמצות צריכות כוונה: כתב הרא"ש ז"ל (סי' יא) רב אלפס לא הביא דברי רבא רק דברי ר' זירא משום דס"ל דהכי הלכתא אע"ג דרבה ורבא והנך דשלחו לאבוה דשמואל סברי דמצות אין צריכות כוונה הלכתא כר' זירא דפליגי ביה תנאי בפ' ערבי פסחים (קיד:) גבי ירקות אשכחן דמאי ובלא מתכוין יצא ואידך ברייתא תניא ר' יוסי אומר אע"פ שטבל בחזרת מצוה להביא לפניו מצה וחזרת וחרוסת ודייק התם דלאו משום היכרא לתינוקות קאמר מדקאמר מצוה אלא דמצות צריכות כוונה וה"נ קאמר ר' יוסי בשמעתין דיחיד לא יצא עד שיתכוין שומע ומשמיע ור' יוסי נימוקו עמו (עירובין יד:) וכן פסק בעל הלכות גדולות (עמ' רכז) וגרסינן נמי בירושלמי(י) היה עובר אחורי בית הכנסת וכו' הדא אמר מצות צריכות כוונה ותניא נמי נתכוון שומע ולא נתכוון משמיע כו' עד שיתכוין שומע ומשמיע [illegible]

שיטת ריב"ב

א"ל ר' זירא לשמעיה וכו'. יש מפרשין דרבי זירא ס"ל מצות צריכות כוונה. דמדמחמיר רבי זירא כולי האי דבעי כוונת משמיע לשומע דלא סגי ליה לשומע בכוונתו לעצמו ובכוונת המשמיע לעצמו עד שיתכוין המשמיע להשמיע לשומע ש"מ דמצות צריכות כוונה ס"ל כלומר שיכוין אדם לבו למצוה ולא סגי בכוונת המעשה אלא בכוונת (המעשה) [המצוה]. ויש ספרים שסבורים לומר דלא א"ר זירא איכוין ותקע לי למצוה אלא שצריך כוונה לשמוע ולהשמיע לשומע לשום תקיעת שופר כל דהוא אפילו שלא לשום מצוה ולעולם כוונת מצוה לא בעינן אבל בעינן כוונה לשמוע ולהשמיע וכבר כתב הרב דודי ז"ל בענין הזה: **מתני' חרש** שוטה וקטן וכו': **גמ' ועבדים משוחררים.** אבל עבדים כי לא משחררי לא דכל מצוה שאין האשה חייבת בה אין העבד חייב בה: **וטומטום.** שמא זכר הוא: **מי שחציו עבד וחציו בן חורין.** משום צד חירות שבו: **טומטום אינו מוציא מינו.** דשמא אם יקרעו זה ימצא זכר וחברו נקבה: **אנדרוגינוס מוציא את מינו.** אנדרוגינוס כמותו דאי בתר זכרות אזלינן שניהם חייבין ואי בתר נקבות אזלינן שניהם פטורין: **מי שחציו עבד וכו'.** דלא אתי צד עבדות ומפיק צד חירות: **אף לעצמו אינו מוציא.** משום האי טעמא: **אף על פי שיצא מוציא.** שהרי כל ישראל ערבים זה בזה:

הגהות וציונים מהב"ח ושאר מפרשים

(א) יוחנן (כ"י י-ם): (ב) כ"ה בדפו"ר וכ"ה הב"ח. ובדפו"א הגי' דרבי: (ג) גי' שטמ"ק כ"י וד"ת וכ"ה בחי' הר"ן: (ד) אין אנו צריכים לתרוץ זה משום דהתם גבי שיכרא וחמרא לא סבירא לן כרש"י (עיין רי"ף ברכות סי' כד ורא"ש שם סי' יד) (א"י כ"י): (ה) דאי בעינן כצ"ל (שטמ"ק כ"י) [וכ"ה בחי' הר"ן]: (ו) נ"ב מצינא (שטמ"ק כ"י): (ז) גי' מהר"ם: (ח) גי' שטמ"ק כ"י וד"ת: (ט) נ"ב עבדות (ב"ח): (י) ובשלפנינו ליתא [קרבן נתנאל אות ד]: (יא) בריא"ז: וכן ברכת היין של קידוש וברכת המוציא של מצה הואיל ולחובת קידוש ולחובת מצה הוא מברך הרי הן כשאר ברכות המוטלות עליו חובה ואע"פ שיצא מוציא:

למתני' וברייתא לא כוותיה הלכך אזלינן לחומרא ובעינן דעת שומע ודעת משמיע ואם תקע אפילו לעצמו אין חבירו יוצא אלא אם יתכוין לו והני מילי יחיד אבל ש"צ כיון דדעתיה אכ"ע לא בעינן עד דמתכוין ליה גופיה כדתנן היה עובר אחורי בהכ"נ ושמע קול שופר או קול מגילה אם כיון לבו יצא ואם לאו לא יצא: ב [טור שם] ואשה נמי אינה חייבת דכל מצות עשה שהזמן גרמא: ג [טור סי' תקפט] וצריך שיתקע לו אחר ואע"פ שנשים וקטנים פטורים יכולין לתקוע [illegible] וכתב בעל העיטור [illegible] אחר שיצא כבר אינו יכול לתקוע ולהוציא [illegible]

[illegible]

להכניסו בבריתו או על פדיון בנו הואיל ואינו מחויב בעותה מצוה אינו יכול להוציא אחרים כמבואר בקונטרס הראיות:

ע"כ. ורש"י ז"ל פירש בפרק שני דמגילה (יז, ב) לקרות בספר תורה, והקשו עליו [בתוס'] שלא מצינו שתהא קריאת ספר תורה מן התורה, אלא אם כן יאמר רש"י ז"ל שתהא קריאת הפרשיות, כגון פרשת פרה ופרשת זכור וכיוצא בהן[10] מן התורה. והנכון שנאמר דהיינו כל הקריאות שאדם חייב לקרות, כגון מקרא בכורים ווידוי מעשר ומקרא חליצה וכל אותן שנשנו בסוטה בפרק אלו נאמרין (לב, א) ואותן שאמרו שם שנאמרין בלשון הקודש לרבי היו צריכין לידרש מן המקרא, אבל אותן שנאמרין בכל לשון אין צריכין לידרש שכך דינן, ולרבנן אותן שנאמרין בלשון הקודש אינן צריכין קרא אבל אידך צריכי קרא. ואותן פסוקים שמביא שם לנאמרין בכל לשון, י"ל דלרבי לא צריכי להאי ודריש להו לדרשא אחרינא. וכן נמי רבנן אותן פסוקים שמביא לנאמרין בלשון הקודש, כדדרשינן כל חד וחד הכא שמע וכן והיו.

[יג, ב] שמע ישראל ה' וכו' אחד. עד כאן צריך כוונת הלב דברי רבי מאיר, אמר רבא [הלכה כר' מאיר] וכן הלכתא. וכדאמר נמי רב יצחק בריה דרב שמואל בר שילא וכן רבה ורב יוסף[11] כדאיתא בסמוך. וכוונה זו מסתברא לי דדוקא לכתחילה הא לא כיון יצא, דהא קיימא לן דמצות אין צריכות כוונה ואפילו פסוק ראשון, דאם איתא דכל הני אפילו בדיעבד קא מיירי לידוק מנייהו מצות צריכות כוונה כדדייקינן ממתניתין דקתני אם כיון לבו יצא, אלא ודאי כדאמרן, דמשום דקתני במתניתין אם כיון לבו יצא משמע הא לא כיון לא יצא, ולפום כן אתי למידק מינה דמצות צריכות כוונה, אבל הכא צריך קא אמרי, וצריך לכתחילה ולמצוה כתיקונה הוא, הא דיעבד יצא.

ותמהני על הרמב"ם ז"ל שכתב (פ"ב מהל' קריאת שמע ה"א): הקורא את שמע ולא כיון לבו בפסוק ראשון שהוא שמע ישראל לא יצא ידי חובתו, והשאר אם לא כיון לבו יצא, ואפילו היה קורא בתורה כדרכו או מגיה את הפרשיות, עכ"ל. ואי איתא, כי דייקינן ממתניתין שמעית מינה מצות צריכות כוונה אמאי דחינן לה, הוה ליה למימר אין הכי נמי ובפסוק ראשון, ולולי שהוא ז"ל בעצמו פסק דמפסוק ראשון ואילך שאפילו קורא להגיה יצא, היה אפשר לתרץ דהא קתני במתניתין היה קורא את שמע אם כיון לבו יצא משמע שצריך כוונה בכולי ק"ש, והיינו דקשיא ליה ופריק דכוליה בעינן שלא יהא קורא כמגיה, אלא שהוא ז"ל פסק תרתי דכל חדא מגלה על חברתה דליתא. אבל בתוספתא (פ"ב, ה"ב) יראה קצת שאם לא כיון לא יצא, דתניא התם: הקורא את שמע צריך שיכוין את לבו, רבי אחאי אומר משום רבי יהודה אם כיון את לבו בפרק ראשון אע"פ שלא כיון לבו בפרק אחרון יצא. אלא מיהו לאו ראיה היא, דיצא דקאמר לאו למימרא אלא שאם לא כיון לבו לא יצא ידי מצוה כתיקונה קאמר, וצריך ואינו צריך קאמר, וכדקתני לה להיא בגמרין.

ואפשר לי לומר עוד דפסוק ראשון צריך כוונה ואפילו בדיעבד, ואין דבר זה תלוי באידך דמצות צריכות כוונה דהתם בכוונה לצאת הדברים אמורים, אבל כאן צריך כוונת הענין כלומר שלא יהרהר בדברים אחרים כדי שיקבל עליו מלכות שמים בהסכמת הלב. וכענין שאמרו גם כן בברכה ראשונה של תפלה בשלהי פרק אין עומדין (לד, ב). והטעם שבשאר המצות שהן מצות עשה כל שעשה מצותו אף על פי שלא נתכוין לה הרי קיים מצות עשייה אלא שאין זה מן המובחר, וכל שכן שיצא אם כיון לצאת אף על פי שהרהר באמצע המצוה, אבל אלו שהן קבלת מלכות שמים או סדור שבחים אינו בדין שיהא לבבו פונה לדברים אחרים. וזו היא שחלקו בין ברכה ראשונה[12] לשאר ברכות או בין פסוק ראשון לשאר, שאם הדברים תלוין במצות צריכות כוונה או אין צריכות מה לי ברכה ראשונה מה לי שאר הברכות. וזה נראה יותר וזה דרך האמת. והא דקא בעי שמעת מינה מצות צריכות כוונה, משום דמשמע ליה דבכולי ק"ש קאמר[13], ואפשר היה לו לתרץ כאן בפסוק ראשון כאן מפסוק ראשון ואילך.

וכן נראה גם מדברי הראב"ד ז"ל בשלהי פרקין. ומפסוק ראשון ואילך אפילו קורא להגיה ממש יצא, דהא מכאן ואילך אין צריך כוונה כלל וכמו שכתב הרמב"ם ז"ל (שם). ואפשר דאף על גב דמדרבנן היא[14], כוונת קריאה מיהא בעינן וכן נראה מדברי הראב"ד ז"ל.

אמר רב נתן בר מר עוקבא עד על לבבך בעמידה. פירוש: לאו בעמידה ממש קאמר, שאלו היה יושב עומד, אלא שאם היה מהלך עומד כדי שתתיישב דעתו עליו, וכדגרסינן בירושלמי (פ"ב, ה"א): מה אם היה יושב עומד, לא אם היה מהלך עומד.

ורבי יוחנן אמר כל הפרשה כולה בעמידה, ואזדא רבי יוחנן לטעמיה וכו'. מהכא משמע דהאי פלוגתא באידך פלוגתא דעד היכן צריך כוונת הלב שייכא, וכיון דאיפסיקא הלכתא כר"מ דאמר פסוק ראשון בלבד אף לעמידה נמי אינו צריך אלא פסוק ראשון. וכ"כ רבנו אלפסי ז"ל והרמב"ם ז"ל (פ"ב מהל' ק"ש ה"ג). אבל מקצת מן הגאונים פסקו כמר עוקבא בר נתן. ואיכא מרבוותא ז"ל דרמו שמעתתא אהדדי, דרבא פסק הכא כרבי מאיר דאמר פסוק ראשון צריך כוונת הלב ותו לא, ולקמן (טז, א) גבי פועלים

10. מלשון "וכיוצא כהן" שכתב רבנו הוכיח בא"ר או"ח סי' תרפה ס"ק כא, דאף פרשת שקלים ופרשת החודש הן מן התורה. אמנם לא מצינו דהכי ס"ל לרבנו אלא דכ"כ אליבא דרש"י וכמו שמוכח מלשונו, ואדרבה משמע דאיהו לא ס"ל הכי. 11. עיין בסוגיין דרב יוסף לא דבר על זה אלא ששאל את רב יוסף בריה דרבה היאך היה אביו עושה. 12. וצ"ע דהא שתי ברכות האחרות גם הן סדור שבחו של מקום ולהכי חשיבי כולהו כאחת. ואפשר דכיון דהתפלל ברכה אחת כשבחו של מקום בכונת הלב לא הצריכו יותר, ואפשר עוד משום דעיקר שבחו של מקום הוא באבות. אבל מזה נראה שראוי להקפיד לכוין בשאר שתי הברכות יותר משאר ברכות התפילה. ועיין ברש"י לד, ב ד"ה באבות שכתב טעם אחר מרבנו לגבי ברכה ראשונה, עי"ש. 13. ועל זה תירצה הגמ' בקורא להגיה, היינו דזה מעכב בכל ק"ש וכמ"ש רבנו אח"כ, ולא כדברי הרמב"ם הנ"ל שהוא פוסק דקורא להגיה יצא בכל ק"ש חוץ מפסוק ראשון דשם פוסק הר"מ דצריך כונה גמורה ולכן על דברי הר"מ נשאר רבנו בצ"ע. 14. עיין לעיל ב, ב בהערה 22 דהבאנו מהפר"ח דכאן משמע דס"ל לרבנו דרק פס' ראשון דאורייתא ואלו התם כתב דפרשה ראשונה דאורייתא. ונראה דרבנו התם לא התכוין לומר דכל הפרשה דאורייתא, אלא דעל מה שהקשו על רש"י דא"כ יקרא על מטתו כל ג' הפרשיות כתב דבפרשה ראשונה שקורא מקיים הקריאה דאורייתא (והיינו פסוק ראשון) וע"כ לא קורא יותר מפרשה אחת.

ודבקו* פסול, כל שכן לא דבקו, ודבקו לריבותא* נקטיה. כלומ׳, אפילו דבקו בעצמו[295] אפילו הכי אין שם שופר עליו אלא כמי שחבר חתיכת* שופר ועשאה שופר[296].

[כז ע״ב] **נקב וסתמו אם מעכב את התקיעה פסול ואם לאו כשר.** פי׳, אם מעכב את התקיעה עכשו לאחר שסתמו*[297]. וטעמא, דכשהוא* מעכב את התקיעה* לאחר הסתימה נמצא שאין* מה שהוסיף בסתימתו מהודק בו יפה, ואינו בטל לגבי׳[298] השופר, אלא הרי הוא כדבר אחר, והרי יש כאן קול שופר ודבר אחר*[299], סתמו במינו פסול[300]. אבל בשאינו מעכב עכשו את התקיעה, בין שהיה מעכב בתחלתו,* וכל* שכן שלא* היה מעכב מתחלתו*[301], כשר לפי שמה שסתמו בו בטל לגבי השופר. ותדע לך, דהא בפלוגתא דר׳ נתן ורבנן בניקב וסתמו, ללישנא בתרא דר׳ יוחנן דקאמ׳* שלא במינו פסול והוא* שלא נשתייר[302] רובו, אבל נשתייר רובו כשר, מכלל דבמינו אע״פ שנפחת רובו כשר, אלמ׳ בשלא נשתייר **רובו פליגי***[303], הוא דקאמ״ר נתן דבשלא במינו פסול, ורבנן פסלי בין במינו בין* שלא* במינו דהא*[304] לא פליגי. ובודאי בנקב גדול כל כך[305] אי* איפשר שלא היה מעכב את התקיעה מתחלה* קודם שנסתם, ואם כן מתני׳ כמאן[306]. אלא ודאי אע״פ שמתחלתו היה מעכב כיון שעכשו אינו מעכב, כלומ׳, שהסתימה מהודקת יפה הרי זה כשר, לפי שהוא בטל לגבי השופר.* ואע״פ ששנינו[307], צפהו זהב מבחוץ אם נשתנה קולו מכמת*[308] שהיה* פסול[309], התם הוא לפי שאין השופר צריך לו ואינו עשוי לתקנו ולחזקו* ולפיכך הרי* הוא כדבר אחר, וקול דבר אחר נשמע עמו פסול. אבל כאן, שצריך לו לתקונו* ומהודק בו יפה הרי זה מכלל השופר. והרי זה כאותה שאמרו[310], במקום העשוי לחזק אינו חוצץ ואינו עובר* לפי שהוא מכלל הכלי, כנ״ל. ופלוגתא דר׳ נתן ורבנן בשאינו מעכב את התקיעה היא, ומתני׳ ר׳ נתן

במלה ומסיים ״זו היא שיטת הרשב״א ז״ל״. ועי׳ ראבי״ה ח״ב עמ׳ 192 ודרשת הראב״ד עמ׳ ל״ה והע׳ ק״ב ושיטת ריב״ב למש׳. 295. כלומר, לא בדבק אלא שהתיכו באש ודבקו, ועי׳ לקוטות הרמב״ן ודרשתו הנ״ל ועי׳ גם פני יהושע ד״ה שופר, ראבי״ה שם סי׳ קע״ב וערוך לנר ד״ה שופר. 296. עי׳ לעיל הע׳ 291. 297. זהו לשון הרמב״ן בלקוטות ד״ה הא דנתן ובדרשה עמ׳ 155, ועי׳ ראבי״ה ח״א סי׳ קע״ב ותוד״ה ניקב. 298. צ״ל לגבי, וכן **בג וק**. 299. נר׳ שחסרה המלה ואפילו, עי׳ ברמב״ן הנ״ל וחי׳ הר״ן ד״ה ואם. 300. ואפילו לר׳ נתן, עי׳ לקוטות הרמב״ן שם. 301. ש״הרי הוא כאילו לא ניקב״ (עי׳ תוד״ה ניקב) פי׳ זה הביאו הריטב״א ד״ה וסתמו, וסיים ״וכ״כ הרשב״א ז״ל״, והארחות חיים דין תקיעת שופר סעיף ד׳. 302. בגמ׳ ״והוא שנפחת רובו מכלל דבמינו״. 303. נר׳ שצריך להוסיף ״ואהא״. 304. ע״פ מ״ש הר״ן בד״ה ואם, נר׳ שצריך להוסיף ולתקן כך ״אבל נשתייר רובו בין לרבנן בין לר׳ נתן בין במינו בין שלא במינו כשר דבהא״ לא פליגי. וכן הוכיחו גם התוס׳ שם והרמב״ן בלקוטות ד״ה הא דתנן ובמלחמות ד״ה ועוד ניקב. ועי׳ מ״ש הראב״ד בדרשה לר״ה עמ׳ ל״ט ורא״ש סי׳ ה׳. 305. כלומר, אעפ״י ״שלא נפחת אלא מיעוטו אי אפשר שלא יעכב הנקב את התקיעה״ (תוס׳ הנ״ל ועי׳ להלן והע׳ 330). 306. שהרי בנשתייר רובו אף רבנן מודו שאם סתמו בין במינו בין שלא במינו כשר (עי׳ הע׳ 304). אבל מלישנא קמא דר׳ יוחנן אין להביא ראיה וכמו שכתבו התוס׳ שם, דאתיא בין כרבנן ובין כר״נ, ולשיטת רבי׳ דסתמו במינו משמע אתיא רק כרבנן, ועי׳ להלן. 307. לקמן בברייתא, ורבי׳ קיצר לשונה ע״ש. קושיא זאת ותירוצה מביא הריטב״א בד״ה וסתמו בשם הרשב״א. ועי׳ ברא״ש שם. 308. מעל לרווח שבין המ׳ והת׳ נמצאת נקודה ונר׳ שר״ל ״מכמות״. 309. והרי בזו יש יותר מנשתייר רובו וא״כ כשר לתרוייהו ואפילו כשאינו מינו (עי׳ הע׳ 304) ואעפ״י שיש כאן שנוי קול, לא איכפת לן בהא שהרי כל הקולות כשרים בשופר. אלא שבסתמו דמתני׳ עיכוב הקול מוכיח עליו שאינו מהודק יפה, אבל צפהו זהב ודאי שהוא מהודק יפה. 310. פסחים מ״ה ע״א. ואין רבינו מדמה אותם לגמרי, שהרי איפסיקא הילכתא שם כלישנא בתרא דשמואל. וע״ש במאירי, שהביא פי׳ שונים בהא דבמקום העשוי לחזק.

ודבקו ק דבקו. **לריבותא ק** לרבואתא. **חתיכת ג ק** חתכת. **שסתמו ג** סתמו. **דכשהוא ג** דכשהו (ונוס׳ א׳ ביה״ש). **התקיעה בג** נוס׳ באשגרה ״עכשו... התקיעה״ (ונמחק). **שאין ג** לי׳ ונכתב ביה״ש ״שאף״. **אחר ג** [ואפי׳]. **בתחלתו ג ק** מתחלתו. **וכל... מתחלתו ג** נשמט. **שלא ק** בשלא. **דקאמ׳ ק** קאמ׳. **והוא ק** והא. **פליגי ג ק** [וכהא]. **בין**, [כ] ומחקה בקולמוס (רצה לכתוב כשלא, ר׳ ק). **שלא ק** כשלא. **דהא ג ק** אבל נשתייר רובו כשר בין לרבנן בין לר׳ נתן כשר בין במינו בין שלא כמינו דבהא (ור׳ בהע׳ 304). **אי ג** לי׳. **מתחלה ק** מתחלתה. **השופר ק** שופר. **מכמת ג ק** מכמות. **שהיה ג** [כבר]. **ולחזקו ק** ולהדקו. **הרי**, [זה] ומחקה בקולמוס. **לתקונו ג** לתקנו. **ואינו עובר ג ק** לי׳.

היא[311], אבל* דאי בשמעכב את התקיעה[312], אתיא מתני' דלא כר' נתן, דהא סתמו, במינו משמע מן הסתם,* ואפי' הכי קתני פסול[313]. וכן תני תוספתא*[314] בהדיא, ניקב וסתמו אפי' במינו אם מעכב את התקיעה פסול ואם לאו כשר. ועוד, דלישנא* בתרא הא קא מכשיר* ר' נתן אפי' שלא במינו ובשנשתייר* רובו[315]. וכיון דמפרש ר' יוחנן הא דר'* נתן, ודאי משמ' דכותיה סבירא ליה[316], ואי מתני' דלא כר' נתן קשיא דר' יוחנן אדר' יוחנן, דהא איהו* כאיל למפסק* הלכה כסתם משנה[317] ובכל מקום מקשה לה אדר' יוחנן. ואע"ג דאיכא* דמוקי לה באמוראי*[318], מ"מ מקשי* ואזיל ומתרץ, והוה ליה לאקשויי*, כנ"ל[319]. ומתני' איכא למימר* ר' נתן היא ולא רבנן*[320], מודו בה אלא דר' נתן סבר אם מעכב את התקיעה לאחר סתימה הא קודם לכן לא מעלה ולא מוריד, ורבנן סברי אם מעכב את התקיעה* [קוד]ם* לכן* לעולם פסול[321], לפי' שקול התוספת נכר בו והוה ליה כצפהו זהב מבחוץ אם נשתנה קולו מכמות שהיה* פסול. וכן היה נראה ממה שנמצא במקצת הספרים* בגרסת ירוש' דגרסי' התם[322], שופר שנסדק למי*[323] לר' נתן. נראה*[324] רבנן*[325] שברי שופרות עד*[326] היא דר' נתן,

311. שהרי ללישנא קמא דר' יוחנן לרבנן לעולם פסול ועיין ראבי"ה חלק א' עמוד 190 והערה 19 (וכן כתב גם בפסקי רי"ד ד"ה ת"ר) וכן היה רגיל לפרש גם בעל המאור (ואעפ"י שלא פי' "אם מעכב את התקיעה" נר' דר"ל דלאחר הסתימה קאי) ובזו כתב בעל המאור יפה ד"מתניתין נטיא לדר' נתן" ועי' מה שהקשה עליו הראב"ד בכתוב שם עמ' ס"ז, ובאמת יפה כתב בעל המאור, לפי מה שהיה רגיל לפרש. מה שכתב (והלשון "אתיא כר' נתן" שמביא הראב"ד מבעל המאור, שפיר טפי). אבל בראבי"ה שם עמ' 191 כתב "ותניא נמי בברייתא נקב וסתמו בין במינו ובין שלא במינו פסול במעכב את התקיעה מיירי, כאשר שנויה בירושלמי, ואם אינו מעכב כשר. ר' נתן אומר במינו כשר, פירוש אם אינו מעכב את התקיעה ושלא במינו פסול אפילו אינו מעכב את התקיעה ומתני' בסתמו במינו ואם מעכב פסול ור' נתן היא". היינו שר' נתן להחמיר בא, שלרבנן אם אינו מעכב כשר בין במינו ובין שלא במינו ולר' נתן רק במינו. ומתני' כר' נתן רק משום דסתמו במינו משמע (ולפי זה מתני' באמת רק "נטיא" כר' נתן). הל' "אבל דאי" קשה ואולי יש למחוק "אבל", או שצ"ל "אבל אי". 312. ואז תהא משנתינו כרבנן, עי' ראבי"ה שם עמ' 190 והע' 18 ומ"ש הראבי"ה שם "והך אם מעכב" וכו' קאי אאי אמרי דבמעכב פליגי. וצ"ל שמ"ש רבי' להלן "דהא סתמו, במינו משמע מן הסתם" פי' אף במינו משמע שאם לא נאמר כן לא תיתי מתני' גם כרבנן (עי' בהע' הקודמת, ודוחק לומר שלרבנן באינו מעכב רק במינו כשר), והיה לו לרבינו להקשות יותר, מתני' כמאן. 313. ולא נר' לו לרבי' להעמיד משנתינו בשנפחת רובו והילכך בעינן שלא יהא מעכב את התקיעה, דמסתברא דבכגון זו אפילו באינו מעכב פסול, ואעפ"י שלפי רבי' ללישנא בתרא דר' יוחנן כשר, עי' מ"ש הראב"ד בדרשה לר"ה עמ' ל"ט. 314. פ"ג ה"ד. ומשמע ליה לרבי', שהתוס' באה לפרש את משנתינו. ועי' חבור התשובה עמ' 323 מ"ש לדעת הראב"ד ולעיל הע' 306. 315. ואי בשמעכב את התקיעה פליגי הרי סתימתו אינה מהודקת יפה וא"כ אינה בטלה לגבי השופר וכמ"ש רבי' לעיל. וה"ה שהיה רבי' יכול להקשות מנסתם במינו ואי במעכב היאך יהא כשר (ועי' דרשת הראב"ד לר"ה עמ' ל"ט, ומ"ש בהע' קט"ו אינו מדויק, שאין זה כלל ענין לנסרק. ולשיטת המאירי דבניקב וסתמו צריך שישתייר קודם לכן שעור שופר, עי' חבור התשובה עמ' 320 ואילך, בצירוף עם קצת המפרשים שמביא המאירי בעמ' 75, ועי' גם דרשת הראב"ד לר"ה עמ' ל"ז ושו"ת מהר"י קולון סי' קכ"ב, וע"פ מה שפי' המאירי. (עמ' 77 ועי' ראבי"ה הנ"ל, ענין נשתייר רובו). אפשר ליישב קושיית הראב"ד בדרשה עמ' ל"ט ואכמ"ל). 316. עי' ראבי"ה ח"א עמ' 191 והע' 15. 317. שבת מ"ו ע"א. 318. יבמות ט"ז ע"ב. 319. עי' ריטב"א ד"ה ניקב וסתמו וחי' הרשב"א למגילה במהדו' שלפנינו עמ' קד והע' 78. 320. נר' שצריך להוסיף כאן "וליכא למימר דרבנן" ונשמט ע"י הדומות. [ר' ח"נ]. 321. נר' שר"ל, השתא דמחלוקת רבנן ור' נתן במעכב את התקיעה בתחלה ומתני' איירי בעיכוב שלאחר התקיעה, אבל מקודם לכן לא היה עיכוב, ומתני' וברייתא תרי גווני נינהו והילכך אתיא מתני' כרבנן. צ"ל "לפי". 322. פ"ג ה"ה. כן הגיר' בראשונים שהביאו את הירוש' ולפנינו לית' "שופר שנסדק", ועי' אהבת ציון וירושלים עמ' 38. 323. בכ"י יש כאן רווח של מלה אחת ונר' שצ"ל "נצרכה". לפני הר' של לר' יש בכ"י כ' ועל גביה ל' ונר' שהסופר כתב תחילה כ' ואח"כ תיקנה ועשאה ל'. 324. כך הוא בכ"י (נקודה לאחר נתן) ונקודות על "נראה" לסימן מחיקה. 325. צ"ל דיבק. 326. כן גם בראש בפירק' סי' ה'. בירוש' עוד.

אבל ג ק לי'. הסתם ק לי'. תוספתא ג ק בתוספתא. דלישנא ג ק דללישנא. מכשיר ג מכשר. ובשנשתייר, ו נוס' ביה"ש; ג ק כשנשתייר. דר' ק ר'. דהא איהו ג דאיהו (ונוס' "הא" ביה"ש). למפסק ג ק ופסק. דאיכא ק לי'. באמוראי ק באימוראי. מקשי ק מקשה. לאקשויי ג [הכא]; ק [הכי]. למימר ק לי'. רבנן ג ק [ואי נמי אפי' רבנן]. התקיעה בג נוס' כאשג' "לאחר סתימה הא" (ונמחק). [קוד]ם וכן ג ק. לכן בג נוס' כאשג' "לא מעלה ולא מוריד" (ונמחק). שהיה ג [שהוא]. הספרים ק ספרים. למי ג ק [נצרכא]. נראה ג ק לי'. רבנן ג ק דבק. עד ג ק עוד.

ניקב וסתמו בין במינו בין שלא במינו אם מעכב את התקיעה פסול ואם לאו כשר, ר׳ נתן אומ׳* במינו כשר שלא במינו פסול, אלמא בשאינו מעכב מכשרי רבנן[327]. ומיהו אי איפשר לומ׳ כן לפום גמרין כדאמרן, מדמפרש* ר׳ יוחנן הא דר׳* נתן, דאי בשמעכב* קא מפלגי, מתני׳ דלא כר׳ נתן, דסתמו במינו משמע. ואי בשמעכב[328] דמתני׳ פליגי, דר׳ נתן סבר מעכב ואינו מעכב לבסוף קאמ׳, ורבנן סברי שמעכב מעיקרא קאמ׳[329]. הא לא איפשר נמי כדאמרן, דהא ללישנא בתר׳ דר׳ יוחנן ודאי משמע דאפי׳ לרבנן בנשתייר* רובו כשר, וההוא ודאי אי איפשר שלא היה מעכב את התקיעה מעיקרא[330]. אלא ודאי שאותה גירס׳ ירוש׳ ליתה, ובמקצת* הנוסחאות נמי לא גרסי לה[331], אלא הכי גרסי נקב וסתמו ר׳ חייא בשם ר׳ יוחנן דר׳ נתן היא. וזה כפי׳ הראשון. וללישנא קמא דר׳ נתן [תלת* בעינן לטיבותא, שנשתייר רובו ושסתמו במינו ושאינו מעכב את התקיעה. וללישנא בתרא סגי לן בתרתי, שאינו מעכב וסתמו במינו ואע״פ שנפחת רובו, אי נמי נשתייר רובו ואע״פ שסתמו שלא במינו. אבל אינו מעכב את התקיעה בעי׳* לעולם דמתני׳ מילת׳ פסיקתא קתני, אם מעכב את התקיעה* פסול. ואלו היה כשר לעולם היה מחלק ותני. ורבי׳ אלפאסי ז״ל ורב חננאל והרב בעל ההלכות זכר כולם לברכה פסקו הלכה כלישנא קמא* דר׳ יוחנן ולחומרא, וכן נהגו לעולם בשל תורה להחמיר באיסורי כגון בגיטין וקידושין ובשאר האיסורין] ואע״פ שהוא לישנא קמא*[331]. אלא שבדיני ממונות ובשל סופרים פסקו כלישנא בתרא[332], וכן פוסקין בכל מקום רבותינו הצרפתים, כשל*[333] תורה כלישנא דחומרא, דתרי לישני* כתרין תנאי או תרין* אמוראי* דפליגי, דאי בשל תורה הלך אחר המחמיר ובשל סופרים הלך אחר המקל[334]. אבל הרב ר׳ יצחק אבן* גיאת*[335] פסק אף הכא כלישנא בתרא ולקולא. ופסק הראשון עיקר[336].

ירושלמי[337], ניקב וסתמו ר׳ בא[338] בר זמינא* בשם ר׳ זעירא והוא שסתמו הא[339] לא סתמו כשר שכל הקולות כשרים בשופר.

327. ומכיון ששתק הירוש׳, לפי מקצת ספרים, מלומר על ״ניקב וסתמו״ דר׳ נתן היא משמע דכרבנן אתיא, ומתני׳ וברייתא דירושל׳ בעכוב שלאחר סתימה הן. 328. צ״ל במעכב. כלומר, מחלוקת רבנן ור׳ נתן אינה מחלוקת לעצמה, אלא פי׳ דמתני׳ היא ורבנן מפרשי ״מעכב״ דמתני׳ אמעיקרא ור׳, נתן אלאחר הסתימה. 329. ותהא משנתי׳ אליבא דכ״ע. 330. ר׳ לעיל הע׳ 305. ועי״ע חבור התשובה עמ׳ 323 וריטב״א ד״ה ניקב וסתמו. 331. מלשון רבי׳ נר׳ דקאי על ״אם (היה) מעכב את התקיעה״ שבדברי רבנן דברייתא ורבי׳ מקבל את גיר׳ מקצת הנוס׳ שמביא בלקוטות הרמב״ן וכפי׳ הרמב״ן. ועי׳ גם דרשת הרמב״ן לר״ה עמ׳ 155 וראבי״ה ח״ב עמ׳ 212. *331. עיין רי״צ ן׳ גיאת ח״א עמוד ל״ד. דרשת הראב״ד עמ׳ ל״ט (והע׳ קי״ד), חבור התשובה עמ׳ 321, לקוטות הרמב״ן וחי׳ הריטב״א הנ״ל, המאירי עמ׳ 77 ורא״ש לע״ז פ״א סי׳ ג׳ ואגודה סי׳ ד׳ שם (ועי׳ בהע׳ הבאה) ומרדכי שם סי׳ תשצ״ז. ועי׳ בחי׳ הרשב״א לגיטין כ״ח ע״ב ד״ה איכא וחולין צ״ג ע״ב ד״ה רישא. ורבי׳ לטעמיה דאיכא דמתני הוא כאיכא דאמרי, עי׳ חי׳ לגיטין ע״ו ע״ב ד״ה ולענין. 332. רבי׳ משוה דיני ממונות לדברי סופרים וכן הוא בר״ן בסוגיין ד״ה ולענין (ועי׳ ריטב״א הנ״ל). אולם בחי׳ לע״ז ז׳ ע״א ד״ה ואם כתב הר״ן וז״ל ״אבל בחי׳ הרשב״א ז״ל במס׳ ר״ה ראיתי שהרב אלפסי ז״ל ומקצת הגאונים סוברים דבשל תורה הלך אחר המחמיר ובשל סופרים או בדיני ממונות הלך אחר לשון האחרון ואיני יודע מה נשתנו דיני ממונות משל תורה אבל [אם] קבלה היא נקבל״. ועי׳ תש׳ הר״ן רס״י ג׳ ור״ש אסף, ספר היובל לרי״ל פישמן (ירושלים תרפ״ו) עמ׳ נ״ז סי׳ ל״ג. וראה תוס׳ תלמידי רבי׳ יונה לע״ז שם ד״ה בשל (ויש״ש לחולין פ״ד סי׳ נ״ו) וכן הוא דעת רש״י בנוגע לדברי סופרים, עי׳ חולין נ׳ ע״א ד״ה כי פליגי ושבת מ״ב ע״ב תוד״ה והיינו (ובנ״ש) וכן משמע דעת הרמב״ן עי׳ בלקוטות הנ״ל ועי׳ בהשגות הרמב״ן לספר המצות שורש ט׳ ד״ה וכן הגזירה. 333. צ״ל בשל. ועי׳ תוס׳ שבת שם (וכן מביא הרא״ש במכילתין בשם ר״י, ועי׳ רא״ש לע״ז פ״ב סי׳ ל״ה), עיטור, הוצאת רמא״י צ״ו ע״ד והע׳ כ״ח שם, אוצר הגאונים לביצה סי׳ י״ג וי״ד וע״ע בבעל המאור תענית פ״ק סי׳ תת״י ומלחמות שם, יבין שמועה, שער ה׳ (וינצ׳ השצ״ט). 334. ע״ז ז׳ ע״א. ועי׳ חי׳ רבי׳ לביצה כ״ח ע״א ד״ה איכא דמתני וריטב״א הנזכר לעיל. 335. עי׳ לעיל הע׳ 332. 336. לדברי רבי׳ אלו רמז הרב המגיד בהל׳ שופר פ״א ה״ה ועי׳ בארחות חיים, דין תקיעת שופר סי׳ ה׳. 337. פ״ג ה״ז. הלשון דומה למובא בראשונים (עיין אהצו״י עמוד 38). 338. בירושלמי אבא. 339. בירושלמי אבל אם ועי׳ ראבי״ה ח״א עמ׳ 191

אומ׳ **ק** לי׳. מדמפרש **ק** מדפריש. דר׳ **ק** ר׳. בשמעכב **ג** [לבסוף]. בנשתייר **ק** בשנשתייר. ובמקצת **ק** ובקצת. תלת המוקף נוס׳ ע״פ **ג ק**. ור׳ מבוא עמ׳... בעי׳... התקיעה **ג** נשמט ע״י הדומות. קמא **ק** בתרא. כשל **ג ק** בשל. לישני **ק** [בתרי לישני]. תרין **ג** תרתין. אמוראי **ק** אימוראי. אבן **ג ק** בן. גיאת **ג ק** [ז״ל]. זמינא **ג** זימנא.

[**לרחבו* אם נשתייר בו שיעור תקיעה כשר.** פרש"י ז"ל נסדק לרחבו כל רוחב הקיפו ומסתברא דלאו דוקא כל, דאם כן הוו להו שני שופרות. אלא רוב הקיפו קאמ׳, הא מיעוטו אפי׳ לא נשתייר בו שיעור תקיעה כשר].

[כח ע"א] **ואמאי ליפוק בתחלת תקיעה מקמי דלערבב קלא.** הקשה הר"ם* ב"ן נ"ר בליקוטיו[340], ודיל׳ לית ליה*[341] ביה* שיעורא מקמי דליערבב קלא.* ותירץ, דאיפשר מדלא קתני אם קול הברה הוא וקתני אם קול הברה* שמע משמע ליה שאם שמע כלל[342] קול הברה, ואפי׳ בסוף לאחר שיעור תקיעה, אעפ"כ לא יצא. אי נמי קים להו דלא מיערבב קלא דבורות אלא למאן דמאריך* טובא ותקע בהו, ודחוק* הוא. ואי לאו* דמיסתפינא אמינא[343] דהא דאמ׳ רבה שמע מקצת תקיעה בבור ומקצתה* על שפת הבור בשלא האריך בה בכולה אלא כדינא ואין בה*[344] מקצת התקיעה שבבור ומקצת שעל שפת הבור אלא כשיעור תקיעה, דמקצת תקיעה הכין משמע. ואפילו הכי יצא*, דמ"מ יש בכל* התקיעה כשיעורא. וקא מפרש טעמ׳, משום דאפילו ראש התקיעה כשרה היתה לאותן העומדים בתוך הבור. ואקשי׳, התוקע לתוך הבור ואמאי ליפוק באותו מקצת שישמע* הוא מקמי דליערבב קלא, דהא שמע תקיעה מעליאתא כיון דזמן חיובא הוא לאותן העומדים בתוך הבור. וכן ההיא* דלעיל[345] נמי דאמרי׳* לכך מאריך בשופר, משמע אע"פ שאינו מאריך בה לאחר הפסק חצוצרות כדי שיעור תקיעה,* דהא סתמא קתני שופר מאריך ולא [קתני]*[346] שופר מאריך שיעור תקיעה, ומשום דתקיעה כולה שיעור תקיעה אית לה,* ואע"פ שהוא לא יכול לכוין לכולהו,* מ"מ* התוקע שיעור תקיעה לתקיעת מצוה[347] שמע, ומ"מ אסיקנא דבמקצת תקיעה[348] לא יצא. אלא טעמ׳* בההיא דלעיל משום דתרי קלי במקום חביבותא משתמעי, והכא בתוקע ועולה. כנ"ל[349].

והע׳ 17 וח"ב עמ׳ 211 וע"ע כתוב שם עמ׳ ס"ח ודרשה לר"ה עמ׳ ל"ח. וע"פ זה נראה שלשיטת הראב"ד בפי׳ הירוש׳, שאם סתמו ועדיין מתעכב כמו לפני הסתימה הוא כשר ואפילו סתמו שלא במינו, וראה מה שמביא המאירי בחבור התשובה עמ׳ 321 בשם ה"ר יהונתן (ועי׳ רא"ש סי׳ ה׳). וע"פ זה יש להבין את דברי האגדה בפירקין סי׳ י"ג "ניקב וסתמו אם מעכב את התקיעה כשר כדאמרינן בירושלמי כל הקולות כשירין בשופר" כלומר, אם עדיין מעכב לאחר הסתימה כמו לפני הסתימה. ולדעתי זוהי גם כונת הראב"ד בהשגה בהל׳ שופר פ"א ה"ה, שהרמב"ם לא חלק בסתם בשאינו מינו וכתב שלעולם הוא פסול (ועי׳ בהע׳ רמא"י בעטור צ"ו ע"ד אות ל׳), אבל הראבי"ה חולק על כך וזה שכתב בח"ב עמ׳ 212 "ומפרש בירושלמי שלא במינו פסול אפילו אם מעכב קול התקיעה" והגיה אפטוביצר "אפילו אם [אינו] מעכב". ואין צרך בהגהה ופי׳, אפילו אם ממשיך לעכב לאחר הסתימה כמו לפניה אם סתמו בשאינו מינו פסול. 340. לדף כ"ז ע"א ד"ה והא דאמרי׳. ועי׳ מאירי עמ׳ 80 ד"ה מי ששמע. 341. שם לי׳ ליה. 342. שם לי׳ כלל. 343. ואמנם רש"י בד"ה שמע פי׳ "ויצא לחוץ בחצי התקיעה ואשמעינן הכא דבקצת נמי יצא" (וע"ש בהגהות הב"ח). משמע שפי׳ הא דרבה כששמע על שפת הבור פחות מכשיעור תקיעה, וכך יוצא בפירוש גם ממ"ש בפסקי רי"ד ד"ה אמר וז"ל "אמר רבא שמע מקצת תקיעה בבור ומקצת תקיעה חוץ לבור... לא יצא דבעינן ראש תקיעה וסופה בכשרות, אבל אם התחיל שלא בכשרות והשלים בכשרות כשיעור תקיעה יצא". הרי שהביא דברי רבא (רבה) על פי מסקנת הגמרא, אבל לפי ההוה אמינא משמע דאף בתקע פחות מכשיעור סברי דיצא. וכן היא גם דעת הטור בסי׳ תקפ"ז (וע"ש בב"י ד"ה כתב רבינו) וא"כ מקשה הגמ׳ שפיר. וכן משמע גם לשון המאירי הנ"ל בהע׳ 340 (והשוה לזה ספר העטור, הוצאת רמא"י, צ"ט ע"א והע׳ ח׳ ועי׳ יום תרועה לעיל כ"ז ע"א ד"ה ת"ש), ועי׳ לעיל כ"ז ע"א ד"ה תקע, פי׳ הירושל׳ שמביא רבי׳ בשם הרמב"ן (וביאור הגר"א לשו"ע סי׳ הנ"ל סעי׳ ג׳) ומ"ש הטורי אבן ד"ה למימרא. ועי׳ לשון המחזור ויטרי עמ׳ 349 וסדור רש"י סי׳ קנ"ו. 344. צ"ל במקצת. 345. דף כ"ז ע"א. הר"ן הקשה קושיית הרמב"ן לעיל לדף כ"ז ע"א ד"ה ואמאי (ועי׳ יום תרועה הנ"ל), אולם גם הריטב"א בד"ה ואמאי וכן המאירי הנ"ל הקשו כאן וצ"ב למה נטרו עד הכא. 346. בכ"י מחוקה המלה והשלמתי ע"פ הסברא. 347. בכ"י כתוב כאן "ש"מ" ונמחק ונר׳ שצ"ל "תקע" במקום "שמע". [ור׳ ח"נ, וצ"ל מ"מ [מן] התוקע... כמו בג וק]. 348. נר׳ שר"ל ואפי׳ כשיש באותה מקצת כשיעור תקיעה וכן כתב הריטב"א שם בפי׳, עי׳ הע׳ הבאה. 349. מן ואי לאו דמיסתפינא

לרחבו המוקף נוס׳ ע"פ **ג ק.** [ור׳ מבוא עמ׳ 29]. הקשה הר"ם **ג** והקשה הר"מ. **ליה,** על ה אפשר להכיר סי׳ מחיקה, ונר׳ שר"ל "לי"; **ג** לי׳ (ור׳ הע׳ 341). **ביה ק** לי׳. **קלא ק** לי׳. **הברה ג** [יצא] (ונמחק). **דמאריך ג** דאמ׳ מאריך. **בהו ודחוק ק** להו ורחוק. **לאו ג ק** לא. **ומקצתה ק** ומקצת. **בה ג ק** בין. **יצא ג ק** [כיון]. **בכל ק** [המקומות]. **שישמע ג ק** ששמע. **ההיא ק** ההוא. **דאמרי׳ ג** אמרי׳. **תקיעה כג** נוס׳ באשג׳ מלהלן "ומשום דתקיעה... תקיעה" (ונמחק). [קתני] כן **ג ק.** **לה ג** ליה. **לכולהו,** ו אחרונה נוס׳ ביה"ש: **ק** לכולה. **מ"מ ג ק** [מז]. **טעמ׳ ק** לומר.

[הא* דאמרי' כי קאמרי* רבה בתוקע ועולה, תמיהא לי דהא רבה דומיא דשמע מקצת תקיעה קודם שיעלה עמוד השחר נקט לה וכדאקשי' ליה אביי לרבה גופיה, מאי שנא הא מהא. ורבה גופיה פריק ליה התם לילה* לאו זמן חיובא הוא* הכא זמן תקיעה הוא לאותן העומדים על שפת הבור. ומדוחק יש לי לומר דרבה ודאי* בתוקע ועולה קאמ' כדמסקי', ולאו דומיא דתוקע מקצת תקיעה קודם שיעלה עמוד השחר נקט לה, אלא תרי מילי נינהו ותרי אתחלא שמע*. אלא דאביי טעה וסבר דבענין אחר נקטינהו ואקשי* ליה ורבה* לטעמיה פריק ליה לומר* דאפי' למאי* דטעי לא קשיא. ואורחא* דתלמודא בהכי לפרוקי* אליבא דמאי דסבר מאן* דמקשה. ומאן* דמקשה נמי בתר הכי, למימרא* דסבר רבא שמע סוף תקיעה בלא תחלת* תקיעה יצא, טעה נמי בדטעי* אביי. ועוד משום דרבה גופיה אהדר ליה כדאמרית*. כנ"ל].

ה"ג בהלכות הרב אלפסי ז"ל[350] וכן היא במקצת* הספרים, אמ' רב יהודה* שופר[351] של ע"ז לא יתקע ואם תקע יצא. ואי קשיא[352], מאי שנא משופר של שלמים דאמ' רב יהודה, לא יתקע ואם* תקע לא יצא דמצות ליהנות ניתנו. י"ל, דהא דאמ' רבא עלה אחד זה ואחד* זה יצא*[353] מאי טעמ' מצות לאו ליהנות ניתנו, לאו* לטעמ' דנפשיה קאמ'* אלא אדרב יהודה קאי. כלומ', לא* ה"ק רב יהודה אלא ה"ק, בין בשל עולה בין בשל שלמים יצא, מאי טעמ' מצות לאו ליהנות ניתנו לכולי עלמ'. ויש גורסים[354] הכא אמ' רבא, ורבא לטעמיה דאמ' בין של עולה בין של שלמים יצא מצות לאו ליהנות ניתנו*, הא* לרב יהודה בין בשל ע"ז בין בשל עיר הנדחת אפי' דיעבד [ל]א* יצא דמצות [לי]הנות* ניתנו סבירא*.

ואם תקע יצא. ובמסכת חולין[355] בסוף פרק כיסוי הדם תניא לא יצא, ואוקימנא[356] לה באשרה דמשה דכתותי מכתת שיעוריה.* והוא הדין בשל תקרובת ע"ז דגוי דלית ליה בטלה עולמית דאיתקש למת[357]. אבל הכא בשופר שהוא עצמו ע"ז אי נמי שהוא משמשי ע"ז, והכא במאי עסקינן* בשנטלו על מנת שלא לזכות בו, הא נטלו לזכות בו מדאגבהיה* קנייה ונעשה* דישראל[358].

350. סי' תתקמ"ז, ועי' כתוב שם עמ' ס"ח. 351. כן גם בריטב"א ד"ה אמר ר"י, חבור התשובה עמ' 331, תוס' חולין פ"ט ע"א ד"ה והתניא, תש' רבי' ח"א סי' ה', ר"ן להרי"ף שם ובעל המאור. בגמ' ובריי"ף בשופר. 352. עי' תוס' ד"ה אמר ר"י ובנ"ש ובעל המאור לרי"ף הנ"ל. ועי' תוס' חולין הנ"ל וסוכה ל"א ע"ב ד"ה באשרה מה שתרצו בשם ר"ת (והשוה ספר הישר סי' ש"פ ומרדכי סי' תשט"ז). אולם רבי' בתש' הנ"ל מפרש בשלא ביטלה ממש (ועי' רשב"א ליבמות ק"ג ע"ב ד"ה אחד), ובחבור התשובה שם תירץ אף לפי' זה. ומה שהקשה שם בהע' ה' נר' לישב בפשטות דגבי ע"ז הוא בידו, מה שאין כן בקרבן שאין בידו להטיל מום בקדשים ועי' ארחות חיים דין תקיעת שופר סי' א'. 353. עי' בריטב"א הנ"ל. והוא תירוצו של בעל המאור ורבי' מפרש דבריו דקאי אתרי לישני דרבא. ועי' בכתוב שם הנ"ל, ונר' שרצה לתרץ היאך רצה רבא לומר כלישנא קמא דלא יצא וקשיא דר"י אדר"י. ואח"כ צ"ל שם "אחד זה ואחד זה (לא) יצא" וכו'. 354. עי' ד"ס אות ק' ואות ר' שם. וכן גרס בה"ג ד"ב סוף הל' ר"ה (ד"ו רבה אולם אח"כ "ואמר רבא"), במחזור ויטרי עמ' 349 וכן בסדור רש"י סי קנ"ז וכן גרס בספר העטור (הוצ' רמא"י צ"ח ע"ג. וע"ש בהע' ל"ז מה שתמה על ההג"מ פ"א מהל' שופר אות ד' ונר' שלפני ההגהות מיימוני היתה הגירסא ברמב"ם "שופר של ע"ז ושל עיר הנדחת אין תוקעים בו לכתחלה ואם תקע יצא" וכמו שהביא השואל בתש' הרשב"א ח"א ס"ה הנ"ל וע"ז כתב ההג"מ מ"ש והשוה לזה תשוב' רבי' בח"ד סי' ר"ב). ובתוס'. חולין פ"ט ע"א, ד"ה והתניא הגירסא רב וכן הוא בשבלי הלקט סי' רצ"ג. 355. דף פ"ט ע"א, ועי' לעיל 352. 356. עיין סוכה ל"א ע"ב. 357. ע"ז נ' ע"א (ראה רשב"א ליבמות ק"ג ע"ב ד"ה של תקרובת), ועי' ארחות חיים, דין תקיעת שופר סי' א'. 358. עי' בשער המלך הל' שופר פ"ח

הא המוקף ע"ס **ג ק. [ור' מבוא עמ' 26].** **כי קאמרי ק** כדקאמ' וצ"ל כי קאמר. **לילה ג** אלא. **הוא ג** לי'. **דרבה ודאי ג** דרבא. **אתחלא שמע ק** אתא לאשמעי'. **נקטינהו ואקשי ק** נקט לה ואקשי'. **ורבה ג** ורבא. **לומ' ק** לימ'. **למאי ג** למאן. **ואורחא ק** ואורחיה. **לפרוקי ק** לפרושי. **מאן ג** דמאן. **ומאן ג** ומאי. **למימרא ג** לומ' דמימרא. **תחלת ק** לי'. **בדטעי ק** כדטעי. **כדאמרית ק** כדאמריה כל. **במקצת ק** בגירס'. **אמ'... יהודה ק** לי'. **יתקע ואם**, נכתבו ביחד והוסיף שתי נקו' מאונכות לסי' הבדלה. **ואחד ו** נוס' ביה"ש. **יצא ק** לי'. **לאו ג ק** לא. **קאמ' ק** קאמא. **לא ג** אלא. **ניתני ג** [סבי']; **ק** [ס"ל]. **הא... סבירא. ק** נשמט. **[ל]א כן ג.** **[לי]הנות כן ג.** **סבירא ג** [ליה]. **שיעוריה ג** שיעורא. **עסקינן ג** עסיקינן. **מדאגבהיה**, כתב מדאגביהיה ת ומחק י ת בנקו'. **ונעשה ק** [ע"ז].

המודר הנאה מחבירו מותר לתקוע לו תקיעה של מצוה והמודר[359] **הנאה משופר מותר לתקוע לו**[360] **תקיעה של מצוה.** ודוקא במודר הנאה ומשום דמצות לאו* ליהנות ניתנו, הא באומ' תקיעת שופר עלי[361] אסור לתקוע לו*[362] אפילו תקיעה* של* מצוה לפי* שהנדרים חלין על דבר מצוה כדבר הרשות[363]. אבל האומר, שבועה שלא אשמע קול שופר של מצוה לוקה[364] ותוקע תקיע' של* מצוה[365] כדאמרי'* התם בפר' שני דנדרים* בראשו[366]. הא דאמ' ישיבת סוכה עלי הא דאמ' שבועה שלא אשב בסוכה.

[כח ע"ב] **הא דתנן**[367] **היה עובר אחורי בית הכנסת או שהיה ביתו סמוך לבית הכנסת אם כיון* לבו יצא**, הקשו עלה בתוספות[368] מיהא דאמרי' בעירובין פרק כל גגות[369] צבור בקטנה

ה"א. כל דיבור זה העתיק הרב המגיד מלה במלה בהל' שופר פ"א ה"ג. 359.כן גם ברי"ף ורא"ש ובגמ' "המודר". 360.עי' ד"ס ואות ש', ראבי"ה ח"ב עמ' 214, עטור הוצ' רמא"י צ"ח ע"ד והע' ל"ט. וברכי יוסף או"ח סי' תקפ"ו סעי' ז' שציינו. אולם עי' מאירי עמ' 83 ד"ה המודר. ולגי' הרי"ף ודעמיה בדין הראשון הוא מודר מחבירו ולא מן השופר, שהשופר אינו שייך לחבירו, וזהו שהם גורסים ברישא "בשופר של מצוה" ובסיפא שהוא מודר מן השופר (ונוס' העטור וכי"ב, ד"ס שם, בסיפא אין בכחן להכריע נגד כל הנוסחאות) ומשמיענו בסיפא אף שהוא עצמו לא יתקע אלא אחר תוקע לו. וע"פ זה נבין יפה את לשון השבלי הלקט בסי' רצ"ה שכתב "אמר רבא המודר הנאה מחבירו מותר לתקוע לו תקיעה של מצוה" ותמוה מאד למה השמיט את הדין השני. אבל לפי מ"ש מובן יפה, שבכלל דבריו כבר נמצאים שני הדינים, שהלשון "תקיעה של מצוה" משמע שחבירו תוקע לו אפילו בשופרות של עצמו ונמצא שהלה מודר גם מן השופר. אבל למודר משופר עצמו אסור לתקוע. וכן יוצא גם ממה שכתוב בסדור רש"י סי' קנ"ח "אמר רבא המודר הנאה מחבירו מותר לתקוע בשופר שלו, והמודר הנאה משופר אסור", כלומר מותר לחבירו לתקוע גם בשופר של עצמו ונמצא שהלה מודר גם מן השופר. אבל, המודר עצמו אסור לו לתקוע. לעומת זה מביא הרמב"ם בהל' שופר פ"א ה"ג רק את הדין השני "המודר הנייה משופר מותר לתקוע בו תקיעה של מצוה". היינו הוא עצמו מותר לו לתקוע (וברמב"ם ודאי אי אפשר לפרש כמ"ש הברכי יוסף הנ"ל, שהרי הרמב"ם לא הזכיר כלל חבירו) וק"ו לדין הראשון (ע"ש בכסף משנה. והא דאיצטריך לתרווייהו לפי גיר' הרשב"א והמאידי עי' תוד"ה המודר (השני) ור"ן להרי"ף ד"ה אמר רבא ובשער המלך המובא להלן בהע' 362). שיטת הרי"ף ודעימיה היא שיטת רב האי, עי' אוצר הגאונים סי' ס"ד וס"ה. וכן הוא הנוסח בה"ג (ד"ו ל"ח ע"ד) וכן הוא במחזור ויטרי עמ' 349, אבל בה"ג ד"ב (עמ' 152) הנוסח "המודר הנאה (ב)[מ]שופר מותר [לתקוע בו תקיעה של מצוה] מ"ט" וכו', ונוסח זה מעיד עליו הארחות חיים, דין תקיעת שופר סי' ב' ועי' גם להלן הע' 362. 361.כן הלשון גם בתוס' ד"ה המודר, או"ז הל' ר"ה סי' ר"ס, מרדכי סי' תשי"ז, ועי' רשב"א לנדרים ט"ו ע"ב ד"ה באומר ותשובתו כח"ד סי' פ"ב, מאירי עמ' 83 סוף ד"ה המודר וחבור התשובה עמ' 332 ד"ה אלא. וע"ע ארחות חיים הנ"ל ושער המלך הל' שופר פ"א ה"ג. והר"ן להרי"ף להנ"ל שמעתיק דברי רבי' כלשונם שנה הלשון כאן וכתב כך "אבל באומר קונם שופר לתקיעתו עלי", וראה ר"ן לנדרים ט"ז ע"ב ד"ה אלא ורשב"א שם ד"ה הא (השני) וברשב"ץ לר"ה, כ"ב ע"ד ד"ה המודר. 362.בתוס' ור"ן הנ"ל לי' "לו" באו"ז ומרדכי "בו". ואף מכאן נראה שלו עצמו אסור בכל אופן (עי' הע' 360). ונר' שמטעם זה לא הביא רבי' חלוק התוס' "דגבי סוכה בלאו מצוה יש הנאה", לפי שגם לגבי שופר יש הנאה בלאו המצוה "שיש הרבה בני אדם נהנין כשהן עצמן תוקעין וכל מידי דאיכא הנאה לגוף ליכא לשנויי בשביל טעמא דמצות לאו ליהנות נתנו" (אוצה"ג סי' ס"ד). נר' אפוא שזו היא גם דעת הרשב"א, שאם יש הנאת הגוף בהדי מצוה אסור. אולם עי' בשער המלך הנ"ל מ"ש בדעת הרשב"א. וקשה לומר בזו כמ"ש על מעיין, ע"פ דברי המאירי. וע"ע בשער המלך הל' לולב פ"ח ה"א ד"ה הן אמת (ואילך) ונודע ביהודה מהדו"ת חלק או"ח סי' קל"ד. עוד יוצא מפורש מדברי רבי' דהא דמודר הנאה מחבירו חבירו תוקע לו תקיעה של מצוה, הוא מטעם מצות לאו ליהנות ניתנו ולא כמ"ש השער המלך בהל' שופר הנ"ל (ועי' גם בהע' מעשה חשב על השעה"מ סי' קס"ט). 363.נדרים י"ג ע"ב. 364.שבועות כ"ט עמוד א'. ודוקא אם אמר "של מצוה", אבל אם אמר סתם חלה בכולל, ועיין מ"ש בהערה הבאה. 365.כל זה כתבו הר"ן בפירוש להרי"ף ד"ה אמר רבא ובחיבור הרשב"ץ הנ"ל בהערה 362. ועיין רשב"א לשבועות כ"ה עמוד א' ד"ה חומר. 366.דף ט"ז עמוד ב'. 367.כן הוא במשנתינו גם בכי"מ, עי' ד"ס לדף כ"ז ע"ב אות ג'. וכן הוא במאירי עמ' 85 ד"ה המשנה, חבור התשובה עמ' 381, שבלי הלקט סי' רצ"ז (ועי' מחזור ויטרי עמ' 355, סדור רש"י סי' קס"ז מרדכי סי' תשט"ו). ונר' שלפני רבי' היתה משנה לעצמה כמו במאירי הנ"ל (ובר"א"ש). ובריטב"א לעיל כ"ז ע"ב "וכן מי שהיה" אולם אח"כ (מביא כנר' דברי רבי') "והא דתנן היה עובר". 368.לעיל כ"ז ע"ב ד"ה ושמע. ועי' מרדכי סי' תשט"ו. 369.צ"ב ע"ב. ועי' מאידי עמ' 88 ד"ה זה שביארנו.

לאו **ג ק** לא. לו **ג ק** לי'. תקיעה **ג ק** תקיעת. של **ק** לי'. לפי **ג ק** משום. תקיע' של **ק** תקיעת. כדאמרי' **ג ק** וכדאמרי' דנדרים, כתב בנדרים ומחק ב וכתב ד ביה"ש. כיון **ק** ביוון.

ושליח צבור בגדולה אין יוצאין ידי חובתן. ותירצו, דשאני התם דליכא עשרה עד[370] שליח ציבור. והקשו עוד מיהא דאמרי' בפסח שני[371] בשילהי פרק כיצד צולין, מן האגף ולחוץ כלחוץ ואמ' רב וכן לתפלה ור' יהושע בן לוי אמ' אפילו מחיצה של ברזל אינה מפסקת בין ישראל לאביהם שבשמים. במאי קא מיירי אי לענין צירוף וכגון ההיא דכל גגות, תיקשי לר' יהושע בן לוי, ואנן קיימא לן כר' יהושע בן לוי, כדמוכח בסוטה בפר'* ואלו* נאמנין[372], דמייתי* מינה ראיה לברכת כהנים דאין מחיצה מפסקת. ואי* לענין לצאת כי הא דמתני' דהכא אם כן תקשו* מתני' לרב. ותירצו, דההיא דפסחים מיירי לענין לענות בכל דבר שבקדושה עם הצבור, דלרב מפסקת ואינו עונה עמהם משום דכל דבר שבקדושה אין פחות* מעשרה והרי הוא נחשב כעומד לבדו* בחוץ. ולר' יהושע בן לוי אין מחיצה מפסקת, והרי הוא כאלו עומד בתוך העשרה שבפנים ועולה* עמהם[373]. וקשיא להו[374] דהא קול מגלה תנן, ומגלה בעי' בעשרה בין בזמנה בין שלא בזמנה. ואפי'* לרב דאמ' בזמנה ביחיד, מ"מ הא אמרי' התם דחש לה* להא דרב אסי דאמ' בעשרה[375], וסלקי'* להו בתיובתא. ומסתברא[376] דאי משום*[377] לא קשיא, דהא דבעי' עשרה למגלה היינו משום פרסומי ניסא, ובמקום קריאתה הוא דבעו* פרסומי ניסא בעשרה והא איכא. ואע"ג דהאי שמע לה במקום דליכא עשרה, קריאתה מיהא בעשרה היא, וממקום דאיכא פרסומי ניסא שמע לה ושפיר* דמי[378].

דקא **מנבח נבוחי**. פרש"י ז"ל[379], דאינו תוקע כשיעור תקיעה. וקשה[380], דאם כן היכי נתכוון שומע, לא* משמיע ולא שומע איכא, ואפי' איכון* משמיע לא יצא. ושמא לכך נתכון* רש"י ז"ל לפרש, שלא נתכוון* לתקוע כשיעור תקיעה ושלא מדעת עלתה בידו שיעור תקיעה. ואי נמי, כמו שפי' הוא ז"ל בפרקין דלקמן במקומה[381], כגון שהיה נופח בשופר ולא לכונת תקיעה כלל ועלתה בידו תקיעה.

שאני אומר מצות אינו עובר עליהן אלא בזמנן. פי', ואפי' במתכוין לשם מצוה[382]. ותדע לך, מדאקשי' עליה* מכהן שעלה לדוכן, וההוא ודאי הא מתכוין* וכדאמרי', הואיל ונתנה לי[383] רשות לברך אוסיף ברכה אחת משלי[384].

370. צ"ל עם. ועי' "מספרות הגאונים" שהוציא הר"ש אסף ז"ל (ירושלים תרצ"ג) עמ' 88 ותשו' רבי' ח"ג סי' רפ"ז וח"א סי' ס"ג וצ"ז, רשב"ש סי' תע"ג, ומה שהאריך בחקרי לב או"ח סי' כ"ח. 371. פסחים דף פ"ה ע"ב וע"ש בתוס' ד"ה וכן. 372. צ"ל נאמרין. דף ל"ח ע"ב. ועי' בערוך לנר לעיל כ"ז ע"ב ד"ה ושמע ופני יהושע שם ומאירי הנ"ל. 373. עי' אור זרוע הל' ק"ש סי' ה' ואגודה בפירקין סי' י"ג, שבלי הלקט סי' ט'. תשובת הראב"י בספרן של ראשונים סי' מ"ג ותוס' רי"ד לעירובין הנ"ל. וע"ע ריטב"א סוף ד"ה וכן, מאירי לפסחים ועירובין שם, ותשובות ופסקים למהר"ם מרוטנברג, הוצאת רי"ז כהנא, תשו' סי' כ"ז, סמ"ג עשין כ' ושו"ת הרשב"ש סי' ל"ז. 374. בר"ה כתבו התוס' "אבל בתקיעה ומגילה מודו", ובפסחים שם כתבו "אבל בשופר לא בעי עשרה" (ועי' מאירי הנ"ל הע' ט"ז), ואין לחלק בין לענות ובין לצאת במקום שאין ענייה, וכפי שיוצא מלשון התוס' שכתבו "לענות קדושה או ברכו", או "לענות עם הצבור קדושה ויהא שמיה רבה" דמשמע דלענות הוא שאינו יכול, אבל יוצא הוא ידי חובת תפלה. דא"כ מאי טעמא פשטה הגמ' בסוטה הנ"ל מדריב"ל והרי גם רב מודה בנשיאות כפים דאינה אלא לצאת (ועי' ריטב"א הנ"ל). 375. מגילה ה' ע"א, ועי' חי' הרשב"א למגי' שבמהדו' לפני' עמ' נח, והגה' מלוא הרועים לפסחים שם. 376. בריטב"א הנ"ל מובא תירוץ זה בל' "ורבותי אומרים". 377. נר' שצריך להוסיף "הא". 378. כל הדיבור הובא כמעט בלשונו בחי' הר"ן למש' וכן ברי"ף. 379. ד"ה דקא מנבח. ונר' שכן פי' גם הר"ח ז"ל. 380. עי' תוס' ד"ה דקא מנבח וריטב"א ד"ה דילמא. 381. דף ל"ג ע"ב ד"ה מתעסק, וע"ש ברש"י דמשמע דחשבינהו בתרי גווני (ראה ריטב"א הנ"ל) ועי' רי"ץ ן' גיאת עמ' ל"ז וחבור התשובה עמ' 284 (וצ"ל שם "לעולם התוקע לשיר (לא) יצא"). 382. אינו עובר שלא בזמנן ועי' הל' רי"ץ ן' גיאת עמ' ל"ו (וצ"ל שם "ופליג עליה שלא בזמנו" וכו' ועי' ד"ס אות ב') ועמ' ל"ז ופי' ר"ה המיוחס להרמב"ם, דף כ"ח ע"א ד"ה אמר רבא. 383. בגמ' נוסף "תורה", ולי' בר"ח ובכ"י, עי' ד"ס אות ס'. וברשב"א צ"ל "וניתנה". ולאחר מכן הנוסח בגמ' "לברך את ישראל". 384. כל דיבור זה העתיק

בפר' ק פ'. **ואלו ג ק** אלו. **דמייתי ק** ומייתי. **ואי ג ק** [איירי]. **תקשו ק** תיקשי. **פחות ק** פחותה. **לבדו ג** נוס' בגליון. **ועולה ג ק** ועונה. **ואפי' ג** [למאן] (ונמחק). **לה ג ק** [רב]. **וסלקי' ג ק** וסלק' (=וסלקא). **משום ג ק** [הא]. **דבעו ג** דבעי'; **ק** דבעינן. **ושפיר ו** נוס' ביה"ש. **לא ק** ולא. **איכון ג** איתכון; **ק** איכוון. **נתכון ק** לי'. **שלא נתכוון ג** לי'.־ ונוס' בגליון. **עליה ק** עלה. **מתכוין ג**. במתכוין; **ק** מיכוין.

ורב שימי בר אביי* [385] **התם לא סגיא דלא יהיב הכא אי בעי מברך* אי בעי* לא מברך**, מכאן משמע [386] שכהן* שעלה פעם אחת ביום* לדוכן, שוב אינו מחוייב לעלות ולברך באותו יום, ואע״פ שאמרו לו לעלות* אינו עובר בעשה, דאמור להם [387] אינו כל היום אלא פעם אחת ביום.

אלא אמ׳ רבא לצאת לא בעי כונה. כלומ׳, דמצות אינן* צריכות כונה. לעבור* בזמנו לא בעי כונה,* והיינו הא דמתן דמים, דאע״ג* דאינו מתכוין* להזות מדם הבכור אלא פעם ראשונה,* אפילו הכי עובר, דכל שעתא ושעתא זמניה כיון דאלו מתרמי ליה בוכרא אחרינא מדי [388] והדר מדי. שלא בזמנו* בעי כונה, והיינו ההיא דכהן, דאע״ג דסיים ברכותיו, כיון שהוא מתכוין להוסיף ברכה אחת משלו עובר. ואע״ג דאי מתרמי ליה ציבורא אחרינא, אי בעי מברך

הריטב״א בד״ה א״ל. 385. כן הוא גם בר״ח וריטב״א, ועי׳ ד״ס אות ב׳. בגמ׳ רב שמן בר אבא. 386. עי׳ תוס׳ ד״ה הכא וריטב״א הנ״ל, הגהות מיימוני סוף הל׳ נשיאות כפים ואגודה סי׳ ט״ו. וכן משמע גם לשון הרמב״ם בספ׳ המצות ״שנצטוו הכהנים לברך את ישראל בכל יום״ (עי׳ בהוצ׳ הר״ח העליר ז״ל מצוה כ״ו וכן הוא הלשון בספר החנוך מצוה שע״ח, אבל עי׳ סמ״ג עשין כ׳ ויראים השלם סי׳ רס״ט) והר״א סופר במאירי עמ׳ 89 הע׳ י״ד לא כן דקדק מלשון הרמב״ם בהל׳ נשיאות כפים, ולא ידעתי מנין משמע לו כן. וממ״ש הרמב״ם שם בהי״א (ומכאן דקדק כך בהעמק שאלה, שאיל׳ קכ״ה סי׳ ט׳), לענ״ד אינו ראיה והרמב״ם מעתיק ממש את לשון הרי״ף, מגילה סי׳ אלף קמ״ה, ומשמיענו שאין בזה משום אסור בל תוסיף, ואף שאין תפלתו של כהן מעכבת בנ״כ, ובודאי שכך יש לפרש את דברי המאידי במגילה, שמביא בהעמק שאלה שם, שהרי בר״ה כתב המאירי בפי׳ שאינו חייב, ובמגילה העתיק המאירי את לשון הרמב״ם. וקצת משמע כן ממ״ש בפי׳ המיוחס להרמב״ם לר״ה, (נ״י תשי״ח), עמ׳ קכ״ב ״אבל ברכת כהנים אם עתה מתרמי לי׳ ציבורא ומתחייב לברך ונמצא בכל עת מצוה זו מצוה״. אלא שלהלן שם, בעמ׳ קכ״ו, כתב בפי׳ זה עצמו ״אבל בברכה איבעי מצלי איבעי אינו רוצה לברך דאפשר בכהן אחר״ ומשמע דלמסקנא אינו חייב, ועי׳ בהע׳ להלן. 387. עי׳ בהע׳ הקודמת, במנחות מ״ד ע״א תוס׳ ד״ה כל כהן ואור זרוע ח״ב, הל׳ נשיאות כפים, סי תי״א. 388. וכגיר׳ כי״מ,

ואי* בעי לא מברך , וככר כתבתיה* למעלה בפירקין קמא [390] גבי מפני מה תוקעין כשהן יושבין ותוקעין כשהן עומדין, היאך איפשר לעשות כן והא איכא משום בל תוסיף. ותירצו בתוספות [391] דאין בל תוסיף בכי הא, שאלו תקע וחזר ותקע אפי׳* אלף פעמים באותו יום ליכא משום בל תוסיף* ותקע ביום אחר [392], וכן אם נטל לולב אלף פעמים ביום אחד, וכן אם הזה מדם הבכור בקרן אחד* אפי׳ אלף הזאות. ואינו מחוור בעיני דרך זה, ואף הם העלוהו בגמגומין הרבה. ועוד, יום שני [393] לדידן דידעי׳ בקיבועא דירחא מאי איכא למימר. אלא שיש לומ׳ דכל שתקנו חכמים לצורך, בין מחמת ספק בין מחמת גזירה, כההיא* דמכריז ר׳ יוחנן [394] היכא דמטו שלוחי ניסן ולא מטו שלוחי תשרי לעברו* [395] תרי יומי גזירה ניסן אטו תשרי, ליכא משום בל תוסיף, דעל פי* הדבר אשר יורוך אמ׳ רחמנא. ומיהו היחידים שתוקעין ביום טוב בין

בגמ׳ מזה. ועי׳ העמק שאלה הנ״ל שפי׳ בכהן שהוא במשמר של בהמ״ק. וכבר פי׳ כעין זה בפי׳ המיוחס להרמב״ם. ועי׳ רש״י ד״ה לא סגי וד״ס אות ר׳. 389. מן שלא בזמנו ע״כ מביא בפתח עינים מרשב״א כ״י. ופי׳ הדברים דמכל מקום הרי זד כשלא בזמנו, דהא אי בעי מברך וכו׳. וכן פי׳ גם הריטב״א ד״ה אלא אמר (וברור שצ״ל שם ״ברכה אחת משלי (הא) [לאו] זמניה״). אבל התוס׳ חשבוהו כתוך זמנו. לעיל דף ט״ז ע״ב ד״ה ותוקעים (ועי׳ בסוגיין ד״ה ומנא ומ״ש לעיל בפ״א הע׳ 837) וכן כתב גם המאירי, עמ׳ 89 ד״ה כהן וכן משמע קצת גם מן הפי׳ המיוחס להרמב״ם שפירש שלא בזמנו בעי כונה על סוכה. ופי׳ דברי הגמרא ״התם לא סגי״ וכו׳ שאינו חוזר בו ממה שאמר לעיל ״כיון דאלו מתרמי... כוליה יומא זמניה הוא״, אלא שלרב שב״א נראה לו יותר להקשות מזה, ועי׳ בפתח עינים. 390. דף ט״ז ע״א ד״ה למה. רבי׳ מביא לשון הגמ׳ בקיצור. 391. עי׳ לעיל פ״א הע׳ 838, ורדב״ז ח״ג סי׳ תתקט״ז (תע״ח). 392. ג׳ מלים אלו מיותרות. וע״פ מ״ש רבי׳ לעיל שם ״...אפילו מאה פעמים באותו היום ואפי׳ מתכוין לשם מצוה״ אפשר ליישבו: כלומר, בזו ליכא בל תוסיף כמו כאלו תקע, ונתכוין לשם מצוה, ביום אחר. [ר׳ בח״נ]. 393. עי׳ לעיל שם והע׳ 843. ועי׳ גם ראבי״ה ח״ב סי׳ תקס״ב. 394. בגמ׳ כל היכא. ועי׳ כעין זה בתשו׳ רבי׳ ח״א סי׳ צ״א (הביאה בב״י, טוא״ח סי׳ ק״ז). 395. צ״ל לעבדו. (שבוש כזה גם לעיל שם). 396. עי׳ אוצר הגאונים סי׳

אביי ק אבא. מברך... בעי ג נוס׳ בגליון. שכהן ג ק דכל כהן. ביום ק לי׳ לעלות ק [באותו יום]. אינן ק אין. לעבור... כונה ק נשמט. דאע״ג ק לי׳. מתכוין ק מכוין. ראשונה ג ראשון (ותוקן כלפנינו). בזמנו ג בזמניה. ואי ק אי. כתבתיה ק כתבתי. אפי׳ ג ק ואפי׳. תוסיף ג ק [אלא אם כן הוסיף]. אחד ק א׳. כההיא ק כההוא. לעברו ג ק ליעבדו. דעל פי ג על.

בראשון בין בשני[396], וכדאמרי' לקמן[397] לא שמע איניש קל אודניה מקל תקועיה,* היינו כדברי רבותינו הצרפתים*[398] שאין בו ביום שתוקעין בו משום בל תוסיף*, ואע"פ שמתכוונין* לערבב את השטן. ובשאר הימים נמי ליכא משום בל תוסיף, דשלא בזמנו לעבור בעי כונה[399].

אמ' ליה ר' זירא לשמעיה איכוין ותקע לי. הרב אלפסי* ז"ל*[400] כתב הא דר' זירא, ואע"ג דקיימא לן כרבה[401] ורבא וכדשלחו* ליה לאבוה* דשמואל וכרב* אשי[402], דכולהו סבירא להו מצות אין צריכות כונה, הא דר' זירא לא* פליגא אהנך אמוראי. דלא א"ר זירא איכון* למצוה* ותקע לי, אלא איכוין להשמיעני קול שופר בעלמ'[403]. וכן נראה מלשון הרב ז"ל שכתב* בהלכות[404]. והרב בעל המאור ז"ל*[405] הקשה עליו, דודאי מדאוקימנא[406] להא דר' זירא כר' יוסי, דאמ' ביחיד לא יצא עד שיתכוין שומע ומשמיע, משמע דר' זירא כונת מצוה בעי* כרר'* יוסי, דהא בפרק ערבי פסחים[407] משמע דר' יוסי מצות צריכות כונה סבירא* ליה ופליגי רבנן עליה, הילכך ליתה לא לר'* יוסי ולא לר'* זירא. ואף רש"י ז"ל[408] כן* פי'. איכוין ותקע לי להוציאני ידי חובתי. משמע דסבירא ליה לרב ז"ל דר' זירא פליגא אדרבה*[409]. ואנן קיימ' לן דמצות אין צריכות כונה[410].

397. דף ל' ע"א פ"ב ובנ"ש. ועי' להלן פ"ד הע' 24. ועי' פרדס הוצ' רח"י עהרענרייך עמ' רכ"ב. 398. עי' מ"ש המנחת חנוך במצוה תנ"ד. 399. בארחות חיים, דין תקיעת שופר סעי' י"ח, מביא תכן הדברים מן ומיהו ומסיים "וכן נמי פסק הרשב"א". ועי' מה שהאריך בזה מהר"צ חיות במאמר בל תוסיף. 400. סי' תתקמ"ז. 401. עי' בד"ס לעיל בע"א אות ר', מלחמות בסוגיין וריטב"א ד"ה א"ל. 402. לעיל בע"א. 403. עי' בבעל המאור ושיטת ריב"ב בסוגיין, וע"ע דרשת הראב"ד לר"ה עמ' נ"א (וע"ש בהע', וברור שלדברי הראב"ד בכתוב שם עמ' ע' רומז המאירי עמ' 86 ד"ה יש מי. ועי' מאירי לברכות ריש פ"ב סוד"ה והמשנה), מאירי עמ' 87 ד"ה יש בפסק וחבור התשובה עמ' 283 ד"ה אלא, אוצר הגאונים סי' ס"ח, אשכול הוצ' הר"ח אלבק, ח"ב עמ' 95 ד"ה היה. 404. המאירי כתב בפשיטות, שהרי"ף פוסק שצריך כוונה, עי' עמ' 86 ד"ה ולענין וחבור התשובה עמ' 282, ועי' מלחמות הנ"ל ודרשת הרמב"ן לר"ה, הצופה מארץ הגר שנה ב' עמ' 50. אבל בארחות חיים, דין תקיעת שופר סעי' ח' כתב וז"ל "ודעת הרי"ף והר' משולם והריטב"א ז"ל דאפילו לא כיון שומע לצאת ומשמיע להוציא יצא דמצות אין צריכות כוונה ופי' שיתכוין שומע לשמוע ומשמיע להשמיע" וברור שנמשך אחר לשון רבי'. והרשב"א כתב כן על פי לשון הרי"ף "עד שיתכוין התוקע להשמיעו". ועי' בסוף דברי המלחמות ורשב"א לברכות י"ג ע"א ד"ה בקורא. 405. לרי"ף הנ"ל. ועי' שבלי הלקט סי' רצ"ז ופסקי רי"ד בסוגיין, יראים השלם סי' תי"ט ותכ"ב ורבי' יהונתן ריש פ"ב דברכות. 406. לקמן כ"ט ע"א. עי' תשובות הרדב"ז ח"ב סי' תת"ט וח"ו סי' שני אלפים רמ"ו וגופי הלכות למהר"ש אלגאזי ק"כ ע"ב ד"ה למעלת כונת. 407. פסחים קי"ד ע"ב וע"ש בבעה"מ, סי' תשפ"ו ד"ה הא דתניא. ועי' גם חי' הרשב"ץ, כ"ג ע"א ד"ה התיקע. והנה הארחות חיים שם (עי' הע' 404) כתב "נתכוון שומע לצאת ולא נתכוון התוקע להוציאו או נתכוון התוקע להוציא ולא נתכוון שומע לצאת לא יצא עד שיתכוין שומע ומשמיע וכן דעת הרמב"ם והר"ז והראב"ד ז"ל וכן נראה דעת הר"ם נ"ע שכתב אם אמר המשמיע איני פוטר פלוני בתקיעתי לא יצא". (הר"ם נ"ע הוא בודאי הר"מ הלוי בעל המאורות שמביא הא"ח בסוף הסי', אלא שראייתו צ"ע ואדרבה נר' מדבריו שמצות אין צריכות כוונה ובסתם מוציא ואין מוציאו אלא כשאומר בפי' שאינו רוצה לפוטרו ועי' חי' הר"ן ד"ה אבל, מאירי ריש עמ' 88, וראה מה שהביא על זה הגר"ש ליברמן בתוספ' ראשונים לר"ה עמ' רט"ו שו' ג', וב"י סי' תקפ"ט ד"ה וצריך). דעת הראב"ד מתאימה למ"ש בכתוב שם עמ' ס"ט, אבל בדרשה עמ' נ"א כתב "אמר ליה ר' זירא לשמעיה אכוין ותקע לי פי' להשמיעני אעפ"י שאינו מתכוון לפוטרו מן המצוה ודווקא ביחיד ליחיד אבל בשליח ציבור אע"ג דלא מיכוון לכל חד וחד כיון דדעתיה אכולה עלמא יצא", ולכאורה משמע שאין צריך כוונת מצוה ועי' גם רשב"א לברכות י"ג ע"ב סוד"ה שמע ונר' שהראב"ד הבין בדברי הבעה"מ שאם מצות אין צריכות כוונה אפילו במתעסק יוצא (וכפי' רש"י דמתעסק ולשיר הם היינו הך, עי' מאירי עמ' 86 הע' ב' ועמ' 87 הע' י"א), ובזה חלק והשיג וע"כ הביא ראיה מחלב ועריות במתעסק, ועדיין צ"ב. אלא שביותר מתמיה מ"ש הארחות חיים בדעת הרד"ה. 408. כ"ט ע"א ר"ה איכוין ולקמן ל"ג ע"ב ד"ה תנא. 409. ע"כ מביא בחי' הר"ן ד"ה והרב כמעט מלה במלה. 410. זהו פסק הרשב"א ועי' ברכות י"ג ע"ב ד"ה שמע ושו"ת ח"א סי' שמ"ד (עי' גם רא"ה ברכות ריש פ"ב), ורמזו לו הר"ן ד"ה אבל, הרב המגיד, הל' שופר פ"ב ה"ד, הארחות חיים שם והריטב"א ד"ה א"ל. ועי' ראבי"ה ח"ב עמ' 213, אור זרוע ח"ב סי'

תקועיה ג תקועיא: ק תקועיתא. הצרפתים ק [ז"ל]. תוסיף בג נוס' באשג' "דשלא בזמנו" (ונמחק). שמתכוונין ג שמתכוין. אלפסי ג אלפאסי. ז"ל ק [בהלכות]. וכדשלחו ק וכדשלחוה. לאבוה, ל נוס' ביה"ש. וכרב ג ורב: ק וכדרב. לא ג לי'. איכון ג אינון. למצוה ק למלתא. שכתב ג [הלשון]. ז"ל ג ק לי'. בעי ק לי'. כדר' ק כר'. סבירא ג לי'. ליתה... לר' ג ליתא להא דר'. לר' ק ר' (ב"פ). כן ק לי'. אדרבה ג ק אדרבא.

עמהם. ויש מרבותי שהיו אומרים כי לעולם אינו עונה אלא כשהוא עמהם כההיא דכל גגות וההיא דפסח שני, דליתא לדריב"ל, ולא נהירא:

גמרא א"ר הונא וכו'. ליכא לפרושי לא שנו דאם שמע קול הברה לא יצא אלא לאותם העומדין על שפת הבור אבל לאותם העומדים בבור אפילו שמעו קול הברה יצאו, דהא אמאי יצאו וכי אינם חייבים לשמוע קול שופר. אלא ה"פ, לא שנו דשייך הך חילוק אלא לעומדין על שפת הבור, אבל העומדין בבור סתמא יצאו שלעולם שומעין קול שופר מן הסתם, והיינו דתניא נמי הכי התוקע לתוך הבור או לתוך הדות יצא, ומלתא פסיקתא קתני דלעולם יצא:

והא אנן תנן לא יצא. כלומר היכי פסיק ותני יצא לעולם והא אנן תנן כי פעמים לא יצא, אלא לאו שמע מינה כרב הונא:

דף כח ע"א

אמר רבא כו' למימרא וכו' (פ") וממילא דשמע תחלת תקיעה בלא סוף יצא. פירוש להכי איצטריך למימר תלמודא וממילא, דאילו פשטא דמימרא לא משמע אלא ששמע סוף תקיעה ולא תחלת תקיעה, דכיון דקתני שמע מקצת תקיעה בבור כו' משמע דמיירי בעומד חוץ לבור ושמע לחבירו תוקע ועולה מן הבור ופתח בבור וסיים חוץ לבור, וכן פירש רש"י:

ואמאי ליפוק בתחלת תקיעה מקמי דלערבב קלא. הקשה הרמב"ן ודילמא ליכא שיעור תקיעה מקמי דליערבב. ותירץ דאפשר דמדלא קתני אם קול הברה הוא וקתני שמע, [שמעינן] שאם שמע קול הברה אפילו בסוף לאחר שיעור תקיעה לא יצא. אי נמי קים לן דלא מערבב קלא דבור אלא לאחר שיעור תקיעה למאן דמאריך טובא ותקע להו. ויש מפרשים דהשתא סברינן דהכא דמכשר במקצת תקיעה כיון דאידך הוי שעת חיובא לאחרינא אפילו שאין במה ששמע כשיעור היא, והיינו מקצת תקיעה דקאמר, כלומר מקצת שיעור תקיעה וכן בסוגיא דלעיל (כ"ז ע"א) על דרך הזה היא, והיינו דאמרינן לכך מאריך בשופר, וסתמא קתני מאריך אע"פ שאין בו שיעור תקיעה. ומיהו אליבא דהילכתא הא קיי"ל שלא יצא במקצת תקיעה אפילו יש בה כשיעור והכי מסקנא לעיל (שם), והכא נמי הא פרישנא מימרא דרבא בתוקע ועולה לנפשיה, שלעולם שמע קול שופר, וקמ"ל [דלא חיישינן] דלמא מפיק אוניה ואכתי שופר בבור, דהא לא שכיח:

כי קאמר רבא בתוקע ועולה [לנפשיה]. פירוש דלדידיה כוליה תקיעה להכשר מראש ועד סוף, כי אפילו כשהיה תוקע על שפת הבור[צז] היו אזניו עם השופר בתוך הבור, הא לאו הכי (לאו) [לא] מהניא תחלה בלא סוף או סוף בלא תחלה וכמסקנא דלעיל (כ"ז ע"א) על מתני' דשופר מאריך:

אמר רב יהודה שופר של עולה. פירוש שתלשו מחיים, דאילו לאחר זריקה אין מעילה אפילו בעורה שהכל לכהנים וכדפירש רש"י. והא דקאמר לא יתקע, פירוש מפני שהוא כבא ליהנות בקדשים. ובתוס' פירשו לא יתקע במזיד דבמזיד אין מעילה ולא יצא לחולין. והא דאמרינן בשופר [של] שלמים כיון דלית ביה מעילה באיסוריה קאי, קשיא לי מ"מ הא תקע בו ומה לי אי עבד ביה איסורא או לא כיון דלא בעינן שופר שלו ויוצא בשופר שאול כדאיתא בירושלמי (סוכה פ"ג ה"א). וי"ל דמ"מ איכא משום מצוה הבאה בעבירה כדאיתא בלולב הגזול (סוכה ל' ע"א). אי נמי [כיון] שאם לא יצא לא עביד איסורא, מוטב הוא לומר שלא יצא.

וקשיא לי דהכא משמע דרב יהודה סבר לא אמרינן מצות לאו ליהנות ניתנו, ואילו בסמוך (אמרינן) [אמר רב יהודה] שופר של ע"ז לא יתקע ואם תקע יצא והיינו ודאי [מ]טעמא דמצות לאו ליהנות ניתנו, דהתם ודאי קודם ביטול הוא כדבעינן למימר. ומפני קושיא זו יש גורסין לקמן אמר רבא, אבל בעיקר נוסחי ובהלכות הרי"ף גרס רב יהודה. והנכון דהא דפריך רבא על הא דרב יהודה (דבסמוך) ומתרץ, אליבא דרב יהודה היא, [ד]לא אפשר לומר שחלק רב יהודה בין של עולה לשל שלמים אלא אי איתמר בתרוייהו איתמר יצא או לא יצא, ומעיקרא תריץ רבא בתרוייהו לא יצא. וכיון דשמע להא דרב יהודה הדר אמר דבתרוייהו אמר רב יהודה יצא, ולהכי מייתי תלמודא בסמוך אידך דר"י, כנ"ל:

אמר רב יהודה בשופר של ע"ז לא יתקע. מלתא פסיקתא קתני לא יתקע לכתחילה ואפילו לאחר ביטול משום דמאיס, ואם תקע יצא אפילו קודם ביטול. ואע"ג דאיסורי הנאה הוא מצות לאו ליהנות ניתנו וכדפירש רש"י. והראיה דקודם ביטול קתני, דהא דומיא דעיר הנדחת קתני שאין לה ביטול, והתם נמי לא פסול אלא משום דמכתת שיעוריה:

ואם תקע יצא. בין שהיה השופר עצמו נעבד או מבהמה נעבדת, שכל ע"ז נאסרה בהנאה חוץ ממחובר דלא מתסר מדכתיב (דברים יב, ב) אלהיהם, והוא הדין למשמשין ונויין דלא מתסר במחובר. ואילן שנטעו מתחלה לשם ע"ז לא חשיב מחובר שהרי יש בו תפיסת ידי אדם, אבל לא נטעו מתחלה לכך אינו נאסר משום נעבד. ומ"ש הכתוב לא תטע, שהיה דרך גוים לעשות אשרות לנוי לפני ע"ז שלהם וכשנטעום מתחלה לכך נאסרים ולעולם לא חשיבי נוי אלא כשהוא לפני ע"ז ממש ובאה לו דרך נוי, ולאפוקי גנות הצעירים שאינן אלא להנאת כומרים מותר ליהנות מהם בטובה ושלא בטובה, ולפיכך שופר דע"ז בין שהוא ע"ז ממש בין משמשי ע"ז או נוי דע"ז דאיסורי הנאה נינהו ודינם שוה דאית להו ביטול והן ככל דבר תלוש לא יתקע בו, פירוש לכתחילה דהא מאיסי לגבוה:

ואם תקע יצא מ"ט מצות לאו ליהנות ניתנו. פירוש [מ]האי טעמא מוכח בהדיא דהא דרב יהודה קודם ביטול הוא, דהוי איסורי הנאה. ולהכי נקטינן טעמא דהא לאו הנאה חשיבא

צז) נראה כוונתו דאפילו כשהיה תוקע [הוא לעצמו] על שפת הבור, כלומר כשעדיין הוא בבור בשפתו קודם שיצא משם לגמרי:

דמצות לאו ליהנות ניתנו, פירוש דאע"ג דאיכא שכר מצות בהאי עלמא, אין (הנאת ההוא) [הנאה ההיא] עם עשיית המצוה ממש שיהנה הוא בעשייתה בשעת עשייתה, אלא שהמעשה גורם לו טובה, והא לא חשיבא הנאה באיסורי הנאה אלא כשההנאה מגוף הדבר האסור, וכדאמרינן לקמן במודר הנאה ממעיין שאינו טובל בו בימות החמה שהוא נהנה מגוף המים, וטובל בו בימות הגשמים שאינו נהנה מגוף המים, ואע"פ שגורם לו הנאה להעלותו מטומאה לטהרה אין הנאה הזו נאסרת שאינה מן המים. וכן אמרינן (יבמות ק"ג ע"ב) שאם חלצה בסנדל של ע"ז חליצתה כשירה משום דמצות לאו ליהנות ניתנו, ואע"ג דאית לה הנאה טובא בחליצה דמשתריא לשוקא וגביא כתובתה וזכיה (לנפשיה) [לנפשה] ובנכסיה ולא הויא ליבם שאינו הגון לה, לית לן בה שאין ההנאה מגופו דסנדל.

ודוקא בע"ז דגוי דאית לה ביטול ולא מכתת שיעורא, אבל בע"ז דתלמודא קרי לה אשירה דמשה (סוכה ל"א ע"ב) דהיא דישראל לפי שבשעה ששבר את הלוחות אוו לאלהות הרבה ונאסרו אשירות ארץ ישראל (עי' ע"ז נ"ג ע"ב), ההיא כיון דלית לה ביטול עולמית לשריפה קיימא וכשרוף הויא ונצבר אפרה ולא יצא דכתותי מכתת שיעוריה. והיינו דאמר בפרק כסוי הדם (חולין פ"ט ע"א) שופר של ע"ז לא יצא ומדמינן לה התם לעפר עיר הנדחת דמכתת שיעורה.

והאי שופר של ע"ז של גוי שהוא ביד ישראל, לא שזכה בה מן ההפקר דא"כ הוי ליה ע"ז דישראל ואין לה ביטול עולמית אפילו זכה בה שלא לעבדה כלל, שאדם זוכה באיסורי הנאה להוסיף בהם איסור כדפרישנא בע"ז (מ"ב ע"א), אלא הכא שהוא שאול מן הגוי שלא זכה בו ישראל, ושופר שאול מותר דאמרינן התם (בירושלמי ערלה פ"א ה"א) יום תרועה יהיה לכם מכל מקום. ושופר של תקרובת ע"ז אפילו של גוי לא יצא בו, דתקרובת ע"ז הרי היא כמת שאין לה היתר עולמית (ע"ז נ' ע"א) וכתותי מכתת שיעוריה.

ודוקא כשהיה השופר מבהמת תקרובת דע"ז ונאסרה היא וקרניה בהנאה, אבל שופר שעשאוהו תקרובת ע"ז לא מתסר בהנאה, שאין תקרובת דע"ז נאסר אלא כשהוא כעין פנים ממש או דכוותיה קצת כעין פנים (ממש). ואיכא נמי עבודה המשתברת דומיא דפרכילי ענבים דאמרינן התם (ע"ז נ"א ע"א) דמיתסרי כשבצרן מתחלה לכך דאיכא דכותיהו בכורים ואיכא נמי בבצירה עבודה המשתברת שדומה לזביחה, הא לאו הכי לא מתסרי. ואבני מרקוליס שנאסרין משום דהוי ע"ז ממש כדאיתא התם. ואע"ג דע"ז קודם ביטול מאיסה לגבוה, והתם במסכת ע"ז (מ"ז ע"א) מבעי ליה לר"ל אפילו לולב דמחובר דלא מתסר להדיוט ומתסר לגבוה דמאיס, אי מאיס למצוה אי לא ולא אפשיט ליה, הכא איפשט לרב יהודה וסבר דבדיעבד לא אמרינן דממאיס וכרבא (בסוכה ל"א ע"א) דפשיטא ליה קי"ל דמפרש לה התם בדוכתא. מפי מורי נר"ו:

ולענין שופר הגזול התיר הרמב"ם ז"ל (פ"ג מהל' שופר ה"א) לפי שבקול יוצא. ויש סעד לדבריו בירושלמי, דאמרינן התם (סוכה פ"ג ה"א) שופר של ע"ז ר' חייא תני כשר ר' אושעיה תני פסול, הכל מודים בלולב שהוא פסול, מה בין לולב לשופר א"ר יוסי לולב כתיב לכם משלכם ולא של איסורי הנאה ברם הכא יום תרועה יהיה לכם מ"מ, ר' אליעזר אמר תמן בגופו הוא יוצא ברם הכא בקולו הוא יוצא ויש קול אסור בהנאה, כלומר ואינו חשוב נהנה מע"ז. ולא אזיל בשיטתא דגמרא דילן דפרישו טעמא בין בשופר בין בלולב דע"ז דמצות לאו ליהנות ניתנו. ונקיט רבינו ז"ל מהאי ירושלמי דהוא הדין דאיכא למשרי שופר גזול מהני תרי טעמא דאיכא באיסור הנאה דליכא משום גזול דלא בעינן לכם, ועוד שבקולו יוצא. ומסתברא דהני תרי טעמי מהנו להכשיר הגזול מדין גזל שאינו שלו דלא מתהני מידי מדחבריה, אבל אכתי איכא איסורא אחרינא דאיכא מצוה הבאה בעבירה כדין לולב דמפסיל מהאי טעמא ביום שני דלא בעינן לכם ויוצא בשאול (סוכה כ"ט ע"ב), שאף על פי שבקולו הוא יוצא מצוה הבאה בעבירה היא ובמה יתרצה אדם אל אדוניו ביום הדין. ובירושלמי דלא חיישי להא, משום דלא חייש למימר הכי אלא בגזול שנעשה בו הוא עצמו עבירה בסיוע המצוה דמצוה היא שנוי רשות או שנוי השם וקנאו ביאוש ושינוי רשות, הילכך שופר הגזול פסול והשאול כשר, וגזול שקנאו ביאוש ושנוי כראוי קודם מצותו ליכא משום מצוה הבאה בעבירה:

אמר רבא המודר הנאה מחבירו מותר לתקוע לו תקיעה של מצוה. יש מפרשים וכל שכן (אם) של רשות דלאו הנאה היא. וליתא דשל מצוה דוקא נקט משום דלאו ליהנות ניתנו, דאילו בתוקע לשיר אסור דהא קמתהני. וכ"ת הכי נמי לא סגיא דלא מתהני והוי פסיק רישיה ולא ימות וכטובל במעין שהודר ממנו דאסור בימות החמה, הא ליתא דהתם לא סגיא דלא מתהני אבל הכא אין הנאה בקול אלא בשיתכוין לשיר, והיינו דאשמעינן רבא נמי. וכ"ת הא דתנן בנדרים (ט"ז ע"א) [נדרים] חלין על דבר מצוה כגון סוכה שאני יושב לולב שאני נוטל, למאי חייל דהא אמרינן מצות לאו ליהנות ניתנו. וי"ל דלא אמרינן הכא אלא בשאוסר דבר בלשון הנאה, וההיא בשאוסר גוף הסוכה והלולב עליו שלא בלשון הנאה. ומ"מ בשאוסר (מצוה) [מצה] עליו אפילו בלשון הנאה נראה שהוא אסור, דלא סגיא דלא מתהני כדאמרינן (סנהדרין ס"ב ע"ב) המתעסק בחלבים ובעריות חייב שכבר נהנה, ועדיפא מהא דטבילה דבסמוך. וההיא דמוכרי כסות מוכרין כדרכן (פסחים כ"ו ע"ב) כבר פירשתי בפסח ראשון דלא חשיב פסיק רישיה. ובכלל תקיעה של מצוה דאמרינן הכא יש אפילו של תעניות, לא מפיק מכללא אלא תקיעה של רשות גמור לשיר בעלמא, וזה ברור:

שלחו ליה וכו'. פירוש שכפאו שד ובעודו כך אכל מצה ואח"כ נעשה חלים תוך זמן חיוב אכילת מצה, (וקאמרת) [וקאמרי] שנפטר במה שאכל כשהוא שוטה. וע"כ יש לפרש כן, שאילו כפאו שד כל הלילה מאי פטור שייך ביה הא פטור ועומד הוא דשוטה פטור מן המצות, אלא ודאי כדאמרן. והיינו דפרכינן ליה מהאי דתניא עתים חלים ועתים שוטה וכו':

לא צריכא שכפאוהו פרסיים. ואכל מצה על כרחו שלא לשם מצוה כלל, וקמ"ל דמצות אין צריכות כוונה לצאת בדיעבד, ואפילו עומד וצווח נמי (אינו) [איני] רוצה לצאת ולאכול לשום מצוה, יצא, כגון הא דכפאוהו פרסיים. ומינה שמעינן בכל דכן דהתוקע לשיר או לשד יצא כדמפרש ואזיל. וקשיא לי ולוקמה בשכפאוהו ב"ד כאותה שאמרו (כתובות פ"ו ע"א) אמרו לו עשה סוכה ואמר איני עושה מכין אותו עד שתצא נפשו או עד שיעשהו. וי"ל דאי בב"ד של ישראל ודאי כיון דעביד גמר ואכל לשם מצוה דאמר מצוה לשמוע דברי חכמים, כדאמרינן (גיטין פ"ח ע"ב) בגט המעושה בב"ד דישראל:

מהו דתימא התם תאכלו מצה. הנכון כפירוש רש"י דהוה ס"ד דשאני מצוה באכילה דנהנה גרונו וכדאמר באיסורין (סנהדרין ס"ב ע"ב) המתעסק בחלבים ובעריות חייב קרבן שכבר נהנה, משא"כ במתעסק במלאכת שבת:

דף כח ע"ב

אבל הכא מתעסק בעלמא הוא קמ"ל. פירוש דכולהו מצות חדא טכסיסא נינהו בענין זה, דבאיסורין איכא לאפלוגי בהא אבל במצות עשה כולם דרך אחד להם ואי הא לא בעי כוונה לצאת אידך נמי לא בעו כוונה. ומיהו מתעסק ודאי לא יצא (כדאיתא לקמן ל"ב סע"ב), והכי קאמר קמ"ל דכיון שנתכוין לתקיעה יצא ולא דיינינן ליה כדין מתעסק שלא יצא:

[בקורא] (הקורא) **להגיה.** יש מפרשים שאינו קורא התיבות מתוקנות אלא קורא טָטְפֹת במקום טוטפות. וא"ת א"כ אם כיון לבו אמאי יצא. וי"ל דהכי קאמר שכיון בלבו לקרות קריאה מתוקנת. ומיהו לא אתי שפיר לישנא דאם כיון לבו, ועוד דמשום דקרא תיבות מתוקנות אין לו לצאת דמתעסק במלאכתו בעלמא הוא. והנכון בקורא להגיה שאין כונתו לקריאה אלא לראות אם הספר מתוקן ואינו קורא אלא כמתעסק בעלמא ודינו כמתעסק בשופר ולא יצא, וכן פירש ר"י ז"ל. וא"ת האיך אפשר לומר דלא בעינן כוונה אלא לקרוא, והא כולהו תנאי ס"ל התם (ברכות י"ג ע"ב) דקריאת שמע צריך בה לכוונת הלב ולא נחלקו אלא עד היכא, והא סתם מתניתין ר"מ ואיהו אמר דצריך כוונה בפסוק ראשון, ורבא נמי פסק שם הלכה כר"מ ואיהו דאמר לקמן מצות אין צריכות כוונה לצאת, ולישניה מוכח דמימרא גמורה קאמר משום דס"ל הכי ולאו לתרוציה אליביה (דרבא) [דרבה] ודשלחו ליה לאבוה דשמואל. ועוד היכי לא פרכינן לאבוה דשמואל ולרבה מסוגיא דהתם ונימא דאינהו דאמור כמאן, ואמאי מפקינן סתם מתניתין דהיה קורא בתורה מרבי מאיר. והנכון בזה דכוונת הלב האמורה שם אינה ענין לכאן, דההיא לאו כוונה לצאת אלא שיכוין לבו למה שאומר ולפנות מחשבותיו מהרהורין דעלמא, וזו היא כוונת הלב שהזכירו במסכת ברכות ובכל מקום לענין תפלה. וא"ת ואמאי לא תריצנא הכא מתניתין דהיה קורא דמאי אם כיון לבו שיכוין מחשבתו בכוונה דהתם והא עדיפא מלאוקמי בקורא להגיה. ויש לומר דכיון דקתני סתם היה קורא בתורה והגיע זמן קריאת שמע, משמע אפילו היה עסוק בפרשת והיה אם שמוע או פרשת ציצית, והתם דכ"ע לא בעינן כוונת הלב לעכב, דליכא מאן דסבר דבעינן כוונת הלב לעכב טפי מפרק ראשון, אבל אילו היינו צריכין כוונה לצאת, בכל הפרשיות היינו מצריכין אותה:

אלא נתכוין שומע ולא מתכוין משמיע היכא משכחת לה. פירוש דנתכוין משמיע דקתני אינו להוציא או להשמיע לאחרים דא"כ שפיר משכחת לה ולא נתכוין משמיע, אלא ודאי דנתכוין משמיע היינו להשמיע לעצמו וכדדייקינן לקמן בסוף שמעתין (כ"ט ע"א) קתני משמיע דומיא דשומע מה שומע לעצמו אף משמיע לעצמו:

דילמא דקמנבח נבוחי. פירש רש"י שאינו תוקע שיעור תקיעה האמור במשנתינו בפרק אחרון (לקמן ל"ג ע"ב). והקשו תוספות דאם כן מאי קמהניא כוונת שומע, וכי נתכוין משמיע נמי מאי מהני. ור"י פירש שהיה נופח בשופר דרך מתעסק ועלתה בידו מאליה תקיעה כראוי. ולפי דרך רש"י י"ל גם כן שהיה הוא מתכוין לתקוע תקיעות קטנות שאין בהם שיעור כעין המנבח, ועלתה בידו תקיעה כשיעור, אבל אין זה משמעות לשונו:

אלא מעתה הישן בשמיני בסוכה ילקה. פירוש הישן שם שלא לכוונת מצוה ילקה משום בל תוסיף, ואילו אנן קים לן דלא לקי:

א"ל שאני אומר מצות אינו עובר עליהן אלא בזמנן. פירוש ואפילו נתכוין למצוה. וראיה לדבר דהכי קאמר, מדפרכינן עליה מכהן שעלה לדוכן וההיא במתכווין הוא שהוא אומר אוסיף ברכה אחת משלי:

ת"ל לא תוספו (עוד) על הדבר. הקשו בתוס' והא אמר בהנחנקין (סנהדרין פ"ח ע"ב) ובלולב הגזול (סוכה ל"א ע"א) דמ"ד לולב אין צריך אגד, אם הוסיף על ד' מינים אינו עובר משום בל תוסיף משום דהאי לחודיה קאי והאי לחודיה קאי. ותירצו דהכי נמי כיון דכולה בפרישת כפים אחת[צח], כולהו ברכות [כ]הדדי נינהו (ובעושה) [וכעושה] ה' בתים בתפילין, דכיון שאין בהם מעשה (א') אלא דבור, פרישת כפים אוגדן:

והא סיים קתני. פירוש בברייתא אחריתא קתני סיים, וכדפירש רש"י:

שאני הכא כיון דאילו מתרמי ליה וכו'. פירוש אלא קאמרינן, ולא (ש)הוצרך התלמוד לפרש:

במתן ארבע. פירש רש"י בעולה ושלמים ואשם ותודה. פירוש לפירושו מפני שהן ניתנין למטה מן הסיקרא (זבחים י' ע"ב) דומיא דדם בכור או דם מעשר, דאילו בחטאת היחיד או חטאת הצבור ליכא לאוקמה שהרי הם ניתנים למעלה מחוט

צח) עי' ביאור הלכה סימן קכ"ח סע' כ"ז בד"ה ואם:

הסיקרא, וכשנתערב בדם הבכור שדינו למטה אי אפשר לומר שינתנו כולם במתנה אחת ולא במתנות ד', וכן פירשו בתוס':

כשהוא בעצמו. פירוש שעומד בפני עצמו ואינו מעורב שהרי הוא מוסיף עליו ממש, אבל [הכא] אין זה עיקר הזאתו אלא לעשות ד' מתנות במי שהוא ממתן ד', ואידך ממילא אתי ע"י תערובות:

ועוד אמר רבי יהושע. תימה מאי ועוד, דהא אם איתא שאין בל תוסיף או בל תגרע אלא כשהוא בעצמו אין כאן עושה איסור בידים כלל, וגם יותר ראוי לתת ד' מתנות שיעלה לשניהם מלעשות מתנה אחת בלבד שלא תעלה לאחד[צט] מהם. לכן י"ל שרבי יהושע הכי קאמר דאילו איתיה, בבל תגרע הוא דאיכא למימר שאינו אלא כשהוא בעצמו שאילו בבל תוסיף לעולם איתיה, ולכשתמצי לומר דבתרוייהו ליכא למימר הכי אלא כשהוא בעצמו, וכי אין בזה אלא מפני מראית העין שנראה כמוסיף או גורע, מוטב לגרוע בשב ואל תעשה מלהוסיף שנראה כעובר בקום עשה, כנ"ל:

אנן הכי קאמרינן רב שימי[ק] וכו'. קשיא לי והא מנא תימרא קאמרינן אלמא רבה[קא] מייתי לה לסייעתא. וי"ל דהכי קאמר דכי מייתי לה רבה לסייעתא לאו מהכרחא דנפשיה אלא דמפיק לה מתוך דברי רב שימי דלא פריך ליה מהא דמתן דמים, והכי קאמר ומנא תימרא אף לפי דבריך מהא דתנן וכו' מדלא פרכת לי מינה, והא נמי להדיא דמיא. והא דאמרינן דילמא קסבר רבי יהושע לאו דוקא דה"ה דפרכינן ומתרצינן מדר' אליעזר דלכו"ע אילו היה בעצמו יש כאן משום בל תוסיף, ומשום דהלכה כרבי יהושע נקטינן לה בידן ודכוותיה טובא בתלמודא:

הכא אי בעי (מצלי) [מברך]. פירוש דהא דאמרינן (סוטה ל"ח ע"ב) שהכהנים מוזהרין לברך את ישראל, אין אזהרתן לברך כל צבור וצבור בכל יום, אלא כיון שברכו לצבור אחד ביום נפטרו. ומיהו אף פעם אחת לא נתחייבו אלא כשקוראין אותן צבור לברכם, וכדכתיב (במדבר ו, כג) אמור להם ומתרגמינן כד יימרון להון, וכן פירש בעל ספר המצות (סמ"ק סי' קי"ג):

והא מתן דמים לרבי יהושע דלעבור הוא ולא בעי כוונה. פירוש שהרי כשעושה ד' הזאות אין כוונתו להוסיף על דם (בטל) [בכור] כלל:

אלא אמר רבא לצאת לא בעי כוונה לעבור בזמנו לא בעי כוונה שלא בזמנו בעי כוונה. פירוש הילכך הישן בשמיני בחג בכוונה בסוכה לוקה, שלא במתכוין אינו לוקה דלאו זמניה הוא, ולענין מתן דמים יש בו משום בל תוסיף ואע"ג דליכא כוונה מטעמא דאמרינן לעיל דכיון דאילו אתרמי ליה בוכרא אחרינא לא סגיא דלאו זמניה הוא, ולגבי כהן שאמר אוסיף ברכה אחת משלי הא ודאי לאו זמניה היא כיון דאי בעי לא (מצלי) [בריך], אלא כיון דמתכוין הוא לברך דהא קאמר אוסיף אע"ג דלאו זמניה הוא, יש בו משום בל תוסיף.

וא"ת ואנן היכי יתבינן בשמיני בסוכה במתכוין (כדאיתא בסוכה מ"ז ע"א). וי"ל דכל שאמרו חכמים לעשות משום סייג לתורה אין בו משום בל תוסיף ובל תגרע, והיינו טעמא דעבדינן השתא במועדים ב' יומי אע"ג דידעינן בקביעא דירחא, והיינו טעמא נמי לתקיעות דמיושב ותקיעות דמעומד[קב]:

דף כט ע"א

א"ל ר' זירא לשמעיה איכוון ותקע לי. פירוש לישנא דאיכוון ותקע לי לצרכי משמע. ויש מפרשים ותקע להוציאני, אבל יש מפרשים התכוין להשמיעני. וקמא עיקר דהא אוקימנא לר' זירא כר' יוסי, ור"י ס"ל בפסחים (קי"ד ע"ב) דמצות צריכות כוונה. ויש פוסקין כר' זירא, דרבה וכולהו אמוראי דלעיל כולהו שקלו וטרו אליבא דאבוה דשמואל ורבה נמי זאת אומרת קאמר וליה לא ס"ל, ולא גרסינן לעיל אלמא קסבר רבה מצות אינן צריכות כוונה לצאת. והנכון כדברי הפוסקים שאין הלכה כר' זירא אלא כרבה וכרבא דלעיל, והכי אתיא כולה שמעתא כפשוטה, ור' זירא קאי כר' יוסי ואידך אמוראי קיימי כרבנן דפליגי עליה:

הכל חייבין בתקיעת שופר. פריש בערכין (ב' ע"ב) הכל לאתויי קטן שהגיע לחינוך:

אנדרוגינוס מוציא וכו'. וא"ת הא אתי צד נקבות ומפיק צד זכרות כדאמרינן גבי מי שחציו עבד וחציו בן חורין. וי"ל דהאי תנא סבר אנדרוגינוס בריה (כר"מ סוף מס' ביכורים). ויש תירצו דשאני הכא דזכרות קאי לנפשיה ונקבות לנפשיה משא"כ התם. והא ליתא דהא כל דאית ביה זכרות ונקבות כח תקיעה מתרוייהו כוחות אתיא בתערובת, וזה פשוט לכל מי שיש לו מוח. ויותר נראה כפירוש רש"י דהכא ודאי אי אנדרוגינוס אינו בריה (או) [א"כ] הוא נדון או לזכר מעליא או לנקבה מעליתא, וא"כ ממה נפשך מוציא את מינו דאו שניהם פטורים לגמרי או שניהם חייבין לגמרי, משא"כ בחציו עבד וחציו בן חורין דעל כרחין אית ביה חיובא ופטורא:

מי דמי התם חצוצרות הכא שופר. מהא שמעינן דתקיעה ופסוק של חצוצרות אין לחשבו במקום שופר כלל, ומשום הכי טועה האומר בפסוק אחרון של שופרות קרא דוביום שמחתכם (במדבר י, י), אלא אומר במקומו ובחודש השביעי וכו'[קג] (במדבר כט, א):

צט) פי' שלא תעלה לבעל המתן ד', ואולי צ"ל שלא תעלה אלא לאחד מהם:
ק) כ"ה גירסת ר"ח, ולפנינו רב שמן בר אבא:
קא) כגי' הרא"ש לעיל סע"א דגריס: אמר רבה זאת אומרת וכו':
קב) עי' אריכות בזה בדברי רבינו לעיל ט"ז ע"ב:
קג) ז"ל הש"ע או"ח סי' תקצ"א יש קורין תגר על מה שנוהגים להשלים פסוקי שופרות בפסוק וביום שמחתכם, שאין מזכיר בו שופר אלא חצוצרות. והרא"ש והר"ן כתבו לקיים המנהג, עכ"ל. ועי"ע בש"ס סוכה ל"ד ע"א שיפורא חצוצרתא חצוצרתא שיפורא מנ"מ לשופר של ר"ה. וע"ע בדברי רבינו לעיל כ"ז ע"א ד"ה תניא נמי הכי וכן בחידושי שבת המיוחסים לרבינו דף ל"ו ע"ב, וע"ע היטב לקמן ל"ב ע"ב בד"ה ואמרינן:

התם, והא דאיצטרי׳ קרא תקעו בחדש שופר משום דיליף נמי ראש השנה ממדבר וה״א דבחצוצרות כמדבר הילכ׳ נר׳ דאי׳ ליה שפי׳ לר׳ יהוד׳ דשוה יובל לרא׳ הש׳ אלא דלענין הך מילתא להיות יום[37] בראש הש׳ בשל זכרים אין נר׳ לו להשוותם, דטעמ׳ דרא׳ השנ׳ כסבר׳[38] בעלמ׳ משום דבמה[39] דכייף איניש טפי עדיף וזה ראוי ברא׳ הש׳ שהוא יום הדין וגם[40].

כז ע״ב

דמתני׳[41] לפי פשטא אתיא כרבנן אבל ר״ח[42] פסק כר׳ נתן שמפר׳ ר׳ יוחנ׳ מילתי׳ דר׳ נתן אלמא כותי׳ ס״ל, ולאו ראיה גמורה היא דמתוך דברי׳ ר׳ יוחנן אנו למדים נמי דחכמים נמי פסלי במינן אפי׳ נשתייר רובו מדקאמ׳ ר׳ יוחנן דר׳ נתן לא מכשר אלא בנשתייר רובו מכלל דרבנן פסלי אפי׳ בנשתייר רובו אבל אם היה אומר ר׳ יוחנן דבריו על מילתייהו דרבנן דאמרי במינו פסול דאיירי אפי׳ בנשתייר רובו לא הוה ידעי׳ מיניה מילתי׳ דר׳ נתן דמצי׳ למימר דרבנן פסלי בכל ענין ור׳ נתן מכשיר בכל ענין אפי׳ לא נשתייר רובו, משום הכי ניחא ליה לר׳ יוחנן למימר למילתי׳ על דברי ר׳ נתן דנשמע מינה גם דברי חכמים אע״ג דלא ס״ל כר׳ נתן[43].

ארוך וקצרו (ק)[כ]שר. איצטרי׳ לאשמועי׳ דלא תימ׳ דפסול משום דכתי׳[44] והעברת. צפהו [זהב] במקו׳ הנחת פה. לכאורה נרא׳ לפ׳ דעובי השופר במקום שמניח עליו הפה קרי מקום הנחת פה[45] ושלא במקום הנחת פה היינו מבחוץ סמוך להנחת פה, אבל

37 ס״ס יש כאן ואולי צ״ל: תוקעים, ובתוס׳: אין שייך להשוותם להיות בשל זכרים כשל ר״ה. 38 צ״ל: מסברא, וכ״ה בתוס׳. 39 צ״ל: דכמה וכ״ה בתוס׳. 40 כאן חסר קטע ויש להשלים ע״פ תוס׳ ד״ה ר׳ יהודה אומר: „להזכיר עקידה אבל יובל דלשלוח עבדים ושדות החזורות לבעלים אין לחוש אלא שיהא שם שופר עליו אע״ג דר׳ לוי נמי משוה להו לענין זה משום גזרה שוה יש לומר דבהא פליגי. 41 חסר כאן תחילת הדיבור ונראה שחסרים גם כמה קטעים לפני דבור זה, עי׳ ההערה הקודמת. הדברים כאן שייכים לענין ניקב וסתמו ומכיון שהמשך הדברים נמצא כמעט מלה במלה בפסקי רבנו כאן סי׳ ה׳ יש לשער שהחסר ג״כ מקביל לכתוב בפסקי רבנו בתחילת הסי׳ עי״ש. 42 עי׳ ר״ח בסוגין ד״ה מדחזינן. 43 ובפסקיו שם סיים רבנו: ומיהו דבריו דברי קבלה. ועי״ש מש״כ והביא שיטות הראשונים בזה. 44 ויקרא כה ט. 45 ככל דבריו כאן כמעט מלה במלה כת׳ רבנו בפסקיו סי׳ ג. וכתב הב״י או״ח סי׳ תקפ״ו דהפסול בצפהו זהב במקום הנחת פה לרבנו הוא משום הוספה וביום תרועה בסוגין הקשה ע״ז דהוספה אפי׳ במינו וכאן משמע דהפסול הוא משום דצפהו בזהב ולכן פי׳ שם שהוספה מיקרי רק כשמוסיף בצד הרחב ועי׳ על״נ מש״כ בזה. ועי׳ בב״ח ובדרישה ופרישה שם מה שהקשו על פי׳ הב״י בדברי רבנו, והם פי׳ דהוי כאילו תקע

ק' דהיינו צפהו זהב מבחוץ[46] ואם נפרש דשלא במקום הנחת פה היינו בעובי ראשו האחד לצד הרחב הא אמרי' בסמו' הוסיף עליו כל שהוא בין במינו בין שלא במינו פסול[47], ודוחק לפ' דהתם מיירי שאין בין הכל אלא שיעור שופר. והר' יונה פי' דהא דקאמ' צפהו זהב[48] אם נשתנה קולו פסול היינו מחצי שיעור השופר ולמטה דהיינו משתי אצבעות[49] ולמטה, לפי כשהקול נכנס ברובו[50] השופר אז הוא משמיע קול ודרכו להשתנות מחמת הצפוי אבל מחציו ולמעלה לצד פיו אין דרכו להשתנות מחמת הצפוי ואפי' נשתנה מעט אינו חשוב שנוי לפי שאין לשם עיקר השמעת הקול[51].

בשופר של של זהב (ועי' להלן מש"כ בזה) ועי' בק"נ על פסקי רבנו אות ל'. והרמב"ן בדרשתו לר"ה עמ' לג (ירושלים תשכ"ג) כת' דהטעם לפסול הוא משום הפסק, ועי' ר"ן בסוגין (על הרי"ף) ומש"כ בביאור דבריו הלח"מ פ"א מהל' שופר ה"ו וכת' שם דהפסול הוא משום הפסק כהרמב"ן, ועי' טור שם בשם י"מ. ועי' ריטב"א כז, א ד"ה והא דתנן וכו, ב. ד"ה צפהו זהב שגם כת' דאין הטעם משום מוסיף אלא משום חציצה כהרמב"ן, והנה הרמב"ן והריטב"א והי"מ שמביא הטור שם למדו מדין זה של צפהו זהב במקום הנחת פה — דפסול משום חציצה — דה"ה אם הרחיק פיו מהשופר ותקע דלא יצא, ומשמע דהפסול חציצה בצפהו זהב הוא משום דפיו לא נוגע בשופר וכמש"כ הריטב"א שם: „ורמז לדבר אל חכך שופר" ולפי"ז יתורץ מה שהקשה השפ"א כז, א ד"ה והתניא דהא כל לנאותו אין בו משום חציצה ואיך כתב הרמב"ן דפסול משום חציצה — דעכ"פ הא איכא דין שפיו יגע בשופר ואף שכל לנאותו אין בו משום חציצה מ"מ נגיעת פיו בשופר, אין כאן. שו"ר שכבר כת' כן האבני נזר סי' תלב (או"ח ת"ב) עי"ש ומאירי בסוגין ד"ה נתן ג"כ כתב דהפסול בצפהו זהב הוא משום חציצה והקשה בעצמו קושית השפ"א דהא אמרינן כל לנאותו אינו חוצץ ותי' וז"ל: „ואין אומרין בזה כל לנאותו אינו חוצץ שאין זה קול שופר אלא קול זהב הואיל והקול עובר דרך עליו" והשפ"א כיון לזה באחד מתירוציו. ועי' גם חבור התשובה עמ' 325, וכ"ד ר' יהונתן מלוניל („גנזי ראשונים" עמ' לג ומובא גם בחבור התשובה למאירי שם) דהפסול בצפהו זהב הוא משום חציצה, וז"ל רש"י כז, א ד"ה ופיו מצופה: „שהתקיעה בזהב ולא בשופר" ומפשטות הלשון משמ' דהוא כמאירי וצ"ב

46 ולא ה"ל למפסק בסתמא שלא במקום הנחת פה כשר אלא ה"ל לחלק אם נשתנה הקול פסול — ק"נ על פסקי רבנו סי' ג' אות מ'. ובפסקיו שם תירץ רבנו קושיא זו וז"ל: „דאיכא למימר דפשיטא דאין קולו משתנה בשביל ציפוי כל דהו שעושה אצל פיו ואיצטריך לאשמועי' דלא תימא דהוי כמו נתן שופר בתוך שופר". ועי' יום תרועה ד"ה תוספות.

47 עי' ק"נ שם אות ס.

48 מבחוץ — כן הגיה הב"ח בפסקי רבנו שם.

49 דשיעור השופר טפח — נדה כו — שהוא ארבע אצבעות. ועי' בפסקי רבנו סי' ו' בר"ן כאן ובטור סי' תקפ"ו, ועי' מנ"ח מצוה שכה ד"ה והנה בר"ה

50 ובפסקי רבנו שם: ברחב השופר.

51 ורבנו בפסקיו דחה פי' ר' יונה עי"ש.

צפהו זהב מבפנים. פסול לפי שאין זה קול שופר[52], וכן מבחוץ כיון דנשתנה קולו. אם קול חיצון שמע. פי׳ אף קול חיצון דאי איפשר לו לשמוע קול חיצון בלא פנימי אלא אם אף קול חיצון שמע לא יצא דשופר אחד אמ׳ רחמנ׳ ולא שנים שופרות[53]. אם

52 וכ״כ רבנו בפסקיו שם וכ״כ תוס׳ ד״ה צפהו, ולא נתבררה דעתם בצפה חלק קטן מהשופר בפנים, ונר׳ דכיון ולשיטתם טעם הפסול בצפה כלו או רובו הוא משום דאינו קול שופר א״כ בצפה חלק קטן בלבד עדיין קול שופר מיקרי ולא קול זהב, וכ״כ להדיא ר׳ יהונתן מלוניל — עי׳ גנזי ראשונים עמ׳ לג הביאו המאירי בחבור התשובה עמ׳ 325 — שבצפה כולו או רובו פסול משום שאינו קול שופר משא״כ בצפה במקום אחד קטן, ועי״ש בחבור התשובה שמביא המאירי שיטה שטעם הפסול בצפהו זהב הוא משום חציצה ולכן אפי׳ בצפה חלק קטן פסול דחוצץ, ועי׳ ריטב״א ד״ה צפה זהב. וצ״ל דהפוסלים משום חציצה סוברים דהדין הוא להעביר קול התקיעה כולו דרך דפנות השופר משא״כ לשיטת תוס׳ ורבנו, ועי׳ הערה הבאה. 53 וכ״כ תוס׳ כאן דהוא מטעם שופר אחד וכו׳ אלא שמלשונם משמע דאף אם שמע קול חיצון בלבד פסול מטעם זה וצ״ל דהוא משום שגם השופר הפנימי גורם ביצירת הקול, והר״ן כת׳ כרבנו וכ״כ המאירי כאן ובחבור התשובה עמ׳ 327, ועי׳ ריטב״א שהביא פי׳ דהפסול הוא משום דהפנימי משנה והוצץ ודחה פי׳ זה דשינוי אין כאן משום שהפנימי אינו משנה וחציצה אין כאן דמין במינו אינו חוצץ וגם המאירי בסוגין הביא פי׳ זה וכתב דדוקא קדה בזכרותו הוי מין במינו אבל הכא שופר אחר הוא וחוצץ, והראב״ד בדרשתו לר״ה עמ׳ מ׳ כת׳ וז״ל: אם קול חיצון שמע לא יצא ואפי׳ קול שניהם שמע לא יצא מפני שאין בפנימי כדי תקיעה וכבר בטל חללו של חיצון כשהכניס הפנימי לתוכו עכ״ל ומשמע דאין הדין משום חציצה אלא כירושלמי המובא במאירי: מפני שבטל הפנימי חללו של חיצון וכ״ה בארחות חיים: ואם קול חיצון שמע לא יצא ומפרש בירושלמי מפני שבטל חללו של חיצון עכ״ל וכן משמע בחבור התשובה למאירי עמ׳ 326 דאין הטעם משום חציצה, דבתחלה כתב כבא״ח הנ״ל ואח״כ כת׳ וז״ל: ויש שכתב טעם הפסול מפני שהשופר הפנימי חוצץ בין הקול ובין השופר החיצון שהוא עקר התקיעות עכ״ל אלא שצ״ב דבסוגין כת׳ המאירי וז״ל: ויש מפרשים מפני שהחיצון עקר התקיעה והפנימי חוצץ והוא שאמרו בתלמוד המערב שביטל פנימי חללו של חיצון ואין זה מין במינו וכו׳ עכ״ל וכדי שלא יהיו דבריו סותרים אהדדי צ״ל דלדידיה טעם הירושלמי אינו משום חציצה וכמש״כ בחבור התשובה, ומש״כ כאן הוא לדעת הפוסלים משום חציצה שמפרשים כך גם את דברי הירושלמי וצ״ב. והר״י מלוניל מפר׳ דהפסול בשמע קול חיצון הוא משום שהפנימי מפסיק הקול לשני חצאין — עי׳ גנזי ראשונים עמ׳ לג, ונר׳ שזו גם כונת רש״י בסוגין ד״ה קול חיצון: דאיכא מחיצות הפנימי מפסקת התקיעה ע״כ, ועי׳ שפ״א שכת׳ דגם לרש״י הפסול הוא משום ב׳ שופרות וכרבנו ותוס׳, ועי׳ רמב״ן בדרשתו לר״ה עמ׳ לג (ירושלים תשכ״ג) דבשמע קול חיצון לבד לא יצא ולא ביאר הטעם ועי׳ תשב״ץ ח״ג ש״ו מש״כ בביאור דבריו, ועי׳ ברמב״ן שם מש״כ בדין שמע קול שניהם ומה שמחלק בזה הריטב״א בסוגין.

פנימי לבד שמע כגון שהיה פיו הפנימי משוך קצת חוץ לפי החיצון ולא נכנס קולו בין שני השופרות[54].

לא תימ' דהפכיה (ב)[כ]כיתונא. י"מ דה"ק לא תימ' דהפכי' (ב)[כ]כיתונא שהוא פסול דהא פשיט' היא אלא אפי' הרחיב את הקצר וקצר את הרחב פסול[55] וי"מ דה"ק לא תימ' דהפכיה ככיתונא פסול דהא ודאי כשר הוא דאע"פ שהפכו מ"מ הקצר עומד במקומו והרחב במקומו ודרך העברתו הוא אבל אם הרחיב את הקצר וקצר את הרחב פסול[56] דדרך העברתו בעי' וליכא.

איכא דמתני לה אסיפא. ר"ח[57] ורב אלפס ובעל הלכו' פסקו כלישנ' קמא דר' יוחנן ולחומר' וכן פסק ר"י[58] בכל מקום דבכל תרי לישני בשל תורה[59] הלך אחר המחמיר, אבל ריב"א[60] פסק דכל תרי לישנא בתר' הוא עיקר דבני הישיב' קבעו אותו באחרונה וחזרו בהן מן הראשון, ומי' נר' דהך דהכא לא דמיא כתרי לישני דבעלמ' משום דאורחי' למימר אריש' תחלה ובתר הכי איכא דמתני לה אסיפא הילכ' ליכ' למיקם עליה הי מינה דאחריתא הילכ' צריכי' למעבד לחומר'[61].

54 וככל דבריו כאן כת' רבנו בפסקיו סי' ד' והוסיף: ויראה דהא דאמרינן אם קול פנימי שמע כשר היינו כשלא נשתנה קולו מחמת ציפוי החיצון דאי נשתנה קולו נמצא הקול בא מכוח ב' שופרות והיינו בכלל אם קול חיצון שמע עכ"ל והוא דלא כהריטב"א שכת' שם דאפשר שאין החיצון פוסל בו ודלא כהיש מפרשים ברבנו ירוחם נתיב ו' ח"ב הובאו בב"י סי' תקפ"ו. 55 דבור זה נמ' בפסקי רבנו סי' ד' והוכיח מהירושלמי כפי' זה וכ"ה בריטב"א ד"ה דרך העברתו, וכ"כ המאירי והר"ן ד"ה לא תימא וכ"ה בטור או"ח סי' תקפ"ו. 56 ובפסקי רבנו: אסור, וצ"ל כפי הכתו' כאן. 57 עי' פר"ח בסוגין ד"ה אע"ג הובא בריי"ץ גיאות עמ' לד ומש"כ המאירי בביאור דבריו חבור התשובה עמ' 321 והשוה דבריו לדברי רבנו להלן, ובפסקיו סי' ה. 58 עי' ק"ג על פסקי רבנו סי' ה' אות ו' שצ"ל: ר"ת ושכ"כ רבנו בפסקיו לע"ז פ"א סי' ג' (כצ"ל ולא כמש"כ שם: סי' ב') ועי"ש בפלפולא חריפתא סי' צ' ובתוס' שם ז, א ד"ה בשל תורה. 59 עי' רשב"א סד"ה נקב ובהערות שם ובריטב"א ד"ה ניקב ובמאירי שם. 60 מה שיחס כאן רבנו לריב"א כתב בפסקיו סי' ה' בשם ר"י גיאות וכ"כ בפסקיו לע"ז פ"ק סי' ג' וכ"ה לפנינו בריי"ץ גיאות ח"א עמ' לד והובא כן בבעל המאור בשמו ובדרשת הראב"ד עמ' לט וכן בריטב"א ובר"ן, ובשם ריב"א כתב רבנו בפסקיו וז"ל: "וריב"א כתב דבכל דוכתא הלכה כלישנא קמא שהוא דברי המרובין אבל איכא דאמרי היינו י"א והן מועטין" ע"כ וכ"כ רבנו בשם ריב"א בפסקיו לע"ז שם וכ"כ תוס' ע"ז ז, א ד"ה בשל תורה בשם ריב"א דהלכה כלישנא קמא, לפי כל הנ"ל צ"ב מש"כ לפנינו, ואולי נשמטו כמה מלים ע"י המעתיק וצ"ל: אבל ריב"א פסק דבכל דוכתא הלכה כלישנא קמא ורי"ץ גיאות פסק וכו' ודלג המעתיק מ"פסק" ל"פסק" בגלל הדומות. 61 וכמעט מלה במלה ככתוב כאן, כ"ה בפסקי רבנו סי' ה' ועי' הערה 57.

נסדק לאורכו פסול. לא תני הכא אם נשתייר בו שיעור תקיעה כשר כדקתני גבי נסדק לרחבו. משום דלארכו לא מפסיל אלא א״כ נסדק על פני כולו מראשו ועד סופו[62]**.**

62 ובפסקיו בפרקין סי׳ ר הביא רבנו בשם יש מפרשים דלארכו אפילו אם נסדק כל שהוא פסול דמכח התקיעה יסדק כולו וכתב דפי׳ זה עיקר, והיא שיטת ר׳ יהונתן מלוניל — עי׳ „גנזי־ראשונים״ ר״ה עמ׳ לד ד״ה נסדק — תהובאו דבריו בדרשת הרמב״ן עמ׳ לב — לג (ירושלים תשכ״ג) ובר״ן כאן ובעוד ראשונים — עי׳ הערה 78 בגנזי ראשונים שם וכ״כ הראב״ד בדרשתו עמ׳ לה — לו (לונדון תשמ״ו) והוסיף שאם הדקו בחוט כשר והובאו דבריו בחבור התשובה למאירי עמ׳ 317 ובביהב״ח כאן ד״ה נסדק ובב״י סי׳ תקפ״ו (ומה שהביא הב״י: והוא שישתייר שיעור תקיעה וכו׳ הוא לשון הראב״ד ולא הוספת הכל־בו כפי שמשמע מלשון הב״י), ותוס׳ והרשב״א בסוגין פי׳ כרבנו כאן וה״ה פ״א מהל׳ שופר ה״ה כתב כן בשם הרבה מפרשים אלא שהוא כתב: „כולו או רובו״ וכ״ה בריטב״א ובשו״ע שם סעי׳ ח׳ לדעת י״א, ולהוציא מזה כתבו רבנו ותוס׳: „מראשו ועד סופו״ וכ״כ רש״י ד״ה נסדק — „כולו״, כלומ׳ דדוקא נסדק כולו פסול אבל ברובו כשר, ומשמע אפי׳ אם הסדק מתחיל מראש השופר אם אינו לכל ארכו כשר וכן אם הוא מסתיים בסופו ואינו לכל ארכו, אך עי׳ ברמב״ן כאן שמחלק בין נסדק ברחבו ששם אומרים רובו ככולו לבין נסדק לארכו שרובו כשר וכתב: „דהתם (בנסדק לארכו) כיון דשני ראשין שלימין כשר אבל ברחבו רובו ככולו דהא כניטל הוא״ ולפי׳ נמצא דהא דנסדק רובו כשר הוא רק כאשר שני הראשין שלמים אבל אם נסדק ראש השופר או סופו אף שלא נסדק כולו — פסול (ועי״ש בהערת הגרא״ז מלצר שביאר דמש״ה לא אמרינן בנסדק לארכו דכנטול דמי משום דהצד השני שלם וצ״ע דאי משום הא אפי׳ בנסדק אחד מב׳ הראשין צ״ל כשר דהא הצד השני שלם ומהו שכתב הרמב״ן: „דהתם כיון דשני הראשין שלמין״, וגם איכא נפק״מ לדינא דאם הסברא היא משום דהצד השני שלם א״כ במקום שיהי׳ סדק גם בהצד השני יפסל השופר ואי אמרינן דהסדק בקצוות גורם הפסול א״כ אף בנסדק מב׳ הצדדים כשר הוא אם אחד מהקצוות שלם ועי׳ ריטב״א ד״ה שופר) ועי׳ ברוקח סי׳ רג — הובא בבהגר״א שם דמדמה דין זה לפסיקת הגרגרת שברחבה ברובה טריפה ולארכה אם נשאר בראש ובסוף — כשרה, אך צ״ב דרש״י בחולין מה, א כתב וז״ל: „דהיכא דנפסק לרחבה ברובא מתוך שהריאה מושכת למטה והצואר מושך למעלה ניתק והולך לגמרי ולא הדר חלים וכו׳ אבל לארכה כל כמה שהצואר נמשך הסדק סוגר והולך הלכך הדר חלים״ וכ״ה בשו״ע יו״ד סי׳ לד כעי׳ ז׳ ולפי״ז צ״ע מה שמדמה הרוקח דין שופר לפסיקת הגרגרת. ובעקר סברת הראשונים הסוברים דאין אומרים רובו ככולו בנסדק רוב השופר נ״ל דמכיון שהפסול בשופר סדוק הוא דהוה לי׳ שני שופרות או שאינו נקרא שופר — עי׳ תוס׳ כז, א ד״ה נסדק ורשב״ץ ד״ה שופר — א״כ במקום שרק רובו נסדק במציאות עדיין שופר הוא ושופר אחד, ולא שייך לומר רובו ככולו בזה.

כח ע"א

מקצת תקיעה קודם שיעלה עמוד השחר ומקצת תקיעה אחר שיעלה עמוד השחר לא יצא.

נר' לי דע"כ מיירי דאותה מקצת תקיעה דלאחר שעלה עמוד השחר אין בו שיעור תקיעה דאי הוה ביה שיעור תקיעה אמאי לא יצא דמאי נפק' מינה מה שהשמיע קול בשופר בלילה מאחר שיש בו שיעור תקיעה לאחר שעלה עמוד השחר, ודומיא דהכי מיירי מקצת תקיעה בבור ומקצת תקיעה חוץ לבור כגון שאין במקצת חוץ לבור שיעור תקיע' ואי"ה[63] יצא וכדמפ' טעמ' משום דבור זמן חיובא הוא לאותם העומדים בבור, ולפי זה נסתלק' קושיית הרמב"ן[64] דפרי' שפיר לעיל[65] ליפוק בתחלת תקיעה אע"פ שאין בו שיעור תקיעה כיון דתקיע' היא לאותם העומדים בבור, וכן (משמ') הא דקא' לעיל[66] לכך

63 ר"ת של „ואפילו הכי". 64 כונת רבנו לקושית הרמב"ן כז, א ד"ה והא דאמרינן על מה דפריך בגמ' ואמאי ליפוק בתחילת תקיעה מיקמי דליערבב קלא וז"ל: „תמהני ודילמא לית בה שיעור מיקמי ערבוב" ועי"ש תירוצו (וכן הקשה המאירי בסוגין ד"ה מי ותירץ כתי' הראשון של הרמב"ן), וכמ"ש רבנו על קושית הרמב"ן כ"כ הרשב"א בסוגין ד"ה ואמאי אלא שמסיים שם וז"ל: „ומ"מ אסיקנא דבמקצת תקיעה לא יצא" ומשמע אפי' בדאיכא במקצת שיעור תקיעה וכדמפורש בריטב"א לדף כח, א ד"ה ואמאי, שאחרי שיטת הרמב"ן הביא בשם י"מ את שיטת רבנו והרשב"א וכתב שם: „ומיהו אליבא דהילכתא הא קי"ל שלא יצא במקצת תקיעה אפילו יש בה כשיעור והכא מסקנה לעיל והכא נמי הא פרישנא מימרא דרבא בתוקע ועולה לנפשיה שלעולם שמע קול שופר וקמ"ל דלמא מפיק אוניה ואכתי שופר בבור דהא לא שכיח עכ"ל. וכ"ד בעל העטור הובא בטור סס"י תקפ"ז שאפי' אם יש במקצתה שעור תקיעה לא יצא, אך מדברי רבנו כאן נראה דאפי' למסקנה יצא וכן דעת הטור שם. ורבנו ירוחם ח"א נ"ח ח"ד הובא בב"י שם מביא מחלוקת בדין זה ומסיים שם כמ"ד דלא יצא והוסיף „ולזה נראה שהסכים הרא"ש" וצ"ם מהיכן למד שלזה הסכים רבנו, ועי' מ"א שם ס"ק ה' שג"כ כתב כן בשם) רבנו וציין את פסקי רבנו בפ"ד והנה שם סי' ח' מבאר רבנו דאיכא מחלוקת בירושלמי בדין זה אם יצא בשמע שעור תקיעה, אך אין הוכחה משם להכרעת רבנו בזה ועי' בבהגר"א בשו"ע שם. ואולי אפ"ל דרבנו ירוחם למד בדעת רבנו דלא יצא מהם דכתב בפסקיו פ"ג סי' ח' דשמע מקצת תקיעה בבור וסופה על שפת הבור וכן אם שמע מקצת תקיעה לפני עלות השחר ומקצתה אחר עלות השחר — לא יצא ולא חילק רבנו שם בין אם המקצת ששמע הי' בו שיעור ללא הי' בו שיעור, עכ"פ מדבריו כאן מוכח דדעתו דאם שמע כשיעור יצא ודלא כרי"ו והמג"א. והנה כבר כת' לעיל דעת הטור בס"ס תקפ"ז דאם במקצת תקיעה ששמע איכא שיעור תקיעה יצא וצ"ב מדוע בסי' תקפ"ח בשמע מקצת תקיעה לפני עלות שחר ומקצתה אחרי עלות השחר סתם הטור ולא חילק בין שמע שיעור תקיעה ללא שמע, ואולי סמך עמש"כ בסמוך בסוף הסי' הקודם ועי' בב"י שם. 65 כז, א. 66 שם.

מאריך בשופר לא בעי למימר דמאריך בשיעור תקיעה רק שישמעו קול השופר לבדו כיון דתקיעה גמורה היא אלא שלא שמעה יפה מפני החצוצרות.

(ו) שמעי[67] קול שופר או קול מגלה אם כיון לבו יצא. הא דאמרינ' בפ' כל גגות[68] צבור בקטנה וש"צ בגדולה אין מצטרפי'[68*] שאני התם דליכא י' עם ש"צ, והא דאמרי' בפ' כיצד צולין[69] מן האגף ולחוץ כלחוץ אמ' רב וכן לתפלה וריב"ל אמ' אפי' מחיצה של ברזל אינה מפסקת בין ישר' לאביהם שבשמים, במאי קמיירי אי לענין צירוף כגון צבור עם ש"צ או ט' ויחיד א"כ הויא סוגיא דפ' כל גגות דלא כריב"ל וכוותיה ק"ל כדמוכח[70] בסוט' פ' אלו נאמרין[71] דמייתי מינה ראיה לברכת כהנים דאין מחיצה מפסקת, ואי לענין לצאת מיירי א"כ קשי' מתני' דהכא לרב, וי"ל דאיירי לענות עם צבור קדושה ויהא שמי' רבה משו' דאמרי' כל דבר שבקדושה לא יהא בפחות מי'[72], וג' חילוקים יש בדבר דלצאת בשמיעת שופר ובמגלה לכ"ע אין מחיצה מפסקת, ולצרף יחד ש"צ וצבור ויחיד עם ט' לכ"ע מפסקת, ולענות קדושה ואמן יהא שמי' רבה רב אמ' מפסקת וריב"ל אמ' אינ' מפסקת והילכת' כריב"ל[73].

בשופר של עולה לא יתקע. פי' במזיד ואם תקע בשוגג יצא דבשוגג מעיל ונפיק לחולי' אבל במזיד דלא מעיל לא נפיק לחולי', והוה מצי לפלוגי בעולה גופה בין שוגג למזיד אלא דניח' ליה לפלוגי בשוגג גופה בין עולה לשלמים.

67 נר' שלפני רבנו היתה משנה זו בפני עצמה כמאירי וכרשב"א (עי' מאירי ד"ה המשנה ורשב"א ד"ה הא) וכ"מ מפסקי רבנו סי' יא, ולכן בא דבור זה אחר הדבור הקודם. 68 עירובין צב, ב. 68* ושם: אין יוצאין ידי חובתן. 69 פסחים פה. 70 עי' תוס' ד"ה שמע ומש"כ המהרש"א והפ"י ד"ה בא"ד. 71 לח, ב. 72 ודלא כרש"י פסחים שם ד"ה וכן לתפלה שכת' דמחלוקת רב וריב"ל היא בצירוף ועי' תוס' שם ד"ה וכן, והאו"ז ח"א הלכ' ק"ש סי' ח' כת' כרש"י עי"ש. 73 וכ"ה בטור או"ח סי' נ"ה ועי' בב"י שם שיטות הפוסקים בזה. והתוס' בסוטה שם ד"ה מחיצה כת' דדינו של ריב"ל נאמר לענין שהש"ץ מוציא את שאינו בקי וכ"כ האו"ז שם בשם תשובות הגאונים, וצ"ע אם גם לענין צרוף לצבור של בקיאים — שיחשב המצטרף כמתפלל עם הצבור — נאמר שאפי' מחיצה של ברזל אינה מפסקת וז"ל הרשב"א ד"ה הא: והרי הוא כאלו עומד בתוך העשרה שבפנים ועולה עמהם וכ"כ ריטב"א ד"ה וכן; ואפשר שיוצא ג"כ י"ח כאלו היה בפנים וצ"ב כונתם ועי' מאירי כאן ובפסחים שם אך אפשר שכונתו ג"כ לתפילת צבור שהש"ץ מוציא את שאינו בקי וכמש"כ להדיא בעירובין שם, ועי' שו"ת הרדב"ז סי' תרנ' הובא בח"א כלל ל' א' דמשמע מתוך דבריו דלגבי תפילת צבור לא נאמר דין ריב"ל ועי' בח"א שם. והנה מתוס' סוטה שם משמע דדין ריב"ל נאמר אפי' לגבי בית אחר לגמרי וכ"כ הסמ"ג עשין כ' וכ"כ הא"ח בדין קדיש (ט) בשם רוב הפוסקים ולא כן דעת הרמב"ן בפסחים שם שכת' שדוקא בחלל פתח או בקטנה שלפני הגדולה היחיד שבקטנה מצטרף לתשעה שבגדולה אבל בשני בתים אין מצטרפין לדברי הכל, וכ"כ בא"ח שם בשמו ובשם גאון.

אמ' רב יהודה [ב]שופר של ע"ז לא יתקע ואם תקע יצא. כך כתו' ברוב הספרי' וק' דלרב יהודה מ"ש משופר של שלמים לא יצא משום דמצות ליהנות ניתנו[74], ובפר"ח[75] גרי' הכא רבה[76]. תימ' דבפ' כסוי הדם[77] תנא לא יצא ומפ' התם טעמ' משום דכתותי מיכתת שיעורי' וכן ק' נמי אההיא דכסוי הדם מהא דאמ' רבא פ' מצות חליצה[78] בסנדל של (נוחת) ע"ז לא תחלוץ ואם חלצה חליצתה כשרה ולא אמרי' דמיכתת שיעוריה וי"ל דההיא דכסוי הדם בע"ז של ישראל דאין לה ביטול עולמית וכיון דאינה ראויה להתבטל מיכתת שיעורה וכה"ג משנה [ב]פ' לולב הגזול[79] אהא דאמ' רבא לולב של ע"ז אם נטל יצא ופרי' ממתני' דלולב של אשרה פסול ומשני מתני' באשרה דמשה וא"ת ע"ז דגוי נמי מכי אגבהה[80] נעשית ע"ז של ישראל כדאמרי' בפ' כל הצלמים[81] דגזירה דילמ' מגבה לה והדר מבטל לה וי"ל במגביה על מנת שלא לקנותה, וחליצה כשרה אף במנעל שאינו שלו ולולב בי"ט שני דיוצא בשאול ובגזול ובסוכה הוה מצי לשנויי דמתני' בי"ט ראשו' ולא הוה צריך לאוקומה באשרה דמשה אלא משום דקתני אשרה דומיא דעיר הנדחת דאפי' בי"ט שני פסול. ור"ת[82] מפ' כולהו בע"ז דגוי וכאן קודם ביטול כאן לאחר ביטול ואף לאחר ביטול לכתחלה לא יטול ולא יתקע דמאיס לענין מצוה[83] הואיל והיה עליו שם ע"ז וכן לא תחלוץ לכתחלה משום בזויי מצוה, והא דמשני בסוכה באשרה דמשה ולא משני בדגוי וקודם ביטול משום דבקציצת הלולב מן הדקל נתבטל, וק"ק לפי' דהכא הוה מצי לפלוגי בע"ז גופה בין קודם ביטול בין לאחר ביטול, מי' נר' לי דלא ק' כולי האי דאף לשנוייא קמא מצי לפלוגי בין ע"ז דישראל לע"ז דגוי.

המודר הנאה משופר מותר לתקוע בשופר[84] של מצוה. בפ"ב דנדרים[85] מחלק אביי בין אמ' הנאת סוכה עלי בין אמ' שבועה שלא אהנה מן הסוכה, שיכול לאסור הסוכה

74 עי' מה שתי' בזה הרשב"א ד"ה ה"ג. 75 ולפנינו בר"ח כת' בסתמא: בשופר של ע"ז ועי' הערה הבאה. 76 ובתוס' כתבו בשם הר"ח: רבא וכ"ג רבנו עצמו בפסקיו סי' ט', וכנ' שכן צ"ל כאן, ועי' דק"ס עמ' לז אות (ר) וכ"ה בבה"ג ובבעה"מ ועוד ראשונים עי' רשב"א ובהערה 354 שם. 77 חולין פט, א. 78 יבמות קג, ב. 79 סוכה לא, ב. 80 עי' ק"נ על פסקי רבנו סי' ט' אות ק'. 81 ע"ז מב, א. 82 עי' תוס' סוכה לא, ב ד"ה אשרה. 83 וכ"כ הריטב"א בסוגין ד"ה אמר רב יהודה. 84 וכ"ה בתוס' ד"ה המודר ולפנינו בגמ': „מותר לתקוע בו תקיעה של מצוה" וכ"ה ברמב"ם פ"א מהל' שופר ה"ג, וברי"ף: „מותר לתקוע לו תקיעה של מצוה" וכ"ה ברשב"א ועוד ראשונים עי' דק"ס שם אות (ש) ועי"ש שכתב דמחלוקת הראשונים אם דוקא אחר מותר לתקוע כדעת הכל־בו בשם גאון (הובא בב"י תקפ"ו והוא ר' האי גאון — עי' רי"ץ גיאות עמ' לה) או אפי' לו עצמו מותר לתקוע, תלוי בגירסא זו, ועי' ביצחק ירנן על הרי"ץ גיאות שם הערה קיד ובמאירי בסוגין ד"ה המודר ועי' שו"ע יו"ד סי' רכא סעי' יג ובש"ך ובט"ז שם. 85 ט, ב.

עליו שאינה משועבדת אבל אינו יכול לאסור עצמו מן הסוכה שגופו משועבד לסוכה, דס"ל לאביי דמצות ליהנות ניתנו הילכ' כי אמ' הנאת סוכה עלי אסור דנדרים חלים על דבר מצוה כרשות כדפרישי' טעמ', אבל רבא פרי' עליה התם וכי מצות ליהנות ניתנו ומפליג בין אמ' ישיבת סוכה עלי בין אמ' שבועה שלא אשב בסוכה. ומשמ' דלרבא נמי אם אמ' תקיע' שופר עלי אסור לתקוע בשופר של מצוה אפי' לרבא כמו גבי סוכה[86], אם לא נחלק משום דגבי סוכה בלא מצוה יש הנאה בישיבתה[87] אבל בשופר אי לאו מצוה אין הנאה בתקיעתו הואיל ואין מתכוון לשיר[88].

המודר הנאה ממעין. הא דאיצטרי' לאשמועי' מודר הנאה מחברו וגם מודר הנאה משופר וממעין משום דסד"א דוק' במודר הנאה מחברו הוא דשרי לתקוע לו ולהזות, משום דסתם מודר הנאה מחברו אין דעתו על דבר מצוה כשאינו מפר' בהדיא, אבל כשפירש משופר וממעיין אסור קמ"ל[89].

86 כ"כ הרשב"א והמאירי בשם חכמי אחרונים שבספרד וכ"ה לפי' הר"ן נדרים טו, ב שכ' דבישיבת סוכה אף שאין בה כל הנאה יכול לאסור וכ"כ הריטב"א והנמקי"י נדרים שם. 87 וכ"כ התוס' ד"ה המודר, וצ"ל דסברתם דאי אפשר לאסור ישיבה בלבד אי ליכא הנאה בהדיה ודלא כהר"ן נדרים שם, וצ"ב דאי איכא בישיבת סוכה הנאה מלבד הנאת המצוה א"כ אמאי מותר באומר הנאת סוכה עלי מאי שנא ממעין בימות החמה (סוגיתנו כח, א), ואפשר לחלק דבסוכה מכיון שעיקרה למצוה עומדת ובנדרים הלך אחר לשון בני אדם הרי הוא כאומר הנאת מצות סוכה עלי משא"כ במעין שאינו עומד לטבילת מצוה דוקא, אלא שצ"ע דא"כ מאי שנא הנאת סוכה מישיבת סוכה, ואולי באומר ישיבת סוכה עלי איכא במשמעות דבריו כל ישיבה שהיא אפילו ישיבה שאינה של מצוה, ובאמת מצינו מחלוקת ראשונים בנשבע שלא ישב בסוכה אי איכא במשמעות דבריו גם ישיבה שאינה של מצוה עי' טור יו"ד סי' רלו ובב"י שם ובשו"ע וש"ך ס"ק יד, ושיטת רבנו בשבועות פ"ג סי' כו דאיכא במשמעות דבריו גם ישיבה שאינה של מצוה עי' ב"י שם אך עדיין צ"ב אם אפשר לחלק בין ישיבת סוכה להנאת סוכה וכנ"ל. שו"ר שכבר עמדו בזה הרש"ש בנדרים שם שהקשה מ"ש סוכה ממעין (אלא שהוא הקשה בסתם ולאו דוקא לשיטת תוס' ורבנו ועי"ש תירוצו) והנודע ביהודה מהדו"ת או"ח קלג, שהקשה גם הקושיא ממעין וגם מ"ש ישיבת סוכה מהנאת סוכה לשיטת תוס' וז"ל תירוצו: "אלא ודאי דבסוכה הולכין אחר כוונת הנודר וא"כ עיקר כוונתו (באומר הנאת סוכה עלי) על הנאת מצוה ולא חל נדרו שאין כאן הנאה אבל באומר ישיבת סוכה עלי אף שעיקר כוונתו על ישיבת המצוה חל נדרו שהרי מיקרי ישיבה אלא דס"ל להתוס' שאי לאו שיש בה הנאה אין הנדר חל על דבר שאין בו הנאה דהוה דבר שאין בו ממש" עכ"ל. 88 ודלא כשיטת ר' גאון דלעצמו אסור לתקוע בכל גווני כיון דאיכא בני אדם הנהגים מעצם התקיעה, עי' הערה 84. 89 עי' מש"כ המהרש"א על תוס' ד"ה המודר הנאה.

אמ' רבה[90] זאת אומרת התוקע לשיר יצא. דמצות אינן צריכות כוונה ובפ' ערבי פסחים[91] משמ' דהוי פלוגת' גבי הביאו לפניו חרוסת מטבל בחזרת וקתני בגמ' אכלן דמאי יצא, בלא מתכוון יצא [ו]באידך בריתא תניא ר' יוסי אומ' אע"פ שטבל בחזרת מצוה להביא לפניו מצה[91*] וחזרת וחרוסת, ודייק התם דע"כ לאו משום היכרא דתינוקות אלא משום דמצות צריכות כונה, ומה שהוצרך רבא לדקדק מכאן ולא הביא מברייתא' דהתם דקתני בהדיא בלא מתכוון יצא דה"א דהיינו דוק' בירקות דרבנן אבל מצה דאורית' בעי כונה, והא דפרי' עלה מבריתא דלקמ' ולא פרי' מר' יוסי דהתם הוה מצי לדחויי דלעולם משום היכרא.

כח ע"ב

בקורא להגיה. פר"ח בפ' תפלת השחר[92] כגון שקורא בחסרות ויתרות כדי[93] כמו מאותם אתם ולטטפת[94].

דקא מנבח נבוחי. פרש"י[95] שאינו תוקע שיעור תקיע' המפורש במשנתנו וק' דאפי' נתכוון נמי לא נפיק, ונר' לפ' דמנבח נבוחי שאינו מתכוון לעשו' שיעור תקיע' ותקע ועשה

90 וכ"ג רבנו בפרקין בפסקיו סי' י"א ועי"ש בהגהות הב"ח, ועי' רש"ש ד"ה אמר שהוכיח מלקמן ע"ב דצ"ל: רבה ודלא כהב"ח וכן הוכיחו שם העל"נ והשפ"א וכ"כ הדק"ס עמ' לז (ב) ועי"ש שמביא עוד ראשונים הגורסים כרבנו וכ"ג רש"י ברכות יג, א ד"ה ש"מ, ועי' בשו"ת ברכת אברהם לר' אברהם בן הרמב"ם — סי' לד, ובגרסתנו: רבא וכ"ה בתוס' ובר"ח. 91 פסחים קיד, ב. 91* לפנינו שם: חזרת וחרוסת, אך עי' דק"ס שם עמ' 356 (מ) וכצ"ל בתוס'. 92 סוגית הגמרא היא בברכות יג, א וכפר"ח בסוגין וכ"כ הריטב"א ד"ה אבל בשם י"מ (ועי"ש מה שהקשה על פי' זה), ורש"י כאן ד"ה קורא להגיה פי': אף קרייה אין כאן אלא מגמגם, והריטב"א שם כת' בשם הר"י דהפי' בקורא להגיה הוא שאין כונתו לקריאה אלא לראות אם הספר מתוקן והיינו מתעסק, ונראה דראשונים אלו מפרשים אוקימתת הגמ' „בקורא להגיה" לשיטתם בפי' הגמ' לעיל: „והאי מתעסק בעלמא הוא קמ"ל" דרש"י שפי' לעיל וז"ל: „קמ"ל דאע"ג דמתעסק הוא יצא דמצות אין צריכות כוונה" מפרש כאן „בקורא להגיה" שאף קרייה אין כאן דאי יש כאן קרייה הרי זה מתעסק ומתעסק יצא, והריטב"א שפי' לעיל וז"ל: „והק קמ"ל דכיון שנתכוון לתקיעה יצא ולא דיינינן ליה כדין מתעסק שלא יצא", פי' כאן דקורא להגיה הוא מתעסק ולכן לא יצא, ועי' רש"י ברכות יג, א ד"ה בקורא, אך עקר דברי רש"י שכתב דמתעסק יצא צ"ע דמשנה מפורשת היא לקמן לב, ב דלא יצא וכבר הקשו עליו המהרש"א דהס"א ועי' מה שתי' העל"נ והפ"י. 93 נראה שחסרה כאן מלה וצ"ל „כדי להבין" וכמ"ש תוס' ברכות יג, א ד"ה בקורא להגיה וז"ל: „שאינו קורא התיבות כהלכתן וכנקודתן אלא ככתיבתן קרי כדי להבין בחסרות וביתרות כמו לטטפת". 94 בכת"י מנוקד ה„ט" הראשון בחולם והשני בשר"א. 95 ד"ה דקא מנבח גבוחי, והר"ח כאן פי': כלומר אינה תקיעה שלימה אלא כמין נבוח.

שיעור תקיעה בלא כוונה[96], א"נ כמו שפרש"י לקמ' בפ' בת'[97] גבי מתעסק כגון שהיה נופח בשופר ועלתה בידו תקיעה.

מתן ארבע במתן אחת. מתן ארבע דם עולה ושלמים שהם שתי מתנות שהן ארבע, ולא בדם חטאת שהוא ד' מתנות בד' קרנות דהני למעלה מחוט הסיקרא והני למטה.

ועוד אמ' ר' יהושע. פי' אפי' אם יש שם בל תוסיף[98] כשהוא מעורב טוב לעבור בלא מעשה מעל ידי מעשה.

וקתני דעבר על בל תוסיף. וא"ת הא דאמרי' לקמ' בפ' בתר'[99] ג' תרועות בראש השנה שתים מדברי תורה ואחד מדברי סופרים ואיכא למ"ד שתים מדברי סופרי' היאך הוסיפו מדברי סופרים הא קא עבר משום בל תוסיף ואע"ג דכבר תקעו ויצאו מ"מ אי מתרמי ליה ציבורא אחרינא הדר תקע וחשיב זימניה. ועו' אפי' אי לאו זימניה כיון דמיכוון לשם מצוה עובר משום בל תוסיף דהא מסיק רבא בסמוך לעבור שלא בזמנו בעי כוונה, וי"ל כדפרישי' בפ"ק[100] דלא שייך בל תוסיף בעשיית מצוה שתי פעמים, וברכת כהנים נמי אפי' אם בירך כמה פעמים ביום ציבור א' אין כאן בל תוסיף אלא א"כ הוסיף ברכה אחת משלו כדקאמ' לעיל. וכן אם נטל לולב כמה פעמים ביום וכן אם אכל בליל פסח כמה זיתים של מצה אין כאן בל תוסיף. וכן הניתנין מתנה אחת אם נתן כמה פעמים במקום אחד אין כאן בל תוסיף אלא א"כ נותן במקום אחר. וכן בהדס וערבה של לולב אפי' נתן כמה הדסים וכמה ערבה בלולב אין כאן בל תוסיף אפי' למ"ד צריך אגד אלא א"כ הוסיף מין אחר[101], ולא דמי להוסיף על שמונה חוטין בציצית דהתם המניך

96 ובתוס' ד"ה דקא מנבח הוסיפו: ושמא כך רוצה לומר בקונט'. ועי' ריטב"א ד"ה דילמא דקמנבח נבוחי, ועי' במאירי בבאור המשנה השביעית ד"ה שפסקנו ובהערה 10 שם.

97 לג, ב ד"ה מתעסק. 98 אולי צ"ל „אפי' אם יש שם בל תוסיף ובל תגרע" כלומר אפי' אם נאמר דלאו דוקא בעצמו אלא אפי' במעורב איכא בל תוסיף ובל תגרע מ"מ טוב יותר שינתנו במתן אחת — דאז הוא עובר בבל תגרע שהוא בלא מעשה — משינתנו במתן ארבע שאז עובר בבל תוסיף שהוא במעשה כלו' בקום ועשה. ועי' ריטב"א בסוגין ד"ה ועוד א"ר יהושע. 99 לד, א. 100 טז, ב ד"ה ותוקעין ועי' בהערות שם. 101 כאן לא הזכיר רבנו דין נטל שני לולבים או שני אתרוגים, אך בפסקיו לסוכה פ"ג סי' יד כתב וז"ל: „ויראה שכן באתרוג ולולב אין בהם משום בל תוסיף" וכ"כ הראב"ד בהשגותיו פ"ז מהל' לולב ה"ז, והרמב"ם שם וכן הר"ן בסוכה שם התירו רק בהדס משום דהוא נוי מצוה, ועי' בפסקי רבנו שם דבתשובה לחכמי פרובינצ"א חזר בו הרמב"ם והכשיר הכל ומשמע שהכשיר בכל המינים וכ"כ רבינו ירוחם להדיא וז"ל: „וחזר וכתב כי בכל המינים אם הוסיף ממינם כשר פירוש וכן באתרוג וכן בלולב" עכ"ל אך צ"ע דבתשובת הרמב"ם המובאת בארחות חיים הל' לולב סי' ד' מפורש דלא חזר בו, דהביא מחלוקת גאונים אי איכא בל תוסיף

מקובל102 כנגד תרי"ג מצות, ציצית גימטריא ת"ר וח' חוטין וה' קשרים102*, וכן נמי אם הוסיף פרשיות בתפלין103 המנין מפורש בפסוק כדאיתא בפ"ק דסוכה104.

לאו105 משום דאמרי' כיון דאלו מתרמי ליה בוכרא אחרינא וכו'. תימ' מאי אולמיה דהך מכהן שעולה לדוכן106 וי"ל דגבי כהן איכא למימר אע"ג דלא זימניה הוא איפשר שעובר משום דמכוון להוסיף ברכה, אבל הכא דאין מתכוון להוסיף דאינו עושה אלא מחמת (ה)[ת]ערובת אין לו לעבור אי לא דחשיב זימניה אלא ודאי אמרי' דחשיב זימני' משום דאי מתרמי ליה בוכרא אחרינא הדר מדי מגיה וה"ה גבי כהן מהאי טעמ'.

דילמ' קסבר ר' יהושע מצות עובר עליהן (ל)[ש]לא בזמנן. והישן בשמיני בסוכה לקי לר' יהושע, ובשמיני ספק (תשיעי) [שביעי]107 לא הוי יתיב108 נמי' במסקנ' לא קיימ' הכי.

בערבה בלבד וכתב שם דעתו שאין ראוי להוסיף בערבה כמו שאין ראוי להוסיף על לולב אחד ואתרוג אחד — עי' במ"מ שם שרמז לתשובה זו. (ובסוף דבריו שם איכא ט"ס וצ"ל "אין להוסיף במין אחר" ולא "אחד") וגם המאירי ברכות לדף יג, א ד"ה והמשנה הביא תשובה זו להרמב"ם, אמנם בתשובות ר' אברהם בן הרמב"ם הזכיר תשובה זו המובאת ברבנו ובר' ירוחם שחזר בו הרמב"ם — עי' ברכת אברהם סי' לא ועי' כ"מ שם המביא תשובה זו, והרשב"א בתשובותיו ח"א תס"ח ותקל"ה כתב דבהוסיף לולב או אתרוג איכא בל תוסיף, ועי' מאירי בסוגין ד"ה כפל שהביא בשם יש פוסקים דדוקא בשני לולבים עובר אבל בהוסיף מין אחר אינו עובר — וכ"כ מ"מ שם — ועי' גם מאירי סנהדרין עמ' 320 ועי' טור או"ח תרנ"א ובב"י וב"ח שם. 102 ואף שבלולב ואתרוג ג"כ כתוב כפת ופרי עץ ואמרינן בסוכה לה, א פרי אחד אמר רחמנא ולא שנים ושלשה, כתב רבנו בפסקיו שם פ"ג סי' יד ד"היינו לענין חובת לקיחה כלומר אם באת להצריך שנים ושלשה כי היכי דמתנכר לקיחה פרי אחד אמר רחמנא ולא שנים" עכ"ל ולפי"ז יתורץ מה שהקשה המ"מ שם על הראב"ד מ"ש ב' לולבים מב' זוגות תפילין. 102* עי' שו"ת הרשב"א ח"א סי' תס"ח. 103 אף שכאן הזכיר רבנו הוספת פרשיות בתפילין ה"ה גם בב' זוגות תפילין כשרות וכדכת' רבנו לעיל טז, ב ד"ה ותוקעין ועי' בהערות שם. 104 ליתא שם וגר' שהי' כתוב: סנה' וטעה המעתיק והעתיק: סוכה, והוא בסנהדרין ד, ב. והתוספת נשארו בקושיא מצצית ותפילין עיי"ש. 105 בתוס' בסוגין ד"ה ומנא נמצאים דברים אלה לפני הדברים שבדבור הקודם. 106 עי' מהרש"א ופ"י ויום תרועה — על תוס' ד"ה ומנא — מה שהקשו ע"ז. ומש"כ העל"נ לתרץ בזה. 107 כצ"ל וכ"ה בתוס' ובראשונים. 108 כלומר דגם כשעושה מחמת ספק עובר על בל תוסיף וכ"כ תו' כאן וכ"מ מפי' רש"י עירובין צו, א ד"ה ועוד, ודלא כהרשב"א שם וכאן ד"ה אלא והמאירי בסוגין ד"ה כל והריטב"א לעיל טז, ב ד"ה כדי וכאן ד"ה וא"ת, ועי' בחדושי הגרע"א מה שהקשה כאן על דברי התוס' ומש"כ ע"ז הרש"ש ד"ה דלמא.

הכא אי בעי מברך ואי בעי לא מברך. מכאן משמ' שכהן שעלה לדוכן פעם אחת ביום שוב אינו עובר בעשה דאמור להם[109] כל אותו היום[110], דהא קאמ' דאי בעי לא מברך, וע"כ כשאמרו לו עלה[111] דאי לא אמרו לו עלה אפי' בפעם ראשונה אי בעי לא מברך.

א"ל ר' זירא לשמעיה איכוון ותקע לי. פריב"א דפליג ארבה ואית ליה מצות צריכות כוונה דכיוון דמשמיע בעי כוונה כ"ש[112] לעצמו ורב אלפס[113] הביא הך עובדא דר' זירא משמ' דס"ל דהכי הלכתא[114] אע"ג דרבה או[115] תבא והנך דשלחו לאבוה דשמואל ומוקי לה רב אסי[115]* בשכפאוהו פרסיים, כולהו סבי' להו דמצות לא בעו כוונה, וכן כת' ר"ח בפ"ב דברכו'[116] ופלוגת' היא בפ' ערבי פסחים[117] דר' יוסי סבר מצות צריכות כוונה דה"נ קאמ' ר' יוסי הכא אבל ביחיד לא יצא עד שיתכון שומע ומשמיע, ומי' מצינא לדחויי הך דהכא דאתא לאפוקי מטבת נבוחי[118], משום דר' יוסי נמקו עמו איפשר דמשום הכי פסק כוותי' רב אלפס לחומרא[119].

109 במדבר ו, כג. 110 וכ"כ התוס' ד"ה הכא והמאירי בסוגין וכ"כ הגהות מימוניות סוף פט"ו מהל' נשיאת כפיים הובא בב"י סי' קכח (ושם כת' פי"ד). 111 וכ"כ רבנו בפסקיו מגילה פ"ג סי' כב וכ"ד עוד פוסקים עי' בב"י שם, ובתוס' כאן לא כת' הוכחה זו. 112 מה שכתב ריב"א „כ"ש" צ"ב דאדרבה מצד הסברא יש מקום לומר דבמשמיע ליבעי כוונה יותר מאשר בתוקע לעצמו וכן הביא הק"נ פ"ג סי' י"א אות ג' בשם בעל עשרה מאמרות מאמר אם כל חי סי' לב ומהר"י בן לב ח"ב סי' פ"ה (וס"ס בק"ג שכ' פ"א) 113 בסוגין. 114 וכ"כ רבנו בפסקיו שם וכ"כ המאירי בסוגין ד"ה ולענין פסק ובחבור התשובה עמ' 282 בשיטת הרי"ף אך הרשב"א ד"ה אמר כתב בשיטת הרי"ף דאע"ג דקי"ל דמצות אין צריכות כוונה הביא הרי"ף הא דר' זירא משום דלא פליג אהנך אמוראי דכונת ר' זירא היא שיכוין להשמיע ולא להוציא וכ"כ בארחות חיים דין תקיעת שופר סעי' ח' בשם הרי"ף, והר"ן על הרי"ף הביא ב' השיטות בכוונת דבריו, ועי' בבעהמ"א ובמלחמות שם ובמ"ש שם בשם הגאונים, ועי' עוד בזה במאירי ד"ה יש מי וד"ה יש בפסק וריטב"א בסוגין ד"ה אל ועי' הערה 119, ובפסקי רבנו שם: „דרבה ורבא" וכן צ"ל כאן וכ"ה ברשב"א שם עי' לעיל הערה 90. 115* ולפנינו: רב אשי. 116 הגמ' היא בדף יג, א. 117 פסחים קיד, ב. 118 עי' מאירי ד"ה יש בפסק. 119 וכ"פ רבנו בפסקיו בפרקין סי' יא ועי' שיטות הפוסקים בזה בטור סי' תקפ"ט ובב"י שם. ועי' בחדושי הר"ן בסוגין ובפי' על הרי"ף במש"כ לתרץ סתירת דברי הרמב"ם בדין זה, שלגבי תקיעת שופר פסק בפ"ב מהל' שופר ה"ד דיצא ולגבי אכילת מצה — בפ"ו מהל' חו"מ ה"ג — דלא יצא ועי' גם מ"מ בהל' שופר שם ועי' מש"כ בזה ר' אברהם בן הרמב"ם — ברכת אברהם סי' ל"ד ועי' ב"י סי' תע"ה ד"ה כתב הרמב"ם ועי' הערה 114.

אינו נקרא מינו, ומה שהביאני לומר כך הוא שהרי בקדחו בזכרותו קורא את הקרן עצמו מין במינו ואלו היה שופר אחר אף ממין אותה בהמה היינו אומרים עליו שחוצץ, ומכל מקום אין בה הכרע, הרבה מפרשים חולקים בקצת הדברים שכתבנו, ומה שכתבתי נראה לי ברור לענין פסק כמו שכתבנו למעלה וכמו שהכרענו בפירושנו.

המשנה הששית[1] **התוקע לתוך הבור** וכו', כונת המשנה לבאר שיש מקצת תקיעות יוצאות משופר הכשר שאין אדם יוצא בהם ואעפ"י שכל הקולות כשרים בשופר מפני שאין זה קול תקיעה אלא קול הברה, והוא שאמר **התוקע לתוך הבור או לתוך הדות**, והתבאר במסכת בבא בתרא[2] שהבור בחפירה לבד בלא הקף בנין, והדות בבנין ר"ל שמקיפין את החפירה[3] בבנין, וכשאדם תוקע בתוכם קודם[4] שיצא הקול מן הבור יתבלבל הקול באויר הבור עד שאף המדבר סמוך לבור דומה לו כאלו קול אחר יוצא משם כנגד קולו, וכן **הפיטס** והוא חבית גדולה של חרס שהקול מתהפך בתוכו ומשתנה לקול הברה,[5] ואמר על אלו **אם קול שופר שמע יצא אם קול הברה שמע לא יצא.**

ולענין ביאור נראה לגאונים[6] נ"ע שמשנה זו נשנית בשעת השמד שהיו מתחבאים בקיום המצות, ופירשו בגמרא בבור ודות, שהעומדים בבור עם התוקע שומעין קול שופר, שאין הקול מתבלבל עד שהוא עולה לאויר הבור[7] זה שבבור הואיל ושומע את הקול קודם שיעלה לאויר הבור יצא, וכל שכן תוקע עצמו, אבל לעומדים בחוץ או על שפת הבור הוא שאנו צריכים להבחין[8] בין שמעו קול שופר לשמעו קול הברה, שאם קול הברה שמעו כגון שהיה הבור צר ועמוק ביותר לא יצאו שאעפ"י ששמעו תחלת תקיעה כשהתחיל לתקוע מכל מקום כשהגיע הקול לאויר הבור נתבלבל לגמרי ולא נסתיימה תקיעתו בקול שופר, ואם קול שופר שמעו כגון שהבור רחב יצאו, ולא תחקור בכאן אם זה שבבור צריך לכוין שיוציא את שומעיו שמבחוץ אם לאו שאין זה מקום ביאורו ולמטה[9] יתבאר.

ומכל מקום לתוך הפיטס יראה לי שאף העומדים עמו אפשר שקול הברה שומעים מצד צליל קול החרס[10] והכל לפי תכונת הכלי, ואף לתוקע עצמו[11] יש להבחין אם קול הברה אם קול שופר, ומצאתי לי סעד בכך מדברי גדולי המחברים[12]

---

1. בכ"י מסומן משנה ז' לר"ם. 2. ס"ד א'. 3. כרשב"ם שם ד"ה בבנין ולא כרמב"ם ורע"ב בפיה"מ. 4. צ"ב דבגמ' ופוסקים כ' סתם העומדים בבור יצאו וראה מ"ש רבינו להלן ד"ה ולענין. 5. אין ר"ל שבוודאי כן הוא ע' להלן בד"ת ומכל שכ' „אפשר". 6. בר"ן ד"ה גרסינן כ"כ בשם ר' האי גאון ז"ל. 7. משמע שא"א לשמוע רק קול שופר וכ"כ רש"י ד"ה אותן ולא כריטב"א ד"ה גמ' א"ר. 8. אבל הרא"ש סי' ח' ס"ל שא"א לשמוע רק קול הברה ונ"ל דאין להקשות עליו ז"ל הא מתני' אם קתני' כי מצינו בירושלמי בפרקין ה"א ט"ו א' שפירשו אם בא לא בא עיי"ש וכן יפרש הרא"ש ז"ל אם שמע אבל באמת א"א שישמע, ודע שהראי' שכ' הטו"ז באו"ח סי' תקפ"ז סק"א להרא"ש מלישנא דגמ' להלן מ"ד זימנין דמפיק רישי' וכו' משמע דאם אירע כך לא יצא עכ"ל לענ"ד אינו ראי' כי לפי רש"י יהי' הפי' מ"ד זימנין וכו' ויהי' בספק ורבה פסיק והני יצא עיי"ש. 9. במשנה הבאה. 10. בר"ן כ' סתם שחבית הברתו גדולה ובכ"מ הל' שופר פ"א ה"ח ד"ה מ"כ כ' יען שאינו עמוק כבור ולדעתם ז"ל אף בחבית של עץ. 11. בר"ן ובכ"מ שם לא כ' רק העומדים עמו. 12. הרמב"ם הל' שופר פ"א ה"ח.

שחלקו משנה זו לשתי שמועות, ובבור ומערה אמרו אותם העומדים בבור או במערה יצאו, והעומדים בחוץ אם קול שופר שמעו יצאו ואם קול הברה שמעו לא יצאו, ובחבית גדולה כתבו דרך כלל שהתוקע לתוכה אם קול שופר שמע יצא ואם קול הברה שמע לא יצא, ולא חלקו בין אותם שבפנים עמו לאותם העומדים בחוץ, ואם כן בתוך הפיטס אף לעומדים עמו ואף לתוקע עצמו יש להפריש בין אם קול שופר שמע או אם קול הברה שמע, ומכל מקום יש אומרים[1] שזה שלא הפרישו גדולי המחברים[2] לפיטס בין עומדים עמו לעומדים מבחוץ, מפני שסתם פיטס אין הדבר מצוי להיות אחרים עמו, הא כל שהיה כן דינו כעומדים עמו בבור, ואינו כלום שמכל מקום בתוקע עצמו הם מפרישים בין קול שופר לקול הברה, אלא שנראה מדבריהם שהפיטס אף דרך התוקע אינו ליכנס לתוכו שכלי של חרס אדם חס עליו אלא שהוא עומד בחוץ ומכניס השופר לפנים ותוקע, ומאחר שהוא עומד בחוץ דין הוא ליתן לו דין העומדים בחוץ, וזהו שבבור ודות כתבו התוקע בתוך הבור בבי"ת, ובפיטס כתבו התוקע לתוך החבית באות למ"ד.

זהו ביאור המשנה והלכה היא ודברים שנכנסו תחתיה בגמרא אלו הם.

(דף כ"ח א') **מי** ששמע תקיעה אחת חציה בתוך הפיטס[3] או בתוך הבור והיא קול הברה וחציה בחוץ לפיטס[3] או חוץ לבור כגון שהיה התוקע תוקע ועולה לא יצא זה השומע במקצת תקיעה זו האחרונה אפילו היה במקצת זה שיעור תקיעה, וכן במקצת תקיעה קודם שיעלה עמוד השחר ומקצתה לאחר שיעלה עמוד השחר לא יצא במקצת זה האחרון אפילו היה בה כשיעור, שאין יוצאין בסוף תקיעה שאין לה תחלה ולא בתחלת תקיעה שאין לה סוף, אפילו היה באותו מקצת שיעור תקיעה, וזהו שאמרו התוקע לתוך הבור וכו' אם קול שופר שמע יצא וכו' אם קול הברה שמע לא יצא, ושמא תאמר[4] ודילמא ההיא בשאין בה שיעור תקיעה בלא הברה, לא היא, דמדקאמר אם קול הברה שמע ולא קאמר אם קול הברה הוא,[5] משמע שכל ששמע קול הברה כלל אפילו בסוף אעפ"י ששמע שיעור תקיעה בקול שופר לא יצא, ומכל מקום בתרועה ושברים הואיל ודברים מצורפים הם יראה שיצא כל ששמע מהם השיעור בכשרות.

תקע תקיעה אחרונה של סימן ראשון ומשך בה כשתים כדי שיעלה לו אף לתקיעה ראשונה של סימן שני לא עלתה לו אלא לאחת, הא לאחת מיהא עלתה לו שהרי יש כאן תחילת תקיעה וסוף תקיעה הואיל ולא נחשבו אלא באחת, ובתלמוד המערב[6] פירשוה שאף לאחת לא עלתה לו, ופירשו הטעם לא רישא אית לה סופא ולא סופא אית לה רישא ואין הדברים נראין, ולמטה[7] יתבאר.

כבר ביארנו[8] בבור ודות שהתוקע עצמו והעומדים עמו יצאו, ואין בהם צורך בחינה אם קול שופר שמעו אם קול הברה שמעו, אף אם היה התוקע חוץ

---

1. ע' בכ"מ שם ד"ה מ"כ שכ"כ בשם יש סוברים. 2. נ' דחסר „בתוקע". 3. א"י מדוע הוסיף רבינו „פיטס" שלא נזכר בברייתא. 4. כן הקשה הרמב"ן בחי' למסכתין. 5. הרמב"ן כ' עוד תירוץ א'. 6. בפרקין ה"ג ט"ז ב'. 7. לקמן פ"ד מ"ט ד"ה תקע. 8. לעיל במשנה.

לבור ושופר בפיו והרכין ראשו על שפת הבור עד שהיה השופר בתוך הבור ואזני התוקע חוץ לבור אף בזו יצא ואין אנו צריכים לשום בחינה[1] כל שכגון זה לתוקע עצמו קול שופר הוא שומע,[1] וזהו שאמרו בסוגיא זו לדעת רבא אעפ"י שאין הלכה כמותו בתוקע ועולה לנפשיה, כלומר שאין השומע אחר בזולת התוקע אלא התוקע עצמו עולה ותוקע ותקע מקצת תקיעה בבור ומקצתה חוץ לבור שהרי במקצתה שבתוך הבור נעשה כעומד בתוך הבור ובמקצתה שחוץ לבור אין בו הברה ולפיכך יצא, ושאלו בה מאי למימרא, ותירץ מהו דתימא זמנין דמפיק רישיה ואכתי שופר בבור ומיערבב קלא קמ"ל.[2]

מי שתלש קרן של בהמה עולה מחיים,[3] **או לאחר מיתה וקודם זריקת הדם**,[4] שלא זכה בו הכהן עדין והרי הוא קדוש ואסור בהנאה, לכתחלה לא יתקע בו,[5] ואם תקע בו יצא בין בשוגג בין במזיד, שלא מצד קרבן מעילה אנו באים בהיתרן עד שנאמר שכל שמביא עליו קרבן מעילה יצא לחולין ומכיון שיצא לחולין יצא, ושנחלק בדבר בין שוגג למזיד, ובין קרבן שיש בו מעילה כגון עולה לקרבן שאין בו מעילה כגון שלמים, שאין קרבן מעילה בקדשים קלים אלא באימוריהן ולאחר זריקה אלא שהטעם מפני שאעפ"י שאסור בהנאה הרי אין כאן הנאה לגוף, שמא תאמר הרי נהנה בקיום המצוה, הנאת קיום המצוה אינה נקראת הנאה, אחר שאין הנאה אחרת באה הימנה לגוף שלא ניתנו המצות להיות קיומם הנאה לגוף ומוכרח הוא האדם לעשותם, הן שתהא לו הנאת הגוף בקיומם הן שיהא לו צער, וכן הדין בשלמים ושאר קרבנות, הא לאחר זריקת הדם זכה בהן[6] בעור וקרנים כמו שיתבאר במקומו,[7] והרי הם חולין בידו[8] ותוקעים בהם לכתחלה, וגדולי המחברים[9] פירשו בשופר של עולה,[10] מפני שהקרנים בכלל

---

1. ולא כרא"ש בפ"ד סס"י שחשיב לי' כעומד בחוץ ובוודאי לא יצא לשיטתו ז"ל וע' ב"ח סי' תקפ"ה סק"א, ולא מצאתי חבר לרבינו בד"ז, והנה הב"י בסי' תקפ"ז כ' שאם תוקע חוץ לבור העומדים בבור שומעים קול הברה וע' בב"ח שחלק עליו וע' ברבותינו האחרונים ז"ל ולענ"ד ראי' להב"ח ז"ל מרש"י בסוגיין ד"ה שמע מקצת דאם כהב"י מדוע לא פירש"י שהתוקע עומד בחוץ והשומע בבור ואח"כ עלה ופי' זה יותר מתאים ללשון הברייתא כמובן אלא וודאי שס"ל לרש"י כהב"ח והיא ראי' נכונה לענ"ד. 2. ור"ל דבהא לא מיערבב קלא והוא פי' חדש בגמ' ולא כהריטב"א ד"ה ואמאי. 3. פנ"י וי"ת ז"ל כ' דווקא שתלשו במזיד דאל"כ מעל בשעת תלישה וכוונתם שכוון להוציאו מרשות הקדש דאל"כ הלא לא נהנה בשעת תלישה ע' מעילה י"ח א' ורמב"ם הל' מעילה פ"ו ה"א וב' ודע כי ספק הוא לי אם תלש הקרן באופן שנעשה בה מום שלכתחלה פסולה ובדיעבד כשירה ע' רמב"ם הל' איסורי המזבח פ"ב ה"ח אם מעל בנהנה לבד או צריך שיפגום ג"כ ואכמ"ל. 4. רבינו הוסיף זה על רש"י ד"ה שלמים וכ"כ תוס' זבחים פ"ו א' ד"ה אתיא וע' י"ת. 5. הריטב"א כ' „מפני שהוא כבא ליהנות בקדשים". 6. נ' דצ"ל „הכהן". 7. זבחים פ"ו א'. 8. ע' רש"י בסוגיין ד"ה של עולה שכ' דאלו לאחר זריקה אין מעילה וכו' שהכל לכהנים וכו' נאמר לו יהי' בעולה וכו' עיי"ש וקשה לי מאוד הלא למוד לו יהי' וכו' איתא שם על פירשו קודם זריקה שהעצמות מותרות אחר זריקה אבל בפירשו אחר זריקה לא נאמר שם שעצמותיו מותרות רק שאין נהנין ואין מועלין (והי"ת ז"ל הרבה להקשות על רש"י ועל זה לא העיר ואדרבה כ' שרש"י פי' סוגיין כר"א וזה לענ"ד א"א שהרי רש"י כ' שלאחר זריקה מותרין ור"א ס"ל לא נהנין ולא מועלין) בדברי רבינו אפשר לדחוק שקאי אדלעיל הא לאחר זריקה במה שנתלש מחיים או קודם זריקה ופסק כרבה בזבחים פ"ו א' אבל ברש"י א"א לפרש כן וצע"ג. 9. הרמב"ם בפירושו למסכתין והרי לנו עדות שפירוש זה שבידינו הוא מהרמב"ם. 10. ולכן השמיט הרמב"ם בהל' שופר פ"א ה"ג דין שופר של שלמים ע' כ"מ ולח"מ.

הנתחים וקרבים ואין לך דבר בה שאינו קרב חוץ מעורה, וכמו שאמרו [1] בעולה של כל יום, הראשון נוטל את הראש בימינו וחוטמו כלפי זרועו וקרניו בין אצבעותיו, מתוך פירושם תמהו על של שלמים [2] היאך יש בהם [3] קדושה כלל שהרי בקדשים קלים אינם בכלל האימורין ולא בשום קרבן אלא בעולה, ויש שפירשו [4] בשופר של עולה שהקדיש שופר לדמי עולה.

ולענין ביאור, זו שבאו תחלה בשופר של עולה משום דהואיל ואית בה מעילה יצא לחולין ופירושו בשתקע בשוגג, יש שואלין בה שהרי בהמה וכלי שרת אין יוצאין לחולין אעפ״י שנשתמש [5] אדם ושנתחייב קרבן מעילה וכמו שאמרו [6] אין מועל אחר מועל במוקדשין אלא בהמה וכלי שרת, ומתרצים דדוקא בבהמה דאיהי גופה מיקרבי וכן בכלי שרת דבדידהו קא עבדי עבודה אבל קרן שאינו קרב [7] יצא לחולין, ואף הם חוזרים ושואלים [8] ואף עולה היאך יש בה קרבן מעילה והלא קול ומראה וריח אין בהם קרבן מעילה, [9] מפני שהנאה שלהם אינה נקראת הנאה, אבל זו שהנאה שלהם יש בה קיום מצוה הנאה היא דהא אכתי לא קיימא לן דמצות לאו ליהנות ניתנו ומתוך כך היה סבור שיש בה מעילה, או שמא קול שופר שני שגוף השופר צריך בו, [10] ומכל מקום השתא דקיימא לן דמצות לאו ליהנות ניתנו אין בו מעילה.

שופר של עבודה זרה כגון שהוא נעבד או שהוא משמשי עבודה זרה לא יתקע בו שהרי איסור הנאה הוא, ואם תקע יצא שהרי מצות לאו ליהנות ניתנו כמו שביארנו והנאת הגוף אין כאן לאסור את התקיעה בשבילה, במה דברים אמורים בעבודה זרה של גוים שיש לה בטילה או משמשי עבודה זרה של גוי [11] שיש להם בטול, וכל שיש לו תקנה בבטול אף קודם בטול יצא שמכל מקום הואיל ויש לו בטילא אינו כמכותת, אבל עבודה זרה של ישראל שאין לה בטילא או משמשי עבודה זרה של ישראל שאין להם בטילא או תקרובת עבודה זרה אפילו של גוי שאין לו בטילא אם חתכו מתחלה לכך שהוא כעין פנים מדמיון זביחה כמו שיתבאר במקומו, [12] וכן של עיר הנדחת כל אלו פסולים אף בדיעבד,

---

1. תמיד פ״ד ל״א ב׳ והרמב״ם פסק כן בכל עולה בהל׳ מעשה הקרבנות פ״ו ה״א והי״א. 2. ולכן השמיט הרמב״ם בהל׳ שופר פ״א ה״ג דין שופר של שלמים ע׳ כ״מ ול״מ. 3. ר״ל בקרניים ע׳ בפירוש הרמב״ם ובתוס׳ נדרים י׳ א׳ ד״ה אדם. 4. כ״כ תוס׳ זבחים פ״ו א׳ ד״ה אתיא ודע כי לפי השערתי נשמטו כאן סיום דברי תוס׳ „וכן של שלמים שהפרישו לדמי שלמים" כי רבינו מביא פירוש זה לתרץ קושיית הרמב״ם כי דמי שלמים הקדש הם כמובן ובתוס׳ שם שאלו מדוע פי׳ „בדמי" עיי״ש ומסדור לשון רבינו למדנו טעמם. 5. חסר „בהם". 6. מעילה י״ט ב׳ והגאון מנחת חינוך זצ״ל מצוה קכ״ז ד״ה והנה מ״ש הקשה הא הרמב״ם הל׳ מעילה פ״ו ה״ב פסק שאף בכלי תשמיש יש מועל אחר מועל והניח בצע״ג וזכה לכוון לדברי רבינו שהקשה כן בפסחים כ״ז ב׳ סד״ה ששאלו ותירוצו של רבינו קשה מאוד עיי״ש במנ״ח ואכמ״ל. 7. אחר שפירש ע׳ זבחים פ״ו א׳. 8. קו׳ זו הקשו ותירצו כן הר„ן בחי׳ למסכתין ד״ה לאימת (הר״ן הי׳ כק״נ שנים אחר רבינו) והלח״מ בהל׳ שופר פ״א ה״ג והפר״ח ז״ל בסי׳ תקפ״ו ס״ה כ׳ שהלח״מ לא תי׳ כלום ולענ״ד ברור שהלח״מ בתירוצו ר״ל מ״ש הפר״ח והוא תירוצו של רבינו וע׳ בי״ת ד״ה הדר. 9. כדאי׳ בפסחים כ״ו א׳ ובדברי רבינו חסרים אי איזה מילים כמובן. 10. עמ״ש הרב המגיד הל׳ שופר פ״א ה״ג ורבינו ס״ל כר׳ הושעי׳ בירושלמי סוכה פ״ג ה״א י״ב א׳ שמדמה שופר ללולב ועיין להלן ד״ה שופר הגזול. 11. בסוכה כ״ט ב׳ ד״ה ומעתה אנו כ׳ רבינו בשם הראב״ד שאף אם המשמש של ישראל ומשמש לע״ז של גוי יש לה בטול עיי״ש. 12. ע״ז נ״א א׳ וע׳ ריטב״א בסוגיין.

מאחר שאין להם בטול לשריפה הם עומדים והרי שיעורם כמכותת וכנשרף[1] ואחר שכן אין כאן שיעור כלל.[1]

המודר הנאה מחברו מותר לתקוע לו[2] תקיעה של מצוה אף לכתחלה,[3] הן מדיר למודר הן מודר למדיר, ואעפ״י שבעולה ועבודה זרה אסרו לכתחלה,[4] התם שאני דתקיף חומריהו זו לגנאי וזו לשבח ולכתחלה מיהא אסור להשתמש בהם, אבל זה שאין בו איסור אלא מצד נדרו כל זמן שאינו מבטל את נדרו מותר לכתחלה, וכן המודר הנאה משופר מותר לתקוע תקיעה של מצוה שאעפ״י שיש כאן הנאת קיום המצוה הואיל ואין כאן הנאת הגוף כלל הנאת קיום המצוה אינה הנאה, ולא חל הנדר עליה אף על ידי כולל, שלא נדר אלא על הנאה ואין כאן הנאה כמו שביארנו, ומכל מקום במודר הנאה משופר יש אומרים[5] דוקא שיתקע לו אחר והוא שומע אבל שיתקע הוא בעצמו לא מפני שיש הרבה[6] בני אדם שנהנין כשהם עצמם תוקעין ואיכא הנאה לגוף, ואיני רואה בזה הכרח,[7] ויש מי שאומר[8] כל שכן שתוקע בו תקיעה של רשות שאין בה שום הנאה בעולם, שאם אתה אומר שיש בתקיעה הנאה לגוף, אף בקיום המצוה היה לנו לאסרה הואיל ובכללה משיג הגוף הנאה, ומכל מקום אם היה תוקע לשיר[9] או שמתכוין ליהנות על אי זה צד של הנאה אסור[9] כגון לגמע בו את המים וכיוצא בו, ויש אוסרין אף בתקיעה של רשות, ולא עוד אלא אף בתקיעה של מצות סופרים כגון תעניות,[10] יש מי שאומר[11] שלא אמרו במודר הנאה משופר שמותר לתקוע בשופר של מצוה אלא כשאמר קונם[12] שופר עלי או קונם הנאת שופר עלי שעל הנאת שופר הוא מכוין והרי לא אסר על עצמו אלא ההנאה, אבל אם אמר קונם תקיעת שופר עלי אסור שהרי נדרים חלים על דבר מצוה כברשות וכן כתבוה חכמי אחרונים שבספרד במסכת שבועות,[13] כדין מי שאמר קונם ישיבת סוכה עלי שהוא אסור אף בסוכת מצוה, ויש חולקין[14] לומר שאין הנדר חל על התקיעה שהרי אין בה ממש, אבל קונם ישיבת סוכה עלי אנו דנין בה מקום ישיבת סוכה שהמקום

---

1. וכן רש״י ד״ה כתותי משווה עומד ליכתת לעומד לישרף והוא שלא כר״ן בגיטין כ׳ א׳ ד״ה שלחו ואכמ״ל. 2. עמ״ש רבינו בנדרים ל״ו ב׳ ד״ה התורם. 3. הפוסקים ז״ל לא כ׳ „אף לכתחלה ורבינו תנא דמסייעא להכנה״ג ז״ל שמלל״נ מותר לכתחלה ולא כמשנה למלך ע׳ מל״מ הל׳ אישות פ״ה ה״א ד״ה ודע דסברת. 4. עיין בשער המלך הל׳ לולב פ״ח ה״א ד״ה הן שהקשה כן עיי״ש ובתי׳ רבינו נדחו דבריו ז״ל. 5. הב״י או״ח סי׳ תקפ״ו בשם כל בו בשם גאון עיין אוצה״ג תשובות ס״ד. 6. כ״ה גם בב״י שציינתי בהערה ד׳ ותמוהים דברי היום תרועה ז״ל בד״ה הדר שהעתיק „הוא עצמו אסור לתקוע משום דנהנה״ והידש מדנפשי׳ שלאו מילתא פסיקתא היא בכל תוקע אלא יש תוקע שאינו נהנה עיי״ש וצ״ע הא מפורש הוא בדברי הגאון. 7. וכמש״כ רבינו בדבור הסמוך כיון שאין הנאה לכל בטלה דעתו. 8. כ״כ הריטב״א בשם י״מ. 9. ולא כריטב״א שמשווה שיר לרשות. 10. זהו שיטת בעל המאור בסוגיין וז״ל בעה״מ דוקא בשופר של ר״ה שמצותו מה״ת אבל בחצוצרות בתענית לא עכ״ל ושמעתי מאאמו״ר הגאון הגדול אבדק״ק ערלוי שליט״א שקשה הלא גם בתענית הוא מה״ת וכמו שכ׳ הרמב״ם בהל׳ תענית פ״א ה״א ולענ״ד לכן שנה רבינו וכ׳ „מצות סופרים״ כי ס״ל כיון שתקיעה בתענית אינו מפורש בקרא להדיא לא הוה מה״ת והרמב״ם ס״ל כיון שלא מרבוי ילפינן לה אלא כלול בלשון הפסוק הוי מה״ת עיי״ש ברמב״ם ואכמ״ל. 11. תוס׳ בסוגיין ד״ה המודר ורבינו הוסיף קצת. 12. דקונם סתם אכילה והנאה משמע כ״כ הר״ן נדרים ט״ו ב׳ ד״ה אמר. 13. הסוגיא היא כ״ה א׳. 14. כ״כ הברכי יוסף באו״ח סי׳ תקפ״ו בשם ארחות חיים.

יש בה ממש, ואם תאמר שנדון כן בשופר כלומר מקום תקיעת שופר, נעשה כאומר קונם שופר שפירושו הנאת שופר [1] ומצות לאו ליהנות ניתנו, ומכל מקום בקול שופר עלי ודאי דבר שאין בו ממש הוא. [2]

המודר הנאה מחבירו מזה עליו מי חטאת בימות הגשמים שאין שם הנאה אלא הנאת קיום המצוה והנאת קיום המצוה אינה הנאה כמו שביארנו, אבל לא בימות החמה שהרי הגיע לו הנאת הגוף בכלל הנאת קיום המצוה, וכן המודר הנאה ממעיין [3] כגון שאמר קונם מעין עלי טובל בו טבילת מצוה בימות הגשמים אחר שאין כאן הנאת הגוף כלל, אבל בימות החמה שיש לו בטבילתו הנאה לגופו אסור, ויש מי שאומר שאם אמר קונם רחיצה עלי אסור אף בימות הגשמים, מתוך מה שכתבנו יש לך לדון שכל מצוה שהנאת הגוף מצטרפת בקיומה להנאת קיום מצוה אסור למי שמודר הנאה על אותו דבר, ושופר אין בו הנאת הגוף ואעפ"י שאפשר שזה נהנה, [4] אין הנאה אלא במה שהוא הנאה לכל ובטלה דעתו, [5] אבל אלו היתה לו הנאת הגוף בשעה שהוא מקיים את המצוה אסור כמו שפירשנו במעיין, ובקצת פירושיהם של גדולי הרבנים [6] מצאתי שאף אם היתה הנאת הגוף מצטרפת להנאת קיום המצוה בשעת עשיית המצוה הואיל ואין הנאה לגוף אחר עשיית המצוה מותר, שהנאת הגוף הבאה בשעת קיום המצוה אינה נחשבת לכלום, [7] וטעם איסור מעיין בימות החמה הוא שאף לאחר המצוה משיג הגוף הנאה ממנה מצד מה שנתקרר, ועקר הדברים כדעת ראשון, ונראה לי ראיה בזה מי חטאת שבהזאה מועטת אין הנאה אחר מעשה, אלא שהם מפרשים אף בהזאה הנאה

---

1. ע' שבועות כ"ה א'. 2. הפר"ח באו"ח סי' תקפ"ו ס"ה כוון בזה לרבינו. ודע כי מדרבנן אעפ"כ אסור כמש"כ רבינו בנדרים פ"ב משנה ב'. 3. צ"ב מדוע השמיט הטור דין זה. 4. וכמש"כ רבינו בדבור הקודם. 5. ואעפ"י שנדר הנאה משופר אמרינן שרק על מה שהוא הנאה לכל כוון ורבינו תנא דמסייעא להפר"ח באו"ח סי' תקפ"ו שהוא בעצמו מותר לתקוע. 6. כן קורא רבינו לרש"י ז"ל ובספר מעשה רוקח על הרמב"ם (ויניציאה) בעלים הנוספים בראש הספר מביא בשם רבינו וז"ל. — כתב הרב המאירי ז"ל בחדושיו וז"ל: ועיקר הדברים כפסק הרמב"ם ז"ל דלחי של אשרה כשר וקורה של אשרה לא וטעם הדבר ומה שהכל תלוי עליו הוא בפי' כתותי מכתת שאינו כמו שהבין הראב"ד ז"ל ושאר המפרשים שיהא כמי שאינו אלא כנפרך ולא דבר שלם וא"כ בלחי הגע עצמך שיהא תל עפר הואיל וגבוה י"ט ה"ז מועיל אבל בקורה דבעינן שתהא חזקה לקבל אריח אילו חשבת ליה כנפרכת לא הויא חזקה ופי' נכון הוא. וכן באתרוג ולולב אילו נחשבים כנפרכים היו חסרים ודאי נפסלים ומזה הפי' הוציא הרב שמואל שמותר לסכך הסוכה באיסורי הנאה דאע"ג דהוי הסיכוך כאילו נפרך מעלים דקים מ"מ צילתה מרובה מחמתה היא ולא משוינן ביה חילוק אי הוי מדבר שלם או נפרך לחתיכות דקות כעפר הואיל וממין הראוי לסכך הוא ואין לחוש במה שנהנה מאיסורי הנאה בסוכה דמצות לאו ליהנות ניתנו והמ' יצ"ו הק' שהרי מצות לאו ליהנות ניתנו פירושו שאנו מחוייבים לעשותם בע"כ ולא להנאת עצמנו הלכך בסכה בשעת עשיית המצוה שהיא הישיבה יש הנאה לגוף מאיסורי הנאה דהיינו צל וכדאמרינן במס' ע"ז שלא ישב תחת צל האשרה מפני שגופו הוא מתהנה. ומיהו יש פי' אחר במצות לאו ליהנות ניתנו שאעפ"י שבשעת קיום המצוה איכא הנאה לגוף אין בכך כלום ובלבד שלא יהנה אחר עשיית המצוה כגון המודר הנאה ממעיין א' בימות החמה אסור לטבול בו מפני שאחר שנטהר הוא נהנה אחר עשיית המצוה ולפ"ז מותר לסכך באיסורי הנאה אבל לאחר החג אסור. ודברים אלו נכונים ומחודשים. עכ"ל, וידוע שבספר פירושים וחדושים שחבר רבינו הוא קורא את הפוסקים ז"ל בשמם, ודברים אלו מובאים בקצור מאוד בשער המלך הל' לולב פ"ח ה"א ד"ה ואחר ועמ"ש ע"ז בנוב"י מה"ת או"ח ססי' קל"ד ואכ"ל. 7. ומדלא כ' רבינו שגם הרמב"ם הל' שופר פ"א ה"ג ס"ל כן (ורגיל רבינו להביא דעת הרמב"ם) משמע שמפרש שדעת הרמב"ם שרק בשמיעת קול שופר שהיא הנאה מועטת אמרינן מלל"ג וראי' לפר"ח באו"ח סי' תקפ"ו ס"ו שכ"כ בדעת הרמב"ם ואכמ"ל.

מועטת אחר מעשה, ואין נראה לי כן שהרי מודר משופר אלמלא שאין הנאה לגוף בתקיעתו היה אסור[1] הא אם היה הנאה לגוף בתקיעתו אסור אעפ"י שבשעת הנאתו היה מקיים המצוה.

דברים הללו יש מי שאומר[2] שכלם אמורים במצוה מן התורה כגון שופר, וכגון טבילת נדה שהיא מן התורה לדעתנו כמו שביארנו בחמישי של ברכות[3] וכיוצא באלו, אבל מצוה מדברי סופרים אינה מפקעת את הנדר כמו שביארנו למעלה,[4] ואם הוא מודר הנאה ממעיין והוצרך לטבול לקרויו אינו טובל אף בשל רשות יש מי שמתיר כמו שביארנו למעלה[4] כל שכן בסרך מצוה, ומכל מקום לדעת אחרון שמתיר אף בשהנאת הגוף מצטרפת בהנאת קיום המצוה בשעת קיום המצוה הואיל ולא נשארה הנאה לגוף אחר קיום המצוה, יש לדון בה שבמצות מדברי סופרים כל זמן שתגיע הנאה לגוף בשעת קיום המצוה אעפ"י שלא תשאר לגוף הנאה זו אחר קיום המצוה אסור, ומכאן אתה דן למי שהודר מחבירו ורוצה לצאת בתפלתו וקולו ערב לו עד שהוא נהנה ממנו לדעת האומר תפלה מן התורה מותר, ולדעת האומר תפלה מדרבנן אסור,[5] ומכל מקום אף בזו אני אומר שכל ענין תפלה צער הוא לו ודאגה מעונות שבידו ומי שמכוין כונה הראויה אינו מרגיש לערב אלא למועיל, ובפירוש ראיתי לגדולי המפרשים[6] שהמודר הנאה מחבירו אין מונעים לו שלא יבקש רחמים עליו להתרפא מחליו וכן כל כיוצא בזה.

שופר הגזול לא נזכר דינו בתלמוד שלנו, אבל בתלמוד המערב[7] פירשו שאין תוקעין בו לכתחלה אבל אם תקע בו יצא, ואעפ"י שבלולב אמרו לא יצא, לולב בגופו הוא יוצא שופר בקולו הוא יוצא ואין בקול דין גזל, ולקצת גדולי הדור[8] ראיתי שחולקין עם תלמוד המערב לפסול בדיעבד, שכל המקיים מצוה בדבר הגזול לא קיים את המצוה אלא אם כן קנאה מן הדין כגון ביאוש ושנוי מעשה, ואין הדברים נראין כלל.[9]

המשנה השביעית[10] היה עובר אחורי בית הכנסת וכו', כונת המשנה לבאר ענין כונת התוקע והשומע, ופירוש המשנה יש שפירשוה[11] על דעת שהם פוסקים שהמצות צריכות כונה לצאת ולהוציא, והוא שפירשו היה עובר אחורי בית הכנסת או שהיה ביתו סמוך לבית הכנסת ושמע קול השופר או קול מגלה אם כיון שומע לבו לצאת ידי חובת המצוה בשמיעה זו יצא,

---

1. ראי' זו אינני מבין מנ"ל לרבינו הא. 2. בעל המאור בסוגיין וטבילה הוסיף רבינו. 3. ל"א א' ד"ה ונשוב לדברינו הוא שטבילה. 4. ד"ה המודר הנאה משופר. 5. ע' שו"ע יו"ד סי' רי"ג ס"מ. 6. הוא הראב"ד. 7. ירושלמי סוכה פ"ג ה"א י"ב א' ובירושלמי שלנו פלוגתא הוא ואינו מפורש שבדיעבד יצא ובטח נוסחא אחרת הי' לו לרבינו וע' פנ"מ ובי' או"ח סי' תקפ"ו. 8. כן קורא רבינו להרשב"א ז"ל וגם האו"ז מובא בהג"א סוף מסכתין פוסל אבל הב"י בסי' תקפ"ו מפרשו שאינו חולק על הירושלמי עיי"ש. 9. ר"ל בשופר דאין גזל בקול כדאי' בירושלמי אבל בלולב וודאי שייך מצוה הבאה בעבירה ע' מ"ש רבינו בסוכה ריש פ"ג. 10. בספרינו נוסף „וכן" עיין תוי"ט ודק"ס ג'. 11. הרמב"ם בפיה"מ וכן פסק בתקיעה בהל' שופר פ"ב ה"ד.

ואעפ"י שהתוקע בבית הכנסת לא היה מתכוין להוציא את זה בפרט שהרי לא היה רואהו וכן הקורא הואיל ומכל מקום שליח צבור דעתו להוציא כל שומעו יצא, ואם לא כיון לבו השומע לצאת לא יצא אעפ"י ששמע מכל מקום לא כיון לבו.[1]

ולענין פסק לפי דעת זה נחלק הענין לשלשה חלקים, הראשון שהתוקע מתכוין להוציא עצמו לבד, ובזו לא יצאו אחרים בתקיעתו אעפ"י שכוונו לבם לצאת הואיל והוא לא כיון להוציאם, אבל הוא עצמו יצא הואיל וכיון לצאת, הא אם תקע לשיר או שהוא מתעסק[2] בעלמא אף הוא לא יצא, השני שזה מתכוין להוציא יחידים בפרט ובזה יצאו אותם היחידים בלבד אם כוונו לבם לצאת אחר שהוא כיון להוציאם גם כן, הא אם נתכון שומע לצאת ולא נתכון תוקע להוציא או נתכון תוקע להוציא ולא נתכון שומע לצאת לא יצאו עד שיתכוין שומע ומשמיע, הדרך השלישי שליח צבור שהוא תוקע להוציא כל שומעיו, אפילו לא היו שם, ובזו יצא כל שומעו אם כיון לבו לצאת אעפ"י שלא נתכון הוא להוציאו בפרט אחר שהוא מתכוין דרך כלל להוציא כל שומעיו, נמצא לפי פסק זה שהמצות צריכות כונה לצאת ולהוציא ואם לא כיון בהם לא יצא, וזו היא שטת גדולי הפוסקים[3] ומחברים[4] בכאן,[5] וממה שאמר ר' זירא לשמעיה איכוין ותקע לי.[6]

זו שאמרנו בהיה עובר אחורי בית הכנסת אם כיון לבו יצא וכו', פירשו בתלמוד המערב[7] דוקא עובר אבל עומד חזקה כיון, ואעפ"י שנאמר או שהיה ביתו סמוך לבית הכנסת, אלמא עומד צריך כונה שהרי כל שבביתו סתמו עומד הוא, אין זה כלום, שכל שבביתו סתמו מתעסק הוא בצרכי ביתו ודינו כעובר,[8] אבל עומד האמור שם פירושו שעומד בטל, ולי נראה בעומד זה שאמרו עליו חזקה כיון דוקא שהיה עובר או מתעסק ותכף שהתחיל לשמוע קול שופר עומד לו.[9]

יש מי שמודה[10] בכך לענין תקיעה[11] ולענין קריאת שמע[12] ולענין רוב מצות,[31] אלא שחולק בקצת מצות לומר שאין צריכות כונה, והם אותם שיש הנאה בעשייתם, כגון אכל מצה בלילי הפסח בלא כונת המצוה אלא על ידי אונס שאנסוהו גוים, והוא האמור כאן כפאוהו פרסיים, או שאכלה באי זה מקרה שיצא, הואיל ומכל מקום נהנה גרונו,[14] וכדרך שאמרו[15] במתעסק שלענין

---

1. במשנה שבכ"י לי' „לבו" בסוף המשנה. 2. ולא כרש"י ד"ה קמ"ל שלשיר הוא מתעסק אלא כתוס' ד"ה אבל. 3. הרי"ף בסוגיין. 4. הוא הרמב"ם. 5. סובב רק על הרמב"ם ור"ל שכאן בהל' שופר פ"ב ה"ד פסק כן אבל בהל' חמץ ומצה פ"ו ה"ג פסק שאי"צ כוונה. 6. י"ל שלכן פסקו כוותי' דמעשה רב. 7. בפרקין ה"ז י"ז ב'. 8. הגאון מטה אפרים זצ"ל בסי' תקפ"ט ס"ז כוון בזה לדעת רבינו. 9. ולא כפנ"מ ופי' הפר"ח באו"ח סס' תקפ"ט, וע' במטה אפרים שם ואולי שכוונתו ז"ל ג"כ שעמד לשמוע ולענ"ד ראי' ברורה לפירוש רבינו מתוספתא במסכתין פ"ב ה"ה (מביאו רבינו לקמן) חולה שהי' מוטל אחורי בית הכנסת וכו' אם כיון לבו יצא עיי"ש הרי לך שאם עומד בלאו הכי שם צרך כוונה. 10. הרמב"ם. 11. בהל' שופר פ"ב ה"ד. 12. הל' קריאת שמע פ"ב ה"א ואע"פ שרק בפסוק ראשון כ"כ כבר תי' הרמב"ן במלחמות בסוגיין עיי"ש. 13. א"י איפה כ"כ הרמב"ם. 14. בר"ן כ' סתם „שכן נהנה" ודבר גדול למדנו רבינו שס"ל שבמצוה די הנאת גרונו ואי"צ להנאת מיעיו וידוע שפליגו בזה רבותינו האחרונים זצ"ל. 15. כריתות י"ט ב'.

שבת פטור שאין מלאכת מתעסק קרויה מלאכה, ואעפ״י כן אמרו [1] המתעסק בחלבים ועריות חייב שכבר נהנה, והוא הטעם במרור בשאין לו שאר ירקות שמברך על הראשונה בורא פרי האדמה ועל אכילת מרור, [2] שאם לא יברך שם אלא על פרי האדמה כבשאר ירקות הרי יצא בה אף ידי מרור אעפ״י שלא למרור כיון, ואחר שמלא כריסו ויצא ממנה [3] האיך יברך עליה, ואף גדולי המחברים [4] כתבו כן במצה אם כפאוהו ואכל, וגדולי הפוסקים [5] כתבו במרור שאחר שמלא כריסו לא יברך, ונראה הטעם מפני שכבר יצא, [6] אלא שיש לפרשה בדרך אחרת כמו שיתבאר במקומו. [7]

יש בפסק זה דעת שלישית, [8] והוא שיש מי שאומר בכלן שאין צריכות כונה, ופירשו במשנה זו בכונת שמיעה ובכונת השמעה, לא בכוונה לצאת ובכונה להוציא, שאין המצות צריכות לעושיהן כונה לצאת ולא למוציאים אחרים ידי חובתם כונה להוציא, אלא שמכל מקום צריכות הם כונת עשייה, המשל בזה שאם הגיע זמן קריאת שמע והיה קורא בתורה פרשת שמע אעפ״י שלא כיון לבו לצאת הואיל וכיון לבו לקרות לא שיהא קורא להגיה על הדרך שביארנו בשני של ברכות [9] או מתעסק בעלמא יצא וברכות אין מעכבות כמו שביארנו במקומו, [10] ובשופר מיהא שהוא נדון שלפנינו אין אנו צריכים שיהא השומע מתכוין לצאת ולא שיהא התוקע מתכוין להוציא, אלא שמכל מקום אנו צריכין שיהא התוקע מתכוין לתקוע והשומע מתכוין לשמוע לא שיהא התוקע מתעסק בעלמא, הא תוקע לשיר [11] ר״ל לשחוק ושעשוע, ויש גורסין [12] לשד ר״ל להבריח רוח רעה מעליו או לסבה אחרת מכל מקום מתכוין לתקוע הוא, ואם תשיבני משנתנו, כך פירושה אם כיון לבו לשמוע וכו׳, ונמצא שנשתנו הפסקים לענין זה לשלשה דרכים, וגדולי המחברים [13] פסקו כדעת אמצעית לפי מה שכתבו בכפאוהו ואכל מצה, [14] ומכל מקום לדעתי שטת התלמוד מונחת בהרבה מקומות כדעת אחרון, וכמו שאמרו [15] תמיד שמעת מינה מצות צריכות כונה, אלמא שאין הלכה כן, וכן שאמרו [16] בלולב מדאגבהיה נפק ביה, כלומר אעפ״י שלא כיון לצאת, ומכל מקום

---

1. כריתות י״ט א׳. 2. כדאי׳ בפסחים קט״ו א׳. 3. „ויצא ממנה״ לי׳ בגמ׳ שם ותוס׳ שם ד״ה מתקיף פי׳ דר״ח שאמר אחר שמלא כריסו וכו׳ ס״ל דלא יצא יען מצ״כ עיי״ש וע׳ בדברי רבינו שם ד״ה כל. 4. הרמב״ם הל׳ חמץ ומצה פ״ו ה״ג וא״כ מ״ש רבינו בתחלת הדבור יש מי שמודה לא על הרמב״ם כוון. 5. הרי״ף בפסחים סי׳ תשפ״ו. 6. דבר חדש בפי׳ שיטת הרי״ף שאעפ״י שפסק בכל המצוות צריך כוונה במרור יוצא בלי כוונה וע׳ מ״ש רבינו בפסחים קט״ו א׳ ד״ה כל והמלחמות שם כ׳ שהרי״ף ס״ל שגם במרור צריך כוונה עיי״ש. 7. בפסחים קט״ו א׳ ד״ה כל. 8. כ״כ הר״ן בשם הרבה גאונים וכן ס״ל להבעה״מ והרשב״א. 9. י״א א׳ ד״ה והמשנה. 10. ברכות י״א ב׳ ד״ה והרי. 11. ס״ל כתוס׳ ד״ה אבל ולא כרש״י ד״ה קמ״ל ומה שהקשה המהרש״א על רש״י י״ל עפמ״ש הר״ן לקמן ל״ב ב׳ ד״ה ואין. 12. מובא ברש״י ד״ה התוקע לשיר. 13. הרמב״ם. 14. בהל׳ חמץ ומצה פ״ו ה״ג ובהל׳ שופר פ״ב ה״ד כ׳ שצריך כוונה, ודע שהרמב״ם כ׳ במצה אכל מצה בלא כונה כגון שאנסוהו וכו׳ „לאכול״ ושנה מל׳ הגמ׳ כפאו „ואכל״ ולענ״ד י״ל כפאוהו לאכול היינו שגם רגע האכילה הי׳ בכפיי׳ כגון שתחבוהו בגרונו ואעפ״כ יצא משא״כ כפאו ואכל בשעת האכילה לא הי׳ כפיי׳ וחלוק רב ביניהם עיין יבמות נ״ג ב׳ ובתוס׳ שם ד״ה שאנסוהו וי״ל. 15. ברכות י״ג א׳ וע׳ פסחים קי״ד ב׳. 16. סוכה מ״ה א׳ עיי״ש תוס׳ ד״ה אמר ובראש סי׳ ל״ג ובתר״י ברכות פ״א סי׳ כ״ה ד״ה אמנם.

כל שמכוין בעצמו שלא לצאת אין פקפוק שלא יצא, ומכל מקום יהא אדם רגיל להתכוין למצוה בכל מצוה ומצוה, ובתוספתא[1] אמרו על זה[2] אעפ״י שזה שמע וזה שמע זה כיון לבו וזה לא כיון לבו שהכל הולך אחר כונת הלב, שנאמר[3] תכין לבם תקשיב אזנך, ונאמר[4] תנה בני לבך לי וכו׳.

זה שפסקנו שהמצות אין צריכות כונה, מכל מקום צריך הוא שידע שני דברים[5] והם שחובת הדבר עליו עכשו ושזהו הדבר שהוא יכול לצאת בו ועושהו שלא בכונה לצאת,[6] ומכאן אני אומר שאם קרא את שמע והוא סבור שהוא לילה לא יצא,[7] וכן הדין אם נטל לולב והוא סבור שהוא חול[8] וכל כיוצא בזה, שאין אלו פחות ממתעסק והמתעסק לא יצא, וכן אם היה סבור שהוא קול חמור בעלמא,[9] או שהתוקע מנבח בתקיעתו ר״ל לומר שיר וזמר[10] בתקיעתו.

זהו ביאור המשנה והנמשך ממנה לענין פסק, ודברים שנתחדשו עליה בגמרא מלבד אותן שביארנו עליה במשנה אלו הם.

זה שביארנו[11] בעובר אחורי בית הכנסת שאם כיון לבו על הדרכים שביארנו יצא, יש שואלין[12] בה והלא אמרו במסכת עירובין[13] חצר קטנה שנפרצה במלואה לגדולה, תשעה בגדולה ואחד בקטנה מצטרפין, תשעה בקטנה ואחד בגדולה אין מצטרפין, צבור בגדולה ושליח צבור בקטנה יוצאין ידי חובתם, צבור[14] בקטנה ושליח צבור בגדולה אין יוצאים, שהגדול מופלגת מן הקטנה והקטנה אינה מופלגת מן הגדולה אלא הרי היא כקרן זוית שלה, וכל שכן כשהיא ברשות אחר לגמרי שאינן מצטרפין, וזו אינה שאלה שלא נאמר כן אלא בדבר שאינו אלא בעשרה במקום אחד שהוא צריך צירוף שכל כיוצא בזה אין מצטרפין, אבל דבר שאם עשאו ביחיד יצא אעפ״י שלכתחלה ראוי בעשרה כגון שופר[15] ומגלה וכיוצא באלו כל ששמעה ממקום שהוא בכל מקום שהוא יצא, ולדעת זה נשים שלנו העומדות בבית הכנסת חלוק לעצמן אינן יוצאות ידי תפלת צבור הואיל וצריכה עשרה, ומכל מקום יש כאן שאלה[21] מצד אחר שהרי אמרו במסכת פסח שני[16] מן האגוף ולחוץ

---

1. במסכתין פ״ב ה״ה בשינויים. 2. צ״ב הא בתוספתא כ׳ זה שלא כיון לבו לא יצא וא״כ אין ראי׳ שמצוה לכתחלה להרגיל עצמו לכוונה. 3. תהלים י׳ י״ז. 4. משלי כ״ג כ״ו. 5. זהו שיטת הרא״ה כ׳ הר״ן בסוגיין לגבי מצה. 6. ומרן בב״י או״ח ססי׳ תע״ה מביא בשם רי״ו דדווקא אם סבור שהוא חמץ יצא עיי״ש ולענ״ד קשה עליו ז״ל גמ׳ בסוגיין „בשלמא נתכוון משמיע ולא נתכוון שומע כסבור חמור בעלמא הוא״ ולרי״ו מדוע יצא הא הוי כמי שסבר חמץ הוא וצ״ע. 7. והוא רצה לקיים ק״ש של לילה לא יצא ידי ק״ש של יום. 8. ומדסתם רבינו משמע שאף בחול המועד סוכות לא יצא אע״פ שהוא דרבנן ולא כסברת חק יעקב באו״ח סי׳ תע״ה סקי״ח שכ׳ שבמרור דרבנן יצא אם לא ידע אף לשיטת הרא״ה עיי״ש ותמוה לי הלא הר״ן בפסחים סי׳ תשפ״ו כ״כ בשם הרא״ה אף במרור שלא יצא. 9. מסדור לשון רבינו למדתי שמגמ׳ זו ראי׳ להרא״ה ז״ל כי ה״ה אם לא ידע שהוא מצה אח״כ ראיתי שכ״כ הטו״א בסוגיין ד״ה א״ר אשי. 10. הרבה יגעתי ואעפ״כ לא זכיתי להבין דברי רבינו הלא בגמ׳ על הס״ד לאו בתוקע לשיר דחו דלמא דקא מנבח נבוחי וצע״ג. 11. לעיל ד״ה זו שאמרנו. 12. תוס׳ כ״ז ב׳ ד״ה ושמע. 13. צ״ב ב׳. 14. שם הגירסא צבור בגדולה וכו׳ ואח״כ תשעה בגדולה וכו׳. 15. אינני יודע מאין למד רבינו זה בשלמא במגילה מצוה בעשרה משום פרסומא ניסא ע׳ מגילה ה׳ א׳ אבל בשופר לא מצינו. 16. פסחים פ״ה ב׳.

כלחוץ, וכן לתפלה, ואין לומר שלא נאמרה אלא לענין צירוף,[1] סתם נאמרה אף[2] לצאת, והרי חלק ר' יהושע בן לוי[3] לומר אפילו מחיצה של ברזל אינה מפסקת בין ישראל לאביהם שבשמים אלמא אף בלצאת נחלקו,[4] אלא שאף זו אינה שאלה שמכל מקום הלכה כר' יהושע.[5]

מי שהוא עתים חלים עתים שוטים ואכל מצה בלילי הפסח בשעת שטותו ונשתפה אחר כן, אוכל אחר שנשתפה, שאין אכילתו בשעת השטות מוציאתו, שכל שהוא עתים חלים עתים שוטה כשהוא חלים הרי הוא כפקח לכל דבריו.[6]

(דף כ"ח ב') **כשם** שצריך להזהר שלא לגרוע מן המצוה כך צריך להזהר שלא להוסיף על המצוה שנאמר[7] לא תוסיפו על הדבר, ואם הוסיף עליה עובר בבל תוסיף, וכן כשם שהמקיים את המצוה בלא כונה נקרא מקיים מצוה כך המוסיף בלא כונה עובר בבל תוסיף, ומכל מקום דוקא בזמנו אבל שלא בזמנו אינו עובר בבל תוסיף אלא בכונה, וכיצד הוא דבר זה הרי ששבת שמנת ימי החג כדינו והוסיף ושבת יום תשיעי שהוא ודאי חול אין זה נקרא מוסיף שהרי דרכו של אדם לשבות אף בחול,[9] וכן אם אכל מצה שבעת ימי הפסח כדינו והוסיף ואכל מצה ביום תשיעי[8] אין זה מוסיף במצוה שהרי דרכו של אדם לאכול מצה אף בשאר ימות השנה[9] וכן בכל המצות אם קיימן אחר זמנן כגון ישיבת סוכה בשביעי[10] וכל הדומים לאלו אין זה נקרא מוסיף, שכל שהוא בזמנו אם הוסיף להמשיך זמן המצוה דרך מקרה הוא ואין זה נקרא מוסיף, ומכל מקום אם נתכוין לעשות דבר זה דרך קיום מצוה עובר בבל תוסיף, וזהו שאמרו לעבור שלא בזמנו בעי כונה, ואם הוסיף בזמן המצוה במצוה כגון שהוסיף בית אחד בתפלין ועשה תפלתו בחמש בתים, או שהוסיף מין חמישי באגדו של לולב בחג הסוכות וכל הדומה לזה, עובר בבל תוסיף אף בלא כונת מצוה, כללו של דבר בלעבור על בל תוסיף בזמנו אין צריך כונה-שלא בזמנו צריך כונה.

כהן שרצה להוסיף ברכה אחת משלו כגון י"י אלהי אבותיכם יוסף עליכם[11] וכו', אפילו סיים כל ברכותיו שעבר זמן המצוה, אפילו לא כיון בו על דעת ברכת כהנים המוטלת עליו[12] עובר בבל תוסיף, שהרי עדין זמן המצוה הוא אצלו שכל שעה ושעה זמנו הוא לברך אם תארע תפלת צבור לידו, ואעפ"י שלא אמרו[13] כל כהן שאינו מברך עובר בעשה אלא פעם אחת ביום,[14] מכל מקום אם רצה

---

1. ובתוס' כ' שאף אם נאמרה לצירוף קשה עיי"ש. 2. פסחים פ"ה ב'. 3. כן פי' גם הפני יהושע בתוס' ד"ה ושמע. 4. „דלבין אביהם שבשמים" משמע לצאת המצוה.
5. עמ"ש תוס' ד"ה ושמע ומ"ש רבינו בעירובין שם ד"ה ולענין ובפסחים שם ד"ה אעפ"י.
6. ברור שנשמט בט"ס „כשהוא שוטה הרי הוא כשוטה לכל דבריו". 7. דברים ד' ב'.
8. צ"ל „שמיני". 9. צ"ב הא אף אם אין דרך בנ"א בכך אינו עובר אם לא כוון וי"ל.
10. ט"ס וצ"ל „בשמיני". 11. דברים א' י"א. 12. הא אם כיון בפירוש שמוסיפו שלא לשם מצוה נלענ"ד שאינו עובר ובפרט לשיטת רבינו שמואל וכתבו גם רבינו לעיל ד"ה יש בפסק שאם כוון שלא לצאת אינו יוצא ה"ה הכא וי"ל הרבה. 13. סוטה ל"ח ב' ושם אמרו עובר בשלשה עשה אבל ע' ברמב"ם הל' נשיאת כפים פט"ו הי"ב ובכ"מ שם וכ"כ רבינו בסוטה שם ד"ה ברכת. 14. כן מוכח מסוגיין ע' תוס' ד"ה הכא אבל מרמב"ם שציינתי לעיל משמע שעובר אפי' כמה פעמים ביום א' וצ"ב.

מברך ומקיים מצוה, וכל שבזמנו אין צריך כונה לבל תוסיף,[1] ואין צריך לומר אם כיון לבו על דעת ברכת כהנים שאפילו לא היה זמנו היה עובר בבל תוסיף.

כפל את המצוה בזמנה ר"ל שעשאה שנים ושלשה פעמים אין זה עובר בבל תוסיף, כגון שנטל לולב שנים ושלשה פעמים, או תקע שופר שנים ושלשה פעמים, או כהן ששנה בברכות כל היום אף לצבור אחד אין זה בל תוסיף, נטל שני לולבים כאחד לדעתנו[2] עובר בבל תוסיף, ואעפ"י שאנו מוסיפין בהדס וערבה, נויי מצוה הוא, וכל שהוא נויי מצוה אין בו בל תוסיף, ואף באלו יש מפקפקין[3] בערבה כמו שיתבאר במקומו,[2] וכמו שכתבנו בסנהדרין פרק חנק,[4] אבל לולב ואתרוג אין שום נוי בהבאת שנים, וכן לדעתנו בהוסיף מין חמישי, ויש מקילין[5] במין חמישי מפני שאינו אלא כאוחז בידו דבר במקרה לא כמכוין להוסיף, ויש פוסקים[6] בהפך לומר שאין בל תוסיף על נטילת שני לולבים או שני אתרוגין אלא אם כן הוסיף עמהן מין אחר שכל שמוסיף באותו מין עצמו אין בו בל תוסיף, ומכל מקום ציצית ותפילין יש בהם משום בל תוסיף, וכבר כתבנו עקר ענין זה בסנהדרין פרק חנק.[4]

קרבן שדינו במתנה אחת כגון בכור מעשר ופסח[7] שאין בהם זריקה[7] אלא בקרן אחד כנגד היסוד, אם נתן באותו הקרן כמה פעמים לא עבר ואם נתן על קרן אחר עובר בבל תוסיף.

כל דבר שנעשה מספק כגון ישיבת סוכה בשמיני ספק שביעי, וכן כל ספק המתרגש שעל ידי ספיקו אדם צריך להמשיך זמן לאותו מצוה או להוסיף בגוף המצוה וכן כל סרך ספק אין בו משום בל תוסיף כלל, ומה שאמרו כאן אלא מעתה הישן בשמיני ילקה, פירושו לאותם שקדשו על פי הראיה שהוא ודאי חול, וגדולי הרבנים[8] שפירשוהו בשמיני ספק שביעי, אין דבריהם נראין, שאם כן אף בכל יום טוב שני כן.[9]

מיני הקרבנות חלוקים לענין זריקת הדם, יש שדמיהם נתנים במתנה אחת כגון בכור ומעשר ופסח כמו שביארנו,[10] ויש בארבע מתנות כגון חטאת שטעון ארבע מתנות בארבע קרנות,[11] ויש בשתי מתנות שהן ארבע כגון שלמים ועולה ואשם

---

1. ידועים דברי הד"מ באו"ח סי' קכ"ח סק"א בשם מ"כ יכול הישראל לעלות עם הכהנים והם יברכו לרוב עם הדרת מלך וכו' ולענ"ד הכוונה דאע"ג דלרש"י בעירובין צ"ו ב' כגון זה יש בו משום נראה כמוסיף עיי"ש אבל אם מכוון למצוה אחרת כגון ברוב עם הוי כאלו כוון בפירוש שלא לקיים מצות ב"כ ואינו עובר בב"ת וגם אינו עובר בעשה בני אהרן ולא זר כיון דמכוון למצוה אחרת הוי מינה ומהריב בה כסברת הר"ן במסכתין ל"ב ב' ד"ה ואין ועוד כיון שהוא הדור למצוה אין בו משום ב"ת כמש"כ רבינו לעיל והדברים ארוכים. 2. כ"כ רבינו בסוכה ל"א ב' ד"ה ארבעת. 3. הרמב"ם בהל' לולב פ"ז ה"ז לא התיר אלא בהדס עיי"ש בה"ה וכ"מ. 4. עמוד ע ם מספרו של רבינו. 5. ע' ברב המגיד בהל' לולב פ"ז ה"ז. 6. הראב"ד בהשגות בהל' לולב פ"ז ה"ז. 7. לאו דווקא כי בפסחים קכ"א א' ד"ה דם פסק רבינו שפסח בשפיכה ופסק שכל שדינו בשפיכה פסול בזריקה וכן להיפך (וצ"ע כי בסנהדרין עמוד י' מעמודי ספרו סתר עצמו עיי"ש) וע' ברמב"ם הל' מעשה הקרבנות פ"ח הי"ז ובלח"מ שם ואכמ"ל. 8. רש"י בעירובין צ"ו א' ד"ה ועוד. 9. הערוך לנר ד"ה הישן כוון בזה לרבינו. 10. לעיל ד"ה קרבן. 11. זבחים נ"ב ב'.

כמו שיתבאר במקומו,[1] וכמו שאמרו בראש סנהדרין,[2] מעתה אם נתערבו דמים של קרבן זו בדמים של קרבן אחר, הן שנתערב דם בדם, הן שנתערב כוס בכוסות[3] ר"ל שלא הוכרו במזרקים אי זה מדם זה ואי זה מדם זה, אם שניהם מאותם הניתנים במתנה אחת ינתן הכל במתן אחד, וכן אם שניהם מאותם הנתנים בארבע מתנות ינתן הכל בארבע מתנות, נתערבו בניתנין במתן אחת עם אותם הניתנים במתן ארבע, ינתנו במתן אחת, שאם אתה נותנם במתן ארבע עברת בודאי על בל תוסיף מצד אותו שבמתן אחת כמו שביארנו, שמא תאמר אף אם לא נתת אלא במתן אחת עברת על בל תגרע מצד אותם שבארבע מתנות, בודאי כך הוא אבל מכל מקום כשנתת ועברת על בל תוסיף עשית מעשה בידך, וכשלא נתת ועברת על בל תגרע לא עשית מעשה בידך, ויש פוסקים שינתנו במתן ארבע,[4] שאין בל תוסיף בכל שנעשה מספק, וכמו שאמרו לא נאמר בל תוסיף אלא כשהוא בעצמו, אבל לא בנתערב הואיל ומספק מתן ארבע הוא עושה כן, ומכל מקום רוב הפוסקים כתבוה כדעת ראשון, ולא נאמר שאין בל תוסיף במה שנעשה מספק אלא בהמשך זמן[5] על הדרך שכתבנו למעלה, וכשחזרו ואמרו כשעברת על בל תוסיף עשית מעשה, אדחי ליה כשהוא בעצמו[5] וכו', ויש מפרשים[6] בדבר זה דוקא בשנתערב דם בכור בדם שלמים, ואעפ"י שהשלמים בשתי מתנות שהן ארבע ולא בארבע, ארבע ושתים שהן ארבע הכל בדין ארבע, שאם תפרש דם בכור בדם חטאת הרי כל הניתנין למטה מן הסיקרא שניתנו למעלה או של מטה למעלה לא כפר, ובמקומו[7] יתבאר, וכן יש מפרשים ששתיהן בחטאת וכגון שנתן מחטאת זו שלש מתנות ולא הספיק ליתן רביעית עד שנתערב בדם אחר של חטאת שלא נתן ממנו כלום, ואינו כלום, שהרי בסוגיא זו הוזכר בכור, וכן שכבר ביארנו[8] שכל שחוזר ונותן על הקרן בעצמו אינו עובר בבל תוסיף.[9]

(דף כ"ט א') **המשנה השמינית**[10] **והיה כאשר ירים משה ידו וכו',** [11]מתוך שהיה מדבר בענין כונת הלב הביא ענין זה להודיע שכל הדברים בכונת הלב הם תלויים, **וכי ידיו של משה עושות מלחמה וכו',**[12] **אלא כל זמן שהיו ישראל מסתכלין כלפי מעלה ומכוונים**[13] **לבם היו**

---

1. שם נ"ג ב' נ"ד ב' נ"ה א'. 2. ד' ב'. 3. בזבחים פ"א א' מוקי לחד מ"ד כן וע' טו"א ד"ה ה"ה עובר. 4. ע' היטב מ"ש הגאון טורי אבן זצ"ל באבני מלואים שהקשה מדוע לא יעשה כן. 5. מדברי רבינו אלה החדשים לגמרי למדתי ליישב קו' הטו"א שציינתי למעלה ועוד הרבה קושיות רבותינו האחרונים זצ"ל ואכמ"ל ודע שקשה לי על שטת ר"ש וכ' גם רבינו לעיל ד"ה יש מי שאם מכוון בפירוש שלא לצאת אינו יוצא מדוע לר"י שפסקינן כוותי' יתן מתן א' יתכוון בפי' שאינו נותנו לשם בכור ואז לא יעבור וצע"ג ואכמ"ל. 6. תוס' בסוגיין ד"ה מתן וע' רש"י ד"ה מתן ולאפוקי מפירש"י בעירובין ק' א' ד"ה יתנו שמפרש גם בחטאת וע' ע"ל ד"ה מתן. 7. זבחים כ"ו א'. 8. לעיל ד"ה קרבן. 9. וכן אם כפל את המצוה אינו עובר כמש"כ רבינו לעיל ד"ה כפל ואולי דוקא אם עושה כל המצוה אבל אם יעשה רק ג' זריקות לא כפל את המצוה ועובר ולכן לא דחה רבינו דבריהם כן והדברים ארוכים. 10. בכ"י מסומן „משנה ח' לר"ם". 11. במשנה שבכ"י נוסף „וכאשר יניח ידו וגבר עמלק" וע' ד"ס ס'. 12. במשנה שבכ"י או ידיו שוברות ובספרינו לי' ידיו וע' ד"ס ס'. 13. גם במשנה שבכ"י „ומכונים את" ובספרינו ומשעבדים וע' ד"ס י'.

כמאן דלא כר' אליעזר דאי כר' אליעזר כיון דאמר בתשרי נברא העולם הא איכא זה היום תחלת מעשיך וכו' כלו' דבשלמא לר' יהושע משום דין אמרינן ליה אבל לר' אליעזר כיון דס"ל בתשרי נברא העולם משמעותיה דהאי לישנא נמי לבריאת עולם משמע וביובל ליתא וכתבו בתוספות דר"א הקליר יסד בטל של פסח כר' יהושע ובגשם של סוכות כר"א. ואומר ר"ת ז"ל דאלו ואלו דברי אלקים חיים דאיכא למימר דבתשרי עלה במחשבה להבראות ולא נברא עד ניסן דדכותיה אמרי בפ' עושין פסין (י"ח) גבי בריאת אדם וחוה.

שופר שנסדק ודבקו פסול. פירש"י דהו"ל כשני שופרות. ונראה מדבריו שהוא מפרש שנסדק משני צדדיו לגמרי ונחלק לשתי חתיכות. ולא נהיר דאי הכי היינו דבק שברי שופרות אלא נסדק היינו שהוא נסדק מצד אחד על פני כולו לארכה והיינו טעמ' משום דכיון שנסדק כולו אין שם שופר עליו אלא כחתיכת שופר ועשאה כעין שופר דמי. ומיהו לא מיפסל אלא בנסדק כלו אבל נסדק מקצתו ועדיין מקצתו קיים כשר והא דתניא בברייתא בגמ' נסדק לארכו פסול לרחבו אם נשתייר בו שיעור תקיעה כשר ואם לאו פסול לאו למימרא דמדמפליג בלרחבה ולא מפליג בלארכה דלארכה לעולם פסול בין נשתייר בין לא נשתייר דאדרבא דוק מינה לאידך גיסא דלרחבה הוא דכי לא נשתייר פסול אבל לארכה אפילו לא נשתייר כשר והיינו דתנן נסדק סתמא דלגמרי משמע זו היא שיטת הרשב"א ז"ל. אבל הרב ר' יהונתן ז"ל כתב דנסדק לארכה אפילו בכל שהו פסול לפי שכשהוא תקע בו מתבקע אעפ"י שדבקו, ולפי שיטה זו אם הדקו הרבה בחוט או במשיחה כשר שהרי החוט מעמידו שלא יתבקע וכן דעת הראב"ד ז"ל בדרש' שלו. ולכלהו פירושו כי תנן ודבקו פסול כל שכן לא דבקו ודבקו לרבות' נקטיה לומר שעפ"י שדבקו בעצמו אפי"ה פסול דאין שם שופר עליו אלא כמו שחיבר חתיכה שופר ועשאה שופר דמי:

ע"ב נקב וסתמו אם מעכב את התקיעה פסול. ירושלמי ניקב וסתמו ר' בא בר זעירא (יח) בשם ר' זעירא והוא שסתמו הא לא סתמו כשר שכל הקולות כשרין בשופר:

ואם לאו כשר. פי' ואם לאו שאינו מעכב עכשיו את התקיעה אעפ"י שהיה הנקב מעכב מתחילתו כשר לפי שמה שסתמו בה בטל לגבי השופר אבל אם מעכב את התקיעה עכשיו אפי' סתמו במינו פסול דכיון שמעכב את התקיעה נמצא שאינו בטל לגבי השופר והו"ל קול שופר ודבר אחר אבל לא מצינן לפרושי דכל שמעכב את התקיעה קודם שנסתם פסול אעפ"י שאחר שנסתם אינו מעכב את התקיעה דהא בפלוגתייהו דרבנן ור' נתן בגמרא אמרינן בלישנא בתרא דר' יוחנן דכי אמרינן שלא במינו פסול דוקא בשנפחת רובו אבל נשתייר רובו בין לרבנן בין לר' נתן בין במינו בין בשלא במינו כשר דבהא לא פליגי. ובודאי נקב גדול כל כך אי אפשר שלא היה מעכב את התקיעה מתחילה קודם שנסתם ואי הכי מתני' אמאן תרמיה אלא ודאי אף על פי שמתחילתו היה מעכב כיון שעכשיו אינו מעכב כלומר שהסתימה מהודקת יפה הרי זה כשר לפי שהוא בטל לגבי השופר וכך הם דברי הרמב"ם ז"ל בפ"א מהלכות שופר:

נתן שופר בתוך שופר אם קול פנימי שמע יצא. פי' קול פנימי לבדו ומיירי כגון שהוא עודף על החיצון שאין כאן אלא קול פנימי אבל אם קול חיצון נמי שמע לא יצא דהו"ל קול שני שופרות.

לא תימא דהפכיה כביתונתא. פי' לא תימא דכי מיפסל דוקא היכא דהפכיה כביתונתא אבל הא לאו הכי לא מיפסל דליתא אלא אפילו הרחיב את הקצר וכל שכן דהפכיה כביתונתא דמפסיל והכי איתא בירושלמי גרדו והעמידו על גלדו כשר לא אמרו אלא גרדו אבל הפכו פסול זה בטל חללו וזה לא בטל חללו:

אלא שהרחיב את הקצר וקצר את הרחב. בירוש' משמע אפילו לא הרחיב את הקצר וקצר את הרחב אלא שתקע בצד הרחב לא יצא וקא יהיב סימנא מן המצר קראתי יה.

ר' נתן אומר במינו כשר שלא במינו פסול. משמע ודאי דכי קא מכשר ר' נתן

יח) בר"ן שעל הרי"ף מביא ר' אבא בר זמינא.

במינו דוקא בשאינו מעכב את התקיעה דהא מדשקיל וטרי ר' יוחנן אליביה משמע דכותיה ס"ל דכי האי גוונא דיקינן במסכת שבת ואם איתא דר' נתן מכשיר במינו אפילו בשמעכב את התקיעה היכא מצי סבר ליה כוותיה דהא ר' יוחנן דאמר הוא הלכה כסתם משנה ותנן אם מעכב את התקיעה פסול וסתמא קאמר אפילו היכא דסתמו במינו אלא ודאי כדאמרן.

אמר ר' יוחנן והוא שנשתייר רובה. הלכך להאי לישנא ניקב וסתמו לא מתכשרי אלא היכי דאיכא תלת' למעליותא נשתייר רובו וסתמו במינו ואינו מעכב את התקיעה. אבל ללישנא בתרא דר' יוחנן בתרי למעליותא סגי סתמו במינו ואינו מעכב את התקיעה אף על פי שנפחת רובו אי נמי נשתייר רובו ואינו מעכב את התקיעה ואעפ"י שסתמו שלא במינו. ומיהו לעולם בעי' שלא יהא מעכב את התקיעה דמתני' מילתא פסיקתא קא תני דאם מעכב את התקיעה פסול ואלו הוי מתכש' בשום גוונא הוה תני לה:

ולענין הלכה בעל הלכות ורב חננאל והרב אלפסי ז"ל פסקו כלישנא קמא דר' יוחנן ולחומרא וכן דעת הרמב"ם ז"ל בפ"א מהלכות שופר וכן נהגו לעולם בשל תורה להחמיר באיסורי כגון גיטין וקדושין ובשאר האיסורין ואעפ"י שהוא לישנ' קמא. אלא שבדיני ממונות ובשל סופרים פסקו כלישנא בתרא וכן פוסקין בכל מקום רבותינו הצרפתים בשל תור' כלישנא דמחמיר בתרי לישנא כתרין תנאי או תרין אמוראי דפליגי דבשל תורה הלך אחר המחמיר ובשל סופרים הלך אחר המיקל. אבל ה"ר יצחק בן גיאת ז"ל פסק אף הכא כלישנא בתרא ולקולא.

אם נשתייר בו שיעור תקיעה כשר. פי' דוקי' שנשתייר שיעור תקיעה לצד הפה הוא דמכשרינן משום דחזינן לכל שלמעלה ממנו כאלו ניטל משם וכך נראין דברי הר"ם במז"ל בפ"א מהלכות שופר אבל הרב בעל העיטור ז"ל הכשיר אפילו לא נשתייר לצד הפה.

כדי שיאחזנו בידו ויראה לכאן ולכאן. פי' דהיינו טפח כדגרסי' בפ' המפלת (כ"ו) תני אושיעא זעירא דמן חבריא חמשה שיעורן טפח שליא ושופר כו' שליא הא דאמרן שופר דתניא כמה שיעור תקיעה כדי שיאחזנו בידו ויראה לכאן ולכאן. וכי תימא לימא טפח בהדיא י"ל דטעמא אתא לאשמועינן דמשום הכי הוי שיעוריה טפח כדי שיאחזנו בידו ויראו' לכאן ולכאן דשיעורא דטפח ארבע בגודל ושית בקטנייאתא כדאיתא במנחות (מא ע"ב) וכשהוא אוחז אותו בד' אצבעות בינונים מה שנראה ממנו לכאן ולכאן משלים השיעור ולא כד שיאחזנו התוקע קאי (יט) דא"כ הכל כפי מה שהוא אדם ואגרופו של בן בטיח ישנו כראש גדול שבכל אדם אלא כדי שיאחזנו אדם בינוני קתני והיינו טפח.

מתני' היה עובר אחורי בית הכנסת או שהיה ביתו סמוך לבהכ"נ ושמע קול שופר או קול מגילה אם כיון לבו יצא. הקשו בתוס' מדאמרי' בעירובין פ' כל גגות צבור בקטנה ושליח צבור בגדולה אין יוצאין ידי חובתן ותירצו דשאני התם דליכא עשרה עם שליח צבור. והקשו עוד מדאמרי' בפ' כיצד צולין מן האגף ולחוץ כלחוץ ואמר רב וכן לתפלה ור' יהושע בן לוי אומר אפילו מחיצה של ברזל אינה מפסקת בין ישראל לאביהם שבשמים ובהאי פלוגתא במאי עסקי' אי לענין צירוף וכההיא דפ' כל הגגות תקשי לר' יהושע בן לוי ואנן קיימ"ל כוותיה כדמוכח בסוטה בפ' ואלו הן נאמרין דמייתי מינה ראיה לברכת כהנים דאין מחיצה מפסקת ואי איירי לענין לצאת וכדמתני' דהכא תיקשי מתני' לרב שתירצו (כ) דההיא דפ' כיצד צולין מיירי לענין לענות דבר שבקדושה עם הצבור דלרב מפסקת ואינו עונה עמהם משום דכל דבר שבקדושה אין פחות מעשרה והרי הוא כעומד לבדו בחוץ ולר' יהושע בן לוי אין מחיצה מפסקת והרי הוא כאלו עומד בתוך העשרה שבפנים ועונה עמהם וקיימ"ל כר' יהושע בן לוי. וקשה להו דהא קול מגלה תנן ומגלה בעינן בעשרה בזמנה בין שלא בזמנה ואפי' לרב דאמר בזמנה ביחיד מ"מ הא אמרי' התם דחש לה רב להא דרב אסי דאמר בעשרה ולא קושיא האי דהא דבעינן עשרה למגלה היינו

יט) קאמר.

כ) ותירצו.

משום פרסומי ניסא ובמקום קריאתה הוא דבעי פרסומי ניסא בעשרה והא איכא ואע״ג דהאי שמע לה במקום דליכא עשרה קריאתה מיהא בעשרה היא וממקום דאיכא פרסומא ניסא שמע לה ומשום הכי יצא.

ואם לאו לא יצא. ירוש׳: א״ר יוסי בר חנינא לא אמרו אלא בעובר אבל בעומד חזקה כיון.

אמר רב הונא לא שנו אלא לאותן העומדים על שפת הבור וכו׳ מסתברא דכי היכי דמפלגינן בבור ה״נ מפלגינן בפיטם דאותן העומדין בתוך הפיטם יצאו והרמב״ם ז״ל כתב בפ״א מהלכות שופר חילק בבור ודות ובפיטם לא חילק אפשר שדעתו מפני שהפיטם גדולה אפי׳ אותן העומדין בתוכה אם קול הברה שמעו לא יצאו. וכתב רבינו האי גאון ז״ל דברים הללו היו צריכין להם בימי השמד ובמלכיות שהיו מתיראין מהם מלתקוע בגלוי.

דף כ״ח ע״א שלמים דלאו בני מעילה נינהו איסורא הוא דרכיב עלייהו. פי׳ והוי לה מצוה הבאה בעבירה. ומכאן נראה לי דשופר שגזלו מחבירו ותקע בו לא יצא כי היכי דאמרי׳ בלולב משום מצוה הבאה בעבירה ולא מפלגינן בהו משום דבלולב בגופו הוא יוצא ובשופר בקולו הוא יוצא דאי הכי נהי דסבירא לן השתא מצות לאו (כא) ליהנות ניתנו אמאי לא יצא אבל בירוש׳ במס׳ סוכה הכשירו ובעינן התם מה בין שופר ללולב ופריך תמן בגופו הוא יוצא ברם הכא בקול ואין בקול דין גזל. ולא נראה לי כן לפי גמרתינו וכן דעת הרא״ה ז״ל שאפילו בשופר לא יצא. והרמב״ם ז״ל סמך על הירוש׳ בפ״א מהלכות שופר.

לאימת קא מעיל לבתר דתקע. קשיא לי והיכי מעיל והא בפ׳ כל שעה (כ״ה.) אמרי׳ קול ומראה וריח אין בהם משום מעילה. ואפשר דקול מצוה כי סבירא לן מצות ליהנות ניתנו חמיר טפי דהנאה מעליתא אית ביה ומשום הכי מעל. ולפי זה אפשר לומר דאמסקנא דפום גמרא דילן סברינן דאין בקול דין גזל וליכא משום מצוה הבאה בעבירה כדברי הירושלמי דמעקר׳

כא) תיבת לאו נראית כמיותרת.

כי אמרי׳ אם תקע לא יצא היינו משום דמאי דסבירא לן מצות ליהנות נתנו ההוא קול חשוב טפי ואית ביה משום מצוה הבאה בעבירה.

כפאוהו ואכל מצה יצא כלומר שאם כפאוהו פרסיים ואכל מצה בליל פסח שלא לכונת מצה יוצא ידי חובתו וכ׳ הרא״ה ז״ל דדוקא כי האי גוונא יצא שיודע הוא שעכשיו פסח וזו מצה אלא שאינו מתכוין לצאת אבל קסבר חול הוא ואכל מצה או קסבר לאכול בשר ואכל מצה ודאי לא יצא דאם איתא למה לי למנקט כפאוהו פרסיים לנקוט חד מהני גוונא אלא ודאי כדאמרן וגרסינן עלה אמר רבה זאת אומרת התוקע לשיר יצא פשיטא היינו הך מהו דתימא התם אכול מצה אמר רחמנא והא אכל כלומר דכיון שנהנה באכילתו לא מיקרי מתעסק דהא אפילו לענין חטאת אמרי׳ המתעסק בחלבי׳ ובעריות חייב שכבר נהנה אבל הכא כלומר בתוקע לשיר אימא מתעסק בעלמא הוא קמ״ל ואקשי ליה אביי לרבא אלא מעתה כיון דמצות אין צריכות כונה הישן בשמיני בסוכה ילקה משום בל תוסיף ואסקה רבא לשמעתה הכי אלא אימא לצאת לא בעי כונה לעבור כלומר על בל תוסיף בזמנו לא בעי כונה שלא בזמנו בעי כונה ומשו״ה הישן בשמיני בסוכה לא לקי דשלא בזמנו הוא ובתר הכי גרסי׳ א״ל ר׳ זירא לשמעי׳ איכוין ותקע לי ואוקימנא בגמרא דר׳ זירא כר׳ יוסי דאמר דדוקא בשליח צבור דדעתיה אכולי עלמא אמרינן דמסתמא איכא כונת משמיע אבל באינש אחרינא בעינן עד שיתכוין שומע ומשמיע כך היא הצעה של שמועה בגמרא.

והרב אלפסי ז״ל כתב הא דר׳ זירא ושבקה לדרבא דאסקא לשמעתא ואמר דלצאת לא בעי כונה ויש סבורין לומר דלא פליגי דר׳ זירא אדרבא דלא אמר ר׳ זירא איכוין ותקע לי למצוה אלא שצריך כונה לשמוע ולהשמיע לשם תקיעת שופר כל דהו אפילו שלא לשם מצוה ולעולם כונת מצוה לא בעינן אבל בעינן כונה לשמוע ולהשמיע ויש שדנין כן מלשון הרב אלפסי ז״ל בהלכותיו. והר״ז הלוי ז״ל הקשה דודאי מדאוקימנא להא דר׳ זירא כר׳ יוסי דאמר דביחיד לא יצא עד שיתכוין שומע ומשמיע משמע דר׳ זירא בעי כונת מצוה כר׳ יוסי דהא

בפרק ערבי פסחי׳ משמע דר׳ יוסי מצות צריכות כונה ס״ל ופליגי רבנן עליה הלכך ליתא לא לדר׳ יוסי ולא לדר׳ זירא ואף רבינו שלמה ז״ל כן פי׳ איכוין ותקע לי להוציאני ידי חובתי משמע דס״ל לרב ז״ל דר׳ זירא פליג אדרבא. **לפיכך** כתב הרמב״ן בס׳ המלחמות דאין ה״נ דר׳ זירא סבר מצות צריכות כונה גמורה כלומר לצאת וכותיה נקטינן וכי תימא אמאי והא רבא דבתרא הוא ס״ל לצאת לא בעי כונה איכא למימר דאפשר דרבא לאו אליבא דנפשיה הוא דקאמר הכי אלא לפרוקי פירכא דאביי דאמ׳ אלא מעתה הישן בשמיני בסוכה ילקה וקא משני דלא קשיא דאי נמי אמרינן מצות אין צריכות כונה הני מילי לצאת אי נמי לעבור בזמנו אבל שלא בזמנו לעבור בעי כונה ואכתי רבא אליבא דנפשיה אפשר דס״ל דמצות צריכו׳ כונה ורבה נמי אע״ג דאמר זאת אומרת התוקע לשיר יצא דילמא זאת אומרת קאמר ולא ס״ל (הריא״ף). וא״ת מאי אשמועינן דלמאן דלא בעי כונה באכילת מצה בתקיעת שופר נמי לא בעי ולא גרסי׳ כדכתיב במקצת נוסחי אלמא קסבר רבה מצות אין צריכות כונה וכיון דמימרינהו דרבה ורבא לא מכרעי לדידהו מאי סבירא להו מנקט לחומרא דר׳ זירא טפי עדיף דס״ל דמצות צריכות כונה לצאת. וכן פסק הרמבמז״ל בפ״ב מהלכות שופר דצריך שיתכוין משמיע להוציא ושומע לצאת הא לאו הכי לא יצא. אלא שבפ׳ ו׳ מהלכות מצה פסק דכפאוהו ואכל מצה יצא. ולא פליגי דידיה אדידי׳ דס״ל דבתקיעת שופר כיון דחזינן דר׳ זירא אמר ליה לשמעי׳ איכוין ותקע לי נקיטיה דצריך כוונה אבל בכפאוהו ואכל מצה כיון דלא חזינן בגמ׳ מאן דפליג עלה בהדיא לא דחי׳ לה דאע״ג דבתקיעת שופר לא יצא הכא יצא שכן נהנה כדאמרינן בעלמא המתעסק בחלבים ובעריות חייב שכן נהנה ובגמ׳ נמי עבדינן צריכותא ממצה לשופר הלכך אע״ג דשופר מדחי דקיימ״ל דצריך כונה בכפאוהו ואכל מצה נקטינן דיצא.

אבל דעת הרבה מהגאונים דקיימ״ל מצות אין צריכות כונה וכן דעת הרשב״א ז״ל. ומ״מ כתב רבינו שמואל ז״ל דאע״ג דאמרי׳ אין צריכו׳ כוונה הני מילי בסתם אבל במתכוין שלא לצאת אינו יוצא דאי לא תימא הכי תקשי לך ו דאיבעיא לן בפ״ק דברכות (י״ב). היכא דנק כסא דשיכרא בידיה וקסבר דחמרא הוא פ בדשיכרא מאי בתר פתיחה אזלי׳ או בתר חתי בדשיכרא מאי בתר פתיחא אזלי׳ או בתר חתי׳ ולא איפשיטא ואמאי לא איפשטא ניפשוט די׳ דמצות אין צריכות כונה אלא ש״מ דאע״ג דמצ אין צריכות כונה במתכוין שלא לצאת לא י והתם הרי נתכוין שלא לצאת בשכר אלא בי וזה סיוע לדברי במה שכתבתי למעלה בהה׳ דתקע בראשונה ומשך בשניה כשתים. ולפי כתב הרב ז״ל שזה הוא שנהגו להבדיל בבי אעפ״י ששמעו כל בני הבית הבדלה בביהכ׳ לפי שנתכונו שלא לצאת שם. ואני אומר ד בעי מיהא כוונת משמיע להשמיע מטעמ אחרינא מצי למעבד הכי משום דהא איצטרכי׳ למימר בהיה עובר אחורי בית הכנסת דבשלי צבור עסקינן דדעתיה אכולי עלמא ובודאי שא׳ דעתו להשמיע אלא מי שרוצה לשמוע אב להשמיעם כדי להוציאם בעל כרחם לא נתכוי שהרי אינו אלא שלוחם.

דף כ״ט [ע״א] דתנן הכהנים והלוים מקדשי לעולם וגואלין לעולם כן היה עיקר הגירסא ומגואלין לעולם מוכ דליתנהו במצות יובל כישראל לפי שהמקדי שדה אחוזה ומכרה גזבר כשהיא יוצאה מי הלוקח ביובל מתחלקת לכהנים ביובל. ונוסח׳ דגרסי׳ מוכרין לעולם וגואלין לעולם משתבש׳ ואע״פ דמתני׳ הוא נמי בערכין הכי פירוש שאע״פ שישראל המוכר שדה אחוזה אינו רשא׳ לגאול בפחות משתי שנים כדכתיב במספר שני תבואות ימכר לך אפי׳ה הלוים גואלים מיד ואינו שייך יובל בהך גוונא דנוכח מיהא דבמצות יובל ליתנהו אלא ודאי מקדשין לעולם וגואלין לעולם גרסינן.

נהי דליתנהו בהשמטת קרקעות בהשמטת כספי׳ ובשילוח מיהא איתנייהו. כך כתוב במקצת נוסחאות. ורש״י ז״ל כתב דלא גרסי׳ ליה וכמו שכתוב בפירושיו. ועוד הקשו בתוספות דהיכי לימא דהשמטת כספים מיהו איתנהו דמה ענין שמיטת כספים ביובל דהא בהדיא תניא בספרי בפרשה ראה אנכי דשביעית משמטת כספים

כתמו כלל ומעכב התקיעה שנשתנה קולו מכמו שהיה כשר, כדאמרי׳ כל הקולות כשרים בשופר.

ארוך וקצרו כשר. היינו דעדיין יש בו שיעור שופר. ומפרש הר״י דסד״א והעברת שופר אמר רחמנא [ויקרא כה], ומשמע קרן כמו שהוא מן הבהמה או גדולה או קטנה, אבל כשקיצר קרן גדול ועשה ממנו קטן סד״א דפסול, קמ״ל כיון דנשתייר שיעור שופר דכשר. ואין לפרש ארוך וקצרו דמיירי נסדק, וקאמ׳ דאם חתך מן הסדק ולמעלה דאם נשתייר כשר אם נשתייר בו שיעור שופר, דהו״ל למיתני בהדיא נסדק וקצרו.

ציפהו זהב במקום הנחת פיו. לתוך חלל של נקב קטן שמניח פיו לתוכו פסול. משמע דהזהב חוצץ בין פיו לשופר. ושלא במקום הנחת הפה היינו מבחוץ על גב של נקב הקטן. אבל יש מפרש שלא במקום הנחת הפה בעובי השופר ציפה הזהב וארך באורכו ע״י ציפוי זה, והא דאמר׳ אם הוסיף משהו פסול, היכא דלא הוה בו שיעור שופר קודם שיאריכנו, ודוחק הוא.

נתן שופר בתוך שופר ותקע. פי׳, שהחיצון רחב כ״כ שהפנימי נכנס בו ומגיע פיו של פנימי עד מקום הנחת הפה, שכשהוא משים פיו על השופרות נוגע בשניהם, שאם לא היה יכול ליגע לפנימי אפילו שמע קול פנימי לא יצא דלא מיקרי תקיעות שופר אלא א״כ פיו נוגע בשופר, כדפרשתי לעיל [ד״ה ציפהו] גבי צפהו זהב במקום הנחת הפה וכו׳.

היה עובר אחורי בית הכנסת ושמע קול שופר או קול מגילה אם כיון לבו יצא. יש להקשות מהא דפ׳ כל הגגות [ערובין צב, ע״ב] צבור בקטנה ושליח צבור בגדולה אין יוצאין י״ח, וכן ט׳ בקטנה ואחד בגדולה אין מצטרפין, וכ״ש אם הוא אחורי בית הכנסת שאין ש״צ נמשך אחריו להוציא. וי״ל, דהתם הוא משום דבמקום ש״צ לא הוו עשרה, ולענין צירוף ודאי לא מצטרפי עד דהוו במקום אחד, אבל לצאת כשיש בב״ה י׳ אין צורך להצטרף ויוצא הוא בכך. ומיהו קשה מההיא דפסחים פרק כיצד צולין [פסחים פה, ע״ב] מן המפתן ולחוץ כלחוץ, אמר רב יודא אמ׳ רב וכן לענין תפלה, אלמא לצאת נמי בלא צירוף אינו יוצא י״ח חוץ מן המחיצה, והא אין לומר דמיירי לענין צירוף שאין בבה״כ אלא י׳ והוא, דהא קאמר ר׳ יהושע בן לוי עלה דאפי׳ מחיצה של ברזל אינו מפסקת בין ישראל לאביהם שבשמים, ולענין צירוף לא מ״ל הכי מפני ההיא דעירובין. ואומר הר״י דהאי דקאמר וכן לתפלה, היינו לכל דבר שבקדושה כגון קדושה וברכו, דכיון דבעי׳ בהו צירוף מנין לא נפיק בשמיעה, אי לא מצטרף בהדייהו, ואיצטרופי לא מצטרפי כי ההיא דעירובין, אבל בקריאת מגילה ותקיעת שופר דלא בעי מנינא נפיק ידי חובתו בשמיעה וכוונה, אעפ״י שאינו באותו מחיצה. והני נשי דידן שהן בחדר אחר בפני עצמן וש״צ בבית הכנסת דהו״ל בית אחר לגבייהו, לדברי רב לא הוו

יוצאות ידי חובתן, ומיהו כר׳ יהושע בן לוי קיי״ל דכיון דיש י׳ בביהכ״נ כל השומעין בין בפנים בין מבחוץ יוצאי׳, ואפילו מבחוץ מחיצה של ברזל אינה מפסקת, והכי משמע דהלכה כר׳ יהושע בן לוי מדקא מייתי תלמודא ראי׳ בסוטה פ׳ אלו נאמרים [לח, ע״ב].

[כח, ע״א] **בשופר של עולה לא יתקע בו ואם תקע יצא.** צריך לפרש בשוגג שלא היה סבור שהוא של עולה, דהא מפרש טעמא משום דכיון דמעל ביה נפיק לחולין, ומעילה לא הוי במזיד. ואע״ג דקא׳ לא יתקע דהיינו במזיד, מ״מ סיפא דקתני ואם תקע יצא, לא איירי אלא בשוגג כדפרישית. וה״ה נמי כי מפליג בשופר של שלמים ואם תקע לא יצא, דהוה מצי לאפלוגי בעולה גופא במזיד אם תקע להו דלא יצא, אלא ניחא ליה למינקט שלמים, משום דבין שוגג ובין מזיד לא יצא.

איסורא דרכיב עלייהו. והוא סבר מצות ליהנות ניתנו, ואיכא איסורא אם היה יוצא. וא״ת מ״מ ישמע קול תקיעה ואמאי לא יצא, הא אעפ״י שעבר שנהנה מאיסורי הנאה הול״ל דע״כ תקיעה שמע. ואומר הר״י דהוה ליה מצוה הבאה בעבירה כי נפקי לן בריש לולב (וערבה) [סוכה ל, ע״א] דלא נפיק, ועוד נראה דאפי׳ הוה אמרי׳ דיוצאין במצוה הבאה בעבירה, כגון לולב הגזול וכגון אם גזל מצה ויצא בה, דהתם אין גוף המצוה עבירה, שהמצוה שהוא מקיים אין בו עבירה אלא במה שגזלה, אבל הכא שהוא עושה עבירה בקיום המצוה, שהנאת המצוה אסורה עליו, לפי שהיא איסורי הנאה, פשיטא דבעינן שלא יהיה קיום מצוה זו בקיום עבירה.

אמר ר׳ יהודה בשופר של ע״ז לא יתקע ואם תקע יצא. וא״ת אמאי אם תקע יצא והלא איסורי הנאה הוא, ומצוות ליהנות ניתנו. דמ״ש משופר של שלמים דס״ל לר׳ יהודה לעיל ואם תקע לא יצא. ובה״ג [סוף הל׳ ר״ה] גר׳ הכא רבא, וניחא דאפילו לר״ת [עי׳ תוס׳ סוכה לב, ע״א ד״ה באשירה] דמוקי לה הך דהכא דשופר של ע״ז לא יתקע לאחר ביטול, דהשתא לא קשה מידי הא דקאמר אם תקע יצא, דהא לאחר ביטול לאו איסורי הנאה הוא, מ״מ ליכא למיגרס הכא ר׳ יהודה, דהא מדקאמר של עיר הנדחת לא יתקע ואם תקע לא יצא, וקאמר טעמא משום דכתותי מיכתת שיעורא, ואי גרסי׳ ר׳ יהודה למה לי טעמא דכתותי מכתת שעורא, תיפוק ליה דהו״ל איסור הנאה. אלא ודאי רבא גרסי׳, כדמוכח בה״ג וכן פי׳ ר״ח. וא״ת אי גרסי׳ רבא, אמאי איצטריך לאשמעינן הך הא כבר אשמועינן אחד זה ואחד זה יצא דמצוות לאו ליהנות ניתנו, וכ״ת משום סיפא עיר הנדחת איצטריך ליה, הא נמי תנינא בפ׳ לולב הגזול [סוכה כט, ע״ב], לולב של אשירה ושל עיר הנדחת פסול. ומיהו י״ל דלמאי דנפרש דהך איירי בע״ז של גוי. אמנם עדיין לא ביטלה, איצטריך סד״א דאע״ג שלמים יצא הכא לא יצא, כיון דהשתא

מיהו לא בטיל דכתותי מיכתת שיעורא. ולפי׳ ר״ת דמפרש דאיירי לאחר ביטול, נמי י״ל דאדרבה איצטריך דסד״א דלכתחילה יכול לתקוע בו דמיירי דבטלו, קמ״ל דלכתחילה לא יתקע, וטעמא כדמפרש׳ לפנים, ומההיא דלולב וערבה [שם] דאמר רבא לולב של ע״ז לא יטול ואם נטל יצא לא שמעינן הך, דהוה אמינא התם הוא דאסור משום דמהללין ומשבחין בו לפני הב״ה, אבל הכא גבי תקיעה אפי׳ לכתחילה שרי, ואי אשמעינן הך דהכא הוה אמינא הכא הוא דדיעבד יצא, אבל התם אפילו דיעבד לא יצא לפי שמפארים ומשבחין לפני הקב״ה.

בשופר של ע״ז לא יתקע ואם תקע יצא. קשה קצת מהא דאמרי׳ בס״פ כיסוי הדם [חולין פט, ע״א] דקתני התם בברייתא דלולב של ע״ז לא יטול ואם נטל לא יצא, וקאמר טעמא דע״ז דכתותי מיכתת שיעורי, והאי טעמא ל״ש בע״ז אלא בעיר הנדחת. י״ל, דהתם איירי בע״ז של ישראל שאין לה ביטול, דומיא דאשירה דמשעבדה גוי לדעת ישראל קיימא נשרף נשחק שרוף וכלה, והילכך כיון דלשריפה עומד מיכתת שעוריה ואסור למתקע, אבל הכא מיירי בע״ז של גוי דאפשר לבטלה, ויכול להיות דלאו לשריפה עומד אם יבטלנה גוי. ומיהו צ״ל הכא כגון שהגביה השופר על מנת שלא לזכות בו, דאי הגביהו וזכה בו הו״ל ע״ז של ישראל ואין לה בטול עולמית, ואת״ל דהא דאמר ע״ז של ישראל אין לה בטלה עולמית, היינו כגון כשעבדה ישראל או גוי לדעת ישראל, אבל של גוי וזכה בו ישראל לא מיקרי ע״ז של ישראל, מיהו הוה איסורא דרבנן בהנאה, ובאיסורי הנאה דרבנן משמע בפ׳ לולב וערבה [סוכה לה, ע״ב] דלא מצי נפיק, גבי אתרוג דבעי׳ לכם מידי דחזי לכם לאכילה, וקאמר אתרוג של דמאי ב״ה מכשירים, ומפרש טעמא דאי בעי מפקיר נכסי׳ וחזי ליה, והשתא משמע ליה דבשל טבל אע״ג דלא הוי אלא מדרבנן, לא נפיק ה״נ לא שנא, הילכך ניחא ליה לפרושי בלא קנאו ולא זכה בו. וא״ת תינח הכא גבי שופר דמצי נפק בשאול, אבל גבי לולב דלא מצי נפיק בשאול דאמר [סוכה כז, ע״ב] לכם משלכם יהא, היכי מצי נפיק הא מיקרי ע״ז של ישראל, ותנן בלולב הגזול [שם ל, ע״ב] לולב של ע״ז לא יטול ואם נטל כשר. וי״ל דהתם מיירי בי״ט שני דיוצאין בשאול. והא דנקט הכא בשופר של עיר הנדחת לא יתקע, ואם תקע לא יצא, הוא הדין דהוה מצי נמי לפלוגי בע״ז עצמה דלא יצא, כגון ע״ז של ישראל דלא יצא ושל גוי יצא. וי״ל דלא מיבעיא ע״ז של ישראל דשייך ביה טעמא דכתותי מיכתת שיעורא ומאיס׳ דפשיטא דלא יצא, אלא אפי׳ עיר הנדחת דלא מאיס לא, לא משום טעמא דכתותי מיכתת שיעורא, ורישא בע״ז של גוי דאית ליה ביטול ואע״ג דלא מיכתת שיעורא. וי״מ דלכתחילה לא יתקע ולא יטול בלולב, שלכתחילה אין לנו לעשות מצוה באיסורי הנאה דמאיס, והא דמיבעי׳ לן בפ׳ כל הצלמים [ע״ז מז, ע״א] המשתחוה לדקל לולבו מהו למצוה, קמיבעי ליה לצאת בו לכתחילה, דפשיטא

דיעבד יצא, דכיון דקוצץ הלולב מן הדקל בטלו. ובפ׳ מצות חליצה [יבמות קג, ע״ב] דקאמר סנדל של ע״ז לא תחלוץ ואם חלץ חליצתו כשרה, מיירי בע״ז של גוי דאית ליה ביטול דלא מיכתת שיעורי׳, ולכתחילה לא תחלוץ משום דמאיס כדפרישית. ור״ת מוקי הך דהכא ודסוכה ודיבמות אפי׳ בע״ז של גוי, ולאחר ביטול, דהשתא לא הוי איסורי הנאה כלל, ומ״מ לכתחילה לא יתקע ולא יטול ולא יחלוץ משום מאיסותא, דמ״מ הוי איסורי הנאה קודם ביטול. א״נ משום גזרה אחר ביטול אטו קודם ביטול.

זאת אומרת התוקע לשיר יצא. דמצוות אינן צריכות כוונה. וא״ת אמאי לא דייק ליה מברייתא דקתני בערבי פסחים [פסחים קיד, ע״ב] בגמ׳ דהביאו לו מצה אכלו דמאי יצא, לא מתכוון יצא, אלמא אין צריכות כוונה. וי״ל, דמהתם אין ראי׳ דמיירי בירקות דרבנן, אבל במצוות דאורייתא הוה אמינא דבעי׳ כוונה. מיהו קשה אמאי לא פריך לרבא מההיא דקתני התם [פסחים שם] ר׳ יוסי אומר אעפ״י שטבל בחזרת מצוה להביא לפניו מצה וחזרת וחרוסת, ודייקינן התם מדקאמר מצוה, מכלל דלא משום הכירא הוא אבל משום מצות צריכות כוונה. וי״ל דס״ל לרבא דמצוות משום הכירא, ולית ליה קושיא דהתם דפריך מאי מצוה.

[כח, ע״ב] **מאי לאו אם כוון לבו לצאת.** וא״ת, אמאי לא משני כיון לבו להבין בפירושו ולדקדק בה. וי״ל דהאי כוונה לא בעינן אלא בפסוק ראשון כדמשמע בברכות [יג, ע״ב], והכא משמע דהך כוונה בכל קריאת שמע קאמר.

בקורא ע״מ להגיה. ואינו מוציא בפה אלא מסורת המקרא להבין בחסירות וביתירות כמנהג הסופרים, וה״פ אם כיון לבו שנתכוין לקרוא כהלכתו, ולא כמו שקרא בתורה עד עתה.

אלא נתכוון שומע ולא משמיע היכי משכחת לה. וא״ת אמאי לא קאמר נתכוין משמיע להוציא שומע. וי״ל דמשמע ליה כדדייק לקמן בשילהי סוגיין דמשמע דומיא דשומע מה שומע לעצמו אף משמיע לעצמו הלכך ע״כ נתכוין משמיע אלמא בעי כוונה.

דקא נבוחי מנבח. מה שפרש״י שאינו כשיעור תקיעה לא ניחא, דא״כ אפי׳ נתכוין נמי לא נפיק, כיון דליכא שיעור תקיעה, שאינו מתכוין לגמור התקיעות ואירע לו כך שעשאו כתיקנו.

הואיל ונתן רשות לברך כו׳ ת״ל לא תוסיפו. ויש להקשות מהא דאמרי׳ בסנהדרין פרק אלו הנחנקין [פח, ע״ב] אי קסבר לולב אינו צריך אגד, האי לחודי׳ קאי והאי לחודי׳ קאי, וה״נ נפרש אותה ברכה שמוסיף לחודי׳ קאי. ואור״י דכיון דבהדי נשיאות כפים היא חשיבי תוספת היא, אבל התם אי נקיט בידיה מין אחר שאינו מן הלולב לא מינכר דלהוסיף על המצוה בא.

ומנליה דתנן. ותימה מ״ט לא פריך מאי אולמי דהאי מהאי דילפי׳ מההיא

דזריקת דם דאי איתרמי ליה בוכרא אחריתי הוה מקריב ליה, **אלמא כל יומא** זמני' הוא, מדהאי דברכת כהנים. וי"ל משום דלעולם אימא לך דנהי נמי אי דאיתרמי צבור אחרינא הדר מברך ליה, מיהו לאו זמניה הוא, והא דעובר משום בל תוסיף, משום דמוסיף ברכה מדעתו ומתכוין להוסיף על התיקון של ברכות, אבל הכא גבי זריקה דאינו מתכוין לעבור אלא עושה אותה בספק, ודאי אי לאו דזימניה הוא לא יהיה עובר.

כולי יומא זמניה הוא. הכא משמע דבזמני' איכא בל תוסיף, וכן תפילין אם עשה ה' בתים קיי"ל דעובר משום בל תוסיף [סנהדרין פח, ע"ב], וזמ"ש מסוכה [סוכה ו, ע"ב] דג' מחיצות מן התורה ואם [עשה] הרביעי ליכא בל תוסיף. וכן ערבי נחל דאמ' [סוכה לד, ע"א] מיעוט ערבי שנים ודי בשנים ואם הוסיף יותר ליכא בל תוסיף. וב"ל, דשאני התם דמנינא לא איתפרש בהדיא בתורה, שהרי ערבי נחל משמע נמי טובא, וסוכה נמי דמנין מחיצות נפקא לי' מקרא, מיהו אם הוא מרבה במחיצות טפי מיחזי דסוכה. ושופר נמי מנין התרועות והתקיעות אינן מפורשות בהדיא, דתקיעות ותרועות משמע נמי טובא, וכן פי' לעיל [טז, ע"ב] דמשופר לא קשה מידי דאם הוא עושה מצוה אחת ג' פעמים בעבור כך אינו עובר, אבל התפילין מנין הבתים מפורש על טטפת לטטפת לטוטפות, וכן מנין ברכת כהנים.

[כט, ע"א] **מקדישין לעולם וגואלים לעולם.** משום דבישראל לא יגאלו עוד אם עבר היובל ולא גאלה אין כח בידו שוב לגואלה אלא תהא מתחלקת לכהנים. ולוי המקדישו הוה יכול לגואלה כל ימות עולם אפילו עבר עליה היובל ולא גאלה, כך הגי' רש"י בשם רבו הלוי ז"ל, אבל שאר רבותיו גורסים מוכרים לעולם משום דכתיב בישראל גבי בתי ערי חומה [ויקרא כה, טו] במספר שני תבואות ימכור לך, בתוך ב' שנים אי אתה רשאי, אבל לויים רשאין לגאול מיד. ופרש"י דהני ברייתות שנויות במסכת ערכין [כו, ע"ב] ולא איצטריכו אלא אגב גררא קא נסיב להו, דאיידי דתנא התם [כד, ע"א] גבי ישראל אין מקדישין לפני היובל פחות משני שנים ולא יגאל אחר היובל פחות משנה, תנא נמי גבי כהנים מקדשין וגואלין, ואיידי דתנא מקדשין גבי הדדי תנא נמי גואלין המכירה ומוכרין לעולם, ומיהו ה"נ נראה לגרוס מקדישין וגואלין לעולם, כדגרס ר"י הלוי, אבל לא גרס דמוכרין לעולם, דלא מיתניי' גבי יובל ולא שייכא כלל ליובל, וא"כ היכי יליף מיניה דליתנהו במצות יובל, ואת"ל משום דאינה נוהגת אלא בזמן שהיובל נוהגת, מיהו משום כן אין לנו לומר דלית להו מצות יובל.

קמ"ל וכו'. פרש"י יש גורסים נהי דליתנהו בהשמטת קרקע בהשמטת כספים מיהו איתנייהו. ופי' דלא גרסי' ליה, דפשיטא דאיתנהו בכלל השמטת קרקע בין שלקחום הם מישראל מחזירי' ביובל, דלא נפקי מכלל כל המצות האמורות בתורה,

נשתייר בו כשיעור כשר משום דהוי כאלו נכרת מקום הסדק (שם) [וע' בפי' רבנו חננאל שכ' בשיעור למעלה או למטה כדעת הרי"ץ גיאות וכן מוכח מפי' רבנו]:

(שם) **התוקע** לתוך הבור או לתוך הדות פי' מערה או לתוך הפיטוס פי' חבית גדולה. אמר רב הונא ל"ש אלא לאותן העומדים על שפת הבור.

פי' דוקא לאותן התוקעים ועומדים על שפת הבור וכופין את ראשם אל תוך הבור בשעת התקיעה בזה יש לחלק בין אם קול שופר שמע יצא ואם קול הברה שמע לא יצא. אבל אותן התוקעין העומדים בבור ותקעו יצאו דהמה בודאי רק קול שופר שמעו תנ"ה התוקע לתוך הבור או לתוך הדות יצא והתנן לא יצא אלא לאו ש"מ כדר"ה, כלומר והברייתא דתניא התוקע לתוך הבור והדות יצא מיירי שעומד התוקע בתוך הבור ותוקע ע"כ לעולם יצא י"ח ומתני' מיירי בעומד התוקע על שפת הבור ומרכין את ראשו אל תוך הבור והדות או אל תוך הפיטוס בזה יש חילוק אם שומע קול שופר כגון שראשו בתוך הבור עד כלות התקיעה יצא אבל אם באמצע הגבי' ראשו והשופר עודנו בבור ומערבב קלא לא יצא י"ח (פ"א מהל' שופר הל"ח)[32]:

(דף כ"ח ע"א) **בשופר** של עולה כו' הדר אמר רבא אחד זה ואחד זה יצא מצות לאו ליהנות נתנו. פי' כיון דאין בקול דין מעילה דהא אמרי' קול ומראה וריח אין בו משום מעילה. אך איסורא הוא דאיכא משום דנהנה והוי עיקר האיסור משום ההנאה דאית בה וכאן הנאה זו שנהנה דיוצא י"ח המצוה ל"ח הנאה דמצות לאו ליהנות נתנו (פ"א מהל' שופר הל"ג)[33]:

32) הנה זה לשון רבינו שם: התוקע בתוך הבור או בתוך המערה אותן העומדים בתוך הבור והמערה יצאו, והעומדים בחוץ אם קול שופר שמעו יצאו ואם קול הברה שמעו לא יצאו וכן התוקע לתוך חבית גדולה וכיוצא בה אם קול שופר שמע יצא ואם קול הברה שמע לא יצא עכ"ד. והכ"מ שם דקדק בדברי רבנו מהיע מחלק בין העומדים בתוך הבור או על שפת הבור ולא חילק כן בחבית גדולה. וביותר יש לדקדק דהא במשנתינו איתא התוקע לתוך הבור כו' ורבינו כ' בתוך הבור וגם מדוע מחלקם לתרי בבי, בור ודות, בבא בפ"ע ואח"כ פיטס וכיו"ב בבא שני' ומשנה ל"ה רק חדא בבא, אכן המעיין היטב בדברי רבינו א"ש הכל דהנה מסיף דבריו שכ' וכן התוקע לתוך חבית גדולה כו' מבואר דגם בהתוקע עצמו יש חילוק אם קול שופר שמע אם קול הברה והיינו באופן המבואר לקמן דכ"ז ע"א מה"ד ומגין דמפיק רישי' ואכתי שופר בבור ומערבב לקלא קמ"ל דל"ח להכי אבל אם באמת אירע כן יש עירוב קול ולפי"ז ע"כ צ"ל דרבינו ז"ל פי' בגמ' באופן שכתבנו למעלה ולפ"ז א"ש הכל דהא שמביא רבינו התוקע בתוך הבור כו' מקורו מהברייתא דמביא בגמ' ראי' לר"ה דמוקי לה דאיירי שתוקע בתוך הבור. ועכ"כ לא מביא רבינו ברישא פיטוס וכיו"ב דבברייתא לא הוזכרו. אולם מסוף הלכה מביא ההוא דפיטס המוזכר במשנה ושם לא נאמר בתוך רק לתוך ונקט רבינו לשון המשנה כדרכו בכ"מ, וא"ש בזה קו' הקרבן נתנאל כאן ודכ"ח עי"ש ודו"ק:

ובההוא דפיטוס שפי' רבינו ורש"י ז"ל דהיינו חבית גדולה צ"ע לע"ד ההיא דב"ב דצ"ז ע"ב קנקנים בשרון מקבל עליו עשר פיטסית למאה תאנא פיטסות נאות ומגופרות ערשב"ם שם, ולפ"ז אפשר לפרש המשנה דמקבל עליו עשר פססות למאה היינו אע"ג דקורין לקנקן קנקן ולחבית חבית מ"מ מקבל עליו עשר חביתים למאה קנקנים וא"י לטעון קנקנים לקחתי ולא חבית גדולה וע' ב"ק דכ"ז ר"ם המניח וצ"ע:

33) בספר כפ"ת כאן הקשה דהרי מסוגיא זו מבואר דיש בקול דין מעילה דהרי אמרי' בשופר של עולה יצא משום דמעל, ורבא לא פריך רק אימת מעל לבתר דתקע

(שם) **אילימא** כפאו שד והתניא כשהוא חלים הרי הוא כפקח לכל דבריו וכשהוא שוטה הרי הוא כשוטה לכל דבריו. פי' וא"כ לא יצא ידי חובתו במה שאכל בעת שטותו לפי שאותו אכילה היתה בשעה שהי' פטור מכל המצות וחייב לאכול אחר שנתרפא (פ"ו מהל' חמץ ומצה הל"ג) [34]:

כי' אבל מודה הגא דיש בקול דין מעילה עיי"ש והנלע"ד להצדיק בזה דעת רבינו והוא לפימ"ש רש"י במס' ביצה דף כ"ז ע"ב דאמרי' אחשבה רחמנא שע"י המצוה תהי' אכילה כמו מלאכה דאורייתא כנודע וה"ה הכא אף דאמרי' בכ"מ קול אין בו משום מעילה אבל הכא בתקיעת שופר אמרי' דהמצוה אחשבה שיהי' בקול דין מעילה לפי הס"ד דאמרי' מצות ליהנות נתנו וחשיבא הנאת המצוה הנאה חשיבה ע"כ אמרי' אחשבה והבן. אמנם רבא בא להקשות אימת מעל הלא מתחלת התקיעה דליכא מצוה א"ב מעילה דקול א"ב מעילה, אלא בתר דתקע דאז בעת שי"ת המצוה אמרי' אחשבה הא כי קתקע באיסורא קתקע כיון דמצות ליהנות נתנו איסורא מיהא איכא, ומשני אלא אמר רבא אחד זה ואחד זה יצא דמצות לל"נ כנ"ל:

34) **הנה** טעם זה כ' בטורי אבן מסברא דנפשי' (וכבר העיר עליו בהגהות מהרצה"ח דאשתמיטתי' מ"ש רבינו) והעלה שם דלפי פי' זה יצא דין חדש בעבד ששמע תקיעת שופר שחרית בעת שהי' פטור ממצות ואח"כ שחררו רבו באותו יום מחויב לשמוע שנית תקיעת שופר וכן אם לקח לולב בעת עבודתו ובאותו יום נשתחרר חייב ליקח שנית לולב אחר שנשתחרר לצאת בו י"ח וכ"כ בס' כפ"ת דמכאן יש ללמוד דמי שנולד בר"ה בחצות היום כשיבא בשנת י"ג ויום א' ושמע תקיעה בר"ה קודם חצות צריך שישמע התקיעה אחר חצות דהרי קודם חצות הי' קטן ופטור לדעת הפוסקים הסוברים די"ג שנים ויום א' בקטן בעי' מעל"ע ע' ש"ך תו"מ סי' ל"ה ע"ש והנה ע' במאספי "אהל מועד" ח"א סי' קי"ז שנסתפק שם ח"א בקטן מבני הכפרים שהי' קטן בי"א באדר ושמע את המגילה ואח"כ ביום י"ד הגדיל אם י"ח במה ששמע בי"א כיון שכבר הי' מחויב בחינוך מדרבנן או"ד כיון דאז הוי תרי דרבנן וכמו דאין תרי דרבנן מפקיע חד דרבנן ה"ה דאי"ח ע"ש והנה מדברי הכפ"ת נשמע דאי"ח דהרי אע"ג דבן י"ג מחויב בחינוך מ"מ אין הדרבנן פוטר חיוב דאורייתא ה"ה דאין תרי דרבנן פוטר חד דרבנן. ועמ"ש שם בשם הפ"ת והמנ"ח שנסתפקו בשוכר בית שקבע מזוזה ואח"כ קנה את הבית שעתה מחויב במזוזה מה"ת אי י"ח ומדברי הכפ"ת מבואר דלא י"ח כנ"ל:

והנה הטו"א הקשה על פי' הנ"ל מהא דאמרי' ביבמות היו לו בנים בגיותו ונתגייר פטור מפ"ו הרי דאע"ג דאז ל"ה מחויב בפ"ו מועיל גם אשעת חיובו. נלע"ד ליישב עפי"מ שנתווכחו הגאונים מהרעק"א והח"ס זללה"ה במי שלקח לולב בלילה ואחזו עד שהאיר היום אי י"ח באותו לקיחה או"ד בעי' לקיחה חדשה משהאיר היום כיון דהתורה הקפידה על הלקיחה שתהי' ביום כדכתיב ולקחתם לכם ביום הראשון ע' שו"ת מהרי"א יעלה או"ח סי' קס"ט ושו"ת מתנה חיים ואו"ח ועד כאן לא נסתפקו הגאונים זללה"ה רק בלקיחת הלולב כיון דצותה התורה שתהי' הלקיחה ביום וזה ל"ה כאן אבל בשאר מצות שיש להם המשך הזמן בודאי י"ח אף שהתחיל בשעה שהי' פטור וראי' לדבר מההיא דאמרי' במס' יומא דף כ"ט דאם נסדר בלילה ואין מתוסר זמן בלילה כשר הרי אף דנסדר בשעה שפטור מעבודה בכ"ז כיון שיש לה המשך הזמן עד יום השבת חשיב כמצותו וה"ה בלולב אי ל"ה קפידא אלקיחה שתהי' דוקא ביום רק אמצות לולב שתתקיים ביום ע"י נטילה או בודאי אף אם הי' לוקח הלולב בלילה אם הי' אוחזו עד אור היום הי' י"ח אמנם הם נסתפקו אולי הקפידה תורה אלקיחה ביום דקאי ולקחתם לכם אביום וז"ב, ולפי"ז א"ש קו' הטו"א דדוקא אכילת מצה וכיו"ב שאין המצוה נמשכת מזמן הפטור עד אחר זמן החיוב בההיא אמרי' דבמה שעשה וגם כלה בזמן הפטור לא יפטור על זמן החיוב, אבל בפ"ו כיון דהבנים חיים וקיימים גם בזמן שנתחייב בפ"ו אחר שנתגייר

(שם) **אמר** רב אשי שכפאוהו פרסיים. פי׳ שאנסוהו עכו״ם או לסטים לאכול (פ״ו מהל׳ חמץ ומצה הל״ג) [35]:

פרק רביעי יום טוב

(דף כ״ט ע״ב) **אלא** אמר רבא מדאורייתא משרי שרי כו׳. פי׳ התקיעה היא משום שבות ומדין תורה הי׳ שיבא עשה של תורה וידחה שבות של דבריהם ורבנן הוא דגזור בי׳ כדרבה דאמר רבה הכל חייבין בתקיעת שופר ואין הכל בקיאין לתקוע כו׳ פי׳ גזירה שמא יטלנו בידו ויוליכנו למי שיתקע לו ויעבירנו ד׳ אמות ברה״ר או יוציאנו מרשות לרשות ויבא לידי איסור סקילה (פ״ב מהל׳ שופר הל״ו [36] [וע׳ תוס׳ ד״ה רדיית הפת וד״ה שמא יטלנו כו׳]:

שפיר יי״ח אף שהתחלתם הי׳ בשעת הפסו״ר ודוק. וע׳ ירושלמי יומא פ״א דהעמדה דלילה ל״ה מו״עיל לעבודת היום וע׳ פסחים דף ע״ה ע״ב ולקח מלא המחתה כו׳ משעת לקיחה כו׳ ע״ש וה״ה בלולב י״ל דמשעת לקיחה בעי׳ יום. ועוד הרביתי חוון בזה בחי׳ ע״ד ספיקא דהני רבוותא ואכמ״ל:

35) **פירוש** זה חדש הוא לע״ד דבגמ׳ איתא כפאו ואכל מצה, ושקלו וטרו דכפאו מאן אילימא דכפאו שד והתניא כשהוא שוטה הרי הוא כשוטה לכ״ד פי׳ ואיי״ח אלא דכפאוהו פרסיים והביאור הפשוט הוא בהך דכפאוהו פרסיים הו״א דכפאו שד לפי הס״ד דהכוונה שם שאכל בעת שהי׳ נכפה מן השד בטירו״ף דעתי לא שכפאו השד לאכול ה״ה לפי המסקנא דכפאוהו פרסיים ר״ל דהפרסיים כפאוהו על ענין אחר שרצו לשוללו ולבוז ממונו וכיו״ב ואז בעת ההיא בשעת הבהלה יטריף הדעת אכל כזית מצה יצא כיון דאף דדעתו היתה מטורפת הוא אמנם בר חיובא הנהו רק דלא אפשר לי לכוון לבו לשם מצוה בשעה שהוא בהול על נפשו ומאודו וכיון דמצות א״צ כוונה ע״כ יי״ח ומש״ה נקט בגמ׳ כפאו ואכל מצה בשעת הכפי׳ ולא נקט כפאו לאכול מצה משום דלא כפאו ע״ז, אבל רבינו שפירש דכפאוהו פרסיים לאכול מצה הוא פי׳ חדש. ויש ליישב עפי״ז התמי׳ שתמהו עליו נושאי כליו בפ״ב מהל׳ שופר דפוסק שם דהתוקע צריך שיתכוון והרי רבא הוכיח מזה דתוקע לשיר יי״ח ולפי״ז א״ש דרבא שהוכיח מזה דתוקע לשיר יצא צ״ל דהוא פירוש כמ״ש דכפאו פרסיים על עסקי ממון או נפשות והוא אכל מצה בעת רעה כזאת ומ״מ יי״ח אף דבודאי ל״ה לבו עליו לכוון ש״מ דתוקע לשיר יי״ח דל״ב כוונה אמנם רבינו ז״ל כיון דראה דשיטת הש״ס דתקי״ש בעי כוונה דא״ל ר״ז לשמעי׳ איכוון ותקע לי ולא מצינו ג״כ שיחלקו על אביה דשמואל בכפאו ואכל מצה ע״כ דר״ז לא פי׳ בדאבוה דשמואל כרבא כנ״ל אלא פי׳ כפאו ואכל מצה שאכל ע״י כפייתם שכפאוהו לאכול מצה ובכה״ג כיון שהזכירו אותו שמצה היא אף אם לא כוון הוא מ״מ לא נוכל להוכיח מזה דין תוקע לשיר ושפיר מה דפוסק דתוקע לשיר לא יי״ח ודוק היטב בזה:

36) **עפ״י** הסברת רבינו דברי הגמ׳ א״ש ליישב מה שקשה בזה בהא דאמרי׳ היינו טעמא דלולב וה״ט דמגילה הלא שני ושני דהכא בשופר דאיכא גם איסור שבות דתקיעה ע״כ חששו לשמא יעבירנו ג״כ דהוי ב׳ איסורי דרבנן ולדעת הרא״ש ביצה ד״ח הוי ב׳ איסורי דרבנן כחד איסור תורה (ועי׳ תוס׳ יבמות דף ל״ו ע״ב ד״ה ולא קתני יפריש) אבל בלולב ומגילה דבעשייתן אין שום איסור מנ״ל דמשום חששא יעבירנו בטלו מ״ע, ולפי״ז א״ש דכיון דעל האיסור תקיעה הי׳ מת״ד להתיר דעשה דול״ת הוי השבות כמאן דליתא ול״ה רק חששא דשמא יעבירנו לחו״ד וז״ב:

ולפי״ז א״ש ליישב קו׳ הצל״ח פסחים ס״ט שהק׳ מ״ט לא אמרי׳ וה״ט דהזאה וה״ט דטבילת

עמוד ב׳

תוספות ד״ה ניקב וסתמו כו׳. דיבור זה קשה טובא, דבתחלה דחו דאין לפרש אם מעכב את התקיעה פסול דהוי לאחר סתימה משום דקי״ל כל הקולות כשרים בשופר, ובמסקנת דבריהם הסכימו דזהו הפירוש האמיתי, ולא תירצו הקושיא שהקשו על פירוש זה. תו קשה דבתחילה כתבו דנראה דאיירי קודם סתימה והביאו ראיה לדבריהם מהירושלמי דגרס בהדיא אם היה מעכב קודם שסתמו פסול כשסתמו, ובמסקנת דבריהם העלו דהפירוש האמיתי הוא דאם מעכב את התקיעה לאחר שסתמו קאמר, והביא ראיה מהירושלמי, ולפי דבריהם הירושלמי סותר את עצמו. ונ״ל דאיכא ג׳ מציאות, מציאות א׳, והוא שופר שניקב, ובעודו נקוב לא היה מעכב התקיעה, וכשסתמו מעכב סתימת הנקב מחמת שלא הוחלקה. ומציאות זה דחו התוספות בתחלת דבריהם, דא״א לפרש כן דקולות כשרים כולן. ועל כן פירשו מציאות ב׳, והוא שופר שניקב ובעודו נקוב היה מעכב וכשסתמו חזר לכמות שהיה. והביאו סיוע לדבריהם מהירושלמי, דאם היה מעכב קודם סתימה פסול כשסתמו. ודחו גם פירוש זה מכח לישנא בתרא דר״י, דמשמע דאפילו היה מעכב בעודו נקוב כשר. ועל כן פירש מציאות ג׳, והוא שופר שניקב ובעודו נקוב היה מעכב וכשסתמו עדיין מעכב. ולפי זה הירושלמי אינו סותר את עצמו, דמ״ש אם מעכב הוא קודם סתימה ואחר סתימה, וה״ק שופר שניקב והיה הנקב מעכב בעודו נקוב וסתמו ועדיין מעכב, בכה״ג לרבנן אפילו דסתמו במינו פסול ולר׳ נתן אם סתמו שלא במינו פסול ובמינו כשר כנ״ל. אך קשה במ״ש בתחלת דבריהם דאם נפרש דאם מעכב התקיעה דאיירי לאחר סתימה לפי שלא הוחלקה קשה מהו דקי״ל כל הקולות כשרים. ומאי קושיא שאני התם דכן היה קול שופר זה מעולם, אבל היכא דהיה קולו צלול ומסתימת הנקב שלא הוחלק נשתנה קולו הו״ל כצפהו זהב דאם נשתנה קולו פסול. ועוד קשה דהתוס׳ עצמם בתחלת דבריהם כשראו לפרש דאיירי קודם סתימה וכשסתמו חזר לכמות שהיה אמרו דטעמא דפסול משום דדמי לצפהו זהב דאם נשתנה קולו פסול, ואם כן בסתמו ומעכב מחמת שלא הוחלקה הסתימה יהיה פסול מהך טעמא דדמי לצפהו זהב. תו קשה במסקנת דבריהם דהעלו דאם מעכב את התקיעה לאחר הסתימה קאמר, אבל אם אינו מעכב דחזר קולו לכמות שהיה כשר, קשה טובא אמאי כשר והלא בעודו נקוב היה מעכב ועכשיו שסתמו אינו מעכב נמצא דנשתנה קולו ע״י ד״א, והו״ל כצפהו זהב. וראיתי בבית יוסף סי׳ תקפ״ו דהביא בשם רא״ם דעמד בקושיא זו ותי׳, ע״ש. ותירוץ זה יפה הוא לעיקר הדין, אמנם לתוס׳ דבתחלה אמרו דהיכא דהיה מעכב בעודו נקוב וסתמו ואינו מעכב הוא פסול מטעם דדמי לצפהו זהב, היאך במסקנא כתבו להכשיר, ולא חשו לתרץ דלא דמי לצפהו זהב, וצ״ע:

מתני׳ התוקע לתוך הבור כו׳ וכן כו׳. קשה מאי וכן דמה ענין זה לזה. יש לומר למ״ד מצות אין צריכות כוונה אתי שפיר דזה העובר אחורי בית הכנסת צריך שישמע קול שופר למעוטי קול הברה, וכיון דשמע קול שופר אע״ג דלא כיון לצאת יצא. ומ״ש אם כיון לבו, רצונו לומר אם כיון לשמוע. ולמ״ד מצוות צריכות כוונה, י״ל דה״ק דרישא תנא בתוקע לתוך הבור אם קול שופר לחוד שמע יצא אבל אם קול הברה שמע גם כן לא יצא, כדמוכח בסיפא לקמן דהו״ל תחלת תקיעה בלא סוף, וה״נ בעובר אחורי בית הכנסת צריך שישמע התקיעה מתחלה ועד סוף אבל אם שמע מקצת תקיעה לא יצא, וכ״כ בב״י בשם רי״ו ס״ס תקפ״ז:

גמרא ת״ר ארוך וקצרו כשר כתבו התוספות אצטריך לאשמועינן כו׳.

ואפשר היה לומר דלא תימא שופר א׳ אמר רחמנא ולא ב׳:

צפהו זהב מבפנים פסול, והיינו ודאי אפילו לא נשתנה קולו, וא״כ ק״ק מהו זה שאמרו התוספות דטעמא דפיסולא הוא לפי שאינו קול שופר אלא קול זהב, הלא אין כאן קול זהב אלא קול שופר. ודברי רש״י נוחים יותר דכתב מכפנים פסול שהתקיעה בזהב, ר״ל אע״ג דלא נשתנה הקול מ״מ התקיעה היא בזהב, ורחמנא אמר דיתקעו בשופר[ז]:

תוספות ד״ה צפהו זהב במקום הנחת פה נראה לפרש כו׳. וקשה היאך אפשר לומר כן הא זה מיקרי הוספה ותניא לקמן הוסיפו עליו כל שהוא כו׳ פסול והכא תני צפהו זהב כו׳, דמשמע דאינו פסול אלא משום דצפהו בזהב, אבל צפהו במינו כשר. והא ליתא דהוספה פסולה אפילו במינו. והל״מ [פ״א מהלכות שופר ה״ו] הקשה על התוס׳ ע״ש, ותימה לי דלא הרגיש בקושיא זו. וע״כ יראה לי דהוספה לא הויא לצד הקצר, אלא לצד הרחב דהקול יוצא משם, ולפיכך מפסיל אפילו במינו, אבל בצד הקצר אין שייך לפוסלו מטעם הוספה כיון דאין הקול יוצא משם, ולא מפסיל אלא מטעם חציצה דהזהב חוצץ בין שפתו לשופר, ונמצא דהתקיעה היא בזהב ולא בשופר. ושוב ראיתי בב״י סי׳ תקפ״ו דדרך בדרך זה דצפהו זהב במקום הנחת פה פסול מטעם הוספה. והוא תימה וצ״ע[ח]:

כתבו עוד התוספות שלא במקום הנחת כו׳. עיין בהרא״ש יישוב לקושיא זו. **ונ״ל לתרץ דאי לא תני שלא במקום הנחת פה כשר, הו״א דפסול מטעם חציצה, דהתוקע מכניס קצתו בפיו, קמ״ל דלא מפסיל משום חציצה אלא מקום הנחת פה דהיינו עובי השופר. ושלא במקום הנחת פה דהיינו מיד סמוך לראשו אע״ג דהזהב חוצץ** בין שפתו לשופר כשר:

גמרא צפהו זהב מבחוץ אם נשתנה כו׳. וקשה אמאי לא תני גבי ניקב וסתמו אם נשתנה קולו פסול. וא״ל דבצפהו זהב אפילו כשנשתנה קולו פסול, ובניקב וסתמו לא מפסיל בנשתנה קולו עד שיהיה מעכב את התקיעה, דמדברי הפוסקים משמע דניקב וסתמו כדי שיהיה כשר בעינן שיחזור קולו לכמות שהיה תחלה, והיינו שלא נשתנה קולו. ויראה דמאי דנקט ניקב וסתמו אם מעכב התקיעה פסול, היינו לרמוז דין הירושלמי דניקב ולא סתמו אע״ג דהנקב שינה קולו שינוי גדול דמעכב התקיעה כשר דכל הקולות כשרין, ולא מפסיל כשהנקב מעכב אלא כשסתמו ועדיין מעכב סתימת הנקב התקיעה מחמת שלא סתמו יפה:

נתן שופר בתוך כו׳ פירוש קול פנימי לחוד, אבל שמע כו׳ קולות מפנימי וחיצון פסול. והא דתני סיפא ואם קול חיצון שמע לא יצא, פירוש קול חיצון לחוד, ופירש רש״י הטעם ע״ש. אבל הרא״ש פי׳ אם קול חיצון שמע פירוש אף קול חיצון דשופר אחד אמר רחמנא. ומיהו י״ל דאם היו ב׳ תוקעים כל אחד בשופר א׳ וב׳ תוקעים או מריעים, וכן בכל התקיעות יצאו, והו״ל כב׳ קורין מגילה או הלל דהשומעים מהם יצאו ודוק:

הפכו ותקע בו כו׳ אמר רב פפא כו׳. יש לחקור אם הרחיב את הקצר לחוד או קיצר את הרחב לחוד אם מפסיל או לא. ומכח

ז) בשפת אמת ד״ה ציפהו, ציין להריטב״א דכתב דבפנים לעולם נשתנה קולו, וכן י״ל כונת רש״י ותוס׳.

ח) בערוך לנר תירץ דכונת התוס׳ בצפהו זהב במקום הנחת הפה הוא מטעם הוספה, ואע״פ שזה פסול גם במינו, נקט ציפהו זהב להשמיענו דשלא במקום הנחת הפה לא פסל מטעם חציצה. ובקרבן ראשית ציין דכבר הקשה כן בלחם משנה בפ״א ה״ו משופר, ותירץ דהו״א דאין תוספת פוסל במקום התקיעה רק במקום יציאת הקול.

הטעם שאמרו משום דדרך העברתו בעינן מפסיל. משום דהאיל מעביר הקרן מצד אחד קצר ומצד אחד רחב, וזה ששינה צד אחד מהם לבד לא הוי דרך העברתו. וא״כ ק״ק אמאי נקט הפכו דמשמע דהפך שני הצדדים דהרחיב הקצר וקיצר הרחב, בחד מהם ששינה סגי לפסלו, דהרי שינה העברתו. וי״ל דאה״נ רצד א׳ ששינה פסול, וזה ברור, אלא לחדושא נקט היכא דעשה ב׳ שינויים, דהרואה אומר דרך ברייתו בכך והוא תמונתו צד אחד קצר וצד אחד רחב אפ״ה פסול. ולפירוש הרא״ש בשם י״מ, דהפכיה כי כיתונא הוא כשר, צ״ע מ״ט והרי שינה אותו דרך ברייתו דעשה פנימי חיצון, ומ״ש מהרחיב את הקצר דפסול. יש לומר דהרחיב את הקצר עשה ב׳ דברים לריעותא, כשהרחיב הקצר השחית תמונתו וכשחזר וקיצר הרחב נהי דהוא תמונתו צד אחד קצר וצד אחד רחב אבל אינו דרך ברייתו, אבל הפכיה כי כיתונא מעולם לא השחית את תמונתו מצד אחד קצר ומצד אחד רחב, וכיון שכן לא חשיב דשינהו וכשר:

ניקב וסתמו כו׳ רנ״א במינו כשר, ופרש״י במינו כשר אם אינו מעכב התקיעה. הוא מבואר דכונתו לפרש דפלוגתא דרבנן ור״ן קאי אסיפא. וזו היא שיטת הרמב״ם [פ״א מהלכות שופר ה״ה] והר״ן. אבל התוס׳ והרא״ש וזולתם פירשו דקאי ארישא. ועיין בהרא״ש והר״ן והלחם משנה ורגע אדבר במ״ש הרא״ש בהנך תרי לישני דהרי״ץ ן׳ גיאת כתב דהלכתא כלישנא בתרא והרא״ש דחה דלא דמיא כו׳ ע״ש. ובודאי כי נאים הדברים למי שאמרם. אמנם קשה לי דאשכחן להרא״ש בחולין בר״פ כל הבשר [סי׳ ח׳] גבי חמי האור דהלכתא כר׳ יוחנן משום דאתי כלישנא בתרא כו׳, ומה טענה היא זו משום דאתי כלישנא בתרא, הלא בכל כה״ג דאיכא דמתני לה ארישא ואיכא אסיפא לא שייך לומר לישנא בתרא עיקר[ט]. ועיין בבית יוסף א״ח סי׳ ק״ס, וצ״ע:

וכמה שיעור תקיעה כו׳. הטור כתב סי׳ תקפ״ו דהוא טפח של אדם סתם. והרי״ץ ן׳ גיאת כתב שצריך טפח שוחק כו׳. והמעיין בב״י שם יראה מ״ש דלפירוש הטור שיעור שופר הוא טפח מצומצם. ולפי׳ הרי״ץ ן׳ גיאת הוא טפח שוחק. ואפשר לומר דפלוגתא היא דלטור אפילו שהתוקע הוא גדול א״צ אלא טפח של אדם סתמא, ולהרי״ץ ן׳ גיאת בעי שיעורא של אדם התוקע, דהא קאמר דצריך טפח שוחק. וטעמו משום דאם לא יהיה השופר גדול כשיעור טפח התוקע יאמרו לתוך ידו הוא תוקע. וכ״ת א״כ מפני מה לא תני שופר בפרק י״ז דכלים בהדי הנהו דמני התם דשיעורם הכל לפי מה שהוא אדם. יש לומר דהתם לא תני אלא מידי דמדאורייתא הוא, אבל שופר מדאורייתא סגי בטפח אדם בינוני, כדמוכח בהמפלת [נדה כו.], אך מדרבנן תקנו זה. אי נמי הוה תני פי״ז דכלים לשופר הו״א דלתוקע ננס הוי שופר פחות מטפח לפי שיעור ידו, להכי לא תני לה בהדי הנך שהכל לפי מה שהוא דם. זהו סברת הרי״ץ ן׳ גיאת. ואהא פליג הטור וכתב ולמאי דפרישית א״צ, כלומר א״צ שיהיה השופר גדול לאדם גדול דשיעורא דיאחזנו אדם סתמא קאי. זה היה אפשר לומר. ודרכו של מרן יותר נכון.

התוקע לתוך הבור כו׳ א״ר הונא ל״ש כו׳, פרש״י אותם העומדים בבור יצאו שהם קול השופר לעולם שמעו ע״כ. כלומר אבל העומדים בשפת הבור יש פעמים דשומעים קול שופר ויש פעמים דשומעים קול הברה ובהנך דעומדים על שפת הבור הוא דמחלק מתני׳ אם קול שופר שמע יצא. אמנם הרא״ש [סי׳ ח׳] פירש דהעומדים על שפת הבור

ט) בשפת אמת (בד״ה איכא) וכן בערוך לנר תירץ קושיתו דהתם קיי״ל הכי משום דבשל סופרים הלך אחר המיקל.

לעולם אין שומעין אלא קול הברה, קשה לפירושו מאי ראיה מייתי מהברייתא התוקע לתוך הבור יצא. וכבר עמד בזה הלחם משנה [שם ה"ח] ותירץ יפה. אמנם קשה לפי' הרא"ש דמנ"ל לר' הונא דהעומדים בשפת הבור לעולם שומעים קול הברה דלמא יש פעמים דשומעין קול שופר, ומהברייתא לא מוכח מידי להך חלוקה. גם לפרש"י והרמב"ם קשה מנ"ל לר' הונא דהעומדים בשפת הבור לפעמים שומעים קול שופר דלמא לעולם אין שומעין אלא קול הברה כדכתב הרא"ש. תו קשה לפי' הרא"ש דדברי ר' הונא אינם מסודרין יפה כפי לישנא דמתני', דמתני' קתני תחלה אם קול שופר שמע יצא, והיינו בעומדים בתוך הבור, ואם קול הברה כו' היינו בעומדים בשפת הבור, וא"כ רב הונא הכי הל"ל. תו קשה לפירוש הרא"ש ממ"ש בגמרא לקמן אמאי ליפוק בתחלת תקיעה מקמי דלערבב קלא, דכיון דמשכחת לה בעומדים על שפת הבור דישמעו תחילת תקיעה בלי ערבוב, א"כ לפעמים נמי ישמעו כל התקיעה בלי ערבוב, ואמאי פסיק ותני דלעולם שומעים קול הברה. ויש ליישב וק"ל:

איכא דרמי להו כו' ל"ק כו'. וקשה מאי בינייהו. ואפשר דפליגי בפלוגתא דרש"י והרא"ש, דלישנא קמא דקאמר לא שנו, ס"ל דהעומדים בשפת הבור יש פעמים דשומעים קול שופר כפרש"י והרמב"ם, דכך הוא פשט ל"ש. אמנם ללישנא בתרא דרמי להו מירמא ומשני כאן לעומדים כו' ס"ל כהרא"ש דהעומדים בשפת הבור לעולם שומעים קול הברה[י]. ודרך זה ניחא לרש"י והרמב"ם. אך להרא"ש דס"ל דגם לישנא קמא ס"ל דהעומדים בשפת הבור לעולם שומעין קול הברה קשה מאי בינייהו. י"ל דלא נפקא מידי לענין דינא רק לומר הדין כפי הלשון שנאמר, דחייב אדם לומר בלשון רבו ודו"ק:

תו' ד"ה ושמע קול שופר כו' הא דאמרינן פרק כל גגות כו'. קשה דמשמע דקושיא זו היא ממתני' דהכא אההיא דפרק כל גגות, והלא בלא מתני' דהכא (בבקיעות) [בתקיעות], דפרק כל גגות גופיה צריך לחלק, דאמרינן התם צבור בגדולה וש"ץ בקטנה יוצאין י"ח, צבור בקטנה וש"ץ בגדולה אין יוצאים י"ח, וטעמא פרש"י התם משום דרובא בתר חד לא שדינן אבל חד בתר רובא שדינן. וא"כ ה"נ במי שביתו סמוך לבית הכנסת שדינן ליה בתר רובא ויוצא י"ח[יא]. ואפשר דכונת קושית התוס' היא, במי שעובר אחורי בית הכנסת דנמצא דהצבור דהם בבית הכנסת הם בקטנה והעובר אחורי בית הכנסת והוא ברשות הרבים הוא בגדולה, וקשיא לי' איך יוצא י"ח, דכיון דהוא ברשות הרבים שהוא גדול מבית הכנסת היאך יוצא. ותירצו דשאני התם דליכא י' עם ש"ץ, משא"כ הכא דאיכא י' בהדי ש"ץ. וכונת החילוק הוא, דההיא דכל גגות דהוי לענין צירוף לא שדינן היושבים ברשות קטן לגבי היחיד היושב ברשות גדול, אבל הכא במתני' לא הוי לענין צירוף דיש י' בבית הכנסת אלא הוי לצאת ולפיכך יצא ידי חובתו:

כתבו עוד והא דאמרינן בשלהי כיצד צולין כו' א"כ הוי כו' דלא כריב"ל כו'. ק"ל מה הוא דלא כריב"ל, ודלמא הכי פירושו דהצבור יושבים בבית והש"ץ תחת האגף, א"נ ט' בבית ויחיד תחת האגף, ובכה"ג הו"ל כצבור בגדולה וש"ץ בקטנה דמצטרפו כדאיתא פ' כל

י) בברכי יוסף סי' תקפ"ז הקשה למה שביק הרמב"ם לישנא בתרא ופסק כלישנא קמא. ועוד דהלשון כאן לעומדים על שפת הבור אפשר לפרשו להרמב"ם דכולה מתני' איירי בעומדים על שפת הבור, והברייתא איירי בתוך הבור.

יא) ובשפת אמת (ד"ה ושמע) חלק עליו וס"ל דבבית סתום אין מצטרפין כלל הן ש"ץ בקטנה הן בגדולה.

הגגות, ולפיכך אריב"ל דאין מחיצה מפסקת. י"ל דהתוס' ס"ל דפלוגתא דר' וריב"ל מיירי דהיחיד הוה חוץ לאגף, ובכה"ג הו"ל כצבור בקטנה וש"ץ בגדולה דאין יוצאין י"ח. ונמצא דסוגיא דכל גגות דלא כריב"ל. ולפי דבריהם אם יחיד תחת האגף מצטרף. ובכן יש לתמוה על מרן הב"י או"ח סי' נ"ה דעמד בחקירה זו אם יחיד תחת האגף מצטרף, ומייתי בשם ר"י דאינו מצטרף ולא הזכיר דמוכח מדברי התוספות דמצטרף. כתבו עוד וכריב"ל קי"ל דהא נשי כו' עיין [במהרש"א] בספר חדושי הלכות מה שהקשה. ויראה לתרץ דמ"ש התוס' לענין צירוף פליגי, רצונם לומר דפליגי גם לענין צירוף, ר"ל דפליגי רב וריב"ל בין לענין לצאת בין לענין צירוף. ואהא קשיא להו דא"כ הויא סוגיא דכל גגות דלא כריב"ל, ואנן קי"ל כריב"ל לענין לצאת וה"ה לענין צירוף, דליכא למימר דלענין לצאת לא פליגי, דהא בסוטה לענין ברכת כהנים מייתי לענין לצאת מריב"ל, א"כ על כרחך צריך לומר דלצאת פליגי[יב], אלא שצדדו התוס' לומר דאם נאמר גם לענין צירוף פליגי סוגיא דכל גגות דלא כריב"ל, וכותיה קי"ל לענין לצאת וה"ה לצירוף, דאת"ל דלצאת לחוד פליגי א"כ קשיא מתני' לרב. ותירצו וי"ל דאיירי כו', כונתם דלענין לצאת פליגי, דר' סבר דכל מידי דבעי יו"ד אין העובר אחורי בית הכנסת יכול לענות קדיש ואינו יוצא י"ח, משא"כ מגילה ושופר דלא בעי יו"ד. וריב"ל ס"ל דאפילו מידי דבעי יו"ד אין מחיצה מפסקת ויוצא י"ח, ולפיכך מייתי בסוטה לענין ברכת כהנים דבעי יו"ד, דהם מברכים לעם שבשדות ויוצאים ידי חובה. ועיין מ"ש הר"ן על זה:

דף כ"ח ע"א

אמר רבה שמע מקצת תקיעה כו'. קשה לפום מסקנא דסוף תקיעה בלא תחילה לא יצא, והכא מיירי בתוקע ועולה ולפיכך יצא, אמאי הוצרך ללמד דין סוף תקיעה במקצת תקיעה לאחר שעלה עמוד השחר ליפלוג וליתני בדידיה, שמע מקצת תקיעה בבור ומקצתה על שפת הבור, יש פעמים דיצא בתוקע ועולה לנפשיה, והוציא ראשו ושופר מן הבור יחד, ויש פעמים דבכה"ג לא יצא, כגון דהוציא ראשו ואכתי שופר בבור, דנמצא דשמע תחלת תקיעה בלא סופה, ודו"ק:

ת"ש התוקע לתוך הבור וכו'. פרש"י, אם קול שופר שמע בלא קול הברה יצא וכו'. וקשה מנ"ל דהכי פירושו כי היכי דתקשי לרבה, לימא איפכא אם קול שופר עם קול הברה יצא, ואם קול הברה בלא קול שופר לא יצא. יש לומר דמתני' קשיא דיוקא דרישא אדיוקא דסיפא, וצ"ל דרישא קתני אם קול שופר לחוד יצא, הא אם קול שופר בהדי קול הברה לא יצא דנעשה כאלו לא שמע אלא קול הברה דלא יצא, ואורחא דגמרא דעבדינן נעשה מדיוקא דרישא כמו סיפא, ובכח זה פריך לרבה. אך קשה דמאי פריך אימא דמתני' דקתני אם קול הברה שמע לא יצא, היינו בדליכא שיעור בתחילת תקיעה, ורבה מיירי בדאיכא שיעור במה ששמע קול שופר. ועיין בטא"ח ס"ס תקפ"ו דיש מחלוקת בין הפוסקים בזה, וכתבתי בזה בסוגיא דלעיל בדף כ"ז ע"א:

אר"י בשופר של עולה וכו'. פרש"י של עולה ותלשו מחיים וכו'. דע דבפ"ט

יב) והקשה עליו בערוך לנר (ד"ה ושמע) דבברכת כהנים לא שייך לצאת, דלצאת שייך רק בחיוב המוטל על האדם, אבל ברכת כהנים אין הישראל מחויב לשמוע ברכת הכהנים, ולכן מוכח דברכת כהנים לא הוי רק צירוף. והוכחת התוס' הוא דאפילו לצירוף לא יפסיק. [וראה במנ"ח מצוה שע"ח הביא דברי בעל החרדים דכשם שהכהנים מצווין לברך את בנ"י, כך בנ"י מצווין להתברך א"כ אתי שפיר דברי בעל הכפ"ת דהוכחת התוס' מברכת כהנים הוא לצאת, שיוצאים ומקיימים המצוה שמוטלת על בני ישראל להתברך מהכהנים].

דזבחים דף פ״ו ע״א אפליגו אמוראי בזה, וה״ג התם אברייתא דתניא והקטיר הכהן כו׳ ר״א מחוברין וכו׳, א״ר ל״ש וכו׳, ופרש״י ל״ש דקאמר פירשו וכו׳, ובתר הכי אמרינן מתיב רב אדא בר אהבה עצמות קדשים וכו׳ ופרש״י ופליגא דר״א אדרבה וכו׳, ע״ש. הנה נתבאר דרבה סבר דעצמות או קרני עולה אם פירש קודם זריקה מועלין בהם עד שעת זריקה, ואחר זריקה שרי לעשות בהם קתא דסכיני, ואם פירש לאחר זריקה מועלים בהם לעולם, ור״א סבר פירש לפני זריקה מועלים בהם לעולם ר״ל גם אחר זריקה, אבל פירש לאחר זריקה אין מועלין בהם. וכתבו התוספות שם [ד״ה פליגא] דיש גורסים ופליגא דר״א וכו׳ והנה מתוך מ״ש נתבאר דמ״ש רש״י בשמעתין של עולה ותלשו מחיים וכו׳ אתיא כר״א כסוגית התוס׳, דאלו לסברת רבה גם פירש אחר זריקה יש בו מעילה. וכיון שכן קשה אמאי פירש״י סוגיא דידן כר״א ולא כרבה, לימא דתלשו לקרן אחר זריקה ויש בו מעילה, כסברת רבה דדבריו הם עיקר, וכן פסק הרמב״ם פ״ב דמעילה דין י״ב, ומבואר מתוך לשונו דפסק כרבה. ומ״ש מרן בכסף משנה דפסק כר״א כבר השיג עליו בספר ברכת הזבח, יע״ש. ויראה דא״א לפרש סוגיא דידן אליבא דרבה, משום דהכא בשמעתין מחלק בין שופר עולה לשופר שלמים, וקאמר דבשופר שלמים אם תקע לא יצא, דשלמים לאו בני מעילה ואיסורא הוא דרכיב עלייהו, ואיסור לא יש ליהנות בקרן שלמים אחר שנזרק הדם דהרי הם ממון בעלים, וא״כ אי ס״ד לפרש סוגיא דילן אחר זריקה בין דעולה בין דשלמים יצא, בעולה יצא משום דכיון דמעל נפיק לחולין. דשלמים יצא דלית כאן איסור הנאה, דהרי קרן שלמים אחר זריקה לית ביה שום איסור. וא״כ על כרחך צריך לאוקמי סוגיא דילן בנתלש מחיים או קודם זריקה, דיש בו מעילה עד שעת זריקה, ולפיכך מחלק שפיר בין עולה לשלמים. אבל אם מיירי בנתלש אחר זריקה אין לחלק בין עולה לשלמים. דגם בשלמים יצא דלית שום

איסור ליהנות מקרן שלמים אחר זריקה. וכ״כ התוס׳ בזבחים דף פ״ו ע״א [ד״ה אתיא] דמיירי דפירש מחיים או קודם זריקה וכו׳, כלומר דשלמים נמי יצא בנתלש אחר זריקה, וכיון דכן קשה אמאי אצטריך רש״י לומר דאין לפרש אחר זריקה משום דאין מעילה, והוא טעם דחוק דתליא בפלוגתא דרבה ור״א, לימא דאין לפרש אחר זריקה משום דא״כ אין חילוק בין עולה לשלמים ובכלהו יצא כדכתיבנא. ותו קשה על רש״י דלדידיה דמפרש הסוגיא אליבא דר״א, הלא רש״י ס״ל פ״ט דזבחים [פ״ו ע״א] דר״א סבר דפירש קודם זריקה מועלים בו לעולם גם אחר זריקה, ולא מתוקמא דברי רש״י דסוגיא דידן אלא כדעת ר״א לפי גירסת התוספות שם בדברי ר״א דפירש קודם זריקה אינו מועל אלא עד שעת זריקה, וצ״ע. גם קשה על מרן בכסף משנה פ״א דשופר [ה״ג] שכתב על דברי הרמב״ם שכתב וכן שופר של עולה וכו׳, היינו בתלשו קודם זריקה וכו׳, ע״ש. והם דברי תימה דהרמב״ם פ״ב דמעילה דין י״ב פסק דאם פירש אחר זריקה מועלים בהם לעולם וצ״ע, תו ק״ל במה שפירש״י דתלשו מחיים, דא״כ בשעת תלישה הרי מעל, וכיון דמעל יצא הקרן לחולין וכי תקע וכו׳, ולא פריך רבא מידי אימת מעל לבתר דתקע כי תקע באיסורא קא תקע, דהמעילה היתה בשעת תלישה. ואין לומר דבשעת תלישה מעל, וגם אח״כ בשעת תקיעה מעל פעם ב׳, דאין מועל אחר מועל אלא בבהמה וכלי שרת בלבד, כדתנן פ״ה דמעילה דף י״ט ע״ב ותנן נמי התם תלש מן החטאת ובא חברו ותלש ובא חברו ותלש כולם מעלו, ומשמע דוקא דהשני תלש צמר אחר מה שלא תלש הראשון ולכך מעל, אבל נהנה השני במה שתלש חברו לא מעל השני, דהרי על ידי המעילה שמעל הראשון בתלישת הצמר יצא הצמר לחולין. והוא הדין בתלש קרן דבשעת תלישה מעל ויצא לחולין, ואח״כ בשעת תקיעה אין כאן מעילה. ואפשר לומר דהא דכתב רש״י ז״ל דתלשו מחיים, רוצה לומר שנתלש מאליו

דליכא איניש דנמעול ולכך מעל כשתקע. וכהאי גוונא אמרינן בפסחים בפרק כל שעה דף כ״ז ע״ב בתנור שהסיקו בעצי הקדש דהפת אסורה וכו׳, עיין שם. ואם כן הכא נמי מיירי בנתלש מאליו. אי נמי מיירי דתלשו במזיד, ובמזיד לא מעל, ואחר כך תקע בו בשוגג, ולכך מעל בתקיעה. ולפי זה פריך רבא שפיר אימת מעל לבתר דתקע כי תקע כו׳. אך קשה מנא ליה לרבא דרב יהודה איירי בהנך גווני כי היכי דתיקשי ליה, לימא דאיירי דמעל כשתלש הקרן מן העולה, ולפיכך כשתקע יצא, דכבר יצא לחולין משעת מעילה, וכשתקע בהיתרא תקע, מה שאין כן בשלמים דלית בהו מעילה כשתלש ולא יצא לחולין, וכשתקע באיסורא תקע, וצ״ע.

ודע דהתוספות כתבו בזבחים דף פ״ו ע״א ד״ה אתיא זריקה ושריתינהו כו׳ ע״ש, ובמ״ש [התוס׳ שם] ה״ה במחוסר, יש גורסים במחובר, ע״ש. והנה למה שכתבו התוס׳ אמאי הוצרך לפרש הסוגיא בשופר של עולה לא יתקע דאיירי שהפרישו לדמי עולה, חקרתי ומצאתי סוף פרק ג׳ דבכורות דף כ״ו ע״א אהא דקיימא לן דצמר הנושר מבכור ומעשר אסור בהנאה אפילו לאחר שישחטו מפני מומן גזירה שמא ישהא אותם, אבל צמר שנשר מחטאת ואשם מותר בהנאה כו׳ ובעי ר׳ ינאי כו׳, ולא איפשיטא בעיין. ועל בעיא זו הקשו התוס׳ [ד״ה התולש] ותירצו, והא בעי האי צמר העמדה, ותירצו כמה תירוצים. וקושיא זו נמי שייכא בסוגיא דילן, דהיאך א״ר יהודה התוקע בשופר של עולה יצא דהיינו דתלשו מחיים משום דמעל ויצא לחולין יצא, הא אינו יכול לצאת לחולין כיון דבעי העמדה והערכה, וכתבו שם התוס׳ בא׳ מן התירוצים דיש לפרש שופר של עולה שהוקדשה הבהמה לדמי עולה, ושופר שלמים שהוקדשה הבהמה לדמי שלמים ודינה כשלמים עצמה, ואין בה מעילה, כדאמרינן במס׳ פסחים דף כ״ז ע״ב בעצי שלמים עסקינן. והכא נמי רוצים לפרש בעיא דר׳ ינאי בתלש צמר מעולה, דאיירי בהקדיש בהמה לדמי עולה, ובכי האי גוונא דהקדיש הבהמה לדמים משמע ליה לפירוש רבינו דלא בעי העמדה והערכה, דהא ליתא אלא בקדשי מזבח או בקדשי בדק הבית, כדמוכח בתמורה דף ל״ב ע״ב באופן דטעמו של פירוש רבינו דפירש הסוגיא דשופר של עולה במקדיש בהמה לדמיה, הוצרך לפירוש זה כי היכי דלא תיקשי ליה דבעי העמדה והערכה, כן למדתי מדברי התוס׳ דמסכת בכורות דף כ״ו.

אמנם צריך עיון אם דין זה אמת, דהרי כתב הרמב״ם פ״ה דהלכות ערכין דין י״ד וזה לשונו, המקדיש בהמה תמימה כו׳. והיא מימרא דרבא בתמורה דף י״א ע״ב, ולא מצאתי חולק על זה. וכיון דמקדיש בהמה לדמיה קיימא לן דנתקדש גופה אם כן הוה ליה כקדשי מזבח דבעי העמדה והערכה. אמנם היה נראה לקיים פירוש רבינו דהקדיש שופר אחד לדמי עולה, וזהו שופר עולה, וכן הקדיש צמר עולה. ובכי האי גוונא לא בעי העמדה והערכה כיון דלא הקדיש הבהמה גופא. ואע״ג דמלשונם לא משמע כן הוא מכח טעיות שנפלו בתוס׳ דסדר קדשים כנודע.

מה שכתבו התוספות במסכת זבחים דף פ״ו בסוף הדיבור, וז״ל, ואם זריקה מתרת וכו׳. מצאתי בספר ברכת הזבח דכתב וז״ל, ואם זריקה מתרת בפירש מחיים, ר״ל, כשהוא בעין הוא הדין במחוסר נמי, ר״ל שנעשה מהם שופר, וכוונתם לפסוק הלכה דאי פירש מחיים דשלמים ונזרק הדם אחר כמה ימים מועיל להוציא מידי מעילה ולהתיר הבשר דשלמים אף שלא היה הקרן בשעת זריקה, ולפי זה מותר לתקוע בקרן שלמים שפירש מחיים, ונזרק הדם אחר כך, והוא הדין בעולה, ולא קאי דבריהם אפירוש רבינו כלל לא לאותובי ולא לסיוע, ואפשר שיש איזה טעות סופר בלשונם, עכ״ל. ומה שכתב הרב בעל ברכת הזבח דאי פירש מחיים

בשלמים ונזרק הדם אחר כמה ימים מועיל להוציא מידי מעילה לא ידענא מאי קאמר דהרי אמרינן בסוגיא דילן דשלמים לאו בני מעילה נינהו. ומיהו יש לומר דלא דק בלישניה, דנקט להוציא מידי מעילה, וצ״ל דה״ק להוציא מידי איסור דרכיב עלייהו דשלמים כו׳. מ״מ עיקר פי׳ בתוספות אינם נוחים, דמהיכא תיתי לחלק כשפירש הקרן והוא שלם לעשאו שופר, דהוצרכו לומר וה״ה במחוסר, דר״ל דעשאו שופר, דאין אלו אלא דברי תימה. ולכן יראה כספרים דגרסי במחובר, וה״פ דהם פי׳ למ״ש בגמרא בשופר של עולה לא יתקע ואם תקע יצא, דמיירי בב׳ גווני, חדא בפירש מחיים, א״נ דכל עוד שהיה בחיים היה מחובר ופירש הקרן קודם זריקה דיש בו מעילה, אבל פירש אחר זריקה אין לפרש דא״כ בשלמים אמאי לא יצא, הרי אחר זריקת דם השלמים הראש והקרן וכל בשר הבהמה ממון בעלים הוא, ומ״מ דינא דשופר של עולה דאם תקע יצא משכחת לה נמי בפירש לאחר זריקה דמועלין בו אליבא דרבה. והוא דעת הרמב״ם פ״ב (דתמורה) [דמעילה] דין י״ב. כדכתיבנא אך בפירש אחר שחיטה קודם זריקה נסתפקו התוספות [זבחים פ״ו ע״א ד״ה אתיא] קצת אם לאחר זריקה יצא מועל בו, דדלמא מ״ש בגמרא פירש קודם זריקה אתאי זריקה ושריתנהו מיירי בפירש מחיים, לאפוקי זה באו התוספות ואמרו אם זריקה מתרת בפירש מחיים ואין מעילה אחר זריקה ה״ה במחובר נמי, כלומר שהיה מחובר בחיים ותלשו בין שחיטה לזריקה, דאין מעילה אחר זריקה, דזריקה מתרת הבשר דמאי שנא, וא״כ לתקוע נמי שרי אחר זריקה דהזריקה התירתו כיון דנתלש קודם זריקה, דומיא דנתלש מחיים דהתירתו הזריקה. ואכתי קשה במה שפרש״י בשמעתין של עולה ותלשו מחיים דאלו לאחר זריקה אין מעילה כו׳. דהנה לא שלל רש״י אלא דאין לפרש לאחר זריקה. אבל אכתי קשה אמאי לא פירש בתרי גווני בפירש מחיים או אחר שחיטה קודם זריקה דיש בו מעילה עד שעת זריקה, וכדפירשו התוספות בזבחים דף פ״ו. י״ל דהוא מציאות רחוק דבין שחיטה לזריקה תתך הקרן ועשהו שופר ותקע בו דכל זה צריך שהות, לכן מוקי לה בתלשו מחיים, דיש שהות רב משעת תלישה עד אחר זמן ששחט העולה וזרק הדם. ומיהו ודאי אם אירע דבין שחיטה לזריקה תלש הקרן ועשאו שופר ותקע בו משכחת לה דינא דרבי יהודה, אלא משום דהוא מציאות רחוק לא ביארו בהדיא אלא רמזו מכלל דבריו.

ובהא **דאר״י שופר של עולה לא יתקע בו,** ק״ק מהא דאמרינן פרקי ר״א [פל״א] דאילו של יצחק הוא האיל שנברא ערב שבת בין השמשות וקרן השמאל תקעו בו במתן תורה וקרן ימין יתקע בו לעתיד לבא. ואפשר דפירש לאחר זריקה דאין בהם מעילה אליבא דר״א, ואליבא דרבה נאמר דפי׳ בין שחיטה לזריקה, ואחר זריקה מותרים לעשות מהם קתא דסכיני כדאיתא בזבחים בפ׳ המזבח מקדש [פ״ו.] ובילקוט ס״פ וירא דכתב מהר״א גדילייא, וז״ל, וא״ת אילו של יצחק עולה, התשובה שגבל ה׳ עפרו והחזירו למה שהיה עכ״ל ויראה דהוצרך ליכנס בדוחק זה משום אידך דמני התם דגידין של איל י׳ נבלים דכינור דדוד כו׳ ע״ש [עיין רמב״ן שמות י״ט, י״ג]:

מתקיף **לה רבה אימת מעל כו׳.** קשה מאי פריך אימא דמעל בתחלת תקיעה ויוצא בסוף תקיעה, ומיירי דסוף תקיעה היה בו שיעור תקיעה דאיכא מ״ד דיצא, כדכתב הטור ס״ס תקפ״ו ע״ש:

הדר **אמר רבא א׳ זה וא׳ זה יצא וכו׳.** קשה ממ״ש התוספ׳ לעיל דף כ״ו ע״א [ד״ה] חוטא בל יתגאה קא אמרינן, וגבי שופר מתגאה נמי בקול תקיעתו. י״ל כמ״ש מרן הב״י סי׳ תקפ״ו גבי מודר הנאה משופר דכתב הכלבו בשם גאון דאדם אחר תוקע לו והוא שומע אבל הוא עצמו אסור לתקוע משום דנהנה וכל מידי

דאיכא הנאה לגוף ליכא לשרויי בשביל טעמא דמצות לאו ליהנות ניתנו. וראיה לדבריו יראה לי, מהא דאמרינן לקמן המודר הנאה ממעין טובל בימות הגשמים אבל לא בימות החמה, וא״כ הא דיצא הכא בתקע בשופר של עולה מטעם דמצות לאו ליהנות ניתנו, היינו בשומע מאחר, אבל תוקע עצמו לא יצא, דכי תקע באיסורא קא תקע, דהרי הוא נהנה בתקיעתו, והרמב״ם כתב פ״א דשופר ה״ג וכן שופר של עולה כו׳. וקשה היכי קאמר דאין בקול מעילה, והלא רב יהודא אמר תקע בשופר של עולה יצא, מ״ט עולה בת מעילה כיון דמעל בה נפקא לחולין, ורבה נמי דאתקיף ליה לא קאמר אלא אימת מעל לבתר דתקע, משמע דכולהו מודו אי הו״א מצות ליהנות ניתנו יש בקול דין מעילה, אלא דאסיק רבה מצות לאו ליהנות ניתנו ולפיכך יצא. ונ״ל דהר״מ הוכרח לומר דאין בקול דין מעילה, דהכי קי״ל כדאיתא בפסחים פרק כל שעה דף כ״ו ע״א אריב״ל משום בר קפרא קול ומראה כו׳ אין בהם מעילה, ודייקינן התם מעילה הוא דליכא הא איסורא איכא. ומשום דאיכא איסורא הוצרך לומר הרמב״ם, וא״ת והלא נהנה וכי תקע באיסורא קא תקע, לזה השיב מצות לאו ליהנות ניתנו, באופן דהסוגיות מתחלפות, דבפרק ראוהו בית דין [ר״ה כ״ח.] משמע דיש בקול דין מעילה, ובפרק כל שעה אמרינן דאין בקול מעילה, וההיא סוגיא עיקר, נקט הרמב״ם לדינו כסוגיא דפרק כל שעה, דאין בקול דין גזל דהיא עיקר, וקרוב לזה כתב בל״מ.

ומיהו היה נראה כדי שלא יהיו הסוגיות סותרות זו את זו, דהא דאמר בפ׳ כל שעה קול אין בו מעילה, היינו בשומע קול כלי שיר שבמקדש ונהנה בשמיעתו, אבל אם לקח כלי שיר שבמקדש ותקע בו דעביד מעשה ונהנה בתקיעתו מעל, והו״ל כשותה מים בכלי שרת דמועל, וכן נמי המריח בריח הקטורת לאחר שעלה תמרתו אין בו מעילה, אבל אם לקח הקטורת והריח בו מעל, כדאיתא פ׳ כל שעה דף כ״ו ע״א, וא״כ סוגיא דהכא דמוכח דתקע בשופר של עולה מעל אינה סותרת סוגיא דפרק כל שעה, דהתם איירי בשומע קול כלי שרת בלבד, והכא איירי בתוקע בשופר דעביד מעשה ונהנה ויש בו מעילה[יג]. אמנם כיון דאסיק רבה דמצות לאו ליהנות ניתנו נמצא דאפילו דעביד מעשה דתקע בשופר של עולה לא מעל משום דלא נהנה ולפיכך יצא. אמנם אכתי קשה דהא כתבינן לעיל דכתב מרן משם הכלבו גבי מודר הנאה משופר דאדם אחר תוקע לו והוא שומע אבל הוא עצמו אסור לתקוע משום דנהנה כו׳, ומכח זה כתבתי לעיל דסוגיין דתקע בשופר של עולה איירי בשומע מאחר. לזה נראה ליישב, דהא דאמר הגאון דכשאדם תוקע נהנה מתקיעתו לאו מלתא פסיקתא היא דכל תוקע נהנה, דיש תוקע דנהנה במה שהוא תוקע ולהך גברא אסור, אבל יש תוקע דאינו נהנה כי הוא אדם חלש, ואדרבה מצטער שצריך להתחזק ולתקוע, ובכה״ג דאין לו הנאה חיצונית שרי לתקוע, ואע״ג דנהנה בצד שיוצא ידי חובה מצות תקיעה מצות לאו ליהנות ניתנו. וע״פ חילוק זה נסתלקה תמיהת הש״ך י״ד סי׳ רכ״א ס״ק (נ״ח) [נ״ט] דהקשה על מרן דבא״ח [סי׳ תקפ״ו סעיף ה׳] פסק כסברת הגאון דאדם אחר תוקע, ושם ביור״ד סתם דמותר לתקוע, דמשמע אפילו בעצמו, דההיא מיירי באדם התוקע דאין לו הנאה, אבל אם יש לו הנאה אסור דומיא דמודר הנאה ממעין, באופן דכדי שלא יהיו הסוגיות סותרות.

מסקנא דמילתא דקול אין בו מעילה, היינו באדם השומע, אבל באדם דעביד מעשה ותקע, אי הו״א מצות ליהנות ניתנו מעל, אבל כיון דלאו ליהנות ניתנו ליכא מעילה. וכ״ת

יג) כ״כ במשנה למלך פ״ח מכלי המקדש סוף ה״ו. וע״ע מש״כ בזה בתשו׳ אבני מלואים סי׳ כ״א.

דנהנה במה שהוא תוקע. הכא מיירי באדם שאינו נהנה. ועיין במ"ץ ח"א סימן מ"ח דתירץ קושית הש"ך בי"ד, ואין תירצו מחוור.

אמר ר' יהודה בשופר של ע"ז וכו'. **כתבו התוספות תימה מאי שנא משלמים וכו', ור"ח וכו', ותי' וכו'.** וקשה מה קשר יש להך תירוץ השני במ"ש מקמי הכי. י"ל דאם לקושיא קמייתא היינו מתרצים דהא דשופר של עבודה זרה מיירי אחר ביטול. והוה ניחא נמי קושיא הב' מההיא דכיסוי הדם דאיירי קודם ביטול, וזהו דעת ר"ת שכתבו התוספות בסוף כיסוי הדם. אבל השתא דלא תירצו לקושית א' חילוק זה והעלו כדגריס ר"ח יצא להם קושיא דסוף כיסוי הדם, דקתני התם לא יצא. והתוספות שם [סוכה לא: ד"ה באשרה] והרא"ש בפרקין [סי' ט'] והטור סי' תקפ"ו העלו דהא דכיסוי הדם מיירי בעבודה זרה של ישראל, והא דאמרינן הכא יצא מיירי בעבודה זרה דגוי דאית ליה ביטול. וגם כתבו דמיירי הכא דהגביה השופר של עבודה זרה דגוי שלא לקנותו, דאם הגביה לקנותו הוה ליה עבודה זרה של ישראל דאין לה ביטול, כדאיתא בעבודה זרה פרק כל הצלמים דף מ"ב ע"א ובעבודה זרה דף ס"ד ע"ב. וא"ת ואפילו תהיה עבודה זרה דישראל אינה נאסרת עד שתעבד כדתנן פ' ר' ישמעאל [נ"א:] ע"ז של גוי אסורה מיד ושל ישראל עד שתעבד. וכן (פי') [פסק] הרמב"ם פ"ז דע"ז דין ד'. וי"ל דכיון דהיתה מתחלה ע"ז דגוי כיון דאגבהה ישראל ע"מ לזכות בה נאסרת מיד ואין לה ביטול, וההיא דע"ז של ישראל אינה נאסרת עד שתעבד מיירי כשישראל עשה עבודה זרה. והטור סי' תקפ"ו כתב וז"ל, שופר של עבודה זרה. וכתב בב"י דמ"ש ואע"פ וכו' ומשמע לפי זה דשופר זה של עבודה זרה דגוי איירי דגזלו ישראל מגוי, ואף בכה"ג הקפידו שלא יגביהנו ע"מ לזכות בו כי היכי דלא תהוי עבודה זרה דישראל דאין לה ביטול. וקשה דאפילו תי' דהגביהו ע"מ לזכות בו, כיון דהוי גזל לא קנאה ישראל, לא מבעיא אם לא נתייאש הוי ליה יאוש כדי ולא קני. ולזה נראה ליישב דכתב הרא"ש בב"ק פרק מרובה [סי' ב'] וביאוש בגזלה פליגי רבה ורב יוסף רבה ס"ל וכו', והטור ח"מ סימן שנ"ג הביא דברי הרא"ש, וכתב שם הב"י ומיהו במ"ש דקני יאוש וכו' בקשתי לו חבר ולא מצאתי, עכ"ל. ולכאורה קשה טובא דלענין קרושין אם גזל חפץ מחבירו וקדש אשה אחר יאוש מקודשת מן התורה אליבא דכ"ע, דהרי יש כאן יאוש ושינוי רשות ביד האשה, וכן מתבאר בטור א"ה סי' כ"ח. והרבה תי' נאמרו בקושיא זו, עיין בפרישה דא"ה סי' כ"ח, ובים של שלמה פ' מרובה סימן ו' ובנחלת צבי דא"ה סי' כ"ח. והנכון דדברי הרא"ש במרובה וטור ח"מ סי' שנ"ג אמורים בגזל דידה ולא שדיך ולא אמרה אין, ואין כאן אלא יאוש כדי כיון דהוי גזל דידה, ובכה"ג אמרו דיש להחמיר להצריכה גט. וכ"כ בשי למורא דף ס"ו, ע"ש. ולכל התירוצים הנה הרא"ש והטור ברור מללו דיאוש כדי קונה להחמיר, וכיון דכן אפילו תימא דהא דשופר של עבודה זרה דגוי מיירי דגזלו מגוי, אם נתכוון לזכות בו הו"ל עבודה זרה דישראל משום דסתם גזלה יאוש בעלים, כדכתב טח"מ סי' שס"ח, ויאוש כדי קונה להחמיר כדכתב הרא"ש במרובה וטור ח"מ סי' שנ"ג. ומיהו לשיטת שאר הפוסקים דיאוש כדי לא קני כלל אפילו נתכוון לזכות בו, לא הוי ליה עבודה זרה של ישראל, ואם תקע בו יצא. אך תמיהא לי איך שתקו הפוסקים בזה.

ולכן נראה דהא דאמרינן דיאוש כדי לא קני היינו בגזל דישראל אבל בגזל דגוי יש סוברים דלא מיתסר מן התורה, וכ"כ הכ"מ פ"א דגזלה [ה"א] איברא דמדברי הרמב"ם ריש ה' גזלה משמע דאסור מן התורה, וכ"כ הש"ך סי' שנ"ט [סק"ב] ונראה דאפשר לחלק דגזל דהוא בפני הגוי שרי דהוי כלוקח במלחמה, אבל שלא בפניו מיתסר מה"ת. ומ"מ אפילו תימה דגזל

וגניבה דגוי הוי מן התורה אפ"ה ביאוש כדי קני גבי גוי[יד]. ועוד אפשר דאפילו בלא יאוש קני וז"ל ההגה"ה אבן העזר ריש סי' כ"ח [סק"ב], קידשה בגזל או גניבת גוי מקודשת דהא אינה צריכה להחזיר רק מכח קידוש השם. ועל כרחך צריך לומר דאיירי קודם יאוש דאי לאחר יאוש אפילו דישראל מקודשת דה"ל יאוש ושינוי רשות ביד האשה. ובש"ך בח"מ ר"ס שמ"ח קרא ערער על דברי הגה"ה זו, גם בנחלת צבי אבן העזר סימן כ"ח. ולע"ד נראה דמי שגזל או גנב גוי, אפילו תימא דמיתסר מן התורה, אינו חייב מן התורה להשיב את הגזלה, דקרא דוהשיב את הגזלה בישראל כתיב, וכל הדינים האמורים שם בגזל ישראל איירי, ואפילו לדעת הסוברים בח"מ סימן שמ"ח דגזל גוי חייב להחזיר, היינו מדרבנן. ואפילו תימא דהיינו מן התורה, נראה לע"ד דהיינו קודם יאוש, אבל אחר שנתייאש הגוי, גבי גוי אמרינן יאוש כדי קני, ומסתמא אנו חוששין דנתייאש להחמיר, ואפילו קודם יאוש יש להחמיר כיון דאיכא דאמרי דגזל וגניבה דגוי לא מתסר אלא מדרבנן. הלכך מסקנא דמלתא דשופר דעבודה זרה דגוי, אם גזלו או גנבו אפילו קודם יאוש צריך שיתכוין שלא לזכות בו, דאי מתכוין לזכות בו הו"ל עבודה זרה דישראל. והוצרכתי לדרוך כל הדרכים האלה לפי דעת הרא"ש והטור דפירשו הסוגיא בגזל שופר עבודה זרה דגוי. אמנם לא ידעתי מי דחקם לזה, דאימא דמיירי דנאבד לגוי שופר של עבודה זרה ולקחו ישראל ותקע בו יצא, ובלבד שלא יגביהנו ע"מ לזכות בו, כי היכי דלא להוי עבודה זרה דישראל.

תוס' ד"ה המודר הנאה משופר כו'. כתבו שם אבל אם אמר תקיעת שופר עלי כו'. וקשה טובא איך ס"ד לחלק בהכי, והלא טעמא דנדרים חלים על דבר מצוה הוא משום דאוסר החפץ עליו, הלכך אינו כנודר לבטל את המצוה, שהרי לא קיבל על עצמו כלום, אלא אסר את החפץ עליו, ולפיכך באומר ישיבת סוכה עלי חל הנדר אע"ג דאינו נהנה מן הסוכה, ועל כרחך צריך לומר כן, דהתנן פ"ב דנדרים [טז.] קונם סוכה שאיני עושה כו' בנדרים אסור ובנטילת לולב ליכא הנאה, וא"כ איך ס"ד דתוס' דטעמא דסוכה משום דאין בה הנאה בישיבה, דליתא, ואפילו ליכא הנאה מתסר[טו]. וכ"כ הר"ן בהדיא פ"ב דנדרים דף ט"ז סוף ע"ב וז"ל, וא"ת ואפילו כי אמר ישיבת סוכה כו' ע"ש.

כתבו עוד [התוס'] ועל סוגיא דהתם קשיא דמשמע דוקא כשאמר שבועה שלא אשב כו'. דע דהך משמע שכתבו התוספות,

יד) וכתב בשעה"מ (ריש הלכות גזילה ד"ה ולענ"ד) דכן נראה מהשלטי גבורים ריש פרק לולב הגזול וז"ל, ואפילו אם נגזלה מן הגוי הואיל ונתייאש אותו הגוי הרי הוא הפקר. אולם הרמב"ן שם במלחמות כתב וז"ל, אע"ג דמה"ב הוא, איכא למימר דארעתא דגוי גזלי ולא של ישראל, דלא שכיח ומשום לכם איתמר דלמקנייהו מינייהו בעי יאוש ושינוי רשות עכ"ל, הרי מבואר דס"ל דאפילו בגזל הגוי בעינן יאוש ושינוי רשות.

בא"ד בשעה"מ (שם) כתב ולדעתי נראה דחייב להשיבו מדין תורה, וראיה ממ"ש רבינו פרק זה דין ז', דהכופר לגוי ונשבע אינו משלם חומש דכתיב וכחש בעמיתו, ומקורו בתוספתא כמ"ש הה"מ, והשתא אם אינו מחויב בהשבה למה לי קרא, תיפוק ליה דבעינן כפירת ממון, יצא זה שאפילו יודה פטור לשלם. [וכ"כ בנתה"מ משה"א ריש סי' שמ"ח ועי' במנ"ח מצוה ק"ל. ובשדי חמד כללים מערכת ג' כלל מ"ב. ובפאת השדה מערכת ג' סימן ל' מש"כ בזה ובשו"ת ח"ו סי' ר"ט האריך בזה ולבסוף ציין לתוספתא ב"ק פ"י ה"ח "הגוזל לעכו"ם חייב להחזיר לעכו"ם", עיי"ש].

טו) בחי' רע"א תירץ, דודאי ס"ל להתוס' ג"כ דיכול לאסור עצמו כל מילי, אבל ס"ל דסתם קונם משמע הנאה, ובקונם תקיעותיו עלי, כיון דיש שייכות להנאת תקיעות, כגון במכוון לשיר אמרינן דלא אסר רק ההנאה, אבל לא תקיעה בלא הנאה. וכן בישיבת סוכה. משא"כ בלולב דליכא הנאה בנטילתו. חזינן דאסר עליו הנטילה בלא הנאה.

כיוצא בו כתבו הר"ן פרק שבועות ב' בתרא דף שי"א ריש ע"ב [ט' ע"ב מדפי הרי"ף], וז"ל, אם אמר מצות סוכה עלי כו'. ועיין בתשובת הר"מ אלשיך דף קפ"ב, דנראה דאשתמיט ליה דברי רש"י הללו. וקשה אמאי לא הקשו התוס' מהא דאמרינן בריש נדרים איידי דתני נדרים דמתסר חפצא עליה תנא נמי חרמים דמתסר חפצא עליה, ולאפוקי שבועה דאסר נפשיה מן חפצא, כלומר שאומר שבועה שלא אוכל ככר זה, אלמא משמע דאין שבועה בלשון נדר. יש לומר דמההיא לא קשה דיכולין אנו לומר דהכי קאמר לאפוקי שבועה דשייך נמי כשאסר נפשיה מן חפצא, מה שאין כן נדרים דלא משכחת לה אלא בענין דמתסר חפצא עליה. ולפ"ז אע"ג דאין נדר בלשון שבועה, ישנה לשבועה בלשון נדר. וכ"כ התוס' פ"ג דשבועות דף כ"ה ע"א ד"ה מה שא"כ בשבועה דמההיא דריש נדרים לא קשיא. אך עיקר הקושיא [שהקשו התוס'] היא היכי תנן בנדרים דף ט"ז ע"א חומר בנדרים מבשבועות שנדרים חלים על דבר מצוה משא"כ בשבועות, הלא בשבועות נמי אם אמר ישיבת סוכה עלי בשבועה אסור כדמשמע פ"ב דנדרים כדכתיבנא. ועוד הוכיחו מהא דאמרינן פ"ד נדרים דף כ"ד ע"ב ופ"ג דשבועות דף כ"ט ע"א גבי שבועת שוא באומר יאסרו כל פירות שבעולם עלי בשבועה אם לא ראיתי גמל פורח באויר, דאלמא משמע דשבועה בלשון נדר מהני. ועוד הוכיח הרמב"ן בספר המלחמות פ"ג דשבועות מהא דאמרי' פ"ג דשבועות דף כ"ב ע"א גבי ב' קונמות מצטרפין כו' הביא דבריו הר"ן ריש נדרים, יע"ש. מיהו בספרים דידן לא גרסינן התם הכי אלא ה"ג באומר שבועה שלא אוכל משתיהן, יע"ש. וכן העתיק הכ"מ פ"א דנדרים יע"ש. וקשה אמאי לא הקשו בתוס' דהכא אמתני' דחומר בנדרים מבשבועות מההיא דאמרינן פרק ארבעה נדרים ופ"ג דשבועות, גבי שבועת שוא באומר יאסרו כל פירות שבעולם עלי בשבועה, אלמא דשבועה בלשון נדר מהני, וא"כ אם יאמר נמי ישיבת סוכה עלי בשבועה אסור. י"ל דתוספות דידן ס"ל דמההיא ל"ק מידי, דאני אומר דגם באומר יאסרו כל פירות שבעולם עלי בשבועה הטעם דמהני הוא משום דהכי פרושו יאסרו כל פירות שבעולם שאני נשבע שלא לאוכלו, ושבועה לא חלה על הפירות אלא על אדם שנשבע. ולפי זה אם יאמר אדם ישיבת סוכה עלי, שבועה לא חלה, דכיון דהשבועה חוזרת על האדם הו"ל כאומר שבועה שלא אשב בסוכה דלא חלה, באופן דאפילו תימא דשבועה בלשון נדר מהני היינו דווקא בדבר הרשות ולא לעבור על המצוה, ולא קשה מידי אמתני' דחומר בנדרים מבשבועות.

והשתא אתי שפיר ההיא דריש נדרים לאפוקי שבועות דאסר נפשיה מן חפצא, דלעולם השבועה אינה חלה אלא על גוף האדם, ובנדרים לא חלה אלא על החפץ. באופן דעיקר הקושיא הוא מה שמקשים התוספות דידן, דמפ"ב דנדרים משמע דוקא כשאמר שבועה שלא אשב בסוכה לא חלה, אבל אם אמר ישיבת סוכה עלי אסור, ואם כן מאי חומר בנדרים מבשבועות. ותי' התוס' ויש לומר דנדרים חלים בכל ענין דשייכי כו'. ודברי התוספות הללו הם סתומים להבין. והתוספות פ"ג דשבועות דף כ"ה ע"א [ד"ה מה] דעמדו לפרש הך מתני' דחומר בנדרים כו', וכתבו שם שלשה דרכים, הדרך האחד אמרו דחומר דנדרים דחייל בדבר מצוה כדבר הרשות, היינו דאמר קונם סוכה עלי חל כאלו אמר ככר זה עלי, אבל בשבועה אי אמר שבועה שלא אשב בסוכה לא חל. ואם אמר שבועה שלא אוכל ככר זה חל. והיינו קולא דשבועות דאינו חל בדבר מצוה כלשון שחל בדבר הרשות דהיינו באומר שבועה שלא אשב בסוכה. אבל אה"נ דאם אמר ישיבת סוכה עלי בשבועה אסור מטעם דהו"ל כאוסר החפץ עליו דאסור. ודרך זה נמי אין להעמיסו בתוס' דהכא [ר"ה], דאם כן מהו זה שאמרו בסוף דבריהם ומה שמחלק

שם כו׳ לא בא אלא לומר כו׳. דמאי קושיא הלא לפי דרך זה שפיר מחלק שם דבאומר שבועה שלא אשב לא חלה אבל באומר ישיבת סוכה עלי חלה:

עוד **כתבו שם התוספות פ״ה דשבועות דרך שני בשם ה״ר אלחנן דבשבועה אפילו כשיאמר ישיבת סוכה עלי אסר נפשיה מן חפצא כו׳.** וכונתו נראה דה״ק, זה חומר בנדרים מבשבועות דנדרים חלים על דבר מצוה כשאומר קונם סוכה עלי, אבל בשבועות אפילו שיאמר ישיבת סוכה עלי בשבועה לא חלה, דהשבועה חוזר על האדם דאסר נפשיה מן חפצא, והו״ל כאומר שבועה שלא אשב בסוכה דלא חלה. אבל באומר בדבר הרשות יאסרו פירות שבעולם עלי בשבועה חלה, משום דהשבועה חוזר על האדם, זה פשוט בדעת ה״ר אלחנן ז״ל, דשבועה בלשון נדר מהני בדבר הרשות דוקא. ויש להסתפק בדעת ה״ר אלחנן בנדר בלשון שבועה, כגון דאמר הרי עלי קונם שלא אוכל בשר אם מהני. ומסתברא דמהני דכשם דבשבועה בלשון נדר אנו מסרסין הלשון דהשבועה חלה עליו, ה״נ באומר הרי עלי קונם שלא אוכל בשר אנו מסרסין הלשון, דהקונם חל על החפץ. זה נ״ל בדעת ה״ר אלחנן. ודלא כספר חידושי הלכות שם בשבועות ותשו׳ הר״מ אלשיך דף קפ״ט ע״ב דרצו לומר דלדעת ה״ר אלחנן נדרים לא חלו בלשון שבועה יע״ש. וזה נ״ל שהיא כוונת התוספות כאן [בר״ה] במ״ש וי״ל דנדרים חלים בכל ענין דשייכי דהיינו האסרת החפץ וכו׳ ולכן חלין הנדרים בכל ענין שיאמר. כלומר בכל ענין שיאמר הנדר בין שאומר בלשון נדר קונם סוכה עלי, בין שאומר נדר בלשון שבועה כגון קונם שלא אשב בסוכה או שלא אוכל בשר, דקונם חוזר על החפץ. ודכוותה נמי בשבועות, דהוא דאסר נפשיה מן חפצא בכל ענין שיאמר חוזר השבועה על עצמו, בין שיאמר שבועה שלא אשב בסוכה, בין שיאמר ישיבת סוכה עלי בשבועה, חוזר השבועה עליו ולא חלה. אבל באומר בדבר הרשות אכילת ככר זה עלי בשבועה חלה. ולפי תירוץ זה נמצא דעקר המשמעות דדקדקו [התוס׳ בר״ה] מפ״ב דנדרים, דמשמע משם דוקא כשאומר שבועה שלא אשב בסוכה לא חלה, אבל באומר ישיבת סוכה עלי בשבועה חלה והיינו שהוקשה להם בסוף דבריהם, וכתבו ומה שמחלק שם בין אמר ישיבת סוכה עלי לשבועה שלא אשב, כלומר לא תידוק משם דישיבת סוכה עלי בשבועה מהני, דלא בא אלא לומר שיש חילוק בין נדר לשבועה, לפי שהנדר בכל ענין שיאמר כלומר אפילו נדר בלשון שבועה מתסר חפצא עליה, ובשבועה בכל ענין שיאמר, כלומר אפילו שבועה בלשון נדר קאסר נפשיה מן חפצא. זה נ״ל כונת התו׳, וכ״כ התוס׳ פ״ב דנדרים [ט״ז:] בתירוץ השני דשבועה בלשון נדר חוזר השבועה על גופו, וכן נמי בנדר בלשון שבועה חוזר הנדר על החפץ. ובדינים אלו יש דעות הרבה כמ״ש הר״ן ריש נדרים ופ״ג דשבועות, ומרן ב״י י״ד סוף סימן רל״ט. ואני לא באתי אלא לפרש דברי התוס׳ דסוגיא דידן ודו״ק:

תוספות **המודר הנאה ממעין הא דאצטריך לאשמועינן וכו׳.** קשה דגם במודר הנאה ממעין נימא דאין דעתו על דבר מצוה אלא שלא יטבול להקר, וגם במודר הנאה משופר נימא דאין דעתו על דבר מצוה אלא שלא יתקע לשיר. י״ל דכוונתם היא לומר דמכח הכפל אנו מפרשים, דכונת רבא בא לומר דמודר הנאה משופר וממעין מיירי דפירש בדבריו בהדיא דהוא מודר משופר גם לתקיעת מצוה וממעין גם לטבילת מצוה ואפ״ה שרי, וכ״כ הר״ן. ודע דהרמב״ם פ״א דשופר ה״ג כתב המודר הנאה משופר וכו׳, וכתב הרב המגיד ורבינו הזכיר החלק הב׳ וכ״ש החלק הא׳. וכתב הלחם משנה דטעמו נתבאר בהר״ן שכתב ואיצטריך וכו׳. ולפי מ״ש לעיל הדבר מבואר דדברי הרבנים הנז׳ תמוהים, דמ״ש התוס׳

והר״ן היינו לומר דמכח הכפל אנו מפרשים דרבא אשמועינן במודר הנאה משופר בפירש גם לתקיעת מצוה יכול לתקוע משום דמצות לאו ליהנות ניתנו, אבל אם רבא לא היה אומר חלוקת מודר הנאה מחברו, אלא חלוקת מודר הנאה משופר לחודא, היינו טועים דטעמו משום דסתמא אין דעתו על דבר מצוה אלא שלא יתקע לשיר, וא״כ הדרא קושיא לדוכתא, אמאי הרמב״ם לא הזכיר ב׳ החלקים כדי שמכח הכפל נשמע דאפילו במודר הנאה משופר גם לתקיעת מצוה שרי לתקוע. ולכן נראה דטעמו דהרמב״ם הוא, דכיון דפירש בהדיא טעמא דדינא משום מצות לאו ליהנות ניתנו, א״כ משמע בהדיא דאפילו במודר הנאה משופר גם לתקיעת מצוה שרי דמצות לאו וכו׳. ורבא דלא הזכיר הטעם הוצרך להזכיר ב׳ חלקים, כדי שנדע טעם הדין מכח הכפל מודר הנאה מחבירו ומודר הנאה משופר קמ״ל דאפילו פירש בהדיא מודר משופר לתקיעת מצוה שרי, וזה השמיענו בדין הב׳. ואפשר דלזה כיון המגיד במ״ש ורבינו הזכיר וכו׳, דהיינו במפרש מודר משופר לתקיעת מצוה, וכ״ש מודר מחבירו בסתם, ודוק:

אמנם אכתי קשה בשמעתין ל״ל תרתי מודר מחבירו בתקיעות והזייה. וכן ל״ל תרתי שופר ומעין. י״ל דמודר הנאה מחבירו דהזייה אצטריך ליה לאשמועינן דאינו יכול להזות עליו בימות החמה. ואי הו״א הך דהזייה הו״א דוקא במצוה מן התורה אבל במודר הנאה מחבירו אינו יכול לתקוע לו תקיעה של מצוה שהיא מדרבנן, קמ״ל כמ״ש הר״ן, ודלא כהרז״ה דס״ל דתקיעת מצוה שהיא דרבנן אינו יכול להוציא חבירו. גם אצטריך שופר ומעיין מהנך טעמי דכתיבנא. ועיין מ״ש התוספות שבועות סוף פרק שבועת הדיינין [מ״ד: ד״ה ורב]. תו קשה מאי אשמועינן רבא דמודר הנאה מחבירו מותר לתקוע וכו׳ ולהזות עליו מי חטאת, הא אשמועינן ר׳ יוחנן גדולה מזו כדאיתא בנדרים דף ל״ח (ע״א) [ע״ב] אר״י המודר הנאה מחבירו וכו׳, וטעמא דהני משום מצוה כדכתב הראב״ד (פ״י) [פ״ו] דנדרים [ה״י]. ותו קשה איך אמר רבא דאינו יכול להזות עליו בימות החמה דאיכא הנאת הגוף והלא הנאה זו מועטת היא דטיפה זו של הזאה הנופל עליו אינה הנאה דהיא כל שהוא ובהנאה מועטת אינו אסור במודר הנאה, כמ״ש המפ׳ בההיא דמותר לו להשקותו כוס של תנחומין, כדאיתא בי״ד סי׳ רכ״א [סעיף ב׳] עי״ש. וי״ל דההיא מיירי דכוס של שלום הוי משל מודר ואינו מהנהו רק השימוש, אבל הכא איירי דמי הזייה הם מהמזה וחשיבא הנאה במה שמיקר גופו במי הזאה של המזה. אך להרא״ש דפירש שם דכוס של תנחומין היין הוא מהמשקה ומותר להוליך לו יין לנחמו דמצוה קא עביד ולא מטי ליה הנאה כ״כ לאבל דמרובים השותים, קשה אם שתיית כוס יין חשיב הנאה מועטת ושריא כ״ש להזות עליו בימות החמה דטיפה זו מה תהא עליה, דמה הנאה יש לגוף בה שיהא אסור להזות עליו, ובקשתי בהרמב״ם ושאר פוסקים אם הביאו דין זה דרבא ולא מצאתיו, כנראה שדחו אותו מהלכה מטעמא דהיא הנאה מועטת, וצ״ע[טז]:

שלחו ליה לאבוה דשמואל כו׳. הרי הוא כשוטה לכל דבריו. כלומר דאם אכל מצה והוא נכפה בעת שטותו ואח״כ נתרפא חייב לחזור ולאכול, לפי שאותה אכילה היתה בשעה שהיה פטור. כ״כ הרמב״ם (פ״י) [פ״ו] דה׳ חמץ ומצה [ה״ג]. ועיין בטור סי׳ תע״ה דנסתפק בדעת הרמב״ם אם ס״ל מצות צריכות כונה, ודבריו קשים. ועיין בלח״מ הל׳ שופר

טז) בשעה״מ סופ״א מראש השנה הקשה, ודבריו תמוהים שהרי מעולם לא התיר רבינו ז״ל אלא בכוס של מודר ולא שרי אלא השימוש.

[פ"ב ה"ד]. ומכאן יש ללמוד דמי שנולד בראש השנה בחצות היום כשיבא בשנת י"ג ויום אחד ושמע תקיעת ראש השנה קודם חצות צריך שישמע התקיעות אחר חצות דהרי קודם חצות היה קטן ופטור. וכל זה לדעת הפוסקים דסוברים די"ג שנים ויום אחד דקטן בעינן מעת לעת כדמוכח בתוספות לעיל דף י' ע"א ד"ה בן כ"ד חדש ויום א'. והש"ך ח"מ ריש סי' ל"ה הביא מחלוקת בזה[יז]:

אמר רב אשי שכפאוהו פרסיים כו'. קשה אמאי נקט פרסיים לימא יהודים שהוא לא היה רוצה לאכול מצה וכפאוהו יהודים דיאכל ויוצא י"ח, והכי אמרינן בכתובות פרק הכותב דף פ"ו בד"א במל"ת אבל במ"ע כגון שא"ל עשה סוכה ואינו עושה כו'. אלמא דיוצא י"ח בעשיית המצוה בעל כרחו אפילו שלא יאמר רוצה אני, ודוקא בקרבן וגט מעושה בעינן דלימא רוצה אני, כמ"ש הרא"ם פ' ויקרא [א', ג']. ותו קשה מאי נסתפק אבוה דשמואל דהוצרך לשאול, פשיטא דיצא כדאמרן. ותו אמאי רבא דקדק לדינו זאת אומרת התוקע לשיר יצא מההיא דאבוה דשמואל ידקדק לדינו מההיא דהכותב. י"ל כשכפאוהו יהודים פשיטא דיצא דה"ל כאלו הוא כיון לצאת כדאיתא פ"ב דחולין דף ל"א ע"א בנדה שנאנסה וטבלה רב אמר טהורה לביתה ואסורה לאכול תרומה כו' הרי דהאשה דאנסה לחברתה ואטבלה אפילו למ"ד דטבילת נדה להתירה לבעל בעי כונה כונת חברתה מועיל לה כאלו נתכוונה היא, וה"נ אם יהודים כפאוהו פשיטא דיצא אפילו תימא דמצות צריכות כוונה, והיינו ההיא דהכותב, אבל היכא דכפאוהו פרסיים נסתפק ושלחו ליה דיצא. ויראה דהספק הוא אם גוים בני עשויי נינהו יצא, ואם לאו לא יצא. ומדשלחו ליה כפאוהו פרסיים יצא, משמע דגוים בני עשויי נינהו, והו"ל כאלו כפאוהו יהודים. ואזדא הא כהא דאמרינן שלהי גיטין פרק המגרש [פ"ח:] א"ר משרשיא דבר תורה גט מעושה בנכרים כשר כלומר משום דגוים בני עשויי נינהו, ומ"ט אמרו פסול כו'. ואע"ג דשם הקשו על רב משרשיא ואמרו בדותא היא, מ"מ בבבא בתרא בפרק חזקת הבתים דף מ"ח ע"א מייתי תלמודא ההיא דרב משרשיא ולא הקשו עליו כלום. והרמב"ם ספ"ב דגיטין פסק דאם הגוים מעצמן אנסוהו עד שכתב גט הואיל והדין נותן שיכתוב ה"ז גט פסול, כלומר מדרבנן ומן התורה כשר. וכתב מרן בכ"מ שטעמו דפסק כרב משרשיא מכח ההיא דפ' חזקת הבתים, ותמה עליו אמאי סמך על סוגיא דפר' חזקת ולא חשש לסוגיא דהמגרש יע"ש. ולע"ד יראה לתרץ דהטעם דלא חשש לההיא דהמגרש, משום דסוגיא דידן כפאו ואכל מצה יצא מסייע לר' משרשיא דגוים בני עשויי נינהו. והקושיא שהקשו בהמגרש על ר' משרשיא אי גוים בני עשויי נינהו שלא כדין דגוים נהוי שלא כדין דישראל דלא לפסול אלא מדרבנן. לא קשיא, דיש לחלק שפיר בשלא כדין דישראל היינו דטעו בית דין בהוראה וכפאוהו שלא כדין, והמגרש בחושבו דכופין אותו כדין גמר ומגרש ולכך אינו פסול אלא מדרבנן. אבל שלא כדין דגוים הדבר מפורסם וידוע דאינו כדין ולא גמר ומגרש ולכך הגט בטל, אבל כשכופין אותו הגוים בדין כיון דבני עשויי נינהו הגט כשר מן התורה. ולפי דרכינו למדנו תירוץ חדש למ"ש הרמב"ם פ"ו דחמץ באכל מצה בלא כונה כגון שאנסוהו גוים כו'. והקשה ה"ה פ"ב דשופר [ה"ד] והר"ן בפרקין דהרי הוא פי' דמצות צריכות כונה גבי שופר, והם תי' ע"ש. ולדידי אין צורך לזה, אלא הטעם הוא משום דס"ל דגוים בני עשויי נינהו, וכיון דכופין אותו כדין בין שכופין ליתן גט או לאכול מצה או לשמוע תקיעת שופר יצא דהו"ל כאלו כפאוהו

יז) א"ל לאינך פוסקים דלא בעי מעת לעת משכחת לה בהביא ב' שערות בחצות היום דצריך לחזור ולתקוע. (הגהות רע"א).

יהודים דיוצא כמו שהוכחתי מפרק הכותב. וגם הוכחתי דגוים בני עשויי נינהו מההיא דר' משרשיא, ובכן דברי הרמב"ם כהוגן. ואין להקשות לפי דרך זה איך א"ר זאת אומרת התוקע לשיר יצא דמצות א"צ כונה. דרבה הוא דחשב דטעמיה דשלחו ליה לאבוה דשמואל כפאוהו פרסיים ואכל מצה יצא היינו משום דמצות אינם צריכות כוונה, אבל אנן דקיי"ל דצריכות כונה מפרשינן דטעמייהו דשלחו לאבוה דשמואל הוי משום דגוים בני עשויי נינהו וחשיב כאלו כיון לצאת[יח]:

א"ר אשי שכפאוהו פרסיים, פרש"י ואע"ג דלא נתכוון וכו'. יראה דכונתו לאפוקי

יח) וכל דבריו אינם אלא תימה, א"כ דכוונתו של זה מהני לזה אעפ"י שאינו מתכוון ולא עוד אלא שצועק לא בעינא למיעבד מצוה ומ"מ על ידי כפיית ב"ד מחשב כוונה מעליא, א"כ מכל שכן במי שאינו בועט רק בסתמא א"כ פשיטא דמסייעי' לי' כוונת חברו, וא"כ אמאי בעינן בשמעתין עד שיכוון שומע ומשמיע, בכוונת משמיע לחוד תיסגי כיון דלר' יוסי ולר' זירא דקאי כוותיה בעינן שיכוון משמיע להוציא השומע, א"כ מאי איכפת לן תו בשומע כלל, ואין זה דומה למ"ש הרמב"ן במלחמות ה' דאפילו אי מצות אין צריכות כונה אפשר דעכ"פ בעי' כוונת משמיע להוציא את חברו, שאני התם דאין המשמיע נעשה שלוחו של זה שלא ברצון וידיעת עצמו לכן בעינן שידע המשמיע ויכוון לעשות שלוחו של פלוני להוציא, אבל השומע כיון דזכין לאדם שלא בפניו א"כ פשיטא שהמשמיע יכול להעשות שלוחו אפילו שלא בידיעת ורצון דשומע כלל, ובלבד שלא ימחה בשליחות אבל דעתו ורצונו לא בעי', וא"כ הא דאר"י עד שיכוון שומע ע"כ משום דר"י ס"ל מצות צריכות כונה, ואי ס"ד כוונת חברו מועיל לו א"כ למה לן כוונת שומע כיון שהמשמיע כיון עבורו, אע"כ דהא ליתא. ודוחק לומר דשומע דר' יוסי רצונו לאפוקי קול חמור, דזה אינו דדומיא דמשמיע דלר' יוסי היינו להוציאו, אלא על כרחך כמ"ש.

ואין זה ענין לנדה שאנסה חברתה לטבול, דהתם לא מיירי כלל מכוונת מצוה, ואה"נ למאן דאמר מצות צריכות כונה לא קיימה האשה מצות עשה של טבילה, אבל מ"מ טהורה היא ממילא, דהתם קאי אהכשר מצוה של טבילה דקיי"ל דלתרומה לא עלתה טבילה אלא במתכוון לשם תרומה, כמו בשחיטה דלרבנן דר"נ בעינן עכ"פ שיכוון לשם חיתוך בעלמא, וע"כ המכוון לשם חתוך ואירע ששחט א"כ בלי ספק שלא קיים מצות עשה של שחיטה (למאן דס"ל שיש קיום מ"ע בשוחט) למ"ד מצות צריכות כונה, אבל מ"מ הבהמה נשחטה בהכשר כיון שהיה לו כוונת חתוך דבזה סגי לכוונת הכשר שחיטה, וההי"נ מי שיש בידו כלי וטבלו לשם טהרת תרומה מהני לזה כוונת זה הטובל שיהי' הכלי טהור, וה"נ הפקחת הטובלת את השוטית והחרשת מועיל כוונת הפקחית שתעלה זו מטומאתה אפילו לקדשים, אבל לא להוציא את האנוסה ידי מצות עשה של טבילה שזה צריך כוונת עצמה.

וכן אתה צריך לחלק לר' יוסי גופיה דהוא עיקר מרא דשמעתא דמצות צריכות כונה, ואיהו ס"ל דריש מס' זבחים ב' ע"ב דזבחים שנשחטו בלא כוונה כלל כשרים ע"ש. דע"כ היינו שכשרים אבל עכ"פ השוחט לא קיים מצות עשה של זביחת קדשים, דהרי מידי דשחט נמי לשם חולין דכשרים ע"ש בתוס' ד"ה זבחים, וע"ש מ"ר ע"ב דבחטאת אינו מרצה אבל כשר מיהת הוי ע"ש וע"כ כנ"ל. וכן ס"ל נמי לר' יוסי במס' עבודה זרה כ"ז ע"א דמילה שלא לשמה כשירה, אע"ג דר' יוסי ס"ל מצות צריכות כוונה, אלא על כרחך אה"נ שהמל אין לו מצות עשה בהמולו שלא לשמה ומ"מ הכשר המצוה נעשה ממילא, וה"נ בנדה שנאנסה, ואין זה ענין לכאן, ולעולם במצוה אי צריכה כוונה לא יועיל לעולם כוונת חברו, ועיין בהגהת אשר"י דמייתי ג"כ הבקיאות מנדה שנאנסה ודבריו י"ל. ועיין מלחמות ה' בסופו מייתי לשון ר' האי, ויש ט"ס בדבריו לא ידעתי לפרש מ"מ האמת כמו שכתבתי.

ומה שהקשה מבית דין מכין אותו עד שתצא נפשו, אין זה ענין לכאן כלל, דממה נפשך אי סבר וקבל ואכל מצה אעפ"י שבתחלתו בעט ולא אבה מ"מ דיינינן ליה שנתרצה ונתכוון, משום דמצוה לשמוע דברי חכמים כמבואר בפ' חזקת [בבא בתרא] מ"ח ע"ב, ועיין לשון הרמב"ם פ"ב מגירושין הלכה כ' שז"ל שם, אבל מי שתקפו יצה"ר לבטל מצוה או לעשות עבירה והוכה עד שעשה דבר שחייב לעשותו או עד שנתרחק מדבר האסור לעשותו, אין זה אנוס ממנו אלא הוא אנס את עצמו בדעתו הרעה, לפיכך זה שאינו רוצה לגרש, מאחר שהוא רוצה להיות מישראל ורוצה הוא לעשות כל המצות ולהתרחק מהעבירות, ויצרו הוא שתקפו, וכיון שהוכה עד שתשש יצרו ואמר רוצה אני כבר גרש לרצונו עכ"ל - וכבר ביארתי בחידושי במקומו שאין צריך לומר רוצה אני אלא משום ביטול מודעא. אבל זולת זה כל שעושה המעשה קיים הוא כמ"ש הרב המגיד רפ"ד מאישות ע"ש ואין כאן מקומו.

ואי איירי שאחר כך בא האיש עצמו ואמר שהוא מעיד על עצמו שלא עשה המצוה לרצונו ועכשיו חוזר בו ורוצה לידע אם מחוייב לחזור ולעשות המצוה פעם אחרת, פשוט לי שחייב ולא יצא י״ח במה שעשה כשבעט ואמר איני חפץ בקיום המצות כלל, ולית דין ולית דיין בזה וכאשר יבואר אי״ה, והכא בכפאו פרסיים מלתא אחריתי הוא לפע״ד, דמיירי שלא רצה לצאת י״ח עתה בכזית מצה זו, לא כבועט במצוה אלא לשום טעם כגון שרצה לאכלו על הסדר לומר חצי הלל לפניו והם כפאוהו לאכול חוץ לזמנו, או שלא היה שמורה משעת קצירה ורוצה להחמיר על עצמו, והם כפאוהו לאכול מצה שאינה משומרת אלא משעת טחינה ולישה וכה״ג, ומיירי אפילו שצווח שאינו רוצה לצאת י״ח באכילה זו וכוונתו כדי שיוכל לאכול אח״כ על הסדר מצה שלו עם הברכה כראוי, ואמר אבוה דשמואל דכל זה לא יועיל וממילא יצא י״ח דמצות אין צריכות כונה.

ובזה מיושב נמי סתירת הרא״ה שהקשה ביום תרועה דהר״ן מייתי בשם הרא״ה דדוקא שידע שהוא מצה ושהוא ליל פסח אבל אם אכלו וסבר שזה בשר לא יצא י״ח, וכתב שמזה משמע כל שכן כשצווח שאינו רוצה לצאת בו מכ״ש שאינו יוצא י״ח, ואילו הרב בית יוסף מייתי בסי׳ תקפ״ט מה שכתב האהל מועד בשם הרא״ה דאפילו צווח איני חפץ לצאת י״ח מכל מקום יוצא, ולפי הנ״ל לא קשה מידי דאה״נ אי בועט ואינו חפץ במצות ה׳ כלל זה לא יצא ידי חובתו ק״ו מאכלו לשם בשר אבל בסי׳ תקפ״ט מיירי באומר איני חפץ לצאת עכשיו עד אח״כ מטעם הכמוס אצלו, ובזה יוצא למאן דאמר מצות אין צריכות כוונה, כל זה נ״ל ברור לפע״ד. [ע״כ מחידושי פרק ראוהו ב״ד שהועתקו בשו״ת מכתב סופר.]

ובחי׳ סוגיות (ירושלים תרנ״א) סי׳ י״ח כתב בזה מרן וז״ל: ואני שמעתי ולא אבין מה ענין אנסה חברתה לכאן, התם לא מיירי מכונת לצאת ידי חובת מצוה, ובודאי אה״נ שאשה שאנסה חברתה איננה יוצאת ידי מצות עשה של טבילת מצוה, ורק הטבילה כשירה וטהורה היא לאכול בתרומה, ואע״פ שטבילת תרומה צריכה כונה ואי לא נתכונה אין הטבילה מטהרתה, מ״מ מועלת כונת חברתה שתהא הטבילה בהכשר וטהורה ולא גרע מאדם הטובל כלי ומתכוין לטהרה הרי נטהר הכלי, וכן הפיל סכין ושחטה הרי השחיטה כשירה, אבל לא נימא שהמפיל את הסכין עשה מצוה בשחיטה זו כי לא יאומן לומר שיועיל כונתו של זה לזה, ואפילו היכא שמצינו קטן וגדול עומד על גבו, היינו נמי בכהאי גוונא שכונת הגדול מועיל שיהיה הגט נכתב לשמה או הספר תורה או המילה וכדומה, אבל לא לכונת מצוה. והבן זה שהוא ברור ואמת לע״ד. ולענין קושייתו נימא שכפאו בית דין של ישראל, נראה דלק״מ, ממה נפשך אם אומר בעצמו שעמד במרדו ולא רצה לצאת ידי חובתו א״כ פשיטא דלא יצא י״ח, ואי בסתמא אגב [אונסי׳] גמר ונתכוין לשם מצוה בלי ספק מטעם שהסביר הרמב״ם ספ״ב מגירושין וז״ל, אבל מי שתקפו יצרו לבטל מצוה וכו׳ והוכה עד שעשה דבר שחייב לעשות וכו׳ אין זה אנוס ממנו אלא הוא אנס עצמו בדעתו הרעה וכו׳ וכיון שהוכה עד שתש יצרו ואמר רוצה אני כבר גרם לרצונו עכ״ל ע״ש בפנים ותמצא נחת, והוא הדין הכא ולק״מ קושית יום תרועה הנ״ל. - עכ״ל.

וכעין זה כתב הערוך לנר וז״ל, ודבריו תמוהים לענ״ד, דאיך שייך דאחר מכוון בשבילו והוא יוצא, וכי נימא דאם אחר עושה מעשה בשבילו יוצא ומ״ש כוונה ממעשה אם כוונה צריכה להמעשה ומה דמייתי מאנסה חברתה וטבלה אין ראיה לזה דשם הכוונה היא שנודע שטבלה כראוי דאם לא כיונה חיישינן דלמא לא שמרה דיני חציצה וכדומה ולזה שפיר מהני כוונת האשה המטבלה כנראה ממה דמייתי שם חרשת ושוטה מתקנות אותן והן אוכלות בתרומה אלמא דכונה היא רק לשמירה שתטבול כראוי וזה מעלה בתרומה או אפילו לבעלה אבל הכא דבעינן כוונה דקיום המצוה מה מועיל כונה של אחר לעושה המצוה. ומה שהקשה דהא שמעינן מברייתא דכתובות דכפאוהו מועיל למצוה לענ״ד י״ל דשם לא כתוב רק שכופין לעשות סוכה ולולב דהיינו מי שאינו רוצה לבנות לו סוכה בערב סוכות ולהכין לו לולב כופין אותו דכן משמע מלשון אומרים לו עשה סוכה כו׳ ולא כתיב שב בסוכה ואינו יושב ועל לולב ג״כ לא אמר טול לולב אלא אמר סתם לולב דמשמע דקאי על עשה דרישא ואעפ״י שמסיים ואינו נוטל ע״כ הפירוש דמגלה רצונו שאינו רוצה לטול ובלא״ה צ״ל כן דהרי רק במצות עשה כופין כן ומצות עשה דלולב אינה רק ביום ראשון דשאר ימים דרבנן וביו״ט ודאי אין לומר מכין אותו עד שתצא נפשו דהרי אין ממיתין אפילו חייבי מיתות ב״ד ביו״ט וא״כ ע״כ לא איירי רק מעשיה דהיינו ההכנה לסוכה ולולב והעשיה ודאי אינה צריכה כונה ולכן לא שמעינן משם דמצות אינן צריכות כונה. ומה דבאמת לא כתוב בברייתא שב בסוכה וטול לולב י״ל עפ״י הנ״ל דבזה לא שייך מכין עד שתצא נפשו דעשה דלולב אינה רק ביו״ט ובסוכה עכ״פ ביום ראשון לא שייך כן כיון דהוא יו״ט ולכן נקט העשיה שהיא בחול.

שוב בא לידי הריטב״א וראיתי שהקשה ג״כ קושיא זו למה לא קאמר דכפאוהו ב״ד של ישראל ותירץ ויש לומר

ממ"ש הב"י א"ח ס"ס תע"ה בשם ר' ירוחם דכפאוהו ואכל מצה מיירי שהיה סבור שהוא חמץ וכו' ע"ש, ובכה"ג ס"ל לרש"י דלא יצא, וכ"כ הר"ן בשם הרא"ה, וז"ל, ודוקא כה"ג כו' עיין שם, וכתב עוד הר"ן שם כתב ר"ש דאע"ג דאמרינן מצות אינן צריכות כונה כו' ע"ש. וכ"כ ה"ר יונה בספ"ק [דברכות ו' ע"א מדפי הרי"ף] משם ר"ש ע"ש. ויראה דלפי' הרא"ה דאם היה סבור לאכול בשר ואכל מצה לא יצא, כ"ש כשיודע שהיא מצה ומתכוין שלא לצאת כ"ש דלא יצא. ובכן יש לתמוה על מרן הבית יוסף סוף סימן תקפ"ט דבאהל מועד כתוב דהרא"ה אומר שאפילו צווח שאינו רוצה לצאת ידי אותה מצוה יצא, וחיזק סברא זאת בראיות בפ"י דפסחים גבי כפאוהו פרסיים ואכל מצה, ע"כ יט). דקשה טובא דהרא"ה קשיא דידיה אדידיה. ותו קשה על מ"ש מרן שם סוף סימן תקפ"ט דלא חיישינן לדברי הרא"ה הכתוב בספר אהל מועד מקמי ר"ש ור"י, דאמאי לא כתב טענה זו דמדברי הרא"ה שכתב הר"ן משמע דס"ל כסברת ר"ש וצ"ע: ובמ"ש לעיל משם ר' ירוחם דכפאוהו ואכל מצה מיירי שהוא סבר שהוא חמץ כו', קשה מנ"ל לפרושי דאף בכה"ג יצא. י"ל דס"ל דאם איתא כרש"י והרא"ה והר"ן שיודע הוא שעכשיו פסח וזו מצה וכו', ונמצא דלא כיון לצאת ובכה"ג הוא דיצא, הול"ל כפאוהו פרסיים שיאכל מצה, דהוה משמע דהכפייה היא שיאכל מצה, ומדאמר כפאוהו ואכל מצה, משמע דהכפייה לא היתה שיאכל מצה אלא שיאכל חמץ ונמצא דהיה מצה ואפילו בכה"ג יצא:

תוספות ד"ה א"ר זאת אומרת והשתא מה שהוצרך רבא כו'. קשה טובא דאימא דודאי לא נעלם מרבא פלוגתא דתנאי דפרק ערבי פסחים [קי"ד:] דתנא דברייתא ס"ל מצות אין צריכות כונה, ור"י ס"ל דצריכות כונה, מ"מ נסתפק רבא הלכתא כמאן, ודקדק רבא מדשלחו ליה לאבוה דשמואל כפאו כו', משמע דס"ל להנך אמוראי דשלחו לאבוה דשמואל הך דינא דס"ל מצות אין צריכות כונה. ואפילו תימא דרבא ס"ל לנפשיה דצריכות כונה כמו שהוכיחו קצת הפוסקים, מהא דגרסי' בברכות פרק היה קורא [י"ג:] ת"ר שמע ישראל ע"כ צריך כונת הלב דברי ר"מ, אמר רבא הלכה כר"מ, מ"מ מדקדק רבא מכאן דהנך אמוראי ס"ל דאין צריכות כונה. ואפשר לומר דכיון דרבא ס"ל לנפשיה דצריכות כונה א"כ למאי הלכתא דקדק דהנך אמוראי ס"ל דאין צריכות כונה, וודאי דעיקר כונת רבא אינו אלא לאשמועינן דאין לחלק בין אכילת מצה דנהנה לתקיעת שופר, וכיון שכן קשה לתוספות ידקדק דין זה מההיא דפסחים דקתני אכלו בלא מתכוין יצא, ולימא זאת אומרת התוקע לשיר יצא לאשמועינן דאין לחלק בין אכילת מצה דנהנה לתקיעה, ותירצו דאי מההיא לא היה יכול לומר

דאי בב"ד של ישראל ודאי כיון דעביד גמר ואכל לשם מצוה דאמר מצוה לשמוע דברי חכמים כמו דאמרינן בגט המעושה בב"ד של ישראל עכ"ל והנלענ"ד כתבתי:

יט) לענ"ד אינו מוכרע דהרי לפמ"ש הב"י [סוסי' תקפ"ט] דהאהל מועד בשם הרא"ה דבשופר אפילו צווח שאינו רוצה לצאת מ"מ יצא. אף דלהדיא אמרינן דמתעסק דהיינו מנבח נבוחי כיון דלא רצה לעשות תקיעה אלא דמעצמו יעשה התקיעה לא יצא. וע"כ דזהו עדיף כיון דרצה לתקוע לשיר, אלא דאמר שאינו רוצה לצאת ידי מצוה, בזה אמרינן דכונת מצוה אינו מעכב, דכל שאינו מתעסק ורצונו לעשות תקיעה ממילא יוצא. א"כ חזינן דמתעסק גרע מפירש שאינו רוצה לצאת. אם כן הכי נמי במצה דווקא קסבור שהוא חמץ אם כן לא רצה לעשות המצוה באכילת מצה, דהא סבור שהוא חמץ והוי מתעסק כמו מנבח נבוחי, וכדחזינן מקדשים דקסבור שהוא חולין הוי מתעסק. אבל ביודע שהוא מצה דלא הוי מתעסק שוב אין מזיק בזה שאומר שאינו רוצה לצאת דבכוונת המצוה לא משגחינן כלל, דאף שאינו רוצה לצאת ממילא יוצא, אלא דזה מעכב שצריך שידע שעושה המעשה הזה, דהיינו שיודע שהוא מצה, ואין כאן (אך) [אף] קושיא על הב"י, וברור. (הגהות רבי עקיבא איגר)

זאת אומרת דהו״א דהא דקתני אכל בלא מתכוין יצא היינו במרור כו׳:

א״ר זאת אומרת כו׳. פשיטא היינו הך כו׳. לפי מ״ש לעיל משם ר׳ ירוחם דכפאוהו ואכל מצה איירי שהוא סבור שהוא חמץ, קשה לימא מהו דתימא התם חשיב כאלו כיון לצאת, משום דאלו היה יודע דהיא מצה לא היה ממאן לאוכלו והיה אכלו לשם מצה לפיכך יצא, אבל בתוקע לשיר דהיה יכול לתקוע לשם מצוה ולא כיון הו״ל כאלו כיון שלא לצאת קמ״ל. גם במה שתירצו בגמ׳ מהו דתימא התם אכול מצה אמר רחמנא כו׳, לפי צד זה של מהו דתימא צ״ל דהנך אמוראי ס״ל דמצות צריכות כונה, אלא דשאני מצה משום דאכל ונהנה, וכיון שכן ל״ל לסיים אבל הכא זכרון תרועה כתיב תיפוק ליה משום דכל המצות בעי כונה דמצות צריכות כונה. ותו קשה היכי ס״ד לפלוגי בין אכילת מצה לתקיעת שופר, והלא כי היכי דבאכילת מצה יצא משום דאכל ונהנה, גם בתוקע לשיר תקע ונהנה ומשום הכי יצא, אבל שאר מצות דאין נהנה כנטילת לולב לימא דבעי כונה וצ״ע:

עמוד ב׳

איתיביה היה קורא בתורה כו׳. דע דכתב ה״ר יונה סוף פ״ק דברכות דאפילו מי שסובר דמצות אין צריכות כונה ה״מ בדבר וכו׳, והביאו מרן סוף סימן תקפ״ט. וקשה טובא, דא״כ מאי פריך מהא דקריאת שמע שאני התם דהיא מצוה התלויה באמירה. וכ״ת תקיעת שופר נמי היא מצוה התלויה באמירה, א״כ היכי יליף רבא מאכילת מצה לתקיעת שופר, שאני מצה דהיא מעשה ולכך לא בעיא כונה מה שא״כ שופר. וי״ל דלעולם שופר היא מצוה דיש בה מעשה כאכילת מצה ולא בעי כונה, ומצוה התלויה באמירה בעי כונה כדמוכחת הסוגיא מההיא דפתח בשיכרא, כדכתב ה״ר יונה [ברכות ו׳ ע״א מדפי הרי״ף]. ולפי דבריו ניחא דלא תיקשי דרבא אדרבא, דהכא אמר דתקיעת שופר לא בעי כונה, ובפרק היה קורא [ברכות י״ג:] פסק כר״מ. אך המקשה דהכא ודריש פ׳ היה קורא אינו מחלק חילוק זה במצוה שיש בה מעשה למצוה התלויה באמירה, ולכך פריך ליה ממתני׳ דהיה קורא. והתרצן דהשיב לו, דאם כיון לבו, היינו כיון לקרות, לפי שיטתו דאינו מחלק בין מצוה דמעשה למצוה דאמירה, השיבו דאפילו לשיטתו יש לתרץ דכיון לבו היינו לקרות, אבל קושטא דמלתא דיש לחלק בין מצוה דמעשה למצוה דאמירה:

ת״ש היה עובר אחורי ב״ה כו׳. קשה דמאי קושיא, נימא דווקא כשאדם עושה המצוה על ידו כגון תוקע שופר וקורא קריאת שמע אפילו לא כיון יצא, דהרי עושה מעשה לבטא בשפתים קריאת שמע או תקיעה, אבל בשומע קול שופר או מגילה דלא עביד מעשה הלואי שיכוין לשמוע כדי שיצא י״ח, וצ״ע:

תוספות ד״ה אבל נתכוון שומע היכי משכחת לה לא הו״מ לו׳ כגון שלא נתכוון משמיע להוציא השומע כו׳. דיבור זה הוא סתום. ויראה דעיקר כונת התוס׳ הוא, דהוקשה להם, דהמקשה דהכא מוכיח מברייתא זו דמצות בעי כונה, ולקמן גבי ר׳ זירא מוכיח מברייתא זו דלא בעי כונה. ותו הקשה להם לפי דעת המקשה דהכא דסבר מצות צריכות כונה, לימא נתכוון שומע ולא נתכוון משמיע, היינו שלא נתכוון משמיע להוציאו, אלמא דמצות בעי כונה, וא״כ תוקע לשיר לא יצא. ותירץ דטעם המקשה דהכא לא פירש כן הוא משום דסובר כדעת המקשה דלקמן משמיע לעצמו דומיא דשומע לעצמו, כלומר דלא בעי כונת המשמיע להוציא השומע לאפוקי סברת ר׳ זירא, אבל מ״מ מצות בעי כונה שיכוין המשמיע להשמיע לעצמו לצאת ידי חובה, דומיא דשומע שומע לעצמו אלמא בעי כונה, וא״כ תוקע לשיר לא יצא דאין לו כונה. אבל לעולם אם המשמיע משמיע לעצמו

להוציא עצמו י״ח ונתכוון השומע ממנו לצאת משמע מברייתא זו דא״צ המשמיע שיכוין להוציא השומע כמו שהוכיח המקשה לקמן, ומ״מ מוכח דמשמיע לעצמו בעי כונה להוציא עצמו וא״כ תוקע לשיר לא יצא זה נ״ל בדעת התוספות. ועיין במהריב״ל ח״ב סי׳ פ״ה שני דרכים ובכולם רוצה להגיה דברי התוספות. ומ״ש הוא ע״פ דרכי הא׳ וישבתי הלשון בלי הגה״ה כמבואר למבין:

אמר ליה אביי אלא מעתה הישן בסוכה כו׳. קשה מאי פריך והלא מלקות צריך התראה שלא יעבור על בל תוסיף ואם התרו בו בארץ ישראל שלא ישב בח׳ בסוכה וקבל ההתראה, היינו ודאי שהוא השיב שרוצה לעבור על בל תוסיף, א״כ הרי מכוין לעבור על בל תוסיף דאומר דרוצה לישב בח׳ בסוכה לשם מצוה, ובכה״ג פשיטא דלקי. וי״ל דמיירי בח״ל. ומ״ש ילקה לאו מלקות ממש קאמר בעדים והתראה, אלא ה״ק משום דקי״ל פרק לולב וערבה [סוכה מ״ז.] דבח״ל ספק ז׳ ספק ח׳ יתובי יתבינן כו׳, והשתא לרבא דאמר מצות אין צריכות כונה, א״כ היושב בח׳ בסוכה ילקה כלומר עובר על איסור בל תוסיף דלקי, והיכי קי״ל דיתובי יתבינן הרי עובר על בל תוסיף אע״פ שאינו מכוין למצוה. אמנם קשה דבח״ל הוא מכוין שלא לעבור על בל תוסיף, ומה שישב בסוכה בח׳ הוא מחמת ספק דשמא הוא ז׳, וא״כ בכה״ג דעושה הדבר בשביל ספק פשיטא דאינו עובר על בל תוסיף. ואם נאמר דאיירי בא״י, וה״ק הישן בסוכה בח׳ ולא התרו בו אלא הוא ישן בח׳ בסוכה מסתמא נאמר דעובר על בל תוסיף דלוקין עליו מאי קושיא, אה״נ דהישן בא״י בסוכה בח׳ עובר על בל תוסיף, ולכך אמרו פרק לולב וערבה [שם מ״ח.] דבארץ ישראל הרוצה לאכול ולישן בסוכה בח׳ צריך שיפחות בה ד׳ על ד׳ שלא יעבור על בל תוסיף, כדאיתא באו״ח סי׳ תרס״ו:

מתיב רב שמן מגין לכהן כו׳. קשה אמאי נקטה ברייתא מציאות זה טפי מזולתו. י״ל דבמצות שיש בו מעשה פשיטא דיש בל תוסיף, כגון ה׳ מינים בלולב, אלא אפילו גבי ברכות דהוא דבור בעלמא עבר על בל תוסיף, והיינו דמפיק לה מדכתיב [דברים ד׳, ב׳] לא תוסיפו על הדבר, כלומר אפילו דבור על דיבור לא תוסיף. אך קשה מאי מותיב ר׳ שמן מ״ש רבא מצות אינו עובר עליהן אלא בזמנן, היינו כשאינו מכוין, אבל במכוין להוסיף אפילו שלא בזמנו עובר על בל תוסיף, והך ברייתא דברכת כהנים מיירי במכוין להוסיף, כדקתני אוסיף ברכה א׳ משלי. תו קשה, דמהך ברייתא דברכת כהנים מוכח בהדיא דאפילו במוסיף מדעתו ואינו אומר שאותו תוספת הוא דבר תורה אלא הוספה מדעתו עבר על בל תוסיף. ובכן יש לתמוה על הרמב״ם ספ״ב דממרים, דכתב שם דבל תוסיף הוי כשמוסיף דבר ואומר שהוא אסור מן התורה, אבל כשאומר דאותו תוספת הוא מותר מן התורה ואוסר אותו לסייג אין זה בל תוסיף[כ]. וי״ל דלא אתא הרמב״ם שם אלא

כ) ולק״מ דשם מדין פסק הלכה אתי עלה, אבל במוסיף בשעת המצוה אין לך בל תוסיף יותר מזה. (שפת אמת כח: ד״ה אוסיף ברכה). באמת שהכפות תמרים ציין להרא״ם ושם תירץ כן. משום דהו״ל באגידי וזמניה הוא, אך תמה הרא״ם שם מהסמ״ג מצוה ל״ת [שס״ד] שלא להוסיף על תורה שבכתב או על התורה שבע״פ לומר שזה התוספות מן התורה כגון שאמר על ד׳ בנים וכו׳ הא אם הוסיף על הד׳ בתים מדידיה ולא אמר שה׳ צוה אין בכך כלום אע״ג דאגידי, ע״ש שהניח בצ״ע.
ולהרמב״ם בסה״מ ל״ת שי״ג ובהל׳ ממרים סופ״ב שלא הזכיר תפילין שפיר י״ל כמ״ש הכפ״ת שבדבר שאינו סייג אף מדעתו עובר. אבל להסמ״ג נראה להדיא דבכל גוונא בעי דוקא שמוסיף ואומר שזה מן התורה. ונמצא שדברי הכפ״ת והשפ״א תליא בהני אשלי רברבי. (כ״ק מרן אדמו״ר הגה״ק מצאנז זצוקללה״ה. נדפס בספר אברהם במחזה (שדמי) סי׳ י״ב).

להורות דבסייגים לית בהו משום בל תוסיף, אבל לעולם בדבר שאין בו משום סייג והוא מוסיף מדעתו כגון שרוצה להוסיף ברכה משלו מודה הרמב"ם דעבר על בל תוסיף, וכ"כ בפי"ד מתפלה, [הי"ב.] ועיין בחדושי רא"ם על סמ"ג ריש מגילה:

שאני הכא כיון דאלו מתרמי וכו׳. קשה הול"ל אלא, כיון דעוקר תירוץ הא׳. אמנם י"ל דמאי דתריץ בסוף היתה כונת התרצן תחלה במאי דמשני הכא במאי עסקינן בדלא סיים, דהיינו אלו מתרמי ליה צבורא אחרינא, אלא דהמקשה לא הבין דברי התרצן עד שפירש לו לבסוף:

תוספות ד"ה ומנא תימרא דתנן גבי זריקת דם תימה מאי אולמיה כו׳. קשה דמה קשיא להו דהא קאמר תלמודא אנן הכי קא אמרינן רב שמן מ"ט שביק מתני׳ כו׳. ויראה דכונתם הוא זו, דבגמרא קאמר דכונת רבא להקשות לרב שמן מ"ט לא אותיב ממתני׳ דזריקת דם, משום דהתירוץ הוא פשוט, משום דכיון דאלו מתרמי ליה בוכרא אחרינא כוליה יומא זמניה הוא, ברייתא נמי דכהן שעולה לדוכן תתרץ בכה"ג משום דכיון דאלו אתרמי ליה צבורא אחרינא כוליה יומא זמניה הוא, דלפ"ז נראה דרבא הבין דרב שמן סבר דבברייתא דכהן אין הדבר מוכרח לומר הטעם משום אלו אתרמי, ובמתני׳ דזריקת דם הדבר מוכרח לומר הטעם דאלו אתרמי, ולפי זה הקשה לו כשם דבמתני׳ אתה מוכרח. לומר טעמא דאלו מתרמי כמו כן תאמר בברייתא טעמא דאלו מתרמי אע"ג דאינו מוכרח. וע"ז הקשו התוס׳ מאי אולמיה דמתני׳ דזריקת דם, דמוכרח לומר שם טעמא דאלו מתרמי יותר מברייתא דכהן. אמנם אכתי קשה לי במ"ש בגמרא ור׳ שמן בר אבא התם לא סגי דלא יהיב כו׳, דזה אינו מספיק כדי שיבא להקשות על רבא דסוף סוף יאמר לו רבא, כשם דבמתני׳ אתה מוכרח לומר טעמא דאלו מתרמי, גם בברייתא דכהן תאמר טעמא דאלו מתרמי אע"ג דאי בעי לא מברך מ"מ כיון דאי בעי מברך חשיב זמניה וצ"ע.

כתבו עוד התוספות דלא שייך בל תוסיף בעשיית המצוה ב"פ וכו׳. ועוד כתבו וכן בהדס וערבה שבלולב אפילו נותן כמה הדסים וכו׳ אין זה בל תוסיף אא"כ מוסיף מין אחר. ומיהו תימה דלפי זה אם היה נותן כמה חוטין בציצית וכמה פרשיות בתפילין לא היה עובר על בל תוסיף כנראה מדברי התוספות שאין משום בל תוסיף אלא במין אחר, וזהו כדעת הראב"ד פ"ז דסוכה [ה"ז] וכך כתב ה"ה שם דהסוגיא שבפ׳ המוצא תפילין קשה לדעתו שבביאור נראה שם שהמניח ב׳ תפילין בראש עובר משום בל תוסיף, ומה בין זה לב׳ לולבין יע"ש. גם אני תמה עמ"ש הטור סי׳ ל"ד דמניח ב׳ זוגות תפילין של רש"י ורבינו תם ואין כאן בל תוסיף, דלא מיקרי בל תוסיף אלא כשעושה ה׳ בתים, ע"כ. דהרי אמרינן [עירובין צה.] המוצא תפילין מכניסן זוג זוג ר׳ גמליאל אומר שנים שנים, ואמרו בגמרא דת"ק סבר דאינו יכול להכניסן שנים שנים משום דשבת זמן תפילין ועבר על בל תוסיף, אלמא משמע דאיכא בל תוסיף במניח ב׳ זוגות. ומיהו יש ליתן טעם למניחין תפילין של רש"י ורבינו תם דאינם עוברים על בל תוסיף כיון דאינו מתכוין להוסיף אלא מניחן מחמת הספק אין זה בל תוסיף, והרי הוא כאילו מתנה דהוא יוצא בכשר שבהם והשאר כרצועות בעלמא.

תוספות ד"ה דלמא קסבר ר"י מצות עובר עליהן כו׳. קשה מנ"ל דבח׳ ספק ז׳ לא יתיב, והלא טעמו דר"י דאומר ינתנו מתנה א׳, עיקר טעמו הוא כיון דיצא במתנה א׳, כדתנן רפ"ד דזבחים, וכ"כ התוספות בדבור שלפני זה כיון דיוצא בא׳ למה נזקיקנו ליתן ד׳, וכיון שכן בח׳ ספק ז׳ ודאי דמודה ר"י דיתיב כיון דהכתוב

קבע חובה בסוכות תשבו ז׳ ימים, ודכוותה נמי אלו יהיה הדין דבמתנה א׳ לא כפר עד שיתן מתן ד׳, היה מודה ר״י דיתן מתן ד׳ גם בנתערבו עם הנתנים מתנה א׳ ודוק:

דף כ״ט ע״א

אמר ליה ר׳ זירא לשמעיה אכוין ותקע לי, ופי׳ רש״י תכוין לתקוע בשמי להוציאני י״ח. וכבר נודע דיש מחלוקת בין הפוסקים אם מצות צריכות כונה או לא, ומרן סי׳ ס׳ פסק דצריכות כונה. וקשה דהוא ז״ל פסק בסי׳ תפ״ט לענין ספירת העומר, דמי ששאל אותו חברו כו׳ אינו יכול לחזור ולמנות בברכה, ואמאי והא קי״ל מצות בעי כונה. ותו קשה דבי״ד ס״ס קצ״ח פסק דנדה שנאנסה וטבלה כגון שנפלה לתוך המים מותרת לבעלה ואמאי הא קי״ל דבעו כונה. ותו קשה אהך דנדה מהא דפסק באו״ח סי׳ קנ״ח ס״ז נטל ידיו לדבר שטיבולו במשקה ואח״כ רוצה לאכול לחם יש מי שכתב וכו׳, ועוד כתב שם סי״ג לכתחלה יכוין כו׳, דא״כ משמע דהוא רוצה לומר דלחולין בעינן כונה לכתחלה, א״כ הול״ל התם בנדה דלכתחלה תטבול פעם אחרת. גם במ״ש מור״ם שם סי׳ קנ״ט סי״ג בשם הרשב״א דכונת נותן או כונת נוטל מועיל והביאו מרן בב״י, וקשה מ״ש דגבי תקיעת שופר בעינן כונת שומע ומשמיע ובחדא מינייהו לא סגי. ויש להשיב בכל אלה כמה תירוצים, ותי׳ תן לחכם ויחכם עוד:

מתני׳ והיה כאשר ירים כו׳. כתב ר״ע וז״ל משום דאיירי לעיל בכונת הלב כו׳. וקשה דזה ניחא למ״ד דמצוות צריכות כונה ומפרש מתני׳ דלעיל אם כיון לבו לצאת יצא, אבל לרבא דאמר מצות אין צריכות כונה, ומפרש מתני׳ אם כיון לבו לשמוע מאי שייאטיה לומר אח״כ הך ענינא והיה כאשר ירים כו׳. י״ל דכונת התנא לומר אע״ג דבמצוה שיש בה מעשה אין צריך כונה, מ״מ במצוה התלויה באמירה כגון תפלה בעי כונה. וכ״כ ה״ר יונה ספ״ק דברכות הבאתיה לעיל [כ״ח.].

אלא לומר לך כל זמן שישראל, כו׳. קשה מ״מ פעמים מסתכלים כלפי מעלה ופעמים לא. וכ״ת כשהיה משה מרים ידו היו מסתכלים וכשהניח ידו לא, א״כ תקשי למשה למה היה מניח ידיו. י״ל דמשה היה שלוחם של ישראל להתפלל וכשהיו ישראל מסתכלין ומשעבדים לבם לה׳ היה לו כח וגבורה להרים ידיו, וכשלא היו מסתכלים היה נחלש כחו ומוריד ידיו, והוי כההיא [ברכות ל״ד:] דר״ח בן דוסא אם שגורה תפלתו כו׳. ולפי זה יומתק לחכי מ״ש התנא ברישא, וכי ידיו של משה וכו׳, דמאי קושיא אימא ה״נ דכשהיה פורש ידיו תפלתו עושה פירות וכשהיה מניח ופוסק מהתפלה גבר עמלק. אלא דעיקר כונת התנא הוא זה, וכי ס״ד דתפלת משה ע״י פרישות ידיו בלי הכנעת ישראל עושות מלחמה כו׳, הא ליתא דא״כ יקשה למשה אמאי היה מניח ידיו, אלא כל זמן וכו׳ היו נותנים כח למשה בתפלה ובכן וגבר ישראל, ודו״ק:

כיוצא בדבר אתה אומר כו׳. קשה מאי פריך וכו׳ נחש ממית, הכי הוא קושטא דמלתא, ולא הול״ל אלא וכי נחש מחיה. וכי תימא דהתמיה לא קאי אנחשים דעלמא אלא אנחש נחשת דעשה משה מי הוא זה שאמר דממית עד שיקשה. וי״ל דלעולם התמיה קאי אנחש דעלמא, והכי פירושו דהא אמרינן אין ערוד ממית אלא החטא ממית. וזהו וכי נחש ממית, הלא המיתה באה ע״י העון, וכיון שכן היאך ההסתכלות בנחש הנחשת יהיה מחיה, היאך נתכפר לו העון שיסתלק המיתה הבאה לו מנשיכת הנחש. ומשני אלא בזמן שישראל כו׳, נמצא דחזרו בתשובה והיו מתרפאים. א״נ י״ל דהרבה בני אדם היה להם נשיכת נחש ומקצתם היו מסוכנים למות ומקצתם לא היו מסוכנים אלא חולים, ודרך טבע היה להם רפואה,

אבריאת עולם, דאי תימא דס"ל להש"ס דמשום מעשה הדין אין אומרין אותו הדרא קושיא לדוכתא, ואמנם לענ"ד יש ליישב קושיית התוספות דבאמת הא דקיי"ל דזה היום קאי אמעשה דין משום דברייתא מפורשת בירושלמי [פרק א' ה"ג] דבתקועיא דבי רב איתא להדיא דאמרינן זה היום בראש השנה וס"ל כרבי יהושע ועל כרחך זה היום קאי אתחילת מעשה לרבי יהושע משא"כ בהך סברא דס"ל לר' עינא דביובל ג"כ אמרינן זה היום משום מעשה הדין ויום הכיפורים דיובל אינו שוה לשאר ראש השנה להך סברא אין מוכרחין לחלק, דדוקא להך סברא דהא דאמרינן בראש השנה היינו משום מעשה הדין מוכרחין אנו לפרש כן וכדפרישית משום דברייתא מפורשת היא דאמרינן, ומש"ה משני הש"ס אשארא דלא ניחא ליה לפרש דאמרינן ביובל משום מעשה דין, כן נראה לי ודו"ק היטב:

במשנה שופר שנסדק ודבקו פסול. אע"ג דבברייתא דלקמן בסמוך קתני נסדק לארכו פסול ופשטא דלישנא משמע דאיירי בשלא דבקו, מ"מ קתני הכא לרבותא דאע"ג שדבקו פסול, מיהו לפי מה שהבינו התוס' בפרש"י שרוצה לומר שנסדק לגמרי לשני חתיכות א"כ לא שייך למיתני פסול כשלא דבקו שהרי אין ראוי לתקיעה כלל אתי שפיר הא דתנן הכא ודבקו, אלא דאכתי לישנא דברייתא הוי קשה טובא לפרש"י. לכך היה נראה בעיני לפרש דאף לפרש"י שכתב דהו"ל כשני שופרות אפ"ה לא איירי בנחלק לגמרי אלא שעדיין מעורה קצת במיעוטו, ומ"ש רש"י לקמן בברייתא נסדק כולו לאו דוקא אלא רובו דקיימא לן רובו ככולו וכמו שאדקדק מדבריו לקמן. מיהו לפירוש התוס' שכתבו דאיירי בנסדק לצד אחד על פני כולה ודאי צ"ל דהא דקתני ודבקו היינו לרבותא דכ"ש בלא דבקו דפסול לכל הטעמים שכתבו התוס' לפירושם. אלא דלפי"ז לא הוי שפיר רישא דומיא דסיפא דהא במאי דקתני סיפא ניקב וסתמו כתבו התוס' דאם לא סתמו כשר אפילו מעכב התקיעה אלמא דסתמו דוקא קתני ויש ליישב:

בתוספות בד"ה שופר שנסדק כו' פירש בקונטרס כו' ותימה **דאם נחלק לגמרי היינו דיבק שברי שופרות** עכ"ל. ולא ניחא להו לפרש אליבא דרש"י דזו ואצ"ל זו קתני כדמסקו ג"כ לפירושם, והיינו משום דהכא הוי חדא מלתא לגמרי דמה לי אם דבק שני חתיכות או שלשה או הרבה ובאמת לכאורה אין דבריהם מוכרחין גם בזה דשפיר מצינן לפרש דהוי זו ואצ"ל זו דאפילו בשופר אחד שנסדק לשני חלקים ודבקו דאע"ג דלאחר שנדבק חזר אותו שופר עצמו לקדמותו וקס"ד דכשופר אחד דמי, ועוד דהוי נמי דרך העברתו אפ"ה פסול ואצ"ל דבק שברי שופרות דפסול דהא הו"ל כשני שופרות ממש, ועוד דלא קרינן ביה נמי והעברת דרך העברתו א"כ פשיטא דפסול. ומכל שכן דאתי שפיר טפי לפי מה שכתבתי דלפרש"י איירי שמעורה קצת במיעוטו ואפ"ה פסול אע"ג לא

עב) ערוך לנר:

דמי לדבק שברי שופרות שהיו נפרדים לגמרי, כן נראה ליישב שיטת רש"י ודו"ק:

בא"ד ולכך נראה דנסדק מצד אחד לארכו על פני כולו עכ"ל. וקשיא לי על פירושם הא דאמרינן בירושלמי אמתני' דשופר שנסדק ודבקו פסול למי נצרכה לר' נתן כו', ובשלמא לפרש"י אתי שפיר דאע"ג דבניקב וסתמו מכשיר ר' נתן בסתמו במינו משום דבמינו לא מיחזי כתרי שופרות אפ"ה בנסדק לגמרי משני צדדיו ודבקו פסול משום שני שופרות אע"ג דהוי במינו, דנהי שפרש"י שדבקו בדבק שקורין גלו"ד אפ"ה כתבו הפוסקים דחשיב כבמינו עיין בלשון הרא"ש ובב"י, משא"כ לפירוש התוס' לא הוי צריך לאוקמי כר' נתן דלרבנן נמי נצטרך דהא לא דמי כלל לניקב דפסול משום דבנקב יש בו חסרון משא"כ בנסדק מצד אחד שאין שום טעם לפוסלו אלא כמ"ש התוס' משום שסופו ליפרד או משום שאין זה קרוי שופר וא"כ עכ"פ לא דמי כלל לניקב, מש"ה איצטריך לאשמעינן היא גופה דאפ"ה פסול משום הנך טעמי שכתבו התוס'. [עג]ולדעתי צריך עיון גדול ליישב שיטת הירושלמי לפי שיטת התוס' שהסכימו בה רוב הפוסקים ודו"ק:

בא"ד ודבק שברי שופרות נמי לא נפסול מטעם שנים ושלשה **שופרות אלא דאין זה קרוי שופר א"כ כו' ואפילו נפסול מטעם שנים ושלשה שופרות אין קשיא כלום** עכ"ל. פי' מהרש"א ז"ל בכוונתן שכתבו כן ליישב הא דאיצטריך למיתני שופר שנסדק כיון דלא בחד טעמא אלא מתרי טעמי עכ"ל. ולכאורה אין זה מספיק דהא ממה שכתבו מעיקרא ודבק שברי שופרות נמי לא מיפסיל מטעם שנים ושלשה שופרות משמע שהוצרכו לפרש כן כי היכי דלא תיקשי למה ליה למיתני הך בבא דדיבק שברי שופרות, דאי הוי טעמא משום שנים ושלשה שופרות הוי אתיא במכל שכן מנסדק לפי פירושם וא"כ היאך סתרו דבריהם בסוף הדיבור ועיקר חסר מן הדיבור. ולפענ"ד נראה לפרש דבריהם בענין אחר משום דתחילה כתבו לסתור שיטת רש"י דבלא"ה לא משמע להו הך סברא דשנים ושלשה שופרות כלל לא בנסדק ולא בדיבק שברי שופרות דלא שייך למיפסל בכה"ג אלא לענין פסולא דקרן פרה שאותו הקרן עצמו הוא שנים ושלשה שופרות משא"כ הכא שופר אחד מיקרי דהכי משמע להו מהא דמכשיר ר' נתן בניקב וסתמו במינו ולא אמרינן דהוי כשני שופרות, ועל זה מסקו התוס' שפיר דאפילו את"ל דדיבק שברי שופרות פסול אכתי אין קשיא כלום מהאי דניקב וסתמו במינו דהתם עיקר הקול בשופר אחד כמו שאבאר משא"כ הך דדיבק שברי שופרות שפיר איכא למימר דנפסל מטעם שנים ושלשה שופרות, כן נראה לי ועדיין צ"ע:

דף כז ע"ב

בתוספות בד"ה ניקב וסתמו כו' **אם נפרש דאיירי לאחר הסתימה כו' קשיא כיון דכל הקולות כשירים בשופר כדאמרינן בגמרא מה לי מעכב כו'** עד סוף הדיבור. ולכאורה יש לתמוה טובא בדבריהם כיון דמחמת זאת הקושיא דכל הקולות

כשרים הוכרחו לדחוק מעיקרא ולפרש דאיירי קודם הסתימה, א״כ אף לאחר שהקשו ג״כ על זה הפירוש וחזרו לפירושם הראשון ומסקו ולכך נראה ודאי לפרש מ״מ דאם מעכב את התקיעה לאחר שסתמו קאמר, אכתי הדרא קושיא לדוכתא מה שהקשו מעיקרא מהאי דכל הקולות כשירים בשופר שהרי על זה לא תירצו כלום:

והנראה מזה דמשמע להו דבפשיטות יש לחלק דהא דאמרינן בסמוך כל הקולות כשירים בשופר היינו כשכל הקול יוצא משופר אחד ממש בלי שום סיוע מדבר אחר, משא״כ הכא דכיון שלא הוחלקה סתימת הנקב לגמרי שהרי מעכב את התקיעה שלא חזר הקול כמו שהיה מתחילתו קודם הנקב, וכיון שבאמת סברא פשוטה היא לומר כן וא״כ מעיקרא מאי קא קשיא להו מהאי דכל הקולות כשרין:

והנראה לענ״ד בזה דודאי מעיקרא לא הוי משמע להו לפרש הלשון דאם מעכב את התקיעה דהיינו שלא חזר קולו לכמות שהיה, משום דבברייתא דבסמוך דקתני רישא ציפהו זהב קתני אם נשתנה קולו מכמות שהיה פסול ובסמוך להאי בבא מיד קתני סיפא ניקב וסתמו אם מעכב את התקיעה פסול, ומדלא קתני נמי בהאי לישנא גופא אם נשתנה קולו מכמות שהיה פסול כדקתני רישא א״כ על כרחך דמעכב את התקיעה מלתא אחריתי היא דלאו משום שנשתנה הקול מכמות שהיה נפסל כמו בציפהו זהב אלא משום דמעכב את התקיעה שאינו קול שופר גמור, ומש״ה קשיא להו שפיר מהאי דכל הקולות כשירין ובכל ענין מיקרי קול שופר, ולכך כתבו מעיקרא ונראה דאיירי קודם סתימה דלפי״ז ודאי לא שייך למיתני בהאי לישנא דנשתנה קולו מכמות שהיה כדקתני גבי ציפהו זהב. אלא דמ״מ כיון דסוף סוף אפילו לזה הפירוש הוצרכו לפרש טעם הפסול כיון דסתימה זו מסייע לקול הו״ל שופר ודבר אחר מש״ה לאחר שהקשו גם על זה הפירוש וחזרו לפירושם הראשון דאם מעכב את התקיעה לאחר שסתמו קאמר, תו לא קשיא להו מהאי דכל הקולות כשירין כיון דהכא ודאי טעמא רבה איכא לפסול מהאי טעמא גופא דהוי ליה שופר ודבר אחר, ולא שייך נמי למיתני אם נשתנה קולו מכמות שהיה כמו בציפהו זהב כיון דלא שוו טעמייהו אהדדי דהא בציפהו זהב אין לפוסלו משום שדבר אחר מסייע לקול שופר דהא אדרבא קודם הציפוי היה קול שופר גמור אלא דאפ״ה מיפסיל כיון שנשתנה הקול מחמת הציפוי נמצא שאין זה קול שופר דמעיקרא כלל, משא״כ בניקב וסתמו במינו לא שייך לפוסלו מהאי טעמא דהא ודאי קול שופר הוא אלא משום דהו״ל כשני שופרות ובשלא במינו כמו שופר ודבר אחר מסייעו, כן נראה לי נכון בכוונתם ודוק היטב ומה שיש לדקדק בזה בשיטת הפוסקים יבואר ☜ בקונטרס אחרון:

בא״ד ואי אפשר לנקב גדול כל כך שלא יעכב את התקיעה כו׳ עכ״ל. ונראה לכאורה דהא דאמרינן והוא שנשתייר רובו והוא שנפחת רובו היינו רובו של כל אורך ורוחב השופר, וה״נ משמע מלשון הפוסקים ולא ידענא אמאי פשיטא להו לפרש כן דהא שפיר מצינן למימר דאיירי שנפחת רוב היקיפו ואין חילוק בין זה לנסדק לרחבו אלא דסדק אין בו חסרון וניקב היינו שיש בו חסרון, וא״כ שפיר הוי מצינן למימר דאכתי אינו מעכב את התקיעה ויש ליישב:

בא״ד ולכך נראה כו׳ דאם מעכב את התקיעה לאחר שסתמו קאמר כו׳ עכ״ל. ולא חששו ליישב להאי פירושא הא דקתני בירושלמי אם היה מעכב ולא כתבו גם כן לפרש להאי פירושא מימרא דרבי יוחנן בסמוך אם נשתייר רובו או נפחת רובו אי קאי אמעכב או אאינו מעכב, לפי שסמכו בזה על פרש״י שכתב בהדיא בסמוך דר׳ נתן דאמר אם במינו כשר אאינו מעכב קאי וממילא דכולה מילתא דר׳ יוחנן נמי באינו מעכב איירי וכמו שאבאר בסמוך:

בגמרא הוסיף עליו כל שהוא בין במינו ובין שלא במינו פסול. ומשמע מלשון הגמרא ומסתימת לשון כל המפרשים והפוסקים דבהא מודה ר׳ נתן ולא מפליג בין מינו לשאינו מינו, והטעם בזה דעל כרחך דבמינו נמי פסול משום דשופר אחד אמר רחמנא ולא שני שופרות מה שאין כן בניקב וסתמו במינו דללישנא בתרא דרבי יוחנן מכשיר ר׳ נתן אף בנפחת רובו ולא מיפסל מטעם שני שופרות שאותה החתיכה שנסתם הנקב על ידה לאו שופר מקרי אלא חתיכת שופר, וזה מסייע למה שכתבתי לעיל בדברי התוס׳ בד״ה ודיבק שברי שופרות:

בפרש״י בד״ה במינו כשר אם אינו מעכב את התקיעה עכ״ל. נראה שהוצרך לפרש כן משום דמשמע ליה דמתני׳ כרבי נתן אתיא ואפ״ה קתני אם מעכב את התקיעה פסול וסתם סתמו במינו משמע, וא״כ על כרחך לא מכשיר רבי נתן אלא באם אינו מעכב וכן כתב הרמב״ם ז״ל [הל׳ שופר פ״א ה״ה]:

אמנם קשיא לי טובא איך אפשר לומר דפלוגתא דר׳ נתן ורבנן במינו היינו אם אינו מעכב מכלל דבשלא במינו אפילו אינו מעכב פסול לכ״ע, א״כ תקשי להו הך ברייתא שהביאו התוספות בשמעתין בשם הירושלמי והתוס׳ דקתני להדיא נקב וסתמו בין במינו ובין שלא במינו אם היה מעכב את התקיעה פסול ואם לאו כשר ר׳ נתן אומר כו׳ אלמא דאפילו לרבנן מכשרו באם אינו מעכב אפילו שלא במינו מכל שכן לר׳ נתן, וליכא למימר דלרש״י ולהרמב״ם פליג ר׳ נתן אסיפא ולחומרא כמ״ש הרא״ש [סימן ה׳] בסוף דבריו בשם גדולים שפירשו כן אלא שהרא״ש ז״ל דחה דבריהם וכתב שאינם עיקר, ובאמת אף שאיני כדאי להשיג על הגדולים מ״מ תימה גדולה בעיני דהא בברייתא דילן בשמעתין לא מייתי הך בבא דואם לאו כשר אלא פסול קתני ופליג עליה ר׳ נתן ואמר במינו כשר אלמא דר׳ נתן לקולא, והא ודאי דתלמודא דידן עיקר לגבי הירושלמי א״כ הדרא קושיא לדוכתא על שיטת רש״י ורמב״ם ז״ל וסייעתם:

והנראה לפענ״ד בזה דהך ברייתא דירושלמי ותוספתא שהביאו התוס׳ קתני בה אם היה מעכב דמשמע שהיה מעכב קודם שסתמו אע״פ שלאחר שסתמו אינו מעכב אפ״ה פסול ועלה קתני ואם לאו כשר ועניננו שאם לא היה

מעכב אפילו קודם שסתמו לא מיקרי נקב כלל וכשר אף שלא במינו, והשתא אתי שפיר דהא דפליג ר׳ נתן וקאמר במינו כשר ארישא קאי ולקולא כמו בברייתא דתלמודא דידן, אלא דמעכב דבירושלמי היינו אינו מעכב דתלמודא דידן דהתם קודם סתימה והכא לאחר סתימה, וטעמא דר׳ נתן דבמינו אע״ג שהיה מעכב מקודם אפ״ה כשר כיון דהשתא אינו מעכב דבכה״ג לא שייך טעמא דשני שופרות כדפרישית משא״כ שלא במינו פסול אפילו באינו מעכב עכשיו כיון שהיה מעכב קודם שסתמו, כן נראה לי נכון וברור בעזרת האל בשיטת רש״י ורמב״ם וסייעתם:

אלא דלפי״ז שמעינן מיהו דהיכא שלא מעכב אפילו קודם שסתמו אפילו שלא במינו כשר בין לרבנן ובין לר׳ נתן דלא מיקרי נקב כלל והו״ל כציפהו זהב שאם לא נשתנה קולו כשר, ומן התימה שלא נזכר דין זה בפוסקים אף לשיטת המחמירים. וכמו שכתבתי כן נראה להדיא מלשון בעל הלכות גדולות. וכפי שיטה זו שכתבתי בשיטת רש״י, כן נראה לי לפרש ג״כ דברי תוס׳ בשמעתין במסקנתם, וכן נראה להדיא מלשון פירוש מדכתבו בתירוצם הראשון והשתא ר׳ נתן על כרחך אם היה מעכב את התקיעה קאי ממילא משמע דלמסקנתם שחזרו לפירוש ראשון בתחילת דבריהם קאי שפיר מילתא דר׳ נתן אאם אינו מעכב, ולא הוצרכו לפרש כן כיון דרש״י ז״ל כתב כן להדיא ומדשתקו ליה לרש״י אודויי אודי ליה. אמנם כן הרא״ש ז״ל כתב בשם התוספות להיפך דר׳ נתן אאם מעכב את התקיעה קאי שהעתיק כל לשון התוספות והביא הירושלמי ונראה לי בכונתו דמדמוקי ירושלמי למתני׳ כר׳ נתן והיינו אפילו ר׳ נתן ואי ס״ד דפלוגתא דרבנן ור׳ נתן אינו אלא באינו מעכב תו לא שייך לומר כן דהא במתני׳ אם מעכב קתני דפסול. אמנם לענ״ד לא יתכן לפרש כן כלל בשיטת הירושלמי דהא תחילת דברי הירושלמי שהביא הרא״ש עצמו כך הם שופר שנסדק ודבקו פסול למי נצרכא לר׳ נתן ופירש הרא״ש ז״ל דלרבנן פשיטא, וכה״ג בדיבק שברי שופרות קאמר בירושלמי עוד היא ר׳ נתן והיינו נמי דלרבנן פשיטא ולא איצטריך למיתנייה, וא״כ אי ס״ד דפלוגתא דרבנן ור׳ נתן היינו דוקא במעכב ובשאינו מעכב לא שייך פלוגתייהו כלל א״כ אפילו לרבנן שפיר איצטריך למיתני שופר שנסדק ודיבק שברי שופרות דפסול דאפילו באינו מעכב פסול, ולקושטא דמלתא בהכי איירי לכל הפוסקים ומפרשים, אלא על כרחך צריך לפרש לשון הירושלמי כדפרישית ולעולם דפלוגתא דרבנן ור׳ נתן באינו מעכב מיירי ואפ״ה פסלו רבנן אף במינו כיון שהיה מעכב קודם שסתמו. ולפי״ז ודאי לא הוצרך לרבנן למיתני שופר שנסדק ודיבק דפסול דהא ודאי שהיה מעכב קודם הסתימה בדיבק שברי שופרות לכל הפירושים וכ״ש בנסדק לפרש״י היינו שנחלק לשני חלקים וכדפרישית, משא״כ לר׳ נתן דלא איכפת ליה לריעותא דקודם הסתימה ובתר השתא אזלינן במינו וקס״ד דמהאי טעמא יש להכשיר אפילו בנסדק ודיבק דעכשיו אינו מעכב התקיעה קמשמע לן דאפ״ה פסול מטעם דהוי כשני שופרות, כן נראה לי נכון בעזור האל יתברך בלי שום גמגום. ועוד אבאר בזה באריכות בשיטת הפוסקים ☞ בקונטרס אחרון אי״ה:

בגמרא כמינו כשר אמר רבי יוחנן והוא שנשתייר רובו כו׳ **איכא דמתני לה אסיפא כו׳ והוא שנפחת רובו.** נראה משום דלשון ניקב האמור בכל מקום סובל שני פירושים או שניקב במשהו או שניקב ברוב, ולפי זה הא דאמר רבי יוחנן בלישנא קמא דשלא במינו אע״פ שנשתייר רובו פסול היינו דפסול אפילו במשהו וללישנא בתרא היינו ברובו, וכבר כתבתי דיותר אפשר לומר דהאי רובו לאו היינו רוב כל השופר אלא ברוב הקיפו איירי וכבר כתבתי ג״כ ששיטת רש״י ורמב״ם וסייעתם מימרא דר׳ יוחנן בפלוגתא דר׳ נתן ורבנן היינו באין מעכב התקיעה כדמשמע בלשון המשנה דסתם ניקב וסתמו איירי אפילו במינו והבאתי ג״כ ראיה מן הירושלמי. משא״כ שיטת הרא״ש וסייעתו דכולה סוגיא דהכא במעכב איירי, ומלבד דלכאורה לשון המשנה והירושלמי קשיא לפירושם לומר דניקב וסתמו היינו דוקא שלא במינו, אלא דקשיא לי יותר דלפי״ז פליגי הנך תרי לישני דר׳ יוחנן בתרתי דללישנא קמא במינו מיפסיל ברובו וללישנא בתרא כשר לגמרי ופליגי נמי בשאינו מינו דללישנא קמא מיפסיל במשהו וללישנא בתרא דוקא ברובו והנך תרי פלוגתא הוי בתרי טעמי וכל כי האי לא הוי שביק הש״ס לפרושי טעמא דמלתא דכל חד מהנך תרי מילי במאי קמיפלגי. וכה״ג גופא קשה על שיטת רש״י ורמב״ם, ויותר קשיא לי דלשיטתם דנקב משהו שנסתם שלא במינו ואינו מעכב התקיעה שחזר הקול לכמות שהיה דפסול לדידהו ללישנא קמא, ומה טעם יש לפסול זה.

לכך היה נראה לענ״ד לפרש הסוגיא בענין אחר דעיקר פלוגתא דהנך תרי לישני אליבא דר׳ יוחנן היינו בפירושא דהך ברייתא דפליגי ר׳ נתן ורבנן אי איירי במעכב התקיעה או באינו מעכב דלישנא קמא סובר דבמעכב פליגי דהכא הוי שפיר לפרש פסול דברייתא ופסול דמתני׳ בחד גונא, ואע״ג דר׳ יוחנן גופא מוקי בירושלמי מתני׳ כר׳ נתן אפ״ה לא קשיין אהדדי, דהא דקאמר רבי נתן במתני׳ ניקב וסתמו אם מעכב פסול והיינו אפילו במינו כדפרישית דסתם סתמו במינו איירי היינו כשניקב רובו דומיא דרישא דנסדק ודיבקו דאיירי נמי במינו וברובו וכן דיבק שברי שופרות. והא דקאמר רבי נתן בברייתא במינו כשר היינו כדמוקי לה רבי יוחנן הכא בנשתייר רובו ובכה״ג בשלא במינו פסול אפילו בנקב משהו והוא הדין לרבנן אפילו במינו, והוי דומיא דרישא דברייתא דקתני הוסיף עליו כל שהוא פסול, והטעם בזה מבואר דכיון דמעכב התקיעה פסלו רבנן אפילו במינו כיון שנשתנה הקול מחמת סתימה זו הו״ל קול שני שופרות וכ״ש בשאינו מינו הו״ל קול שופר ודבר אחר, ור׳ נתן מכשיר כה״ג במינו כיון שאינו אלא במיעוטו תו לא מיקרי קול שני שופרות והמיעוט בטל לגבי הרוב משא״כ בשלא במינו מודה דפסול דאפילו במיעוט נמי איכא מיהא קול שופר ודבר

אחר. כל זה דוקא ללישנא קמא, אבל ללישנא בתרא דמתני לה ר׳ יוחנן אסיפא מפרש לה לברייתא דש״ס הכל קול שופר הוא דפלוגתא דרבנן ור׳ נתן היינו באינו מעכב כדפרישית במימרא דר׳ יוחנן בירושלמי ואפ״ה שלא במינו פסול בין שנפחת רובו ואין שם שופר עליו, משא״כ במינו מכשיר רבי נתן דאע״ג דנפחת רובו אכתי קול שופר אחד הוא ולרבנן פסול אפילו בכה״ג דהו״ל כשני שופרות. נמצא דלפי מה שכתבתי לא פליגי הנך תרי לישני כלל לדינא בפלוגתא רחוקה כל כך דשלא במינו ומעכב פסול לתרוייהו אפילו במיעוטו ובאינו מעכב כשר לתרוייהו במיעוטו עד שיפחת רובו וברובו מיהו פסול לא מבעיא ללישנא בתרא דפשטא דברייתא בהכי איירי אלא אפילו ללישנא קמא נמי סברא פשוטה דפסול מטעם דאין זה קרוי שופר, ולא פליגי הנך תרי לישני אלא במינו ואליבא דרבי נתן וכמו שאבאר ☜ בקונטרס אחרון ע״ש:

בתוספות בד״ה ושמע קול שופר כו׳ אי לענין צירוף כו׳. נראה מכונתן דמה שכתבו לענין הצירוף היינו אף לענין צירוף דהא לענין לצאת ודאי פליגי כדמוכח בפרק אלו נאמרין דמייתי מדריב״ל ראיה לברכת כהנים דאיירי לענין לצאת וכמו שאבאר בסמוך, ומה שכתבו כגון ציבור ושליח ציבור נמי צירוף מיקרי דהא בלא הא לא סגי וק״ל ועיין בסמוך:

בא״ד א״כ הוי סוגיא דכל גגות כו׳ וכוותיה קיי״ל דהא הני נשי כו׳ כדמוכח בסוטה כו׳ עכ״ל. ומהרש״א ז״ל תמה על דבריהם דהא הני נשי וכן סוגיא דסוטה בכהנים הכל לענין לצאת איירי ע״ש שכתב שכל זה בתוס׳ ישנים אינו. אמנם לענ״ד גברא רבה דמהרש״א חזינא ותשובתו לא חזינא דבפשיטות יש לקיים דברי התוספות שלפנינו דמה שכתבו וכותיה קיי״ל כוונתם דלעולם בכל דוכתא קיי״ל כרבי יהושע בן לוי לגבי דרב דאפילו ר׳ יוחנן וריב״ל הלכה כריב״ל וכ״ש לגבי דרב דהא רב ור׳ יוחנן הלכה כרבי יוחנן וכמ״ש התוספות עוד במסכת ע״ז (דף נ״ז ע״ב ד״ה לאפוקי) דרבינו יוסף טוב עלם פסק בכל דוכתא הלכה כריב״ל, ולזה הענין נתכוונו ג״כ כאן אלא לפי דבעל הלכות גדולות פוסק בכל מקום הלכה כר׳ יוחנן לגבי דריב״ל בריש מסכת ברכות לכך הוצרך התוס׳ כאן להביא ראיה על זה דהלכה כריב״ל בכל מקום לגבי דרב דהיינו דמסקו דהא הני נשי קיימי לחודייהו וראיה זו היינו ממעשה בכל יום וכיון (דבין מה דס״ד דהתוס׳ השתא ומכ״ש) דלמסקנא איירי לענין לצאת וכדפרישית א״כ על כרחך היינו משום דהלכה כריב״ל לגבי דרב, וא״כ ממילא דאי לענין צירוף פליגי נמי הלכה כריב״ל לגבי דרב וא״כ הדרא קושיא דידהו לדוכתא דסוגיא דפרק כל גגות הוי דלא כהלכתא, ועוד הביאו ראיה לענין זה עצמו דבכל מקום הלכה כריב״ל לגבי דרב וזה שכתבו וכדמוכח בסוטה דמייתי ראיה מדריב״ל לפשוט איבעיא דמחיצה לענין ברכת כהנים, אכתי מאי ראיה מייתי בגמרא מדריב״ל ותיפוק ליה דרב פליג עליה בפרק כיצד צולין אלא על כרחך דפשיטא ליה לסתמא דתלמודא דבכל מקום הלכה כריב״ל לגבי דרב,

וראיה זו כתבו התוס׳ להדיא שם פרק ואלו נאמרין ע״ש ותמצא שדברי כנים וברורים בעזר האל בכוונת התוס׳ כאן, אלא דבמה שכתבו בתוספות כדמוכח צ״ל וכדמוכח, ותדע שכן הוא שהרי מה שכתבו דהא הני נשי לא נזכר בסוטה כלל ע״ש, ובחנם גמגם מהרש״א בזה ודוק היטב:

שם פיסקא אמר רב הונא כו׳ והא תנן לא יצא אלא לאו שמע מינה כרב הונא. עד)ויש לדקדק דמאי סייעתא מייתו מהכא לרב הונא דהא איכא לאוקמי הך ברייתא דקתני יצא כששמע קול שופר בתחילה והא גופא קמשמע לן דאע״ג דבסוף התקיעה שמע קול הברה עמו וצ״ע:

דף כח ע״א

בפירש״י בד״ה אם קול שופר שמע בלא קול הברה עכ״ל. והכריחו לפרש כן מדמקשי הש״ס בפשיטות ליפוק בתחילת תקיעה מקמי דליערבב קלא אלמא דמילתא דפשיטא היא שתחילת התקיעה היא קול שופר לבד בלא עירבוב משא״כ בסוף התקיעה פעמים מתערב עם הברה ופעמים אינו מתערב וכמ״ש המפרשים במה הדבר תלוי. ובזה יתיישב לפירוש הרא״ש דרב הונא מפרש למתני׳ בענין זה דאם קול שופר שמע היינו אותן העומדין בבור ואם קול הברה שמע היינו לאותן העומדין על שפת הבור, דאפ״ה מקשי הש״ס שפיר ליפוק בתחילת תקיעה מהאי טעמא גופא דפשיטא ליה לתלמודא שאף אותן העומדים על שפת הבור בתחילת התקיעה שומעין קול השופר לבד, אלא דאכתי איכא למידק מאי מקשי הש״ס ליפוק בתחילת תקיעה דלמא בהא גופא איירי מתני׳ אם קול השופר שמע דהיינו ששמע תחילת התקיעה יצא ואם קול הברה שמע פי׳ שלא היה בתחילת התקיעה ולא שמע אלא סוף התקיעה לבד דאע״ג דבעלמא בסוף התקיעה לבד יצא אפ״ה לא יצא כיון דסוף התקיעה קול הברה הוא ויש ליישב:

בגמרא אמר רב יהודה שופר של עולה לא יתקע. פרש״י דאיירי שתלשו מחיים דאי לאחר זריקה כו׳ והאי תלשו מחיים על כרחך איירי שתלשו בענין דלית מעילה מחמת תלישה כגון שתלשו במזיד או שנתלש מאליו והיינו דקאמר רבא אימת מעל לבתר דתקע, והא דפשיטא ליה לרבא דרב יהודה איירי בהכי היינו משום דאי אפשר לומר דאיירי בתלשו בשוגג שמעל בשעת תלישה דא״כ אמאי קאמר דלא יתקע בו לכתחלה דבשעה שמעל בתלישת הקרן יצא הקרן לחולין דלא שייך ביה בקרן קדושת הגוף, כן נראה לי:

בתוספות ד״ה אמר רב יהודה כו׳. תימה מאי שנא משלמים כו׳ ר״ח גרס רבא ותימה דבסוף כיסוי הדם כו׳ עד סוף הדיבור. עד)נראה דהמשך דבריהם כך הוא דבתחילה כתבו דמשום הך קושיא דמ״ש משלמים גרס ר״ח רבא, ועל זה כתבו שאין צורך להגיה כיון דאכתי אפילו לגירסתו קשיא הך דפרק כיסוי הדם, ועל כרחך צריך לחלק ולתרץ כמו שתירץ הוא

עג) ערוך לנר:

בשלהי כיסוי דם ובפרק לולב הגזול והיינו שיש לחלק בין ע"ז של ישראל בין של עכו"ם או בישראל גופא בין ביטלו ללא ביטלו ע"ש, וא"כ לפי"ז אין צורך לגרוס רבא ושפיר גרסינן רב יהודה והא דקאמר יצא היינו בשל עכו"ם או בשל ישראל ובביטל, כן נראה לי בכוונתם. ולענ"ד אפ"ה הוצרך ר"ח לגרוס רבא במקום רב יהודה דאל"כ אכתי קשיא סיפא דקתני בשופר של עיר הנידחת לא יצא ומסקינן טעמא משום דכתותי מכתת שיעורא, ואי ס"ד דגרסינן רב יהודה לא הוצרך להאי טעמא דכתותי מכתת שיעורא ותיפוק ליה דבלא"ה לא יצא משום דאיסורי הנאה נינהו למאי דס"ל דמצות ליהנות ניתנו, כן נראה לי ודו"ק:

בגמרא שלחו ליה לאבוה דשמואל כפאו ואכל מצה יצא כו' **אמר רבא זאת אומרת התוקע לשיר יצא.** עד)לכאורה נראה דעיקר מילתא דאבוה דשמואל הוא דרבא אתי לאשמעינן דמצות אינן צריכות כוונה. אלא דלפי"ז הוה מצי למימר בסתמא דמצות אינן צריכות כוונה, דבשלמא בהא דשלחו לאבוה דשמואל כפאו ואכל מצה מצינן למימר דמעשה שהיה כך היה שעל דבר זה נשאלו משא"כ בהא דרבא דאמר זאת אומרת התוקע לשיר והוי ליה למימר זאת אומרת מצות אינן צריכות כוונה, ואי משום דאכתי איכא למיטעי דאפילו למ"ד דמצות אינן צריכות כוונה אפ"ה בשופר צריך כוונה מהאי טעמא דאמרינן בסמוך דזכרון תרועה כתיב, דא"כ היא גופא קשיא מאי קאמר רבא זאת אומרת הא ממצה אכתי לא שמעינן שופר. לכך נראה לי דעיקר מילתא דאבוה דשמואל משום דס"ד דאפילו למ"ד מצות אין צריכות כוונה היינו דוקא בסתמא משא"כ בהאי דכפאו ואכל מצה דגלי דעתיה דלא ניחא ליה והו"א דלא יצא, דבכי האי גוונא כתב רבינו יונה בשם רבינו שמואל בסוף פ"ק דברכות [דף ו' ע"א מדפי הרי"ף] גבי הא דפתח בדשיכרא וסיים בדחמרא ע"ש, קמ"ל אפ"ה יצא ולפי"ז דייק רבא שפיר זאת אומרת התוקע לשיר יצא דהיינו נמי בכי האי גוונא גופא כיון שיודע דחובת היום לתקוע בראש השנה ואפ"ה אינו תוקע אלא לשיר א"כ גלי דעתיה דלא ניחא ליה לצאת בהאי תקיעה אפ"ה יצא משום דאין לחלק בכך, ולכאורה באמת יש להקשות סוגיא דהכא על פירוש רבינו שמואל אלא שיש ליישב לפי מה שאכתוב בסמוך על שיטת רבינו יונה ועיין עליו ודו"ק:

בתוספות בד"ה אמר רבא זאת אומרת כו' **דמצות אינן צריכות כוונה ובפרק ערבי פסחים משמע דפלוגתא דתנאי היא.** ומה שלא כתבו כן לעיל במימרא דאבוה דשמואל גופא, היינו משום דאיכא למימר דאפילו למ"ד מצות צריכות כוונה אפ"ה מודה דבאכילת מצה אין צריך כוונה מהאי טעמא גופא דאמר בסמוך אכול מצה והא אכל והיינו כפירוש רש"י שכן נהנה. ולפי"ז לא שייך הכא הך פלוגתא דפרק ערבי פסחים דהתם בדיני מרור איירי דלא שייך טעמא דנהנה משא"כ במימרא דרבא הכא מדייקו התוספות שפיר דס"ל דמצות אינן צריכות כוונה וכתבו על זה דפלוגתא דתנאי היא, כן נראה לי וק"ל:

בא"ד ומה שמקשה עליו מברייתות לקמן לא פריך מר"י כו'. נראה דבהא דמקשו עליו לקמן ממתני' דהיה קורא וממתני' דהיה עובר, היינו משום דאכתי מקשי הש"ס שפיר עליה דרבא דס"ל אין צריך כוונה ודלא כהנך סתמי דמתני' ואנן קיי"ל הלכה כסתם משנה, משא"כ בהא דמקשינן לקמן מברייתא דנתכוין שומע בהא קשיא להו שפיר כיון דלא מקשינן אלא מברייתא טפי הוי ליה לאקשויי מר' יהודה דפרק ערבי פסחים דאפילו במרור דרבנן ס"ל דלא יצא, ועד כאן לא פליגי רבנן עלה אלא בדרבנן אבל בדאורייתא מודו, ועוד דאפילו אם נאמר דרבנן פליגי אפילו בדאורייתא אכתי לא מקשה מידי מברייתא דנתכוין שומע דאיכא לאוקמא הך ברייתא כר' יהודה, כן נראה לי בכוונתם ודו"ק:

בפרש"י מהו דתימא התם אכול מצה קאמר כו' אף לענין **חטאת אמרינן מתעסק בחלבים ועריות חייב שכן נהנה** עכ"ל. מיהו לפי האמת דדייק מיניה רבא לענין תוקע לשיר ושאר מצות דאין צריכות כוונה נראה דלא משמע ליה כלל האי טעמא דנהנה כיון דסוף סוף אינו רוצה להנות שהרי כפאוהו ואכל, דאפילו בחלבים ועריות לא שייך כה"ג חיוב חטאת היכא דכפאוהו אע"ג דנהנה, וכיון דאפ"ה סבר אבוה דשמואל דיצא אע"ג דאונס הוא ועל כרחך היינו משום דס"ל מצות אינן צריכות כוונה כלל, כן נראה לי:

דף כח ע"ב

בגמרא אבל הכא זכרון תרועה כתיב והאי מתעסק בעלמא **הוא קמ"ל.** עה)ולכאורה נראה דבחד מינייהו לחוד הוי סגי לענין דלא דמי למצה אלא דלרווחא דמילתא קאמר דתרי טעמי לחומרא איכא בתוקע לשיר ובהא דקאמר קמ"ל היינו משום דרבא גופא לא משמע ליה הנך טעמי כלל דזכרון תרועה למילתא אחריתי אתא כמו שאבאר, וכן בהא דבא לחלק מעיקרא בין מתעסק דשופר למתעסק דמצה שכן נהנה לא משמע ליה כדפי', אלא הא דקאמר זאת אומרת אעיקר מילתא קאי דשמעינן מיהא מאבוה דשמואל דהלכה למעשה כמ"ד מצות אינן צריכות כוונה, אלא דאכתי מהא דקאמר זאת אומרת ומקשינן עלה היינו הך משני שפיר דלאו היינו הך דאכתי איצטריך לאפוקי מהאי סברא דמהו דתימא, כן נראה לי ברור דלזה נתכוין רש"י וכתב קמ"ל כו' דמצות אינן צריכות כוונה, והיינו כמ"ש דעיקר מימרא דרבא הוא דאבוה דשמואל היינו דבא לאשמועינן דקי"ל מצות אינן צריכות כוונה והיינו דמייתי עלה הש"ס כל השקלא וטריא וסוגיא דבסמוך וכ"ש בהא דאמר ליה אביי אלא מעתה הישן בשמיני בסוכה ילקה ועל כרחך אעיקר מילתא קאי דבא למימר דמצות צריכות כוונה ודוק ועיין בסמוך:

עד) ערוך לנר:
עד) ערוך לנר:

ובפרש"י דקמ"ל **אע"ג דמתעסק הוא יצא דמצות אינן צריכות כוונה** עכ"ל. וכבר כתבתי מה שנ"ל בכוונתו, אלא שראיתי למהרש"א ז"ל שהקשה לפירש"י דהו"ל לפרש דקמ"ל תוקע לשיר לאו מתעסק הוא ע"ש, וכבר כתבתי דאי אפשר לפרש כן אלא דהמשך לשון רש"י כך הוא דודאי סתם לשון מתעסק היינו בתוקע לשיר וכיוצא בו אלא דאי לאו מימרא דרבא הו"א דתוקע לשיר לא יצא, והיינו דהכי הוי מפרשינן מתני' דלקמן דקתני מתעסק לא יצא. ולפי"ז הוי אתי מתני' שפיר אליבא דכו"ע אפילו למ"ד מצות אינן צריכות כוונה וכפאו ואכל מצה יצא אפ"ה בשופר לא יצא משום דכתיב זכרון תרועה מש"ה קאמר רבא זאת אומרת משום דמסברא דנפשיה פשיטא ליה דלא משמע לחלק בכך לא בסברא דנהנה ולא בסברא דזכרון תרועה כדפי', והשתא לפי"ז על כרחך הא דקתני במתני' לקמן מתעסק לא יצא היינו דקא מנבח נבוחי כדאמרינן בסמוך ומשום סיפא דהשומע מן המתעסק איצטריך ליה דסד"א דיצא מהטעם שאפרש בסמוך, כן נראה לי וכמ"ש מבואר להדיא מתוספות ד"ה אבל הכא דלא כמו שהבין מהרש"א ז"ל בכוונתם:

בגמרא איתביה היה קורא בתורה כו'. כבר כתבתי בריש פרק היה קורא [ברכות י"ג ע"א] שיש להקשות מזה על פירוש רבינו יונה בסוף פ"ק דברכות [דף י' ע"א מדפי הרי"ף] גבי האי דפתח בדשיכרא שכתב שם אפילו למ"ד מצות אינן צריכות כוונה היינו דוקא בדבר התלוי במעשה משא"כ בדבר התלוי באמירה ודאי לכו"ע צריך כוונה, א"כ תיקשי עלה מסוגיא דריש פרק היה קורא ומסוגיא דהכא דלפי שיטתו לא מקשה הש"ס מידי מק"ש שתלוי באמירה, ובמה שכתבתי שם ליישב שיטתו בסוגיא דפרק היה קורא ע"ש:

מיהו אכתי לא יתיישב סוגיא דהכא, לכך נראה לענ"ד דאדרבה עיקר דבריו דר' יונה נראה לי שיצא לו כן מסוגיא דשמעתתא והיינו משום דקשיא ליה כיון דמשמע מסוגיא דשמעתין מאבוה דשמואל דהלכה למעשה כמ"ד אין צריכות כוונה וכרבא דבתראה הוא וכה"ג סתמא דתלמודא בכל השקלא וטריא דהכא משמע דקי"ל כרבא ובתר הכי מייתי הש"ס דאמר ליה ר"ז לשמעיה איכוון ותקע לי דמשמע דס"ל דצריכות כוונה, וכבר הרגישו בזה כל הפוסקים קדמאי ובתראי דהסוגיות קשיין אהדדי כמ"ש הטור וב"י בהלכות מצה [סימן תע"ה] ובהלכות שופר [סימן תקפ"ט] ע"ש דיש מהגאונים פסקו כרבא ויש מהם פסקו כר"ז דפליג אדרבא ומוקמינן ליה בסמוך כתנאי ור"ז כרבי יוסי דנמוקו עמו עיין בלשון הרא"ש ז"ל בשמעתין [סימן י"א] ויש מהם שכתב לחלק בין האי דר"ז ובין האי דאבוה דשמואל בכמה גווני משום דלא משמע להו דסוגיות פליגי אהדדי. ולפי"ז שפיר מצינן למימר דרבינו יונה גופא נמי לא משמע ליה לומר דר"ז פליג ארבא כיון דלא מייתי לה הש"ס בלשון פלוגתא, ובכך נראה ליה לרבינו יונה ליישב דלא פליגי והיינו דלפי מה שמפרש שיש לחלק דדוקא בדבר שתלוי במעשה אין צריך כוונה משא"כ בדבר שאינו תלוי במעשה, נמצא דלפי"ז אתי שפיר טובא דרבא שפיר קאמר דתוקע לשיר יצא כיון דקעביד מעשה מש"ה אין צריך כוונה והאי דאמר ר"ז לשמעיה איכוון ותקע לי נמי אתי שפיר דהא אי לאו דנתכוון המשמיע להוציא השומע א"כ לית כאן לא מעשה ולא מחשבה להוציא השומע, ובכה"ג גופא נמי איצטריך לאשמעינן השומע מן המתעסק לא יצא והיינו בתוקע לשיר וכ"ש במנבח נבוחי מאי רבותא יש כאן כיון דלעצמו לא יצא, ולמאי דפרישית אתי שפיר משום דיש סברא לומר להיפך דנהי דתוקע לשיר או מנבח נבוחי לא יצא היינו משום דמתעסק בעלמא גרע מיניה כיון דגלי דעתיה דלא ניחא ליה לצאת כדפי' משא"כ בהשומע מן המתעסק דגלי דעתיה דניחא ליה לצאת סד"א דיצא, קמ"ל דאפ"ה לא יצא כיון דבין השומע ובין המשמיע לא עבדי מעשה שיהא ניכר שמתכוין לצאת ולהוציא, כן נראה לי נכון ליישב שיטת רבינו יונה, ובכה"ג גופא י"ל שיטת רבינו שמואל מה שהקשיתי עליו בסמוך ועיין בקונטרס אחרון ודו"ק היטב:

שם אמר ליה אביי **אלא מעתה הישן בשמיני בסוכה ילקה**. נראה דאף לפמ"ש התוספות לעיל דהך מלתא דמצות צריכות כוונה או לא פלוגתא דתנאי וכדמשמע נמי לקמן בסמוך במימרא דר"ז דאמר איכוון ותקע לי ומסקינן דפלוגתא דר' יוסי ורבנן היא דלרבנן מצות אין צריכות כוונה, וא"כ לפי"ז ודאי לרבנן לקושטא דמילתא הישן בשמיני בסוכה לוקה, אלא דאפ"ה מקשה אביי שפיר לרבא דס"ל הלכה למעשה דמצות אין צריכות כוונה וא"כ תיקשי ליה לרבא ממעשה בכל יום דקי"ל בסוכה בשמיני ספק שביעי מיתב יתבינן ברוכי לא מברכינן וא"כ עובר על בל תוסיף. וכה"ג כתבו התוספות בסמוך בד"ה דלמא קסבר רבי יהושע דלהך סברא אין ה"נ דלרבי יהושע הישן בשמיני בסוכה לוקה:

בפרש"י הישן בשמיני בסוכה שלא לשם מצוה ילקה שהרי מוסיף על מצוה כו' עכ"ל. ולכאורה יש לתמוה דמה סברא היא זו דנהי דס"ל לרבא דמצות אין צריכות כוונה היינו משום דעבד מעשה המצוה, משא"כ בישן בשמיני בסוכה שלא לשם מצוה שאין כאן לא מחשבת בל תוסיף שהרי עושה אותו שלא לשם מצוה וכ"ש שאין כאן מעשה בל תוסיף כיון שיושב בסוכה בלא ברכה ואינו מזכיר של סוכה א"כ מה בל תוסיף שייך כאן. מיהו לפמ"ש בסמוך דרבא מסברא דנפשיה פשיטא ליה מאבוה דשמואל דכיון דכפאוהו ואכל מצה דגלי דעתיה שאין רוצה לעשות המצוה ואפ"ה יצא ומינה יליף רבא דהוא הדין בתוקע לשיר דהוי בכה"ג שאינו רוצה לעשות המצוה אפ"ה יצא, א"כ מהאי טעמא גופא אית לן למימר דבכה"ג בישן בשמיני בסוכה ילקה משום בל תוסיף כיון דישב שמונה ימים רצופים בסוכה שפיר הוי בל תוסיף אע"ג שאין עושה כן אלא משום ספק, כן נראה לי ודו"ק:

בתוספות ד"ה ומנא תימרא דתנן כו'. **תימה מאי אולמא דהך מההיא דכהן שעולה לדוכן** עכ"ל. ולכאורה יש

טורי אבן – ראש השנה

דף כז עמוד א

אם קול חיצון שמע לא יצא. פירש"י משום דאיכא מחיצות הפנימי מפסקת התקיע'. ומפרש"י משמע דקול חיצון ולא קול הפנימי קאמר ואפילו הכי לא יצא מפני הפסק התקיע'. והר"ן פירש אם קול פנימי לבדו שמע יצא ומיירי כגון שהוא עודף על החיצון שאין כאן אלא קול פנימי אבל אם קול חיצון נמי שמע לא יצא דה"ל קול ב' שופרות. ואני תמה דוודאי הא דאמר אביי לעיל שופר א' אמר רחמנ' ולא ב' או ג' שופרות היינו דוקא דומיא דפרה כדמסיק והא דפרה כיון דקאי גילדי גילדי מיתחזי כב' או ג' שופרות דא"א לקול התקיעה לצאת אלא על ידי כמה גילדי, ועוד דאין שיעור שופר בגילוד א' אלא על ידי צירוף ב' או ג' ושופר א' אמר רחמנ' שיהיה שיעור שופר בא' וגם קול התקיעה יצא על ידי שופר א' ולא ע"י ב', ודיבוק שברי שופרות דפסול משום ב' או ג' שופרות נמי הוי כה"ג אבל כל היכי שיש שיעור שופר בא' לבד וגם הקול יכול לצאת ע"י א' מהן לחוד כשתוקע בב' שופרות מאי איכפת לן בקול היתר של שופר השני כיון דכל א' מן השופרות א"צ להשני לא לסייע להוצאות הקול ולא להשלמת שיעור שופר אין כאן משום ב' או ג' שופרו' דמאי איכפת לן בקול של שופר אחר כיון דבלא"ה נמי סגי. וראיתי להתוס' בפ"ב דסוטה (דף יח ע"א) גבי הא דאמר התם כתבו פי' למגילת סוטה על ב' דפין פסולה ספר א' אמר רחמנא ולא ב' או ג' ספרים שכתבו ה"ה אם כתב לה ב' מגילות ומחקה לתוך כוס א' וכן גבי גט אם נתן לה ב' גיטין אף על גב דכל חד וחד שלם הוא וספר בפ"ע הוא פסול ולא מיגרשי בתרוייהו משום ב' וג' ספרים כדאמ' בפ' שור שנגח (בבא קמא דף מ) כופר א' אמ' רחמנא ולא ב' או ג' כופרים ובפ"ג דסוכה (דף ל"ה) לינקט תרתי תלתא פירי א' אמר רחמנא ולא ב' וג' פירות. ואין להקשות מ"ש מנתן שופר תוך שופר אם קול פנימי שמע יצא ולא חשיב לי' כב' שופרות דהתם בשמיעה תליא מילתא והוא לא שמע אלא קול הפנימי. ובעיני דברי תימא הן דוודאי אם כתב ב' מגילות ומחק לתוך כוס א' או נתן לאשתו ב' גיטין כיון דכל א' ספר שלם בפני עצמו הוא לית לן בה ולא אמרינן ספר א' אמר רחמנא אלא בכתב מגילה א' על ב' דפין דאין המגילה נגמר אלא ע"י צירוף הב' ספרים אבל אם כל א' לחוד הוא ספר שלם בפ"ע לית לן בה אי איתנהו ב' ספרים. והאי דכופר א' אמר רחמנא אין לו ענין לכאן דהתם מיבעי לן שור של ב' שותפין כיצד משלם את הכופר ישלם האי כופר והאי כופר כופר א' אמר רחמנא, פי' לא חייבה תורה על נגיחת שור לאדם א' אלא חד כופר אבל לא ב' הילכך בשור של שותפין א"א דהאי ישלם כופר וכן אידך הוי ליה ב' כופרין על נגיחה א' אבל הא ודאי אם זה ישלם מעצמו כופר שלם וכן אידך דשפיר דמי ויצא י"ח דאפי' בשור של אדם א' שנגח אם הבעל משלם ב' כופרין דבר תימה הוא לומר שלא יצא י"ח ואין מתכפר לו בזה. אלא ודאי כדפי', וה"נ הא דאמר פרי אחד אמר רחמנא לאו למימרא אי נקיט ב' או ג' אינו כלום אלא הכי קאמר פרי א' חייבו תורה ליקח ולא ב' וג' דהכי אמר התם פרי עץ הדר פי' שטעם עצו ופריו שווין הוי אומר זה אתרוג ופריך ואימא פלפלין ומשני דלא אפשר היכי נעביד נינקוט חדא לא מינכרא לקיחתו נינקוט תרי או תלת א' אמר רחמנא פי' לא חייבו תורה לינקוט אלא א' וא"צ ליקח ב' או ג'. הלכך א"א לומר דפלפלין הוא דהא כיון דבא' לא סגי דלא מינכרא לקיחתו ואי לוקח ב' או ג' א' אמר רחמנא דמשמע דסגי בלקיחת פרי א' ובפלפלין א"א בחד כיון דלא מינכר בע"כ אתרוג הוא דמינכר לקיחתו בחד.

ותדע דהכי הוא כדפי' דכל היכי דבחדא סגי לית לן אפי' בב' וג' דהא תנן בפ"ט דגיטין (ד' פ"ו) שנים ששלחו ב' גיטין שוין ונתערבו נותן שניהם לזו ושניהם לזו והשתא היאך מגרשה בשניהם לזו ספר אחד אמר רחמנא ולא ב' ספרי'. אלא ודאי כל כה"ג דכל א' בפ"ע ש"ד וכל אחד מיגרשה בדידה והשני היתר אינו מגרע כח הגט שלה משום ב' ספרים. מיהו יש לדחות ראיי' זו דנותן שניהם לזו דקאמר לאו בבת אחת משום ב' ספרים אלא נותן לה זה אחר זה דאין כאן משום ב' ספרים כיון דלעולם לא הי' בידה אלא א' מ"מ זה דוחק דא"כ ה"ל לפרש בהדיא שנותן לה בזה אח"ז. עוד נ"ל להביא ראיה מסיפא דהתם דתנן ה' שכתבו כלל בתוך הגט איש פלוני מגרש פלוני ופלוני פלונית והעדים מלמטה כולן כשרים וינתן לכל אחד ואחד תו תנן הי' כותב טופס לכל א' וא' והעדים מלמטה את שהעדים נקראין עמו כשר. והשתא בה' שכתבו כלל אמאי תנתן לכל א' וא' ובהי' כותב טופס אמאי את שהעדים נקראים עמו כשר הא כיון דנכתבו ה' גיטין הללו בספר א' כשנותן לאחת נותן לה בע"כ כל הה' גיטין שהן ה' ספרים ורחמנא אמר ספר א'. א"ו כיון דכל א' וא' סגי לה בחד ספר שלה לחוד לית לן בה משום ב' ספרים. מיהו ראיי' זו מג' בבות אלו יש לדחות. דע"כ לא אמרי' דב' וג' ספרים לא, אלא כל היכי דראוי להתגרש בכל א' וא' מספרים הללו אבל בכל הני ב' בבי אין ראוי להתגרש אלא בא' מהם אותו שנכתב לשמה אבל לא בשאר שלא נכתב לשמה ואנן בעינן לשמו ולשמה הלכך השאר לגבי דידה לאו ספר מקריא וכמאן דליתא דמי וה"ל כאילו אין כאן אלא ספר א' אבל היכי שנותן לה ב' גיטין בבת אחת ושניהם נכתבו לשמו ולשמה אף על גב דכל א' ספר שלם בפ"ע אינו מגורשת מה"ט דספר א' אמר רחמנא ולא ב' או ג' ספרים וכדברי התוס'. ובהא נמי ניחא הא דפ"ב דסוטה דבעי רבא כתב ב' מגילות לב' סוטות ומחקן לתוך כוס א' מהו כתיבה לשמה בעינן והאיכ' או דילמא בעי נמי מחיקה לשמה. והשתא למה לי האי טעמא משום מחיקה לשמה תיפוק ליה דה"ל ב' ספרים אלא משום דאין ספר של חברתה מעכב על של שלה משום ב' ספרים הואיל ושלא לשמה הוא. ומ"מ אף על פי שאין ראייה מכל זה שלא כדעת התוס' אפ"ה כיון דראיית התוס' אינו ראיה וכמ"ש זיל בתר סברא ומסתברא דאם כתב ב' גיטין או ב' מגילות לסוטה א' לית לן בה ואין התוס' פוסל משום ספר א' אמר רחמנא ולא ב' וה"ה גבי שופר אם שמע ב' קולות ביחד מב' שופרות לית לן בה. והא דקול פנימי שמע לא יצא לאו משום ב' שופרות ואף קול פנימי שמע אלא אפי' בשמע קול פנימי לחוד נמי לא יצא מפני הפסק התקיעה וכדפירש רש"י:

דף כז עמוד ב

אבל אותן העומדים בבור יצאו. פירש"י שהן קול השופר לעולם שמעו. משמע מפי' דלהעומדין על שפת הבור איכא לאפלוגי בין קול שופר שמע לקול הברה דזימנין דשמעו קול שופר וזימנין לקול הברה אבל שבבור שומעין לעולם לקול שופר. ולכאורה ק"ל על פי' רש"י מדאמר רבה לקמן שמע מקצת תקיעה בבור ומקצת על שפת הבור יצא ומסיק דמיירי בתוקע ועולה לנפשי' ופריך א"ה מאי למימר' ומשני זימנין דמפיק ריש' ואכתי שופר בבור וקא מיערבב קול קמ"ל. והשתא אי בעומד על שפת הבור תלוי בהבחנתו ואי קול שופר שמע יצא א"כ איך ס"ד לחוש למפיק ריש' ואכתי שופר בבור הא אפ"ה אי קול שופר שמע יצא וכי ס"ד דגרע במפיק ראשו באמצע מהיכי שהוא על שפת הבור מתחילת התקיעה עד סופה והתוקע בבור. וכי תימא דקמ"ל דלא גזרינן בהא דרבה שמע קול שופר אטו קול הברה הא נמי בק"ו מהא דמשנתינו אתי' דלא גזרינן הכי. וי"ל דסד"א אף על גב דכשהוא עומד על שפת הבור מתחילת התקיעה ועד סופה והתוקע בבור יצא אם אומר ששמע קול שופר דהתם וודאי קושט' קאמ' ואינו טועה ואמר בדדמי. ואי לאו שברור לו דשמע קול שופר לא הי' טועה לומר קול שופר על קול הברה. אבל בתוקע לעצמו ועולה באמצע תקיעה ניחוש דדילמא מפיק רישי' ואכתי שופר בבור וזימנין דקול הברה שמע וטועה ואומ' בדדמי דקול שופר שמע דלא אסיק אדעתי' דאפיק לרישי' ואכתי שופר בבור אלא שסבור דלא אפיק כשהיה שופר בבור ובכה"ג לעולם שומע לקול שופר ולא קול הברה קמ"ל דלא גזרינן. והאי מיערבב לקלא דקא' גבי אפיק לרישי' לאו מילתא פסיקתא היא אלא אזימנין קאי וכאלו קאמר זימנין דאפיק לרישי' וע"י דאפיק זימנין דמיערבב קלא. והרא"ש פי' דהאי לא שנו לפרש המשנה בא וה"פ לא שנו אם קול הברה שמע אלא לאותן העומדים על שפת הבור שהקול מתבלבל בבור קודם שיצא לחוץ ולעולם אינן שומעין אלא קול הברה אבל לאותן העומדים בבור לעולם קול שופר הן שומעין ויצאו. ואין סוגיית הגמ' עולה כהוגן לפי' זה דא"כ מאי תניא נמי הכא דמייתי מדתני התוקע לתוך הבור יצא והתנן לא יצא ש"מ כדר"ה, הא לפי' כל חידושו דר"ה לחלק דשבבור שומעין לעולם קול שופר ושבחוץ קול הברה לעולם והא אין לדייק מרומיא דמתני' ובריייתא אהדדי וגם לישנא דלא שנו דקאמר ר"ה לפירושו לא אתי שפיר כיון דר"ה לא חידש דבר חדש אלא לפר' המשנה אין דרך אמוראי לומר לא שנו על פירוש המשנה:

דף כח עמוד א

למימרא דסבר רבה שמע מקצת תקיעה וכו'. ק"ל האי שמע מקצת לא דמי לשמע מקצת בבור דהתם אותו מקצת גופי' דבבור זמן חיובא הוא לעומדים בבור אבל שמע מקצת תקיעה לחוד דמי לשמע מקצת קודם שעלה עמוד השחר וגרע מיניה דהתם מ"מ שמע כולה אלא כיון דלאו בזמן חיובא שמע לא יצא, כ"ש היכא דלא שמע תחילתה או סופה דאידך מקצת לא שמע כלל לא כ"ש דלא יצא. ואפ"ת דהא דדייק דסבר רבה בשמע תחילתה או סופה סגי לאו למימרא דלא שמע לאידך מקצת כלל א"ו ששמע לכולה. אלא שמקצת שמע בענין שאינו יוצא י"ח כגון מתעסק כדלקמן דהשת' דמי שפיר לשמע מקצתה בבור דשמע בזמן חיובא ולא דמי למקצתו קודם עלות השחר דלאו זמן חיובא הוא, מ"מ קשה מאי פריך מתקע בראשונה תסלק ליה בתרתי א"כ ראשונה ה"ל שמע תחילתו בלי סופו כלל והשניה ה"ל שמע סופו בלא תחילתו כלל והא בהא אפי' רבה מודה דלא יצא מק"ו דמקצתה קודם עה"ש. הלכך נ"ל דמכאן ראייה דשמע מקצת תקיעה קודם עה"ש דלא יצא לרבה וכן בשמע מקצת בבור דלמסקנא לא יצא אפי' אי איכא שיעור תקיעה במקצת שלאחר עה"ש או במה ששמע חוץ לבור אף על גב אי לא שמע אלא זה בלבד היה יוצא כיון שיש בה שיעור תקיעה אפ"ה כיון שהאריך בה יותר מכשיעור כולה חדא תקיעה אריכתא היא וכיון דמקצתן לאו כלום אידך נמי אינו כלום. מיהו למאי דס"ד השתא דמחלק רבה בין תקע מקצתה בזמן חיובא כגון בבור דיצא ובין תוקע למקצתה שלא בזמן חיובא דהיינו קודם עה"ש דלא יצא דהאי דשלא בזמן חיובא מגרע אותו של זמן חיובא אף על פי שיש בו לחוד כשיעור תקיעה, משא"כ אם המקצת בזמן חיובא אלא שהוא בגוונא שאינו יוצא בזה כגון מקצתו בבור שאין אותו מקצת מגרע לשיעור תקיעה שכהוגן, והשת' כ"ש היכא דלא שמע אלא מקצת תקיעה ויש בה כשיעור אף על גב דלא שמע התוספת דלית לן בה דהשתא בשמע מקצתו בבור דהתוספת שמע בפסול דבכה"ג בשמע שלא בזמן חיובא מגרע התוס' את של זמן חיובא אפ"ה אין התוספת הפסול בזמן חיובא גורע לשיעור תקיעה ששמע בהכשר אף על גב דאיכא שמיעת פסול עמו. כ"ש היכא דלא שמע אלא מקצת תקיעה דאפי' אי שמע לכולו אין כאן צד פסול כ"ש דאין התוס' שלא שמע מעכב על השיעור ששמע. ועוד נ"ל דבע"כ הא דשמע מקצת תקיעה קודם עה"ש וכן מקצתה בבור למסקנא דלא יצא היינו אפי' יש באותו מקצת של הכשר שיעור תקיעה דאי בדליכא שיעור תקיעה אלא בין הכל אדקשי' ליה ארבה מהא דתקע בראשונה הא בע"כ דתקע בראשונה בדתקע שיעור תקיעה דאל"כ לאו כלום הוא וכיון דמשך בשני' כשתים ה"ל פי שנים כשיעור תקיעה. אדק"ל לרבה לדידן נמי תקשה דהא אכתי נשאר בכל א' כשיעור תקיעה למאי דלא אסיק המקשה השתא דפסוקי תקיעה מהדדי לא פסקינן. ועוד ק"ל גבי ב' חצוצרות מן הצדדין קאמר למימרא דב' קלא משתמעי. ומשני להכי מאריך בשופר ודייק למימרא דאי שמע סוף תקיעה וכו' ופריך מהא דתקע בראשונה ומהתוקע לתוך הבור ומש"ה הדר בי' ומאי קושי' דילמא שופר מאריך כשיעור תקיע' דאחר הפסק הצוצרות. א"ו אפי' כה"ג לא יצא, ועוד מצידה תברא דהאיך אפשר לומר דס"ד דלרבה בשמע מקצת תקיע' דיצא בדלית בי' כשיעור תקיעה הא תקיעה צריכה שיעור כדתנן לקמן ספ"ד (דף ל"ג) אלא ע"כ לרבה נמי לא יצא בשמע מקצתו אלא בדאית בה שיעור תקיע' ומיניה לדידן אפי' בכה"ג לא יצא. וכ"ת לפי"ז מאי פריך מהתוקע לתוך הבור אמאי ליפוק בתחילת התקיעה מקמי דלא ליערבב קלא והא בע"כ ערבוב קלא בא קודם שתקע שיעור תקיעה דהא מתני' פסיק ותני התוקע לתוך הבור וכו' לא יצא. ומי לא עסקינן נמי בדתקע שיעור תקיעה מצומצם ואפ"ה לא יצא

אלמא ערבוב קלא בא קודם שיתקע שיעור תקיעה א"כ לרבה נמי ניחא דעד כאן ל"ק רבה דבמקצת תקיעה נמי יצא ודייקינן לה מדאמר רבה שמע מקצת תקיעה בבור וכו' דיצא אלא בדאיכא במקצת ששמע בבור שיעור תקיעה. אבל במתני' דליכא שיעור תקיעה מקמי דליערבב קלא מודה רבה דלא יצא. לק"מ דודאי מתני' פסיק למילתא ומיירי בין תקע שיעור תקיעה מצומצם בין האריך הרבה יותר משיעור תקיעה ובכולן פסיק ותני אם קול שופר שמע יצא ואם קול הברה שמע לא יצא. ומשמע אפי' בתקע יותר מכשיעור ושמע כשיעור תקיעה לקול שופר ובהמותר הוא דשמע לקול הברה אפ"ה לא יצא אף על גב דשיעור תקיעה היה קול שופר וע"ד שפי' לעיל והיינו דלא כרבה. ולמאי דפי' א"ש דלמסקנ' מוקי לה להא דרבה בתוקע ועולה לנפשיה. והשתא תקשה אדמפליג רבה בין שמע מקצת קודם שעלה עה"ש לשמע מקצת בבור ליפלוג בדידי' בין שמע מקצת בבור ובין תוקע לנפשיה. א"ו משום דהא דשמע מקצת קודם שעלה עה"ש מיירי אפילו במקצת שלאחר עה"ש היה שיעור תקיעה אפ"ה לא יצא. וזהו נלמוד מדברי רבה גופי' דאי בדליכא שיעור תקיעה אלא בין הכל פשיטא דלא יצא אלא ע"כ מיירי בדאיכא שיעור תקיעה בשל אחר שעלה עה"ש אפ"ה לא יצא, ואי אשמועי' כולה מילתא בתקיעה שבבור ה"א דרישא דשמע מקצת תקיעה בבור דלא יצא מיירי בדליכא אלא שיעור תקיעה בין הכל אף על גב דמילתא דפשיטא היא ה"א משום סיפא נקיט לה דקמ"ל דלא גזרינן לדילמא מפיק רישי' אבל השתא דנקיט מקצתו קודם שעלה עה"ש דהוי רישא וסיפא תרי ענייני לא שייך לומר דנקט רישא משום סיפא ורישא מיירי בדליכא אלא שיעור תקיעה בין הכל דא"כ מאי קמ"ל. א"ו אפי' בדאיכא שיעור תקיעה בשל אחר שעלה עה"ש אפ"ה לא יצא:

כי קאמר רבה בתוקע ועולה לנפשיה. וקשה לי א"כ למה שני לי' רבה לאביי לחלק במקצת קודם שעלה עמוד השחר למקצת בבור משום דהתם לאו זמן חיובא הוא כלל והכא מקום חיובא הוא כיון דמיירי בתוקע ועולה לנפשיה תיפוק ליה דכל התקיעה היתה כהוגן. ודוחק לומר דה"ק הכא מקום חיובא הוא וכיון דתוקע ועולה לנפשיה ה"ל כל התקיעה במקום חיובא, דא"כ לא ה"ל לחלק התם לאו זמן חיובא כלל הכא מקום חיובא דמשמע דמחלק לה"ט דהתם באותו שעה ליכא זמן חיובא כלל אבל הכא זמן חיובא הוא ואף על פי שמקצת שבבור לאו במקום חיובא שמע הא כיון דתוקע ועולה לנפשיה כל התקיעה במקום חיובא היתה. ונ"ל דלמסקנא זו לא הקשה אביי לעולם להאי מ"ש דלעיל ולא אהדר ליה רבה הכי, וכה"ג מצינו בכמה מקומות ואחד מהן בפ"ק דבכורות (דף ד') גבי פלוגתא דר"י ור"ל בקידשו בכורות במדבר דאקשי' ליה ר"י לר"ל כמה קושיו' ולבסוף מסיק דלכ"ע קידשו ופליגי אי פסקו או לא פסקו ולפ"ז לא אקשה ר"י לר"ל מעולם להני קושיו' דהתם וכמ"ש התוס' שם:

בשופר של שלמים לא יתקע ואם תקע לא יצא. וטעמא משום דס"ל מצות ליהנות ניתנו וה"ט דרבא מקמי דהדר ביה, וה"נ ס"ל לאביי בפ"ב דנדרים דאמר התם הא דאמר הנאת סוכה עלי הא דאמ' שבועה שלא אשב בסוכה א"ל רבא וכי מצות ליהנות נתנו אלא אמ' רבא הא דאמר ישיבת סוכה עלי הא דאמר שבועה שלא אשב בסוכה והא דרבא אמרה לבתר דהדר בי'. וק"ל הא תנן בפ"ג דמעילה (דף יג ע"ב) ערבה לא נהנין ולא מועלין ר"א בר צדוק אומר נוהגין היו הזקנים שנהנין ממנו בלולביהן, ופי' התוס' ערבה שהי' מקיפין המזבח נהנין היו מהם הזקנים בלולביהן דסבר מצות לאו ליהנות נתנו והשתא תקשה להני אמוראי דס"ל מצות ליהנות נתנו. ודוחק לומר דת"ק דאמר לא נהנין פליג אדר"א דס"ל מצות ליהנות נתנו ומ"מ לא מועלין משום דלא קידשו כדפי' התוספת. דא"כ לא היה רבא מתמה אאביי כ"כ וכי מצות ליהנות נתנו אדרבה דאביי עדיפא דאמר כרבנן ורב' הוא דאמר כיחידאי. ודוחק לומר כיון דאפי' לת"ק לא מועלין ע"כ הא דלא נהנין אינו אלא מדרבנן ובמקום מצוה לא גזרו רבנן, ליתא הא כל דתיקון רבנן כעין דאוריית' תיקון כדאמר בכל דוכתא. והרמב"ם (בפ"ה מה"מ) כתב ערבה הגדילה בשדה הקדש לא נהנין ולא מועלין ולא פי' מאי שנא משאר כל אילנו' שמועלים בהם כדתנן התם. ובפי' המשנה ביאר דבריו שכתב וכשצומחות ערבה בשדה הקדש הואיל ואינן נמכרות ואינן ראוי' לשום דבר לא נהנין ולא מועלין. ואיני יודע מה הוא זה הא אמרי' בכמה מקומות צריפי דאורבני שהיו מכסין גגותיהן בענפי ערבה וגם מצינו סלים של נצרים של ערבה קלופה וגם ראויין להבעיר כדאמר בספ"ק דשבת ועוד שראוי' למכור לצורך ד' מינים של חג. ומ"מ לפ"ד טעמא דר"א דנהנין בלולב משום דמצוה לאו ליהנות ניתנו ואכתי תקשה הא דאמרן. אבל הראב"ד כתב עליו בהשגות זה שיבוש שלא נאמרה במשנה אלא על אותו ערבה של אותו מקום שהיתה למטה מירושלים שיחדוהו לשם מצוה. ולפי' נ"ל הא דלא נהנין אעפ"י שאין כאן צד הקדש מ"מ הרחיקו כל אדם ממנה שאם היו נהנין היו מכלין את הכל ולא היה מצוי לערבה של מקדש בחג ומ"מ בלולביהם היו נהנין הזקנים לר"א דדבר מועט הוא ויש לו קצבה ופי' זה יתכן. ועק"ל הא בפ"ד דנדרים תנן גבי מודר הנאה מלמדו מדרש הלכות ואגדות וטעמא משום דלא מהני ליה מידי דאסור ליטול שכר לימוד כדמפרש התם בגמ' ופי' הר"ן דאע"ג דמהני ליה במה שמלמדו מצות לאו ליהנות ניתנו. והשתא תקשה למאן דס"ל ליהנות ניתנו אמאי מלמדו. וי"ל כיון דאסור ליטול שכר לימוד והכל חייבין ללמוד בחנם אין זה הנאה במה שזה מלמדו בחנם דאם לא ילמדנו המודר זה ילמדנו אחר,ולפ"ז הא דבשופר של שלמים אם תקע לא יצא לר"י היינו דאין לו שופר אח' אלא זה של שלמים דיש כאן הנאת מצוה דא"א לו לצאת ידי חובה אלא בהאי של הקדש. ובהכי א"ש גי' הספרים שופר של עכו"ם אם תקע יצא דגרסי' אמר ר"י דאף על גב דסבירא ליה בשופר של שלמים דלא יצא משום דהאי מיירי בדליכא שופר אחר אבל האי דשל עכו"ם מיירי בדאיכא שופר אחר ואפילו הכי בשל עיר הנדחת לא יצא דכתותי מיכתת שיעור' ושופר בעי שיעור, ודומה לזה מצינו בפ"ג דסוכה (דף ל"ג) גבי ענביו מרובות מעליו דאין ממעטין בי"ט דמתקן מנא להכשירו ללולב ואי אית ליה הושענא אחרית' ממעטי' לראב"ש דהשתא אין כאן תיקון דהא אפשר לו באחרת. ובהכי א"ש הא דתנן בפ"ג דסוכה (דף כ"ט) של אשרה ושל עיר הנדחת פסולה ופריך והא אמר רבא לולב של עכו"ם לא יטול ואם נטל כשר ומשני הכא באשירה דמשה עסקינן דכתותי מכתת שיעורא דיקא נמי דקתני דומי' דעיר הנדחת ש"מ, והשתא לר"י תקשה למה תנן אשיר' דומי' דעיר הנדחת למימרא דדוקא אשירה של משה פסולה ותיפוק ליה דאפי' אשירה דעלמא נמי פסולה כיון דמצות ליהנות נתנו, א"ו כדפרי' דהיכא דיש לו שופר אחר אפי' לר"י יוצא בשופר של שלמים וה"ה אם יש לו לולב אחר שאינו של אשירה מטעמא דהנאה לית לן בה מ"מ משום כתותי שיעורא דעיר הנדחת ודאי פסול מש"ה קתני דומיא דעיר הנדחת דאין לו ביטול דאפי' ביש לו לולב אחר פסול מה"ט דכתותי. ומיהו למאי דפי' התוספות התם דהאי דרבא דאמר אם נטל כשר מיירי באשירה שלא נטעה מתחילה לעכו"ם ואפי' דישראל וכרבנן בפ"ג דעכו"ם (דף מח ע"א) דשרי בהנאה ומתני' בנטעה לכתחילה לעכו"ם והיינו אשירה דמשה ובהכי מוקי רבנן לקרא דואשיריה' תשרפון. בלא"ה ניחא ואפי' לר"י הא דנקט אשירה דומיא דעיר הנדחת דקמ"ל דמיירי מאשירה של איסור הנאה דומיא דעיר הנדחת וה"ט דפסול משום דמצות ליהנות ניתנו ולאו משום כתותי שיעורא. מיהו כד

מעיינת היטיב אי אפשר לומר כן דכל היכא דאפשר ליה ליהנות הנאה זו מדבר היתר אפי' באיסור הנאה ש"ד, דתמה על עצמך אטו אם יש לו בשמים של היתר בידו לשתרי לו להריח משל איסורי הנאה הא וודאי לא, והא בסמוך אמ' רבא גבי מודר הנאה מחבירו דמזה עליו בימות הגשמים מה"ט דמצות לאו ליהנות ניתנו הא לא"ה אסור והא שכר הזאה נמי אסור ליקח כדאמר בספ"ב דקידושין (דף נ"ח) ולא אמרי' כיון דאסור ליקח שכר הזאה ימצא אחר שיזה עליו בחנם. ול"ד להא דהדס דאם יש לו אחר דאין בו משום מתקן מנא דש"ה כיון דיש לו אחר ויכול לצאת בו י"ח אין בזה תיקון מנא כלל אבל הכא אף על גב דיש לו אחר ואפשר לו ליהנות הנאה זו מן ההיתר אפ"ה אם נהנה מן האיסור הא נהנה מאיסורי הנאה. והאי דק"ל מפ"ד דנדרים יתבאר שם יותר בחידושי:

שלמים דלאו בני מעילה נינהו. ק"ל הא דהיכא דתקע באיסור לא יצא ע"כ ה"ט משום דה"ל מצוה הבא' בעבירה וכדאמר ברפ"ג דסוכה (דף ל') דמה"ט לולב הגזול וכן קרבן הגזול פסולין, והא הקשו התוס' התם בפ"ק (דף ט') דנ"ל דסוכה גזולה פסולה מחג הסוכות תעשה לך וכן ציצית גזולין פסולין דכתיב ועשו להם משלהם דל"ל קרא תיפוק ליה משום מצוה הבאה בעבירה, ותי' דטעמא דמצוה הבאה בעבירה אינו מה"ת אלא מדרבנן והשתא הא כיון דמה"ת יצא אפי' בתוקע בעולה באיסור בע"כ מעל כיון דיצא מה"ת. והשתא מאי ק"ל לרבא אימת מעל לבתר דתקע וכו' וכי פסקא דר"י לא מיירי אלא בתקע כמנין תקיעות של תורה בצימצום. אדרבה אורח' דמלתא לתקוע יותר כדאמר בפ"ק (דף טז ע"ב) למה תוקעין והוזרין ותוקעין כדי לערבב השטן ואף על גב דבחבר עיר איירי דהוזרי' ותוקעין על סדר הברכות איכא למימר דר"י נמי איירי מחבר עיר. ועוד דאפ"ת דלא תקע אלא כמנין המפור' במתני' לקמן בפ"ד שהן שלש של ג' ג' הא איכא לקמן מ"ד א' מה"ת וב' מדברי סופרים ואיכא למימר דר"י כוותיה ס"ל וכי תקע כמנין של תורה יצא מה"ת וכיון שיצא מה"ת אף על פי שלא יצא מדרבנן ודאי מעל דהא נהנה לצאת ידי חובה של תורה וכי הדר תקע של ד"ס אפי' לא תקע אלא ג' של ג' ג' כמנין המפור' במתני' כיון דתקע של תורה הא מעל כיון דנפק מה"ת וכי תקע אידך ב' של ג' ג' בהתירא תקע כיון דמעל כבר בשלש ראשונות שתקע והשת' תעלה לו תקיעו' של ב' פעמים של ג' ג' לתקיעות של תורה שאין בהן משום מצוה הבאה בעבירה דכבר נפיק לחולין בתקיעות של ג' ראשונות ועל ידם יוצא י"ח תקיעות של תורה אפי' מדרבנן הואיל ותקע להו בהתירא. ואי משום דראשונה היה במצוה הבאה בעבירה הא תעלה לו לתקיעות של ד"ס דלא איכפת לן בהן משום מצוה הבאה בעבירה דר"י כשמואל רבי' ס"ל דאמר התם בפ"ב דסוכה דבי"ט שני יצא בגזול דבדרבנן לית לן בה משו' מצוה הבאה בעבירה כמו שפי' התוס' התם. ואף על גב דהשתא קדים להו תקיעו' של ד"ס לתקיעות של תורה לית לן בה. ולא עוד אלא דהקדמ' זו אינו אלא מדרבנן דגזרו בשל תורה משום מצוה הבאה בעבירה, אבל מה"ת דל"ח למצוה הבאה בעבירה יצא י"ח בראשונה. נמצא יוצא י"ח תקיעות של תורה מה"ת קודם לשל ד"ס ואין כאן הקדמה של ד"ס על של תורה דה"ל כולה מילת' דרבנן ואיך אתקיף רבא לר"י אימת מעל לבתר דתקע וכו' ומשוי ליה טועה מתוך דברי עצמו מיניה ובי' הא י"ל דס"ל כדפי'. ואף על גב דלמ"ד ב' מה"ת ואח' מד"ס בתוקע שיעור מצומצם של ג' ג' דמשנתינו אין יוצא י"ח של תורה אלא אחר שתקע ב"פ של ג' ג' ובאותו שעה הוא דמעל וכי הדר תקע פעם ג' ג' תקיעות ודאי לא יצא מדרבנן את של תורה משום מצוה הבאה בעבירה דב' פעמים של ג' הראשונות דתקעו להו באיסור ואין כאן של היתר אלא ג' של פעם אחת ואנן ב' מד"ת בעינן וכ"ש למ"ד כל הג' של ג' מה"ת דפריך רבא שפיר. אבל מנ"ל להקשות דלמא ר"י כמ"ד אחת מה"ת ס"ל, ובשלמ' אי אמרת דטעמ' דאין יוצא ידי חובת מצוה הבאה בעבירה מה"ת א"ש דאפי' תוקע כל היום בשופר של עולה לא יצא י"ח. דאי אמרת יצא ממילא עבר עבירה דמעל מפני הנאת מצוה לר"י דס"ל מצות ליהנות נתנו וה"ל מצוה הבאה בעבירה. מש"ה אמר דלא יצא וממילא לא מעל ולא עבר דהא לא עשה מצוה ואין כאן הנאה משל הקדש. אבל כיון דטעמ' דמצוה הבאה בעבירה דלא יצא אינו אלא מדרבנן וכדברי התוס' ודאי קשי' הא דאמרן. וי"ל היכי אמר דטעמ' דמצוה הבאה בעבירה מה"ת לית לן בה ה"מ היכא שהעבירה נעשי' ונגמרת כבר והיא גורמת למצוה שבא ע"י לאחר זמן כגון סוכה וציצית גזולין דאפ"ת דאין יוצא י"ח המצו' בגזל זה אפ"ה אין עבירה מתוקן ע"י זה דבין יוצא י"ח בין אינו יוצא י"ח ע"י גזל זה מ"מ לא נתרבה ולא נתמעט איסור' של גזל זה, משא"כ בתקיעת שופר של עולה אין איסור זה של מעילה נעשית ונגמרת אלא ע"י מצוה זו של תקיעה. דהא אי אמרת דאינו יוצא בתקיעת שופר זה ממילא אין כאן איסור מעילה דהא אין כאן שום הנאה אלא הנאת מצוה הגורמת לאיסור מעילה וכיון דאין יוצא י"ח ליכא הנאה וממילא מעילה ליכא וא"א לבא לידי איסור מעילה אא"כ תאמר שיצא ואז איכא הנאת מצוה וממיל' חל איסור מעילה דהא נהנה מן ההקדש, נמצא המצוה וקיומה היא הגורמת להביא לכאן איסור זה של מעילה מש"ה אין יוצא י"ח וממיל' לא רכיב עליה איסור זה של מעילה, וה"נ בשופר של שלמים נמי לא רכיב איסור גריד' שנהנה מן ההקדש אא"כ תאמר דיצא י"ח של תקיעה דאם לא יצא אין כאן הנאה וממיל' אין בו איסור של נהנה מן ההקדש. ולא מיבעי' לרבא גופי' דאמר בפ"ק דתמורה (דף ד') כל מילתא דאמר רחמנ' לא תעביד אי עביד לא מהני אלא אפי' לאביי דאמר התם מהני היינו דווקא היכא שאין האיסור בא ע"י המצוה ואין תלויין זה בזה. דאפ"ת דלא מהני אפ"ה איסורו דעביד עביד כמו כל הני דמייתי התם כמו התורם מן הרע' על היפה דרחמנא אמר חלבו אין גרוע לא וכן תורם ממין על שאינו מינו דרחמנ' אמר כל חלב תירוש וכל חלב יצהר תן חלב לזה וחלב לזה כדאמרי' התם. דאפ"ת דלא מהני אפ"ה עבר אמימרא דרחמנא דהא בהדיא אזהר עלה קרא מש"ה ס"ל לאביי התם שמהני, אבל הכא בתוקע בשופר של עולה ושלמי' דלא אזהר רחמנ' להדיא שלא לתקוע בהן אלא דאזהר שלא ליהנות מן ההקדש אלא דממילא האיסור בקיום המצוה תלי' והשתא אי אמרת דלא יצא אין כאן איסור כלל אא"כ תאמר שיצא יש כאן איסור וה"ל מצוה הבאה בעבירה וכ"ע מודו בכה"ג דלא מהני ואינו יוצא י"ח. ודע די"מ דמצוה הבאה בעביר' מה"ת אינו יוצא י"ח וכאן לא באתי אלא ליישב שמעתין לשיטת התוס':

הדר אמר רבא אחד זה ואחד זה יצא. ק"ל דהא משמע וודאי דע"כ לא פליג רבא עליה דר"י אלא בדיעבד דסבירא לי' לר"י דבשל שלמים אם תקע לא יצא ולרבא יצא אבל בלכתחילה מודה לי' דלא יתקע וכדאמר ר"י בשופר של עולה לא יתקע ואם תקע יצא, אלמא אף על גב דבדיעבד יצא לכתחיל' לא, ומיני' שמעינן לרבא בין של עולה בין של שלמים אף על גב דיצא בדיעבד לכתחילה לא, וא"כ אמאי יצא בדיעבד הא ה"ל דיחוי וכיון דאין ראוי לכתחילה אפי' בדיעבד נמי לא וכדאמר רבא גופי' ברפ"ח דזבחים (דף ע"ג) גבי זבחים שנתערב בהן א' מן הפסולין להקרבה השתא דאמרו רבנן לא יקרב מדרבנן משום גזירה כדמפרש התם אי נקריב לא מרצה, ופריך לי' התם מהא דתנן חטאת שנתערב' בעולה ועולה שנתערבה בחטאת אפילו אחת בריבוא ימותו כולן בד"א בכהן נמלך אבל בכהן שאינו נמלך עשאן למעלה מחצה כשר ומחצה פסול למטה כו' ומשני הא כמ"ד בעלי חיים נידחין הא כמ"ד בע"ח אינן נדחין, ופריך תו והרי שחוטין דלכ"ע נידחין ותנן רא"א אם

קרב הראש של אחד מהן יקריבו כל הראשין וגבי איברי תמימים שנתערבו באברין בעלי מומין תנינן לה, ומשני ר"א הוא דאמ' כחנן המצרי דאמ' אפי' דם בכוס מביא חבירו ומזווג לו דאפי' שחוטין אין נידחין, ומ"מ ש"מ דס"ל לרבא דיחוי וס"ל נמי כל היכא דאמר רבנן לכתחילה לא אפי' דיעבד לא מהני משום דיחוי. והא בפ"ג דסוכה (ד' ל"ג) מבעי' לן גבי הדס בנקטם ראשו מעי"ט ועלתה בו תמרה בי"ט אי יש דיחוי אצל מצות או לא ורצו למפשט מדר"פ ודחי לה התם והשתא תפשוט לי' מדרבא דאין דיחוי אצל מצות מדמהני שופר של עולה ושלמים בדיעבד אף על גב דלכתחילה לא ש"מ אין דיחוי דאי יש דיחוי כיון דלכתחילה לא אפי' בדיעבד לא מהני משום דיחוי כדאמ' רבא גבי תערובות פסולים בכשירין גבי קדשים. מיהו מש"ה לק"מ דהא דאמר ר"י בשופר של עולה לא יתקע ואם תקע יצא לצדדין קאמר לא יתקע במזיד ואם תקע אשוגג קאי דבשוגג מעל ונפק לחולין אבל במזיד לא מעל ולא נפקא לחולין כדפי' התו', וכיון דס"ל לר"י מצות ליהנות נתנו במזיד אפי' בדיעבד נמי לא יצא דהא במזיד עולה נמי לאו בת מעילה הוא ודמי לשלמים לדידיה דלאו בת מעילה נינהו אפי' בשוגג ואיסוריה הוא דרכיב עליה לפיכך ס"ל דלא יתקע כיון דליכא דררא דמצוה אף על גב דאין כאן הנאה מן הקודש דכיון דמצוה ליכא אין נהנה כלום מתקיעה זו מ"מ איכא למימר דרבנן גזרו אטו הנאה, אבל רבא בתר חזרה דס"ל דמצות לאו ליהנות ניתנו ובשופר של קודש יכול לצאת ידי חובת מצוה של תקיעת שופר דאין כאן איסור נהנה מן הקודש אפי' לכתחילה רשאי לתקוע בהן תקיעת מצוה דבמקום מצוה לא גזרו רבנן ואין כאן דיחוי כלל. אבל מ"מ ק"ל מהא דאמר רבא בסמוך שופר של ע"ז לא יתקע ואם תקע יצא ורבא גרסינן ולא כספרים דגרסי ר"י דא"כ קשיא דר"י אדר"י דאמר גבי שופר של שלמים דלא יצא וכדפי' התוס'. והשתא כיון דא"א לכתחילה אף על גב דבמקום מצוה הוא אם תקע בדיעבד אמאי יצא הא כל כה"ג חשיב לרבא דיחוי ותפשוט מיניה בעיין דפ"ג דסוכה דאין דיחוי אצל מצות, ועוד דהא אמר רבא בפ"ג דסוכה (דף ל"א) לולב של ע"ז לא יטול ואם נטל כשר ואי ס"ד יש דיחוי אצל מצות כיון דלכתחילה לא יטול אם נטל אמאי כשר. מיהו ק"ל אהא דפ"ח דזבחים דכה"ג חשיב ליה רבא לדיחוי הא תנן התם (דף ע"ח) נתערב בדם התמצית ישפך לאמה ר"א מכשיר אם לא נמלך ונתן כשר אלמא אף על גב דאסור לזרוק לכתחילה אפ"ה אם לא נמלך ונתן כשר ובפ"ג דמנחות (דף כ"ג) תנן קומץ שנתערב במנחה שלא נקמצה לא יקטיר ואם הקטיר זו שנקמצה עלתה לבעלים כו' נתערב קומצה בשיריה כו' לא יקטיר ואם הקטיר עולה לבעלים אלמא אף על גב דלכתחילה לא בדיעבד שפיר דמי ולא ה"ל דיחוי, וכה"ג מצינו הרבה בס' קדשים וכי ניקום לכל הני כחנן המצרי: (אבני שהם)

הדר אמר רבא אחד זה וא' זה יצא מצות לאו ליהנות נתנו. כתב הר"ן בשם הרז"ה דכי שרי דווקא בתקיעות של ר"ה שהן מה"ת אבל בתענית לא ולפ"ד אף בתקיעות ר"ה צריך לדקדק לפי שיש בהן דרבנן. ואני תמה הא הרז"ה בס' המאור רפ"ג דסוכה פסק כשמואל דבי"ט שני של חג יוצא בלולב הגזול ובע"כ ה"ט דבמצוה דרבנן יוצא ידי חובה במצוה הבאה בעבירה כמ"ש בפנים בשם התוס'. וכיון שכן אפי' את"ל דמדרבנן מצות ליהנות נתנו וה"ל מצוה הבאה בעבירה מה בכך הא כל בדרבנן מצוה הבאה בעבירה יוצא בדיעבד. ואולי לא אסר הרז"ה בשל תענית אלא לתקוע בו לכתחילה אבל בדיעבד יוצא. מ"מ ק"ל על הרז"ה דמחלק לענין מצות לאו להנות נתנו בין מצות של תורה למצות דרבנן. והא תנן רפ"ג דעירובין (דף כו ע"ב) מערבין לכהן בבית הפרס ר"י אומר אפי' בבית הקברות ומפרש בגמרא (דף ל"א ע"א) דאע"ג דאסור לקנות בית באיסורי הנאה אפ"ה שרי ר"י משום דא"ר יוסף אין מערבין אלא לדבר מצוה ומצות לאו להנות נתנו. והא אפי' בשביל מצוה דרבנן נמי מערבין כדפריך שם רפ"ח (דף פ"ב) אמילתא דר"י מאי קמ"ל תנינא לכל מי שילך לבית האבל או לבית המשתה והא הני מצות דרבנן נינהו. וש"מ דבמצות דרבנן אמרי' נמי מצות לאו להנו' נתנו. וליכא למימר דאע"פ דאפי' על מצות דרבנן נמי מערבין מ"מ ההיא דבית הקברות דר"י מיירי כגון שעירב על מצוה של תורה כגון לעלות לרגל או לצורך לולב ושופר וכיוצא בזה דא"כ למה לרבנן בבה"ק לא משום דס"ל מערבין אפי' לדבר הרשות הא מ"מ כיון דזה עירב לדבר מצוה מדשרי ר"י לישתרי לרבנן נמי כיון דמצות לאו ליהנות ניתנו. אלא ודאי ש"מ למ"ד מערבין אפי' לדבר הרשות אפי' היכא שעירב לדבר מצוה בבה"ק אסור גזירה אטו עירב לדבר הרשות. וה"נ לר"י אס"ד דלא אמרינן במצוה דרבנן מצוה לאו ליהנות ניתנו ואסור נהי דס"ל אין מערבין אלא לדבר מצוה לגזור מצוה של תורה אטו מצוה דרבנן. וכ"ת ר"י לא גזר א"כ ל"ל למימר דפליגי בדר"י עד שמתמה התם לימא כתנאי אמר לשמעתא לימא דלכ"ע אית להו לדר"י אלא דרבנן גזרו מצות של תורה אטו דרבנן ור"י לא גזר, א"ו ש"מ לכ"ע גזרו, ומהשתא אי בדרבנן מצות ליהנות ניתנו אפ"ת דר"י דמתיר בבה"ק במערב למצוה של תורה איירי אפ"ה לגזור של תורה אטו דרבנן אלא ש"מ דבדרבנן נמי אמרי' מצות לאו ליהנות ניתנו ושרי בשבילם נמי לערב בבה"ק מה"ט וליכא למגזר מידי. והא דאמר בסמוך המודר הנאה ממעין טובל בו בימות הגשמים אבל לא בימות החמה וה"ט משום דליכא הנאת הגוף וה"ט נמי דמודר הנאה מחבירו דאין מזה עליו בימות החמה. מכאן ק"ל על מה דכתב הר"ן בפ"ז דחולין דבאיסור הנאה כל היכא דלא מכוין אפי' בפסיק רישא נמי שרי ומביא ראי' מהא דמוכרי כסות מוכרין כדרכן ובלבד שלא יכוונו בחמה מפני החמה והא התם וודאי מטי ליה הנאה אלא כיון דלא מכוין לא חיישינן לה מידי והא במעין ובהזאה לא מכוין לה ואפ"ה בימות החמה אסור: (אבני מילואים)

אילימא כפאו שד והתני' עתים חלי' וכו'. פי' ואמאי יצא בכפאו שד דכיון דבאותו שעה הוי שוטה ופטור מן המצות אכילה דאותו שעה לאו כלום הוא. וכי הדר חלים באותו לילה ונעשה בר חיובא צריך לחזור ולאכול ואכילה קמייתא לא פטרתו כיון דלא היה באותו שעה בר חיוב מצות. וק"ל מהא דאמרינן בפ"ו דיבמות (דף ס"ב) היה לו בנים בגיותו ונתגייר ר' יוחנן אומר קיים פריה ורבי' ואף על גב דבני נח אין מצווין על פ"ו כדאמר בסנהדרין (דף נט ע"ב), והא דאמר התם בפ"ו דיבמות דמעיקר' פי' קודם שנתגייר בני פ"ו נינהו לאו בני חיוב פ"ו נינהו אלא שבניהם נקראי' על שמם כדמוכח התם וכן פי' התוס' שם, מ"מ על פ"ו ודאי אין מצווין, והשתא אמאי קיים פ"ו לר"י בבנים שהיה לו בגיותו הא באותו שעה לאו בר חיוב פ"ו הוי א"כ אותן בנים לא עלו לו לפטרו לאחר שנעשה בר חיוב דהיינו לאחר שנתגייר כדאמר גבי מצה דאם אכלו בשעה שאין בר חיוב לא עלתה לו לפטרו לאחר שנעשה בר חיוב. והיה נ"ל דהכי פריך שכיון דכשהוא שוטה הרי הוא כשוטה לכל דבריו והא תנן המתעסק לא יצא לכ"ע אפי' אם מצות א"צ כוונה והרי שוטה אינו אלא כמתעסק בעלמא כדמוכח בפ"ק דחולין (דף י"ב) גבי קטן יש לו מחשבה וכדפי' התוספות התם והרי חש"ו חד דין אית להו כדתנן לקמן, והשתא היכא דבר חיובא הוא אפ"ה במתעסק לא יצא ק"ו לשוטה דלאו בר חיוב הוא כיון דאינו אלא מתעסק בעלמא דלא יצא. ונ"מ להני ב' פירושים אם היה גדול בשעת חיוב המצוה אלא שהיה עבד דדינו כאשה דפטור ממ"ע שהזמן גרמא ועשה אותו מצוה ובו ביום נשתחרר דלפי' א' לא יצא ידי חובה במה שעשה המצוה קודם שנעשה בר חיוב ולפי' ב' יצא כיון שהיה בן דעת בשעה שעשה המצוה לא ה"ל מתעסק,

ואף על גב דלענין אכילת מצה אין נ"מ בין הני ב' פירושי' דהא אפי' נשים חייבות באכילת מצה כדאמר בפ"ב דפסחים מ"מ נ"מ לענין מצות שופר ולולב בכה"ג דאמרן. מיהו ע"כ פי' א' אמת דהא אמרינן לקמן (דף כ"ט) דמי שחציו עבד וחציו בן חורין אף לעצמו אינו מוציא משום דלא אתי צד עבדות דידיה ומוציא צד חרות דלנפשיה ומיניה דכ"ש כשכולו אינו בר חיוב כגון קטן ושוטה דלא אתי שעת פטור דידיה ומפיק שעת חיובא אחר שנתגדל והביא ב' שערות או אחר שנתפקח. והא דקי"ל מההיא דהיה לו בנים בגיותו ונתגייר לק"מ דש"ה דשבת בעינן והא איכא ואף על גב דר"י פליג אדר"ה התם וס"ל בהיו לו בנים ומתו דלא קיים פ"ו, מ"מ בהיה לו בנים בהיותו עכו"ם מודה דהא איכא שבת:

אילימא כפאו שד והא תניא עתים חלים וכו'. כבר כתבתי בפנים דה"פ ואמאי יצא בכפאו שד כיון דבאותו שעה הוה שוטה ופטור מן המצות אכילה דאותו שעה לאו כלום הוא וכי הדר ה"ל חלים באותו לילה ונעש' בר חיוב צריך לחזור ולאכול ואכילה קמייתא לא פטרתו כיון דלא היה באותו שעה בר חיוב מצות. אבל אין לפרש דה"פ דכשהוא שוטה הרי הוא כשוטה לכל דבריו ופטור מן המצות ה"ל דיחוי ואי בתחילת ליל פסח כפאו ונעש' שוטה ופקע חובת מצוה מיני' אף על פי שחזר וחלים באותו לילה לא הדר חיוב אכילת מצה עליו דהואיל ואידחי בשטותו אידחי לאחר מכאן אפי' כי קחזר וחלים, וכ"ש אי כפאו בתוך ליל פסח ובכניסת הלילה היה בריא אף על פי שחזר וחלים באותו לילה דגרע טפי דה"ל נראה ונדחה דגרע מדחוי מעיקרא כדאמר בפ"ג דסוכה גבי הדס שהיה ענביו מרובים מעליו דפסול ומאי יצא דקאמר הא לאו בר חיוב מצה הוא כלל באותו ליל פסח לגמרי. ואף על גב דהתם הוי בעי' דלא אפשיט' אי יש דיחוי לגבי מצות או לא ה"מ בדיחוי החפץ ההוא הראוי למצוה זו אבל בדיחוי דגברא שנדחה מחיוב המצוה גרע טפי ולכ"ע אפי' דיחוי מעיקרא גבי גברא הוה דיחוי, ולא דמי להא דאמרי' בפ"ג דיבמות (דף לג ע"א) כגון דאייתי ב' שערות בשבת אתיא ליה שבת וזרות בהדי הדדי ולא אמרינן הואיל ואידחי מאיסורא דשבת זה קודם דאייתי ב' שערות אידחי לגמרי אפי' בתר דאייתי. דשאני שבת דמצוותו רמי עלי' כולי יומא ואפי' אי שמר תחילתו חייב לשמרו עד סופו ואין תחילתו פוטר סופו וכל רגע ממנו חיובא בפני עצמו הוה מש"ה אין סופו נידחי' אף על גב דבתחילתו לא היה בר חיובא. אבל אכילת מצה אין קיום מצותו אלא שעה אחת ובאיזה שעה מן הלילה שאכל כזית פוטרו לגמרי וכיון שהוא פטור בתחילתו כגון שהיה שוטה או קטן אעפ"י שנשתפה באותו הלילה או אייתי ב' שערות והגדיל הואיל ונדחה בתחילתו אידחי לגמרי אפי' בתר שנתחייב ושוב לא חל עליו חיוב מצה לגמרי. דא"א לומר כן דכל כה"ג לא שייך לומר דיחוי מחמת דגברא לא היה בר חיוב בתחילת חלות חיוב המצוה, והא חגיגה למ"ד בפ"ק דחגיגה (דף ט') כולן תשלומין זה לזה חיגר ביום א' ונתפשט ביום ב' חייב ולא אמרינן הואיל ונדח' ביום א' ידחה לגמרי ואפי' למ"ד כולן תשלומין דראשון מודה דחיגר ביום ראשון בתחילתו ובסופו בו ביום נתפשט דחייב ולא אמרינן הואיל ואידחי ידחה. א"ו הא דפריך מעתים חלים היינו כדפרי' דאם חזר וחלים אינו נפטר במה שאכל בהיותו שוטה. ומכאן ק"ל על מש"כ הרמב"ם (בפ"ה מה' קרבן פסח) גר שנתגייר בין פסח ראשון לפסח שני וכן קטן שהגדיל בין ב' פסחים חייבין לעשו' פסח שני ואם שחטו עליו בראשון פטור ואמאי פטור כיון דבראשון לאו בר חיוב היה שהיה עודנו קטן: (אבני מילואים)

אמר רב אשי שכפאו פרסיי'. כתב הר"ן בשם הר"א דדווקא כה"ג יצא שיודע הוא שעכשיו הוא פסח וזו מצה אלא שאין מכוין לצאת, אבל כסבור חול הוא ואכל מצה או כסבור לאכול בשר ואכל מצה וודאי לא יצא, דאם איתא ל"ל למנקט כפאו פרסיי' לנקוט חד מהני גווני א"ו כדאמרן. ולי אין ראי' זו מוכרחת דוודאי הני דשלחו לאבוה דשמואל לא נחתי לרבותא דא"כ ה"ל לאשמועינן הא דתוקע לשיר דהוי רבותא טפי ורבא נמי דנחית לרבותא דאפי' תוקע לשיר לא יצא כדמסיק. לא נחית אלא לאשמועינן דהא דתוקע לשיר שוה למצה בהא מילתא דמיירי בי' במצה אבל לא נחית לאשמועינן מילתא חדתא דלא איירי בי' דהא זאת אומרת קאמר. מ"מ בעיקר דינא נ"ל דיפה כיון דהא קאמר בסמוך בשלמא מתכוין משמיע ולא נתכוין שומע כסבור חמור בעלמא הוא. ש"מ דכה"ג שאין יודע שזה הוא קול שופר לא יצא וא"כ ה"ה אם אינו יודע שזה מצה דלא יצא דמ"ש, דהא אין חילוק בין שופר למצה דהא רבא מדמי שופר למצה לענין לצאת וא"כ ה"ה שלא לצאת דמי מצה לשופר. ובפ"ק דחולין (דף י"ג) אמרינן מנין למתעסק שפסול בקדשים פי' רש"י ותוספות כגון שסבור שהוא חולין ובהדיא אמרינן הכי בספ"ד דזבחים (דף מ"ו) חטאת ששחטה לשם חולין כשירה. משום חולין פי' כסבור שהוא חולין פסול כדבעי מיני' שמואל מר"ה מנין למתעסק בקדשים שהוא פסול הרי משום חולין דהיינו כסבור שהוא חולין מתעסק מקרי. א"כ הה"נ לכסבור שאינו מצה ה"ל מתעסק ותנן לקמן מתעסק לא יצא והה"נ כסבור חול הוא ואכל מצה נמי לא יצא. ולא מסתבר לחלק בין כסבור חמור הוא או חולין הוא לכסבור חול הוא:

דף כח עמוד ב

והאי מתעסק הוא קמ"ל. דאע"ג דמתעסק הוא יוצא דמצות א"צ כוונה. כן פי' רש"י ולא ה"ל לפרש כן דוודאי מתעסק לא יצא כדתנן לקמן פ"ג אלא ה"פ קא משמע לן דתוקע לשיר לא דמי למתעסק:

אלמא קסבר רבא מצות אין צריכות כוונה. והק' התוס' אמאי לא פריך מדאמר ר' יוסי בפ"י דפסחים (דף קי"ד ע"ב) אף על פי שטבל בחזרת מצוה להביא מצה וחזרת ודייק התם מדתנא מצוה אלמא לאו משום הכיר' דתינוקות הוא אלא משום דמצות צריכו' כוונה משו' די"ל דלעולם מצוה משום הכירא. ונ"ל דבע"כ צ"ל כן דהא בפ"ג דסוכה (דף מ"א) תנן ר' יוסי אומר יום טוב ראשון של חג שחל בשבת ושכח והוצי' את הלולב לרה"ר פטור מפני שהוציאו ברשות ואמר אביי ל"ש אלא שלא יצא בו אבל יצא בו חייב ופריך הא מדאגבי' נפיק בי' ושני אביי כשהפכו ורבא שני כשהוציאו בכלי. ובע"כ הא דפריך מדאגב' נפיק היינו למ"ד מצות אין צריכות כוונה דלמ"ד צריכות כוונה לק"מ דהא לא כיון לצאת. והשתא מאי פריך הא ר"י ס"ל מצות צריכו' כוונה מדקאמר מצוה להביא כו' והא דלולב אדר"י קאמר אביי להאי ל"ש אלא שלא יצא בו. אלא ודאי לאביי ורבא ל"ל האי דיוקא דפ"י דפסחים. וכ"ת מנ"ל להמקשה להקשות מדאגבי' נפיק דילמא אית ליה להאי דיוקא ולר"י מצות אין צריכות כוונה. י"ל דאביי ורבא גופייהו אקשי להא מדאגבי' נפיק למאי דס"ל מצות א"צ כוונה ולא ניחא להו לאוקמי לר"י דלא כוותייהו וכה"ג כתבו תוספות רפ"ב דב"מ (דף כ"א) גבי וכמה אר"י קב

בד' אמות דר"י גופי' פריך להא וכמה כדמוכח התם מן הסוגי' וכה"ג בכמה מקומות:

מצות א"צ כוונה. ומקשו הכי מדמיבעי' לן בספ"ק דברכות (דף יב ע"א) היכי דנקט כסא דשכרא בידיה וסבור דחמרא הוא פתח בדחמרא וסיים בדשכרא מאי בתר פתיחה אזלינן או בתר חתימה ומאי מיבעי ליה הא מצות א"צ כוונה ומאי נ"מ בהא דפתח אדעתא דחמרא. ותי' הר"ר יונה דהא דמצו' א"צ כוונ' ה"מ במצוה התלוי במעשה שהמעש' הוא במקום כוונה אבל במצוה התלוי באמירה בלבד צריך כוונה דכשאינו מתכוין ואין עושה מעשה ה"ל כאלו לא עשה שום דבר מן המצוה. וק"ל דא"כ מאי פריך מהי' קורא בתורה דאם לא כיון לבו לא יצא הא ק"ש שאני דתלי בדיבור וצריך כוונה לכ"ע, ובשם הר"ש תי' דאע"ג דמצות א"צ כוונה הנ"מ בסתמ' אבל מתכוין להדי' שלא לצאת אינו יוצא והכא הא מתכוין שלא לצאת כלל משכרא אלא מחמר' דווקא. ול"נ דלמ"ד אין צריך כוונה אפי' מתכוין בהדי' שלא לצאת אפ"ה יוצא, דהא בפ"י דעירובין (דף צ"ה) תנן המוצא תפילין מכניסן זוג זוג ר"ג אומר ב' ב' ומוקי לה בגמ' במצות צריכו' כוונה פליגי תנא קמא סבר מצות א"צ כוונה לא לצאת ולא לעבור על בל תוסיף ואי מכניסן ב' ב' אף על גב דאין מתכוין למצוה עובר בב"ת. ור"ג סבר מצות צריכות כוונה בין לצאת בין לעבור מש"ה מכניסן ב' ב' וכיון דאין מתכוין למצוה אין עובר. ואי במתכוין בהדי' שלא לצאת אינו יוצא אפי' למ"ד מצות א"צ כוונה א"כ לת"ק נמי יכניס ב' ב' ויכוין להדיא שלא לצאת וכמו שאין יוצא בכה"ג ה"נ אינו עובר דהא לצאת ולעבור חדא מחתא נינהו, א"ו ש"מ דלצאת ולעבור אפי' במתכוין להדיא שלא לשם מצוה יוצא והה"נ דעובר, מש"ה לת"ק דמצות א"צ כוונה א"א בב' ב' בשום ענין משום בל תוסיף, ועוד איכא התם לישנא דלצאת לא בעי כוונה ובלעבור פליגי לת"ק א"צ כוונה ולר"ג צריך כוונה. והשת' כיון דלעבור קיל מלצאת דלצאת לכ"ע א"צ כוונה ולעבור לר"ג צריך כוונה ואי למ"ד לצאת א"צ כוונה ובמתכוין להדיא שלא לשום מצוה מודה דלאו כלום הוא כ"ש לעבור אפי' למ"ד א"צ כוונה אי מתכוין בהדיא שלא לשם מצוה דלאו כלום הוא, א"כ לת"ק אמאי זוג א' אין ב' לא אפי' ב' ב' יכניס ויתכוין להדיא שלא לשם מצוה. ובלישנ' בתרא אמרינן התם דפליגי בלעבור שלא בזמנו דלת"ק עובר והשתא לת"ק יכניס ב' ב' ויתכוין להדיא שלא לשם מצוה ותו אינו עובר. א"ו ש"מ כל היכא דא"צ כוונה בין לצאת בין לעבור אפי' מתכוין להדי' שלא לשם מצוה כסתמ' דמי ויוצא ועובר. וה"נ משמע להדיא בהא דמסיק לקמן במתן דמי' לר"י דעובר בלא מתכוין בבל תוסיף ואמאי יתכוין להדיא שלא לשם בכור את הנוסף על מתן א' של בכור, א"ו אפ"ה עובר בבל תוסיף אף על גב דמתכוין שלא לשם בכור להדיא.

וראיתי להתוס' בפ"ג דסוכה (דף ל"ט) לענין ברכת לולב דצריך עובר לעשייתו והא מדאגבי' נפיק שפי' דמכוין שלא לצאת עד לאחר הברכה ואף על גב דמצות א"צ כוונה בע"כ לא נפיק וק"ל מכל הני דאמרן. ועוד מסיימו התוס' בהאי דפרק ג' דסוכה גבי שכח והוציא הלולב לרה"ר בי"ט ראשון של חג כשחל בשבת ופריך מדאגבי' נפיק ושני אביי כשהפכו ורבא שני כשהוציאו בכלי והל"ל בנתכוין שלא לצאת משום דמיירי באדם שאינו בקי והולך אצל בקי ללמוד ומסיים עלה הרא"ש אבל הא יודע שאין יוצא בהן אלא דרך גדילתן. ודברי תימה הן דמאן מפיס דבהא ידע ובהא לא ידע. ועוד אדרבה איפכא מסתברא דבהא דמצות צריכות כוונה מסתמא רגיל ע"ה לידע יותר מהא דדרך גדילתן דכוונה נוהג בכל המצות של כל השנ' הנוהגת בכל עת ושעה והא דדרך גדילתן אינו נוהג אלא בד' מינים שבלולב שאינו נוהג אלא בחג פעם אחת בשנה. ומיהו יש לדחות לאביי דמוקי לה בשהפך דכיון דמיירי בע"ה הא לא ידע דין כוונת המצוה לכוין בהדי' שלא יצא י"ח אבל בהא דהפכו איתרמי ליה ממילא שלא במתכוין דהא אפשר אפי' בע"ה וכן הא דרבא שהוציאו בכלי אפשר דאיתרמי לו כן. מ"מ למאי דפי' הסוגי' מרווח יותר וכן ראיתי להר"ן בשם הר"א למ"ד מצות א"צ כוונה אפי' עומד וצווח שאינו רוצה לצאת אפ"ה יוצא בע"כ. מיהו למאי דפי' לעיל כסבור שאינו מצה ואכלו לא יצא לכ"ע לק"מ דסבור חמרא הוא ונמצא שכר הא דמי לסבור שאינו מצה ותמהני על הר"ן שכתב כדברי הר"ש במתכוין שלא לצאת לא יצא לכ"ע מכח ההוא קושיא דכסא דחמרא כיון דכתב כדברי הר"א דכסבור שאינו מצה לא יצא לכ"ע תו ל"צ לדברי הר"ש דהא לק"מ. מיהו כ"ז לשיטת גי' רש"י ותוספות בהאי סוגיא דכסא דחמרא אבל הריא"ף וסייעתו יש להם גי' אחרת בהא סוגיא ולגירסתן אין לו ענין להא דמצות צריכות כוונה ואין לי להאריך כאן בזה:

מצות אין צריכות כוונה. בפנים הבאתי הא דתנן רפ"י דעירובין (דף צ"ה) המוצא תפילין מכניסן זוג זוג רבן גמליאל אומר שנים שנים. ומוקי בחד לישנא בלעבור בבל תוסיף פליגי ופי' רש"י התם דאם עובר בבל תוסיף כגון שמניח ב' זוגות תפילין אם שבת הוא אתא איסור בל תוסיף ומשוי עליה כמשאוי וממילא חייב עליו משום הוצאה. וק"ל ע"ז מהא דתני' בפ' הנחנקין (דף פ"ז) גבי זקן ממרא אינו חייב אלא על דבר שזדונו כרת ושגגתו חטאת דר"מ. רי"א על דבר שעיקרו מד"ת ופירושו מדברי סופרים. ומפ' הגמ' היינו טעמא דר"מ יליף דבר דבר מחטאת ור"י ה"ט דכתיב ע"פ התורה אשר יורוך עד דאיכא תורה ויורוך. ובתר שמעתא זו גרסינן (דף פ"ח) אר"א א"ר אושעיא אינו חייב אלא על דבר שעיקרו מד"ת ופירושו מד"ס ויש בו להוסיף ואם הוסיף גורע ואין לנו אלא תפילין פי' שפירושו מד"ס שהן ד' פרשיות ויש בו להוסיף ה' או יותר ואם הוסיף גורע דעובר בבל תוסיף ואליבא דר"י פי' דאמר לעיל עד דאיכא תורה ויורוך. ובע"כ הא דקאמר אליבא דר"י דאין לנו אלא תפילין לאו למימרא דאין נעשה זקן ממרא על שום מצוה שבתורה אלא על תפילין בלבד הא קרא דגבי זקן ממרא כתיב בין דם לדם בין דין לדין בין נגע לנגע אלמא אהני נמי נעשה זקן ממרא. ואף על גב שתוס' פירשו שם ואין לנו אלא תפילין ואליבא דר"י כל הני דרשות דדרשינן לעיל מקרא דכי יפליא לא חייש, דברי תימה הן בעיני נהי דהני דדרש התם מריבוי' דקרא איכא למימר לא חייש אבל דם ודין ונגע דכתיב בקרא בהדיא מי איכא למימר דלא חייש. ופשוט בעיני שדברים הללו לא יצאו מפי רבותינו בעלי התוס' אלא איזה תלמיד טועה אמרו. ועוד יש לי להביא ראיה דלר"י גם על שאר מצות שבתורה נעש' זקן ממרא דהא אמר ר"כ התם דאינו נהרג אלא א"כ הן אומרים מפי השמועה והוא אומר כך הוא בעיני תדע שלא הרגו את עקביא בן מהללאל. ור' אלעזר אומר אפי' הוא אומר מפי השמוע' והן אומרי' כך הוא בעינינו נהרג כדי שלא ירבו מחלוק' בישראל וא"ת מפני מה לא הרגו את עקביא בן מהללאל מפני שלא הורה הלכה למעשה, ואי לר"י אינו נהרג אלא על הוראות תפילין הא ד' דברים שנחלקו עקביא ורבנן במס' עדיות אינו נוגע לענין תפילין כלל ומה מביא ר"כ ראיה מהא דלא הרגוהו. וכ"ש ר"א דאמר ואין לנו אלא תפילין אליבא דר"י למה ליה למימר מפני שלא הורה הלכה למעשה אפי' הורה אפ"ה פטור דהא כר"י ס"ל דאין לנו אלא תפילין. אלא ע"כ ר"י נמי מודה לר"מ דעל דבר שזדונו כרת ושגגתו חטאת נמי חייב והא בהני ד' דברים דעקביא יש בהן בני כרת וחטאת כמו דם הירוק ושער הפקודה. מיהו ראיה זו יש לדחות דהכי מוכיח רב כהנא אליבא דר"מ וכן לר"ש דאמר התם אפי' דיקדוק א' מד"ס מ"מ לא הרגוהו ומדר"מ ור"ש נשמע לר"י דאינו חייב עד שיאמר כך הוא בעיני דבהא לא

שמענו דפליגי, ועוד מדסיפא דהאי דעדיות ר"י דתנן אמ' ר"י ח"ו שעקביא נתנדה כו' ש"מ דרישא לאו ר"י. ומ"מ הדבר מוכרע מעצמו דאי אפשר לומר דדוקא תפילין קאמר דהא דם ודין ונגע כתיבי בקרא בהדי'. אבל הדבר ברור כמו שפי' המפר' דר"י אית ליה דר"מ דע"י דבר של כרת וחטאת נעשה זקן ממרא ומוסיף עליו על דבר שעיקרו מד"ת ופי' מד"ס ונפקא ליה הא מיתורא דקרא דאשר יורוך עד דאיכא תורה ויורוך. ומ"מ על דבר של כרת וחטאת נמי חייב כר"מ מגזירה שווה דדבר דבר לכל הני דכתיבי בהאי קרא ודאתי מרבויא אף על גב דהרבה מהן לאו בני כרת וחטאת נינהו מ"מ כיון דאפשר להתגלגל ע"י הוראה זו לבא ע"י איזה סיבה אפי' על דרך רחוק לבא לידי איסור כרת וחטאת חייב וכדפירש התם בגמ' בכל חד איך אפשר להתגלגל בכל הני לבוא לידי איסור כרת וחטאת. והשתא אם איתא כדפי' רש"י דאיסור בל תוסיף משוי לתפילין לחייב עליהן משום הוצאה בשבת וא"כ מה מוסיף ר"י על ר"מ מרבוי' דקרא דיורוך לאתויי תפילין מה תוספת הוא זה וגם קרא למ"ל הא בכלל דבר שחייבין עליו על זדונו כרת ושגגתו חטאת הוי נמי הוראה זו דאי זקן ממרא הורה לעשות ה' פרשיות וסנהדרין ד' איכא כרת וחטאת ע"פ הוראתו דאי יוצא בה' פרשיות אלו בשבת חייב כרת וחטאת ככל מלאכת שבת דבל תוסיף משוי ליה למשא ואפילו הורה לפחות הפרשיות יותר מן הסנהדרין הא איכא משום בל תגרע ומה לי לאו דבל תוסיף ומה לי לאו דבל תגרע, וא"כ לית איסור דבל תגרע ולשוי עליה למשא והוי ליה דבר של כרת וחטאת אם יתכוון לשם מצוה בשבת. והא ודאי לא גרע מהרבה דברים דקחשיב התם אליבא דר"מ דחייב עליו אף על פי שאין עניינם לאיסור כרת וחטאת אלא שאפשר לבוא זה ע"י סיבה רחוקה כגון ד"מ וד"נ ודיני מלקות ומתנות עניים ועוד הרבה דברים דחשיב דא"א לבוא לידי איסור כרת וחטאת אלא א"כ יקדש אשה בממון זה וכ"ש הכא דאפשר לבוא ע"י איסור כרת וחטאת ע"י הוראתו משום הוצאה דשבת, והא ר"מ ור"י ס"ל דשבת ולילה זמן תפילין ונשים חייבות בהם בפ"ק דעירובין (דף צ"ו) ולפי' רש"י כיון דשבת זמן תפילין הוא שייך איסור בל תוסיף ומשוי ליה עליו כמשא במניח ב' זוג תפילין אפי' אינו מתכוון למצוה למ"ד מצות א"צ כוונה כדאמר התם, וא"כ הוא הדין נמי למוסיף או גורע אחת מן הפרשיות דעובר וחייב בשבת משום הוצאה. וליכא למימר משום דאמר בפ"ק דשבת (דף ו') אליבא דאיסי בן יהודא דאבות מלאכות מ' חסר אחת ואיכא אחת מהן דאינו חייב עלה וא"כ יש לומר אליבא דר"מ ור"י דעל הוצאה אינו חייב דליכא נ"מ לשום איסור כרת וחטאת ע"י הוראה זו דתפילין. הא ליתא דבפ"ז וח' דמס' שבת מצינו להדיא לר"מ ור"י דמחייבי אהוצאה דשבת. ועוד הא כבר הוכיחו התוס' בשם ר"י שם דאפי' איסי ב"י מודה דעל כל ל"ט מלאכו' דשבת חייבין עליהן כרת, והא דקאמר אין חייבין על אחד מהן היינו סקילה במזיד. והשתא תקשה אם איתא דאיסור בל תוסיף ותגרע משוי לתפילין בשבת כמשא וחייב עליו משום הוצאה בשבת א"כ מה מוסיף ר"י אר"מ מקרא יתירא דיורוך תפילין הא תפילין לדידי' דשבת זמן תפילין הוא ה"ל בכלל דבר שחייבין על זדונו כרת ועל שגגתו חטאת דקאמר ר"מ ואין זה תוס' וקרא דיורוך למה לי. אלא ודאי משום איסורים בל תוסיף ותגרע לא משוי להא כמשא ואינו חייב עליהם משום שבת הילכך אינו בכלל כרת וחטאת משום הכי איצטריך קרא יתירא דיורוך לרבות תפילין. וא"ש הא תוספת דר"י: (אבני שהם)

מאי לאו אם כיון לבו לצאת. הק' הרמב"ן בס' המלחמות לימא האי אם כיון לבו לאו כוונת מצוה קאמ' אלא בכוונת הלב מיירי וכמ"ד רפ"ב דברכות (דף יג ע"א) דפר' א' או פסוק אחד צריך כוונה, ומחמת קושיא זו ר"ל דלמ"ד מצות א"צ כוונה א"צ כוונה כלל והני תנאי ואמוראי ס"ל כמ"ד מצות צריכות כוונה. ואני תמה מה ענין זה לזה דכוונה דהתם קרי לה שם כוונת הלב והיינו שיכוון וידע ויבין הדברים שמוצא מפיו ודבר זה תלוי בכוונת הלב ואף על פי שאינו מתכוון לצאת ומעל לבבך נפקא ליה התם, וכוונה דהכא היינו שמכוין לצאת ידי חובה אותו מצוה אפי' שאינו משים הדברים על לבו אלא שמפנה לבו לדברים אחרים. ותדע לך דהא רבא פסק התם כר"מ דפסוק אחד צריך כוונת הלב ובשמעתין ס"ל דלצאת לא בעי כוונה וה"נ ס"ל בפ"ג דסוכה גבי שכח והוציא את הלולב דיצא י"ח. ועוד אי הא אם כיון לבו בכוונת הלב דפליגי תנאי התם ולא מכוונת לצאת מיירי איך פסיק ותני במתניתין אם כיון לבו דמשמע אסתם ק"ש קאי שהן ג' פרשיות הא ליכא למ"ד התם דמצריך כוונה אלא או בפסוק א' או בפר' א', ואפי' ר"י דמחמיר התם מכולי תנאי ומצריך כוונה אף בפרשה ב' אפ"ה בפרשה ג' ליכא למ"ד דבעי כוונה. ועוד אי כוונת הלב דהתם מכוונת לצאת י"ח מיירי הא למ"ד מצות צריכות כוונה אפי' מצוה מדרבנן צריכות כוונה והא איכא למ"ד התם בפ' אחד או פסוק אחד לחוד צריך כוונה או בב' פרשיות ולכ"ע פרק ג' א"צ כוונה הא כיון דס"ל מצות צריכות כוונה ליבעי כוונה בכולי ק"ש. ומה שהשיב שם הרמב"ן דעיקר ק"ש פסוק א' הוא דזה ק"ש של ר"י הנשיא הוא ואם נאנס בשינה מכאן ואילך יצא. אינו ראיה דר"י הנשיא מפני שהיה מלמד לאחרים היה פטור משאר ק"ש כמ"ש המפרשים וגם הא דנאנס בשינה אינו ראי' דכבר פי' המפ' דוודאי קור' כל הק"ש אלא שקורא כשהוא מנמנם בלי כוונת הלב. ועוד ק"ל אי בכוונת לצאת מיירי התם הא אמרינן התם אמר ר"י עד לבבך בעמידה ר' יוחנן אמר כל הפ' כולה בעמידה ואזדא ר"י לטעמיה דאמר הלכה דכל הפ' צריכה כוונה ואי כוונה זו כוונה לצאת הוא מאי ואזדא ר"י לטעמיה דקאמר וכי משום דצריך כוונה לצאת צריך עמידה הא וודאי אין ענין זה לזה. ועוד אטו למ"ד מצות צריכות כוונה יהיו כל המצות צריכות עמידה הא וודאי לא שמענו והא בפ"ד דברכות (דף ל ע"א) תנא גבי רוכב על חמור דס"ל דר' דישב במקומו ויתפלל מפני שאין דעתו מיושבת עליו פי' מפני עיכוב הדרך אלמא מתפלל במהלך מה לי מהלך ברגלים מה לי החמור שהוא רוכב מהלך, והא אמר התם רבא הלכה כרבי והא רבא לפי דברי הרמב"ן ס"ל מצות צריכות כוונה דהא פסק כר"מ דפסוק אחד צריך כוונה ואפ"ה מתפלל בעוד שהחמור שרוכב עליו מהלך. א"ו דכוונה דגבי ק"ש מכוונת הלב מיירי ולא מכוונת לצאת, ודווקא ק"ש בעי כוונת הלב משום דגלי קרא על לבבך אבל שאר מצות לא. ואף על גב דתני' המתפלל צריך שיכוין את לבו בפ"ה דברכות (דף לא ע"א) י"ל דמ"מ א"צ כ"כ כוונה כמו בק"ש דיש בו קבלת עול מלכות שמים אבל אי מיירי לצאת בזה כל המצות שוין. אבל הדבר ברור דמש"ה לא מוקי להא אם כיון לבו דבכוונת הלב מיירי חדא דתנא פסיק ותני אם כיון לבו דמשמע דכל ג' פרשיות של ק"ש צריכות כוונה ואי בכוונת הלב מיירי ליכא למ"ד דבכולה בעי כוונה ועוד דבקור' בתורה מיירי ואתי ואטו בשופטני עסקינן דקורא ואינו משים על לבו הדברים שהוא קור' א"ו אם כיון לבו דקאמר היינו לצאת ובהא כל ג' פרשיות שווין:

בקורא להגי'. התוס' פי' רפ"ב דברכות היינו שאינו קורא התיבות כהלכתן וכנקודתן אלא כתיבתן קרי כדי להבין בחסרות ויתרות כמו לטטפת מזוזות ואם כיון לבו לאו דווקא אלא לקרות כדין כנקודתן והלכתן. ואין טעם לפי' זה. ורש"י פי' בקורא להגיה אף קריי' אין כאן אלא מגמגם. וגם זה אינו במשמע. אבל על דרך שפי' ניחא וה"פ מאי לאו אם כיון לבו לצאת דקס"ד דהיה קורא בתורה היינו כדרך קריא' ולימוד שמגמגמתו להבין מה שהוא קורא דאל"כ טורח זה למה א"כ הא וודאי איכא כוונת הלב ומה אם כיון לבו דקתני בע"כ כיון לצאת קאמר

וש"מ מצות צריכות כוונה ומשני לקרות, והשת' לפי"ז אם כיון לבו בכוונת הלב מיירי הדר פריך לקרות הא קא קרי ומשני בקורא להגיה פירוש לאו כדס"ד דקורא ללמוד דא"כ א"א בלא כוונת הלב להבין מה שקור' וא"כ האי אם כיון לבו אכוונת לצאת קאמר דתקשה לך. אלא בקורא להגיה מיירי דבזה א"צ לידע ולהבין מה שהוא קורא ואינו משים לבו להבין אלא לדקדק אם אין טעות בכתיבה ולהגי'. והא דמשני בתחילה לקרות היינו הך תי' בתר' גופי' דקאמר להגי' דמסיק ולקרות דקאמר היינו דהיה קורא בתורה להגי' דאין כאן כוונת הלב והאי דאם כיון לבו דקאמר היינו אם כיון לקריאה גמורה כסתם קורא בתורה אלא דהמקשה לא הניח לאסיק התי' שפיר וקדים ואקשי ליה והא קרי ואז ביאר לו המתר' בקור' להגי' איירי מתני' והאי אם כיון לבו דקאמר לקרות כדרך הקורין בתורה ללמוד קאמ'. וכן דרך הגמ' בכל מקום שאכתי לא סיים המתרץ דבריו קדים ומקשה ליה ובתי' בתרא גומר התרצן לבאר לתי' קמא. והיינו דלא קאמר אלא בקור' להגיה דלא הדר ביה מתי' קמא אלא מסיק ומבאר לתי' קמא ואלו לפרש"י ותוס' הדר ביה מתי' קמא לגמרי. ועוד קשה איך טעי בתחילה לתרץ דלקרות קאמר האי אם כיון לבו דהא וודאי קא קרי דהא היה קורא קאמר, ולמאי דפי' הכל ניחא והשת' לפי המסקנ' האי אם כיון לבו בכוונת הלב מיירי. וראיתי להרשב"א בחי' רפ"ב דברכות בקורא להגיה פי' רב האי לפי שצריך לכוין מיהא לקרו' וכ"כ הר"י בן גיאת דה"ל כוונ' זו כנתכוין שומע לשמוע ומשמיע להשמיע שאינו כוונה גמורה אלא שצריך מיהא כוונת שמיעה, נראה מדבריו דאפי' למ"ד א"צ כוונה אפ"ה מודה דכוונת שומע ומשמיע מיהו בעינן וכדברי י"מ שאכתוב לקמן גבי איכוין ותקע לי ושם יתבאר דלית' להאי סברא כלל הלכך המחוור כדפירשתי:

לא לשמוע והא שמע סבור חמור בעלמא הוא. פי' האי לשמוע דקאמ' בתחילה היינו שיתכוין לשמיעת קול שופר ולא קול של חמור וע"ד שפי' בסמוך האי דקורא להגי'. מיהא ק"ל תינח קול שופר איכא למימר כסבור חמור בעלמא הוא אבל קול מגילה דקאי עלה נמי האי אם כיון לבו מאי איכא למימר דהכא ליכא למימר סבר חמור הוא על קול אדם קורא תיבות ואותיות:

אבל נתכוין שומע ולא נתכוין משמיע היכי משכחת לה. פי' התוס' לא הוה מצי למימר כגון שלא נתכוין המשמיע להוציא השומע דמשמע ליה כדדייק בסוף הסוגי' משמיע לעצמו דומיא דשומע לעצמו אלמ' לא בעי כוונה. משמע מדבריהם אפי' אי תקע לשיר יצא דמצות א"צ כוונה אפ"ה אפשר לומר דכוונת משמיע להוצי' השומע בעינן דאי כוונת המשמיע קיל מכוונת לצאת השתא לצאת לא בעי כוונה למ"ד תוקע לשיר יצא כ"ש דא"א לומר אליב' דידיה דבעי כוונת משמיע הא ממילא שמע מינה דתוקע לשיר לא יצא. ולהאי פי' ר"ז דס"ל לקמן משמיע בעי כוונה להוצי' השומע לא פליג אדרבא דאמר תוקע לשיר יצא. אבל א"א לומר כן. ומצידה תברא דהא פריך לקמן אדר"ז דאמר משמיע בעי כוונה מהא דנתכוין שומע קתני משמיע דומי' דשומע מה שומע שומע לעצמו אף משמיע משמיע לעצמו ומשום הא קושי' מוקי לדר"ז בתנאי וכיון דמוכח מהא ברייתא דבמשמיע לעצמו סגי איך ס"ד מהא להוכיח דמצות צריכות כוונה השתא כוונת משמיע דחמיר לא בעינן כ"ש דכוונת מצוה דקיל מיניה לא בעי, א"ו כוונת מצוה חמיר מכוונת משמיע וקס"ד אף על גב דכוונת משמיע לא בעינן אפ"ה כוונת מצוה דעדיף מיניה בעינן:

ינתנו במתנה אחת. פרש"י והרי יש בה משניהם ועולה לשניה'. משמע שמפרש לה בבלול דהיינו שנתערבו ב' הדמי' לתוך כוס א' וכמאן דמוקי הכי בפ"ח דזבחים (דף פא ע"א) דבבלול פליגי ויש בילה בדבר לח ולמ"ד אין בילה מוקי לה התם בנתערבו כוס בכוסות. והשתא למאן דמוקי לה בבלול הא דאמרו ר"א ור"י לא נאמר בל תוסיף או בל תגרע אלא כשהוא בעצמו ולא בנתערבו היינו משום דכיון דאיכא במתנה זו שהוא נותן משום מתן א' ומשום מתן ד' לר"א אין כאן משום בל תוסיף דהוא צריך ליתן ד' מתנות משום מתן ד' ואין זה חשוב תוס' למתן א' שעמו שחיוב מתן ד' שעמו מכריח ליתן ד' בשבילו ואין נותן בשביל מתן א' אלא שממילא א"א בלא מתן א' שנבלל עמו ולר"י אם נותן מתן א' אין בו משום בל תגרע על מתן ד' דהאי דנותן מתן א' אינו בשביל מתן ד' אלא בשביל מתן א' אלא שממילא א"א בלא מתן ד' שנבלל עמו. ולמ"ד כוס בכוסות פליגי אף על גב דכל חד בלחוד קאי אפ"ה כיון דמספקא לן איזה כוס של מתן ד' ואיזה של מתן א' לר"א נותן ד' מכל כוס דכיון דאינו מתכוין להוסיף אלא משום ספיקא הוא נותן ד' מתנות אין במתן א' משום בל תוסיף ולר"י אין במתן ד' משום בל תגרע כיון דאין מתכוין לגרוע אלא דכל כוס וכוס מספקא לן דילמא של מתן א' הוא ומשום הכי אינו נותן אלא מתן א' לית לן בה. מ"מ ק"ל כיון דס"ל לר"י דלא נאמר בל תגרע אלא כשהוא בעצמו ממילא הה"נ לבל תוסיף וכדאמר ר"א דמאי שנא, וא"כ מ"ט דר"י דאמר ינתן במתן א' הא וודאי מתן ד' דר"א טפי עדיף כדי לקיים זריקת דם של מתן ד' כמצוותו כיון דאין כאן נידנוד איסור בל תוסיף משום ההוא דמתן א' הואיל ואינו בעצמו והא תקשה בין למ"ד בבלול בין למ"ד בכוסות פליגי. ותוס' פי' לא נאמר בל תגרע אלא כשהוא בעצמו הילכך כיון שהוא יוצא בא' למה נזקקנו ליתן ד' ועוד טפי עדיף בא' מבד' כדמפרש. ואיני יודע מהו זה הא וודאי זקוק הוא למתן ד' לקיים מצות מתן ד' כמצוותו לכתחילה ול"ל לבטל בחנם. וגם הא דמפרש כשנתת עברת אבל תוסיף ועשית מעשה הא אין שייך כאן עבירת בל תוסיף כל עיקר כיון שאינו בעצמו ומה טעם הוסיף ר"י לדבריו מהא הא דר"א עדיף וכדפי'. וביותר אני תמה דבספ"י דעירובין (דף ק') דרוצה לדמות ההיא דפליגי התם בעלה באילן בשבת אי ירד או לא ירד להא דר"א ור"י לר"א דאמר ינתן במתן ד' דאמ' קום ועשה עדיף ה"נ ירד. הא לא דמי קום ועש' דאילן לקום עשה דמתן ד' דהכא כיון דלא נאמר בל תוסיף אלא כשהוא בעצמו לא מבעיא דאין עבירה בקום ועשה זה אלא אפילו מצוה נמי איכא אבל התם אם ירד עביד איסורא בהאי בקום ועשה. ועק"ל לה"ט בתרא לר"י דעדיף ליה מתן א' ממתן ד' מפני שאין עושה מעשה בידים משא"כ מתן ד' שעובר בבל תוסיף בקום ועשה ולא שייך כאן לומר יבא עשה וידח' ל"ת מטעמא דפי' בפנים, וכיון שכן לא יתן אפי' מתן א' כדי שלא יעבור בלאו דבל תגרע אף על גב דמתן אחת מעכב ומתן ד' לא מעכב הא אף על גב דאינו מעכב מצוה מיהא איכא אלא דכאן אין עשה דוחה ל"ת א"כ לא יתן כלל אפי' מתן א' דאז אין עובר בבל תגרע כדפי' לעיל דלא כנראה מדברי הרשב"א, אבל כשנותן מתן א' גורם לעבור בבל תגרע ואין כח בעשה זו לדחות הל"ת אטו משום שלא יפסול הקרבן עובר על בל תגרע כיון דאין כח בעשה זו לדחות את ל"ת הל"ל שלא יתן כלל והעשה נעקרת מאיליו שלא בגרמא דידיה ומהשתא שנתן מתן א' הוא הגורם ללאו דבל תגרע לחול כאן וע"י גרמא דיליה חלה ונעקרה ובדוחק יש ליישב זה: (אבני מילואים)

הרי הוא עובר על בל תגרע. לא נתברר בגמ' באיזה ענין עובר על בל תגרע. ורש"י בפרש' ואתחנן פי' לא תוסיפו כגון ה' פרשיות בתפילין וה' מינין בלולב וה' ציצית וכן לא תגרע משמע מפי' דבג'

פרשיות וג' מינים שבלולב וג' ציצית עובר על בל תגרע דומיא דעובר בה' מהם בבל תוסיף. ולכאורה נ"ל דאינו עובר בבל תגרע אלא דאם גרע אפ"ה כשר בדיעבד ולא בטל מצוותו כגון מתן ד' דקי"ל רפ"ד דזבחים (דף ל"ו) כל הניתנין על מזבח החיצון שאם נותנן מתנה א' כיפר. אבל היכי דמגרע ביטל מצוותה לגמרי ופסול אפי' בדיעבד כגון כל הני דקי"ל ד' פרשיות שבתפילין וד' מינים שבלולב וד' ציצית מעכבין זא"ז כדתנן בפ"ב וג' דמנחות ואם חיסר אחד מהן אף הג' שעשה אינו כלום ואין כאן מצות תפילין ולולב וציצית כלל אינו עובר על בל תגרע, דאין לשון גרעון נופל אלא שהיכא שעשה מצוה אלא שלא עשה בשלימתה ובמילואה וחיסר קצת מטכסיסי המצוה אבל היכא שהגרעון פוסלה ומבטלה לגמרי אין שייך כאן לשון גירעון וה"ל כאלו לא הניח תפילין כלל ולא נטל ד' מינים ולא עשה ציצית לגמרי דאינו עובר אלא בעשין הללו השתא נמי דעשאן אלא שעשה בגירעון אינו עובר אלא בעשה לחוד אם יש בידו לעשות ולא עשה ואין להם שייכות כלל ללאו דבל תגרע והיינו דלא מצינו בכולה גמ' שעובר על בל תגרע אלא בהא דמתן ד' לחוד. ואף על פי שכתב הרשב"א בפ"ק דהא דאינו עובר בבל תגרע בר"ה שחל בשבת דגזרו רבנן שלא לתקוע משום דתיקנו שלא לתקוע לצורך משום גזירה שמא יעבירנו ד"א ברה"ר הרשות בידם וליכא בל תגרע. ומשמע מדבריו דאם אינו תוקע בר"ה שחל בחול או שלא עשה א' משאר מצות עשה מלבד שעובר בעשה עובר נמי בלאו דבל תגרע, ולפ"ז כ"ש אם עשה ג' פרשיות בתפילין וג' מינים בלולב וג' ציצית אף על גב דמעכבין זה את זה אפ"ה עובר נמי בבל תגרע דלא גרע מאלו ישב ובטל את המצוה לגמרי. כבר תמהתי עליו בפנים בפ"ק דא"כ למ"ד לאו שאין בו מעשה לוקין עליו ילקו על ביטול מ"ע אחת דהא אין לך עשה שאין עם ביטול' לאו דבל תגרע והא וודאי לא שמענו. אלא ודאי ש"מ דלא קאי לאו דבל תגרע אביטול מ"ע כלל. ויש להביא ראי' למאי דפי' דהיכא דמעכבין זא"ז אם גרע א' מהם אינו עובר בבל תגרע דתני בפ"ג דסוכ' (ד' לא ע"א) ד' מיני' שבלולב כשם שאין פוחתין מהן כך אין מוסיפין עליהן לא מצא אתרוג לא יביא לא פריש ולא רימון ולא ד"א ופריך פשיטא ומשני סד"א ליתי כי היכא דלא לישתכח תורת אתרוג קמ"ל זימנין דנפיק חורבא מיני' דאתי למיסרך. ואי אפי' בדמעכבין זא"ז יש לאו דבל תגרע אי חיסר א' מהן. האיך ס"ד לעבור בלאו למיתי פריש או רימון במקום אתרוג משום דלא לישתכח תורת אתרוג הא וודאי פריש או רימון שמביא כמאן דליתא דמי ואין כאן אלא ג' מינין לחוד ועובר בבל תגרע. וגם למ"ל למימר דאינו מביא משום חורבא דאתי למיסרך תיפוק ליה משום לאו דבל תגרע דה"ל איסור דאורייתא. ואפ"ת דה"ק סד"א ליתי ולא לכווין לשם מצוה דאין כאן משום בל תגרע דכמו דלעבור בבל תוסיף בעי כוונה ה"נ ג"כ לעבור בבל תגרע וכמ"ד מצות צריכות כוונה דהא תנאי פליגי בהא בפ"י דפסחים ולהאי תנא לעבור נמי אפי' בזמנו בעי כוונה. מ"מ אכתי תקשה ל"ל טעמא דילמא אתי למיסרך דאין חשש זה אלא לימים ושנים הבאים כשיהיה לו אתרוג ראוי לצאת הל"ל דאין ראוי להביאן משום חשש חורבה בשעתי' מיד דילמא יביאם ויכוין לשם מצוה ויעבור בלאו ולמה שביק חשש חורבה בשעתי' ונקט חשש חורב' דלאחר זמן. ועוד דחורבה זו דמפר' דילמא אתי למיסרך אינו אלא בשב ואל תעשה דמבטל מצות לולב הא בל תגרע חמיר דה"ל בקום ועשה. א"ו ש"מ בד' מינים שבלולב וכל כיוצא בו דמעכבין זא"ז אם חיסר א' מהן ליכא משום בל תגרע אפי' במכוין לשם מצוה ודומה לעצים בעלמא שנוטלן לשם מצוה דל"ש בהו לאו זה. מיהו בספרי בפ' ראה תניא לא תוסיף עליו ולא תגרע ממנו מכאן אמרו הנתנין במתנה אחת שנתערבו בנתנין במתנות ארבע ינתנו במתנה אחת, דבר אחר לא תוסיף עליו מנין שאין מוסיפין לא על הלולב ולא על הציצית ת"ל לא תוסיף עליו ומנין שאין פוחתין מהם ת"ל לא תגרע ממנו מנין שאם פתח לברך ברכת כהנים שלא יאמר הואיל ופתחתי לברך אומר ה' אלקיכם יוסף עליכם וגו' ת"ל דבר אפי' דיבור אל תוסיף עליו, ומדקתני מנין שאין מוסיפין לא על הלולב ולא על הציצית ת"ל לא תוסיף ומסיים עלה ומנין שאין פוחתין מהם ת"ל לא תגרע, ש"מ דבלולב וציצית שייך לאו דבל תגרע אף על גב דמעכבין זא"ז. ובשלמא מציצית לק"מ דאיכא למימר דתנא דספרי כר"י ס"ל דתנן ספ"ג דמנחות (דף לז ע"ב) ד' ציצית מעכבין זא"ז שארבעתן מצוה אחת רי"א ארבעתן ארבע מצות ומיירי בדאית ליה כל הד' ציציות ופוחת מהם ומטיל ג' בטלית דלא שייך כאן לומר שיבא עשה וידחה ל"ת כיון דיכול לקיים שניהם שהרי בידו כל ארבעתן וכדאמר ר"ל כל מקום שאתה מוצא עש' ול"ת אם אתה יכול לקיים את שניהם מוטב כו' אבל בלולב קשי' דהא לכ"ע ד' מינים שבלולב מעכבין זא"ז ואפ"ה עובר על ב"ת בפוחת מהן: (אבני מילואים)

הרי הוא עובר על בל תוסיף. בפ"י דעירובין (דף ק') הקשה התוספ' וליתי עשה דמתן ד' ולידחי ל"ת. ותי' דלא דמי לכלאים בציצית דהכא ע"י פשיעה הוא בא ויוכל היה להתקיים בלא דחיית הלאו. וק"ל הא בפי"א דזבחים (דף צז ע"ב) אמר כל הנוגע בהם יקדש להיות כמוה הא כיצד אם פסולה היא תפסול ופריך ואמאי ליתי עשה ולידחי ל"ת והא התם נמי בא ע"י פשיעה מה שבלע הכשירה מן הפסולה ואפ"ה פריך לידחי. אבל יש לתרץ קושי' התוס' כדמשני רבא התם אההיא דיקדש דאין עשה דוחה ל"ת שבמקדש שנאמר ועצם לא תשברו אח' עצם שיש בו מוח ואחד עצם שאין בו מוח ואמאי ניתי עשה ולידחי ל"ת אלא אין עשה דוחה את ל"ת שבמקדש, וה"נ האי עשה דמתן ד' במקדש הוא ואינו דוחה ל"ת דבל תוסיף ואף על גב דבל תוסיף אינו מיוחד למקדש דווקא דהא אית' בכל המצות, ול"ד לל"ת דשבירת עצם ודאכילת פסולי קדשים שמיוחדין למקדש דווקא. מ"מ הכא כיון דלאו דבל תוסיף בקדשים הוא ה"ל כלאו שבמקדש דאלים ואין עשה דוחה לה. ועוד נ"ל דהא דקאמר אין עשה דוחה ל"ת שבמקדש לאו משום דאלימ' ל"ת דידה מכל ל"ת דעלמ' דא"כ הא עשה שבמקדש נמי אלים מכל עשה דעלמא. והשת' כמו דעשה דעלמ' הקל דוחה לל"ת דעלמא הקלה וה"נ עשה דמקדש דחמיר לידחי ל"ת דמקדש החמור דכך שוה עשה החמור נגד ל"ת חמורה כמו ששוה עשה הקל נגד ל"ת הקלה וכמו דהתם דוחה ה"נ לידחי. א"ו גזה"כ הוא דהאי כללא דעשה דוחה ל"ת ליתא במקדש. מהשתא איכא למימר דקים להו לרבנן דעשה דמקדש דגלי קרא דאינו דוחה לל"ת. אפי' ל"ת דעלמ' נמי לא דחי. ואף על גב דרב אשי שני התם יקדש עשה הוא ואין עשה דוחה ל"ת ועשה לאו למימר' דלית ליה ה"ט דרבא דאין עשה דוחה לא תעש' שבמקדש הא רבא מייתי לה נמי משבירת עצם אלא ר"א ה"ק גבי יקדש לא צריכי' לה"ט דהא בלאו הכי אינו דוחה דה"ל עשה ולא תעשה. מיהו מפי' רש"י שם פ"י דעירובין משמע די"ל כאן דעשה דוחה לא תעשה דאמ' התם תני חדא אם עלה פי' באילן בשבת מותר לירד וכו' ורצה לומר התם דאתי' כר' אליעזר דאמר קום עשה עדיף ה"נ מותר לירד ופירש"י ר"א סבר קום ועשה מצוה עדיף אף על גב דבהאי מצוה איכא צד עבירה דעבר אבכור אבל תוסיף אתי עשה דחטאת דכתיב ונתן על קרנות ודחי לבל תוסיף דבכור, אלמא ס"ל דה"ט דר"א משום דאתי עשה ודוחה ל"ת. וקשה על פי' זה א"כ מאי פריך ר"י לר"א הרי הוא עובר על ב"ת ולמה ליה לר"א לשנויי לא נאמר בל תוסיף אלא כשהוא בעצמו תיפוק ליה דעשה דחי לה לל"ת דב"ת. וי"ל משום דבפ"ח דזבחים שם מסיק דיש בילה לר"א ופליגא בין בבלול בין בכוסות והא דעשה דוחה ל"ת לא שייך לומר בכוסות, דבשלמ' בבלול שנבללו ונתערבו מתן א' עם מתן ד' בתוך כוס אחד כיון דיש בילה

כשנותן במתן ד' בשעה דעובר על הבכור בבל תוסיף מקיים עשה דמתן ד' ושפיר אמר דעשה דחי לה אבל בנתערבו הכוסות זה עם זה ואינו יודע איזה של מתן א' ואיזה של מתן ד' כשנותן מכוס של מתן א' מתן ד' עובר עליו בבל תוסיף ואין כאן קיום עשה מש"ה שני לה לא נאמר בל תוסיף אלא כשהוא בעצמו. מ"מ ק"ל אם איתא דשייך כאן לומר אתי עשה ודחי ל"ת מ"ט דר"י דאמר ונתן מתן א' אפי' בבלול כדי שלא לעבור עליו בבל תוסיף מה בכך ליתי עשה לידחי ל"ת, א"ו אין לומר כאן דוחה ל"ת וכמ"ש משום דה"ל עשה ול"ת שבמקדש.

מיהו בע"כ צ"ל דעשה דמקדש דחי לל"ת דעלמ' שהרי בפר"א דמילה (שבת דף קלג ע"א) אמר דמילה שלא בזמנה אינ' דוחה י"ט ולא אמרינן אתי עשה ודחי ל"ת ומייתי לה אביי מדכתיב עולת שבת בשבתו ולא עולת חול בשבת וי"ט, והשתא מנ"ל דאין עשה דמילה דוחה י"ט הא ש"ה גבי עולת חול דה"ל עשה דמקדש מש"ה אינו דוחה לל"ת די"ט משא"כ עשה דמילה הוי עשה דעלמ' ודוחה לל"ת דעלמא, א"ו עשה דמקדש דוחה ל"ת דעלמא והשת' מייתי לה אביי שפיר מלא עולת חול בי"ט דאין עשה דמילה דוחה י"ט. והא ליכא למימר דלא אמרינן עשה דוחה ל"ת אלא היכי דעקירת הלאו עם קיום העשה הוא בדבר א' כגון כלאים בציצית דמטיל בסדין של פשתן חוט של צמר שהוא תכלת דבהאי חוט שעובר בלאו של כלאים מקיים לעשה של תכלת אבל הכא אפי' בבלול אף על גב דבהאי מתן ד' שעובר על בל תוסיף דבכור מקיים לעשה של מתן ד' ובעידנא דמיעקר לאו דבכור מקיים לעשה אפ"ה אינן בדבר א' דהל"ת הוא בדם הבכור וקיום העשה אינו אלא בדבר אחר בדם דמתן ד' הנבלל ונתערב עמו. הא ליתא דא"כ מאי פריך גבי יקדש דאם פסולה היא תפסול יבא עשה וידחה ל"ת הא אינן בדבר א' דהא עשה היא בכשירה והל"ת היא בפסול' הנבלעת בה, א"ו כל כה"ג אמרי' עשה דוחה ל"ת. ונ"ל דמה"ט אין עשה דמתן ד' דוחה ל"ת דבל תוסיף משום דעשה זו קילא דישנו בשאלה וכדאמר בפ"ק דיבמות (דף ה') דמראשו דמצורע אתי' דעשה זו דוחה לתגלחת נזיר אף על גב דאין עשה דוחה ל"ת ועשה שאני נזיר דקיל שישנו בשאלה וכיון דקיל איכא למימר דאין עשה שישנו בשאלה דוחה ל"ת שאינו בשאלה, והא דמתן א' מבכור איירי דאינו בשאלה דהא קדוש מרחם והיינו דנקיט בכולה שמעתין הא דמתן א' דאיירי מבכור ולא ממעשר דהוא נמי מתן א' משום דמעשר נמי איתא בשאלה ככל הקדושים הקדושים בפה הלכך הלאו דבל תוסיף דידה נמי קיל ואתי עשה דמתן ד' ודחי ליה דעשה אף על גב דקילא דישנו בשאלה אפ"ה דוחה ל"ת דכוותיה דומיא דעשה החמור שאינו בשאלה דוחה ל"ת דכוותיה החמורה. והא דפריך גבי יקדש דניתי עשה וידחה ל"ת משום דמיירי מסתם קדשים דהעשה ול"ת יכולין ליעקר ע"י שאלה דקדשי ע"י קדושת פה דהא האי יקדש גבי חטאת ומנחה כתיב והא הל"ת ישנו בשאלה דהני אין קדושין מאליהן אא"כ מקדישן בפה. ואף על גב שהתוס' פי' בפ"ג דכריתות (דף י"ג) גבי הא דתנן יש אוכל אכילה אחת וחייב עליה ד' חטאות ואשם א' טמא שאכל חלב נותר מן המוקדשים ביוה"כ והא דלא חשיב כגון שנשבע שלא יאכלנו ואכל, י"ל מידי דאית' בשאלה לא קתני ומוקדשין דתני אף על גב דהוי בשאלה מ"מ השת' שנשחטו ונזרק דמן כהלכתן ליתא בשאלה, אבל ל"ל דאיירי בבכור שהרי קאמר בגמר' אקדשיה מיגו דאיתוסף וכו' דאי הוי מיירי בבכור לא הוי אומר אקדשיה שהרי קדוש בפטר רחם אלמא לאחר שחיטה וזריקה ליתיה בשאלה וא"כ אין עשה דמתן ד' בשאלה לאחר שנתן מתן א' דכיון דנתן מתן א' כיפר ושריא בשר באכילה ושאר המתנות אינן אלא למצוה בעלמ' כדתנן רפ"ד דזבחים (דף ל"ו) ה"ל לאחר זריקה ושוב אינו בשאלה ויבא עשה דמתן ד' וידחי ל"ת דבל תוסיף.

אלא שאני רואה שנעלם מהתוס' גמרא ערוכה פ"ג דשבועות (דף כ"ד) דאמר רבא דשבוע' חלה על שבועה ע"י כולל ופריך עליה מהא דיש אוכל אכילה א' וחייב עליה ד' חטאות, ואם איתא משכחת לה ה' כגון שאמ' שבועה שלא יאכל תמרים וחלב מיגו דחיילא אתמרים חיילא נמי אחלב ומשני כי קתני איסור הבא מאליו איסור הבא מעצמו לא קתני והרי הקדש בבכור דקדוש מרחם, איבעית אימ' כי קתני מידי דלית ליה שאלה שבועה דאית לה שאלה לא קתני והרי הקדש הא אוקימנ' בבכור הרי דלהני תרתי שנויי הקדש דמתני' דיש אוכל אכילה א' מבכור איירי ומשנוי' בתר' ש"מ דיש שאלה אפי' לאחר זריקה דהא נותר דקחשיב לאחר זריקה הוא כדאמ' בפ"ק דנדרי' (ד' י"ב) והא נותר לאחר זריקת דמי' הוא ואפ"ה מוקי לה בבכור שאין לו שאלה אבל לא משאר מוקדשין הואיל ויש להם שאלה לא קתני ש"מ דאפילו לאחר זריקה יש שאלה, והא דקאמר הגמר' אקדשי' מיגו וכו' היינו לשאר שנויי דהתם כי קתני קרבן הקבוע או מידי דחיילא בכשיעור או דענוש כרת או מידי דחייל אמידי דאית ביה ממשא, ולכל הני שנויי א"צ לדחוק דמוקדשים דמתני' מיירי מבכור. מ"מ ש"מ דיש שאלה בהקדש אפי' לאחר זריקה כ"ש שיש שאלה קודם שגמר כל המתנות של מתן ד' אף על פי שנתן כבר מתנה א' אעפ"י שכיפר בההיא מתנה. וכ"ת א"כ מאי ראי' מייתי אביי למילה שלא בזמנה שאינה דוחה י"ט ולא אמרינן דאתי עשה דמילה ודוחה ל"ת די"ט מעולת שבת בשבתו ולא עולת חול בשבת דש"מ דאין עשה דהקטרה דוחה לל"ת די"ט שאני התם דאפשר בשאלה. הא לאו מלת' היא דקרא דעולת שבת בשבתו מקרבן ציבור הבא מתרומות הלשכה שמעורב בו שקלי כל ישראל ואין לו בעלים מיוחדים שאפשר לשאול עליו דמאן מפיס משקלים של מי בא קרבן זה. ואי תקשה עוד שהרי חזקיה נפקא ליה התם למילה שלא בזמנה שאינה דוחה י"ט(קצג) מנותר דפסח שנאמר והנותר ממנו עד בוקר שאין ת"ל עד בוקר אלא ליתן בוקר שני לשריפתו ולא בי"ט דאין עשה דשריפת נותר דוחה ל"ת די"ט, והא פסח מקרבנות יחיד הוא ואפשר בשאלה ומאי ראיה היא זו למילה שלא בזמנ' דא"א בשאלה שלא תדחה י"ט. אומר אני אף דא לא תברא דהא מצות עשה להקריב פסח בזמנו בי"ד בניסן ואם בשעה שנעשה נותר שהוא ט"ו בניסן ישאל עליו והוי ליה חולין למפרע ולא יצא ידי חובת פסח ועשה זו של חיוב פסח אינו בשאלה ואף על פי דעשה דשריפת נותר אפשר לעקרו ע"י שאלה מ"מ כיון דע"י שאלה זו היא גרמא לעקור מצות עשה של פסח למפרע דלא שייך גבי' שאלה, נמצא אם אית' דעשה דוחה ל"ת די"ט ראוי היה לשריפת נותר למידחי י"ט דא"א בשאלה דא"כ אתה מבטל ועוקר למפרע למצות עשה שאינו תלוי בשאלה אלא ש"מ דאין עשה דוחה לל"ת די"ט ומכאן אתה למד לעשה דמילה נמי. והשתא דאתית להכי א"ש נמי האי דלא עולת חול בי"ט דאפ"ת דהוי אפשר בשאלה מ"מ היה מבטל למפרע מ"ע של קרבנות ציבור שזמנו קבוע. אבל ההיא דמתן ד' שנתערבו במתן א' מיירי בקרבן יחיד שאין זמנו קבוע ואפי' אם אתה שואל עליו וה"ל חולין למפרע ואפי' הוא מקרבנות חובה אפ"ה לא נתבטל מ"ע של קרבן זה דהא אפשר להבי' למחר וליומ' אחרא ואפילו בקרבנו' ציבור שזמנו קבוע ואי עבר יומא בטל קרבנו מ"מ בנתערבו הדמים עדיין יש לו תקנה להקריב אחר אם יש עדיין שהות ביום, משא"כ שריפת נותר ועולת חול בי"ט שא"א אלא לאחר יום הקבוע לקרבנו ואם אתה שואל עליו וה"ל חולין למפרע נתבטל ממיל' מ"ע של חיוב קרבן זה שאין לו תקנה בשעבר יומא. אלא דאכתי קשה הא אי מיתשל עליו נמי גורם לבטל למפרע עשה דאיסור חולין שנשחטו בעזרה דה"ל לאו הבא מכלל עשה כי ירחק ממך המקום וזבחת ברחוק מקום אתה זובח ואי אתה זובח בקירוב מקום פרט לחולין שלא ישחטו בעזרה בסוף פרק ב' דקידושין

(דף נז ע"ב). וא"כ האי תערובת דמים נמי לא הוי ליה עשה שישנו בשאלה כיון דאם ישאל עליו עובר בלאו הבא מכלל עשה דחולין שנשחטו בעזרה דה"ל עשה ודמי להני עשה דשריפת נותר ועולת חול בי"ט. וי"ל כיון דבשעת שחיטה כדין שחט שהיה עליה שם קדשים אף על גב דע"י השאלה נעשה חולין למפרע לית לן בה דחולין בעזרה ממיל' הוי. וכהאי גוונא מצינו בפרק ד' דמנחות (דף מז ע"ב) גבי שחט ב' כבשים על ד' חלות מושך ב' מהן ומניפן והשאר נאכלות בפדיון ופריך דלא כרבי דאמ' שחיטה מקדש דפריק להו היכא אי מאבראי כיון דכתיב לפני ה' איפסל ביוצא אי בגואי הא מעייל חולין בעזרה ומשני לעולם כרבי ופריק להו גוואי וחולין ממילא קא הוי. מיהו לא דמי כולי האי דהתם כי פריק להו מכאן ולהבא הוא דנעשה חולין ובשעה שעשה מעשה והכניסו לעזרה היה קודש ואף כי פריק לה מ"מ עד השת' שם קודש עליו ואין בו משום איסור חולין בעזרה אלא מההיא שעת' דפריק לה כשהוא בעזרה והא אין בו מעשה וממיל' הוי, אבל כי שאל עלה כיון דקיי"ל חכם עוקר את הנדר מעיקר' נמצא איגלי מילתא דלמפרע בשעת כניסה לעזרה ובשעת שחיטה שעשה מעשה הכניס ושחט חולין בעזרה ואין זה ממילא אלא מעשה גמור נעשה באיסור מ"מ אין סברא זו מוכרחת. ועוד הא איכא למ"ד בפ"ב דפסחים (דף כ"ב) חולין בעזרה לאו דאוריית' אפי' היה שחיטתו באיסור. ועוד יש להלק בכמה גווני ואין זה מקומו:

ובהכי ניחא לי הא פלוגתא דר"א ור"י דלר"י מתן א' עדיף שלא יעבור בבכור על בל תוסיף ואין עשה דמתן ד' דוחה ל"ת זו דבל תוסיף דבכור הואיל והל"ת אלימ' דא"א בשאלה על בכור והעשה דמתן ד' קילא דאית' בשאלה דס"ל לר"י בפ"ו דערכין (דף כג ע"א) דיש שאלה בהקדש. ור"א לטעמי' דס"ל התם אין שאלה בהקדש וכיון דאין שאלה העשה דמתן ד' אלימא כמו הל"ת דבל תוסיף דבכור מש"ה אי נתן במתן ד' נדחה הל"ת דבל תוסיף דבכור מפני העשה דמתן ד' דאלימא כמותה הואיל וליתא בשאלה כמו הל"ת ואתי עשה ודוחה ל"ת:

ולא תקשה לך לפי מאי דפי' דאין עשה דמתן ד' דוחה ל"ת הואיל ואפשר בשאלה. התינח היכי דהמקדיש עצמו מקריבו דאפשר לו בשאלה אבל היכי שמת ובנו מקריבו הא אינו בשאלה דא"א לו לשאול אהקדש אביו ולא אפשר בשאלה והא מתניתין פסיק ותני מתן ארבע במתן אחת לר"י ינתן במתן א' ואין עשה דמתן ד' דוחה ל"ת דבל תוסיף דמתן א' ואפי' הקריבו בנו אף על גב דעשה דמתן ד' השתא ליתא בשאלה הא. י"ל כיון דשם עשה זו אית' בשאלה בהקריב המקדיש עצמו אפי' הקריבו היורש לא פקע שם שאלה מיני'. וגדולה מזו מצינו בהאי דפ"ק דיבמות דעשה דתגלחת מצורע דוחה לעש' ול"ת דתגלחת נזירות הואיל ונזיר ישנו בשאל' פסיק ותני דוחה לעשה ול"ת דנזיר אפי' בנזיר שמשון שאינו בשאלה כדאמרינן בפ"ב דנזיר (דף יד ע"א) ובע"כ ה"ט דשם נזירות חד הוא כ"ש הכא דהאי קרבן גופא הי' אפשר לו בשאלה כשהקדישה אביו. ובהכי ניחא לי לה"ט בתרא דר"י דעדיף ליה מתן א' ממתן ד' מפני שאין עושה מעשה בידים משא"כ מתן ד' שעובר בבל תוסיף בקום ועשה וכיון שכן לא יתן אפי' מתן א' כדי שלא יעבור בלאו דבל תגרע דאע"ג דמתן א' מעכב ומתן ד' לא מעכב הא אף על גב דאינו מעכב מצוה מיהא איכ' אלא דכאן אין עשה דוחה ל"ת א"כ לא יתן כלל אפי' מתן א' דאז אינו עובר בבל תגרע כדפי' לעיל בפ"ק (דף י"ו) דלא כנראה מדברי הרשב"א וכמ"ש שם, אבל בנתן מתן א' גורם לעבור בבל תגרע ואין כח בעשה זו לדחות הלאו, ואטו משום דלא יפסול הקרבן עובר בבל תגרע כיון דאין כח בעשה זו לדחות הל"ת לה"ט דפי' התוס' הל"ל שלא יתן כלל והעשה נעקרת מאליו שלא בגרמא דידי' מהשתא שנותן מתן א' שהוא הגורם ללאו דבל תגרע לחול כאן וע"י גרמא דילי' חלה ונעקרת. אבל למאי דפי' ניחא דגבי לאו דבל תגרע אפי' לר"י אתי עשה דמתן א' ודחי לל"ת דבל תגרע דהא עשה דמתן א' דבכור אלימא דאינו בשאלה מש"ה דוחה לל"ת דבל תגרע דמתן ד' משא"כ אם יתן מתן ד' א"א לעשה דמתן ד' דישנו בשאלה לדחות ל"ת דבל תוסיף דמתן א' דבכור שאינו בשאלה וכמ"ש. מיהו כל זה אינו אלא אי אמרי' דפליגי בבלול אבל מאן דמוקי לה בפ"ח דזבחים דפליגי בנתערבו כוס בכוסות השתא ל"ש לומר דאתי עשה ודחי ל"ת הא ודאי תקשה לר"י לטעמא בתרא דעדיף לי' מתן א' ממתן ד' מפני שאין עושה מעשה בידי' א"כ לא יתן כלל אפילו מתן אחד וכמ"ש. וביותר קשה לי כיון דסבירא ליה לר"י דלא נאמר בל תגרע אלא כשהוא בעצמו ממילא ה"ה לבל תוסיף וכדאמר ר"א דמ"ש ואם כן מ"ט דר"י דאמ' ינתנו במתן א' הא וודאי מתן ד' דר"א טפי עדיף כדי לקיים זריקת דם של מתן ד' כמצוותו כיון דאין כאן נידנוד דאיסור בל תוסיף משום האי דמתן א' הואיל ואינו בעצמו והא תקשה בין למ"ד בבלול בין למ"ד בכוסות פליגי. והתוספות פירשו לא נאמר בל תגרע אלא כשהוא בעצמו הלכך כיון שהוא יוצא בא' למה נזדקקנו ליתן ד' ועוד טפי עדיף באחת מבד' כדמפרש. ואיני יודע מה הוא זה הא וודאי זקוק הוא למתן ד' כדי שיקיים מצות מתן ד' כמצוותו לכתחילה ולמ"ל לבטל בחנם וגם הא דמפר' כשנתת עברת בבל תוסיף ועשית מעשה הא אין שייך כאן עבירת בל תוסיף כל עיקר כיון שאינו בעצמו ומ"ט הוסיף ר"י לדבריו בהא. הא דר"א עדיף וכדפי'. וביותר אני תמה בפ"י דעירובין (דף ק') דרוצה לדמות האי דפליגי התם בעלה באילן בשבת אי ירד או לא ירד להא דר"א ור"י לר"א דאמר ינתן במתן ד' דאמרי' קום ועשה עדיף ה"נ ירד. הא לא דמי קום ועשה דאילן לקום ועשה דמתן ד' דהכא כיון דלא נאמר בל תוסיף אלא כשהוא בעצמו לא מיבעי דליכא עבירה בקום ועשה זה אלא אפי' מצוה נמי איכא אבל התם אם ירד בע"כ עביד איסורא בהאי קום ועשה:

דף כט עמוד א

איכוון ותקע לי. יש מפרשים דר"ז ס"ל מצות צריכות כוונה ואיכוון ותקע לי דקאמר לצאת ידי חובה קאמר וכ"פ רש"י. וי"מ דלא אמר איכוון למצוה אלא צריכים כוונה לשומע ולמשמיע לשם תקיעת שופר כל דהו אפי' שלא לשם מצוה ולעול' כוונת מצוה לא בעינן אבל בעי כוונה לשמוע ולהשמיע. ונ"ל כפי' רש"י דאם איתא דכוונת שומע ומשמיע יותר חמיר מכוונ' המצוה עצמה ואפי' למ"ד מצות א"צ כוונה

אפ"ה כוונת משמיע לשומע בעי, א"כ לעיל דפריך מהא דנתכוון שומע ולא נתכוון משמיע היכי משכחת לה לאו בתוקע לשיר וש"מ מצות צריכו' כוונה, והאיך ס"ד דמקשה לומר כן הא בסמוך דייק המקשה גופי' מהא בריית' עצמה קתני משמיע דומי' דשומע מה שומע שומע לעצמו אף משמיע וכו' וש"מ דלא בעינן כוונת משמיע וכיון דהאי ברייתא כוונת משמיע לא בעי' כלל אפי' לשם תקיעת שופר כל דהו ממילא ש"מ מכ"ש דלא בעי' כוונת מצוה דהא להאי פירושא כוונת משמיע חמיר מכוונת מצוה והשתא האי תנא חמירתא לא בעי קילתא לא כ"ש אלא וודאי כוונת מצוה חמיר מכוונת משמיע וקא ס"ד דאע"ג דהאי תנא כוונת משמיע לא בעי' כוונת מצוה, מיהו בעי(קצד), ולפ"ז ש"מ דר"ז דבעי כוונת משמיע כ"ש דבעי כוונת מצוה דמצות צריכות כוונה. וק"ל דהא לעיל פריך לרבא דאמר לצאת לא בעי כוונה לעבור בעי כוונה והא מתן דמים לר"י דלעבור ולא בעי כוונה ומש"ה הדר בי' רבא ומסיק לצאת לא בעי כוונה לעבור בזמנו לא בעי כוונה וכו', והשתא לר"ז דס"ל לצאת בעי כוונה כ"ש לעבור דבעי כוונה דהא לצאת קיל לענין כוונה מלעבור כדמוכח מהא דרבא ומהא דפ"י דעירובין שכתבתי למעלה, והשתא לר"ז תקשה והא מתן דמי' לר"י דלעבור ולא בעי כוונה, וה"נ קש' לר"ל בפ"י דפסחים (דף קיד ע"ב) דדייק ממתניתין דהתם דמצות צריכות כוונה וכמ"ש לעיל והשת' תקשה לר"ל נמי הא. וי"ל דר"ל מדייק לה שם מדברי ר"י דאמר אף על גב דמטבל בחזרת מצוה להבי' לפניו מצה וחזרת ולא משום הכירא דתינוקות דא"כ מאי מצוה כדדייק התם אלא ש"מ מצות צריכות כוונה ור"ז נמי ס"ל כהאי דיוקא ואינהו דאמרי כר"י. מיהו ק"ל דהכא ס"ל לר"ל דמצות צריכות כוונה הא בפ"ד דנזיר (דף כג) ובפ"ג דהוריות (דף י') אר"י מאי דכתיב כי ישרים דרכי ה' צדיקים ילכו בם ופושעים יכשלו בם משל לב' שצלאו את פסחיהם א' אכלו לשם מצוה וא' אכלו לשם אכילה גסה זה שאכלו לשם מצוה צדיקים ילכו בם וזה שאכלו לשם אכילה גסה ופושעים יכשלו בם א"ל ר"ל האי רשע קרית ליה נהי דלא עבד מצוה מן המובחר פסח מיהא עבד אלא אר"ל משל לב' זה אשתו ואחותו עמו בבית וכו', והשתא איך אר"ל פסח מיהא עביד הא מדאמר אח' אכלו לשם מצוה מכלל דהשני שאכלו לשם אכילה גסה לא אכלו לשם מצוה שהוא דבר והפוכו והא אף על גב דעביד פסח אפ"ה מצות אכילת פסח שהוא חייב מה"ת לא קיים ור"ל דס"ל מצות צריכות כוונה א"כ הא ודאי פושע ורשע מקרי אפי' אינו מקיים דברי חכמים מקרי הכי כדאמר בפ"ב דיבמות (דף כ') וספ"ק דנדה (דף י"ב) כ"ש באינו מקיים מצוה של תורה. ואפ"ת דהאי אכלו לשם מצוה דנקיט לאו דוקא דתידוק מיניה דהשני לא אכלו לשם מצוה אלא אכלו לשם מצוה דקאמר היינו כדרך מצוותו מן המובחר דהיינו לתיאבון ואיד' אכלו באכילה גסה ומ"מ כיון לשם מצוה והאי לשם דנקט גבי מצוה ואכילה גסה לאו דוקא. מ"מ תקשה למה נאדי ר"ל לגמרי מהאי משל דפסח ומוקי בדבר אחר הל"ל באכילת פסח גופי' דאיירי בי' אחד אכלו לשם מצוה ואחד אכלו שלא לשם מצוה דה"ל רשע לר"ל.

ונ"ל מהא דאפי' למ"ד מצות צריכות כוונה ה"מ בדבר שכל המין ראוי למצוותו כגון מצה ושופר ולולב דאין חתיכת מצה זו ושופר ולולב אלו מיוחדין למצותו דאפשר למצוה זו לקיים ע"י דברים אחרים של מינן כמו באלו ואין אלו סתמן עומדין למצוותן ודמי לסתמא דגמ' דאמר רפ"ק זבחים גבי קדשים דקי"ל כל הזבחים שנשחטו שלא לשמן כשירין ולא עלו לבעלים לשם חובה ואם שחטן סתמא עלו דסתמן לשמן קיימ'. אבל גט הנכתב שלא לשם אשה פסול ואפי' סתמא נמי פסול משום דסתם אשה לאו לגירושין קיימא ופי' התוספות ואפי' זינתה מ"מ לאו להתגרש בגט זה עומדת דהא אפשר להתגרש בגט אחר כמו בזה. אבל בדבר פרטי המיוחד ועומד למצוותו וא"א לקיימו אלא בגופו ואפי' במינו א"א אלא בו בעצמו כגון אכילת קדשים ופסח דמצות אכילתן מיוחד בגופן וא"א לקיים מצוותן אלא בגופן דמי לשחיטת קדשים דסתמן לשמן עומדין הואיל ומצוותן מיוחד בגופן, וגם במילה למ"ד דבעי מילה לשמה אפ"ה בעכו"ם כשירה משום דעביד סתמא וסתמ' לשמה קאי כמש"כ התוספות רפ"ק דזבחים, וצ"ל דה"ט משום דמצות אדם זה מיוחדת לגופו ממילא סתמא לשמה קאי, א"נ משום דכל הני אי עשאן שלא לשמן בטל מצותן לגמרי כגון מילה אם נעשה שלא כהכשרה שוב א"א בחזרה לעשות כמצותו אף על גב דאפשר בהטפת דם ברית אין זה עיקר מצות מילה אלא במקום דלא אפשר כגון גר שנתגייר בא"י בזה"ב כשהוא מהול או קטן הנולד מהול אבל עיקר מצות מילה אזדא לה. וכן קדשים אי עשאן שלא כמצותן בטל מצות קרבן זה מש"ה סתמא לשמו קאי משא"כ בשאר מצות כמצה שופר ולולב עשאן שלא כמצותן יש להם תקנה לחזור ולעשות כמצותן אין סתמן עומדות לשמן:

חרש שוטה וקטן אין מוציאין את הרבים י"ח. וטעמ' כדמסיק משום דאין מחויב בדבר. וק"ל למ"ד לעיל (דף כ"ח) דמצות צריכות כוונה ל"ל משום דאינו מחויב בדבר ת"ל משום דלאו בני כוונה נינהו ואנן כוונת שומע ומשמיע בעינן דהא מה"ט שחיטת חש"ו פסולה אפי' באחרים רואין אותן למאן דבעי כוונה לשחיטה משום דלאו בני כוונה נינהו כדאמר בפ"ק דחולין (דף י"ב). ועוד למאי דפי' לעיל דהיכי דאינו יודע שהיום פסח או שזו מצה ה"ל מתעסק, ולכ"ע לא יצא וה"נ באינו יודע שהיום ר"ה או שזה שופר ה"ל מתעסק, והא חש"ו כל מעשיהם כמתעסק דיינינן ליה וכדאמר התם קטן אין לו מחשבה ואם שחט עולה לשמה פסולה ופי' התוס' אף על גב דסתמ' לשמה קאי ואינו פסול עד שיעקר מלשמה להדיא סתמא דקטן גרע טפי דאינו יודע שהוא קדשים ואמרינן לשם חולין כשירה משום חולין פי' שכסבור שהוא חולין פסולה ואפי' אומר הקטן בפירוש ששחטו לשם קדשים לאו כלום הוא דאין לו מחשבה, וה"נ אפי' אי אמר בפירוש שהיום ר"ה לאו כלום הוא ועדיין דיינינן ליה כמתעסק ואנן תנן בפ"ד המתעסק והשומע ממנו לא יצא. וי"ל דבאחרי' עומדין על גביהן ומלמדין אותן לשמה בני כוונה נינהו דמה"ט מכשירין כתיבת חש"ו את הגט בגדול עומד על גבן אף על גב דבעי כתיבה לשמה כמ"ש שם התוס' וקמ"ל במתני' דבאחרי' עומדין על גבן נמי אין מוציאין מה"ט דאין מחויב בדבר. מיהו למאי דאמרי מקצת המפרשים דחרש המדבר ואינו שומע אף על גב דהוי כפקח לכל דבריו פטור מתקיעה דמצות תקיעה תליא בשמיעה כדתנן לעיל התוקע לתוך הבור דאם קול הברה שמע לא יצא, א"כ מעיקרא לק"מ דהשתא חרש דמתני' בחרש שאינו שומע לחוד איירי ואף על פי שמדבר וכפקח הוא ובר כוונה קמ"ל דאפ"ה אינו מוציא מה"ט דאינו מחויב בדבר. אלא דבהא אין ליישב הא דתנן בפ"ב דמגילה הכל כשירין לקרות את המגילה ור"י מכשיר בקטן ושם יתבאר:

סד"א הואיל ותנן שוה יובל לר"ה וכו'. ק"ל כיון דקרא לא מקיש להו מה ס"ד לאקושי להו משום דתנן שוה יובל לר"ה. ועוד דמתני' נמי לא משוה להו אלא לתקיעות ולברכות והאיך ס"ד לאקושי תקיעות שופר דר"ה לשאר מצות יובל דליתנהו בכהנים. וי"ל משום דילפינן לקמן בפ"ד (דף ל"ד) בהקישא וגזירה שוה דשביעי שביעי' ר"ה ליובל לכמה מילי ומש"ה תנן שוה יובל לר"ה והא תקיעות של יובל עיקר הוא לסימן של שילוח עבדים והשמטת קרקעות כדמוכח בכמה דוכתי' וה"א מאן דליתא בכל דין השמטת קרקעות לא מחויב בתקיעות שופר דיובל ור"ה קמ"ל. והא דנקט במצוה דר"ה ושבק יובל משום דר"ה שכיח

טפי ונוהג בכל זמן ועוד דמכילתין מר"ה מיירי. ובהכי ניחא לי הא דקתני בההיא ברייתא גרים ועבדים משוחררים ומאי קמ"ל פשיטא ולמאי דפי' א"ש משום דאמ' בפ"ה דב"מ (דף ע"א) אין אשה וגר קונין עבד עברי ואף על גב דמסיק התם אין קונין ודינו כישראל אבל קונין ודינו כעכו"ם כדתניא הנרצע והנמכר לעכו"ם אין עובד לא את הבן ולא את הבת מ"מ מסתברא דהנמכר לעכו"ם לא שייך ביה רציעה. א"כ הה"נ לנמכר לגר צדק שדינו כעכו"ם לענין עבד עברי ולא שייך ביה רציעה. ועוד דאיכ' למ"ד בפ"ק דקידושין דמוכר עצמו אין נרצע אא"כ מכרוהו ב"ד וב"ד מסתמא אין מוכרין אותו לעכו"ם אלא לישראל כדכתיב בקרא להדיא א"כ ה"ה דאין ב"ד מוכרין אותו לגר צדק א"כ ליתא בשילוח עבדים בנרצע אף על גב דאיתי' בשילוח עבדים בפגע בו יובל בתוך שש למכירתו אפ"ה ה"א הואיל וליתא בכל דין שילוח עבדי' דיובל דלא משכחת גבי שילוח דנרצע וא"צ תקיעה גבי' לסימן שילוח של נרצע לא מחייב בתקיעת שופר דיובל וכדאמר הגמ' גבי השמטת קרקע סד"א הואיל וליתא בכל דיני השמטה פטור מתקיעה. קמ"ל דגר ועבד משוחרר חייבין בתקיעה:

והני כהנים הואיל וליתנהו במצוה דיובל. ה"ה דהמ"ל כהנים ולויים איצטריך ליה דלוי נמי ליתיה במצוה דיובל כדמסיק, כ"פ התוספות רפ"ק דערכין (דף ג'):

דתנן כהנים ולויים וכו'. ק"ל הא לאו בכהנים ולויים תליא הא מילתא דגואלין לעולם כדאמ' בספ"ט דערכין (דף ל"ג) לרבנן דישראל שירש את אבי אמו לוי גואל כלוי ולוי שירש לישראל אינו גואל כלוי דבערי הלויים תלא רחמנא לגאולת עולם, וכיון דלוי וישראל אין דינן שוה דבערי ישראל אין גואלין ובערי הלוים גואלין לעולם היאך ס"ד מש"ה לפטור מתקיעה א"כ לא משכחת לה למצות תקיעה ביובל כלל אפי' בישראל ואכתי תקשה פשיטא אי הני לא מחייבי מאן מחייבי. והא ליכא למימר דמשכח' לה לגאולת עולם בכהנים מה שאינו בישראל בשדה הנתחלקת לכהנים ביובל א"נ בשדה חרמים דאחוזת כהן הוא כדכתיב. ולפי"ז הא דקאמ' כהנים איצטריך לי' דווקא הוא דאילו בלויים לא משכחת לה להני ודלא כפי' התוס'. ליתא דהא בהדיא אימעיט לה לשדה החרם בשילהי ערכין דאם הקדישה ולא גאל' יוצאת מתחת ידו ומתחלקת לכל אחיו הכהנים ואינו בכלל קרא דגאולת עולם ומשמע דה"ה לשדה המתחלקת לכהני' דיוצאת מתחת ידו ומתחלקת לכל הכהני' אם הקדישה ולא גאלה. דהא במסקנא יליף התם מאחוזתו אמר רחמנא אחוזתו אין חרמי' לא וא"כ הא נמי אימעיט מהא ועוד דאחוזתו גבי שדה היוצאת לכהנים ביובל כתיב. מיהו י"ל דאינו ממעט מאחוזתו אלא שדה חרם בלבד ולא היוצאת לכהנים ביובל, ואדרבה משום ה"ט גופי' הואיל וגבי' כתיב לכהן תהיה אחוזתו ואף על גב דלאו מערי הלוים שניתן להם אחוזה אפ"ה קרי לי' רחמנא אחוזתו, ואפשר נמי דלענין מכירת הדיוט נמי דין אחוזת הלוים יש לו לענין שדה אחוזה שאין של ישראל נגאל פחות מב' שנים. ולפי"ז ניחא הא דנקט כהנים לחוד ולא נקט נמי לוים ודלא כפירוש התוספות והדבר מוכרע. עוד יש לומר דאתי כרבי דאמר התם דקרא דאחוזת עולם מיירי דוקא מבן לוי וערי הלוים ותרתי בעינן אבל בישראל לא משכחת לה כלל לגאולת עולם:

טומטום אינו מוציא לא את מינו. ק"ל מינו אמאי אינו מוציא הא ה"ל ספק ספיקא ספק שמא זכר הוא ואת"ל נקיבה שמא טומטום השומע נמי נקיבה. וי"ל משום דלפעמים תהפך ספיקא דטומטום זה התוקע לאידך גיסא דאם טומטום אחר בא להוציאו מאיזה מצוה של תורה שאין הנשים חייבות בו כמו ק"ש וכיוצא בו ותאמר נמי שיוצא מחמת ס"ס כזו שמא המוציאו איש ואת"ל אשה שמא זה הטומטום נמי אשה הרי להוציא הוא טומטום אחר אזלת לקולא מחמת ספיקא שמא זכר הוא וה"ל ס"ס וכשטומטום אחר בא להוציאו אתה מספקת לי' בנקיבה וה"ל ס"ס ה"ל תרתי קולי דסתרן אהדדי ומש"ה לא אמרי' כלל לס"ס זה. וכה"ג מצינו בפ"ג דנדה (דף כ"ט) המפלת ואינה יודע' מה הפילה תשב לזכר ולנקיבה ולנדה ופי' התוס' אף על גב דהוי ס"ס דשמא לא ולד היה ואת"ל ולד שמא זכר ואמאי תשב לנקיבה משום דא"כ אם תראה ביום ל"ד ותחזור ותראה ביום מ"א איכ' למימר נמי אימר לא ילדה כלל והוי כמו שומרת יום כנגד יום ואת"ל ילדה אימר נקיבה הי' וה"ל ראיית דם טהור. הא אי אפשר בתרווייהו למיזל לקולא דסתרן אהדדי מש"ה אזלינן בתרווייהו לחומרא. וה"נ אם אזלת לקולא בטומטום זה כשבא להוציא אחרים משום ספיקא דשמא זכר הוא וע"י זה הוי ס"ס וכשטומטום אחר מוציאו תיזיל לקולא מחמת ס"ס שמא נקיבה הוא ה"ל תרי קולי דסתרן אהדדי מש"ה אזלינן בתרווייהו לחומרא. וליכא למימר דההיא דטומטום לא דמי לההיא דלידה דהתם אפשר להתהפך הס"ס באשה זו גופא אבל הכא א"א להתהפך אלא ע"י שנים. זה אינו דהא ספיקא דרבנן לקולא ומ"מ היכא דסתרן אהדדי אפי' בשנים לא אזלינן להקל כדתנן בפ"ט דנדה (דף נ"ט) השאילה חלוקה לעכו"ם או לנדה ה"ז תולה בה פי' אם מצאתה עליה כתם אבל אם השאילה לישראלי' טהורה שתיהן טמאים ולא אזלינן להקל שמא כל חדא וחדא טהורה היא משום דה"ל תרתי קולי דסתרי אהדדי. וש"מ דהיכא דסתרן אפי' בשנים לא אמרינן ספיקא דרבנן לקולא א"כ הה"נ בשל תורה אף על גב דס"ס להקל אפ"ה בתרתי דסתרי לא אזלינן להקל אפי' אי סתרי בשנים משום דספיקא בדרבנן וס"ס בשל תורה שווין, ואי משום דההיא דכתם ה"ל וודאי תרתי דסתרי אהדדי אי מטהרת לשתיהן והכא גבי טומטום אינו ודאי תרתי דסתרי אלא שע"י מקרה אפשר לבוא לידי תרתי דסתרי ע"ד שפי' הא נלמד מהא דפ"ב דנדה כל כה"ג נמי לא אמרינן להקל:

מי שחציו עבד אינו מוציא וכו'. ואף לעצמו אינו מוציא כדמסיק. וק"ל הא בריש פ"ק דחגיגה (דף ד ע"א) מסיק לאחר שחזרו ב"ה להורות כב"ש במי שחציו עבד דהיו כופין את רבו לשחררו משום דאינו יכול לישא אשה לא שפחה ולא בת חורין ה"ל כמשוחרר וחייב בראיי' אף על גב שפטור מה"ת כדכתיב לפני האדון ה'. וה"נ אמרי' בפ"ח דפסחים (דף פח ע"א) דלאחר חזרה מי שחציו עבד אוכל פסח משל עצמו אף על גב דמה"ת אסור לאכול אלא משל רבו ולא משל עצמו דאין צד עבדות שבו נמשך אחר דעתו וה"ל שלא למנוי' ורחמנא אמר במכסת אלמא לאחר חזרה מי שחציו עבד ה"ל כמשוחרר אפי' להקל באיסור של תורה ומביא עולת ראייה אפי' בי"ט וכן אוכל פסח משל עצמו ולא ה"ל שלא למנויו. והשתא אמאי אינו מוציא אפי' לעצמו הא אפילו אחרים יוציא כיון דהוי כמשוחרר אפילו להקל. וי"ל דוודאי צד עבדות שבו אפי' בתר חזרה במקומו עומד, תדע דאמר בפ"ד דיבמות (דף מה ע"ב) דמי שחציו עבד שקידש בת ישראל הולד אין לו תקנה דאתי צד עבדות שבו ומשתמש באשת איש ולא אמרינן דה"ל כמשוחרר ואף על גב דלא קאי התם במסקנא הכי היינו מטעם אחר כדמפרש התם. ובפ"ד דגיטין (דף מג ע"א) קמבעי' לן מי שחציו עבד שקידש בת חורין מהו את"ל בן ישראל שאמר לבת ישראל התקדשי לחציי מקודשת דחזי לכולו האי לא חזי לכולו פי' דהא לצד עבדות שלו אינה מקודשת. וש"מ דצד עבדות במקומו עומד אפי' לאחר חזרה מש"ה לענין תקיעה אף לעצמו אינו מוציא משום צד עבדות שבו. ולענין עולת ראי' שאני דהא אי לאו קרא

דאל פני האדון ה' חייב בראייה מפני צד חירות שבו כמו שחייב בכל המצות משום צד חירות כדאמרי' הכא גבי שופר וממיל' הי' מותר להביא אף בי"ט כמו שמביאים הכל כיון דה"ל עולת חובה ולא של נדר. אלא דגלי קרא דאל פני האדון דצד עבדות מעכב על צד חירות לפטור את צד חירות נמי מן הראייה מגזה"כ וכיון דלבתר חזרה היו כופין את רבו לשחררו קליש צד עבדות שבו ואין בו כח לעכב על צד חירות דאלים ואף על גב דצד עבדות במקומו עומד ואינו כבן חורין ה"מ לחלק עבדות עצמו אבל מ"מ קלישותי' דידיה לאחר חזרה אהני שלא לעכב על צד חירות שבו דאלים. וה"נ לענין פסח דהא אפילו מצד עבדות שבו חייב לאכול פסח אלא שא"א לאכול מצד עבדות משל עצמו אלא משל רבו דוקא וכיון דבתר חזרה קליש צד עבדות שבו ה"ל טפל ובטל לגבי צד חירות שבו ואינו מעכבו מלאכול משלו אבל משום צד עבדות שבו דינו כעבד לפיכך לא אתי צד עבדות ומפיק לצד חירות אפי' של עצמו, וה"נ לענין קדושין ואישות צד עבדות שבו לאו בר קדושין הוא ובין צד עבדות ובין צד חירות כל אחד ואחד במקומו עומד. ושם ריש חגיגה ביארתי היטיב:

כל הברכות כולם אף על פי שיצא מוציא. ק"ל דבפ"ז דברכות (דף מ"ח) אמר לעולם אינו מוציא את הרבים ידי חובתן עד שיאכל כזית דגן ופי' רש"י ומכי אכל כזית דגן מוציא אפי' למאן דאכל ושבע דמחויב בברכת המזון מה"ת אף על גב דהוא אינו חייב אלא מדרבנן כיון דמחויב מדרבנן מחויב בדבר קרינן בי'. ובה"ג פי' דוק' דאכל כזית או כביצה דכוותי' אבל אכלו ושבעו לא מפיק וא"כ כ"ש היכא דיצא דאין יכול להוציא את המחויב אפי' מדרבנן והכא אמרינן בכל הברכות אף על פי שיצא מוציא. מיהו מפי' רש"י בשמעתין למדתי תירוץ לזה דה"מ דיצא אינו מוציא בשל תורה כמו בברכת המזון אבל בדרבנן כמו שאר ברכות אף על פי שיצא מוציא. שהרי בסמוך פי' אהא דברכת היין של קידוש היום מהו מקדש ישראל לא תבעי לך דחובה נינהו ומפיק ואמאי שביק מקדש השבת דשכיח ונקט מקדש ישראל שהוא קידוש דיום טוב דלא שכיח. ובעל כרחך היינו טעמא דקידוש של שבת הוא מה"ת כדאמרינן בפ"ג דברכות (דף כ') הלכך לא מצי מפיק לאחר שיצא אבל קידוש י"ט וודאי אינו מה"ת לפיכך אף על פי שיצא לא מבעי' ליה דודאי מוציא ולא מספקא לי' על עיקר הקידוש אלא אברכת יין שלפניו. וכן נראה דהא תנן בסמוך בהלל ובמגילה אף על פי שיצא מוציא שביק האי תנא לאשמועינן הא רבותא במצות של תורה ולא נקט לה אלא גבי מצות דרבנן הלל ומגילה ש"מ דבשל תורה כיון דיצא פקע מיני' חיובא ומעתה ה"ל אינו מחויב בדבר ואינו יכול להוציא אחרים. וכ"ת א"כ אמאי תנן במתניתין חש"ו אין מוציאין אחרים ה"ל לאשמועינן רבותא טפי דאפי' גדול דבר חיובא הוא אפ"ה כיון שיצא אינו מוציא כ"ש חש"ו דלאו בני חיובא הן כל עיקר דאין מוציאין. די"ל משום דאמרינן לקמן בפ"ד ג' תרועות נאמרו בר"ה ב' מד"ת וא' מד"ס ואיכא למ"ד ב' מדברי סופרים ובהני גדול אף על פי שיצא מוציא דה"ל מד"ס וקמ"ל דבחרש שוטה וקטן דלאו בני חיובא נינהו לגמרי אפי' בהני נמי אין מוציאין. והא דאמרינן בסמוך כד הוינן בי' ר"פ הוי מקדש לן וכי אתי אריסיה מדברא הוי מקדש להו ומסתמא בקידוש של שבת של לילה מיירי דהוי מה"ת דאלו קידוש של יום הוי מדרבנן. מדקאמר וכי אתי אריסיה מדברא והיינו בע"ש דאלו בשבת הא אסור במלאכה ומאי טובם להיות בדברא. איכא למימר דלא הי' הוא מוציאם י"ח אלא הם היו עונין אחריו מה שהוא אומר, וכהא דתנן בפ"ג דסוכה מי שהי' עבד או אשה או קטן מקרין אותו עונה אחריהן מה שהן אומרים ומפני שלא היו יודעים לקדש הי' מקרא להן. ומיפשט לה מהאי עובדא דדין ברכת היין של קידוש

כברכת חובה ואין בו משום ברכה לבטלה. א"נ אף על גב דהוי מקדש להו תחילה לא הי' מכוין להוציא את עצמו בכך עד דמקדש להו קודם וכשמקדש להו עדיין הי' מחויב בדבר וס"ל מצות צריכות כוונה דאע"ג דהוא אינו יוצא באותו קידוש שהיה מקדש להו בתחלה אפ"ה כיון דלא יצא עדיין ה"ל מחויב בדבר ויכול להוציאם אף על פי שהוא גופי' אינו יוצא ובהא כיון דאי בעי ראוי לצאת בזה הוא עצמו מוציא אבל אם יצא כבר ואינו ראוי להוציא את עצמו בהאי שעתא אחרים נמי אינו מוציא:

מ"מ ק"ל על פי' רש"י דפי' דמחויב מדרבנן יכול להוציא את המחויב מה"ת דהא בפ"ג דברכות (דף כ') מיבעי לן אי נשים חייבות בבה"מ דאורייתא או דרבנן למנ"מ לאפוקי אחרים ידי חובתן אי אמרת דאורייתא אתי דאורייתא ומפיק דאורייתא אלא אי אמרת דרבנן ה"ל שאין מחויב בדבר [עי' מ"ש הרא"ש ר"פ שלשה שאכלו] אלמא מחויב דרבנן אינו מוציא למי שחייב מן התורה אבל לבעל לבעל ה"ג ניחא. והא עובדא דמייתי התם דינאי מלכא כריך ריפת' ויהיב כסא לשמעון בן שטח שתיי' ובירך להו ואמ' ר"א שמעון בן שטח דעבד לגרמיה עבד דהכי אמר ר"י לעולם אינו מוציא עד שיאכל כזית דגן ומזה הקשו עליו רש"י ותוס' דהא ינאי וחביריו אכלו ושבעו ואפקינהו שמעון בן שטח ואף על גב דלגרמי' עבד טעמא משום דלא אכל כזית דגן הא אכל כזית דגן ה"נ. איני יודע מאי ק"ל דה"ה אי הוי מפיק להו ע"י אכילת כזית דגן נמי לגרמי' הוי עביד כיון דאינהו אכלו ושבעו והא דר"י לאו אהאי עובדא קאי אלא שמעתא בעלמ' קאמ' לה ואמאן דלא אכל אלא כזית קאי והיינו לישנא דלעולם אינו מוציא ולא נקיט אינו מוציא סתמא. אלא ה"ק הא לא משכחת לעולם שיכול להוציא אלא עד שיאכל כזית דגן אבל בדלא אכל כזית לא משכחת כלל שאפשר להוציא עד שיאכל כזית דגן דאז משכחת לה שיכול להוציא למאן דלא אכל כדי שביעה, ומ"מ הא לא פסיקא ליה דבדאכל כזית דמוציא לכל דוודאי אינו מוציא למאן דאכל כדי שביעה. אבל האי גוונא דאינו מוציא פסיקא לי' דעד דאכל כזית אינו מוציא כלל אפי' למחויב מדרבנן והיינו שאכל כזית דבאכל פחות מכזית אינו מוציא אפי' של דרבנן, והא דמייתי מר"י דלגרמי' עבד אף על גב דר"י לא מיירי אלא להוציא את מי שלא אכל כדי שביעה וינאי וחביריו אכלו כדי שביעה במכ"ש מייתי לה ותרתי עבד לגרמיה שהוציא בכוס שתי' למאן דאכל ושבע מיהו הני תרתי חדא נינהו דאיהו ס"ל מי שאינו מחויב בדבר כלל מוציא אפילו המחויב מה"ת ואנן ס"ל מי שאינו מחוייב אין יכול להוציא אחרים לפיכך מחויב דרבנן מוציא דכוותי' אבל לא של תורה. מש"ה בכזית דגן מוציא את של דרבנן אבל לא של תורה דהא אינו מחויב בדבר מן התורה ועד דאכל ושבע אינו מוציא של תורה. ומדברי רש"י שכתבתי משמע דהא שאינו מחויב אינו מוציא אחרים אינו אלא מדרבנן דהא פי' מי שאכל כזית דגן מוציא למאן דאכל ושבע דמחויב מה"ת. ואי הא דאינו מחויב בדבר אינו מוציא הוי מה"ת כי מחויב מדרבנן מה הוי הא מ"מ מה"ת לאו בר חיובא הוא. אבל הרמב"ן בס' המלחמות פ"ב דברכות כתב בפשיטות דאינו מחויב בדבר אינו מוציא אחרים מה"ת. ונ"ל להביא ראי' מדאמ' אנדרוגינוס מוציא את מינו אבל לא את שאינו מינו וה"נ אמר דטומטו' אינו מוציא לא את מינו ולא את שאינו מינו וטעמ' משום דהוו ספק אשה מש"ה א"א להו להוציא לאיש שחייב בודאי. והשתא אי אמרת בשלמא הא דאינו מחויב דאינו מוציא למחויב ה"ל מה"ת ניחא דה"ל ספיקא דאוריית' ולחומר'. אבל אי אמרת דאינו אלא מדרבנן הא כיון דטומטום ואנדרוגינוס הוי ספק זכר אמאי אינו מוציא זכר ודאי הא ה"ל ספיקא דרבנן ולקולא, אבל אי מה"ת אינו מוציא ניחא אף על גב דלגבי להוציא את מינו הטומטום ה"ל ס"ס דאפי' בשל תורה לקול' ניחא דה"ט דלא אזלינן להקל משום דזימנין אתה

מהפך הס"ס להקל ותאמר בספק ב' דילמא נקיבה הוא כגון אם זה הטומטום המוציא עכשיו את מינו יבא פעם אחר לצאת ע"י בר מינו טומטום כמותו. אבל אי אמרת דהא דאין מחויב בדבר אינו מוציא למחויב אינו אלא מדרבנן בחד ספיקא סגי למיזל לקולא וכיון דחד ספיקא סגי לא משכחת לה לעולם שתהפך הספק הא' ויהי' להקל דהא ע"י שתאמר ספק שמא איש הוא ע"י ספק זה לא משכחת לה קולא אלא חומרא בלבד:

כתבתי בפנים. ונ"ל להביא ראיה מדאמר אנדרוגינוס מוציא את מינו כו' אלא חומרא בלבד כצ"ל. מיהו יש לדחות ראיה זו דאפ"ת דהא דאינו מחויב אינו מוציא אחרים אינו אלא מדרבנן מ"מ משכחת לה שיתהפך הספק לאידך גיסא להקל זימנין זה הטומטום המוציא את מינו תוציא אותו אשה מספיקא דהא גיסא דילמא נקבה הוי ואידך טומטום שיצא ע"י זה יוציא זכר משום ספיקא דהאי גיסא שמא זכר הוא, והשתא ע"י שלשתן נתהפך הספק האחד להקל שלא כדין בוודאי בין שתאמר שניהם זכרים א"כ זה לא יצא ע"י אשה בין שתאמר שניהם נקבות הזכר הוודאי לא יצא בין שתאמר שאח' מהם נקבה אם המוציא זכר א"א לו לצאת ע"י אשה ואם היוצא נקבה א"א לו להוציא את זכר ודאי, וכיון דאפשר להפך לכל צד עד שיבא לידי קולא בודאי ע"י ג' בני אדם מש"ה אזלינן לחומרא אף על גב דאצל כל א' וא' בפני עצמו ה"ל ספק ומדרבנן ספיקא לקולא אפ"ה כיון דע"י ג' ב"א אפשר לבוא לידי קולא בוודאי ממ"נ אזלינן לחומרא: (אבני שהם)

א' ולא יוכל ללכת יותר מאילו הוקבע ר"ח בשבת, בזה שפיר ממהר יציאת השלוחים משא"כ באינך עיי"ש.

תוס' ד"ה על ניסן ותשרי, ומיהו אניסן צריך טעם. קשה לי דעדיין יקשה באמת אמאי מחללים על תשרי הא גם אם לא יעידו יקדשו הב"ד מטעם ירקא, ויצאו השלוחים במש"ק דהא מדחי טעמא דמצוה לקדש ע"פ הראיה אלא משום דאדר הסמוך לניסן לפעמים חסר ולפעמים מלא וא"כ בתשרי יקשה דע"כ צריך לעשות חסר וצ"ע.

דף כ"ב ע"ב סהדא אחרינא הוה בהדיה. גיטין דף ה ע"א סנהדרין דף יד ע"א.

דף כ"ג ע"א תוס' ד"ה ארבעה מיני ארזים וכו' ובירושלמי חשיב כ"ד. וכן הוא במ"ר שמות פרשה לה.

ע"ב אסתתומי אסתתום. עי' פסחים לג ע"ב תוס' ד"ה רב יהודה אמר.

תוס' ד"ה שיהו מהלכין וכו'. דאכל הני דהתם פריך. עיין יומא עז ע"ב. מו"ק ז ע"א.

דף כ"ה ע"ב מתני' ולא הספיקו לומר מקודש. הא דלא קתני לומר מקודש מקודש כדקתני בסיפא, היינו דאם הספיק לומר הראש ב"ד מקודש אף דלא הספיקו להשיב העם מקודש מקודש מ"מ מהני, דאין זה בכלל דין. משא"כ בסיפא דקתני איך עושים לכתחלה מש"ה קתני ויאמרו מקודש מקודש. טורי אבן.

שם יעמדו השנים וכו'. במג"א סי' תי"ז סק"א דקידוש החודש הי' מעומד, ואני בער ולא אדע היכן מצינו דקידוש החודש הי' מעומד ואדרבה ברפ"ג דר"ה משמע להיפך דהי' מיושב.

שם ולקדשי' בליליא, היינו דאם לילה זמן קידוש היה אפשר לקדש בלילה יום ל' העבר, אבל כיון דאין מקדשים בלילה א"א לקדש ביום ל"א את יום ל' כיון דמפסיק זמן שאינו ראוי לקידוש. הרשב"א.

שם כגון שראוהו בלילה, כתב הרע"ב אבל אם ראוהו ב"ד עם שקיעת החמה בזמן שיש שהות לומר מקודש כו'. משמע אף אם ראוהו ביום אלא דלא היה פנאי לומר מקודש עד שחשכה כשמקדשים למחר צריך שיעידו דאם לא על עדותן של אלו על מה יקדישו וכ"כ מפירש"י. אבל לפי מ"ש התוספות הטעם דבראוהו בלילה א"א לדון ראיה לשמיעה דאין מקבלים עדים בלילה א"כ בראוהו ביום ולא הספיקו לומר מקודש יכולים לקדש למחר על ראייתם.

דף כ"ז ע"א שפיר קאמר ר"י. כעין זה פסחים דף כח ע"ב.

שם ולא שנים ושלשה שופרות. עי' סוטה דף יז ע"ב תד"ה כתבה על שני.

דף כ"ז ע"א ת"ש תקע בראשונה וכו', עי' ברא"ש פ"ד סי' ח', והמתבאר מתוך תירוצו דהש"ס פריך דתסלק לי' בתרתי וממילא לא יהיה כאן עירוב כונות דהתחלת תקיעה יוחשב לסוף מלכיות וסופו יוחשב לתחלת זכרונות וכל אחד מלתא באפי נפשי', אע"כ מוכח דתחלה בלא סוף וסוף בלא תחלה לא מהני מש"כ הכא אפי' לחדא נמי אינו עולה דלגבי מלכיות הוי תחלה בלא סוף כיון דבסופו מעורב כונת זכרונות אינו עולה למלכיות, וכן בהיפוך, ומשני הש"ס דאפסוקי תקיעתא בתרתי לא פסקינן ולא מיקרי חדא תקיעה רק ע"י ההתחלה והסוף וכיון דא"א לחלקו ממילא הוי תערובות כונות ואינו עולה כלל. קצרו של דבר אם היה אפשר לחלקו היה עולה לשניהם ולא היה מיקרי מעורב כונות, אבל כל שא"א לחלקו אפי' לחדא אינו עולה.

שם אלא תרתי קלי כו' מתרי גברי. עי' סוטה דף לט ע"ב תד"ה עד שיכלה.

תוד"ה שופר ודבק שברי שופרות נמי כו'. כתב הר"ן בכוונת התוס' ר"ה דמ"ש תחלה דדיבק שברי שופרות אינו מטעם דהוי ב' או ג' שופרות, היינו דהוכיחו להם כן מהא דמנחות ל"ד דדיבוק הוי חיבור, ובסוף שסיימו דאף אם נפרש מטעם ב' או ג' שופרות היינו דקרא והעברת שופר משמע שיהיה שופר אחד מתחלתו ועד סופו.

ולא נראה לי כלל, דמהיכן משמע שיהיה שופר אחד מתחילה, הא והעברת שופר משמע יותר בשעת העברה יהיה שופר א', וגם זהו כמעייל פילא בקופא דמחטא שכוונת תוס' בדרך הוכחה מסוגיא אחרת ואח"כ דחו ולא ביארו מאיזה טעם.

ומלבד כל אלה, היסוד תמוה דהא בר"ה (דף כ"ו) אמרינן כיון דקאי גלדי גלדי מחזי כב' וג' שופרות, והא גלדי הוי יותר חיבור מחיבור שע"י דבק ואפ"ה מקרי ב' וג' שופרות.

אבל כוונת תוס' כך, דלאחר שהקדימו בתירוצם הב' דלא הוי זו ואצ"ל זו דנסדק גרע מסופו להפרד, כתבו דדיבק שברי שופרות אין פסולם מטעם ב' וג' שופרות היינו דאם איתא דיש בו עוד פסול משום ב' וג' שופרות אם כן הוי זו ואצ"ל זו, דהא בנסדק הוי חדא פסול ובדיבק שברי שופרות יש בו עוד פסול משום ב' וג' שופרות ע"כ דאין בו משום ב' וג' שופרות, והא דגלדי גלדי מקרי ב' וג' שופרות, צריך לומר דגלדי כל גלד וגלד שם שופר קטן עליו, אבל שברים אין על שבר שם שופר, ואין בזה משום ב' וג' שופרות ופסולו רק דאין שם שופר עליו והיינו מטעם דדיבוק לא הוי חיבור, וע"ז סיימו דאף אם נימא דיש בו ג"כ משום ב' וג' שופרות לא קשה כלום, והיינו דנימא באמת דהוי זו ואצ"ל זו כדס"ל בתירוצם הא', או כיון דמ"מ לא ידעינן דינא דסיפא דדיבק שברי שופרות במכ"ש מדינא דרישא דנסדק כיון דנסדק גרע בחד צד דסופו להפרד לא מקרי זו ואצ"ל זו.

באופן דספיקתם רק כיון דאין על השבר שם שופר אבל לא מטעם דדיבוק הוי חיבור דהא אפי' בגלדי גלדי דהוי חיבור כדרך גדילתו בידי שמים לא הוי חבור גמור, ועד כאן ל"פ אינך אמוראי בטעמא דשופר של פרה, ומשמע דלא ס"ל כאביי לפסלו משום דמחזי כב' וג' שופרות היינו כיון דהוי חבור דרך גדילתו, ובידי שמים הוי חבור מעליא אבל דיבוק י"ל דמודו דלא הוי חבור.

ע"ב גמ' איכא דרמי להו. כעין זה סוכה דף עז ע"א, ודף לב ע"ב. ב"ב דף יט ע"א, ודף כו ע"א.

תוס' ד"ה ניקב, והלכה למעשה וכו' סותמו במינו וחזר לקולו. תמוה לי למה דוקא במינו והא הירושלמי מוקי למתני' אף כר' נתן וא"כ מיירי מתני' בשאינו מינו ואפ"ה אם אינו מעכב התקיעה כשר ובזה לא מצינו דפליגי רבנן אלא דס"ל דבמעכב אף במינו פסול אבל מה דכשר לר"נ בשאינו מינו ה"נ לרבנן.

דף כ"ח ע"א בשופר של עולה (עי' תו' סוכה דף ל' ע"א).

שם בשופר של שלמים. עיין זבחים דף פו ע"א תד"ה אתיא. ובכורות דף כו ע"א תד"ה התולש ובנדרים דף י ע"א תד"ה אדם מביא כבשות ומעילה דף יג ע"ב תד"ה חלב.

תוד"ה המודר אם לא נחלק משום דגבי סוכה בלאו מצוה יש הנאה וכו', לכאורה תמוה דא"כ איך פריך רבא על אביי בהנאת סוכה עלי מלות לאו להנות ניתנו הא יש לו הנאה מהישיבה, והיה נראה לי בפשוטו בכוונת תוס' דרבא הקשה לאביי, דבממנ"פ אם נאסר מכח הנאת ישיבה גם בשלא אהנה ליתסר, ואי משום הנאת מצוה גם בהנאת סוכה עלי הא מצוה לא להנות ניתנה, ולזה מוקי בשלא אשב ושפיר י"ל דאיכ' הנאה בישיבת' והא רבא דשלא אשב מותר, היינו דלא הזכיר כלל מהנאתו רק שלא אשב דבזה מושבע ועומד, אבל במקום ישיבתה דסתם קונם היינו מהנאתו והנאת ישיבה בכלל, ובאמר בפירוש שלא אהנה י"ל דאסור.

אמנם לענ"ד א"א לומר כן, דאם כן תקשה למה דמוקי רבא בישיבת סוכה עלי, למאי צריכים קרא דבנדר חל על דבר מצוה, הא בכה"ג בלא"ה אסור מכח הנאה דישיבתה, אע"כ דגם הנאת ישיבה בכלל המצוה דתשבו כעין תדורו כתיב היינו אכילה ושתיה וטיול, והכל בכלל המצוה, וא"כ עדיין קשה מאי פריך רבא לאביי דלמא בשלא אהנה מותר, דגם על הנאת הישיבה לא חייל דנשבע לבטל את המצוה, אבל בהנאת סוכה עלי אסור משום הנאת הישיבה.

ולזה נ"ל בדרך אחר, דלאביי דאמר שלא אהנה, ע"כ לא דאמר בסתם שלא אהנה, דא"כ משמע בכלל זה כל ההנאות אף

שימוש בגג הסוכה וכדומה, וא"כ ליחול השבועה בכולל, דבנשבע לבטל המצוה חל בכולל כמו בקונם דלא אוכל מצה כמ"ש תוס' שבועות, אע"כ דמיירי בפירש שלא אהנה דהיינו הנאת המצוה, ולזה הקשה רבא דמצות לאו להנות, ומוקי רבא באמת דמיירי בפירש, אבל לא בפירש הנאת מצוה, אלא דאמר ישיבת סוכה עלי, דהיינו גם הנאת הישיבה ודו"ק.

ומה דהקשה בספר כפות תמרים על תוס' דמה בכך דאין הנאה בתקיעה, הא גם בקונם לולב שאני נוטל אסור וכן בקונם איקת גרור עלי לק"מ, דודאי ס"ל לתוס' ג"כ דיכול לאסור על עצמו כל מילי, אבל ס"ל דסתם קונם משמע הנאה ובקונם תקיעותיו עלי כיון דיש שייכות להנאת תקיעת דהיינו במכוון לשיר אמרינן דלא אסר רק ההנאה, אבל לא תקיעה בלא הנאה, וכן בישיבת סוכה עלי אסר רק ההנאה אלא דאסור לישב משום הנאת הישיבה, אבל בנולב דליכא כלל הנאה בנטילתו חזינן דאסר עליו הנטילה בלא הנאה.

ע"ב שלא בזמנו בעי כוונה. עיין תוס' ישנים יומא דף כז ע"א ד"ה נותן.

תוס' ד"ה אבל נהכוין כו' לא הוי מצי לומר. עיין תשובת מהריב"ל ספר שני סי' פה.

תוס' ד"ה דלמא קסבר ר"י, ובשמיני ספק שביעי לא יתבי, ותמוה דגם למסקנא יקשה הא כיון דמכוין למצוה אף שלא בזמנה עובר בבל תוסיף, ולומר כיון דמכוין רק למצוה דרבנן לא מקרי מכוין, וכנראה מלשון הרמב"ם (פ"ב מהל' ממרים) וכנראה מדברי תוס' לעיל (דף טז ע"ב), מ"מ בדברי תוס' בסוגיין ד"ה ומנא תימרא מדהקשו גבי תקיעות דאף דהוא שלא בזמנו הא במכוין עובר, מבואר דס"ל דמקרי מתכוין, וא"כ איך יתבי בסוכה בשמיני ספק ז, וראיתי אח"כ בפרי מגדים בפתיחה הכוללת עמד בזה דלתירוצם בתקיעות עדיין יקשה מסוכה בח', וכתב דתוס' ס"ל כיון דעשו כן משום סייג לתורה אין בזה משום ב"ת וכמו שתירץ הרשב"א בחידושיו אלא דבתקיעות דהוא רק לערבב השטן וליכא משום סייג בזה הוצרכו לתירוצם עיי"ש, אבל מדבריהם אלו לא משמע, דא"כ גם לר' יהושע י"ל דיתבי בח' ואיך תלי זה בדינא דמסקנא.

מה שהקשה במה שכ' הר"ן (ד"ה והרב) דדברי ר"ז איכוון ותקע לי הוא דלא כרבה דהתוקע לשיר יצא, והא י"ל דאמר כן משום הברכה תחלה אשר קדשנו ותקנו הגאונים לומר מלות יחוד כדי לכוון אם כן אם לא יכוין הוי ברכה לבטלה, במחילת כבוד תורתו הקדושה אין מובן לי דבריו הקדושים הא בלא"ה בפשוטו ל"ש ברכה אלא א"כ שרוצה לעשות המצוה א"כ הוי ממילא כוונה, אבל הקושיא רק דלרבה ל"ל לר"ז לומר לשמעי שיתכוון להוציא לו הא בלא"ה יהי' יוצא בלא כוונת משמיע כיון דאין צריך כוונה, והוא שפיר יברך במה שרוצה לעשות המצוה לצאת בתקיעותיו של שמעי.

דף כ"ט ע"א מתני' זה הכלל כל שאינו מחויב בדבר. אין הרצון בזה שאינו מחויב כלל אלא ר"ל כל שאינו מחויב מחמת ודאי אף שהוא מחוייב מספק אינו מוציא וזהו שאמרו בברייתא דטומטום אינו מוציא לא את מינו ולא את שא"מ אנדרוגינוס מוציא את מינו ולא את שא"מ. וא"ת טומטום אמאי אינו מוציא את מינו והא הוי ס"ס ספק שמא התוקע הוא זכר ואת"ל נקיבה שמא השומע ג"כ נקיבה, י"ל דס"ס כהאי שהוא בתרי גופי ל"א. ומצאתי שהקשה כ"כ בספר טורי אבן, ותירץ דלפעמים תהפך ספיקי דטומטום זה התוקע לאידך גיסא דאם טומטום אחר יבוא להוציאו במצוה שאין הנשים חייבות תאמר נמי שמוציאו מכח ס"ס הנ"ל הרי להוציא הוא לטומטום אחר אזלת לקולא משום ספק שמא הוא זכר וכשטומטום אחר בא להוציא אותו מספקינן ליה בנקיבה והוי תרי ס"ס דסתרי אהדדי ודמי למ"ש תוס' נדה דכ"ח עיי"ש.

ונפלאתי על כבודו הגדול דאינו דומה כלל וכלל דהתם על השני ביאות ביחד ליכא ס"ס להתירם דליכא רק ס' אחד שמא אינו ולד אבל אידך לד ספק שמא זכר או נקיבה ממנ"פ חד ביאה באיסור אבל הכא לעולם אף אם יהיה פעמים רבות כן שטומטום זה יוציא אחר ואחר לאחר יהיה הכל ס"ס שמא כולם זכרים ושמא כולם נקיבות. ועי"כ נראה נכון כמ"ש. וכ"כ הרא"ם בביאורו לסמ"ג הלכות מגילה על קושיתו כעין זה בטומטום בקריאת מגילה והביאו הפר"ח בדיני ס"ס. ומהור"א אלפנדרי בתשובת מוצל מאש כ' שיש ללמוד כן מהא דקדושין ספיקות בספיקות אסורין לבוא זב"ז והא ס"ס הוא אם זהו ממזר אם לא ואת"ל דהוא ממזר דלמא גם היא ממזרת. אע"כ משום דהוי בתרי גופי לא אמרי. אלא דאין זה ראיה דהתם יש לעשות הס"ס כנ"ל ויש ג"כ לד לעשותו לחומרא ולומר ס' אם האיש הזה כשר ויש מחרת את"ל דהוא ממזר דלמא היא כשרה עכ"ל. ובמחכ"ת זה אינו דלקולא הוי שפיר ס"ס ספק שמא שניהם ממזרים או ספק שניהם כשרים ואין כאן איסור רק בחד לד שהאחד כשר והא' ממזר וזהו לא מיקרי ב' ספיקות שמא הוא ממזר והיא כשרה או להיפוך דהא מ"מ הכל רק חד ביאת ממזר בקהל ה' וא"כ הוי חד לד לאיסור דהיינו דא' מהם כשר וא' ממזר ושני צדדים להתירא דשמא שניהם ממזרים ושמא שניהם כשרים. וכן אם הוא מחוייב אלא שחיובו רק מדרבנן אינו מוציא זולת אם האחר ג"כ אינו מחוייב כ"א מדרבנן כגון שבא הקטן להוציא בבהמ"ז למי שלא אכל אלא שיעורא דרבנן כגון כזית או כביצה כדאיתא בברכות דף כ'.

ובאם גם הקטן אכל רק כזית אינו מוציא דהוי הגדול חד דרבנן והקטן ב' דרבנן. תוס' מגילה דף יט ע"ב. ואני מגמגם בדין זה דהא חזינן דגדול שאכל כזית מוציא למי שאכל כדי שביעה והטעם דהוא ברכת המצות ואף בלא אכל כלל מדינא יכול להוציא אלא דבעי לאכול כזית משום אסמכתא ואכלת ושבעת מי שאכל הוא שיברך, א"כ גם הקטן שאכל כזית ראוי הי' להוציא מי שאכל כדי שביעה ואינו מעכב בזה כ"א הקטנות דהגברא בעצמו לאו בר חיובא כלל, וא"כ ממילא יכול להוציא לגדול שאכל כזית ולא מקרי ב' דרבנן, דמה שאינו מחויב עתה מצד שלא אכל רק כזית אינו מזיק דמ"מ בר חיובא מקרי אילו יאכל כ"ש ויכול להוציא בני חיובא דאורייי. וכ"ל דזהו כוונת הרא"ש שהביא המג"א סי' תרפ"ט סק"ד ומ"ש שם הטעם דבידו לאכול כ"ש ולפ"ד שזהו טעם ליסוד הדין דגדול שאכל כזית שיכול להוציא את מי שאכל כ"ש אף דאינו דומה לשופר וכדומה דילא מוציא דהתם החיוב מוטל עליו מצד עצמו ואין לו מקום להפטר ממנו אלא דכבר יצא זהו מקרי בר חיובא. אבל בבהמ"ז כ"ז שלא אכל לא מקרי בר חיובא דאינו מחויב לאכול כ"ש. ומש"ה הטעם דמ"מ כיון דבידו לאכול כ"ש ולהתחייב בבה"מ מקרי בר חיובא ודברי התו' צע"ג. ובספר דגול מרבבה כ' אם הקטן התפלל ערבית א"י להוציא בקידוש למי שג"כ כבר התפלל דהוי הקטן תרי דרבנן ולא מפיק חד דרבנן. ובמח"כ זי"א דהא בקידוש הדין דאם יצא מוציא א"כ מה שהקטן כבר התפלל ליכא חסרון בזה דגדול כה"ג שכבר התפלל יכול להוציא למי שלא התפלל דאף בקידוש ממש לעצמו יכול להוציא וא"כ אנו דנין רק מכח פטור דקטנות והוה רק חד דרבנן ועיין מ"ש במגילה יט ע"ב.

שם ת"ר הכל חייבים בתקיעות שופר כו' טומטום אינו מוציא לא את מינו ולא את שאינו מינו. וא"ת טומטום אמאי אינו מוציא את שאינו מינו והא הוי ס"ס שמא התוקע הוא זכר, ואת"ל נקבה שמא השומע ג"כ נקבה, י"ל דס"ס כהאי שהם בתרי גופים לא אמרינן וכמו שתירץ הרא"ם בביאוריו לסמ"ג הל' מגילה על קושייתו כעין זו ממש בטומטום בקריאת מגילה, שוב ראיתי לטורי אבן שהקשה כן, ותירץ דלפעמים תהפך ספיקא דטומטום זה התוקע לאידך גיסא, דאם טומטום אחר יבוא להוציא במצוה שאין הנשים חייבות בה תאמר נמי שהוציא מכח ס"ס הנ"ל והרי להוציא הוא לטומטום אחר אזלת לקולא מחמת ספק שמא הוא זכר, וכשטומטום אחר בא להוציא מספקינן ליה בנקבה, והוי תרי ס"ס דסתרי אהדדי, ודמי למה שכתב תוספות נדה (דף כט) עכ"ד.

ובין שמע מקצת קודם ע"ה לפלוג בשמע מקצת תקיעה בבור גופא בין תוקע עצמו ובין אחר ששמע ממנו על שפת הבור אבל לפ"ז י"ל דאגב אורחא רצה להשמיענו דאחר לא יצא אפילו שמע במקצת התקיעה שעור תקיעה כיון דחילוק בין קודם לאחר ע"ה אי אפשר בלאו הכי אבל בעומד על שפת הבור לא שמענו כן דשם אפשר דהתחיל בבור ועלה וסיים חוץ לבור הכל בתוך זמן שיעור תקיעה:

בגמרא בשופר של שלמים לא יתקע ואם תקע לא יצא. מה דלא יצא יש לומר מפני ב' טעמים או מטעם מצוה הבאה בעבירה או משום דאם אמרינן דיצא הרי נהנה ולכן אמרינן דלא יצא ואז ליכא הנאה. שוב ראיתי שגם בריטב"א כתב כן ועיין בזה ברשב"א יבמות (דף קג) ועיין בשער המלך הל' שופר ובסוגיא זו הארכתי במ"א:

בגמרא כפאו ואכל מצה יצא. הפני יהושע הקשה דלימא סתמא מצות אין צריכות כוונה ומה שתירץ דקמ"ל ג"כ עוד דלא בלבד בסתמא אלא אפילו גלי דעתיה דלא ניחא ליה יצא ומתוך כך הוקשה לו על רבינו שמואל דס"ל בגלי דעתו דלא ניחא ליה לא יצא. ולענ"ד אין זה ענין גלי דעתו דלא ניחא ליה דאולי רצה לאכול עוד אחר זמן ורק בעת הזאת כפאוהו נגד רצונו ובזה לא גלי דעתו דלא ניחא ליה לאבד המצוה. אבל לענ"ד י"ל דטובא קמ"ל הך דשלחו ליה כיון דקיי"ל אונס רחמנא פטריה מעונש לאו ולכן ה"א כמו דאין עובר על לא תעשה באונס כן גם לא מקיים עשה באונס וכעין דקאמר לקמן כיון דמתעסק במקום שנהנה חייב בל"ת כן ה"א דקיים ג"כ עשה הכי יש ג"כ ה"א איפכא דבמקום דלא עובר על ל"ת לא מקרי ג"כ עשה לזה קמ"ל כפאו ואכל מצה יצא דשמעינן מיניה תרתי דהיינו דמצות לא צריכות כוונה ושיוצא במצוה שמקיים באונס:

בגמרא כשוטה לכל דבריו. מה שהקשה הט"א (באבני מלואים) מזה על הרמב"ם הל' קרבן פסח (פ"ה) מתורץ עפ"י מה שכתב הכ"מ בשם הר"י קורקוס שם:

בגמרא שכפאוהו פרסיים. היום תרועה הקשה מאי קמ"ל אבוה דשמואל הא שמעינן דעושה מצוה בעל כרחו יצא מהא דתניא בכתובות (פו.) בד"א במצות ל"ת אבל במצות עשה כגון שא"ל עשה סוכה ואינו עושה לולב ואינו נוטל מכין אותו עד שתצא נפשו הרי שמועיל מצוה שכופין אותו עליה וגם רבא למה הוכיח התוקע לשיר יצא מאבוה דשמואל ולא מברייתא שם. ותירץ דכפאוהו יהודים פשיטא דיצא דאפילו אין לו כונה מ"מ מועיל לו כוונת הכופה אותו כדאיתא בחולין (לא.) דאנסה חברתה ואטבלה הרי דמועיל לה כוונת חברתה וע"כ נקט הכא כפאוהו פרסיים ולא כפאוהו יהודים עכ"ד. ודבריו תמוהים לענ"ד דאיך שייך דאחר מכוון בשבילו והוא יוצא וכי נימא דאם אחר עושה מעשה בשבילו יוצא ומ"ש כוונה ממעשה אם כוונה צריכה להמעשה ומה דמייתי מאנסה חברתה וטבלה אין ראיה לזה דשם הכוונה היא שנודע שטבלה כראוי דאם לא כיונה חיישינן דלמא לא שמרה דיני חציצה וכדומה ולזה שפיר מהני כוונת האשה המטבלה כנראה ממה דמייתי שם חרשת ושוטה מתקנות אותן והן אוכלות בתרומה אלמא דכונה היא רק לשמירה שתטבול כראוי וזה מעלה בתרומה או אפילו לבעלה אבל הכא דבעינן כוונה דקיום המצוה מה מועיל כונה של אחר לעושה המצוה.

ומה שהקשה דהא שמעינן מברייתא דכתובות דכפאוהו מועיל למצוה לענ"ד י"ל דשם לא כתוב רק שכופין לעשות סוכה ולולב דהיינו מי שאינו רוצה לבנות לו סוכה בערב סוכות ולהכין לו לולב כופין אותו דכן משמע מלשון אומרים לו עשה סוכה כו' ולא כתיב שב בסוכה ואינו יושב ועל לולב ג"כ לא אמר טול לולב אלא אמר סתם לולב דמשמע דקאי על עשה דרישא ואעפ"י שמסיים ואינו נוטל ע"כ הפירוש דמגלה רצונו שאינו רוצה לטול ובלא"ה צ"ל כן דהרי רק במצות עשה כופין כן ומצות עשה דלולב אינה רק ביום ראשון דשאר ימים דרבנן וביו"ט ודאי אין לומר מכין אותו עד שתצא נפשו דהרי אין ממיתין אפילו חייבי מיתות ב"ד ביו"ט וא"כ ע"כ לא איירי רק מעשיה דהיינו ההכנה לסוכה ולולב והעשיה ודאי אינה צריכה כונה ולכן לא שמעינן משם דמצות אינן צריכות כונה. ומה דבאמת לא כתוב בברייתא שב בסוכה וטול לולב י"ל עפ"י הנ"ל דבזה לא שייך מכין עד שתצא נפשו דעשה דלולב אינה רק ביו"ט ובסוכה עכ"פ ביום ראשון לא שייך כן כיון דהוא יו"ט ולכן נקט העשיה שהיא בחול. שוב בא לידי הריטב"א וראיתי שהקשה ג"כ קושיא זו למה לא קאמר דכפאוהו ב"ד של ישראל ותירץ ויש לומר דאי בב"ד של ישראל ודאי כיון דעביד גמר ואכל לשם מצוה דאמר מצוה לשמוע דברי חכמים כמו דאמרינן בגט המעושה בב"ד של ישראל עכ"ל והנלענ"ד כתבתי:

ברש"י ד"ה **כתותי. וכשרוף דמי.** עיין מה שכתבתי בזה בספרי ערוך לנר יבמות (דף קג) וסוכה ר"פ לולב הגזול:

ד"ה התוקע. רוח רעה מעליו. הך מעליו קשה דמשמע שהשד שורה עליו וא"כ איך יוצא הא אמרינן לעיל דכפאוהו שד הוא שוטה דפטור מן המצות ואם עשה מצוה לא יצא. וצ"ל דמש"כ רש"י להבריח מעליו הפי' מעל אחר אף שהלשון מעליו לא משמע כן:

בתוס' ד"ה **אמר. ותימא שבסוף כיסוי הדם.** עיין בפ"י שכתב בהמשך דברי התוס' דאחר שהביא גירסת ר"ח כתבו דמכ"מ גם אי גרסינן רבא קשה הסתירה דאם תקע יצא וע"כ צ"ל אחד מהחילוקים שכתבו התוס' בפ' כיסוי הדם (פט. ד"ה והתניא) בין ע"ז של ישראל או של נכרי או בין קודם ביטול או לאחר ביטול ולפ"ז שפיר י"ל דרב יהודה גרסינן שזה כוונת התוס'. וסיים מ"מ לענ"ד צ"ל דגרסינן רבא דלרב יהודה יקשה ל"ל טעמא דכתותי מיכתת שיעורי' בשופר של עיר הנדחת תיפוק ליה למ"ד דמצות ליהנות ניתנו ע"ש שכתב זה כמשיב על התוס' ותימא שהרי זה כתבו התוס' בעצמם כן בס"פ כיסוי הדם (שם). ולענ"ד י"ל עפ"י מה שכתב הכל בו בשם גאון דאפילו אי מצות לאו ליהנות נתנו מ"מ התוקע עצמו מקרי נהנה. ולפ"ז אם הטעם דלרב יהודה בשופר של שלמים לא יצא דאי אמרת יצא הרי נהנה ולכן לא יצא וכמש"כ לעיל א"כ בתוקע עצמו לא שייך זה דאפילו אמרינן לא יצא הרי נהנה מ"מ ולכך י"ל דיצא דמה לי חד הנאה מה לי תרי הנאות. ולפ"ז י"ל דלעולם רב יהודה גרסינן ומ"מ א"ש דקאמר בשופר של עיר הנדחת טעם דכתות ולא הטעם שמצות ליהנות נתנו להשמיענו שגם התוקע עצמו לא יצא:

ד"ה אמר רבא. היינו בירקות דרבנן. פי' דאיירי בזמן הזה דמרור דרבנן כמו שאמר רבא גופא בפסחים (קכ.) מצה בזה"ז דאורייתא מרור דרבנן ושאיירי בזה"ז שם מוכח מדמזכיר בברייתא ובמתניתין שם שני תבשילין שהם זכר לפסח ולחגיגה א"כ ע"כ בזה"ז איירי ולכן תמהתי על הרשב"ם שם שכתב אמה דקאמר שם א"כ מאי מצוה כלומר מצוה להביא מן התורה דאכתי לא קיים מצות אכילת מרור עכ"ל הרי מצוה דרבנן הוא ולא מן התורה:

דף כח: בגמרא אבל הכא זכרון תרועה כתיב. היום תרועה והפ"י דקדקו למה צריך לטעם זה ולא מחלק בקצור בין מצה ושופר דבמצה לא הוי מתעסק שכן נהנה משא"כ בשופר. ולענ"ד י"ל דנקט כן דהרי ע"כ צ"ל דתוקע לשיר לא הוי מתעסק דהרי מתעסק לא יצא כדתנן לקמן במתניתין (לב:) וא"כ אכתי קשה מה קמ"ל רבא לזה קאמר דאע"ג דבעלמא כה"ג לא מיקרי מתעסק מ"מ לענין שופר ה"א כיון דכתיב זכרון תרועה הוי מתעסק לזה קמ"ל רבא דאע"ג דלגבי מה דכתיב זכרון תרועה חשוב גם זה מתעסק מ"מ יצא כיון דלא הוי מתעסק גמור כמו מתעסק דמתניתין דלקמן דאיירי במנבח וכן יש לפרש גם כוונת רש"י שכתב דאע"ג דמתעסק הוא יצא ומתורץ בזה מה שהקשה המהרש"א דאיך אפשר לומר כן דהרי לקמן תנן דלא יצא:

בגמרא מצות א"צ כוונה. הט"א כתב דע"כ צ"ל לפי המסקנא מה שכתבו התוס' לעיל (עמ' א' ד"ה אמר רבא) דיש לפרש מה דקאמר ר' יוסי מצוה להביא חזרת דהוי משום הכירא שהרי בסוכה (מב.) קאמר אליבא דר' יוסי מדאגבהא נפיק ביה אלמא דס"ל מצות אין צריכות כוונה ע"ש אכן אכתי קשה דהרי לקמן קאמר ר' יוסי אבל ביחיד לא יצא עד שיתכוין שומע ומשמיע אלמא דס"ל מצות צריכות כונה ועיין מש"כ בזה בספרי ערוך לנר שם:

בגמרא סבור חמור בעלמא הוא. לכאורה תמוה דאכתי קשה משמע קול מגילה. שוב ראיתי שבט"א הקשה כן והניח בקושיא. ולענ"ד י"ל דלענין מגילה יש לפרש קסבור שהקורא הוא נכרי או קטן למ"ד שקטן אינו מוציא וזהו דקאמר אם כיון לבו לשמוע דהיינו שבן חיובא קורא יצא ואם לאו שסבור שלאו בן חיובא קורא אינו יוצא והא דנקט חמור בעלמא הוא ה"ה דהוי מצי למינקט ג"כ הכי שסבור נכרי הוא אלא דלענין תקיעה בלא"ה קאמר שפיר. והנה לפי מה שכתב רש"י בברכות (יג.) דקורא להגיה הפירוש שאין מתכוין לקרות בפשטות י"ל דלכך ל"ק ממגילה די"ל דאף דשמע מ"מ לא כיון לבו לשמוע דסבר דהקורא קרא להגיה ולא כיון לקרות אבל לפי התוס' שם (ד"ה בקורא) דקורא להגיה היינו שאינו קורא התיבות כהלכתן ליכא לפרש כן דאם לא קרא כהלכתן פשיטא דהשומע לא יצא אפילו כיון לבו ולכן ע"כ צריך לפרש כמו שכתבתי דסבר דהקורא לאו בר חיובא הוא:

בגמרא הישן בשמיני בסוכה ילקה. קשה דיקשה מכל יו"ט שני דמקדשין וקורא אותו מקרא קודש

ועכ״צ צ״ל כיון דעושה משום ספק אינו עובר וא״כ גם מסוכה לא פריך והיה אפשר לומר דפריך מבני א״י דעושין רק ז׳ ימים סוכה וליכא ספק להם דאם אחד יושב בסוכה ילקה אבל קשה דרש״י לא כתב כן בערובין (צו.) דשם פריך בגמרא הכי ופירש רש״י ואנן מיתב יתבינן בשמיני ספק שביעי לכתחלה ע״ש הרי דס״ל דגם בעושה מספק ג״כ ס״ל להמקשן דילקה משום בל תוסיף וא״כ קשה דלפרוך מכל יו״ט שני וי״ל דבשאר יו״ט שני מה שמוסיף אינו מעשה רק דיבור בעלמא ועל זה אין מלקות אבל בסוכה כשנכנס לישב בה בזה עושה מעשה ומלולב ביו״ט שני אין קושיא דזה אינו נוטל משום ספק מצוה דאורייתא אלא עפ״י תקנת ריב״ז שהתקין ליטול כל ז׳ זכר למקדש אכן ראיתי בריטב״א הכא ובערובין שפירש על הקושיא דישן בשמיני בסוכה ילקה ואנן קיימא לן דלא לקי עכ״ל ומזה נראה דמפרש שהקושיא קאי על בני א״י דאצלם אין ספק דאל״כ מאי אנן קיי״ל דלא לקי שייך. דהא פשיטא כיון שצריך לישב בה ונראה דס״ל דבמה שעושין משום ספק לא שייך משום ב״ת ודלא כרש״י. שוב ראיתי שהריטב״א כתב בפירוש הכא כן. והנה זה הכל לס״ד דגמרא אבל לפי מה דמסיק דלעבור שלא בזמנו בעי כונה ודאי אפילו בן א״י שיושב בשמיני בסוכה אינו עובר בב״ת אם לא מכוין לשם מצוה והא דאמרינן סוכה (מח.) דצריך לפחות ד׳ ולפסול הסוכה כשיושב בה בשמיני י״ל דזה מפני מראית העין דהרואה אותו יושב בה יחשוב שעושה לשם מצוה ועובר בב״ת. והנה מדברי הרשב״א לעיל (דף טו) נראה ג״כ שס״ל כפי׳ הריטב״א שהקושיא על בן א״י שודאי פטור מסוכה בשמיני וכתב שמי שיושב בה משום ספק מזה לא פריך כיון שעושה עפ״י תקנת חכמים וכתיב על פי התורה אשר יורוך ע״ש וא״כ יקשה זה לפי׳ רש״י אבל באמת לק״מ דהקושיא היא אם שייך בזה משום בל תוסיף לא היו לחכמים לתקן לישב בשמיני בסוכה דבקום ועשה אין כח ביד חכמים לעקור דבר מן התורה כדאמרינן ביבמות (פט:):

בגמרא הרי הוא עובר על בל תוסיף. התוס׳ בערובין (ק. ד״ה מתן) הקשו דליתי עשה ולידחי לאו דבל תוסיף ותירצו דלא דמי כלל ללאו דכלאים דהכא ע״י פשיעה הוא בא והיה יכול להתקיים בלא דחיית הלאו עכ״ל וכבר צווחו קדמאי שיש ראיות בש״ס דאמרינן עשה דוחה ל״ת אפילו בא ע״י פשיעה שכן מוכח ממה דאמרינן בזבחים (צז:) יקדש להיות כמוהו כו׳ ופריך וליתי עשה ולידחי ל״ת והרי שם בא הנגיעה ע״י פשיעה וראיה זו הביא השער המלך הל׳ נדרים (פ״ג) וגם הט״א הקשה על התוס׳ מסוגיא זו וכן ק״ל ממה דאמרינן פסחים (נט.) יבא עשה דפסח וידחה עשה דהשלמה ע״ש ואמאי דחי והרי בא ע״י פשיעה שהי׳ יכול להקריב קודם תמיד של בין הערבים. והרי״ט אלגזי הקשה סתירה בתוס׳ שכתבו בחולין (עח. ד״ה מנין) דה״א שאם אין לו פסח רק שנשחט אמו היום יבא עשה וידחה ל״ת ולפי דבריהם בערובין היאך ס״ד לומר כן כיון דבא ע״י פשיעה שלא היה צריך לשחוט האם היום אבל לפענ״ד כוונת דבריהם דבכל עשה דוחה ל״ת הוי שניהם בדבר אחד דבאותו דבר שמקיים העשה עובר בל״ת ולכן אי אפשר לקיום העשה בלי עבירת ל״ת וכגון בכלאים בציצית ומילה בצרעת ואפילו באותן דברים הבאים ע״י פשיעה כגון ביקדש להיות כמוהו דאף דנגע בפשיעה מ״מ עתה בשעה שעובר על הל״ת שאוכל פסולי המוקדשין באותו דבר עצמו מקיים העשה אבל הכא באותו דבר שעובר על לא תוסיף דהיינו בדם של בכור אינו מקיים העשה כלל דהעשה היא בדם העולה או של חטאת והל״ת עובר בדם בכור רק שע״י הפשיעה אי אפשר להפקירה לכן בזה אין עשה דוחה ל״ת.

ושוב מצאתי בריטב״א בערובין שביאר כן שכתב וז״ל שלא אמרו עשה דוחה ל״ת אלא כגון כלאים בציצית ומילה בצרעת שהלאו בא מעצמו על מצות עשה והוא מצוה שיש בה קום עשה ואי אפשר בלא דחי׳ אבל הזאת מתן א׳ והזאת מתן ד׳ כל אחת הוי לעצמה וזה בפשיעתו גרם שיתערבו ובא לאו עם עשה ביחד שיש קיום עשה באחת ואיסור לאו באחת וכיון שבשביל פשיעתו הוא אין לנו לבטל הלאו מפני קיום העשה וכזה כתב הראב״ד ז״ל ואחרים מן המפרשים ז״ל עכ״ל. הרי בפירוש דרק מפני שהעשה באחת והלאו באחת שנתערבו ע״י פשיעתו בזה אמרינן דאין עשה דוחה ל״ת אבל אם שניהם הם על דבר א׳ אעפ״י שבא ע״י פשיעה מ״מ עשה דוחה ל״ת ואע״ג דבעשה דהשלמה ג״כ לא הוי בדבר אחד מכ״מ כיון דבעשה שיש בו כרת לא בעינן בעידנא כמו שכתבו התוס׳ שם א״כ נחשב כמו בדבר בעצמו:

בגמרא רבא אמר לצאת לא בעי כוונה. מדלא קאמר הדר אמר רבא משמע דסוגיא עד השתא לא רבא אמרה ומזה ראיה דמ״ד לעיל זאת אומרת התוקע לשיר יצא דמיניה דייק דס״ל מצות אין צריכות כוונה

שאין זה רבא כגירסא דלפנינו אלא רבה וכן הגרסא בספר המלחמות ובראש״ש ובאור זרוע:

ברש״י ד״ה קורא להגיה. אף קריי׳ אין כאן אלא מגמגם. ובברכות (יג.) פירש רש״י בקורא להגיה את הספר אם יש בו טעות דאפילו לקריאה נמי לא נתכוין עכ״ל. וזהו לכאורה פירוש אחר וגם התוס׳ הקשו שם על פירש רש״י תימה הא אכתי קא קרי ולכן פירשו פירוש אחר. ולענ״ד כוונת רש״י דבשלמא אם מתכוין לקרות ק״ש אפילו לא מכוון לצאת מ״מ יודע שצריך לקרות כל תיבה ותיבה וקורא כן אבל כשקורא להגיה אז לא מתכוין לקריאה ולכן לא יצא דאינו קורא כראוי אלא מגמגם וזהו מה שכתב רש״י שם דאפילו לקריאה לא נתכוין ולכן מגמגם בלשונו ולא קורא כראוי שלא מפרש הדברים ולא קורא כל התיבות ולכן לא יצא אבל בפירוש התוס׳ לא ניחא לרש״י דלשון אם כיון לבו לא משמע כן כאשר בעצמם כתבו דלאו דוקא:

ד״ה דקא מנבח. ואין תוקע שיעור תקיעה. התוספות הקשו על פירוש זה דא״כ בלא״ה לא יצא. ולענ״ד כוונת רש״י לא שודאי לא תקע שיעור תקיעה אלא שיש ספק כיון דמשמיע לא מכוון לתקוע דלמא לא תקע שיעור תקיעה דהוי אצלו מלתא דלא רמיא וזה מדויק בלשון הגמרא דקאמר דלמא דקא מנבח ולמה קאמר בתירוץ זה דלמא ולא ג״כ בתירוצים אחרים דלעיל דלמא בקורא להגיה או דלמא סבור חמור בעלמא הוא אבל לפירש רש״י א״ש דהך דלמא דהכא לא על ספק האוקימתא קאי אלא כיון דלא מכוון המשמיע לתקוע יש לחוש דלמא דקא מנבח נבוחי ולא קתקע שיעור תקיעה:

ד״ה מתן ארבע. שלמים ואשם. מה שלא פירש על חטאת היינו כמש״כ התוספות דחטאת למעלה מחוט הסיקרה והני למטה וכמו שפירש הכא פירש ג״כ בזבחים (פ.) אכן בערובין (ק.) כתב אמה דקאמר הניתנין ארבע דדם חטאת זו נשפך לדם חטאת זו וכן כתב שם אתי עשה דחטאת דכתיב ונתן על קרנות ודחי לבל תוסיף דבכור עכ״ל הרי דמפרש דבחטאת איירי והתוס׳ שם כתבו ג״כ כמו הכא דליכא לפרש בחטאת דזה למעלה וזה למטה וא״כ קשה על רש״י שם וי״ל דמפרש דמה דקאמר ר״א ינתנו במתן ארבע היינו לצאת ידי חטאת אבל מ״מ שוב יתן מתנה אחת למטה לשם בכור ור״א בזה לשיטתו אזיל דס״ל בזבחים (פ:) הניתנין למעלה שנתערבו בניתנין למטה יתן למעלה ואח״כ יתן למטה ודלא כחכמים דס״ל ישפכנו לאמה וגם ר׳ יהושע דאמר יתן מתנה אחת ס״ל כר״א בהא וס״ל דיתן אחת למעלה לצאת ידי חטאת ואחת למטה לצאת ידי בכור. אבל קשה לי אי איירי בחטאת היאך שייך במה שנותן למעלה בל תוסיף על מתנות דבכור דבל תוסיף לא הוי אלא במוסיף על המצות בענין שיהיה הדבר בלי הוספה כשר כגון שכופל אחת מהפרשיות בתפילין דכל אחת מהפרשיות כשרה בפני עצמה ובזה איכא בל תוסיף וכן בחמש ציצית דכל אחת כשרה אבל אם הוסיף ציצית אחת בטלית באמצעו שלא על הכנף או שהוסיף פרשה בתפילין שאינה מד׳ פרשיות דקדש וכי יביאך בבית בפני עצמו כו׳ ודאי שאין בזה בל תוסיף כיון שאין זה מצוה בפני עצמה לא שייך בל תוסיף וכן מבואר בשו״ע א״ח (סי׳ ל״ד ס״ב) דלכך מותר להניח תפילין של רש״י ור״ת ביחד וליכא משום בל תוסיף כיון דממנ״פ א׳ מהם פסול ועי״ש במג״א וט״ז ולפ״ז כיון דזריקת דם בכור למעלה פסולה איך שייך בל תוסיף וצ״ע:

בתוס׳ ד״ה ומנא. תימא מאי אולמא. המהרש״א והיום תרועה הקשו הא אולמא דזה מתניתין וזה ברייתא כדאמרינן בגמרא. ולענ״ד י״ל כיון דאמרינן לקמן דרב שמן לכך פריך מברייתא ולא ממתניתין דהתם לא סגי דלא יהיב הכא אי בעי מברך אי בעי לא מברך א״כ נגד זה דמייתי ממתניתין יש ג״כ הסברא דמברייתא מוכח יותר א״כ מאי אולמא. אכן גם בפשטות י״ל דאע״ג דלהקשות ממתניתין עדיף מלהקשות מברייתא מ״מ לענין הוכחת סברא לא עדיף וא״כ מקשו התוס׳ שפיר ממנ״פ אם הסברא מצד עצמה פשוטה ל״צ להוכחה ואם אינה פשוטה מאי אולמא הך דמתניתין באמת יקשה גם ממתניתין על רבא כמו שמקשה לקמן על רב שמן דלא ס״ל כתירוץ דאילו מתרמי דליקשי ממתניתין:

בא״ד ואינו עושה אלא מחמת ספק. לא הבנתי מה ספק שייך בתערובות דם ואולי התוס׳ כתבו כן להך שיטה בזבחים (עט:) דאיירי בנתערב כוס בכוסות דלמ״ד שם דאיירי בנתערב דם בדם כנראה מפירוש רש״י דכאן ה״ל למימר דאינו עושה אלא מחמת תערובות. וכלשון זה כתב באמת הריטב״א:

בא״ד אא״כ ניתן במקום אחר. יש לספק אם כוונתם במקום אחר דוקא כגון הכא שדם הבכור נתן

שם **בגמ'** הא לא דמיא אלא לסיפא כו' מדלא קאמר אלא כרחה דחד תירוצא הוא דמתרי גברי דוקא יהבי אלי עמאה דחביב אבל מחד גברא אפי' היכא דחביב כמו וכור ושמור לא משתמע. וכזה מובן לשון רש"י לקמן (ל"ד:) ר"ה מתשעה בנ"א דברי הב"ת כאן [ומ"ש דתרי קלי מתרי גברי משתמעי כוונתם היכא דחביב דמחד גברא אפי' בכה"ג לא משתמע. וכן מבואר להדיא בריטב"א לקמן גבי תוקע שופר בתוך שופר ע"ש]:

שם **בגמ'** מ"ש התם דזהב ומ"ש הכא דכסף. קשה לי הא י"ל דבר"ה דעיקר המצוה הוא בשופר משום יאנוהו מלפין בזהב אבל בתענית כיון דעיקר המצוה בחצוצרות והם של כסף א"כ האיך נוכל להדר השופר יותר מגוף המצוה ודי בכסף כגון גוף החצוצרות. ולכן אפ"ל לפע"ד משום דבלא"ה קשיא לי טובא הא דמשני הגמ' דכנופיא דכסף הוא משום דכתי' עשה לך ח"כ וכלא אפי' בכל חצוצרות דמקדש כר"ה ושאר מועדות נמי דכסף הם דהא סיפא דהך קרא עשה לך מסיים ובמועדיכם כו' וא"כ בר"ה נמי דחצוצרות של כסף ומ"מ השופר מצופה זהב. ועוד קשה מ"ש בתענית ומה טעם כנופיא לכאן דיותר נראה דנזה"כ הוא על החצוצרות שיהא של כסף. ולהדיא פסק הרמב"ם (פ"ג מה' כה"מ ה"ה) דהחצוצרות שאינם של כסף פסולין במקדש אך כמל"מ שם הביא בשם התוס' שנסתפקו בזה. אבל רחוק לומר דשני התירוצים כאן בגמ' פליגי בהא. ואי משום דחצוצרות לכנופיא הוא א"כ ע"כ אל נרוח דר"ה נמי לכנופיא הם ונע"ג שלא ביארו המפרשים בזה. ולכן אפשר לדחוק דנאמת עיקר קושי' הגמ' הוא על החצוצרות גופי' דיהי' של זהב וה"ק מ"ש בר"ה דעיקר המצוה בשופר מלפין אותו זהב א"כ בתענית דעיקר המצוה בחצוצרות יהי' נמי של זהב וממילא יהי' גם השופר מצופה זהב. ומשני הגמ' דהחצוצרות ע"כ של כסף הם דהם לכנופיא וממילא מובן דאין להעלות הטפל יותר מהעיקר ול"ע. שוב ראיתי בטורי אבן כ' קצת מזה ועדיין לא נתיישב לי ע"ש:

שם **בגמ'** א"ל רבא ל"א אלא במקדש כו'. עיקר מימרא דרבא הוא דלא בעינן חצוצרות אבל כפיו מצופה זהב אפשר דגם בכ"מ המצוה כן. אך מהשמטת הפוס' נראה דס"ל דכיון דע"כ מתני' מיירי במקדש שוב גם הך דמצופה זהב דוקא במקדש. גם רש"י פי' במשנה דפיו מצופה זהב במקדש דוקא. וי"ל ג"כ משום דלשון הברייתא ליפהו זהב כו' שלא במקום הנחת כו' משמע עכ"פ דלכתחילה אינו מצופה. וי"ל עוד דאסור לכתחילה גם שלא במקום הנחת פיו גזירה אטו במקום הנחת פיו ובמקדש דוקא התירו משום דאין שבות במקדש:

במשנה דיבק שברי שופרות פסול. לכאורה משמע דוקא תב' שופרות מדלא תני שברי שופר וברישא בנסדק ודבקו דפסול י"ל הטעם משום דסופו להפרד כמ"ש התוס'. ואפשר דמשו"ה קתני שברי שופרות דרולה לפסול בכל גווני אפי' יש בכל שבר שיעור תקיעה וכה"ג אפשר דמשופר א' כשר כמו בנסדק למטה משיעור תקיעה דכשר. [אך בט"ז (סי' תקפ"ז ס"ק י"ד). מבואר דבנסדק כשר משום שלא נחלק משולם אבל אם כבר נפרד אפי' חזר ודבקו פסול כמו בהוסיף עליו כ"ש ע"ש]:

בתוס' ד"ה כמאן כו' דבתשרי עלה במחשבה כו' הא דנקטו הכי אפשר משום דאמרי' לעיל (י"א.) דמ"ד בניסן נברא העולם יליף מן ותוצא הארץ ומ"ד בתשרי יליף מן תדשא הארץ [שאינו מעשה אלא ליוי] א"כ מסתבר דבמעשה בניסן נברא ובמחשבה בתשרי כנ"ל. [ואכן האוה"ח בפ' בראשית כ' ד"ל ג"כ איפכא. דבניסן עלה במחשבה ובתשרי נברא אלא שלא הביא כלל דברי התוס' דהבאן]:

בד"ה שופר שנסדק. הבינו על פירש"י דפסול משום דהוא כב' שופרות דא"כ מיירי בנחלק לגמרי וא"כ היינו דיבק שברי שופרות. ונראה דאין כוונתם להקשות דמתני' משמע דהרתי נבי הם ודאי י"ל כיון דהשברים מה בשיפו' הם כד"א דליתכשר טפי [ומתני' ג ולא"ל זו קתני וכן תי' כב' יום תרועה ובפנ"י ע"ש]. אלא דקשה להו דלא שייך שם נסדק עלה והיינו שברי שופרות והו"ל למיתני שופר שנשבר ודבקו מיהו בע"ג נ"ל דכוונת רש"י הוא דהגה מחובר הוא כלשון נסדק בכ"מ ואפ"ג דלקמן בהא דנסדק לארכו פירש"י כולו אפי' אי נימא דכולי דוקא ולא רובו מ"מ בנסדק מב' הצדדים שפיר נקרא נסדק אפי' כשנסדק ברובו. ולפע"ד כ' נראה דלפי רש"י מיירי הכא אפי' בנסדק לרחבו ואפי' נשתייר שיעור תקיעה דכשר מ"מ בדבקו פסול דהוי כב' שופרות דבלא דבק לא הוי ב' שופרות הו"ל דהוי כניסו לגמרי מש"כ בדבקו. ולפ"ז א"מ מפי ליטנא דמהני' דדוקא בדבקו פסול אבל בלא דבק כשר. מיהו בריטב"א מנלתי תוכח מכלל דבריו שם דכשר בנסדק לרחבו ונשתייר שיעור תקיעה דכיון דבמיעוטו עדיין נדבק ועודנו מחובר לא הוי שני שופרות. ובאמת הסברא נראה דכל דכשר בלי דיבוק המ"ג דקול יוצא גם בחלק התחתון שתחת הדבק מ"מ כשר א"כ למה יפסול ע"י הדבק אבל עכ"פ בלא נשתייר שיעור תקיעה שפיר מיתוקם מתני' לרש"י בנסדק לרחבו ודבקו דפסול. וראיתי בהרע"ב במשניות שהביא לשון רש"י וכ' עלה וה"מ שנסדק לארכו כו' אבל לרחבו אם נשתייר שיעור תקיעה כשר ע"ש. הרי שהבין ברש"י דמתני' מיירי בדלא נחלק לגמרי דאל"כ פשיטא דאפי' לרחבו פסול דהו"ל ב' שופרות. אברא דהריטב"א מביא קצת פוס' דס"ל בדיבק שברי שופרות דדוקא במין בא' מהם שיעור שופר פסול ע"ש. והשיג עליהם דאדרבה לרבותא נקט התנא דכ"ש ביש בהם שיעור דהוי ממש ב' שופרות ול"ד לנסדק לרחבו דבנשתייר כשר דשאני התם דנשאר דבוק במיעוטו ע"ש בלשון הריטב"א. משמע דבנחלק לגמרי ברחבו ודבקו פסול אפי' בנשתייר. ונראה דמחלוקת הפוס' אלו תליא במ"ש התוס' בסה"ד דדיבק ש"ש לא מיפסל מטעם כ"ש כו' דנראה דמשמע להו דכל שאין בכל א' שיעור אין בו פסול דב"ש רק משום דלא הוי שם שופר ואינו דרך העברתו ולפ"ז י"ל שפיר אם יש באחד מהם שיעור ונדבק אליו עוד שבר שאין בו שיעור כשר אבל לטעם בתרא שכ' התוס' הוי בכל גווני ב' שופרות. אך לדינא בלא"ה פסול מטעם הוסיף עליו כל שהוא וכ"כ הריטב"א עצמו שם [וכ"כ המוש"ע (סי' תקפ"ו) דבהוסיף עליו כ"ש אפי' בנשתייר שיעור תקיעה פסול ע"ש]. א"כ הרע"ב בודאי נתכוין היכא שבמיעוטו עודנו מחובר ונסדק היינו ברובו כמ"ש וכ"כ ברור כוונת רש"י.

והנה בספר פ"י הקשה לשיטת התוס' ממ"ש דירושלמי דמתני' לא כהלכה אלא לר' נתן והלא אפי' לרבנן כהלכה די"ל דדוקא בנקב שיש בו חסרון אמרו מ"ש שמניח בל"ע. אבל באמת לק"מ דפשיטא דנסדק ירע מניקב אפי' יש בו חסרון דהא בניקב ולא סתמו כשר ומ"מ בסתמו כיינו פסול לרבנן כ"ש בנסדק דבלי דבק פסול ודאי דאפי' דבקו פסול וגם הרמב"ן כ' בשי' הירושלמי דנסדק כ"ש גרע מניקב וז"ב. ומה"ט קשה לי ג"כ על הרמ"א שכ' (סי' תקפ"ו ס"ו) דלכתחילה אין לתקוע בשופר נקוב אפי' במשייר שיעור תקיעה ובנסדק לרחבו ונשאר שיעור תקיעה סתם כמ"ש המחבר דכשר אפי' לכתחילה וא"י טעם לחלק. וגם לפת"ש המג"א שם הטעם דאין תוקעין בשופר נקוב משום דקולו פגום הלא גם בנסדק קולו פגום במקום הסדק ומסתימת כל הפוס' דנסדק גרע מניקב ול"ע:

ע"ב **בגמ'** ליפהו זהב מבפנים פסול פי' רש"י שהתקיעה בזהב וכ"כ התוס'. ומ' נם' יום תרועה שמבאר

דאשי

דאפי' לא נשתנה קולו פסול אבל הריטב"א בחי' כ' דבפנים לעולם נשתנה קולו ע"ש וכן י"ל כוונת רש"י ותוס'. והא דקתני ציפהו זהב ולא תני סתם ציפהו י"ל אגב הסיפא מבחוץ ומילתא אגב אורחי' קמ"ל דבמדינה אין המצוה לצפותו בזהב וקמ"ל נמי דלא אמרינן אין קטיגור נעשה סניגור. והטעם כתבתי כבר דלא שייך מתגאה דאין היפוי קול עבור הזהב:

שם בגמ' הניח שופר בתוך שופר כו' ואם קול חיצון שמע לא יצא מפי' רש"י ותוס' נראה דהיינו שתקע בין פנימי וחיצון ובכה"ג נמי הוי קול ב' שופרות אבל הריטב"א חולק ע"ז דאם הקול יוצא בין השופרות הוי קול חיצון גרידא וכשר אע"ג דשופר שבפנים חוצץ ומשנה הקול לית לן בה ע"ש. והוא מפרש ששמע אף קול חיצון וכמ"ש הרא"ש רק שמדברי הרא"ש מבואר דמטעם ב' שופרות מיפסל והריטב"א מחלק בזה דאם שופר א' ארוך מהשני הוי קול ב' שופרות אבל בשוין פסול מטעם אחר דהוי תרי קלי מחד גברא דלא משתמעי אפי' במידי דחביב ע"ש. ולדין זה נראה דגם רש"י ותוס' מודין אבל בדין דרש"י ותוס' בתוקע בין השופרות לי"ע אי חולק הרא"ש. דהריטב"א גם בקול פנימי שמע מסופק שיהי' כשר אפי' נשתנה קולו מחמת החיצון אבל הרא"ש כ' דבנשתנה קולו פסול וא"כ י"ל דה"ה כה"ג דודאי נשתנה הקול ע"י התחלה של הפנימי. ואע"ג דודאי טובא יש לחלק בין דבר המדבק עליו או מונח בתוך חללו כמובן מ"מ קשה להקל נגד רש"י ותוס'. וגם מלשון הרא"ש שכ' דא"א לשמוע קול חיצון בלחוד משמע הא אם הניח שפתו בין השופרות באופן ששמע קול חיצון בלחוד הי' נראה לו שפיר טעם הפסול כדפי' רש"י ותוס' ול"ע לדינא ובשו"ע השמיט לגמרי דין זה. והנה בס' מ"א יצא לחלוק על הראשונים דאפי' אם החיצון עודף על הפנימי לא הוי ב' שופרות והאריך למעניתו ומפלפל בדברי התוס' בסוטה שכ' בב' גיטין אינה מתגרשת כמו אתרוג א' ולא ב' ע"ש. והגם דראיות התוס' שם יש לדחות כדברי הגאון שם אבל אין לנו לחלוק על רבותינו בעלי התוס'. דיש לפרש כפשטא ג"כ דהקפידה תורה ונתן בידה ס' כריתות א' ולא שנים. אך אין לנו עתה עסק בזה דהכא גבי שופר פשיטא דשפיר כתבו הראשונים דהא הקול שיוצא דרך ב' שופרות אינו כמו דרך שופר א' ומה בכך דאם הי' קול שופר חד מינייהו כפ"ע הי' כשר מ"מ זה הקול של ב' שופרות קול אחר הוא וזה ברור ופשוט:

שם בגמ' הוסיף עליו כ"ש בין במינו כו' ניקב וסתמו בין במינו פסול ר"נ אומר במינו כשר. אפשר לפרש דר"נ ברישא נמי פליג דבהוסיף עליו כ"ש ג"כ במינו כשר. והי' מיושב בזה מה שמקשין לפי' התוס' דבמקום הנחת פה היינו בעובי השופר א"כ הוי הוסיף עליו ולמה לי למיתני ציפהו בזהב הא אפי' במינו פוסל. ולמ"ש י"ל דאתיא כר"נ דהלכתא כוותי' ולדידי' במינו כשר [אך מסתימת כל הפוס' לא משמע כן כמ"ש הפנ"י ע"ש]:

שם בגמ' איכא דמתני לה אסיפא עי' מ"ש הרא"ש דהכא ל"ד לתרי לישני בעלמא כו' וצריכין למיעבד לחומרא ובס' יום תרועה הקשה עליו מדברי הרא"ש בר"פ כל הבשר גבי מים ראשונים באמין ע"ש ול"נ דהתם נמי ספיקא חביב לי' ומילתא במילי דרבנן נקט לקולא ע"ש. מיהו בעיקר הפי' דנשתייר רובו או נפחת רובו יש לתמוה דסתם נקב במשהו הוא ורובו ומיעוטו לאו בכלל נקב הוא. ולולי דברי הראשונים ז"ל הי' נראה לפרש הכוונה שיהי' הנקב ברוב עליונו של השופר וזה נקרא נפחת רובו. ונשתייר רובו היינו שנשתייר רוב השופר שלם בלי נקב. וממילא הי' מיושב מה שהקשו התוס' ושאר פוס' דבנפחת רובו ודאי מעכב התקיעה ולמ"ש א"ש. ומצאתי הון לי בס"ג שמביא בשם הריא"ז דנשתייר רובו היינו דוקא לצד הקצר של הפה. ונראה שהבין כמ"ש דלפי' התוס' מה נ"מ בהכי ובאמת כל הפוס' לא חילקו בין נשתייר לצד הפה או לא ע"ש ועכ"פ לפי' הפוס' תמוה להיות נקרא נקב בכה"ג ככ"ל. ומצאתי בחי' הריטב"א שכ' ג"כ לתרץ קושית התוס' וז"ל משמע לן דרובו דהר"י אינו רובו ממש שנפחת רוב בנינו כו' אלא רוב רחבו של שופר מאותו צד שהנקב בו כמ"ש בירושלמי גבי חוזית כו' ע"ש וגם הפ"י כ' כן מסברא דנפשי' ביישוב קושית התוס' ולא הבנתי דבריהם דהא רוב רחבו היינו נסדק דפסול הן בדבקו הן בלא דבקו כל שלא נשתייר שיעור תקיעה. ואפשר שהבינו דמיירי בנשתייר שיעור תקיעה ואפי' הכי בדבקו שלא במינו אי מעכב התקיעה פסול וזה הדין אמת כמ"ש הטור לחלוק על בעל העיטור דמכשיר בנשתייר שיעור תקיעה ע"ש אבל לאוקמא כל הדין דוקא בנשתייר שיעור תקיעה הוא רחוק. שוב נדפס פי' הר"ח ז"ל ומשמע מדבריו שפי' בגמ' כמ"ש דנשתייר רובו של שופר שלם שאין שם נקב. עוד הי' נלפע"ד לפרש דודאי בניקב וסתם דכשר אפי' ניקב אח"כ בכמה מקומות וסתמו נמי כשר ובזה מחלק ר"י אי נשתייר רובו אי נפחת רובו בצירוף כל הנקבים אבל לעולם בכל זמן לא הי' רק נקב א' ומשו"ה שפיר י"ל דאינו מעכב את התקיעה ומיושב קושית התוס'. אבל לפי פי' הפשוט תמוה טובא לשון בתרא דנפחת רובו כשר במינו הלא זה ממש דיבק שברי שופרות. וגם בנשתייר רובו תמיה מנ"ל להכשיר דהא ניקב כ"ש משמע אבל בחסר הרבה אף דנשתייר רובו מ"מ ליהוי כב' שופרות וצ"ל דכיון דנשתייר רוב שופר עדיין לא בטל ממנו שם שופר לכך בטל המיעוט להרוב משא"כ דיבק שברי שופרות דלא חל שם שופר א' עליו אבל בנפחת רובו קשה ככ"ל וצע"ג:

בתוס' ד"ה ניקב אם נפרש כו' קשיא כיון דכל הקולות כשרין בשופר כו' פי' דבריהם דאע"ג דודאי איכא סברא לפוסלו כמו ציפהו זהב כיון דהקול נשתנה ע"י הדבק מ"מ אם נפרש דבשאינו מעכב עכשיו אע"ג דמעיקרא הי' מעכב וא"כ הרי ניתקן הקול ע"י הדבק מ"מ בכלל אינו מעכב הוא וכשר א"כ מה בכך דגם עתה מעכב הא כל הקולות כשרין. ולא מיבעיא אם נפרש שמעכב ע"י שלא נסתם יפה היינו שנשאר עוד קצת נקב א"כ ודאי יפה הקשו דזה שנשאר עיכוב ע"י הנקב הוי כלא סתמו כלל וכשר. אך באמת מלשונם משמע שנסתם יפה אלא דהדבק לא נחלק יפה בעצמותו כמו שאר הקרן של השופר דהשבר הזה שהדביק בו הוא עב או דק ונמצא דהשינוי הוא ע"י הדבק מ"מ הקשו שפיר. דכיון דבאינו מעכב כשר אע"ג שנשתנה ע"י הדבק ע"כ הטעם דכיון דצריך לחזק השופר הוי כגוף השופר וגם אחד עליו א"כ מה בכך דהוא עב או דק וראיתי במפרשים שעמעמו בזה בדברי התוס' ולדעתי דבריהם פשוטים כמ"ש:

בא"ד ולהלכה למעשה נראה כו' ויש לתמוה על דבריהם דהא אפי' באינו מינו כשר לפי מסקנתם וכבר עמדו המפרשים בזה והג' רעק"א ז"ל. והגם דאפשר דלרווחא דמילתא נקטו הכי דבמינו פשיטא דכשר מ"מ קשה דהא גם בקלור פסקי התוס' העתיקו כן. וצ"ל בתרי אנפי. א' לפמ"ש הרא"ש ד"מ דר"נ לחומרא פליג היינו לפי גירסת התוספתא בת"ק אם מעכב פסול וא"ל כשר וקאי ר"נ אסיפא דבאינו מינו אפי' אינו מעכב פסול וק"ל כר"נ. וזה שכתבו דהירושלמי מוקים למתני' כר"נ משום דהלכה כר"נ ונמצא להלכה דדוקא במינו כשר. עוד י"ל והוא יותר נכון לפמ"ש הרמב"ן בחי' ובמלחמות דלפמ"ש בירושלמי אם הי' מעכב את התקיעה ממילא י"ל דמעכב דמתני' היינו אחר סתימה ומעכב דת"ק דר"נ הוא קודם סתימה אע"ג דאחר סתימה אינו מעכב פוסל הת"ק ור"נ מכשיר במינו ואתיא מתני' כר"נ כיון דכשר באינו מעכב עתה ע"ש. ולפ"ז מובן שפיר המסך לשונם שכתבו

דבירושלמי

דבירושלמי איתא אם מעכב פסול כו׳ ואפי׳ הכי קאמרי דמתני׳ ר״נ וקשה הא עדיפא לאוקמא כת״ק אלא ודאי דהירושלמי לשיטתו שהביאו לעיל בשמו דגורס אם הי׳ מעכב. והיינו דבברייתא כן הוא הפי׳ אבל במשנה הפי׳ מעכב הוא אחר סתימה ונמלא לפ״ז שפיר להלכה דוקא במינו כשר כר״נ וזה נכון ע״ד פלפול. אבל לדינא הרא״ש שנמשך אחר שיטת התוס׳ העתיק דאפי׳ שלא במינו כשר לשיטת התוס׳. אח״כ מלאתי בפי׳ שחידש בעלמו דרך הרמב״ן ז״ל וכו׳ בקילור שאפשר התוס׳ כוונו לזה ע״ש ולא ראה שקדמוהו הרמב״ן וכן בחי׳ הריטב״א:

בא״ד ולא סתמו כלל כשר אפי׳ מעכב כו׳ אבל בפי׳ המשניות להרמב״ם כ׳ דלריך לסתמו גם הטור מביא תשו׳ הרא״ש דלפי שרבו הפי׳ אין ליקח שופר שניקב. ואין מובן כמ״ש בס׳ בית ישראל דהא לא מליגו פלוגתא בזה. וכ״ל קלא דלפי מסקנת הפוס׳ דמעכב לאחר סתימה קאמר וכ׳ הריטב״א שכן עיקר דאפי׳ אי גרסי בירושלמי הי׳ מעכב כיון דבגמ׳ דידן מוכח להיפוך כו׳ ע״ש. א״כ י״ל דגם הא דמבואר בירושלמי דקודם סתימה כשר תליא הא בהא לפמ״ש לעיל בתחילת דברי התוס׳ דקשיא להו מ״ש בין מעכב עתה או אינו מעכב כיון שהסתימה עשה שינוי בהקול. א״כ י״ל דקושיא זו רק אי קודם סתימה השופר כשר נמלא דהסתימה שנה הקול ומה לנו אם מחזירו לקול הראשון שהי׳ קודם שניקב או משנהו לקול אחר כיון דהשופר כשר קודם הסתימה. ולהכי הוכרח הירושלמי לפרש דתלי׳ אי הי׳ מעכב מקודם וכ״מ בתוס׳ לעיל שסמכו לקושיתם הא [דכל הקולות כשרין בשופר דמשמע] דנקב בלא סתימה כשר ע״ש. א״כ י״ל דלגמ׳ דילן דמפרשין מעכב אחר סתימה היינו משום דס״ל דניקב פסול וא״כ שפיר יש לחלק דכל שהסתימה מחזירו לקול הראשון שניתקן על ידו לא הוי כקול שופר וד״א שהסתימה תיקן מה שקלקל הנקב והחזיר השופר לתיקונו משא״כ במעכב גם אח״כ שפיר חשוב קול שופר וד״א ופסול כנ״ל:

בד״ה נסדק לארכו לא תני הכא אם נשתייר כו׳ והרא״ש כ׳ די״מ דלכך לא תני הכי משום דנסדק כ״ש מיפסל דעומד ליסדק כולו ומסיים דכ״ז שלא נסדק כולו כשר אם דבקו. ומשמע דהי״מ מודין למ״ש התוס׳ דנסדק לא מיקרי רק בכולו והם חידשו דמטעם אחר פסול וממילא בדבקו כל שנשאר כ״ש קודם הדבק כשר אבל הרמ״א באו״ח (סי׳ תקפ״ו ס״ח) כ׳ דדוקא בנשתייר שיעור תקיעה כשר בדבקו ותמוה כמ״ש המג״א שם. ונראה שהרמ״א הבין דהי״מ חולקין לגמרי על התוס׳ וס״ל דנסדק אפי׳ כ״ש פסול רק אי נשתייר שיעור תקיעה הוי לן להכשיר מטעם דהשאר כמאן דאישתקל כמו בנסדק לרחבו דכשר כה״ג מהאי טעמא. וע״ז תירלו משום דעומד ליסדק וגרע מאישתקל וממילא בלא נשתייר ש״ת פסול אפי׳ בדבקו כנ״ל. מיהו לפסול בכ״ש ל״ע דהא אפי׳ בנסדק לרחבו לא מיפסל רק ברובו כמ״ש הרא״ש עלמו ובשו״ע שם אבל ברובו י״ל דפסול לשיטה זו. אכן רש״י פי׳ נסדק כולו וכן נסדק לרחבו כל רחבו ומדבריו משמע דגם בנסדק לרחבו כל שלא נסדק כל הרוחב לא מיפסל ואין כן דעת הפוס׳ [כמבואר בטוש״ע דברוב הרוחב נפסל]:

בד״ה ושמע הא דאמרי׳ בפ׳ כל גגות ליבור בקטנה כו׳ לשיטת קלת פוס׳ דבעונה אמן אחר הש״ץ אפי׳ לא שמע הברכה יולא [כמבואר ברבינו יונה בפ׳ שלשה שאכלו גבי אמן יתומה ע״ש]. י״ל דבהכי מיירי הגמ׳ התם אבל הכא בשמע אפי׳ בחוץ יולא שפיר. וכ״ל דהתוס׳ לא ס״ל כהפוס׳ הנ״ל [וכ״מ בדברי התוס׳ בסוכה (כ״ג:) ד״ה וכיון ע״ש]. מיהו בעיקר קושיה התוס׳ קשה לי מה מדמי התוס׳ מגילה ושופר לתפלה דתפלה אין יחיד מוליא היחיד רק ליבור וא״כ זה שבחוץ שאין לו ליכוף דינו כיחיד אבל במגילה ושופר שפיר יולא השומע בחוץ. ועי׳ בס׳ יום תרועה מ״ש דביתו סמוך לביהכנ״ס הוי כחלר קטנה שנפרלה לגדולה אבל ז״א דודאי בבית סתום אין מלטרפין כלל הן ש״ז בקטנה הן בגדולה וזה פשוט. גם מה שמפלפל שם במ״ש התוס׳ בהך דמן האגף דאי מיירי תחת האגף ל״ק על ריב״ל אינו מוכרח דהא ריב״ל קאמר דאפי׳ מחילה אינה מפסקת ע״ז סמכו התוס׳ להקשות. ומ״ש עוד דאישתמיט להב״י דברי התוס׳ אינו מובן אך בפשיטות הו״ל להקשות על הב״י ורי״ו שם דתחת האגף ליהוי כחלר קטנה שנפרלה לגדולה דשני הדינים מבוארים שם באו״ח (סי׳ נ״ה) וכבר הקשו האחרונים כן ע״ש באבן עוזר והגר״א:

דף כח בגמ׳ מקום חיובא הוא לאותן העומדים בבור. משמעות הלשון נראה דאי אין שום אדם יולא בתוקע לתוך הבור הי׳ דומה לקודם עמוד השחר. וקשה לי דלעיל דהוי ס״ד דגמ׳ דלכך מאריך בשופר משום דתרי קלי לא משתמעי א״כ כיון דקודם שפוסק קול החצוצרות אין שום אדם יולא ממילא אפי׳ למ״ד שיולאין במקלת תקיעה מ״מ לא מהני התם. אך אפ״ל דבס״ד שם לא ס״ל הך דרבה ואפי׳ מקלת קודם עה״ש יולאין. ואפשר ג״כ דלשון הגמ׳ הכא לאו דוקא ולרווחא דמילתא נקטו כן ועיקר החילוק הוא כיון דהתקיעה כדין רק החסרון מלד השומעים לכן השומע סופה יולא בה:

שם בגמ׳ למימרא דסבר רבה כו׳. הפוס׳ נחלקו לדידן דהלכה דאין יולאין בתחלתו או סופו מ״מ אם יש בו שיעור תקיעה י״א דיולאין. ונראה ודאי דלשיטה זו ה״ה בשמע מקלת תקיעה קודם שעלה עה״ש ומקלתו אחר שעלה עה״ש ויש בו שיעור יולאין בו. דהא לשיטה זו כל הדין דתחילתו וסופו היינו אי יולאין בלאי שיעור תקיעה אבל ביש בו כשיעור לא איכפת לן שהשומע ישמע תחילת התקיעה וסופה רק בשיעורא תליא מילתא. וכן משמע מלשון הרמ״א (סי׳ תקפ״ח) שכ׳ דבשיעור תקיעה נתבאר (בסי׳ תקפ״ז) ע״ש דחד דינא אית להו וכ״כ בש״ג בשם הריא״ז ע״ש. ולכן תמהני על בעל יום תרועה שהקשה דלשיטה זו אמאי דחו הגמ׳ מימרא דרבה מפשטא נימא דשמע מקלת בבור דילא היינו בשהי׳ שיעור תקיעה דז״א כנ״ל דא״כ גם באחר שעלה עה״ש יולא בכה״ג וכיון דרבה מחלק בינייהו ע״כ לאו בהכי מיירי וזה פשוט מאוד. אכן להפוס׳ דלמסקנא אפי׳ בדאיכא שיעור תקיעה אין יולאין דלריך להיות דוקא התחלה וסוף. ולפ״ז לס״ד דגמ׳ דיולאין היינו בדאיכא שיעור א״כ קשה מה מקשה ממתניתין דליפוק בתחילת תקיעה מקמי דליערבב קלא דילמא לית בי׳ שיעור. ועי׳ הרמב״ן בחי׳ דהעירבוב בא אחר שיעור תקיעה אבל עדיין קשה דא״כ כשתוקע שיעור מלומלם לעולם יולאין ואיך סתם ההגא אם קול הברה שמע לא ילא וכ״ל דזה עלמו הוא פי׳ המשנה אם קול הברה שמע היינו כגון שהאריך התקיעה יותר מן הראוי ובא קול הברה בעודו תוקע. ובהכי מיושב מה שהקשה הרא״ש על רש״י דמי יודע אם קול שופר שמע כו׳ ע״ש ולמ״ש א״ש דהיכא דקילר בתקיעה ונמלא דבא קול הברה אחר שסיים התקיעה אז ילא. ובזה מדויק לשון רש״י ז״ל כאן אם קול שופר שמע בלא קול הברה אם קול הברה שמע עם קול השופר דאין מובן מאי בעי בזה רק הפי׳ כנ״ל דהכל תלוי אי בעודו שומע קול שופר בא קול הברה או אם נגמר כל קול השופר קודם שבא קול הברה ודו״ק:

שם בגמ׳ מיתיבי התוקע לתוך הבור כו׳ מקמי דליערבב קלא. לכאורה קשה להפוסקים דקול אחר הוי ספסק באמלע התקיעות א״כ הסיום קול ההברה שיש בתקיעה

בתקיעה הראשונה הוי הפסק בין התקיעה לתרועה ואף דמתני' סתמא קתני ומשמע אף בתקיעה אחרונה בלבד מ"מ מאי פסיקא לי' להקשות. וכ"ל דהנה הלבוש והמג"א (סי' תקפ"ח) כ' דהשומע אין ההפסק פוסל התקיעות. וגם לדברי הט"ז שדחה דברי הלבוש נלע"ד עיקר דטעם הט"ז וכן מ"ש המג"א להוכיח מדברי הר"ן ע"ש הוא רק היכא דלגבי התוקע הוא הפסק רק שלהשומע לא הוי הפסק דבזה מסתבר לומר דכיון דהתוקע הפסיק בטל התקיעה גם לגבי השומע משא"כ בכה"ג דהכא דהתוקע שומע קול שופר לגמרי בלי קול הברה שמכתמא הוא עומד בבור. ואף דלשון המשנה התוקע לתוך הבור משמע שעומד על שפת הבור ותוקע לתוך הבור מ"מ פשט לשון מימרא דרבה משמע דהספק הוא רק להשומעין אבל התוקע שמע רק קול שופר אלא דהשומע שומע קול הברה בכה"ג כו"ע מודים דלא הוי הפסק מצד השמיעה בלבד כנלע"ד. גם י"ל דקול הברה הוי כקול חמור וכדומה דלא הוי הפסק כמ"ש המג"א (סי' תק"ל ס"ק י') ע"ש:

שם בגמ' כי קאמר רבה בתוקע ועולה לנפשי' כו' ק"ק א"כ למה נקט רבה בסיפא דין דעמוד השחר לפלוג וליתני בדידי' בד"א בתוקע ועולה כו' דממילא נדע דין דעמוד השחר מכח כ"ש כיון דלאו זמן תקיעה הוא כלל [ובס' יום תרועה עמד בזה והניח בקושיא]. וי"ל קצת דיש מקום לחלק ולומר איפכא דמקצת תקיעה בבור כיון דשמע גם קול הברה גרע טפי מאילו לא שמע רק מקצת תקיעה דהשאר לא שמע כלל או שהי' שלא בזמנו אבל אינו קול פסול כמו קול הברה:

שם בגמ' אר"י בשופר של עולה כו' מתקיף לה רבא כו' כי תקע באיסורא תקע כו' ולכאורה דברי ר' יהודה תמוהין ונראה לע"ד ליישב קצת דבאמת בש"ס אין מבואר כאן הטעם דבשלמים לא יצא משום מצוה הבאה בעבירה וי"ל דר"י לית לי' מהב"ע [כמ"ש התוס' בגיטין (כ"ה.) ע"ש]. אך הטעם י"ל כמ"ש הטו"א משום דכל מילתא כו' לא מהני וא"כ בעולה דבת מעילה היא נראה דלא שייך לא מהני דהרי אמרה תורה בפירוש דיוצא לחולין ע"י מעשה שלו ואיך נימא דלא מהני וכמו בתמורה דגלי קרא דמהני ומה"ט מחלק ר"י בין עולה לשלמים. ורבא חולק עליו משום דאית לי' טעמא דמצוה הבאה בעבירה כנ"ל. ובזה הי' מקום קצת לומר דגם במזיד דלית בי' מעילה מ"מ לא שייך לא מהני כיון דבשוגג גלתה תורה כנ"ל ואע"ג דבמזיד לא יצא לחולין מ"מ ליכא למימר דלא מהני ובזה א"ש הא דאמר ר"י סתמא דבשל עולה יצא דמשמע אף במזיד כנ"ל. [ומיושב מה שהקשו התוס' דבעולה גופה הו"מ לפלוגי בין שוגג למזיד]. עוד י"ל דר"י סובר ג"כ מצות לאו ליהנות ניתנו כמ"ש התוס' [מהא דאר"י בסמוך בשופר של ע"ז]. אכן בשבועות (מ"ד:) הקשו התוס' דהרי יש הנאת פרוטה דר"י. אך י"ל כמ"ש התוס' בפ"ג דסוכה דבלולב של אשירה לא מיפסל מטעם מהב"ע משום דלא בא המצוה ע"י העבירה ע"ש כן הכא אין המצוה ע"י העבירה דהיינו משום אותה הנאה דפטור ליתן פרוטה לעני דהרי גם אם לא יהי' עבירה זו כגון דלא יהי' שם עני מ"מ לא יתבטל המצוה. [והתוס' בשבועות שם לא הקשו אלא אהא דרבא בסמוך דהמודר הנאה משופר דמתיר להקוע לכתחילה]. משא"כ אי ליהנות ניתנו ובגוף המצוה היכא הנאה מיקרי שפיר בא ע"י העבירה דא"א בל"ז כנ"ל. אכן ז"א רק לענין מהב"ע אבל לטעמא דכל מילתא כו' אעל"מ שייך שפיר אפי' בכה"ג ולכן מחלק שפיר ר"י בין עולה לשלמים דבעולה לא שייך האי טעמא כנ"ל ועי"ז הקשה רבא כי תקע באיסורא תקע כיון דהשתא הוי ס"ל לרבא דמצות ליהנות ניתנו שוב גם בעולה לא יצא משום מהב"ע. אך לפי"ז לבתר דהדר בי' רבא ואמר דאחד

זה ואחד זה יצא שוב קשה אמאי יצא גם בשלמים כיון דאיכא הנאת פרוטה דר"י נימא דגם בדיעבד לא מהני כנ"ל. אבל אפ"ל דרבא לית לי' פרוטה דר"י:

וכן נראה לע"ד ליישב מ"ש בס' יום תרועה מ"ט אמר רבא דיצא הא נהנה בקול כמ"ש התוס' לעיל (כ"ז.) דמתנאה בקול תקיעתו ע"ש די"ל ג"כ כנ"ל כיון דאין המצוה ע"י הנאתו בתקיעתו דהא גם השומע שאין לו הנאה זו יוצא כנ"ל. ובהכי י"ל מה [דאר"י בשופר של ע"ז וכ"מ מהא דאמר רבא אח"ז ואח"ז יצא] דלכתחלה לא יתקע דלכאורה אין מובן כיון דליכא הנאה מה איסור איכא. ולמ"ש א"ש דאיסור איכא מכח הנאת פרוטה דר"י וכן משום שמתנאה בקול ומ"מ יוצא בדיעבד כנ"ל. ובהכי מיושב הלשון לאו ליהנות ניתנו דהו"ל למימר לאו הנאה היא ולהנ"ל א"ש דהנאה איכא רק כיון דאין ענין המצוה ע"י אותה הנאה לא מיקרי בא ע"י העבירה כנ"ל. ולפ"ז נראה פשוט דמ"ש בס' טו"א לפרש הטעם דלר"י לא יצא משום דכל מילתא דאי"ר כו' לא מהני ע"ש. דז"א למ"ש המהרי"ט דהיכא דלא יהי' העבירה מתוקן ע"י זה דלא מהני לא אמרינן דלא מהני א"כ גם הכא נהי דאם אינו יוצא ליכא הנאה זו מ"מ יש הנאת הקול כנ"ל וא"כ לא יתוקן העבירה ע"י זה ושוב שפיר מהני כנ"ל. וגם בפרוטה דר"י י"ל קצת כנ"ל דכיון דאיירי הכא בשוגג כמ"ש התוס' וסבר דהוא של חולין א"כ נהנה שפיר דאם הי' בא עני לא הי' נותן לו דכפי דעתו פטור הוא וא"כ שוב הי' לו הנאה ולא מתקן העבירה כנ"ל לכן שפיר מהני וצריך לטעמא דמצוה הב"ע כנ"ל. עוד נ"ל דליכא למימר הכא מטעם דא"ע לא מהני כיון שעיקר המצוה היא השמיעה אלא דא"א בלי תקיעה דהנה המפרשים הקשו הא בקול אין בו משום מעילה ותי' דדוקא בשמיעת הקול אין בו משום מעילה אבל ליטול ולתקוע אסור ע"ש וא"כ אף אי נימא דלא מהני מ"מ כיון דהשמיעה היא כדין דבזה ליכא איסור והרי שמע קול תקיעה משופר אף דלא מהני מ"מ שפיר יצא. דודאי אין שייך לומר דלא מהני והשופר בטל כמאן דליתא כמו בשופר של עיר הנדחת. ואע"ג דמ"מ איסור דרבנן איכא ג"כ בקול כדאי' בפסחים (כ"ו.) מ"מ י"ל דבהא לא אמרינן דאי עביד לא מהני [כיון דאינו אלא איסור דרבנן. אכן בהגמ"ר סוף פ"ג דשבועות מבואר דגם בדרבנן אמרינן דא"ע לא מהני ע"ש]:

עוד נ"ל מ"ש התוס' דנהנה מפרוטה דר"י וגם מ"ש בס' יום תרועה דנהנה ע"י התקיעה דמתנאה בקול למ"ש בס' טו"א דאף דפסול דמהב"ע אין מוסכם אליבא דכו"ע מ"מ הכא כיון דע"י המצוה בא העבירה גרע טפי ע"ש. ממילא א"ש דכיון דלאו ליהנות ניתנו ואין זה גוף המצוה שיהי' הנאה להאדם בידים שוב אין גוף המצוה לעבור העבירה וכל שאין גוף המצוה לעבור העבירה דומה לכל מהב"ע דשוב אינו פסול כנ"ל. ובזה נ"ל מה דלכאורה קשה לי מה דמשמע מדברי ר"י דבשופר של עולה אחר המעילה יכולין לצאת בו דגם רבא לא פריך עלי' אלא אימת מעל כו' אבל בשמעל מודה גם רבא שיוצאין בו והלא התוס' הקשו בסוכה (ל'.) ד"ה משום דלולב של אשירה יפסול משום מהב"ע בשביל שעבדו ותי' שאין המצוה בא ע"י העבירה. ומשמע מדבריהם דאם הי' בא ע"י העבירה אף שהעבירה עשה איש אחר וגם זמן רב מקודם מ"מ הוי מהב"ע. וא"כ גם הכא איך יוצאין בו אח"כ הלא נעשה בו עבירה שמעלו בו וכאן המצוה באה ע"י העבירה דלולי שמעלו בו לא הי' יוצא לחולין ולא היו יוצאין בו לס"ד דמצות לה"נ. ולכאורה הקושיא נכונה. ולמ"ש א"ש די"ל דר"י דהכא לא ס"ל פסול דמהב"ע רק בכה"ג שהעבירה היא ההנאה אז פסול משום שע"י המצוה באה העבירה משא"כ כשכבר נעשה העבירה כנ"ל. והתוס' בסוכה לא הקשו אלא למ"ד דס"ל פסול מהב"ע גם בגזל אע"ג שלא הי' העבירה

ע״י המצוה. אולם נראה לע״ד דבל״ז אינו קושיא דבטעם פסול מצוה הב״ע יש ב׳ ענינים. א׳ כיון שעושה המצוה עם העבירה ביחד אינו מצוה. ב׳. כיון שבדבר זה נעשה עבירה ואיסור נתעב להקב״ה ופסול לעשות בו מצוה. ומ״ש התוס׳ באשירה שיהי׳ מצוה הב״ע ע״כ היא כטעם הב׳ דלטעם הא׳ הי׳ כשר כיון שאינו עושה עתה עבירה וע״ז הי׳ דדוקא כשבא ע״י העבירה. וממילא לק״מ הכא דטעם הב׳ שייך רק בדבר שנעשה בו האיסור כגון אילן שעבדו לו שנעשה אשירה ונפסל בהנאה ונתעב להקב״ה. וכן גזול קודם ש״י אולו הדבר נתעב והאיסור היא על החפץ שגזול הוא בידו משא״כ אחר ש״י באמת לטעם הב׳ לא הוי מהב״ע. [וגם לטעם הא׳ י״ל דבשעה שיוצא בו ומשתמש בדבר הגזול עושה עבירה] אבל הכא דבמה שמעל לא נעשה איסור בהשופר רק שהאדם עשה איסור אבל אין השופר נתעב ככ״ל ולא שייך כלל טעם השני ככ״ל. ולטעם הראשון צריך שוב שיהי׳ העבירה עתה בשעת המצוה ככ״ל. ובזה מיושב גם מה ששמעתי מקשין על מ״ש התוס׳ שם בסוכה למה לן למעוטי שאי במצה של טבל תיפוק לי׳ דהוי מהב״ע. והקשו ג״כ ע״ז שהרי גם אם הי׳ כבר תרום הי׳ יוצא בו ואין המצוה ע״י העבירה. ואין לומר דאיירי בכזית מצומצם לפמ״ש התוס׳ בסוכה (ל״ה.) דבכה״ג בלאו קרא א״י משום דלא הוי לכם. ולמ״ש פשוט דלק״מ דהיכא דהעבירה היא בשעת עשיית המצוה דבזה שייך טעם הראשון שכתבנו שוב אין צריך שיהי׳ המצוה ע״י העבירה דבלא״ה פסול משום שעושה ביחד המצוה והעבירה והוי כטובל ושרץ בידו. ובטבל כן הוא כמ״ש בלשון התוס׳ שם דקאכיל איסורא ונפיק ידי מצה וכן בהנאת פרוטה דר״י שהיא עתה בשעת עשיית המצוה שפיר חשוב מהב״ע אף שאינו בא ע״י העבירה ככ״ל והקשו תוס׳ שפיר ככ״ל. ובאמת הקושיא מהא דמצה של טבל בלא זה אינה קושיא דהתם עכ״פ כמו שהיא עתה שלא תרם בא המצוה ע״י העבירה שהיא האכילה משא״כ בשל אשירה כל עבירה היא העבודה ולולי זה הי׳ ג״כ המצוה דמה״ט למ״ד מצות ליה״נ הוי לולב של אשירה ושופר של ע״ז מהב״ע שהעבירה היא ההנאה ועי״ז מקיים המצוה. רק אי מצות ליה״נ וליכא עבירה רק עבירת העבודה ואין המצוה ע״ז. וזה פשוט אין צורך לכתוב רק להוציא מלב המקשים ובתס׳ סוכה נדבר בענין מהב״ע באורך אי״ה. וגם בס׳ ארעא דרבנן (סי׳ ש״מ) שגג בזה שהקשה אהא דקי״ל בטבל דרבנן דאינו יוצא ידי מרור אע״ג דאין המצוה בא ע״י העבירה ע״ש וז״א ככ״ל:

שם בגמ׳ ואם תקע יצא כ׳ התוס׳ דמיירי בשוגג וה״ה דהוי מצי לאפלוגי בעולה גופי׳ בין שוגג למזיד. וכ״ל דלכאורה קשה [בהא דאמרי׳ בסמוך בשופר של ע״ז דאם תקע יצא] הא איכא הנאת פרוטה דר״י כמ״ש התוס׳ בשבועות. ולעע״ד פשוט לתרץ דבכה״ג אם יבוא עני לא יהי׳ פטור מליתן דכשיפטר והנה מבטל המצוה ואינו עוסק במצוה כלל ושפיר צריך ליתן הצדקה ושוב ממילא אין הנאה ויוצא בו ככ״ל. וממילא א״ש בשלמים דאיירי בשוגג דומיא דעולה וכיון דא״י שהוא הקדש א״כ שפיר נהנה דסבור שמותר ליהנות וגם כשבא עני אינו נותן דלדעתו עוסק במצוה הוא וממילא אינו יוצא באמת ולכך קאמר ר״י בשלמים תקע לא יצא אף דלאו ליהנות ניתנו ככ״ל [והא דס״ל לרבא דינא ל״ל דלית לי׳ פרוטה דר״י כמ״ש לעיל]. וממילא ל״ק מה שהקשו התוס׳ ליפלוג בעולה גופי׳ דבמזיד דלאו בר מעילה הוא אינו יוצא דאדרבה במזיד בל״ז יוצא כיון דלאו ליהנות ניתנו ואינו נהנה באמת כמו בע״ז דבסמוך [ובשוגג באמת גם בע״ז לא יצא] ומיושב ג״כ מה שהקשו התוס׳ דר״י אדר״י וא״ש:

שם בגמ׳ אימת מעל לבתר דתקע כו׳ והקשה הטו״א דלמ״ד מהב״ע פסול רק מדרבנן מאי פריך רבא אימת מעל כו׳ דהא מעל קמי גמר התקיעות ע״ש. וי״ל דהא לכאורה קשה למה לי טעמא דמהב״ע תיפוק לי׳ משום דיחוי [כיון דלכתחילה לא יתקע כמ״ש הטו״א באבני שהם] אמנם י״ל דהיכא דבדיעבד כשר לא מיקרי דיחוי. ומהא דאמרינן בסוכה (ל״ג.) בהא דאין ממעטין ביו״ט דמיקרי דיחוי אף שהוא ג״כ רק איסור לכתחילה אין ראי׳ כלל דהתם כמו שהוא ענביו מרובין מעליו נדחה גם על דיעבד רק לכלק הך דבידו למעט מועיל מה דלכתחילה אסור למעט אבל כאן דיוצא בדיעבד כמות שהוא אין עליו שם דיחוי כלל. וחילוק זה מבואר ולכך נריכין שפיר לטעם דמהב״ע. וא״כ ממילא מיושב קוש׳ הטו״א דכיון דמדרבנן פסול משום מהב״ע שוב נדחה שפיר ונפסל מטעם דיחוי. ומ״ש הטו״א דיכול לתקוע ב״פ זה הוא ג״כ רק עלה לסלק הפסול וע״ז שוב מהני ג״כ מה דאסור לכתחילה שיהי׳ עליו פסול דיחוי כענין הא דסוכה הנ״ל והבן. אכן לפי׳ רש״י דמיירי בהלשו מחיים י״ל דאכתי לא נשחטה העולה וא״כ לא הוי דיחוי כיון דבידו לאתבולי ויהי׳ חולין למפרע. [וגם לפמ״ש התוס׳ בזבחים (ל״ד:) דהיכא דאין מצוה לבטל הדיחוי לא חשוב בידו ע״ש י״ל ככ״ל דמשום מצות תקיעת שופר המוטל עליו שוב הוי מצוה לאתבולי ולבטל הדיחוי]:

ועי׳ בס׳ יום תרועה שהקשה מאי פריך רבא אימת מעל כו׳ הא י״ל דמעל בתלישה כדמשמע במעילה (י״ט:) בהא דתנן תלש מן החטאת ע״ש. ול״י מאי קשיא לי׳ דהא דתנן תלש מן החטאת י״ל תלש ועשה בו דבר הנאה או שנתכוין לקנותה אבל בתלש קרן שאין בו הנאה מנ״ל שימעול דאין מעילה אלא בהנאה או בקנין שמוציאו מרשות לרשות ככ״ל [וכן תי׳ בס׳ קרן אורה במעילה שם]:

שם בגמ׳ הר״י בשופר של ע״ז כו׳ עי׳ מ״ש התוס׳ בחולין סו״פ כיסוי הדם בשם הר״ת דר״י ס״ל מצות ליהנות ניתנו והא דאמר אם תקע יצא מיירי אחר ביטול ולכאורה קשה דא״כ בשופר של עיר הנדחת א״ל לטעם דכתותי מיכתת שיעורי׳ וכן הקשה בפ״י. אכן באמת התוס׳ פלמס שם ובסוכה (ל״ב.) הקשו כן אבל י״ל לפמ״ש התוס׳ בפ״ק דסוכה (ע:) דמהב״ע פסול רק מדרבנן דלהכי נקט ר״י טעם דכתותי מ״ש כדי לפסול אפי׳ נוה״ת ככ״ל [דאע״ג דהתוס׳ שם כ׳ בשם הר״ת דמהב״ע פסול מדאורייתא. היינו דוקא אליבא דעולא בגיטין (כ״ה.) אבל ר״י לא ס״ל הכי]:

שם בגמ׳ המודר הנאה כו׳ אבל לא בימות החמה. המפרשים תמהו על הרמב״ם שהשמיט זה הדין. ואפ״ל ע״פ מה שתמה בס׳ טו״א באבני מילואים על מ״ש הר״ן (פ״ז דחולין) דגבי איסור הנאה אפי׳ פסיק רישא שרי והכריח כן ממתני׳ דמוכרי כסות מוכרין כדרכן כו׳ והלא הכא אסור להזות ולטבול אע״ג דהוי ג״כ איסור הנאה. ובאמת הריטב״א כאן כ׳ בהדיא כן דהא דמוכרי כסות ל״ל דאיכי פסיק רישא וכ״כ התוס׳ בשבת ע״ש אבל על הר״ן תימה רבתי היא. ולכן י״ל דס״ל להרמב״ם והר״ן דלא קיי״ל כהיא דרבא דבפ״ב דפסחים (כ״ה:) איכא תרי לישני בגמ׳ וללישנא קמא ס״ל לרבא בהנאה הבאה לאדם בע״כ דאפי׳ בדבר שאינו מתכוין בדאפשר אסור ע״ש דמסקינן בתיובתא א״כ י״ל דהך דרבא דהכא ס״ל כלישנא קמא דהתם [ולדידי׳ שפיר י״ל דהיכא דהוי פ״ר אפי׳ בדלא אפשר אסור] ואין הלכה כן:

שם בגמ׳ כפאו ואכל מצה יצא. הא דנקטו כפאו נראה דרבותא הוא דאפי׳ לא רצה לאכול כלל דגרע טפי מאינו מתכוין מ״מ יצא. ובזה יש לפרש הא דאמר רבא ז״א התוקע לשיר יצא דאע״ג דיש לחלק כדפירש״י דאכילה שאני כיון דמתעסק בחלבים חייב שכן נהנה מ״מ דייק רבא שפיר דתוקע לשיר יצא מהא דכפאו ואכל מצה. דאע״ג דכה״ג דאונס הוא רחמנא פטרי׳ מחטאת דגרע ממתעסק ואפ״ה יצא

א"כ ה"ה התוקע לשיר. ובהכי מיושב מה שהקשו התוס' למה לא הוכיח רבא הכי מהא דקתני בפ' ע"פ באכילת מרור דאם אכלו שלא במתכוין יצא משום דבזה שפיר יש לחלק בין אכילה לתקיעה כדפירש"י כנ"ל. רק מהא דכפאו דייק שפיר [כיון דאכילה ע"י אונס לאו הנאה היא כמ"ש הרמ"א באו"ח (סי' ר"ד ס"ח) דא"ל לברך על אכילה שאנסוהו אחרים וע"ש במג"א שהקשה מדברי הר"ן כאן]:

שם בגמ' עתים חלים עתים שוטה כו' הקשה בטו"א מהא דאמרינן ביבמות הי' לו בנים בגיותו ונתגייר פטור מפו"ר והלא לא הי' בר חיובא בגיותו והיא קושיא נכונה. ומה שתי' דמ"מ שבת איכא א"כ דמה בכך דמקוים שבת מ"מ מצות עשה דפרו ורבו לא קיים. והא דפליגי בהי' לו בנים ומתו היינו דבעינן נמי שבת אבל לכו"ע בשבת לחוד לא יצא ידי פו"ר. ומתוך הדוחק נ"ל לחלק דשאני מצות עשה דפו"ר כיון דניתנה לבני נח והי דכיון דלא נשנית בסיני לבנ"י נאמרה וניטלה מבני נח מ"מ כיון דהי' שייך בהו מצוה זו שפיר נפטר אף שנתגייר אח"כ. ודוקא במי שפטור ולא שייך אצלו זו המצוה כמו שוטה [אע"ג דמעיקרא הי' חלים מ"מ השתא כשהוא שוטה] אמרינן דלאו כלום הוא וכשהגיע לזמן חיובא לא יצא אבל מ"ע דפו"ר דהוי שייכי בהו כמו שהוא בגיותו שפיר יצא כנ"ל קצת ול"ע. ובחי' לאה"ע הרחבתי קצת הדברים. מיהו מה שהקשה עוד באבני מילואים על מ"ש הרמב"ם (פ"ה מה' ק"פ ה"ז) בקטן שהגדיל בין ראשון לשני דאם שחטו עליו בראשון פטור והלא לא הוי בר חיובא או וכבר הקשה כן הר"י קורקוס ע"ש בכ"מ. נ"ל דשאני התם דנהי דקיי"ל דשני רגל בפ"ע הוא והקטן שהגדיל או עכו"ם שנתגייר קודם השני חייב לעשות פ"ש מ"מ הא מצות פסח שני נאמר רק למי שלא הביא בראשון כדמפורש בקרא איש איש כו' בדרך רחוקה כו' וחדל לעשות הפסח נמצא דאם נזרק עליו לא שייך אצלו מצות פסח שני כלום. וע"כ ל"א הכא דלא יצא במה דעבד קודם זמן חיובא אינו אלא במידי דמחייב בה רק דנימא דהוי כאילו קיים המצוה במה דעשה מקודם זה לא אמרינן אבל הכא כיון דעביד בראשון לא חל עליו חיוב בשני כלום כנ"ל:

שם בגמ' מהו דתימא התם אכול מצה אמר רחמנא כו' פי' רש"י דאפי' לחיוב חטאת אמרינן דמתעסק בחלבים חייב שכן נהנה. ויש לעיין אם זו הסברא אמת להלכה למסקנא דאמר רבא זאת אומרת דמדמי להו א"כ י"ל דאין לחלק בהכי. וכ"מ דבמתעסק ממש ואכל מצה י"ל דלא יצא וכ"כ בחי' הריטב"א בפי' דל"ד מצוה לעבירה. והטעם נראה דבעבירה הטובר כדי למלאות הנאתו עובר ושייך שפיר הטעם הזה שכן נהנה אבל במ"ע דאכילה לא היתה כוונת התורה על הנאת אכילה ומצות לאו ליהנות ניתנו לכן אי צריך כוונה אינו יוצא אם כפאו ואכל וה"ה למ"ד א"צ כוונה והי' מתעסק ממש כנ"ל. וכ"מ דעת הר"ן שמביא בשם הרא"ה דדוקא כפאו ואכל מצה וידע שהיום פסח ושזו מצה אבל אי סבור שהיום חול או שאינו מצה לא יצא ע"ש וע"כ הטעם משום דהוי מתעסק כנ"ל. אכן לדעת הרמב"ם דס"ל מצות צריכות כוונה ומ"מ בכפאו ואכל מצה יצא וביאר הר"ן טעמו דס"ל כר"ז דמצות צ"כ וס"ל נמי להא דאבוה דשמואל ומחלק דהתם אכול מצה אמר רחמנא ומטעם שכן נהנה נמצא לפ"ז אפי' מתעסק ממש נמי יצא דלא כשיטת הרא"ה הנ"ל. אך הר"ן מדייק מדלא שלחו לאבוה דשמואל רבותא טפי דאפי' א"י כלל שהוא מצה יצא ולפ"ז י"ל דהיינו דאמר רבא ז"א כו' דאע"ג דהי' אפ"ל דאפי' מתעסק באכילה יוצא מ"מ מדלא שלחו דאפי' שא"י שהוא מצה יצא ע"כ ס"ל דמתעסק לא יצא ומ"מ בלי כוונה יצא א"כ תוקע לשיר נמי יצא. ובמ"א כתבתי לתמוה בזה על הרב"י בשו"ע (סי' תע"ה) שהביא מ"ש הרא"ה דבלא ידע שהוא מצה אינו יוצא ובסי' תקפ"ז ס"ל תוקע לשיר לא יצא

וא"כ פסקיו סותרין זה את זה [דכיון דמתעסק לא יצא ע"כ מוכח דהא דכפאו ואכל מצה יצא לאו משום דנהנה אלא משום דמצות א"צ כוונה כנ"ל וא"כ תוקע לשיר למה לא יצא] וכמה נ"ל ליישב קצת די"ל דספוקי מספקא לי' ובהך דינא דכפאו ואכל מצה פוסק כהך דשלחו לאבוה דשמואל דמשמע דהלכתא הוא אך הטעם לא ידעינן אי משום דס"ל א"צ כוונה או משום דמצה שאני שכן נהנה אכן בתוקע לשיר החמיר דלא יצא ומתעסק ממש כהך דלא ידע שהוא מצה נמי לא יצא מספק דאולי טעמא דמצה משום דמצות א"צ כוונה אבל מתעסק לא יצא. אך צ"ע דסתם כ' לא יצא דמשמע דרשאי לברך ברכת המצוה באכילתו שנית ולהנ"ל הא ליתא:

והנה בס' טו"א כ' דלשיטת הרא"ה מיושב הא דפ"ק דברכות בירך אדעתא דחמרא כו' שהקשו הראשונים הא א"צ כוונה ולרא"ה ניחא דהא לא ידע שהוא חמרא ותמה על הר"ן שנדחק בחנם בקושיא זו כיון דס"ל כהרא"ה. ולא דק יפה דמה ענין זה לזה דהתם כיון דאמר ברוך כו' ונתכוון לברכה מה בכך דלא ידע שהיא שיכרא וסבור שיסיים בורא פה"ג הא גם אי לא נתכוון כלל יוצא כיון דא"צ כוונה. משא"כ הכא דלא ידע כלל שאוכל מצה שהוא המצוה בזה כ' הרא"ה דצריך לידע שעושה המצוה אבל התם הא יודע שאומר ברוך וזה פשוט:

בתוס' ד"ה אמר רבא כו' ולא הביא מברייתא דהתם כו' לכאורה י"ל דבמרור לא שייך שכן נהנה כיון שאין הנאה באכילתו א"כ פשיטא דלמ"ד התם דילא שלא במתכוין ה"ה תוקע לשיר. ורבא לא אתי אלא לאשמעינן דאפי' למאי דשלחו לי' לאר"ש דכפאו ואכל מצה יצא ה"ה תוקע לשיר דלא תימא דדוקא במצה משום דנהנה. ומדלא תי' התוס' הכי משמע דס"ל דבמרור נמי שייך שכן נהנה דנהי דיש בו מרירות מ"מ הנאת אכילה איכא. אכן לפ"ז יש לגמגם במה שכ' התוס' אח"ז לדקדק למה לא פרכינן בגמ' אהא דרבא מר"י דהתם דהא י"ל דאע"ג דבאמת התם פליגי בהא רבנן ור"י מ"מ הגמ' מייתי שפיר להוכיח מהני משניות דהי' קורא בתורה ומהא דהי' עובר אחורי ביהכנ"ס ושמע קול שופר דאפי' למאי דשלחו לאבוה דשמואל דוקא היכא דנהנה הוא. והני תנאי דפליגי במרור ג"כ דוקא במידי דאכילה פליגי אבל היכא דליכא הנאה לא מצינו חולק על הני מתניתין דקריאה ושופר בעי כוונה. [דליכא למימר דהני מתניתין אתיא כר"י דא"כ מ"מ לא ס"ל לרבא הכי כיון דסתמא דמתני' אתיא כוותי']:

ע"ב בגמ' מיתיבי הי' עובר כו' וקשה דלמא השומע שאינו עושה בעצמו המצוה צריך יותר כוונה וכן הניח בקושיא בס' יום תרועה. ונראה דהשתא הוי ס"ל דכיון דתקיעת שופר המצוה הוא רק לשמוע [כמ"ש הטור וב"י (סי' תקפ"ה) דמה"ט מברכין לשמוע קול שופר ולא לתקוע] הוי כעושה הוא בעצמו המצוה. ואפי' נימא דמצ"כ אין המשמיע צריך לכוין להוציאו משום דהמצוה בשמיעה גרידא רק ר"ז הוא דחידש בסוף הסוגיא דמשמיע בעי כוונה. וכן נראה בקושיא השני' נתכוון שומע ולא נתכוון משמיע דהי' פשוט להגמ' דלהוציא א"צ כוונה רק לעצמו הוא דבעי כוונה לאפוקי תוקע לשיר כמ"ש. וגם למ"ש התוס' דפריך משום דמשמע שומע דומיא דמשמיע נראה מדבריהם דיש סברא לומר דמשמיע צריך לכוין להוציא השומע אפי' אי מצות א"צ כוונה. ובפוס' נמצא חילוקים דאפי' א"צ לכוין להוציאו מ"מ צריך לכוין להשמיע לו ע"ש בר"ן וריטב"א. מ"מ מודין דיש סברא נמי להיפוך דאפי' אי צריכין כוונה י"ל דלהשמיע ולהוציאו א"צ כוונה ולא תלי' זה בזה כלל. ובחנם האריך בס' טו"א לחלוק על הראשונים בזה. וי"ל ג"כ פי' דברי התוס' כנ"ל דקשה להו דילמא העושה המצוה א"צ כוונה אבל המוציא לאחר צריך לכוין כדר"ז [וא"כ שוב י"ל דהתוקע אפי' נתכוון לשיר יצא] וע"ז פירשו דמשמע

לי' דדייק בסוף הסוגיא שומע דומיא דמשמיע והיינו דא"צ כוונה להוציא דלא כר"ז וא"כ ע"כ אתי לאפוקי תוקע לשיר כנ"ל פשוט. אכן המפרשים נדחקו בכוונתם ע"ש:

שם בגמ' הישן בשמיני בסוכה ילקה. בס' יום תרועה כ' בכאן דברי תימה להקשות דהאיך ילקה הא צריך התראה ואי מתרין בי' הלא מתכוין הוא ע"ש. וזה אינו דודאי מתרין בי' דאסור משום בל תוסיף אפי' אינך מתכוין לשם מצוה והוא מקבל התראה ואומר שעושה שלא ע"ד להוסיף ואי אסור אפי' בכה"ג א"כ ילקה [ואפי' לדעת הרמב"ם דהפוטר לפטור ומכוין לבזותו פטור אע"ג שקיבל התראה כמ"ש הכ"מ (פ"ה מה' יסוה"ת ה"ד) ע"ש. היינו משום דמכוין לביזוי לא הוי עובד ע"ז אבל הכא מ"מ עובר בבל תוסיף]:

שם בגמ' אוסיף ברכה א' משלי מכאן הקשה בס' יום תרועה על מ"ש הרמב"ם (בה' ממרים) דאינו חייב האומר דבר זה אני אומר משום סיני ע"ש. ולק"מ דשם מדין פסק הלכה אתי עלה [וכיון שאומר שאין הוראתו מן התורה לא הוסיף על דברי התורה] אבל במוסיף בשעת המצוה אין לך בל תוסיף יותר מזה. ואפו הנותן בקרבנות הניתנין במתן א'. ד' נתינות לא יעבור עד שיאמר שכן נצטוה. גם דברי הפ"י כאן תמוהים:

שם בגמ' כיון דאילו מתרמי לי' ניבורא כו' זימני' הוא. לכאורה נראה דלפי טעם זה אפי' שלא בשעת ברכת כהנים אסור לכהן לברך ברכה אחרת משלו כיון דקרי לי' זימנא כמו גבי מתן ד' במתן א' דפליגי ר"א ור"י ולא אמרו שיתן מתן א' ואחר שעה יתן מתן ד'. וע"כ צ"ל דכיון דאי מתרמי לי' בוכרא אחרינא זימנא הוא לעולם שייך בל תוסיף. ולפ"ז צ"ע לדינא למסקנא דאפי' לעבור בזמנו צ"ב כוונה א"כ לעולם יהי' אסור לכהן לברך וליתן שלום לישראל וזה לא יתכן. אכן יש לחלק, דאפי' נימא כמ"ש דהיכא דזימנא הוא שייך בל תוסיף אפי' שלא בשעת מצוה מ"מ היינו דוקא בכוונה אבל בלא כוונה לא. והא דאמר רבא אח"כ דבזמנו צ"ב כוונה הטעם הוא משום דמה שהוסיף בטל לעיקר המצוה וכיון דהמצוה א"צ כוונה נמשך גם התוספות אל העיקר וזה דוקא בשעת המצוה ממש ולא אח"כ. מיהו בעיקר הדבר נראה דז"א דלמ"ש א"כ שפיר מקשה הגמ' על ר"ש בר אבא דע"כ טעמא דר"י משום דכולי יומא זימנא דאי לאו הכי איכא עלה לשהות שעה ולהזות אח"כ [דבכה"ג דהא לחודי' קאי והא לחודי' קאי ליכא משום ב"ת אלא בזמנו כמ"ש הרא"ם פ' ואתחנן ע"ש] אלא ע"כ דחשוב זימנא. ומדלא תי' הגמ' כן מוכח דס"ל דאפי' אי כולי יומא זימנא מ"מ ליכא ב"ת אלא בשעת עשיית המצוה כדמשמע לשון הברייתא אוסיף ברכה א' משמע בשעת ברכת הכהן. אך לפ"ז קשה באמת למה לא תיקנו שיזה א' ואח"כ ד' וצ"ב [וכ"מ מדברי התוס' שהקשו בתקיעות דמעומד דאיכא ב"ת אע"ג שאינם בשעת עשיית המצוה]:

שם בגמ' דאילו מתרמי לי' בוכרא כו' קשה להבין דא"כ איתרמי לי' בוכרא מ"מ מדם של בכור זה ליכא מצוה. לכן נראה לפרש דעיקר כוונת הגמ' הוא לחלק דבשמיני הואיל וכבר בטל מצות סוכה חשוב שלא בזמנה כיון דאפי' אי לא קיים עדיין מצות סוכה לא הוי השתא זמנו לקיים עוד אבל גבי כהן ובכור כיון דעדיין זמן מצוה הוא לאחריני כמלא דאם עדיין לא הי' מקיים המצוה הי' יכול לקיים עתה חשוב שפיר זמנו אפי' כבר קיים. ובזה מיושב דברי התוס' לעיל (ט"ז:) בהא דתוקעין ותוקעין כשהן עומדין דחשבי' לי' זימנא והג' רעק"א ז"ל תמה על דבריהם ע"ש. ולמ"ש מובן שפיר:

שם בגמ' דילמא קסבר ר"י מצות עובר עליהן אפי' שלא בזמנן כ' התוס' והישן בשמיני בסוכה ילקה. ולכאורה קשה מנ"ל הא דילמא ס"ל לר"י דמצות צריכות כוונה כמו שהי' דעת אביי שהקשה אלא מעתה הישן כו' ילקה. לכן נראה לכוונת התוס' דר"י ע"כ ס"ל דמצות א"צ כוונה כדאמרינן אח"כ והא מתן דמים לר"י דלעבור ולא בעי כוונה וכדפירש"י דכיון דאינו מתכוין לשם בכור מיקרי שלא בכוונה ע"ש. אכן לולי דבריהם ז"ל הי' נלע"ד דמה שמכוין לשם מצות הזאת שפיר מיקרי כוונה אף לגבי בכור דלהוי בל תוסיף. וכוונת הגמ' בסמוך הוא רק לרבא דס"ל מצות א"צ כוונה א"כ הי' עלה ליתן המתנות באמת שלא בכוונה ומוכח שפיר דלעבור א"צ כוונה אבל הכא דמקשה דילמא ס"ל כו' פי' דס"ל כדאביי דלכך ישן בשמיני בסוכה אינו לוקה משום דמצות צריכות כוונה ולכן גם במתנות ע"כ צריך להתכוין לשם מצוה והוי כוונה לבל תוסיף ג"כ כנ"ל. [ולפ"ז מיושב מה שהקשה הטו"א לר"ז דס"ל מצ"כ מהא דר"י דלא בעי כוונה לעבור וכ"ש דלא בעי כוונה לצאת ולהנ"ל א"ש דנתינתו לשם בכור הוי כוונה. אכן הרמב"ן במלחמות כ' דאפי' למ"ד מצ"כ מודה בקדשים דא"צ כוונה ע"ש. ולדבריו מיושב ג"כ קושית הטו"א הנ"ל]:

שם בגמ' רבא אמר כו'. מכאן מוכח דלעיל גרסינן רבה בכל הסוגיא וכן הוא בכל הראשונים דרבה אמר ז"א התוקע לשיר יצא. [אכן בתוס' בסוכה (מ"ב.) משמע שהיו גורסים לעיל רבא ע"ש] ועי' בר"ן שמביא מחלוקת הפוס' לדינא אי מצות צ"כ והקשו מהא דבירך אדעתא דחמרא ותי' בשם הר"ש דבמתכוין בפירוש שלא לצאת אינו יוצא וכ"כ התוס' בסוכה (לט.) ד"ה עובר. ובטו"א תמה עליהם מהא דאמרינן בעירובין (צ"ה.) דלמ"ד מצות א"צ כוונה אפי' לעבור אסור לצאת בב' זוגות תפלין משום בל תוסיף והשתא הא יוכל לכוין שלא לצאת וגם מדברי ר"י כאן נמי מוכח דהא מכוין בפי' שלא ליתן לשם בכור ע"ש. וליישב דברי הראשונים כ"ל דבאמת י"ל דהא בהא תליא דטעם החילוק בין לצאת או לעבור הוא משום דסתם מצוה לשמה קיימא ולהכי א"צ כוונה כדאמרינן בשחיטת קדשים דסתמא לשמן עומדין אבל לעבור ודאי לא קיימי להכי לכן י"ל דלעבור בעי כוונה ולסברא זו במכוין בפירוש שלא לצאת נמי לא יצא. וא"כ י"ל דהר"ש ותוס' הנ"ל ס"ל דלעבור בעי כוונה ואע"ג דר' יהושע לא ס"ל הכי הלא להפוס' דמצות צ"כ ודאי לא ס"ל כר"י [כמ"ש הטו"א. דר"י ע"כ ס"ל דמצות אצ"כ. ולמ"ש לעיל בסמוך דהא דר"י הוי כוונה ודאי א"ש] וא"כ לק"מ מסוגיא דעירובין דלמ"ד דלעבור נמי לא בעי כוונה ה"ה במתכוין שלא לצאת נמי יצא כמ"ש:

וראיתי באבני שהם שמביא דברי רש"י בעירובין דאם הניח ב' זוגות תפלין בשבת למ"ד דאיכא בל תוסיף והוציאן אתי איסור ב"ת ומשוי עלי' כמשא ע"ש והגאון בגה פלפולו לדחות הדין מסוגיא דסנהדרין (פ"ח:) דאר"א ואין לנו אלא תפלין ואליבא דר"י ע"ש והאריך לבאר דר"י נמי מודה בהנך הוראות דיכולין לבוא לידי חיוב חטאת. ומ"ש בתוס' שם דר"י לית לי' כל הני דרשות מכי יפלא ודאי גליון הוא מאיזה תלמיד טועה שהרי אפי' אי לית לי' הני דרשות מ"מ קרא כתיב בין דם לדם בין דין לדין אלא ודאי דר"י מודה בהא אלא דמוסיף דבתפלין אפי' לא אתי לכלל חטאת חייב עלה זקן ממרא והשתא לרש"י הא תפלין נמי משכחת דאתי לחיוב חטאת כשהורה דבעינן ה' טוטפות דכיון דר"י ס"ל דשבת זמן תפלין איכא ב"ת ואם יצא בהן בשבת חייב חטאת ע"ש באריכות גדול. והנה גוף הקושיא יש לדחות בנקל דודאי איכא כ"מ כשאין יכול לבוא לחיוב חטאת כגון שאותו זקן הורה גם זאת דשבת לאו זמן תפלין א"כ לא אתי לחיוב חטאת [דכיון דס"ל דשבת לאו ז"ת לא הורה במידי דאתי לידי חיוב חטאת ואף להפוס' דגם למ"ד דשבת לאו ז"ת אין איסור להניחם י"ל דהזקן ממרא הורה כריה"ג דנפקא לי' דשבת לאו ז"ת מקרא דושמרת

דלדידי'

דלדידי' ודאי אסור להניח תפלין בשבת כמ"ש הטו"א גופי' בשאג"א (סי' מ"א) ושוב לדידי' לא אתי לידי חיוב חטאת].
מיהו הואיל ואתי לידן נימא בי' מילתא לבאר דברי התוס' בסנהדרין הנ"ל דאשתמיטתי' להטו"א ולא ראה דברי חי' הר"ן שם בסנהדרין שהביא דברי התוס' והוסיף עליהם ביאור דודאי קרא דבין דם לדם איירי דצריכין לעלות שם ולשאול כדכתיב אבל סיפא דקרא אשר יעשה בזדון כו' לא איירי אלא בתפלין ע"ש. ואעפ"ג דהר"ן שם כ' דדוחק הוא לע"ד נראה דבגמ' מוכח כן מדאמרינן התם (פ"ז.) תרגמא לי להא מתניתא אליבא דר"מ ע"ש ולמה לא קשיא לי' אקרא גופי' כיצד יפרש הכתוב אליבא דר"מ. וע"כ צ"ל דקרא למילתי' אתי אהא דכתיב וקמת ועלית אבל לא שיתחייב מלך זקן ממרא משא"כ האי מתניתא דפרט כל הני מילי משמע ודאי דאתי לחייב בהו זקן ממרא לכך פריך עלה ועכ"פ פי' התוס' אינו תימה. אכן באמת לולי דברי הראשונים ז"ל הי' נראה לפרש בגמ' שם הא דאמרינן דשייך בהו חיוב חטאת ע"י גרם שקידש בממון זה אשה וכדומה ע"ש. י"ל דהיינו דוקא כשאירע באמת כן שקידש בו אשה וכל הנך. ואפשר שגם רש"י פי' כן דהסברא נמוה לומר דמשום שיכול לבוא לידי חטאת יתחייב עלה וממילא מיושב קושית הגאון בפשיטות דר"י מוסיף בתפלין אפי' לא אירע חילול שבת ע"י הוראתו מ"מ חייב וממילא ע"ד זה בנקל לפרש כוונת דברי התוס' הנ"ל דלית לי' לר"י הני דרשות דאמרינן לעיל דכיון דיכול לבוא לחיוב חטאת חייב עלה דא"כ תפלין נמי אתי לחטאת כגון בשבת כמ"ש הטו"א לכך פי' דר"י חולק בהא. מיהו גופי' דקרא בין דם לדם אית לי' שפיר בחיוב חטאת ממש כדכתיבנא. אך כשאני לעצמי הייתי אומר דבאמת כוונת הגמ' אליבא דר"מ ג"כ הכי כגון שאירע הענין שהי' חילול שבת וע"ז הורה. אך הרמב"ם פסק בהדיא בה' ממרים דכל שיוכל לבוא לחטאת וכרת חייב עלה ולי"ע:

בפי' בטורי אבן שהקשה דאפי' מתן אחת לא יתן משום בל תגרע ובקונטרס אבני מילואים האריך בזה ולעיל (כ"ז:) תמה על הרשב"א שנראה מדבריו דבמבטל עשה איכא בל תגרע והוא כ' דדוקא בעושה מקצת המצוה ומשייר מקצת איכא בל תגרע. ולדברי' באם אין לו אלא מין א' כגון אתרוג לא יטול כלום. וכבר כתבנו במס' סוכה להשיג עליו והדבר ברור דאיסור דב"ת הוא הגירעון אבל במה שנוטל האתרוג אין איסור *) ואדרבה מחויב הוא ליטול דילמא יתרמי לי' עוד אח"כ שאר המינים ולהרשב"א ודאי הכי הוא. ומה שהקשה עליו דא"כ למ"ד לאו שאב"מ לוקין עליו המבטל מ"ע ילקה משום ב"ת י"ל דהרשב"א חשיב לי' לאו שבכללות. [וגם בל תוסיף הוי לאו שבכללות והישן במיני בסוכה ילקה היינו מכות מרדות ועי' בפרמ"ג בפתיחה כוללת] אך באמת נראה דהרשב"א לא קאי אלא על מה שתקנו חכמים לבטל מ"ע משום דלא תגרע קאי על הב"ד ג"כ. ואין להאריך בזה דנראה דאפי' אי נימא דאינו עובר אם מבטל כל העשה מ"מ כשזורק זריקה אחת או נוטל האתרוג בלבד כשנאנס ואין לו עוד לא עביד שום איסור דנפי דאיסור הוא כשנוטל א' מ"מ אין האיסור על הנטילה אלא במה שאינו נוטל השאר ובזה אנוס הוא והדברים ברורין למבין:

בתוס' ד"ה דילמא קסבר כו' ובשמיני ס' שביעי לא יתיב. נראה כוונתם האידנא דבקיאין בקביעא דירחא ולא עבדינן תרי יומי אלא משום מנהג אבותינו או כיון דלא מצינו אלול מעובר לאו ספיקא הוא אבל אי הוי ספק גמור י"ל דמודה ר' יהושע דליכא משום ב"ת ובס' יום תרועה הניח דברי התוס' בקושיא ולמ"ש לק"מ:

דף כט **במשנה** חש"ו אין מוציאין את הרבים י"ח. בס' יום תרועה הקשה הא עיקר המצוה הוא לשמוע כמ"ש הפוס' וא"כ מה בכך דאינו בר חיובא ותי' דלמאי דקי"ל דצריך כוונת שומע ומשמיע א"ש דהני לאו בני כוונה נינהו. ואין דבריו מובנים דתלי תניא בדלא תניא דהלא כל עיקר הדין דבעי כוונה להוציא השומע ע"ז גופי' איכא לאקשויי אם איתא דהשמיעה בלבד הוא המצוה ל"ל כוונה להוציא. אבל עיקר התי' הוא דצריכין לשמוע קול שופר שמעשה בו מצוה והיא תרועה שחייבו התורה ואם הי' התוקע מי שאינו בר חיובא הוי כשומע קול קרן בעלמא. וצ"ע בלשון המשנה אין מוציאין את הרבים הלא אפי' יחיד א"נ ולא עוד אלא אפי' לנפשי' אינו מוציא אם הביא ב' שערות אחר התקיעה או עבד ששחררו רבו אחר עשיית המצוה וכמו שהם חלים כו' דלעיל ע"ש:

בגמ' אף לעצמו אינו מוציא. בס' יום תרועה נתקשה דא"כ למה יוצא בשמיעה מאחר נימא כל מידי דהוא לא מצי למעבד לא מצי משוי שליח ותי' בדוחק ע"ש. אבל לפמ"ש לעיל במשנה דעיקר המצוה אינה אלא לשמוע רקצריך להיות שומע תקיעה של מצוה לא שייך כלל לומר דלא מצי למיעבד דכל המצוה הוא לשמוע וזה שפיר יכול. ותו דא"ל שליחות כלל אך להפוס' דצריך לכוין להוציא השומע א"כ בעינן שליחות אבל מ"מ א"ש כמ"ש דשפיר הוא בכלל מצי למיעבד כיון דזה הוא עיקר המצוה אך בקריאת מגילה לא שייך תי' זה ואין להאריך כאן:

שם **בגמ'** כל הברכות כולם אע"פ שיצא מוציא. בס' טו"א הביא הא דאי' בברכות (מ"ז.) בבהמ"ז דאוכל כזית דגן סגי ופי' רש"י שם משום דמחויב מדרבנן נקרא מחויב בדבר והקשה הא הכא אמרינן דאע"פ שיצא מוציא ותי' דז"א אלא במצוה דרבנן ולבסוף מסיק להוכיח מרש"י דהא דא"מ בדבר א"י להוציא אחרים היא מדרבנן והרמב"ן חולק עליו והוכיח כהרמב"ן מהא דלעיל בטומטם דלרש"י קשה אמאי א"י להוציא מינו דהוי ס' דרבנן ע"ש. אבל דבריו תמוהין הרבה חדא דלפמ"ש בעצמו דבמצוה דאורייתא יצא אינו מוציא א"כ י"ל דבהא הוא דס"ל לרש"י דאינו אלא מדרבנן ולכך במצוה דרבנן הקילו אבל מי שא"מ בדבר כלל כמו אשה וכדומה מודה רש"י דמדאורייתא נמי א"י להוציא כדמוכח ההיא דטומטום. ותו מ"ש להוכיח מדברי רש"י דבכל המצות מי שיצא א"י להוציא. הוא פלא די"ל דדוקא בבהמ"ז ס"ל לרש"י הכי משום דהוי כברכת הלחם דאע"ג דכיון דכבר אכל חיוב הוא מ"מ אינו חיוב בעצם דרמי עלי' כמו כל המצות רק ע"י שכבר אכל. ובזה א"ש מה דנקט ברכת הלחם [ולא נקט ברכת הכהנים כמו שהקשה בס' יום תרועה משום] דמיירי נמי בברכת המזון. אך באמת התוס' בברכות שם כתבו דחשוב ברכת החיוב [ועי' מ"ש התב"ש ביו"ד (סי' א' ס"ק כ"ט) והפמ"ג באו"ח (סי' ח' ס"ק ח') גבי ציצית]. ולכך נראה דרש"י נמי ס"ל דבברכת המזון בלבד אמרו חכמים דאם יצא אינו
מוציא

*) ולפ"ז א"ש מ"ש האחרונים דאם אין לו אלא חצי זית מצה צריך לאכלו כמ"ש בברכ"י באו"ח (סי' תפ"ב) ע"ש. וכן מ"ש הב"י באו"ח (סי' תר"ע) שחלקו השמן שבפך לח' חלקים להדליק בכל לילה חלק אחד. וכ"כ הרא"ש בביאורי הסמ"ג דאע"ג דכתיב מערב עד בוקר וצריך ליתן שמן שיהי' דולק עד הבוקר היינו למצוה ולא לעכב ע"ש. דלכאורה קשה היאך רשאין לעשות כן לפחות מן השיעור לעבור בלא תגרע. דאפי' לדעת הרשב"א דאם מבטל כל המצוה נמי איכא ב"ת. נמי לא היו רשאין להדליק בלילה הא' פחות מכשיעור ולעבור בידים בל"ת כדי לקיים המצוה בלילות אחרות. דהא אח"כ יהיו אנוסין כשלא יהיו להם במה להדליק משא"כ בלילה הא' שהי' בידם להדליק כשיעור וכן יש להקשות לדידן דאין לנו תכלת ומטילין ציצית לבן לבד דאע"ג דקי"ל דאין תכלת מעכבת את הלבן מ"מ הא איכא משום בל תגרע אבל להנ"ל א"ש:

בענין מצות צריכות כונה

ר"ה כ"ח. שלחו לי' לאבוה דשמואל כפאו ואכל מצה יצא. כפאו מאן אמר ר"א שכפאוהו פרסיים וברש"י „ואע"ג שלא נתכוין לצאת ידי חובת מצה בליל ראשון של פסח יצא". אמר רבא זאת אומרת התוקע לשיר יצא. אלמא קסבר רבא מצות אין צריכות כונה וברבינו חננאל בפירושו שם ח"ל „אמר רבא זאת אומרת התוקע לשיר יצא כגון הא דכתיב הללוהו בתקע שופר שתוקעין להלל וכיוצא בו אם תקע כסדרן אע"פ שהוא לשיר השומע יצא כי מצות אין צריכות כונה".

וצריך עיון גדול בדבריו הק' מה זה שכתב „השומע יצא" הלא בפשוטו גם התוקע יצא לרבא דס"ל מאצ"כ.

ומה שנ"ל בפירוש וכונת ר"ח בהקדם קושית הט"א על שיטת רבינו שמואל הובא ברבינו יונה ברכות י"ג ובר"ן בסוגין וכן הוא שיטת התוס' סוכה לט. ד"ה עובר לעשייתן דאפילו למ"ד מצות אין צריכות כונה מ"מ אם מכוין שלא לצאת לא יצא ממשנה עירובין צ"ה דהמוצא תפילין מכניסן זוג זוג ר"ג אומר שנים שנים ובגמרא שם מבואר דפליגי במצות צריכות כונה ת"ק סבר מצות אין צריכות כונה ואי מכניסן שנים שנים עובר על בל תוסיף דכמו דלצאת לא בעי כונה גם לעבור לא בעי כונה ור"ג סבר מצות צריכות כונה וכמו דלצאת אינו יוצא בלי כונה גם לעבור אינו יוצא עד שיתכוין לשם מצוה משו"ה מכניסן שנים שנים כיון דאין מתכוין לשם מצוה אינו עובר על בל תוסיף והקשה הט"א לשיטת ר"ש ותוס' דבמתכוין שלא לצאת לכ"ע לא יצא אף למ"ד מאצ"כ א"כ גם לעבור על בל תוסיף אינו עובר אם מכוין מפורש שלא לשם מצוה דלצאת ולעבור חדא מחתא נינהו א"כ גם לת"ק יכניסן שנים שנים ויכוין מפורש שלא לשם מצוה והיא קושיא גדולה לכאורה.

ומה שנ"ל בישוב קושיתו דהנה למ"ד מצות צריכות כונה פשוט וברור דהכונה הוא דין בגוף מעשה המצוה ובלי כונה כגון התוקע לשיר לא נחשב כלל מעשה המצוה אבל אין לומר דדין כונה הוא רק דין בקיום המצוה דאינו מקיים המצוה בלי כונה וראי' לזה מהא דנתכוין שומע ולא נתכוין משמיע כגון דתקע לשיר דלא יצא השומע למ"ד מצ"כ אף אם לא בעינן כונת משמיע להוציא השומע ועיי"ש בתוס' ד"ה אבל נתכוין ואם כל דין דמצ"כ הוא דין רק בקיום המצוה אמאי לא יצא השומע אלא ודאי דדין כונה הוא דין בגוף מעשה המצוה ותוקע לשיר למ"ד מצ"כ אין על התקיעה שם תקיעת שופר ומשו"ה גם השומע לא יצא ונראה מה דחדשו ר"ש ותוס' דבמתכוין שלא לצאת לכ"ע לא יצא מ"מ גם בזה נפקא מינה גדולה דלמ"ד מצ"כ לא נחשב כלל מעשה המצוה וכמו שבארנו ומשו"ה גם השומע לא יצא אבל למ"ד מאצ"כ הרי לדידי' גם בלי כונה נחשב מעשה המצוה ואף במכוין שלא לצאת דמודה דלא יצא זהו דין רק בקיום המצוה דבעל כורחי' לא נפיק וכן מבואר בלשון התוס' סוכה שהבאנו לעיל עיי"ש וא"כ נראה חידוש דין דלהך מ"ד במתכוין שלא לצאת מ"מ השומע יצא דהרי שמע תקיעת שופר ואף דהתוקע לא יצא משום דבעל כורחי' לא נפיק מ"מ השומע יצא ולפי דרך זה מיושב נכון קושית הט"א דהא דחזינן בגמרא דלעבור בבל תוסיף ולצאת חדא מחתא הוא ואם עשה המצוה בלי כונה למ"ד מצ"כ

אינו עובר בבל תוסיף כמו דאינו יוצא המצוה בזה האופן היינו משום דלדידי׳ בלי כונה אינו נחשב מעשה המצוה כלל ממילא אינו עובר בבל תוסיף דבל תוסיף הוא דוקא אם עשה המצוה כהלכתה, אבל למ״ד מאצ״כ דלדידי׳ גם בלי כונה נחשב למעשה המצוה ואף במכוין שלא לצאת אין זה נוגע לגוף מעשה המצוה והא דלא יצא הוא משום דבעל כורחי׳ לא נפיק וא״כ לעבוד בבל תוסיף עובר אף במכוין מפורש שלא לשום מצוה דמ״מ עשה מעשה המצוה כתיקונה ומיושב קושית הט״א דלמ״ד מאצ״כ אין לו עצה במוצא תפילין להכניסן שנים שנים אף אם יכוין בזוג השני׳ מפורש שלא לשם מצוה (ובתוס׳ רע״א למשניות פ״ג רסוכה משנה ח׳ אות כ״ו תפס בפשיטות בכונת הרא״ש כדעת הט״א עיי״ש).

ולפ״ז י״ל בכונת ר״ח דהנה בפירוש דברי הגמרא תוקע לשיר פירש ר״ח כגון הא דכתיב הללוהו בתקע שופר היינו שכיון בתקיעתו לשם מצוה אחרת וא״כ י״ל כיון דכיון לשם מצוה אחרת הוה לגבי מצות שופר כמכוין שלא לצאת וכן מבואר ברבינו יונה בשם רבינו שמואל דפתח ברחמרא וסיים בדשיכרא כיון דפתח אדעתא דחמרא הוי לגבי שיכרא כמכוין שלא לצאת וגרע מסתם בלי כונת מצוה (ואף דיש להלק דהתם כונתו אדעתא דחמרא סותרת לכונת שיכרא וא״א לחול ב׳ הכונות דאי חמרא לאו שיכרא ואי שיכרא לאו חמרא, אבל בנידון דידן לכאורה אם הי׳ מכוין לשתי המצות לשם תקיעת שופר ולשם הללוהו בתקע שופר הי׳ מקיים שתי המצות וא״כ אף אם כיון רק לשם מצות הללוהו בתקע שופר ועל מצות תקיעת שופר לא כיון לא גרע מכל מצוה שעשה בלי כונה כיון דאם הי׳ מכוין מפורש על זה הי׳ מועיל דאין הכונות סותרות זו את זו, אבל אינו מוכרח חילוק זה וכן מוכרח מהר״ן שנביא להלן דלא ס״ל חילוק זה עיין בטורי אבן שם) וא״כ הי׳ קשה לרבינו חננאל אמאי התוקע לשיר יצא נהי דמצות אין צריכות כונה, אבל כיון דכיון לשם מצות הללוהו בתקע שופר הוי לגבי מצות שופר כמכוין שלא לצאת לזה פירש דכונת הגמרא דהשומע יצא היינו כיון דמצות אין צריכות כונה א״כ גוף התקיעה נחשבת לתקיעה של מצוה ואף דהתוקע לא יצא משום דהוי כמו כיון שלא לצאת מ״מ השומע יצא, אבל אי מצ״כ בתוקע לשיר אין זה מעשה מצוה כלל וכמו שבארנו א״כ גם השומע לא יצא ומיושבים דברי ר״ח בעזהי״ת.

ואף דמפשטות הגמ׳ ל״ג: דמדייק מדקתני במשנה והמתעסק לא יצא שמע מינה התוקע לשיר יצא דמצא״כ משמע דבתוקע לשיר יצא גם התוקע דהמשנה איירי בתוקע. אבל אין הכרח כו׳ דבמשנה מבואר דגם השומע מן המתעסק לא יצא ועל זה דייק הגמרא דבתוקע לשיר יצא השומע אבל התוקע בכל אופן לא יצא והא דקתני במשנה מתעסק לאשמעינו דאף השומע לא יצא.

שבתי וראיתי דיסוד זה שכתבתי דהיכא דתוקע וכיון למצוה אחרת למ״ד מאצ״כ מ״מ השומע יצא נסתר לכאורה מדברי הר״ן ר״ה ל״ב: על המשנה דקתני המתעסק לא יצא והשומע מן המתעסק לא יצא ה״ל „מוכח בגמרא דאפילו למ״ד תוקע לשיר יצא מתעסק לא יצא וטעמא דמילתא וכו׳ דתוקע לשיר כיון שאינו מכוין לשום מצוה יצא למ״ד מאצ״כ, אבל במתעסק כיון שכבר הוא מכוין למצוה דהיינו לחנך התינוקות אותה כונה מעכבת מצוה אחרת שלא תחול דומיא דמאי דאסיקנא בשמעתא קמייתא דזבחים דבת מינה מחריב בה דלאו בת מינה לא מחריב בה״ ע״כ דבריו הק׳ ונשנו דבריו גבי תקע בראשונה

ומשך בשני׳ כשתים אין בידו אלא אחת
דהכריע כהסוברים דאין בידו אלא אחת היינו
תקיעה שתקע לפני התרועה, אבל אותה תקיעה
שני׳ לא עלתה לו כלום וגרע מתוקע לשיר
וז״ל „דנהי דאמרינן מאצ״כ והתוקע לשיר
יצא דוקא תוקע לשיר שהוא חול ואין כונתו
בו כונה של כלום ולפיכך אינה מעכבת מלחול
מצות באותה תקיעה אבל מי שמכוין תקיעתו
למצוה כמתעסק שהוא מכוין לחנך התינוקות
אין תקיעתו עולה למצוה אחרת ודמיא למאי
דאמרינן בריש זבחים דמינה מחריב בה דלאו
בת מינה לא מחריב בה". הרי מפורש בדברי
הר״ן דאם כיון למצוה אחרת הוי בכלל מתעסק
ובמתעסק הלא מפורש במשנה דאף השומע
לא יצא והוא סתירה לכל מה שכתבנו לכאורה.
אבל באמת נהי דבודאי פליג הר״ן על רבינו
חננאל בפירוש התוקע לשיר והר״ן בודאי
יפרש דתוקע לשיר היינו לשודד ולזמר כפירוש
רש״י והיכא דתקע לשם מצות הללוהו בתקע
שופר זהו בכלל מתעסק ולכ״ע לא יצא אף
למ״ד מאצ״כ ואף השומע לא יצא ורבינו
חננאל דמפרש בפירוש התוקע לשיר היינו הא
דכתיב הללוהו בתקע שופר יפרש דמתעסק
היינו שאינו מכוין כלל לתקיעה כפירוש רש״י
אבל אם מתכוין לחנך תינוקות זהו בכלל תוקע
לשיר לפירוש ר״ח אבל ביסוד דברינו דמכוין
שלא לצאת ילמ״ד מאצ״כ השומע יצא אין
סתירה, ואדרבה מוכרח וראי׳ גדולה מדברי
הר״ן למה שכתבתי דבאמת קשה לי טובא
לפי מה דהסביר הר״ן החילוק בין תוקע לשיר
למתעסק היינו דכיון למצוה אחרת משום דמינה
מחריב בה ודלאו בת מינה לא מחריב בה
ומשום דכונת חול אין כונתו בו כונה של
כלום ולפיכך אינה מעכבת מלחול, א״כ אף
אם מכוין מפורש שלא לצאת לשיטתו ג״כ לא
גרע משום דאין על זה דין כונה וכמו בזבחים
דאם שחט חטאת מפורש שלא לשם חטאת
בודאי לא יזיק המחשבה דאין על זה שם
מחשבה והוי בכלל דלאו בת מינה לא מחריב
בה והר״ן בעצמו בסוגיא זו הביא דעת ר״ש
דמכוין שלא לצאת לא יצא ונראה דמסכים
עם ר״ש לדינא ותמיהני על הגאון בעל ט״א
שהקשה להיפוך על הר״ן לפי שיטתו שם
בט״א שהכריע כהחולקים על ר״ש דלמ״ד
מאצ״כ אפילו אם מכוין שלא לצאת יצא וז״ל
שם בתוך שאר דבריו הק׳ דלא שייך לומר
דכונת מצוה אחרת מעכבת על מצוה זו מלחול
דלא גרע ממתכוין להדיא שלא לצאת דאפי״ה
יצא ואין כונה זו מעכבת על המצוה מלחול
כ״ש כונת מצוה אחרת עיי״ש שהאריך בדברים
נעימים ולענ״ד אדרבה יסוד ותמצית דבריו של
הר״ן מכריחים כשיטה זו ובודאי כונת מצוה
אחרת גרע וגרע ממכוין להדיא שלא לצאת
ממש כמו גבי קדשים ולהיפוך קשה איך הסכים
עם הר״ש וכמו שבארנו, אבל האמת בדעת
הר״ן נראה דשני דינים הם דהיכא דמכוין
למצוה אחרת חידש הר״ן משום דמינה מחריב
בה אין על זה שם תקיעת שופר והוא בכלל
מתעסק דאף השומע לא יצא וגרע מתוקע
לשיר דאין כונת חול כונה של כלום ובמכוין
שלא לצאת מעיקר הדין הוא בכלל תוקע לשיר
ואין כונתו שלא לצאת כונה של כלום אבל
מ״מ הביא דעת ר״ש דלא יצא והוא דין אחר
דאף דיש עלי׳ שם תקיעה של מצוה ואין הכונה
שלא לצאת מחריב בה מ״מ לא יצא משום
דבע״כ לא נפיק וא״כ שפיר מסתבר ומוכרח
כדברינו דבזה השומע יצא ולרבינו חננאל
אף אם כיון למצות אחרת ג״כ לא מחריב בה
ולא דמי לזבחים, אבל זה אפשר לומר כדברינו
דמ״מ דמכוין למצוה אחרת הוי כמכוין שלא
לצאת והתוקע לא יצא אף למ״ד מאצ״כ ורק
השומע יצא וזה כונת ר״ח.

ישראל ילילנו משגיאות ויראינו מתורתו נפלאות.

ושוב ראיתי במ"ב סי' תקפ"ו שכ"מ לשון רש"י ז"ל [בענין קדחו בזכרותו] שלא הוציא הזכרותא אלא נקב בו מתחילתו עד סופו. אבל עי' בשעה"צ אות ק"ד בשם הר"ן ז"ל והריטב"א ז"ל דביארו שהוציא זכרותו במקדח ונשתייר ממנו בתוכו יצא וכע"ז הוא לשון הטור וממילא רווחא שמעתתא דכבר יש כאן תקיעת שופר האמיתי רק הציצות נשארו מהזכרותו וקיי"ל דמב"מ אינו חוצץ. וכתב המ"ב דמ"מ הר"ן ז"ל ושאר קמאי מודים לדעת רש"י ז"ל דבניקב כל הזכרותו כולו כשר ע"ש ולענ"ד זה צל"ע טובא וצור ישראל ילילנו משגיאות ויראנו מתורתו נפלאות.

עוד צריך לעיין ממה דמבואר בסוגיין דשופר שניקב וסתמו במינו נמי פסול אם נשתנה הקול ע"י הסתימה (עי' תוס' ד"ה ניקב בשם הירושלמי) וא"כ כש"כ כשכל הקול בא מהזכרותו וליכא קול כלל מהשופר עצמו דגרוע הרבה יותר מהיכא דאיכא קול שופר אלא שנשתנה הקול ע"י הסתימה של מב"מ דפסול וצ"ע, ואולי הזכרותו בטיל להשופר יותר מכל מב"מ כיון שכן הוא מתחילת יצירתו ובטיל ביותר לגבי השופר שגדל בו וצ"ע, וצור ישראל ילילנו משגיאות ויראנו מתורתו הקדושה נפלאות.

ושוב הראוני שבקושיא השנית הנ"ל [מהא דניקב וסתמו במינו דפסול ולא אמרינן דמב"מ אינו חוצץ] כבר קדמוני הפרמ"ג בסי' תקפ"ו במשבצות ס"ק י"ז ותירץ דהכא עדיף מכל מב"מ דזכרות זה הוי דבוק מתחילה ממש וכמש"כ לעיל דבמקומו שהוא שם מתחילת ברייתו עדיף יותר ועי"ש בפמ"ג באשל אברהם ס"ק כ' שלזה נתכוין הלבוש ז"ל במש"כ דהכא עדיף ממינו ע"ש.

סימן כב

בענין התוקע בשופר של עולה ובענין מצות לאו ליהנות ניתנו

ר"ה כ"ח א' אר"י בשופר של עולה לא יתקע ואם תקע יצא כו' מ"ט עולה בת מעילה היא כיון דמעל בה נפקא לחולין כו' מתקיף לה רבא אימת מעל לבתר דתקע כי קא תקע באיסורא תקע אלא אמר רבא אחד זה ואחד זה לא יצא הדר אמר רבא אחד זה אחד זה יצא מצות לאו ליהנות ניתנו ע"כ סוגיית הגמרא. ומבואר דהתוקע בשופר של עולה מעל. והקשה הלח"מ פ"ה משופר דהרי מבואר בפסחים דכ"ו דקול ומראה אין בהם מעילה, וה"נ הרי לא נהנה בשופר אלא הנאת קול וראיתי בספר מנחת ברוך סימן פ"ד שתירץ דודאי כל הנאת קול בעלמא אין בו מעילה דלא חשיבא הנאה לענין מעילה, אבל כאן גבי שופר דאיכא נמי הנאת קיום המצוה, ולפום מאי דקיימינן השתא דמצות ליהנות ניתנו אלים הנאת קיום המצות יותר מהנאת קול בעלמא, ומשו"ה שפיר אמרינן דאיכא מעילה עכ"ד, אולם מצאתי שכבר כתב כן הפר"ח באו"ח סי' תקפ"ו לתרץ קושיא הנ"ל, ושוב דחה זה, דהא הטעם דאמרי' קול ומראה אין בהם מעילה מבואר בפסחים שם משום שאין בהם ממש, וכפי זה גם הנאת קיום המצוה ע"י שמיעת הקול נמי לית בה הנאת ממשות ולא חמיר מהנאת שמיעת הקול ע"ש.

והנכון בזה הוא מה שתירץ הכפ"ת ביום תרועה בסוגיין וכן רמז לתירוץ זה הפר"ח שם בקצרה, דהא דאמרי' דקול ומראה אין בו מעילה היינו בשומע קול כלי שיר שבמקדש ונהנה מזה, דעכ"פ איהו לא עביד שום מעשה בדבר ההקדש, אבל אם לקח כלי שיר שבמקדש ותקע בו, דעביד

מעשה ונהנה בזה ודאי מעל ומשו"ה בסוגיין דהוא עצמו תוקע בהשופר שפיר אמרינן דמעל עכ"ד, והסברא מובנת מאד, דכל שמשתמש בהשופר לעשות את הקול מקרי שפיר הנאה, לא הנאת שמיעת הקול אלא הנאת השתמשות שהוא משתמש בהחפץ לעשות בו דבר שהוא רוצה, ועשיית דבר זה שוה פרוטה, וזהו ככל משתמש בשל הקדש וכמו מניח חפציו על בהמת קדשים דמעל אם השתמשות זו שו"פ אע"פ שהנאת הגוף אין כאן אלא זה שהוא עושה בו חפצו, ולא הבנתי מה שכתב במ"ב שם אסברת הכפ"ת דלא מסתבר, והרי גדולה מזו מצאנו כה"ג בתוס' נדרים ל"ג ב' בהא דאמרינן דמודר לא יחזיר אבידת המדיר משום שנהנה פרוטה דרב יוסף דמפטר מלמיתב ריפתא לעניא, והקשו התוס' דהא אין כאן אלא מבריח ארי דמה לי פוטרו מחיוב של המצוה ומה לי פוטרו מחיוב נתינת צדקה, ותירצו דהא דפורע חובו דמותר היינו משום שאחר פורע חובו אבל אילו נטל המודר עצמו ממונו של מדיר ופרע בו חובותיו ודאי אסור, והכא במחזיר אבידתו הרי המודר עצמו מבריח בעל חובו דהיינו העני, ע"י עסק האבידה, שהוא ממונו של מדיר עכ"ד התוס' ע"ש, והרי הדברים ק"ו דהתם כשמחזיר האבידה לכאורה אין המודר מתכוין בשביל הנאת פרוטה דר"י, ומ"מ כיון שהוא עצמו עושה הנאה זו בהשתמשותו בממון המודר, ה"ז הנאה, אע"פ שעצם הדבר שהארי מוברח ממנו לא חשיבא הנאה, מ"מ עשייתו הברחת ארי הוי הנאה, כמ"כ הכא דאע"פ דעצם הנאת שמיעת הקול לא חשיב הנאה, מ"מ עשייתו את הקול בממון הקדש שפיר חשיבא הנאה מה שהוא משתמש בהדבר דהא הוא מתכוין להשתמשות זו, וכיו"ב מצינו שהרי שו"פ מדאמרינן דמעל, וז"ב בסברא לענ"ד.

ואולם לפ"ז קשין דברי הרמב"ם ז"ל פ"א משופר ה"ג וז"ל וכן שופר של עולה לא יתקע בו, ואם תקע בו יצא, שאין בקול דין מעילה, ואם תאמר והלא נהנה בשמיעת הקול מצות לאו ליהנות ניתנו, עכ"ל, וקשה דאיך כתב הרמב"ם ז"ל כאן שאין בקול משום מעילה, והרי מבואר בסוגיין דאיכא מעילה והיינו כדברי הכפ"ת דהכא שאני משום שהוא עצמו תוקע בו וכנ"ל, וכבר עמדו בזה הפר"ח והכפ"ת, ונלענ"ד בזה ע"פ מש"כ הרמב"ם ז"ל שם לעיל וז"ל שופר הגזול שתקע בו יצא שאין המצוה אלא בשמיעת הקול אע"פ שלא נגע בו ולא הגביה, השומע יצא ואין בקול דין גזל עכ"ל והוא מהירו' כמש"כ המ"מ, והנה זה ברור לענ"ד דזה התוקע הוי גזלן בעשיית תקיעה זו, דהנוטל כלי שיר של חבירו להשתמש בו לנגן הוי גזלן כדין כל שואל שלא מדעת דמ"מ השתמשות זו משאר השתמשות בממון חבירו, ומש"כ הרמב"ם ז"ל שאין בקול דין גזילה היינו דאע"פ דודאי חשיב גזלן מ"מ לאו משום שמיעת הקול הוא גזלן, אלא משום ההשתמשות בהשופר לעשות את הקול, אבל עצם השמיעה אין בזה ענין גזילה ולכן שפיר יוצא בו דמצות שופר הוא השמיעה, והשמיעה עצמה אינה עבירה אלא שבאה ע"י מעשה העבירה ואין זה בכלל דין מצוה הבאה בעבירה להרמב"ם ז"ל, (בעיקר הדין אם במצות שופר עיקר המצוה הוא השמיעה או דגם פעולת התקיעה חלק מהמצוה עי' בכפ"ת לר"ה [במתניתין דחשו"ק אינם מוציאין את הרבים] ובשאג"א סי' ו' ובלח"מ ריש הלכות שופר, ובמהר"ם אלשקר ז"ל מסי' ח' עד סי' י"א ושם הביא תשובת הרמב"ם ז"ל שכתב דעיקר המצוה היא אך השמיעה עיין שם).

ומעתה נ"פ דגם לענין שופר של עולה מה שכתב הרמב"ם ז"ל דקול אין בו דין מעילה, הכוונה היא דמצד שמיעת הקול ליכא מעילה ולכן שפיר יוצא בהשמיעה ואע"פ שמצד פעולת התקיעה איכא מעילה

שזהו השתמשות גמורה בשל הקדש (וזהו דאמרינן בסוגיין דמעל) מ"מ אין זה מעכב לענין המצוה שיוצא בהשמיעה ולא בהתקיעה ובגוף השמיעה ליכא עבירה, ומתיישבים היטב דברי הרמב"ם ז"ל דהקול עצמו אין בו מעילה וסוגית הגמרא הוא דמועל בעשייתו את הקול כנ"ל וכדברי הכפ"ת.

ועפ"ז המבואר נלענ"ד ליישב ג"כ במה שהוצרך הרמב"ם ז"ל לשני טעמים בהא דיוצא בשופר של עולה, משום דליכא מעילה בקול, ומשום דמצות לאו ליהנות ניתנו דלכאורה בכל טעם בלחוד סגי ומה זה שכתב הרמב"ם ז"ל ואם תאמר והלא נהנה בקול כו' אחרי שכבר כתב דאין בקול דין מעילה ועי' בלח"מ שעמד בזה, ובספר מנחת ברוך שם כתב בשם האחרונים ז"ל לבאר משום דבשמיעת קול שופר איכא תרתי הנאת קיום המצוה והנאת הגוף מהקול כמש"כ התוס' דכ"ו ד"ה חוצא בל יתנאה, ולענין הנאת הגוף לא שייך טעמא דמלל"נ כמש"כ הר"ן ז"ל נדרים דע"ו והוצרך הרמב"ם ז"ל לטעמא דקול אין בו דין מעילה.

אולם זהו לענין עצם הנאת הקול אבל הנאת קיום המצוה אי הוה אמרינן מצות ליהנות ניתנו, הנאה אלימתא הוא יותר מהנאת קול בעלמא ושפיר הוי בה מעילה משו"ה הוצרך הרמב"ם ז"ל להוסיף דמצות לאו ליהנות ניתנו עכ"ד, ואם כי הדברים מחודדין מ"מ כבר כתב הפר"ח, והובא לעיל, דאי אין מעילה בהנאת שמיעת קול בעלמא ה"נ ראוי לומר דאין מעילה בהנאת קיום המצוה ע"י שמיעת קול דחד טעמא הוא, משום דאין כאן הנאה ממשית וא"כ אכתי בטעמא דאין מעילה בקול סגי לענין שיצא בו.

שו"ר באב"מ בתשובותיו שבסוף הספר סי' כ"א בסופו שכתב בסגנון הנ"ל בכוונת הרמב"ם ז"ל ואסברה לה דאע"פ דכל הנאת קול בעלמא אין בו מעילה לפי שאין בו ממש, היינו בשיר שאינו של מצוה שאין שום הנאה מגוף הכלי שיר דאילו נפל קל משמיא והיה כנגן המנגן ובסים קלי' ככלי שיר, שפיר נהנה ולא איכפת לי' מהיכן יצא קול זה, אבל בשופר של מצוה כך הוא צריך לעצמו של שופר כמו לקולו שאם ישמע קול שופר מבלעדי שופר לא יצא וכו' ושפיר הי' מועל אי הוה אמרינן מצות ליהנות ניתנו דחשיב הנאה שיש בו ממש עכ"ד וע"ש, ואכתי לא הבנתי דאם נאמר דמה שצריך להכלי בשביל השמעת הקול חשיב הנאה שיש בו ממש א"כ בכל נהנה בקול בעלמא נימא דמעל, דמה לי אם צריך הוא לכלי משום המציאות לפי שא"א לו להשמיע ולשמוע את הקול מבלעדי הכלי, ומה לי אם צריך לו גם מצד הדין ול"ע בכוונתו.

והלח"מ תירץ דטעמא דאין מעילה בקול בלבד אינו מספיק דהא אכתי מדרבנן אסור כמבואר בפסחים דכ"ו ע"ש לזה הוצרך הרמב"ם ז"ל גם לטעמא דמלל"נ עכ"ד, אולם אכתי בטעמא דמלל"נ בלבד סגי לענין שיצא בשופר של עולה, דודאי לענין שופר הגזול שפיר הוצרך הרמב"ם ז"ל לטעמא דאין בקול דין גזל דאילו הי' בו דין גזל, א"א לומר דמטעם מלל"נ ליכא גזל כיון שאין זה חשוב הנאה, דז"א דאיסור גזל לאו מאיסורי הנאה הוא אלא כל שהשתמש בממון חבירו או נהנה הנאה שמו"פ אע"פ שמדינא לא נחשב הנאה לענין איה"נ מ"מ גזילה שפיר מקרי, ומשו"ה הוצרך הרמב"ם ז"ל לומר דמעיקר הדין אין בשמיעה דין גזל (והלח"מ שכתב שלא הבין כן ע"ש ל"ע) אבל גבי שופר של עולה דאיסור הנאה הוא הרי לכאורה סגי בטעמא דמלל"נ בלבד.

ונלענ"ד בזה דבאמת גם באיסור מעילה יש לדון דלא שייך להתיר מטעמא

דמלל״נ שגם ענין מעילה הוא מגדרי גזילה דהיינו גזילת הקדש, דהא שיעורו הוא שוה פרוטה שהוא כדיני ממונות, וכ״כ הנתיבות בסי׳ כ״ח דבקדושת דמים ענין המעילה היא מגדר גזילת הקדש, והאי שופר של עולה קדושת דמים הוא כגון שהוקדש השופר לדמי עולה מדאמרי׳ דנפיק לחולין ע״י מעילה וקדוה״ג הא לא נפיק לחולין וכמו שהאריך בזה בספר מנחת ברוך יע״ש דברים עמוקים, וגם בקדוה״ג י״ל בפשוט דאיכא מעילה מגדר גזל הקדש אלא שבהנ״מ חידש דאיכא נמי מעילה מגדר איסור הנאה גם בגוונא דליכא ענין גזל כמו בנותר דלגבי גבוה ליכא גזל, כיון דאינו ראוי כלום לגבוה ע״ש, ולפ״ז הא דבעינן בהקדש שיהנה לענין מעילה, היינו משום דפגם ולא נהנה ולא נטלו לזכות לעצמו אין כאן גזל כלל אלא מזיק או מתעסק בלבד, אבל כל שנהנה הנאה שכיו״ב משכירין, גזילת הקדש הוא ועי׳ ב״ק ד״כ בסוגיא דז״נ וזל״ח מה דמייתינן עלה מהא דנטל אבן או קורה של הקדש, ולפ״ז לא שייך במעילה להתיר מטעם מצוות לאו ליהנות ניתנו כמו דלא שייך לומר כן גבי גזל וכמש״כ לעיל, והא דמבואר בסוגיין דר״ה דיוצא בשופר של עולה מטעם דמצוות לל״נ, י״ל דסובר הרמב״ם ז״ל שהיא משום דכבר קיי״ל קול ומראה אין בו מעילה (ודאמרינן בסוגיין דמעל הוא כמש״כ לעיל דמעל בהשתמשותו ועשייתו את התקיעה אבל לא בהנאת שמיעתו את הקול וכנ״ל באורך) וליכא רק איסורא דרבנן, ואיסור זה דמדרבנן כבר אינו אלא איסור הנאה בלבד ולא דין גזל דהא אמרינן לא מועלין ופשוט לכאורה דא״צ לשלם את הקרן, וכיון דאינו אלא איה״נ בלבד ומשו״ה שפיר אמרינן בזה מלל״נ על הנאתו משמיעת הקול וכמו בכל איסורי הנאה.

וא״כ אתי שפיר שהוצרך הרמב״ם ז״ל לשני הטעמים דבטעמא דקול לית בה מעילה לא סגי כדברי הלח״מ דהא עכ״פ מדרבנן אסור והוי אכתי מצוה הבאה בעבירה דרבנן, ולכן צריכין לטעמא דמלל״נ, וא״כ ליכא איסור הנאה מדרבנן, דאין זה הנאה כלל, אבל אילו הי׳ בקול דין מעילה מדאורייתא והיינו שג״ז הי׳ נחשב לגזילת הקדש וכמו נוטל הנאה לעצמו, אז לא הי׳ מועיל הא דמלל״נ דלענין גזל לא מהני סברת מלל״נ כנ״ל משו״ה הוצרך הרמב״ם ז״ל להקדים דבקול ליכא דין מעילה והיינו משום דהנאת שמיעת הקול אין בו ענין גזילה גבי הדיוט וה״ה גבי הקדש, ולא נשאר אלא איסור הנאה בעלמא שאסרו חכמים, ואאיסור הנאה שפיר אמרינן מלל״נ וא״ש בעה״י.

שו״ר בש״ך יו״ד סימן רכ״א ס״ק נ״ה לענין ללמוד בספרו של מדיר הנאה דאסור שכתב דלא שייך כאן מצוות לאו ליהנות ניתנו כיון שיש לו להשכיר והוא לומד בו בחנם ה״ז נהנה ועי׳ מש״כ על זה באורך בספר אמרי בינה דיני נדרים סימן ע״ז ועי״פ כ״ז יש לפלפל במש״כ לעיל (נדפס בקה״י נדרים סימן מ״ד).

סימן כג

בענין שמא יעבירנו ד״א גבי שופר ביו״ט שחל להיות בשבת (ר״ה כ״ט)

באו״ח סימן תקפ״ח ס״ה יו״ט של ר״ה שחל להיות בשבת אין תוקעין בשופר ובמג״א סק״ד אין תוקעין אע״פ שתקיעה שבות ויבוא עשה של תורה וידחה שבות של דבריהם מ״מ גזרינן שמא יעבירנו ד״א ברה״ר (רמב״ם) הקשה מהרמ״פ בהגהותיו דהא תקיעה שבות נמי גזירה שמא יתקן כלי שיר וא״כ נימא דאסור משום האי גזירה והעמידו דבריהם במקום עשה (כמו שאומר דהעמידו גזרת שמא

הלכות שופר וסוכה ולולב

יש בכללן שלש מצות עשה. וזהו פרטן:

א) לשמוע קול שופר באחד בתשרי. ב) לישב בסוכה כל שבעת ימי החג.
ג) ליטול לולב במקדש כל שבעת ימי החג:

וביאור מצות אלו בפרקים אלו:

פרק ראשון

א מצות [א]^א^עשה של תורה לשמוע תרועת השופר בראש השנה שנאמר יום תרועה יהיה לכם. ושופר שתוקעין בו בראש השנה בין ביובל הוא ^ב^קרן הכבשים [ג]הכפוף. *וכל השופרות פסולין חוץ מקרן הכבש

א טור או"ח סי' תקפ"ה סמ"ג עשין מ"ב: ב טור סי' תקפ"ו סמ"ג שם וע"ש:

השגת הראב"ד

*וכל השופרות פסולים וכו'. א"א הפריז על מדותיו אלא מצוה בכפופין ואם תקע בשל יעל יצא:

מגיד משנה

פרק א א מצות עשה מן התורה וכו'. זה מבואר בכתוב ופשוט בהרבה מקומות: ושופר שתוקעין בו וכו'. בפרק ראוהו בית דין (ר"ה כ"ו:) אמר ר' לוי שופר של ר"ה ושל יוה"כ בכפופים. ופירוש יו"כ של יובל וזו היא מסקנא דגמרא: וכל השופרות פסולים כו'. שם במשנה (דף כ"ו.) כל השופרות כשרין חוץ משל פרה מפני שהוא קרן אמר ר' יוסי והלא כל השופרות נקראו קרן וכו'. (דף כ"ו:) שופר של ר"ה של יעל פשוט וכו' שוה היובל לר"ה לתקיעות ולברכות ר' יהודה אומר בר"ה תוקעין בשל זכרים וביובלות בשל יעלים. וסובר רבינו כדעת קמא מפרשים שסוברין דכולא מתניתין לעכובא איתניא ופלוגתא היא דת"ק מכשיר כל השופרות החלולין חוץ משל פרה ור' יוסי מכשיר אפילו משל פרה ותנא אחרינא דסבר דדוקא בשל יעל פשוט ור"ה ויובל שוין ור"י סבר בר"ה בשל זכרים כפופים וביובל בשל יעלים ור' לוי בגמרא פסק כר"י דשל ר"ה בשל זכרים ופסק כת"ק דשוה יובל לר"ה הלכך זה וזה דשל זכרים כפופים כדאיתא בגמרא וקיימא לן כר' לוי הלכך כל השופרות פסולין חוץ משל זכרים זה דעת רבינו. ושיטה אחרת יש דמתניתין דכל השופרות היא לעכב ואידך דשופר של ר"ה היא למצוה והא דר' לוי דגמרא נמי מצוה היא בדוקא ולא לעכב. וכן (שם דף ט"ז.) מה שאמר ר' אבהו למה תוקעין בשופר של איל

כסף משנה

פרק א א ושופר שתוקעין בו בין בר"ה בין ביובל הוא קרן הכבשים הכפוף וכל השופרות פסולים חוץ מקרן הכבש. בפ' ראוהו ב"ד (ר"ה כ"ו:) תנן שוה היובל לר"ה לתקיעה ולברכות ר' יהודה אומר בר"ה תוקעים בשל זכרים וביובל בשל יעלים ואיפסיקא הלכתא כר' יהודה וכדא"ר לוי שופר של ר"ה ושל יוה"כ מצוה בכפופים וסובר רבינו דת"ק ור"י לעיכובא פליגי וכיון דקי"ל כר"י נמצא דאין יוצאין אלא בשל איל בלבד. ואע"ג דלכאורה נראה מדברי רבינו דלא קפיד אלא שיהא קרן כבש אבל לא אכפוף א"א לומר כן דהא ר' לוי דאמר מצוה בכפופים אוקימנא כר"י ואם איתא דמשכחת לה של זכרים שאינם כפופים לא ה"ל למישבק לישנא דזכרים דקאמר ר"י דכל עיקר מילתא תלי בזכרים אלא ודאי של זכרים כפופים הם והכי אמרינן בגמ' בהדיא גבי ר' לוי הוא דאמר כי האי תנא דתניא ר"י אומר בר"ה תוקעים בשל זכרים כפופים אלמא סתם של זכרים כפופים הן. וכן כתב בסמ"ג וכן כתב הר"ן שהוא דעת רבינו אלא שתמה עליו. ולפי זה מ"ש ושופר שתוקעים בו בין בר"ה בין ביובל הוא קרן הכבשים הכפוף לאו למימרא דאיכא קרן כבשים שאינו כפוף אלא ה"ק שופר שתוקעים בו הוא קרן הכבשים שסתם קרן זה הוא כפוף ומפני כך כתב וכל השופרות פסולים חוץ מקרן הכבש ולא כתב חוץ מקרן הכבש הכפוף דסתם קרן כבש הוא כפוף וסתמו כפירושו. אבל הרא"ש כתב לכאורה נראה דל"פ ת"ק ור"י אלא למצוה אבל כולהו מודו דיולא בדיעבד בין בשל איל בין בשל יעל כדקתני רישא כל השופרות כשרים חוץ משל פרה ואם לא מצא של איל יוצא בשל יעל או בשל עזים ותדע דלמצוה פליגי דהא ר' לוי מצוה קאמר ועוד אטו פשוט וכפוף בקרא כתיבי תעבירו שופר כתיב ביובל וילפינן ר"ה מיניה וכיון דכולהו איקרי שופר חוץ משל פרה אמאי לא יצא ועוד דמשמע מילתייהו דרבנן ור"י מחלוקת בפני עצמה וכו' אלא ודאי ר"י ורבנן

לחם משנה

פרק א א מצות עשה של תורה וכו'. הטור כתב דהטעם הוא דבשמיעה תליא מילתא ולא בתקיעה והביא ראיה דהא אמרינן התוקע לתוך הבור או העומד על ספת הבור לא יצא ואפילו התוקע עצמו לא יצא היכא דעומד על ספת הבור והכניס פיו לתוך הבור. וא"ת אמאי לא מייתי ראיה דהא השומע אע"פ שלא תקע יצא אם כן משמע דבשמיעה תליא מילתא וכן הביא הרמב"ס בתשובה וראיה זו הוזכרה בתשובת הרב מהר"ם ז"ל סימן מ"ז ע"ש. וכ"ת דהתוקע הוי שליח השומע והוי כאילו תקע הוא בעצמו א"כ השתא נמי לא מייתי ראיה כלל דנימא דבתרוייהו תליא מילתא בתקיעה ובשמיעה והתוקע לתוך הבור לא יצא דאין שם שמיעה וה"ה אם היה שם שמיעה בלי תקיעה שאינו שלוחו לתקוע דודאי לא יצא ומה שיצא הוא מפני שיש כאן שמיעה ותקיעה שהוא שלוחו לתקוע. וי"ל על דא סמיך הטור דמהניא שמיעה אע"פ שלא תקע א"נ ודאי דהשמיעה מהניא אבל הראיה שהביא הוא ז"ל הוא כדי דלא נימא דתרוייהו מהני שמיעה בלא תקיעה ותקיעה בלא שמיעה לכך הביא ראיה שתקיעה בלא שמיעה לא מהניא וכיון דידעינן דשמיעה בלא תקיעה מהניא ממילא דבשמיעה תליא מילתא ולא בתקיעה. והרא"ם הקשה על טעם זה דא"כ למה בהלכות שמיטה ויובל כתב רבינו מצוה לתקוע דהתם נמי תוקע לתוך הבור לא יצא דהרי כתב שם רבינו דשוה יובל לר"ה לתקיעות והכל דין א' וא"כ מהך טעמא נמי התם תליא בשמיעה ואמאי לא כתב שם רבינו מצוה לשמוע כמו הכא. והיה נראה ליישב קושיא זו עם מ"ש דהתם כתב רבינו כל יחיד ויחיד חייב לתקוע וא"כ אמרינן התם דתרוייהו בעינן תקיעה ושמיעה אבל הכא דאחד תוקע ואחד שומע ויוצא משמע דבשמיעה תליא ולא בתקיעה, ולאו מילתא היא דהתם נמי אם אחד תקע ואחד שמע יצא ולא אמרינן כל יחיד ויחיד חייב לתקוע אלא לאפוקי שאינה מצוה מסורה לב"ד ודוקא כמו ספירה וקדוש שכתב שם רבינו בראש הפרק שהם מסורים לב"ד בלבד אבל לעולם דאם אחד תוקע ואחד שמוע יצא תדע לך דבגמרא בריש פרק יו"ט של ר"ה (שם דף ל.) אמרו שם על ברייתא דקאמרה שוה היובל וכו' אלא שביובל תוקעים וכו' וכל יחיד ויחיד חייב לתקוע ובר"ה לא היו תוקעים וכו' ואין כל יחיד ויחיד חייב לתקוע וכו' מאי אין כל יחיד ויחיד וכו' ואילימא דביובל תוקעין יחידין ובר"ה אין תוקעים ומוקי לה דהכי קאמר ביובל בין בפני ב"ד בין שלא בפני ב"ד ור"ה בפני ב"ד דוקא ואי איתא שיש חילוק בין יובל לר"ה דביובל בעינן שיתקע הוא בעצמו ובר"ה אחד תוקע וחבירו שומע ויוצא לימא דהיינו פשטא דברייתא א"ו דהכל שוים. וניל לקושית הרב ז"ל דמ"מ כיון דאמרינן בדיובל דמצוה זו מסורה לבית דין תחילה כדכתב שם רבינו א"כ משמע דב"ד מצווין לתקוע והתקיעה היא עיקר המצוה משא"כ בר"ה שלא נמסרה התקיעה לב"ד: וכל השופרות פסולים חוץ מקרן הכבש. הר"ן ז"ל בפירוש ההלכות הקשה לפי' רבינו שמפרש דמתניתין (דף כ"ו:) דשופר של ר"ה של יעל וכו' פליגא אמתני' קמא דא"כ לא ה"ל למיתני מחלוקת שני בסתמא היל"ל ואחרים אומרים שופר של ר"ה וכו'. וכן הקשה על שכתב רבינו חוץ מקרן הכבש דמשמע דמפרש זכרים דקאמר ר' יהודה כבשים דוקא והוא תימה דכיון דטעמא הוא משום דבר"ה כמה דכייף איניש טפי מעלי מה לי של כבשים מה לי של שאר בהמות כיון שהם כפופים סגי דבכפופים תליא מילתא. ועוד קשה דלפי דברי רבינו שמפרש דמתניתין כבשים דוקא אמאי קאמר טעמא בגמרא משום דמיכף כייף לימא משום טעמא דר' אבהו דאמר למה תוקעים בשופר של איל כדי שיזכור להם עקידת יצחק ולכך פי' הר"ן ז"ל פי' אחד דזכרים דמתניתין הוא בין כבשים בין שאר בהמות דכיון דבכפיפה תליא מלתא כל כמה דכייף טפי מעלי וכו' ור' אבהו דאמר למה תוקעים בשופר של איל למצוה מן המובחר אמרו ור' יהודה איירי להכשיר לכתחילה דהא

הגהות מיימוניות

א [א] יש מקומות שנזהרין שלא להתענות ערב ר"ה משום חוקות העכו"ם אמנם בפסיקתא פרשה ולקחתם לכם ביום הראשון למדנו שמצוה להתענות בער"ה וכן בירושלמי פ"ה דנדרים ר' יונתן ציים כל ערב ריש שתא והנה הוא ראיה למנהגנו. בתשובת רב נטרונאי גאון נמצא טוב להתענות בשני ימים של ר"ה וכן בשבת י' ימי תשובה. אמנם בתשובת רב האיי ורב נחשון גאון נמצא שאסור להתענות בר"ה וכן פסק מר שלום גאון וכן יש בתשובת ר' יהודאי גאון מפני שנקרא חג שנאמר בכסא ליום חגנו וכן פסק רבינו שב"ם וכן בערוך בערך ראש וכן ראבי"ה דגרסינן בירושלמי פ"ק דר"ה אמר ר' סימון כתיב כי מי גוי גדול ר' חנינא ור' אושעיא חד אמר איזו אומה כאומה זו שיודעים אופיא של אלהיהם במנהג שבעולם וכו' עד אבל ישראל אינם כן אלא לובשים לבנים ומתעטפים לבנים ומחתכין צפרניהן ואוכלים ושותים ושמחים בר"ה לפי שיודעין שהקב"ה עושה להם נסים ומוציא דינם לכף זכות וקורע להם גזר דינם ובויקרא רבה איתא נמי כה"ג שמגלחין שערם וקרא קאמר בספר עזרא להדיא אכלו משמנים ושתו ממתקים וגו' כי קדוש היום לאדונינו וכן בשמואל ויהי כעשרת הימים ויגף ה' את נבל אמרינן [ר"ה י"ח.] אלו עשרה ימים שבין ר"ה ליוה"כ וכתיב בריש ענינא כי על יום טוב באנו היינו ר"ה ומשמע שהיו אוכלים בו ושמחים. כל זה הביא ראיה ראבי"ה. ועוד ראיה מירושלמי דתענית דקאמר ברביעה ראשונה ר"ע אומר מתריעין ואין מתענין שכן מצינו בר"ה שמתריעין ואין מתענין מכל אלה משמע שאין להתענות בר"ה וכן כתב ר' אלעזר בשם אביו רבינו יב"ק. אמנם קיבל מקדמונים דהמתענה בר"ה תענית חלום פעם אחת כל ימיו יש לו להתענות שני ימים של ר"ה וכן נהג מהר"ם על שהתענה פעם אחת תענית חלום אבל בלאו הכי אמר דמוכח שאין להתענות כרבותינו דלעיל. בתשובת ריצב"א כתב דאפילו בט"י בשבת אין להתענות וצבור שגזרו תענית בשני ובחמישי דוחין תענית זה עד שבת הבאה דלא אשכחן תענית בר"ה ותו כיון דמתניתין ארבעה ראשי שנים בהדי הדדי אידמו נמי להדדי בהא מילתא דכולן שוין דאין להתענות, ע"כ: [ג] כר' יהודה דאמר בר"ה תוקעין בשל דיכרין פירוש בשל אילים דמתרגמינן דכרין וכן אמר ר' לוי מצוה של ר"ה ויוה"כ בזכרים כפופים וכן אמר ר' אבהו בפ"ק מפני מה תוקעים בשופר של איל כו' ודלא כמתניתין דהכא דמכשיר כולן חוץ משל פרה ע"כ בתוס'. וכן פסק

מגדל עוז

פרק א **א וכל** השופ־רות פסולין חוץ מקרן הכבש. א"א הפריז על מדותיו אלא מצוה בכפופין ואם תקע בשל יעל יצא. (חסר):

ורבנן בר פלוגתיה דוקא למצוה פליגי וכן כתב הרמב"ן שלש מדות (כשרות) בשופר וכו' והתוס' חזרו והקשו דהא ר' לוי דאמר מצוה של ר"ה ויוה"כ בכפופים היינו משום דיליף ר"ה ויוה"כ מהדדי בג"ש דשביעי כדאמר לקמן בברייתא וכדתנן שוה היובל לר"ה וכו' אי הוי משום מצוה בעלמא כדקאמר כמה דכייף איניש טפי עדיף האי טעמא שייך דוקא בר"ה שהתקיעה לתפלה ולזכרון ולא ביובל שאין התקיעה אלא לסימן שלוח עבדים ולהשמטת קרקעות ומתוך זה היה נראה שאין יוצא בר"ה אלא בכפוף. ונ"ל דקושיא חלושה היא זאת לדחות כל הראיות חזקות שכתבתי ויש לדחות קושיא זו דר' לוי סבר כיון דבג"ש ילפי מהדדי ויש טעם לומר בר"ה כפופים למצוה מעתה כדי להשוותם יחד ראוי גם ביוה"כ להצריך כפופים למצוה ואע"ג דלא שייך ביה האי טעמא עכ"ל הרא"ש. וגם ה"ה הזכיר דעת זה שכתב על דברי רבינו שיטה אחרת יש דמתניתין דשופר של ר"ה למצוה היא בדוקא וזו היא שיטת ההשגות. וכ"כ שם א"א הפריז על מדותיו אלא מצוה בכפופים ואם תקע בשל יעל יצא ע"כ. ולא ידעתי למה כתב בשל יעל דלפי שיטה זו כל השופרות החלולים כשרים בדיעבד וזה דעת הרמב"ן והרשב"א ועיקר עכ"ל המגיד. ומה שתמה על הראב"ד אין לו מקום דודאי פשיטא דיעל דנקט הראב"ד לאו דוקא אלא משום דכל של יעל סתמו הוא פשוט וכדתנן שופר של ר"ה של יעל פשוט נקט יעל וה"ה לשאר מינין דאע"ג דפשוטים הם אם תקע בהם יצא לדעת הראב"ד. והכלבו כתב אפשר שדעת הרמב"ם אינו אלא למעט של פרה אבל של עז ושל תיש כולהו בכלל כבש הן וכן של יעלים ובלבד שיהיו כפופים והוא מדברי אורחות חיים ואין זה במשמע דברי רבינו אלא כמו שכתבתי: ואע"פ שלא נתפרש בתורה תרועה בשופר וכו'. ומפי השמועה למדו מה תרועת יובל בשופר וכו'. קשיא לי למה אמר ומפי השמועה למדו הא בגמ' (ר"ה ל"ג: ל"ד.) מייתינן לה בהיקשא א"נ בג"ש. ונ"ל שלפי שבגמ' מייתי ברישא דברייתא מהיקשא דבר"ה בעינן שופר ופשוטה לפניה ופשוטה לאחריה ובתר הכי קאמר ומנין לג' של שלש שלש ת"ל והעברת וכו' ומנין ליתן את האמור של זה בזה וכו' ת"ל שביעי שביעי לג"ש ומקשי גמרא ותנא מעיקרא מייתי לה מהיקשא ולבסוף מייתי לה בג"ש ה"ק אי לאו ג"ש הוה מייתינן ליה בהיקשא השתא דאתיא ליה בג"ש לא צריך היקשא ופירש"י ותנא מעיקרא מייתי בהיקשא ללמוד זה מזה מנין שבשופר ופשוטה לפניה ולאחריה

הכבש. ואף על פי שלא נתפרש בתורה תרועה בשופר בראש השנה הרי הוא אומר ביובל [ג]והעברת שופר וכו' תעבירו שופר. ומפי השמועה למדו מה תרועת יובל בשופר אף תרועת ראש השנה בשופר: **ב** במקדש [א]היו תוקעין בראש השנה בשופר אחד ושתי חצוצרות מן הצדדין השופר מאריך והחצוצרות מקצרות שמצות היום בשופר. ולמה תוקעין עמו בחצוצרות משום שנאמר בחצוצרות וקול שופר הריעו לפני המלך ה'. אבל בשאר מקומות אין תוקעין בראש השנה אלא בשופר בלבד: **ג** [ב]שופר של עכו"ם אין תוקעין בו לכתחלה ואם תקע [ד]יצא. ושל עיר הנדחת אם תקע בו

א סמ"ג שם: ב טור שם:

איל וכו' למצוה היא בדוקא. וזו היא שיטת ההשגות וכן כתוב שם א"א הפריז על מדותיו אלא מצוה בכפופים ואם תקע בשל יעל יצא ע"כ. ולא ידעתי למה כתב בשל יעל דלפי שיטה זו כל השופרות החלולין כשרין בדיעבד חוץ משל פרה וזה דעת הרמב"ן והרשב"א ז"ל ועיקר: ואע"פ שלא נתפרש בתורה וכו'. ברייתא פ' יו"ט של ר"ה (דף ל"ג:) ת"ר מנין שבשופר ת"ל והעברת שופר תרועה אין לי אלא ביובל בר"ה מנין ת"ל וכו' שיהיו כל תרועות שבחדש השביעי זה כזה וכו':

ב **במקדש** היו תוקעין בר"ה וכו'. במשנה פ' ראוהו בית דין (דף כ"ז.) שתי חצוצרות משני לצדדין שופר מאריך וחצוצרות מקצרות שמצות היום בשופר. ובגמ' (שם דף כ"ז.) במד"א במקדש אבל בגבולין מקום שיש שופר אין חצוצרות אמר ריב"ל מאי קראה בחצוצרות וקול שופר הריעו לפני המלך ה' לפני המלך ה' הוא דבעינן חצוצרות וקול שופר אבל בעלמא לא:

ג **שופר** של עכו"ם ושל עיר הנדחת וכו'. שם (דף כ"ח.) אמר רב יהודה בשופר של עכו"ס לא יתקע ואם תקע יצא. וכתב הרשב"א ז"ל ובמס' חולין סוף פ' כסוי הדם (דף פ"ט) תניא לא יצא ואוקימנא לה באשרה דמשה דכתותי מיכתת שיעוריה וכבר ביאר רבינו זה גבי לולב ושם יתבאר ראש פרק ח'. עוד כתב הרשב"א ז"ל וה"ה בשל תקרובת עכו"ם דעובד כו"ס דאין לה בטלה עולמית והכא בשופר עצמו עכו"ס אי נמי שהוא משמשי עכו"ס והכא במאי עסקינן כשנטלו על מנת שלא בו דאי לא מדאגבהיה קנייה ונעשה עכו"ס דישראל, עכ"ל. ופרק שמיני בהלכות עכו"ס באר רבינו דינים אלו ודין עיר הנדחת. ובגמ' ר"ה (דף כ"ח.) בשופר של עיר הנדחת לא יתקע ואם תקע לא יצא מ"ט עיר הנדחת אכתותי מיכתת שיעורה:

שופר

לחם משנה

דהא פליגי במתניתין בתרא ובמתניתין קמא הוי פלוגתא להכשיר בדיעבד זהו תורף פירושו ז"ל. ואני אומר שרבינו נראה לו לפרש דזכרים דר"י הוי כבשים דוקא והטעם דבעינן כבשים דוקא משום טעמא דר' אבהו דלמה תוקעים וכו' כדי שיזכור עקידתו של יצחק תדע לך דהכי הוא דאל"כ היכי קאמר ר' אבהו למה תוקעים בשופר של איל והיכן מנא ר' אבהו דליהוי הדין כך אדרבה זכרים דמתני' משמע כולל כל כמה דכפוף מהני ואי מאי דאמר ר' אבהו הוי למצוה מן המובחר לא היה לו לסדר דבריו בלשון שאלה למה שנראה שהבין הוא כך אלא היה לו לחדש לנו הדין מדעתו א"ו שנראה לו לר' אבהו דזכרים דמתני' היינו כבשים דוקא אע"פ שהר"ן יכול לדחות זה לומר דשאלה דלמה תוקעים הוא מנהג שנוהגים לתקוע בשל איל מ"מ לא נראה לו לרבינו כן וכתב ל"ל למיתלי טעמא משום דכייף איניש לימא מטעמא דר' אבהו. י"ל דאה"נ דהכי הוי טעמא אלא מאי דרצה לתת טעם זה הוא מפני שהברייתא הזכירה כפופים משמע דהא מלתא דכפיפה צריך עכ"פ וה"ק מ"ט בעי כפיפה דאי מטעמא דר' אבהו לחוד לא היל"ל [אלא] של אילים לבד מדהזכיר כפופים משמע דטעמא משום דכייף איניש. ועוד יש לי סיוע לדעת רבינו שהוא סובר במה שהזכיר ר"י זכרים דהוי דוקא דאל"כ כשהקשו בגמ' על ר' לוי דאמר מצוה בכפופים לימא הלכה כר"י אמאי לא תירצו אי כר"י ה"א זכרים דוקא ואשמעינן ר' לוי דכל כפוף אע"פ שאינו זכר א"ו במ"ש ר' לוי כפוף הוי זכר דוקא שלא כדברי המפרשים שפירשו דהוי כל כפוף אע"פ שאינו זכר והמפרשים יתרצו לקושיא זאת ויאמרו דהכי פריך לימא הלכה כר"י ויפרש דבריו דמאי דקאמר ר"י זכרים ל"ד אלא כל כפופים וגנובא גנובי למה לך. ועל הקושיא האחרת שלמה הזכיר המחלוקת ב' פעם ודאי דהוא דוחק לפירוש רבינו אבל כבר כתב הרב ב"י ז"ל בסי' תקפ"ו ההכרח שהכריחו לרבינו לפרש כן והיא קושית התוס' ז"ל. עוד אני אומר דאפשר לפרש פירוש אחר בדברי רבינו שלא כדרך ה"ה ז"ל שימרץ זה דס"ל דמתני' קמא איירי לענין דין תורה אם הם כשרים מדין תורה או לא דת"ק סבר דכשרים ור' יוסי אית ליה דפסולים ומחלוקת שניה אע"ג דמדין תורה כשרים כדברי ת"ק מ"מ רבנן פסלוהו אפילו בדיעבד משום טעמא דכל כמה דפשיט איניש כו' ור' יהודה סבר איפכא והשתא רבינו דקאמר כל השופרות פסולים ר"ל מדרבנן שהם פסולים בדיעבד וכמתני' בתרא והשתא לא פליגי מתניתין קמא לבתרא. אבל זה הפירוש דחוק דכשרים דמתניתין קמא משמע כשרים בדיעבד דאורייתא ודרבנן דאי הוו פסולים דרבנן לא הוה ליה למיתני כשרים: כתב הרב ב"י בספרו סימן תקפ"ו בא"ח דאף על גב דרבינו כתב חוץ מקרן הכבש אין לפרש דבריו דלא קפיד אלא שיהיה קרן הכבש אבל לא איכפת ליה בכפוף דהא ר' לוי דאמר מצוה בכפופים אוקימנא כר"י ואם איתא דמשכחת לה של זכרים שאינם כפופים לא הוה ליה למישבק וכו'. נראה שדעתו לומר דזכרים דקאמר ר"י ע"כ הם כפופים דלא משכחת לה בלא כפופים דאל"כ אלא דמשכחת לה זכרים בלא כפופים מנין לו לר' לוי לתלות הדבר בכפופים. ולא הבינותי זה אדרבה מוכרח בגמ' דמשכחת לה זכרים בלא כפופים דאל"כ תקשי למה אמר הוא דאמר כי האי תנא דתניא כו' לימא כר' יהודה דמתניתין שהזכיר זכרים. א"ו משום דבמתני' אפשר לומר אע"פ שאינם כפופים לכך הביא הברייתא שהזכירה כפופים לומר שמהברייתא יצא לו לר' לוי כן. ומה מאד קשה מ"ש והכי אמרינן בגמרא בהדיא גבי ר' לוי הוא דאמר כי האי תנא וכו' דאדרבה משם משמע דזכרים אפשר בלא כפופים מדהוצרך להזכיר כפוף משמע משום דאפשר לזכרים בלא כפופים לכך הזכיר דבעינן תרתי זכרים וכפופים אבל כפופים בלא זכרים לא מהני משום דבעינן איל זכר לעקידת יצחק וכן זכרים בלא כפופים לא מהני וע"כ נראה זה מוכרח מדלא הביא ראיה מדר' יהודה דמתניתין. וע"ק דאע"ג דכל זכר כפוף לדעתו אינו מוכרח שיהיה מתהפך ונאמר כל כפוף זכר וא"כ הדרא קושיא לדוכתא אמאי לא הזכיר ר' לוי זכר שהוא העיקר דאע"ג שהזכיר כפוף אינו מוכרח שכל כפוף יהיה זכר אע"פ שכל זכר יהיה כפוף. סוף דבר לא ירדתי לסוף דעתו כלל:

ג **שופר** של עכו"ם אין תוקעין בו לכתחילה ואם תקע יצא. ראיתי להאריך קצת בלשון זה ולהוכיח הסוגיא שבר"ה בפרק ראוהו ב"ד (דף כ"ח.) והסוגיא שבסוכה פ' לולב הגזול והסוגיא שבסוף פ' כיסוי הדם ולבאר מ"ש רבינו בפ"ח מהלכות סוכה. בפרק ראוהו ב"ד אמרו אמר רב יהודה בשופר של ע"ז לא יתקע ואם תקע יצא של עיר הנדחת לא יתקע ואם תקע לא יצא מאי טעמא עיר הנדחת כתותי מיכתת שיעוריה ובפ' לולב הגזול (סוכה דף ל"א:) על מתני' דשל אשרה ושל עיר הנדחת פסול. הקשו בגמ' והא אמר רבא לולב של עכו"ס לא יטול ואם נטל כשרה הכא באשרה דמשה עסקינן דכתותי מיכתת שעוריה דיקא נמי דקתני דומיא דעיר הנדחת ש"מ. ובסוף פרק כיסוי הדם (חולין דף פ"ט) הקשו על רב דאמר דמכסין בעפר של עיר הנדחת משום דמצות לאו ליהנות ניתנו מברייתא דקאמר שופר של עכו"ס לא יתקע בו ולולב של עכו"ס לא יטול וכו' והתניא תקע לא יצא נטל לא יצא ותירצו אמר רב אשי הכי השתא התם שיעורא בעינן ועכו"ס כתותי מיכתת שיעוריה הכא כל מה דמיכתת [טפי] מעלי לכסוי ע"כ. ופי' המפרש דבאשרה דמשה דתירצו בפרק לולב הגזול רצה לומר אשרה דישראל דאין לה ביטול ולהכי כתותי מיכתת שעורה. וכן מה שתירצו בפרק כסוי הדם הכי השתא התם שיעורה בעינן וכו' הוא משום דאיירי בעכו"ס דישראל דאין לה בטול כדתירץ בפרק לולב הגזול אבל של עכו"ס אע"פ שלא בטלה על דא קאמר רבא לולב של עכו"ס לא יטול ואם נטל יצא. ולדעת רבינו תם כתבו התוס' דאפילו בעכו"ס בעינן בטול. ורבינו ז"ל אינו מפרש כן כדכתב ה"ה בפרק ח' מדלא חילק שם בין עכו"ס לישראל ולכך הוא ז"ל מפרש דברי רבינו באשרה דמשה רוצה לומר אילן שנטעו מתחלה לשם עכו"ס והוא דעכו"ס דבטלה וגורם בגמ' בפרק לולב הגזול הב"ע באשרה דמשה ומשום מצוה הבאה בעבירה כלומר אע"פ שבטלה הרי היא מצוה הבאה בעבירה אבל שופר של משמשי עכו"ס או שהוא עבודת כוכבים עצמו של עכו"ס ובטלו לא מיפסל משום מצוה הבאה בעבירה. ומ"מ נראה ודאי לפי פירוש זה דאפילו בעבודת כוכבים של עכו"ס כל כמה דלא בטלו אסור דכ"ש דהוי מה"ב טפי. וקשה על זה הפירוש שפירש ה"ה דסוגיא דפ' כסוי

הגהות מיימוניות

פסק בספר המצות וכן בספר יראים ודלא כרבינו שמחה שכתב דכל זה למדנו למצוה מן המובחר ולא לפסול של יעל ושל תיש, ע"כ: [ג] ראוהו ב"ד והכי איתא בספרי ופרק בתרא דמכילתין יליף לה מבחדש השביעי שיהו כל תקיעות חדש שביעי זו כזו: **ג** [ד] כן איתא בירושלמי פרק לולב הגזול ובמצות חליצה דאמר ר' אלעזר וכן רבי מנא וכן תני רבי חייא ודלא כר' יהודה דהכא דאמר כתותי מיכתת שיעוריה וכן תנא דבי ר' אושעיא התם:

דהיינו

בו לא יצא. שופר הגזול שתקע בו יצא שאין המצוה אלא בשמיעת הקול אע"פ שלא נגע בו ולא הגביהו השומע יצא *ואין בקול דין גזל. וכן שופר של עולה לא יתקע בו ואם תקע יצא שאין בקול דין מעילה. ואם תאמר והלא נהנה בשמיעת הקול מצות לא ליהנות ניתנו. לפיכך המודר הנייה משופר מותר לתקוע בו תקיעה של מצוה:

ד [א]שופר של ראש השנה אין מחללין עליו את יום טוב ואפילו בדבר שהוא משום שבות. כיצד היה השופר בראש האילן או מעבר הנהר ואין לו שופר אלא הוא אינו עולה באילן ואינו שט על פני המים כדי להביאו. ואין צריך לומר שאין חותכין אותו או עושין בו מלאכה.

מפני

א עיר שם:

השגת הראב"ד

*ואין בקול דין גזל. א"א ואפילו יהיה בו דין גזל יום תרועה יהיה לכם מ"מ הכי איתא בירושלמי עכ"ל:

מגיד משנה

שופר הגזול שתקע בו יצא שאין המצוה אלא בשמיעת הקול אע"פ שלא נגע וכו'. כתבתי לשון רבינו לפי שראיתי גדולים בספריהם משתבשים בכונתו ומפליגין עניני לדרכים אחרים. וזה מה שנראה לי בבאורו, רבינו כתב ששופר גזול שתקע בו יצא ואין הדין כן בלולב ובמצה ונתן טעם לדבר מפני מה נחלק שופר מהם לפי שמצות השופר אינה אלא השמיעה והשמיעה בלא הגעה היא ובלא הגבהה מן השומע אע"פ שהתוקע נגע בו מ"מ אין השומע נוגע בו כלל אלא ששומע הקול היוצא ואין בקול דין גזל ולפיכך אף התוקע יוצא בו אבל לולב ומצה אין אדם יכול לצאת ידי חובתו בהן אלא בנגיעת גופן ולפיכך כשהן גזולין לא יצא בהן. זה ביאור דברי רבינו וכן מפורש בירושלמי מה בין לולב ומה בין שופר אמר ר' אליעזר תמן בגופו הוא יוצא הכא בקולו הוא יוצא ודברים פשוטים הם. וההשגות א"א אפילו יהיה בקול דין גזל יום תרועה יהיה לכם מ"מ הכי איתא בירושלמי עד כאן. סובר הר"א ז"ל כדברי מי שאומר כן בירושלמי ומ"מ אין כאן מקום להשגה אחר שהדין והטעם שהזכיר רבינו אמת:

וכן שופר של עולה וכו'. שם (דף כ"ח.) מסקנא דגמרא אמר רבא אחד שופר של עולה ואחד שופר של שלמים אם תקע בו יצא מ"ט מצות לאו ליהנות נתנו: לפיכך המודר הנאה משופר וכו'. שם המודר הנאה מחבירו מותר לתקוע לו תקיעה של מצוה והמודר הנאה משופר מותר לתקוע בו תקיעה של מצוה, ורבינו ז"ל הזכיר החלק השני וכל שכן החלק הראשון:

ד שופר של ר"ה וכו'. פ' יו"ט של ר"ה (דף ל"ב.) משנה שופר של ר"ה אין מעבירין עליו את התחום ואין מפקחין עליו את הגל ולא עולין באילן ואין רוכבין על גבי בהמה ולא שטין על פני המים ואין חותכין אותו לא בדבר שהוא משום שבות ולא בדבר שהוא משום

כסף משנה

ולאחריה גמר ר"ה מיובל בהיקשא דאין ת"ל בחדש השביעי אלא להקיש כל תקיעות של חדש השביעי שהן שוות ולבסוף גמר בג"ש ליתן את האמור של זה בזה הא נמי תיתי בהיקשא דאי כדכתיבי שיהו שתים בר"ה ואחת ביובל אין תרועות של חדש השביעי שוות. ה"ק אי לאו ג"ש אילו לא נאמרה ג"ש זו למשה מסיני לדונה הייתי מביא הכל בהיקשא השתא דאיתמר ג"ש זו למשה מסיני איני צריך להביא עוד בהיקשא מעלמי ע"כ. הנה שעכשיו שנאמרה ג"ש למשה משם אנו לומדין הכל ולכן כתב רבינו ומפי השמועה למדו מה תרועת שופר ביובל וכו'. ובראש פ"ג כתב כמה תקיעות חייב אדם לתקוע וכו' ומפי השמועה למדו שכל תרועות של חדש הזה אחד הן וכו' כיון גם כן לג"ש הנזכרת כאן שהיא הלכה למשה מסיני שכך אמרו השתא דאתמר ג"ש ור"ל השתא דאתמר ג"ש זו למשה מסיני. כתב הר' מנוח שאין בקול דין גזל כלומר שקול אין בו ממש כדתנן פ' שני דנדרים (דף ט"ו) קונם שאיני מדבר וכו' ובירושלמי פרק לולב הגזול איכא תרי טעמי ורבינו פסק כר"י ממין דחיישינן למצוה הבאה בעבירה ולפיכך כתב שאין בקול דין גזל ולא כתב משום יום תרועה יהיה לכם:

וכן שופר של וכו' יצא. היינו בשתלשו קודם זריקה דאילו לאחר זריקה אין מעילה לא בעורה ולא בקרניה שהכל לכהנים כדאמרינן בזבחים ומנחות ולא הוצרך רבינו לכתוב דין שופר של שלמים מאחר שכתב דין שופר של עולה דילא כל שכן לשל שלמים:

ד שופר של ר"ה אין מחללין עליו את יו"ט וכו'. ואין עשה דוחה לא תעשה ועשה, פי' וחכמים עשו חזוק לדבריהם הכא כשל תורה דכיון דלא דחי מלאכה דאורייתא אף שבות דדבריהם לא ידחה:

שיעור

לחם משנה

כסוי הדם דמתרץ כתותי מיכתת שעוריה ע"כ מוקי לה בעכו"ם של ישראל וא"כ סוף סוף קשה למה לא הזכיר רבינו בעכו"ם של ישראל שאם נטלו לא יצא והיה לו לחלק בין עכו"ם לישראל ועוד בעכו"ם עצמו היה לו לחלק בין בטלו ללא בטלו. וע"ק דלמה לא תירץ הגמ' בפרק לולב הגזול דאיירי מתני' דשל אשרה פסול בעבודת כוכבים דישראל כמו שתירץ בפ' כסוי הדם ואמאי מהדר לתרץ דאיירי באשרה דמשה. וצ"ל דה"ה יפרש דבכסוי הדם מוקי לה בשל עכו"ם ובלא בטלה ופירש טעמא משום כתותי מיכתת שיעוריה אבל הכא בפרק לולב הגזול לא מצי לאוקמי מתניתין בשלא בטלה כדאוקי התם דאשרה ודאי דאיירי לאחר בטול כדכתבו התוספות לפירוש ר"ת משום דמשנקצץ הלולב מן האילן נתבטל ולכך לא מצי לשנויי כדשני התם ותירץ באשרה דמשה. וכ"ת אכתי קשה אמאי לא קאמר דעכו"ם היכא דלא בטלו אסור וה"ה בישראל היכא דבטלו. וי"ל דזה הוי מכ"ש דאשרה שנתבטלה דהשתא אשרה שנתבטלה פסול משום מה"ב כ"ש עכו"ם ושלא נתבטלה דאיכא תרתי כתותי מיכתת שיעורא ומה"ב ולכך לא הוצרך לפרש. זה נ"ל ליישב פי' ה"ה ז"ל בדברי רבינו וזה עם שני הגירסא בגמרא דגרים משום מה"ב וגם נ"ל ע"כ לפי זה דלא גרים דיקא נמי דקתני דומיא דעיר הנידחת דכיון דמוקי לה באשרה שבטלה לא הוי דומיא דעיר הנדחת דנשרפת בשלמא לפירוש שאר המפרשים דהוי עבודת כוכבים של ישראל הוי דומיא דעיר הנידחת דאין לה תקנה ונשרפת אבל לפירוש רבינו לא הוי הכי לכ"נ ודאי דלא גרים ליה. ועוד אני אומר ליישב דברי רבינו שלא כדברי ה"ה ז"ל שהוא גורס כגירסתנו בגמ' ומכח הקושיא שהקשו התוס' מהאיא דפרק כל הצלמים (ע"ז דף מ"ז.) דבעי ריש לקיש המשתחוה לדקל לולבו מהו וכו' דלכל הפירושים קשה למה שפירש ר"ת נ"ל דמ"ש אם נטל יצא איירי לאחר בטול קשה דמשמע דהוי בעיא דלא איפשיטא והכא אמר רבא דאם נטל יצא משמע דיש דחוי לקולא ולפירוש האחר שפירש נטל בלא בטול ג"כ קשה כדכתבו שם התוספות לכך הוא מפרש כפירוש התוס' דגמ' ה"ק הכא מתניתין איירי באשרה דמשה כלומר עכו"ם של ישראל שנטעו מתחלה לכך זה נקראת אשרה כדכתב רבינו ולכך פסול דכתותי מיכתת שעוריה ורבא איירי באילן שנטעו ולבסוף עבדו כרבנן דשרו ומ"מ לכתחלה לא יטול והך אשרה בשלא בטלה אבל באשרה של עכו"ם שנטעה מתחלה לכך ובטלה זו היא הבעיא של פרק כל הצלמים ולא איפשיטא אם יש דחוי או לא כלומר אי אמרינן כיון שנידחית שעה אחת ממצוה קודם בטול תו לא אתכשר א"ד אין דחוי וכיון דסלקא בתיקו פסק רבינו ז"ל לחומרא ולכך כתב דאשרה שבטלה אם נטל לא יצא כלומר מכח הסיא בעיא דהתם דסלקא בתיקו וא"כ אמרינן יש דחוי. וא"ת הא בעיא דהתם כבר איפשיטא בפרק לולב הגזול שאמרו שם דחוי מעיקרא לא הוי דחוי תפשוט מינה וכמ"ש הר"ן בפ' כל הצלמים, י"ל דרבינו סבור כפירוש התוס' דפירשו בפרק כל הצלמים וכן בפרק לולב הגזול דבעיין דכל הצלמים לא איפשיטא דשאני התם בהדס דכיון דהוי בידו למעט לכך לא הוי דחוי אבל הכא גבי אשרה אין בידו לבטלה אם לא על ידי עכו"ם דישראל אין מבטל עבודת כוכבים כלל דא"כ לא איפשיטא בעיין, ואם תאמר מכ"מ היה לו לרבינו לחלק דאשרה שבטלה דוקא שבטלה ביו"ט דזה נקרא דחוי מעיקרו אבל אם בטלה מעי"ט לא הוי דחוי כלל וכמ"ש התוס' בפרק לולב הגזול ונראה מוכרח ממאי דבעי ר' ירמיה (סוכה דף ל"ג.) נקטם ראשו מעיו"ט ועלתה בו תמרה ביו"ט אבל עלתה בו תמרה בעיו"ט לא חשיב דחוי והכא נמי כשבטלה מעיו"ט דכוותה היא. ויש לומר דרבינו יתרץ דכיון דבפ' כל הצלמים אמרו סתם אשרה שבטלה ולא אמרו שבטלה מערב יו"ט כמו שאמרו בפרק לולב הגזול גבי הדס ע"כ שבטלה דקאמר גבי אשרה הוי בכל גוונא. ויש לחלק בין אשרה להדס דבאשרה כיון שהתיקון לא אתי ממילא אלא צריך לעשותו בידים לכך ודאי דחויו שנדחה מקודם הוי דחוי אבל גבי הדס כיון דהתיקון אתי ממילא נסתלקה דחויו כאילו אינו וחזר הדבר לכמו שהיה קודם שנקטם. והשתא לפי פירוש זה שפיר' בדברי רבינו יהיה גירסתו כגירסתנו והתירוץ שתירצו בפרק כיסוי הדם הוא התירוץ שתירצו בפרק לולב הגזול דבכסוי הדם מוקי לה דלולב ושופר של עבודת כוכבים של ישראל אין לו בטול וכ"ת למה לא נתבאר דין זה בדברי רבינו כאן בשופר וכאן בלולב דעכו"ם של ישראל דפסול. ויש לומר דכ"ש הוא דהשתא עבודת כוכבים דעכו"ם שבטלה קאמר דפסול כל שכן עבודת כוכבים של ישראל שאין לה בטול ולא קתני אלא לולב של עבודת כוכבים כלומר אילן שנטעו ולבסוף עבדו שמותר ובשופר קאמר שופר של עכו"ם ר"ל שופר של עבודת כוכבים של עכו"ם כלומר שלא נאסר מפני שהשתחוה לבהמה ובעלי חיים אינם נאסרים ומ"מ לא יטול לכתחלה אבל כל דבר של עבודת כוכבים שנאסר אע"פ שבטלו אח"כ לדעת רבינו אם נטל לא יצא משום דיש דחוי: שופר הגזול וכו'. ירא' דלרבינו הוקשה לו בכאן שני דברים ותירץ לשניהם. האחד דאפילו תאמר דמצות לאו ליהנות ניתנו מ"מ קשה מאי שנא הכא מלולב ומצה שאמרו בגמרא שאינו יוצא ואע"ג דמצות לא ליהנות ניתנו וכו' והטעם נתבאר בריש פרק לולב הגזול (שם דף ל.) משום שהיא מה"ב הכא נמי היא מה"ב ותיתסר לזה תירץ שאין בקול דין גזל ולכך לא מיתסר מה"ט. ועוד הוקשה לו דהרי נהנה מגזל לזה תירץ דמצות לאו ליהנות נתנו, ומ"ש שם טעמא דמה"ב יותר משאר דברים ע"ש בתוספות: שופר של עולה וכו'. וא"ת דהכא משמע מדבריו דתוקע לא עביד מעשה והוי קול והוא ז"ל כתב בסוף פ' ה' מהלכות מעילה קול ומראה וריח של הקדש לא נהנין ולא מועלין וא"כ כיון דהוי קול ואין בו דין מעילה איך אמרו בגמ' פרק ראוהו בית דין (ר"ה דף כ"ח.) מ"ט עולה בת מעילה היא כיון דמעל בה נפקא לחולין הא כיון דהוי קול לאו בת מעילה היא ורבה נמי דאתקיף לא קאמר אלא אימת מעל לבתר דתקע כי תקע באיסורא תקע משמע דמודה ליה דמעל. וי"ל דרבינו סובר דכי פריך ליה הוי לפי סברתו אבל לפי האמת אין בו מעילה דהא אמרינן פרק ה' שלשה דברים אין בהן מעילה קול ומראה וריח וזה דוחק. ויש לדקדק מה הקשה רבינו וא"ת הלא נהנה הא אין בו דין מעילה. וי"ל דמ"מ הרי כתב רבינו דאין נהנין ולא מועלין ואע"פ דאי איסור הנאה לא הוי אלא איסור דרבנן מ"מ מקשה רבינו אמאי יצא בדיעבד וכל דתקון רבנן כעין דאורייתא תקון וה"ל למימר דאפילו בדיעבד לא יצא. ואם תאמר דכיון דהוצרך רבינו לתת טעם זה בקול לתרץ קושיא דלולב ומצה כדכתב ה"ה למה לא הקשה ג"כ גבי שופר של עכו"ם ולישני נמי התם דשאני משום דהוי קול. וי"ל הא לאו מילתא היא דבלולב נמי של עכו"ם אם נטל יצא כמ"ש בריש פ"ח ואע"ג דבלולב הגזול לא יצא משום מה"ב ואע"ג דמצות לאו ליהנות נתנו (בגמרא) [בלולב] דעכו"ם לא אמרינן הכי אלא יצא. וא"ת למה לא כתב רבינו דין שלמים וי"ל משום דהוה ס"ד בגמרא דגרע שלמים משום דלית בהו מעילה אבל כיון דפי' רבינו דבעולה ג"כ אין בה מעילה משום דהוא קול א"כ כ"ש שלמים שהם קדשים: מצות לאו ליהנות ניתנו וכו'. כתב ה"ה ורבינו ז"ל הזכיר החלוק השני וכ"ש החלוק הראשון ע"כ. טעמו נתבאר בהר"ן ז"ל שכתב בפירוש הסל' ואצטריך לאשמועינן במודר הנאה דס"ד מודר הנאה מחבירו ה"ט דשרי לפי שאין דעתו של נודר דבר מצוה כיון שלא פירש אבל הנודר משופר דפרה ליתסר קמ"ל:

ניקב

מגדל עוז

ג **ואין** בקול דין גזל. א"א ואפילו יהיה בו דין גזל יום תרועה יהיה לכם מ"מ הכי איתא בירושלמי (הסופר השמיט): וכן שופר של עולה עד תקיעה של מצוה. פ' ראוהו ב"ד (דף כ"ח): ד **שופר** של ר"ה עד בזווית עליו. פ' יו"ט של ר"ה (דף ל"ב):

שיעור

מפני שתקיעת שופר מצות עשה ויום טוב עשה ולא תעשה ואין עשה דוחה לא תעשה ועשה. [א]מותר ליתן בתוכו מים או יין או חומץ ביום טוב כדי לצחצחו. ולא יתן לתוכו מי רגלים לעולם מפני הכבוד שלא יהיו מצות בזויות עליו: ה [ב]שיעור השופר כדי שיאחזנו [ה]בידו ויראה לכאן ולכאן. נסדק לאורכו פסול. לרחבו אם נשתייר [ו]בו כשיעור כשר וכאילו נכרת מקום הסדק. ניקב אם סתמו *שלא במינו [ז][ג]פסול. סתמו במינו אם נשתייר רובו שלם ולא עכבו הנקבים שנסתמו את התקיעה הרי זה כשר. קדחו בזכרותו כשר שמין במינו אינו חוצץ. דבק שברי שופרות עד שהשלימו

א טור שם: ב טור שם סמ"ג שם: ג עי' בטור שם ובסמ"ג שם:

כסף משנה

ה שיעור השופר וכו'. נתבאר בהמפלת (נדה כ"ו.) דהיינו טפח שוחק: נסדק לאורכו פסול לרחבו אם נשתייר בו כשיעור כשר וכאילו נכרת מקום הסדק. פירוש דוקא שישתייר שיעור תקיעה לצד הפה הוא דמכשרינן משום דחזינן כל מה שלמעלה ממנו כאילו ניטל משם וזה רמז רבינו באומרו וכאילו נכרת מקום הסדק לאפוקי מבעל העיטור ומר"י ן' גיאת שמכשירים אפילו לא נשתייר לצד הפה: סתמו במינו וכו' ולא עכבו הנקבים שנסתמו את התקיעה הרי זה כשר. כוונת רבינו ז"ל שאם סתמו במינו ואינו מעכב התקיעה עתה אע"פ שקודם שנסתם היה מעכב את התקיעה כשר לפי שמה שסתמו בו בטל לגבי השופר, וכן נראה מלשונו ז"ל ולא עכבו הנקבים שנסתמו את התקיעה דמשמע אחר הסתימה לא עכבו הנקבים דאי קודם הסתימה הוה ליה למימר ולא היו מעכבים ולא שנסתמו וכן כתב הר"ן ז"ל שזהו דעת רבינו. וההגהות שכתבו מתוך לשון העמוד נראה שר"ל כדמוכח בירושלמי דאמר אם היה מעכב את התקיעה קודם שנסתם הנקב פסול נראה שהיה להם גירסא אחרת בדברי רבינו כמו שכתוב בספרים אבל הנוסחא האמיתית היא זאת שכתבתי וכן נראה מדברי בעל מגיד משנה ז"ל ועדותו של הר"ן תכריע: דבק שברי שופרות. מסתברא שאם היה השבר אחד מהם שיעור שלם אע"פ שדבק שבר אחר והוסיפו עליו כשר דומיא דנסדק לרחבו ויש פוסלים:

לפהו

מגיד משנה

משום לא תעשה, ובגמ' מ"ט שופר עשה הוא וי"ט עשה ולא תעשה ואין עשה דוחה ל"ת ועשה: ומותר ליתן וכו'. בתוספתא משנה אבל אם רצה ליתן בתוכו מים או יין יתן פירוש כדי לצחצחו ובגמ' (ר"ה דף ל"ג.) מי רגלים אסור מפני הכבוד:

ה שיעור השופר וכו'. (שם כ"ז) פרק ראוהו בית דין וכמה שיעור שופר פירש רשב"ג כדי שיאחזנו בידו ויראה לכאן ולכאן ופי' כדי שיאחזנו אדם בינוני לא קטן ולא גדול, וכן בארו בגמרא בנדה פרק המפלת ששיעור זה טפח הוא וכן כתבו ז"ל: נסדק לארכו פסול לרחבו וכו'. (דף כ"ז:) משנה שם בשופר שנסדק ודבקו פסול ובגמרא נסדק לארכו פסול לרחבו אם נשתייר בו שיעור תקיעה כשר ואם לאו פסול. ופי' נסדק לארכו פסול בשנסדק כולו או רובו אבל מיעוטו ודאי לא וזה דעת הרבה מן המפרשים ועיקר. ונסדק לרחבו יש מי שכתב דבעינן שיעור תקיעה שלם כלפי פיו ולא למטה ויש מי שכתב בין למטה מן הסדק בין מלמעלה ויש להחמיר:

ניקב וסתמו וכו'. דברי רבינו הם כדברי ההלכות דבעינן ג' דברים שיהיה הסתימה במינו ושלא ניקב אליו אלא נשתייר רובו ושאינו מעכב את התקיעה אחר הסתימה וכן פסקו ר"ח ובעל הלכות ז"ל כלישנא קמא דר' יוחנן ולחומרא ויש בזה שטה אחרת וכבר העלה הרשב"א ז"ל שפסק זה עיקר. ופירוש מעכב התקיעה שנחלש הקול קצת ויוצא משם כך פירש הרמב"ן ז"ל ואמרו בירושלמי ניקב וסתמו ר' בא בר זימנא בשם רבי זעירא והוא שסתמו הא לא סתמו כשר שכל הקולות כשרין בשופר. וכתב בהשגות זה הירושלמי וכן נכתב בעטור והרמב"ן והרשב"א ז"ל כתבוהו אבל בעלי ההלכות לא כתבוהו: קדחו בזכרותו כשר וכו'. שם (דף כ"ז.) שלחו ליה לאבוה דשמואל קדחו בזכרותו ותקע בו יצא דמין במינו אינו חוצץ. פירש"י ז"ל בזכרותו כשהוא מחובר בבהמה בולט עלם מן הראש ונכנס לתוכו ומוציאין אותו מתוכו וזה לא הוציאו אלא נקב את הזכרות, עכ"ל: דבק שברי שופרות פסול. משנה שם (דף כ"ז.) דבק שברי שופרות פסול:

הוסיף

השגת הראב"ד

*שלא במינו פסול וכו'. כתב הראב"ד ז"ל לא הסכים לירושלמי והכי גרסינן התם כיני מתניתא היה מעכב את התקיעה פסול, פירוש אע"פ שתקנו מפני שקול הסתימה הוא זה ואם סתמו במינו מיהת כשר והעכוב שאמרו לא עכוב לגמרי אלא אפילו פוגם ושם פירשו שאם לא סתמו והניחו פגום כשר שכל הקולות כשרים בשופר עכ"ל:

משנה למלך

פרק א ד מפני שתקיעת שופר מצות עשה וכו'. זה פשוט בפרק בתרא דר"ה. ויש להסתפק בהא דקי"ל דאין עשה דוחה ל"ת ועשה אם עבר ודחה הלא תעשה אם לוקה או לא מי אמרינן כיון דקיי"ל דאתי עשה ודחי ל"ת נמצא שאין כאן לאו כלל אלא עשה לחודיה ומשום דעבר אעשה לא לקי א"ד כיון דנלטרף לא תעשה זה עם עשה אליס כחו דהאי ל"ת ואפילו אם בטלו כדי לקיים עשה אחר לוקה. שוב ראיתי שהתוספות פ' שלוח הקן (דף קמ"א.) עמדו בזה וריב"א ס"ל דאינו לוקה משום דהלאו כמאן דליתיה דמי דעשה דחי ליה ועיין מ"ש התוספות פסחים פרק אלו עוברין (דף מ"ז:) ד"ה כתישה ודוק. ונראה דאף שהתוס' שם נדחקו הרבה בקושית הגמרא שהקשו ואי אמרינן הואיל אחרישה לא ליחייב הואיל וחזי לכסויי דם לפור והקשו התוספות דמאי קושיא הא כיסוי הוה עשה ויו"ט עשה ולא תעשה. ולפי סברת ריב"א ניחא דקושית הגמרא היא דהיכי קתני דלוקה על חרישה ביו"ט הא איכא הואיל ומזדמני ליה דם לפור דנהי דאינו יכול לכסות היינו משום עשה דיו"ט אבל ל"ת ליכא. ומ"מ נראה דרשב"ס ור"ת שתירלו תירוץ אחר לא פליגי אהאי דינא דריב"א דלעולם לא לקי על הלאו כל היכא דאיכא עשה נגד הלאו אלא דסבירא להו דנהי דאם היה כאן דם לפור וחרש כדי לכסות דאינו לוקה משום לאו דיו"ט כיון דאיכא עשה דכיסוי אבל כיון דליכא הכא דם לפור היכי תסיק אדעתין למפטריה אחרישה משום הואיל דנהי דהואיל דהיתרא אמרינן כגון אי מקלעי ליה אורחים אבל הואיל דאיסורא לא אמרינן והכא אף אם היה כאן דם לפור לא הותר לו לכסות משום עשה דיו"ט וא"כ לא שייך כאן לומר הואיל וכיון שכן שפיר לקי אחרישה דיו"ט וריב"א ס"ל דכיון דאם היה כאן דם לפור לא היה כאן מלקות משום הלאו ניחא הואיל לענין המלקות. עוד נ"ל דאף דנימא דכל היכא דאיכא עשה ול"ת דלקי על ל"ת אף שיש כנגדו עשה מ"מ היכא דנלטרפו ב' איסורין כגון יו"ט וכלאים והיה דם לפור וחרש כדי לכסות דאף שלוקה על ל"ת דיו"ט על ל"ת דכלאים אינו לוקה כיון דבכלאים ליכא עשה דדוקא היכא דבמנוה אחת איכא עשה ול"ת אז הוא דאמרינן דאליס כחו דל"ת זה ולוקין עליו אף שיש עשה כנגדו כיון שיש בלווי זה עשה עמו אבל גבי כלאים דליכא עשה בהדיה בשביל דאתרמי ביו"ט לא תוסיף תת כח הלאו דכלאים ללקות עליו וזה הוא פשוט בעיני. ומה שכתבו התוס' בשם ר"ת דבחרישה דכלאים קאי דליכא אלא לאו גרידא לקי על לאו דכלאים משום דהוי ביו"ט ל"ק ולא מידי דהתם לא היה שם דם לפור ומשום הואיל הוא דהוה בעינא למפטריה ועל זה אמרו דלא שייך הואיל כיון שהיה ביו"ט דאפילו אם היה שם דם לפור אסור מעין מה שכתבנו למעלה דהואיל דהיתרא אמרינן הואיל דאיסורא לא אמרינן אבל לעולם שאם היה כאן דם לפור לא היה לוקה אלא לאו דכלאים:

סיככה

לחם משנה

ה ניקב אם סתמו שלא במינו פסול וכו'. כבר כתב ה"ה ז"ל שדעתו כדעת ההלכות שהוא ז"ל מפרש המחלוקת שבברייתא ניקב וסתמו בין במינו בין שלא במינו פסול רבי נתן אומר במינו כשר שלא במינו פסול דאיירי בשאינו מעכב את התקיעה אבל מעכב את התקיעה דברי הכל בין במינו בין שלא במינו פסול ופסק כרבי נתן מדשקיל וטרי ר' יוחנן אליביה ולהכי בעינן תלתא במינו ואינו מעכב ונשתייר רובו, והכריח הר"ן פירוש זה דאלת"ה קשה דר' יוחנן לר' יוחנן דהא איהו פסק כרבי נתן ואי אמרת דר' נתן איירי אפילו במעכב ומכשיר במינו א"כ קשה מתני' דלא כותיה דקאמרה דבמעכב אפילו במינו דהא מתניתין אם מעכב את התקיעה סתמא קאמרה אפילו במינו ור' יוחנן א"ל בעלמא דהלכה כסתם משנה וא"כ קשיא. וא"ת אם נפרש דברי ר' נתן באינו מעכב ואז ודאי מכשיר במינו כפירוש הר"ן ז"ל א"כ ואם לאו כשר שאמר במתניתין איירי דוקא במינו ועל הא קאמרה מתניתין דכשר בשאינו מעכב דאם לא נפרש כן פליגא אדרבי נתן וא"כ הא ע"כ השתא נמי לא איירי מתניתין בסתמא אלא במינו דוקא א"כ איך סתר הר"ן דהמחלוקת לא הוי במעכב דא"כ מתניתין דאם מעכב איירי בשאינו מינו ומתניתין סתמא קאמרה נימא דרישא דמתני' איירי פרטית בשלא במינו דוקא וסיפא כולל כמו שאנו אומרים השתא דסיפא פרטית דאיירי במינו דוקא ורישא כולל. ויש לומר דטפי מסתבר לאוקמי רישא כולל מסיפא והשתא רישא הויא כולל בין במינו בין שלא במינו אבל לפירוש דסתר הר"ן רישא הוי פרטית וזה דוחק וסיפא אע"ג דהשתא הוי פרטית אינו דוחק דא"ל לומר אגב רישא נקטיה ועם זה נתבאר פירוש רבינו ז"ל וטעמו. ועוד י"ל דהרמב"ן כתב בס' המלחמות דסתמא דמילתא הוי הדיבוק במינו ואורחא הוי הכי ע"ש. וא"ל לפי זה דמפרש מעכב את התקיעה שר"ל מעכב אחר שנסתם וזהו שאמר הנקבים שנסתמו את התקיעה כלומר אחר הסתימה דאי מפרש מעכב קודם הסתימה היכי מלי למימר דמחלוקת דברייתא איירי כשאינו מעכב קודם הסתימה וכי אפשר שנפחת רובו ולא יעכב התקיעה וכמו שהקשו התוס' ז"ל אלא ודאי ע"כ פירוש שמעכב אחר הסתימה קאמר ולא כמו שהבין בעל ההגהה בדברי רבינו ז"ל שכונתו לומר קודם הסתימה דאי אפשר לומר כן כדפרישית. ועל מה שכתב הראב"ד ז"ל בהשגות לא הסכים לירושלמי דגרסינן התם כיני מתני' היה מעכב וכו', כונתו להשיג על רבינו דאין כמ"ש שהסתימה מעכב אלא קודם הסתימה היה מעכב וזהו שאמרו היה מעכב התקיעה דמהלשון היה משמע קודם, ועוד השיגו דבמינו לבד סגי אע"פ שהוא מעכב את התקיעה והך נמי משמע מן הירושלמי כפי מה שמפרשו בעל המאור ע"ש. ויתר הדברים מבוארים הם:

לפהו

מגדל עוז

ה שיעור השופר כדי שיאחזנו עד שלא במינו פסול עד הרי זה כשר. פרק ראוהו בית דין: כתב הראב"ד ז"ל לא הסכים לירושלמי והכי גרסינן וכו' עכ"ל: ואני אומר אפשר שהסכים עם הירושלמי ופירשו יפה על דרך הבבלי בנשתייר רובו פרק ראוהו ב"ד וכלשון רבותיו נ"ע גמרא מתני' דשופר שנסדק וכר' נתן דאמר ניקב וסתמו במינו כשר ועלה א"ר יוחנן והוא שנשתייר רובו ואם מעכב את התקיעה לדברי הכל פסול כמתני' וגם כן פסקו ר"ח ובה"ג ורוב הגאונים ורבותינו בעלי התוס' ז"ל ואם בודאי יחלקו הבבלי והירושלמי גם ברוך יהיה כי כמה פעמים כתבתי שהסכימו הראשונים לסמוך על הבבלי לפי שרבינא ורב אשי שסידרו הבבלי היו יודעין ורגילין בירושלמי ואילו היו מקובלים שכן הלכה היו קובעים אותה בבבלי. שוב מצאתי להרמב"ן ז"ל הסכים כן בספר המלחמות שלו והאריך בפירוש עכוב התקיעה והירושלמי ואין להוסיף על דבריו ור"מ ז"ל לא חשש להאריך כדרכו שקראו משנה תורה ואינו מאריך אבל מקצר ומפרשיו יפרשו דבריו על דרך שפירשו התלמוד: ה ח קדחו בזכרותו עד סוף הפרק. פ' ראוהו בית דין (דף כ"ז):

הכל

הגהות מיימוניות

ה [ה] דהיינו טפח כדאיתא פ' המפלת ובפ' לולב הגזול בירושלמי שלשה שיעורן טפח שופר וכו' וצריך טפח שוחק כדי שיראה לכאן ולכאן, ע"כ: [ו] פי' מן הסדק עד פיו ע"כ: [וכתב הטור אם דבקו במינו כשר ואם נסדק כלו אפילו מצד אחד ואפילו חממו באור ודבקו וחבר סדקיו זה עם זה פסול ע"ש]: [ז] מ"מ אפילו אם נשתייר רובו שלם אפילו לא עכבו הנקבים את התקיעה כדמוכח מאשר כתב על סתמו במינו והיינו כבתרי לישני דר' יוחנן לחומרא ע"ש וכן פסק בה"ג. מתוך לשונו נראה שרוצה לפרש כדאיתא בירושלמי דאמר אם היה מעכב את התקיעה קודם שסתמו פסול דעכשיו חזר הקול לאיתנו ע"י סתימה זו ואין זה קול שופר אלא קול סתימה כמו צפהו זהב דאם נשתנה קולו פסול. עוד פירשו התוס' פ"א אם מעכב את הקול אחר שסתמו וכו' עד ומסקנא דשמעתא והלכה למעשה נראה דשופר שניקב וסתמו במינו וחזר קולו לכמות שהיה קודם שניקב לית דין ולית דיין דכשר אפילו היה מעכב את התקיעה קודם שנסתם דפי' זה עיקר

דאם

שהשלימו לאחר פסול: ו הוסיף עליו כל שהוא בין במינו בין שלא במינו פסול. צפהו זהב מבפנים או במקום הנחת פה פסול. צפהו מבחוץ אם נשתנה קולו מכמות שהיה פסול ואם לא נשתנה כשר. [א]נתן שופר בתוך שופר אם קול פנימי שמע יצא ואם קול חיצון שמע לא יצא. הרחיב את הקצר וקצר את הרחב פסול: ז היה ארוך וקצרו כשר. גרדו בין מבפנים בין מבחוץ אפילו העמידו על גלדו כשר. היה קולו עב או דק או צרור כשר שכל הקולות כשרין בשופר: ח [ב]התוקע בתוך הבור או בתוך המערה. אותן העומדים בתוך הבור והמערה יצאו. והעומדים בחוץ אם קול שופר שמעו יצאו. ואם קול הברה שמעו לא יצאו. וכן התוקע לתוך [ס]חבית גדולה וכיוצא בה. אם קול שופר שמע יצא ואם קול הברה שמע לא יצא:

פרק שני

א הכל [ג]חייבין לשמוע קול שופר כהנים לויים וישראלים וגרים ועבדים משוחררים. אבל נשים

א טור שם וע"ש סמ"ג שם: ב טור סי' תקפ"ז וע"ש: ג טור סי' תקפ"ט:

מגיד משנה

ו הוסיף עליו כל שהוא וכו'. ברייתא שם (דף כ"ז:) כלשון רבינו: צפהו זהב מבפנים וכו'. ברייתא שם צפהו זהב במקום הנחת פה פסול שלא במקום הנחת פה כשר צפהו זהב מבפנים פסול מבחוץ אם נשתנה קולו מכמות שהיה פסול ואם לאו כשר. וכתב הרמב"ן ז"ל וטעמא דפסולא במקום הנחת פה משום דאיכא הפסק בין פיו לשופר ושמע מינה שאם הרחיק השופר מפיו ונפח בו ותקע פסול. עוד כתב גבי צפהו זהב מבחוץ ונשתנה קולו מכמות שהיה פסול לפיכך אלו שמציירין צורות לנאותו לא יפה הם עושים שמא נשתנה קולו מחמת אותן ציורין ואע"פ שאין קולו מלופה במיני הציורין לפעמים קולו משתנה בהן, עכ"ל: נתן שופר וכו'. ברייתא כלשון רבינו וכתב הרמב"ן ז"ל שאם שמע קול שניהם יש לחוש ולפסול: הרחיב את הקצר וכו'. שם ג"כ כלשון רבינו:

ז היה ארוך וכו'. ברייתא שם כלשון רבינו: גרדו בין וכו'. שם ברייתות: היה קולו עבה וכו'. ברייתא שם כלשון רבינו:

ח התוקע לתוך וכו'. שם התוקע לתוך הבור או לתוך הדות או לתוך הפיטום אם קול שופר שמע יצא אם קול הברה שמע לא יצא. ובגמ' אמר רב הונא לא שנו אלא לאותן העומדים על שפת הבור אבל לאותן העומדים בבור יצאו. ופירש"י ז"ל שהטעם שהם שומעים קול שופר לעולם, ע"כ. ופי' פיטום חבית גדולה:

פ"ב א הכל חייבין לשמוע קול וכו'. שם (ר"ה כ"ט.) ברייתא כלשון רבינו: אבל נשים ועבדים וכו'. פטור הנשים והעבדים במצות עשה שהזמן גרמא מבואר פ"ק דקידושין (דף כ"ט.) ופטור הקטנים פשוט הוא

כסף משנה

ו צפהו זהב מבפנים וכו'. ברייתא פרק ראוהו ב"ד (ר"ה כ"ז:) צפהו זהב במקום הנחת פה פסול שלא במקום הנחת פה כשר צפהו זהב מבפנים פסול מבחוץ אם נשתנה קולו מכמות שהיה פסול ואם לאו כשר ע"כ. ונראה שרבינו שלא תפס שלא במקום הנחת פה כשר משום שהוא בברייתא סובר שהברייתא הכי מיפרשא שלא במקום הנחת פה כשר ולא תימא דבכל מקום דלאו הנחת פה כשר דאי מבפנים אי נמי מבחוץ אם נשתנה קולו פסול אלא הא דכשר שלא במקום הנחת פה היכא דלפהו מבחוץ ולא נשתנה קולו כדאמרינן בכמה דוכתי תנא והדר מפרש וא"כ אינה חלוקה בפני עצמה: נתן שופר לתוך שופר כגון שהיה ראש הפנימי משוך מבחוץ ותקע בו יצא. ואם קול חיצון וכו' כגון שראש החיצון משוך חוץ לפנימי ואין הפנימי נוגע בפיו לא יצא לפי שהקול נכנס בפנימי ונכנס גם כן בין הפנימי והחיצון ונמצא תוקע בשני שופרות ושופר אחד אמר רחמנא, לא הזכיר הא דאפכיה כיתונא וי"ג לא תימא דהפכיה כיתונא דמותר לתקוע בו אלא הרחיב וכו' ורבינו כתב הא דהרחיב ולא כתב הא דהפכו. ויש גורסין לא תימא אפכיה כיתונא והתם הוא דפסול אלא אפילו לא הפכו אלא שהרחיב וכו' פסול וכ"ש הפכיה כיתונא ורבינו כתב הא דהרחיב וכו' פסול וכ"ש הפכיה כיתונא: ז היה ארוך וקצרו כשר. אע"פ שקצרו משום אי זה פסול חוזר להכשרו א"נ אשמעינן דלא בעינן כל הקרן כמו שהוא בראש הבהמה: או צרור כלומר יבש כי דרך השופרות שמתחממים ומתיבשים מחמת התקיעה ואין קולו צלול וצריך ללחלחו במים: התוקע לתוך וכו' וכן התוקע לתוך חבית גדולה וכו'. כתב הר"ן שדעת רבינו לחלק בין העומדין בתוך הבור או בתוך המערה לעומדין חוץ ולא לחלק בין העומדים בתוך החבית לעומדים חוץ לפי שאמר רב הונא

מגיד משנה

בגמרא (דף כ"ז:) אינו אלא בבור דאמרינן התם אמר רב הונא לא שנו אלא לאותן העומדין על שפת הבור אבל אותם העומדים בתוך הבור יצאו ולא אמר העומדים על שפת הבור והפיטום אלמא דלא איירי אלא בבור וה"ה לדות דבור ודות חד הוא אלא שזה בחפירה וזה בבנין, וכתב שאפשר שדעתו ז"ל שמפני שחבית הברתו גדולה אפילו העומדין בתוכו אם קול הברה שמעו לא יצאו ואע"פ שיש לדחות ולומר דה"ה לפיטום ורב הונא רישא דמילתא נקט לא נראה לרבינו לדחות כן: מ"ב ראיה לדברי הר"ב דפיטום מתוך שאינו כ"כ עמוק כבור ודות אפילו העומדים בתוכו אפשר שישמעו קול הברה דקתני בברייתא התוקע לתוך הבור או לתוך הדות יצא משמע שהעומדים בבור לא שמעו אלא קול שופר אבל פיטום לא נזכר בברייתא משמע שהעומדים לתוך הפיטום אפשר שישמעו קול שופר או קול הברה ע"כ. ורבינו טודרוס הלוי כתב יש שסוברים לומר דפיטום הברה שלה מרובה וכו' ואני אומר שלא היה כן דעת הרמב"ם שלא נזכר זה החילוק כלל ואילו היה כן לא הוה שתיק גמרא מיניה אלא שהרב דקדק בלשונו ודבר בהוה ובמה שהוא אורחא דמילתא שבור ודות הם גדולים ופיהם רחב ודרך התוקע ליכנס בתוכה ולפיכך חילק בין העומדים בתוכה לעומדים בחוץ אבל פיטום אע"פ שהיא חבית גדולה אין דרך התוקע ליכנס בתוכה שפיה אינו רחב כ"כ אלא עומד מבחוץ ומכניס ראש השופר ותוקע דלפי שהוא בחוץ ודאי ה"ל ליתן לו דין העומדים בחוץ ואם קול שופר שמע יצא ואם קול הברה שמע לא יצא, ותדע שכן הוא דעת הרב דגבי בור ודות כתב התוקע בתוך הבור או בתוך הדות ומדקאמר בתוך בבי"ת משמע שהתוקע נכנס בתוכם ובתוקע בפיטום התוקע לתוך החבית הגדולה ומדקאמר לתוך בלמ"ד משמע ודאי שהתוקע בחוץ ותוקע לתוכה כגון שמכניס ראש השופר לתוכה כן נראה ויפה דקדק עכ"ל: כתב הר' מנוח הא מיירי שהתוקע והשופר מבפנים והוא תוקע ועולה וקמ"ל אם שמע קול שופר כלומר שביחד יצא ראשו והשופר מהבור נמצא שלא נתבלבל הקול יצא ואם קול הברה שמע שהוציא ראשו מהבור ופי השופר עדיין בתוך הבור לא יצא שנתבלבל הקול ומהאי טעמא לא הזכיר הר"ס הפיטום דשמע מקצת תקיעה בבור ומקצתה על שפת הבור:

פ"ב א הכל חייבים וכו'. ברייתא בפרק ראוהו בית דין (ר"ה כ"ט.) וקאמר בגמרא דכהנים איצטריכא ליה דליתנהו ביובל כדתנן כהנים ולויים מוכרים לעולם וגואלים בין לפני

לחם משנה

ו צפהו זהב מבפנים או במקום הנחת פה פסול. פרק ראוהו בית דין (שם דף כ"ז:) ת"ר וכו' צפהו זהב במקום הנחת פה פסול שלא במקום הנחת פה כשר צפהו זהב מבפנים וכו'. ויש בפירוש הנחת פה פירושים שונים. הפירש האחד דכל מה שבתוך השופר מראשו לסופו הוא קרוי בפנים ועל השפה במקום הנחת פה הוא מקום הנחת פה ושלא במקום הנחת פה ר"ל סמוך לשפה נטוי לצדו. וזהו הפירוש הראשון שכתבו התוס' ז"ל נראה לפרש דעובי השופר וכו' ודחו פירוש זה דא"כ שלא במקום הנחת פה היינו מבחוץ והרא"ש ז"ל קיימו בפסקיו. עוד יש לדחות פירוש זה דא"כ מקום הנחת פה היינו הוסיף עליו דהוספה מיקרי באורך השופר ולפוי מיקרי על גב השופר או תוכו והיינו החילוק שבין הוספה לצפוי ואי מקום הנחה ר"ל על השפה במקום שמניח הפה א"כ היינו הוסיף וא"כ אמאי נקט במקום הנחת פה אפילו בצד הרחב מהשופר שאינו הנחת פה אם הצפוי על השפה של צד הרחב פסול מטעם הוספה. ונראה לתרץ לזה דלרבותא נקט מקום הנחת פה דאע"ג דאין יוצא הקול מכאן עד שתי אצבעות משופר וכדכתב הרא"ש ז"ל בשם ה"ר יונה וה"ה דלא איכפת לן בכאן הוספה אלא במקום שהקול יוצא שהוא בצד הרחב קמ"ל. הפירוש השני במקום הנחת פה ר"ל השפה במקום שמניח הפה כדפירש רש"י ושלא במקום הנחת פה היינו על השפה של צד הרחב. והתוספות דחו שם ג"כ פירוש זה ואמרו דהא אמרינן בסמוך הוסיף וכו' פסול וא"כ שלא במקום הנחת פה אמאי כשר. הפי' השלישי פי' הר"ן ז"ל במקום הנחת פה ושלא במקום הנחת פה הכל הוא על השפה של המקום שמניח פיו שעוביו של שופר דרך משל הוא רחב שליש אצבע או רביע אצבע ועובי שפתו במקום שמניח פיו הוא רחב כל כך ומקום הנחת פה קרי למה שהוא לצד חלל השופר כלומר זה העובי חלקנו אותו לשני חלקים אחד לצד חלל השופר ואחד לצד חוץ אם לפה בחלק אשר לצד החלל נקרא במקום הנחת פה ואם לפה בחלק אשר לצד חוץ נקרא שלא במקום הנחת פה. ולפי' זה קשה דשלא במקום הנחת פה אמאי כשר היינו הוסיף עליו כל שהוא. וי"ל דכי פסלינן בהוסיף היינו שההוספה באורך השופר הוא כעוביו של שופר כלומר שעורו של שופר הוא רחב רביע אצבע וגם ההוספה שיוסיף הוא רחב כ"כ. אבל השתא פחות מעוביו של שופר שהעובי הוא רחב רביע אצבע וזהו פחות ודאי שאינו נקרא מוסיף באורך השופר שודאי הוא נראה שהוא נוי בעלמא ולא מיקרי הוספה ומ"מ במקום הנחת פה פסול מטעם הפסקה דאיכא הפסק בין פיו לשופר. ואולי שכן היה מפרש הרמב"ן ז"ל שהביא ה"ה שכתב טעם האיסור משום הפסק ולא כתב משום הוספה. ורבינו ז"ל לא ביאר דעתו בזה: נתן שופר בתוך שופר אם קול פנימי שמע יצא וכו'. כתב הרא"ש ז"ל בפסקיו כגון שהיה פה של פנימי משוך קצת למעלה חוץ לפה החיצון ולא נכנס קולו בין שני השופרות. אם קול החיצון שמע לא יצא פירוש אף קול החיצון דא"א לשמוע קול חיצון בלא קול פנימי:

ח התוקע בתוך הבור וכו'. רבינו מפרש כפי' רש"י (דף כ"ז:) במה שאמר רב הונא לא שנו וכו' וה"ק מתניתין בעומדים על שפת הבור איירי ומש"ה חילקה בין קול הברה לקול שופר אבל עומדים בבור אין חלוק דלעולם קול [שופר] שמעו אבל הרא"ש מפרש דל"ש דקאמר רב הונא הוי פירוש דמתני' כלומר מאי דקאמר מתניתין אם קול הברה שמעו היינו העומדים על שפת הבור דודאי קול הברה שמעו ומ"ש אם קול שופר שמעו הוא שעומד בתוך הבור דודאי קול שופר שמעו, וקשיא לפירוש זה אם כן היכי קאמר תניא נמי הכי התוקע לתוך הבור או לתוך הדות והא לא מייתי ראיה כלל דעיקר ראיית הגמרא היא מדלא חילקה הברייתא בין קול הברה לקול שופר דאי לא לימא דמאי דקאמרה הברייתא הוי דשמע קול שופר דוקא ולכך יצא א"י דהראיה היא דאם כן היה לה לברייתא לחלק ומדלא חילקה משמע דבכל גוונא יצא ובשלמא לפירוש רבינו ורש"י אתי שפיר דברייתא איירי בעומדים בבור ושם אין חילוק ולכך לא יצא ומתניתין איירי בעומדים בחוץ ולכך חלקה אלא להרא"ש מה לי ברייתא מה לי מתני' למה חילקה מתניתין בין עומד בחוץ לעומד בפנים וברייתא לא חילקה. וי"ל דמ"מ הראיה

הגהות מיימוניות

דאב מעכב את התקיעה לאחר שנסתם קאמר ולא סתמו כלל כשר אפילו מעכב את התקיעה שכל הקולות כשרים בשופר עכ"ל. וכן פי' ראב"ם: ח [ס] פיטם בלשון משנה, ע"כ: ואם

מגדל עוז

פ"ב א הכל חייבין לשמוע עד משוחררים. סוף פרק ראוהו בית דין (דף כ"ט) וריש מסכת ערכין והרבה מקומות: אבל נשים ועבדים וקטנים פטורין. פ"ק דקדושין (דף כ"ט): מי

נשים ועבדים וקטנים [א]פטורין. מי שחציו עבד וחציו בן חורין וטומטום ואנדרוגינוס חייבין: **ב** כל מי שאינו חייב בדבר אינו מוציא את החייב ידי חובתו. לפיכך אשה או קטן שתקעו בשופר השומע מהן לא יצא. **אנדרוגינוס מוציא את מינו ואינו מוציא את שאינו מינו. טומטום אינו מוציא לא את מינו ולא שאינו מינו. שהטומטום שנקרע אפשר שימצא זכר ואפשר שימצא נקבה: **ג** וכן מי שחציו עבד וחציו בן חורין אינו מוציא [ב]אפילו עצמו שאין צד עבדות שבו מוציא צד חירות שבו. אלא כיצד יצא ידי חובתו שישמע מבן חורין שיתקע לו: **ד** ג‎המתעסק בתקיעת שופר להתלמד לא יצא חובתו. וכן השומע מן המתעסק לא יצא. נתכוון שומע לצאת ידי חובתו ולא נתכוון התוקע להוציאו או שנתכוון התוקע להוציאו ולא נתכוון השומע לצאת לא יצא ידי חובתו. עד שיתכוון שומע ומשמיע:

מי

א טור שם: ב טור שם סמ"ג עשין מ"ב:

השגת הראב"ד

*אנדרוגינוס מוציא וכו'. כתב הראב"ד ז"ל זהו לדעת מי שאמר אנדרוגינוס בריה בפני עצמה אבל מי שאומר חליו זכר הוא אינו מוציא לא את מינו ולא שאינו מינו כעין מי שחליו עבד וחליו ב"ח עכ"ל:

כסף משנה

לפני היובל בין לאחר היובל קד"א הואיל וליתנהו ביובל ליתנהו בר"ה קמ"ל. ובריש ערכין (דף ג':) קאמר דהכל לאיתויי קטן שהגיע לחינוך:

ד נתכוון שומע לצאת ידי חובתו וכו'. הרב בעל מגיד משנה ז"ל הביא ההיא דר' זירא בפרק ראוהו ב"ד דאמר לשמעיה איכוין ותקע לי ומסקנא עד שיתכוון שומע ומשמיע ותמה על דברי רבינו ז"ל שפסק פ' ו' מהל' חמץ ומצה שאם אכל מצה בלא כוונה כגון שאנסוהו עכו"ם יצא וזה נראה בגמרא שהוא כדעת מי שאומר מצות אין צריכות כוונה והצריך כאן כוונת שומע ומשמיע ונסתפק בנוסחת רבינו ז"ל גבי מצה אם היא אמיתית ועם כל זה יישב הנוסחא. והר"ן ז"ל כתב ח"ל וכן פסק הר"ס במז"ל בפרק ב' מהלכות שופר דצריך שיתכוין משמיע להוציא ושומע לצאת הא לאו הכי לא יצא אלא שבפ"ו מהל' חמץ ומצה כתב דכפאוהו ואכל מצה יצא ולא פליגא דידיה אדידיה דס"ל דבתקיעת שופר כיון דחזינן דרבי זירא אמר לשמעיה איכוין ותקע לי נקטינן דצריך כוונה אבל בכפאוהו ואכל מצה כיון דלא חזינן בגמ' מאן דפליג עליה בהדיא לא דחינן לה דלאע"ג דבתקיעת שופר לא יצא הכא יצא שכן נהנה כדאמרינן בעלמא המתעסק בחלבים ובעריות חייב שכן נהנה ובגמ' נמי עבדינן צריכותא ממצה לשופר הילכך אע"ג דשופר מידחיא דקי"ל צריך כוונה בכפאוהו ואכל מצה נקטינן דיצא עכ"ל. ומ"ש הר"ן ז"ל ובגמ' נמי עבדינן צריכותא ממצה לשופר משום דבגמ' (ר"ה כ"ח.) אמרינן שלחו ליה לאבוה דשמואל כפאוהו ואכל מצה יצא וגרסינן עלה אמר רבא זאת אומרת התוקע לשיר יצא פשיטא היינו הך מהו דתימא התם אכול מצה אמר רחמנא והא אכל כלומר דכיון שנהנה באכילתו לא מיקרי מתעסק אבל הכא כלומר בתוקע לשיר אימא מתעסק בעלמא הוא קמ"ל:

התינוקות

מגיד משנה

הוא בכל מצוה ומשנה (ר"ה כ"ט.) כאן כמו שיתבאר בסמוך: מי שחציו וכו'. בברייתא הנזכרת כלשון רבינו:

ב כל מי שאינו וכו'. שם משנה חרש שוטה וקטן אין מוציאין את הרבים ידי חובתן זה הכלל כל מי שאינו מחוייב בדבר אינו מוציא את הרבים ידי חובתו. וכתב הרשב"א ז"ל שהעלו הראשונים שאע"פ שנשים פטורות רשאות לתקוע ולברך וכן נהגו. ואין נראה כן מדברי רבינו פרק ששי: **אנדרוגינוס** מוציא את מינו וכו'. בברייתא הנזכרת כלשון רבינו. ובהשגות א"א זהו לדעת מי שאומר וכו' וחליו בן חורין עכ"ל. והמחלוקת הזה של אנדרוגינוס הוא מחלוקת תנאים פרק הערל ביבמות (דף פ"ג) ורבינו פסק כדברי האומר בריה בפני עצמה הוא וכן פסקו בהלכות שם. ואפשר שאפילו לדברי מי שאומר חליו זכר מוציא את מינו ואינו דומה לחליו עבד לפי שיש חלוק בין מה שהוא בידי אדם למה שהוא בידי שמים: **טומטום** אינו וכו'. בברייתא הנזכרת (ר"ה כ"ט.):

ג וכן מי וכו'. גם זה שם מסקנא דגמרא דאפילו לעצמו אינו מוציא:

ד המתעסק בתקיעת שופר וכו'. משנה פרק יו"ט של ר"ה (דף ל"ב:) המתעסק לא יצא והשומע מן המתעסק לא יצא. ודע שלדברי האומר מצות צריכות כונה מתעסק קרוי כל זמן שאינו מתכוין לתקוע תקיעה של מצוה ולדברי האומר אין צריכות כונה מתעסק קרוי כל שאינו מתכוין לתקוע תקיעה ראויה. ובסמוך יתבארו דעות אלו:

נתכוון שומע לצאת וכו'. פ' ראוהו בית דין (דף כ"ח: כ"ט.) אמר ליה ר' זירא לשמעיה אכוין ותקע לי והקשו מדתנן היה עובר אחורי בית הכנסת או שהיה ביתו סמוך לבית הכנסת ושמע קול שופר או קול מגילה אם כיון לבו יצא ואם לאו לא יצא וכי כיון לבו מאי הוי היאך לא מיכוין אדעתא דידיה ותירצו הכא בשליח צבור עסקינן דלדעתיה אכולי עלמא ואמרו שם דר' זירא ס"ל כר' יוסי דתניא השומע שומע לעצמו והמשמיע משמיע לפי דרכו אמר ר' יוסי בד"א בש"ל אבל ביחיד לא יצא עד שיתכוין שומע ומשמיע ופסק רבינו כר' זירא וכן פסקו בהלכות ובה"ג. ויש מן הגאונים שלא פסקו כן אלא כרבא (שם דף כ"ח.) דאמר התוקע לשיר יצא דמצות אין צריכות כונה וכל שנתכוין לתקיעה ראויה אע"פ שלא נתכון לצאת יצא וזה דעת הרבה מן האחרונים ומכללם הרשב"א והרא"ה

לחם משנה

הראיה דמייתי הוא דודאי כדאמר רב הונא דפי' מתניתין היא דמ"ש אם קול הברה שמעו הוי העומד בחוץ ואם קול השופר הוי העומד בפנים דאי כמשמעו דבין בפנים בין בחוץ יש לחלק בכך קשה טובא למה לא חילקה הברייתא כיון דבין בחוץ בין בפנים איכא הך חילוקא אבל אי בפנים קול שופר שמע ודאי ברייתא איירי בפנים דוקא אע"ג דלא חילקה בין עומד בחוץ לעומד בפנים כמו שחילקה (הברייתא) [המתניתין] אינה קושיא כנ"ל וק"ל ומ"מ הוי קצת דוחק לפירוש הרא"ש וסיעתא לפירוש רבינו ורש"י ז"ל:

פ"ב ב אנדרוגינוס מוציא את מינו ואינו מוציא את שאינו מינו. כתב ה"ה שרבינו פסק כדברי האומר בריה בפני עצמה כלומר שהוא ספק וכן כתב פרק ראשון מהל' א"ב. וא"ת אם דעתו כך אם כתב שם אנדרוגינוס מותר לישא אשה הא בפרק הערל (יבמות דף פ"ב:) הקשו לר"ל דאמר דהוי ספק ממתניתין דקאמר אנדרוגינוס נושא כלומר דמשמע לכתחלה, ותירץ כר"ל אם נשא אבל לכתחלה אסור לישא משום ספק. וי"ל שרבינו מפרש שם כפי' התוספות שמקשה מדקאמר נושא דמשמע דחייב במצות פריה ורביה אבל לא שיהא אסור לישא לכתחלה לדעת ר"ל וכמבואר שם בתוספות. ובהל' תרומה פ' ז' בפירוש כ"מ הביא דברי רשב"א שהקשה כן (בס"פ הערל) ע"ש:

ד וכן השומע מן המתעסק. בגמ' (ר"ה דף ל"ג:) הקשו אבל השומע מן המשמיע לעצמו מאי יצא לימא תיהוי תיובתא דרבי זירא לא וכו' וכיון דרבינו פסק כר' זירא לא היה לו לכתוב מן המתעסק אלא שנמשך אחר לשון המשנה: נתכוון שומע וכו'. כתב ה"ה ואולי שהוא סבור וכו' ולפיכך דקדקו ואמרו אלמא קסבר רבא וכו'. ולכאורה קשה על זה דשם בגמרא (שם דף כ"ח.) אמרו שלחו ליה לאבוה דשמואל כפאו וכו' אמר רבא זאת אומרת התוקע לשיר יצא והקשו פשיטא היינו הך מהו דתימא התם אכול מצה אמר רחמנא והא אכל אבל הכא זכרון תרועה כתיב והאי מתעסק בעלמא הוא קמ"ל. וקשה דאם הגמרא סברה דיש לחלק בין דין השופר לדין מצה כדכתב ה"ה ז"ל איך הקשה פשיטא אדרבה הוה ליה לאקשויי ה"ק זאת אומרת. וע"ק למה לא כתב ה"ה החילוק שאמרו בגמ' מהו דתימא התם אכול מצה וכו' ולמה הניח החילוק האמור בגמ' וחילק חילוק אחר ונראה לתרץ דהוא הוא החילוק האמור בגמ' אלא שה"ה ביארו יותר. והשתא א"ש דאע"ג דהגמרא מתחלה היה משוה אותם כשתירץ לו המתרץ מה דתימא תפס לו אותה סברא עיקר ולה"ק אלמא קסבר רבא כלומר רבא הוא דסובר ולא אבוה דשמואל שאמר הדין במצה. זה נראה לדעת ה"ה עם שמ"מ ק"ל קצת איך לא הזכיר ה"ה בדבריו שזהו החילוק האמור בגמרא אלא שאמרו מדעתו כאילו אין רמז לו כלל בגמ'. ולכך היה נ"ל לומר דלא היה בגירסת ה"ה פשיטא כו' אלא אמר רבא זאת אומרת התוקע לשיר יצא אלמא קסבר רבא מצות אין צריכות כונה ע"כ וכן מצאתי הגירסא בגמ' כתיבת יד: נתכוון שומע **לצאת** ו**לא נתכוון התוקע להוציאו** וכו'. קשה על דברי רבינו דבהלכות ק"ש פ' ב' כתב דאפילו היה מגיה יצא והוא שכיון לבו בפסוק ראשון א"כ משמע דמצות אין צריכות כונה דלאע"ג דפסק דבעי כוונה בפסוק ראשון הרי כתב הרב"י ז"ל בשם הרשב"א ז"ל סי' ס"ג דלכ"ע פסוק ראשון צריך כונה אפילו למ"ד מצות אין צריכות כונה דכי קאמר מצות אין צריכות כונה היינו כוונה לצאת אבל הך כוונה לא הוי כוונה לצאת אלא כונת הענין כלומר שלא יהרהר בדברים אחרים

מגדל עוז

מי שחציו עבד וחציו בן חורין וכו'. סוף פ' ראוהו בית דין (דף כ"ט): **ב** כל מי שאינו חייב בדבר עד השומע מהם לא יצא. פ' ראוהו בית דין: **אנדרוגינוס מוציא** וכו'. פרק ראוהו ב"ד:

כתב הראב"ד ז"ל זהו לדעת מי שאומר וכו' וחליו בן חורין עכ"ל: **ואני אומר תא חזי מאי גברא רבא אתא לאשמעינן** דהלכתא כר' יוסי דסבר במתני' דסוף פרק הערל (דף ע"ג) דאנדרוגינוס ספק הוא אם זכר אם נקבה כדאמרי בי רב התם וכדשמואל דאמר נמי התם ליתא לברייתא דתני בשם ר' יוסי בריה בפני עצמה מקמי מתני' ומסיק לה היכא דמיתעקרא מתני' כי התם וכן אזלא סוגיין כולה בפרק המפלת גמרא מתני' דהמפלת טומטום או אנדרוגינוס זכר ודאי ונקבה ודאית להוציא טומטום ואנדרוגינוס וסתם מתני' דריש מס' ערכין נמי הכי איתא דתנן טומטום ואנדרוגינוס מעריכין אבל לא נערכין שאינו נערך אלא הזכר ודאי ונקבה ודאית וכן פסק ר"מ ז"ל פ"ב מהלכות אישות ולא השיגו שם הראב"ד ז"ל. ועתה מה ראה על ככה בלשון השגה זאת או מה השיב שואלי דבר על דעתו דהא קיימא ברייתא דשופר פרק ראוהו בית דין הכין כלשון ר"מ ז"ל אות באות וכן פסקו ר"י בן גיאת ור"י אלפס ז"ל בהלכות. וקושית הראב"ד ז"ל ממי שחליו עבד וחליו בן חורין כבר היא מתורצת מלשון הגמרא סוף פרק ראוהו ורש"י ז"ל ושאר המפרשים פירשוה יפה דוק ותשכח: **ב ג** טומטום **אינו מוציא** עד מבן חורין שיתקע לו. פרק ראוהו בית דין (דף כ"ט): **ד המתעסק לא יצא** עד יתכוין שומע ומשמיע. פ' יום טוב של ר"ה (דף ל"ד) ופ' ראוהו בית דין:

מי

הגהות מיימוניות

א [א] ואם רוצות הנשים לתקוע אין מוחין בידם מידי דהוה אשאר עשה שהזמן גרמא כאשר בארנו בפ"ג מהלכות ציצית ע"ש. ובמתני' דהכא קאמר אין מעכבין את הנשים מלתקוע ואוקימנא כר' יוסי דאמר נשים סומכות רשות ואע"ג דמיחזי קצת כעבודה בקדשים משום נחת רוח שרינן במקפן ידייהו כדאיתא בפרק אין דורשין וכוותיה דר"י פסק ר"ת וכל רבותינו אחריו שר"י נמוקו עמו ועוד דמעשה רב דמייתי ממיכל בת שאול שהיתה מנחת תפילין ואשתו של יונה שהיתה עולה לרגל דלא מיחו בהן חכמים כדאיתא בפרק המוצא תפילין ואע"ג דסתם לן תנא הכא כר' יהודה דלא שרי אלא תינוקות ומדקדק תלמודא הא נשים מעכבות לא ק"ל הכי אלא כדפרי' כרבי יוסי וה"מ לתקוע לעצמן דומיא דסמיכה באקפן ידייהו דאע"ג דנראה קצת כעבודה בקדשים שרינן להן משום נחת רוח אבל אחר שכבר תקע לא יתקע להן דאין אומרים לאדם חטא בשביל נחת רוח דנשים כיון שיצא כבר ידי חובתו והיא אינה חייבת בדבר והתוקע להן מחלל יו"ט ואפילו רבי יוסי לא שרי אלא לדידהו כדפרי' וכן בפרק כסוי הדם אמר ורבי יוסי לטעמיה דאמר אשה ודאי נמי תקנה דתנן נשים סומכות וכו' וכן כתב רא"ם וכן מצאתי בתשובת הגאונים אשר ברוקח וכן הורה מהר"ם שהרוצה לתקוע לנשים צריך לעשות קודם שיתקע ש"צ בעוד שבעצמו לא יצא י"ח אבל לאחר שיצא י"ח אסור לתקוע להן ואין צריך להאריך כאן בדבריו. ואשה התוקעת בעצמה אם יש לה לברך תמצא בפ"ג מהלכות ציצית וע"ש: [והטור כתב בשם אבי העזרי שאפילו אחר שיצא יכול לתקוע להם ולהוציא השופר בשבילן אפילו דרך רה"ר ולזה הסכים הרא"ש ז"ל, ע"כ]: **ג** [ב] כרב נחמן כדאקשי לרב הונא ותנ"ה:

וכו

ה מי שתקע ונתכוין להוציא כל השומע תקיעתו ושמע השומע ונתכוין לצאת ידי חובתו אע"פ שאין התוקע מתכוין לזה פלוני ששמע תקיעתו ואינו יודעו יצא. שהרי נתכוון לכל מי שישמענו. לפיכך מי שהיה מהלך בדרך או יושב בתוך ביתו ושמע התקיעות משליח ציבור יצא אם נתכוון לצאת. שהרי שליח צבור מתכוין להוציא את הרבים ידי חובתן: ו איום טוב של ראש השנה שחל להיות בשבת אין תוקעין בשופר בכל מקום. אף על פי שהתקיעה משום שבות ומן הדין היה שתוקעין יבא עשה של תורה וידחה שבות של דבריהם. ולמה אין תוקעין גזירה שמא יטלנו בידו ויוליכנו למי שיתקע לו ויעבירנו ארבע אמות ברשות הרבים. או יוציאו מרשות לרשות ויבא לידי איסור סקילה. שהכל חייבים בתקיעה ואין הכל בקיאין לתקוע: ז התינוקות שלא [ג]הגיעו לחנוך אין מעכבין אותן מלתקוע בשבת שאינה יום טוב של ראש השנה כדי שילמדו. *ומותר לגדול שיתעסק עמהן כדי ללמדן. ביום טוב. בין קטן שהגיע לחינוך בין קטן שלא הגיע לחינוך. שהתקיעה

אינה

א טור סי' תקפ"ח סמ"ג שם:

השגת הראב"ד

*ומותר לגדול להתעסק. כתב הראב"ד ז"ל דברי ר' אליעזר דאמר מתעסקין בהן בשבת להיכן הלכו אלא דרך הברייתא כך היא בקטן שהגיע לחינוך המצות אביו מתעסק עמו כדי שילמוד אפילו בשבת הסמוכה ליו"ט כמו שאמרו קטן היודע לנענע אביו לוקח לו לולב אבל קטן שלא הגיע לחינוך הן עצמן תוקעין ביו"ט אבל בשבת לא וכ"ש שאין אביו מתעסק עמו, זה הדרך ישר בעיני עכ"ל:

מגיד משנה

והרא"ה ז"ל ואני תמה בדברי רבינו שהוא פוסק פרק ששי מהל' חמץ ומצה שאם אכל מצה בלא כוונה כגון שאנסוהו עכו"ם שיצא ידי חובתו וזה נראה בגמ' שהוא כדעת מי שאומר מצות אין צריכות כונה שכך שנינו שם שלחו ליה לאבוה דשמואל כפאו ואכל מצה יצא ואוקימנא לה כגון שכפאוהו פרסיים ואמר רבא זאת אומרת התוקע לשיר יצא ואמרו אלמא קסבר רבא מצות אין צריכות כונה וא"כ היאך פסק כאן רבינו שמצות צריכות כונה והצריך כאן כונת שומע לצאת וכונת משמיע להוציא. ולא מצאתי בזה תירוץ נאות לדעתי אם נוסח ספריו אמת רק שנאמר שרבינו סובר דהא דכפאוהו ואכל מצה אינה תלויה בדין השופר ואולי שהוא סובר שכיון שאין אדם עושה מעשה בתקיעת שופר אלא השמיעה ואפילו התוקע עיקרו השמיעה לפיכך צריך כונה משא"כ באכילת מצה ורבה הוא שהשוה דינן ולפיכך דקדקו ואמרו אלמא קסבר רבה מצות אין צריכות כונה ולא דקדקו כן מההיא דכפאוהו ואכל מצה, ועם כל זה אני מסתפק שלא תהיה נוסחת רבינו האמיתית שם גבי מצה לא יצא שכן נראה מן ההלכות ולא ראיתי מי שחלק בין מצוה למצוה בדין הכונה:

ה מי שתקע ונתכוין להוציא וכו'. כבר נתבאר זה בסמוך:

ו יום טוב של ראש השנה וכו'. ראש פרק (שם דף כ"ט:) יו"ט של ר"ה שחל להיות בשבת במקדש היו תוקעין אבל לא במדינה וכו' ואמר רבא מדאורייתא משרא שרי ורבנן הוא דגזרו בה כדרבה דאמר רבה הכל חייבין בתקיעת שופר ואין הכל בקיאין בתקיעת שופר שמא יטלנו בידו וילך אצל בקי ללמוד ויעבירנו ארבע אמות ברשות הרבים:

ז התינוקות שלא וכו'. ומותר לגדול להתעסק עמהם כדי ללמדם ביום טוב בין קטן שהגיע לחינוך בין קטן שלא הגיע לחינוך וכו'. כך היא הנוסחא האמתית בדברי רבינו ומלת ביו"ט נקשרת עם שלמטה שודאי אינו נקשר עם ומותר לגדול להתעסק עמהם שיאמר רבינו דדוקא ביו"ט מותר ההתעסקות אבל לא בשבת לפי שמפורש הוא בגמ' (ר"ה ל"ג.) א"ר אלעזר אפילו בשבת ולא נתכוין רבינו לחלק בין יום טוב לשבת אלא לענין חינוך שבשבת אם הגיעו לחינוך מעכבין אותן מלתקוע וכ"ש שאין מתעסקין עמהם וביו"ט אפילו הגיעו לחינוך מתעסקין עמהם וזה כפי הלשון הכתוב בהלכות ואית דאמרי איפכא ופי' מתעסקין שאומרים להם תקעו ומשתדלין עמהם. ובהשגות סברו דבר אחר בדברי רבינו

ושטות

כסף משנה

ז התינוקות וכו' בשבת שאינה יו"ט. כלומר שאינו ר"ה וכ"ש בשבת שחל ר"ה בו מיהו ה"מ בזמן שתקיעת שופר דוחה שבת ואפשר דאפילו בזמן הזה דכיון שלא הגיע לחינוך לא איכפת לן אי לא מעכב ליה בר"ה. ומדברי רש"י שכתב מתעסק עמהם לא שהגדול תוקע וכו' משמע שמי שאינו צריך ללמוד אסור לתקוע ביו"ט אחר שתקע תקיעה של מצוה. וא"ת מ"ט שופר אין תוקעין אלא כל זמן שב"ד יושבין ובלולב לא מצינו כן. וי"ל בשופר אחד יכול להוציא את הכל י"ח ויכול להיות בעוד בית דין יושבין משא"כ בלולב שכל אחד צריך ליטלו ושמא לא יהא שהות:

כשגזרו

לחם משנה

אחרים א"כ מ"ש בגמרא שמצות צריכות כוונה הוי דלכל הפרשה בעי כוונה לצאת דלפסוק ראשון כ"ע מודו וא"כ רבינו דפסק שם דלא בעי כוונה אלא בפסוק ראשון הוי כמאן דאמר מצות אינן צריכות כוונה וכאן פסק בהפך ואפילו תאמר דמ"ש ה"ה שכיון שאין אדם עושה מעשה בתקיעה וכו' יספיק לתרץ זה ונימא דהכא הוי השמיעה עיקר ולכך בעי כוונה אבל התם האמירה היא העיקר דהוי כמעשה ולכך לא בעי כוונה מה שזה אינו לפי האמת דאין כוונת ה"ה לחלק אלא בין מעשה לשמיעה ואמירה וכיון דאינו מעשה ממש הכל שוה ובעי כוונה וכדכתב רבינו יונה בפ"ק דברכות ומגיה יוכיח שהוא אמירה ופסק רבינו דלא בעי כוונה. ואפילו יהבינן ליה כל טעותיה למי שיפרש כן מ"מ תקשי ליה למ"ש ה"ה שהוא חושב שנוסחת רבינו בהלכות חמץ ומצה שהוא לא יצא ולפי זה נסתלק החילוק של ה"ה אם כן תקשי לך ק"ש כדכתיבנא. ונראה דדעת רבינו כמ"ש הרמב"ן בספר המלחמות בפרק ראוהו ב"ד שכתב שם דהא פליגי מ"ד מצות צריכות כוונה או אינן צריכות אי בעי כוונה בפסוק ראשון או לא וכל הני תנאי דאית להו דבעי כוונה בק"ש אית להו דמצות צריכות כוונה אבל למ"ד דמצות אינן צריכות כוונה אפילו בפסוק ראשון לא בעי כוונה ואין לחלק בין כוונת הענין לכוונה לצאת דהכל אחד. וראיה לדבריו דאם מחלק בכך מאי הקשה הגמ' ממתניתין ש"מ דמצות צריכות כוונה נימא דמתני' דקאמר אם כיון לבו היינו כוונת הענין בפסוק ראשון א"ו אין לחלק בין כוונה לכוונה ושם האריך ע"ש. ולכך סובר רבינו דדוקא בפסוק ראשון בעי כוונה דפסק כמ"ד מצות צריכות כוונה אבל למ"ד אינן צריכות אפילו בפסוק ראשון לא. וא"ת לפי זה קשיא דרבא ארבא דהוא פסק כר"מ בברכות דבפסוק ראשון בעי כוונה בר"ה בפרק ראוהו ב"ד (שם דף כ"ח.) אמר רבא דמצות לא בעו כוונה דהכי אמר התם רבא אמר לצאת לא בעי כוונה וכו'. וי"ל דרבא לדבריו דרבה קאמר ולתרץ אליביה וליה לא ס"ל וכדכתב שם דרבא לא מכרעה. וכ"ת איך כתב שם דרבא לא מכרעה דמשמע דמסופק לו אם אליבא דנפשיה קאמר או אליבא דרבה הא מוכרח הוא לפמ"ש דלא אמרו אליבא דידיה. וי"ל דאמר כן הרמב"ן לרבא דעליה קא מהדר דלא מכרעה אבל לדידיה ודאי דמוכרח הכי כדכתיבנא. אבל ה"ה כתב ועכ"ז אני מסתפק שלא תהיה נוסחת רבינו לא יצא. וא"ת אם נסתפק רבינו גבי מצה לא יצא איך כתב אח"כ לתת טעם כל מי שאכל בשעת חוליו והיה נכפה ונתרפא מפני שאכל בשעה שהיה פטור מן המצות לימא מפני שאכל בלא כוונה. ויש לומר דכי מצריכין כוונה למאן דמצי לכוון דעתו אבל השוטה שאינו יכול לכוון ודאי שהיה יוצא בכך לכך הוכרח לתת טעם שבאותה שעה היה פטור מן המצות והוא פשוט. והטור כתב בא"ח סימן תע"ה שנסתפק במ"ש רבינו בהל' חמץ ומצה אי ס"ל דבעי כוונה או לא. ולא ידעתי איך נסתפק בכך דאם גורס בדברי רבינו יצא אם כן ודאי דלא בעי כוונה ואם גורס לא יצא ודאי דבעי כוונה. ועל מה שתמה ה"ה דמאין מצא רבינו חילוק זה. נראה לי טעם נכון בסוגיא דפסחים (דף קי"ד:) דמשמע מהתם גבי טבול דלא בעי כוונה והכא משמע דבעי כוונה וכתבו שם התוספות דיש לחלק בין מצה לשופר ולכך לא הביאו שם לראיה דמצות צריכות כוונה מהא דאמר ר' יוסי גבי שופר וכיון דסוגיא דהתם מוכרחת דלא בעי כוונה והכא משמע דבעי כוונה מש"ה הוצרך רבינו לחלק החילוק שחלק ה"ה והוא נכון ע"ש:

ו יו"ט של ר"ה שחל להיות בשבת ומן הדין היה וכו' יבא עשה וכו' וידחה שבות. קשה דאיך כתב דמן הדין יבא עשה של תורה וידחה שבות של דבריהם הא מצות עשה ול"ת הוא כדכתב הוא ז"ל בריש הלכות שבת והוא ז"ל כתב לעיל בפרק ראשון בשופר של ר"ה אין מחללין עליו את יו"ט וכו' ואפילו בדבר שאיסורו משום שבות משום דיו"ט עשה ול"ת וכיון דיו"ט עשה ולא תעשה לא דחי תקיעה שהיא מ"ע השבות שלה בקום עשה דרבנן העמידו דבריהם נגד של תורה בשב ואל תעשה א"כ היכי קאמר הכא דהיה ראוי שידחה התקיעה השבות של שבת דהוא עשה וכ"ש שאני אותו שבות דהיא גזרה שמא יתלוש וכו' הא ליתא דהך שבות דתקיעה נמי היא גזרה שמא יתקן כלי שיר. וי"ל דשאני הך שבות דתקיעה שהוא קל שהא התורה התירה לגבי יו"ט דהא התקיעה ביו"ט שבות הוא והתורה התירה אותו דאל"כ לא משכח תקיעת שופר וא"כ ראוי היה ג"כ להתירו בשבת. ועי"ל דשאני התם שאין ראוי שידחה מפני שהוא דבר שאפשר לעשותו מבערב שיכול להכין השופר מאתמול אבל הכא דא"א לעשות התקיעה מאתמול דהיום היא נעשית עכ"פ. א"נ הכא שאני דהתקיעה שהיא המצוה דוחה השבות א"כ נמצא שבשעת עשיית המצוה נדחה השבות אבל התם קודם עשיית המצוה נדחה השבות. וא"ת מה תירץ רבינו גזרה שמא יעבירנו הא התקיעה נמי גזרה שמא יתקן כלי שיר והיה ראוי לדחות השבות ומה לי הך גזרה או הך גזרה. וי"ל דמ"מ הך גזרה דיעבירנו קרובה ביותר והוא בשופר עצמו:

ז התינוקות שלא הגיעו לחינוך וכו'. בפ' יו"ט של ר"ה (דף ל"ב:) אמרו במשנה אין מעכבין את התינוקות מלתקוע אבל מתעסקין עמהם עד שילמדו ובגמ' (שם דף ל"ג.) אמר רבי אלעזר אפילו בשבת תניא נמי הכי מתעסקין בהן עד שילמדו אפילו בשבת ואין מעכבין התינוקות מלתקוע בשבת ואצ"ל ביו"ט. הא גופא קשיא אמרת מתעסקין בהן עד שילמדו ואפילו בשבת אלמא לכתחלה אמרינן תקעו והדר תנא אין מעכבין עיכובא הוא דלא מעכבין הא לכתחלה לא אמרינן תקעו ל"ק כאן בקטן שהגיע לחינוך כאן בקטן שלא הגיע לחינוך ע"כ בגמרא. ויש כאן שני פירושים האחד קטן שהגיע לחינוך מתעסקין בו שילמוד קטן שלא הגיע לחינוך אין מעכבין וזהו פירוש רש"י ז"ל ופירוש

הראב"ד

הגהות מיימוניות

ז [ג] וכן גרסינן בספרים ישנים וכן בהלכות גדולות וכן פירש ראב"ם וכן ראיתי בפסקי גאונים אשר כתב בעל הרוקח בספרו. אבל רש"י גרס להפך דההוא דאין מעכבין קאי אתינוקות שהגיעו לחינוך וכן מוכח בריש ערכין ע"ש בתוס' ד"ה ושוב מצאתי בתוס' ריב"ב שכתב אין נראה לר"י כפ"ה כו' עד אלא נראה לפרש איפכא כו' ע"ש פר"ש בע"א

מגדל עוז

ה מי שתקע עד את הרבים ידי חובתן. פרק ראוהו בית דין (דף כ"ט): ו ז יום טוב של ר"ה עד כדי שילמדם. פרק יו"ט של ר"ה (דף ל"ד): ומותר לגדול להתעסק עמהן עד משום שבות: כתב הראב"ד ז"ל דברי ר' אליעזר וכו'. זה הדרך ישר בעיני עכ"ל:

ואני אומר כבר כתב ר"י אלפס ז"ל פרק ראוהו ב"ד גמרא מתניתין דשופר של ר"ה הדרכים האלה ולפי ההלכה יש לשניהם פנים ואין לי ראיה להכריע ביניהם ואלו ואלו דברי אלהים חיים הם. אמנם בשבת הסמוכה ליו"ט שכתב הראב"ד ז"ל לא ידעתי מאין לו אלא א"כ רוצה לבא בו מדרך הסברא לפרשה כן שכן דרך העולם להרגיל עצמן במצוה סמוך לזמן חובתה, ולפי הירושלמי שהוא נמשך אחריו בפסק שלו אינו אלא ביו"ט שחל להיות בשבת דגרסינן ומתעסקין שילמדנה אמר ר' אלעזר מתני' בגדול וביו"ט של ר"ה שחל להיות בשבת ותני כן מלמדין לתקוע בשבת לקטן שהגיע לחינוך וקא קרי ליה גדול ואין מעכבין מלתקוע ביו"ט לקטן שלא הגיע לחינוך ע"כ. ושמא קרוב לודאי אני אומר

שטעמיה

אפילו בדיעבד. וכתב הרמב"ן (ר"ה כו. ד"ה ולי נראה, דרשות לר"ה פ"ו) והוא הדין בקרני רוב החיות שהם עצם אחד ואין שמם בלשון הקודש שופר שאין נקרא שופר אלא מקרנים החלולים שיש להם זכרות בפנים ונקלף גלדן מן הזכרות כגון של כבשים ואילים ועזים. אבל רוב החיות הן [של] עצם אחד ופסולים כמו של פרה. וכל שאר מינין כגון של יעל ועזים כשרים בדיעבד אפילו הם פשוטים. ולכתחלה בעינן שיהא כפוף ואפילו בשל עזים (ג) ומכל מקום מצוה מן המובחר לחזר אחר של איל לזכור עקידת יצחק. והרמב"ם ז"ל כתב כל השופרות פסולים חוץ מקרן הכבשים ג] והכל תפשו עליו בזה:
ב הגוזל שופר ותקע בו יצא אפילו לא נתייאשו

קאמר וקבלה היתה בידם שהשופרות מהם בפשוט ומהם בכפוף אלא דתנא קמא דרבי יהודה ס"ל דראש השנה בפשוט משום דכמה דפשיט איניש בתפלתו טפי עדיף ורבי יהודה סבירא ליה בכפוף משום דכמה דכייף איניש בתפלתו טפי עדיף עכ"ל: [בדק הבית] ומכל מקום יש לגמגם ממה שכתב ה"ר אליהו מזרחי ז"ל שקבלה היתה בידם מהם בפשוט ומהם בכפוף אלא דתנא קמא דרבי יהודה סבר דשל ראש השנה בפשוט וכו' וקשה דאם כן הוי של יובל בכפוף והוא היפך המכוון בו וכמו שכתב הוא ז"ל שהפשוטות סימן לשילוח עבדים לא כפוף שהוא סימן שיהיו כפופים [עד כאן]: ונראה שמפני שהרגיש הרא"ש שיש להשיב כן כתב דיש לדחות קושיית התוספות כלומר דאינו תירוץ גמור אלא דחייה בעלמא ואף על פי כן כתב דאינו חושש לקושייתם מטעם שכתב דקושיא חלושה היא וזאת לדחות כל הראיות חזקות שכתבתי הילכך סגי לה בדחייה בעלמא. וז"ל ארחות חיים (הל' תקיעת שופר סי' א) אפשר שדעת הרמב"ם אינה אלא למעט של פרה אבל של עז ותיש בכלל כבש הם וכן של יעלים עכ"ל: והשתא איכא למידק במה שכתב רבינו לעיל ודוקא לכתחלה אבל בדיעבד או שאין לו איל וכפוף יוצא בשאר מינים ובפשוט חוץ מבשל פרה דמשמע לכאורה דה"ק אם אין לו שופר שיש לו שני תנאים הא' שהוא של איל הב' שהוא כפוף אלא הוא של איל אבל אינו כפוף או הוא כפוף אבל אינו של איל יוצא דכיון דלית ליה אחר הוי כדיעבד והוא כתב בסמוך דכל שהוא כפוף יוצאין בו לכתחלה אף על פי שאינו של איל לכך נראה לי דה"ק אם אין לו שופר שיהיה בו שום תנאי משני תנאים אלו שאינו של איל אלא שאר מינים וגם אינו כפוף אלא פשוט יוצא בדיעבד שאם היה כפוף אף על פי שאינו של איל תוקעין בו לכתחלה:

ב הגוזל שופר ותקע בו יצא וכו'. כן כתב הרא"ש (שם סי' ט) דאיתא בירושלמי (סוכה פ"ג ה"א) מה בין לולב לשופר אמר רבי אסי ג*] בלולב כתיב (ויקרא כג מ) ולקחתם לכם משלכם ברם הכא (במדבר

וכל שאר המינים וכו'. זהו כדברי הרא"ש והרמב"ן שבזה מודה רבי יהודה לתנא קמא ולפי דתנא קמא סבירא ליה דשל יעל פשוט ולא כפוף וסלקא דעתך אמינא דרבי יהודה דמודה לתנא קמא בדיעבד סבירא ליה נמי דוקא פשוט לזה אמר רבינו דליתא אלא בעינן לכתחלה כפוף ואפילו בשל עזים דגם רבי יהודה דאומר זכרים כפופים לאו דוקא זכרים אלא אפילו יעלים בעינן כפופים כמו שכתבו הרא"ש והר"ן וכדפי' והוא החילוק השני: ומכל מקום מצוה מן המובחר וכו'. הוא החילוק הג' ונראה דאתא לאשמועינן דלא תימא הא דאיל לכתחלה דוקא בששניהם לפניו אבל כשאין כאן של איל אין צריך לחזור אחריו לכך תנא ואמר מצוה מן המובחר לחזר וכו' דאיל עדיף אף לחזר אחריו ומשום הכי כתב בתחלה דבשל עזים בדיעבד דוקא כיון דלכתחלה צריך לחזר אחר של איל ונמצא לפי זה דלשון רבינו שאמר ולכתחלה בעינן שיהא של כפוף ואפילו בשל עזים אין פירושו כפירוש לשון לכתחלה שאמר הרמב"ן בזה דאלו הרמב"ן כוונתו אפילו בדאיכא נמי של איל דלפי משנתינו אין לחלק בין זכרים ליעלים אבל דברי רבינו הם על המסקנא דר' אבהו ולא שרי לכתחלה בשל עזים אלא כשאין שם איל כלל ולפי שהבית יוסף לא הרגיש בזה כתב מה שכתב: ונראה שכל זה אינו אלא בראש השנה עצמו כשהגיע הזמן לתקוע ונושאין ונותנין איזה שופר כשר טפי לתקוע בו אבל קודם ראש השנה דעדיין לא חל עליו חיוב תקיעה יכול לקנות שופר של עזים אף על פי שיש לפניו גם כן של איל אלא שצריך לקנותו בדמים יקרים ויודע שלא יהא בעירו שופר של איל בראש השנה אפילו הכי אין חייב לקנות של איל בדמים יקרים אלא יש לו דין הידור מצוה עד שליש ולא יותר כדלקמן גבי לולב (סי' תרנו) וראיה ברורה מפרק אלו דברים בפסחים (דף ס"ט.) דאותביה אביי לרבא מערל שלא מל ענוש כרת דברי רבי אליעזר ופירש רש"י (ד"ה איתיביה) ערל גדול שלא מל ערב פסח ענוש כרת בשביל שהיה ראוי לתקן משש שעות מזמן שחיטת הפסח ולמעלה ולא נתקן ולא דמי לטמא ושהיה בדרך רחוקה שאין יכולין לתקן באותן שש שעות ומקמי הכי לא רמיא חיובא עלייהו אלמא אף על גב דלא חזי רמיא מצוה עליה היכא דאפשר למיתקן וכו' וגדולה מזאת קאמר עלה בפרק כילד צולין (דף פ'.) היו ישראל מחצה טהורין ומחצה טמאין משלחין אחד מהן לדרך רחוקה ועביד פסח שני ולא מיחייב כרת מאחר שבשעה ששולחין אותו לא מיחייב בפסח ולא רמיא מצוה עליה:

ב וכתב הרמב"ן והוא הדין בקרני רוב החיות. כלומר הדין הוא שוה דשניהם פסולין אבל טעם הדין אינו שוה דשל פרה אינו פסול אלא משום דקרא קרי ליה קרן ולא איקרי שופר ועוד דאין קטיגור נעשה סניגור ועוד דקיימא גילדי גילדי כדאיתא בפרק ראוהו בית דין (כו.) ובשאר רוב החיות ליכא הני טעמי ופסולייהו משום דבעינן שופר מלשון שפופרת והוא שיהא חלול ושיש לו זכרות וכו' ופרה אף על פי שהוא חלול ויש לו זכרות פסול משום דקרא קרי ליה קרן ולא קרי ליה שופר ועוד וכו':

ג הגוזל שופר ותקע בו יצא. כתב הרא"ש דהכי איתא בירושלמי ומה בין לולב לשופר אמר רב אסי בלולב כתיב ולקחתם לכם משלכם מכל מקום נראה דמיתורא דיהיה דריש לרבות מכל מקום אפילו גזול אי נמי מדכתיב גבי לולב לכם ברישא והדר פרי עץ הדר למימרא משלכם אבל הכא ברישא יום תרועה למימרא מכל מקום וכדדרשינן (ב"מ ל:) מדכתיב ברישא לא תחסום והדר בדישו אלמא דלא תחסום מכל מקום והרמב"ם פירש משום דאין בקול דין גזל והכי איתא בירושלמי ועיין בבית יוסף: ומ"ש רבינו אפילו לא נתייאשו הבעלים ממנו. נראה דאתא לאורויי דלא תימא דוקא נתייאשו ואפילו הכי לכתחלה לא משום דמאיס למצוה קא משמע לן דאפילו

פרישה

והוא הדין בקרני רוב החיות וכו'. פירוש אף על פי שלא נזכר בהם לא שופר ולא קרן ואין כאן הוכחה מכל מקום כיון שאינם חלולים לא איקרי שופר ושל פרה חלול הוא לכך צריך לומר שטעמו הוא מפני שלא נקרא שופר וק"ל: (ג) ומ"מ מצוה מן המובחר. ומ"מ כיון שגם לכתחלה יוצאין משל שאר מינין כשהוא כפוף לא קאמר מזה חלוקה רביעית אף שהיא מצוה מן המובחר. ב"י: הגוזל שופר וכו' יצא. דכתיב יום תרועה יהיה לכם מכל מקום ואינו דומה ללולב דכתיב ביה ולקחתם לכם שהלקיחה צריך שיהא לכם וכן איתא בירושלמי בהדיא ובית יוסף הביאו: והרמב"ם כתב. ס"א איתא ג"כ בירושלמי וז"ל א"ר אליעזר תמן בגופו הוא יוצא הכא בקולו פירוש דאין המצוה אלא בשמיעת קול אע"פ שלא נגע בו והלא גבייהו השומע יצא ואין בו דין גזל ומש"כ בלולב ומצה שאין יוצא ידי חובתו אלא בנגיעת גופו:

הגהות והערות

ג] בטור הנדפס עם דפו"ר ב"י הגירסא חוץ מקרן הכבשים "הכפוף" וכ"ה בדפוס דיהרנפורט וכתב שם בחידושי הגהות וז"ל מלת הכפוף שנזכר כאן ברמב"ם שלפנינו ליתא גם בטור שלפני מהרל"ח אינו וכן נכון לפי מה שרצה הב"י להוכיח דסתם קרן כבש הוא כפוף עכ"ל, ובדפוסים המאוחרים הוציאוהו המדפיסים:
*ג] לפנינו בירושלמי איתא "רבי יוסה" וכן הוא בב"י לקמן בדיבור זה:

הבעלים ממנו: **ג שופר של עבודה זרה של גוי לא יתקע בו ואם תקע בו יצא. של עבודה זרה של ישראל לא יצא שאינה בטלה עולמית וכתותי מיכתת שיעוריה. הילכך אפילו בשל גוי לא יצא אלא אם כן לא נתכוין לזכות בו אבל**

לא נתייאשו מגזירת הכתוב דלא בעינן בשופר משלכם ומיהו נראה דאף בנתייאשו לכתחלה לא יתקע בו דמשמעות הפוסקים שכתבו בסתם בדיעבד יצא אבל לכתחלה משמע דאין לחלק בין נתייאשו ללא נתייאשו:

ד **שופר של עבודה זרה של גוי לא יתקע בו וכו'.** מימרא דרבא בפרק ראוהו בית דין (כח.) והא דבדיעבד יצא אף על פי דאסור בהנאה אם לא ביטלה גוי היינו משום דקיימא לן מצות לאו ליהנות ניתנו ואפילו הכי לכתחלה לא דמאיס למצוה ושל עבודה זרה של ישראל אפילו בדיעבד לא יצא דכיון דשופר בעי שיעור כדי שיראה לכאן ולכאן והכא כתותי מיכתת שיעוריה כיון דאין לו ביטול כאילו אין כאן שיעור דמי אבל בשל גוי אף על גב דלא ביטלה גוי כיון דיכול לבטלה על ידי גוי כל שעה שירצה יש לה שיעור מקרי וכל זה שלא כרבינו תם פרק כסוי הדם (חולין פט. ד"ה והתניא) ופרק מצות חליצה (יבמות קד. דיבור ראשון) ופרק לולב הגזול (סוכה לא: ד"ה באשרה) דמחמיר בשל גוי כל זמן שלא ביטל וכמו שכתב משמו המרדכי בפרק ראוהו בית דין (סי' תשטז) אלא כפירוש הראשון שכתבו התוספות לשם שהסכימו לזה הרשב"א בתשובה (ח"א) בסימן ה' והרא"ש והר"ן בפרק ראוהו בית דין והיא דעת רש"י בפרק מצות חליצה (קג: ד"ה חליצתה כשרה) עיי"ש:

ה **ומ"ש הילכך אפילו בשל גוי לא יצא אלא אם כן לא נתכוין לזכות בו.** כן כתבו התוספות (חולין שם) והרא"ש והר"ן

כט א) יום תרועה יהיה לכם מכל מקום והרמב"ם כתב בפרק א' (ה"ג) כלשון הזה שופר הגזול שתקע בו יצא שאין המצוה אלא בשמיעת הקול אף על פי שלא נגע בו ולא הגביהו השומע יצא ואין בקול דין גזל וביאר דבריו הרב המגיד שבא לחלק בין שופר הגזול ללולב ומצה הגזולים ונתן טעם לפי שמצות השופר אינה אלא השמיעה והשמיעה היא בלא הגעה ובלא הגבהה מן השומע אף על פי שהתוקע נוגע בו מכל מקום אין השומע נוגע בו כלל אלא ששומע הקול היוצא ואין בקול דין גזל ולפיכך אף התוקע יוצא בו אבל לולב ומצה אין אדם יכול לצאת ידי חובתו בהם אלא בנגיעת גופן ולפיכך כשהן גזולים לא יצא בהם וזהו ביאור דברי רבינו וכן מפורש בירושלמי (שם) מה בין לולב ומה בין שופר אמר רבי אליעזר תמן בגופו הוא יוצא הכא בקולו ודברים פשוטים הם ובהשגות אמר אברהם אפילו יהיה בקול דין גזל יום תרועה יהיה לכם מכל מקום הכי איתא בירושלמי ע"כ סובר ה"ר אברהם כדברי מי שאומר כן בירושלמי ומכל מקום אין כאן מקום להשגה אחר שהדין והטעם שהזכיר רבינו אמת עכ"ל: **כתבו** הגהות אשירי בסוף ראש השנה (סי' יד) בשם אור זרוע (סי' רעד) שופר הגזול פסול ומפרש בירושלמי כגון שגזל שופר משופה הוא דאסור אבל גזל קרן ושיפהו דמים הוא חייב לו וכשר ע"כ ומאחר שהפוסקים שכתבתי מכשירים ואור זרוע פוסל וכולם נתלים בירושלמי ראיתי להעתיק סוגיית הירושלמי ולבאר לפי דברי המפרשים המכשירים ולפי דברי הפוסלים. גרסינן בריש פרק לולב הגזול (סוכה ה"א) שופר של עבודה זרה ושל עיר הנדחת רבי אלעזר אמר כשר תני רבי חייא כשר תני רבי הושעיה פסול הכל מודים בלולב שהוא פסול מה בין שופר ומה בין לולב אמר רבי יוסה בלולב כתיב (ויקרא כג מ) ולקחתם לכם משלכם לא משל איסורי הנייה ברם הכא (במדבר כט א) יום תרועה יהיה לכם מכל מקום אמר רבי אלעזר תמן בגופו הוא יוצא ברם הכא בקולו הוא יוצא ויש קול אסור בהנייה מה פליגין בשגזלו משופה אבל אם גזלו ושיפהו דמים הוא חייב לו ע"כ בירושלמי וה"פ דמדאיפליגו רבי חייא ורבי הושעיה בשופר של עבודה זרה ושל עיר הנדחת ממילא נשמע דפליגי נמי בגזול דמר מדמי ליה ללולב ומר לא מדמי ליה וקאמר דע"כ לא פסל ביה רבי הושעיה אלא בשגזלו משופה דאית ביה משום מצוה הבאה בעבירה אבל אם גזלו ושיפהו דמים הוא חייב לו דקנייה בשינוי מעשה ושינוי השם ולא מיקרי גזול ואור זרוע סובר דכיון דבגמרא דידן (ר"ה כח.) אמרינן דבשופר של עיר הנדחת לא יצא אם כן קמה לה הלכתא כרבי הושעיה דפסל ואם כן שופר הגזול נמי פסול כל שגזלו משופה ואיך רבוותא דמכשרי בגזול טעמייהו דכיון דרבי אלעזר סבר כרבי חייא ורבי יוסה מדמפרש טעמיה משמע נמי דסבר כוותיה והוה ליה רבי הושעיה יחיד לגבייהו ולא קיימא לן כוותיה ואף על גב דבגמרא דידן (שם) פסלינן בשל עיר הנדחת ובעבודה זרה של ישראל ורבי חייא מכשיר בשל עבודה זרה וליכא למימר דדוקא בדגוי מכשיר ולא בשל ישראל דהא עיר הנדחת על כרחך בשל ישראל היא איכא למימר דאף על גב דפסלינן ליה בגמרא לאו משום טעמא דרבי הושעיה פסלינן ליה דאיהו פסל ליה משום איסורי הנייה ואנן לא פסלינן ליה משום איסורי הנאה דהא שופר של עבודה זרה של גוי אסור בהנאה הוא וכן שופר של עולה אסור בהנאה הוא ואפילו הכי מכשרינן להו אלמא לאו מטעמא דאיסורי הנאה פסלינן לשל עבודה זרה של ישראל ושל עיר הנדחת אלא משום דכתותי מיכתת שיעורייהו וכדאמרינן בגמרא בהדיא ואם כן אף על גב דהלכתא כוותיה בעיר הנדחת ובעבודה זרה של ישראל לאו מטעמיה הוא דאילו לא הוה אלא ההוא טעמא הלכתא כרבי חייא דאיסור הנאה אינו פוסל בשופר או מטעמא דרבי אלעזר אלא דהיכא דאיכא טעמא אחריני דכתותי מיכתת שיעוריה לא אסיק אדעתיה רבי חייא דמיפסל משום הכי ובהאי לחודיה הוא דלא קיימא לן כוותיה הילכך בשופר הגזול דלא שייך ביה כתותי מיכתת שיעוריה נקטינן כרבי חייא דמכשיר ואפשר לומר עוד דכי מכשיר רבי חייא בשל עיר הנדחת לאו לגמרי מכשיר אלא משום דשמעיה לרבי הושעיה דפסל משום דאסור בהנאה אמר ליה אי משום האי טעמא כשר הוא דאין איסור הנאה לחוד פוסל בשופר אבל אין הכי נמי דאיהו נמי פסל בשל עיר הנדחת משום דמיכתת שיעוריה כדאיתא בגמרא דידן וקם ליה רבי חייא אליבא דהלכתא:

ג—ד **שופר של עבודה זרה של גוי לא יתקע בו ואם תקע בו יצא של עבודה זרה של ישראל לא יצא וכו'.** בפרק ראוהו בית דין (כח.) אמר רבא שופר של עבודה זרה לא יתקע בו ואם תקע בו יצא וטעמא משום דמצות לאו ליהנות ניתנו פירוש לא ניתנו לישראל להיות קיומם להם הנאה אלא לעול על צוארם ניתנו וכתב הרא"ש (סי' ט) והא דאמרינן בפרק כיסוי הדם (חולין פט.) דלא יצא ומפרש טעמא התם משום כתותי מיכתת שיעוריה התם מיירי בעבודה זרה של ישראל דאין לה ביטול עולמית וכיון שאין לה ביטול כתותי מיכתת שיעוריה והכא מיירי בעבודה זרה של גוי כיון דראויה להתבטל לא מיכתת ואם תאמר עבודה זרה של גוי נמי מכי אגבהה נעשית עבודה זרה של ישראל ויש לומר במגביה על מנת שלא לקנותה וכך הם דברי רבינו ודבר פשוט הוא שמה שכתב רבינו ואף על פי שהוא גזול הא אמרינן דיוצא בגזול קאי למה שכתב דבשל גוי לא יצא אלא אם כן לא נתכוין לזכות בו דהשתא הוה ליה גזול. והר"ן (ז. ד"ה אמר) כתב גם כן כדברי הרא"ש וזה לשונו וכי אמרינן דאם תקע יצא דוקא בעבודה זרה או במשמשי

פרישה

שופר של עבודה זרה של גוי וכו'. בפרק ראוהו בית דין (כח. ד"ה בשופר) פירש רש"י שמשמשין בו לעבודה זרה ונאסר בהנאה ולהכי לכתחלה לא יתקע בו דהתקיעה בעצמה הנאה לאדם שהוא תוקע וכמ"ש לקמן בשם הכל בו אי נמי כפשוטו כיון שהוא של עבודה זרה אינו ראוי שיתקע בו תקיעת מצוה גם יש לחוש שמא יזכה בו: **ואם תקע בו יצא.** דמצות לאו ליהנות ניתנו ובלא נתכוין לזכות בו כמו שכתב רבינו מיד דאז יוצא כיון שראוי להתבטל אשיר"י ע"ש:

אם נתכוין לזכות בו הוה ליה עבודה זרה של ישראל (ג) ואף על פי שהוא גזול הא אמרינן דיוצא בגזול: ה (ד) המודר הנאה משופר מותר לתקוע בו [א] תקיעת מצוה דמצות לאו ליהנות ניתנו ולא חשוב הנאה מה שיוצא בו ידי

בית יוסף

עבודה זרה דגוי דכיון דבביטול סגי ליה לא מיכתת שיעוריה אבל בעבודה זרה דישראל אמרינן בסוף פרק כיסוי הדם (שם) דלא יצא משום דכיון דאין לה בטלה כתותי מיכתת שיעוריה ובשופר בעינן שיעורא והוא הדין דבשל תקרובת עבודה זרה דגוי לא יצא דלית לה בטלה עולמית דהא איתקש למת (ע"ז כ:) אלא ודאי בעבודה זרה דגוי א"כ במשמשי עבודה זרה [דגוי] עסקינן וכגון שנטלו על מנת שלא לזכות בו הא נטלו לזכות בו מדאגבהיה קנייה והוה ליה כעבודה זרה דישראל וכן כתב הרב המגיד בפרק א' (ה"ג) בשם הרשב"א ז"ל (חי' הרשב"א (השלם) ר"ה) והמרדכי (ר"ה סי' תשטו) כתב גם כן דבעבודה זרה של גוי מיירי וכגון שהגביהו על מנת שלא לזכות בו ואחר כך כתב בשם רבינו תם (תוס' חולין פט. ד"ה והתני') דאפילו בעבודה זרה דגוי לא יצא אלא דוקא לאחר ביטול ואפילו לאחר ביטול לכתחלה לא יטול ואם נטל יצא וכגון שנתבטל מערב יום טוב אבל ביום טוב בעיא היא בפרק כל הצלמים (עבודה זרה מז.) אם יש דיחוי אצל מצות ולא איפשיטא ע"כ (ב):

ה **המודר הנאה משופר מותר לתקוע בו תקיעת מצוה וכו'.** מימרא דרבא בפרק ראוהו בית דין (שם) וכתב הר"ן (ז: ד"ה אמר) וכי אמרינן נמי דשרי דוקא במודר הנאה משום דמצות לאו ליהנות ניתנו אבל באומר קונם שופר לתקיעתו עלי אסור לתקוע אפילו תקיעה של מצוה [לפי] שהנדרים חלים על דבר מצוה כדבר הרשות אבל האומר שבועה שלא אשמע קול שופר של מצוה לוקה ושומע קול שופר של מצוה שאין השבועה חלה לבטל המצוה אלא בכולל באומר שבועה שלא אשמע קול שופר עכ"ל וכן כתב הכל בו (סי' סד כט ע"ג) בשם הרמ"ה. והתוספות (כח. ד"ה המודר) והגהות אשירי (פ"ג סי' י) והמרדכי (סי' תשיז) כתבו שם בפרק ב' דנדרים (טז:) מסיק רבא דאם אמר ישיבת סוכה עלי קונם או אפילו אמר קונם שלא אשב בסוכה אסור לישב בסוכה של מצוה ונראה דהוא הדין גבי שופר דאם אמר תקיעת שופר עלי קונם אסור לתקוע אם לא נחלק משום דגבי סוכה בלא מצוה יש הנאה בישיבה אבל שופר אי לאו מצוה אין הנאה בתקיעה דאינו מתכוין לשיר עכ"ל: **כתב** הכל בו (שם) המודר הנאה משופר מותר לתקוע לו ד] תקיעה של מצוה פירוש אדם אחר תוקע לו והוא שומע אבל הוא עצמו אמר הגאון שאסור לתקוע בו אפילו תקיעה של מצוה מפני שיש הרבה בני אדם נהנים כשהן עצמן תוקעין וכל מידי דאיכא הנאה לגוף ליכא לשרויי בשביל טעמא דמצות לאו ליהנות ניתנו (ג):

בית חדש

ושאר מפרשים ונראה דהיינו דוקא בשופר שאין לו בעלים כגון שהוא של הפקר אבל ביש לו בעלים אפילו נתכוין לזכות בו לא קנאו כיון שיש לו בעלים ולא נתייאשו ממנו אלא כיון דרבא סתמא קאמר דבשל גוי יצא ומשמע אפילו אין לו בעלים קמפרשי התוספות דלא יצא בזה אלא אם כן לא נתכוין לזכות בו ומה שכתב רבינו ואף על פי שהוא גזול לא קאי להיכא שאין לו בעלים אלא מילתא חדתא קאמר וקאי אשל גוי בשיש לו בעלים דאף על פי דאיכא תרתי לריעותא דהוא של עבודה זרה של גוי והוא גזול מבעליו אפילו הכי יוצא בו אבל בית יוסף כתב וזה לשונו ודבר פשוט הוא שמה שכתב רבינו ואף על פי שהוא גזול קאי למ"ש דבשל גוי לא יצא אלא אם כן לא נתכוין לזכות בו דהשתא ה"ל גזול עכ"ל ושרי ליה מאריה דהא הך מילתא דלא נתכוין לזכות בו לא איירי אלא בשופר של הפקר דלא שייך ביה גזול ואף על גב דלכאורה משמע מלשון הרא"ש דקאי אלא נתכוין לזכות בו וכמו שעלה על דעת בית יוסף אי אפשר לפרש כן ומשום הכי נשמר רבינו וכתב האי ואף על פי שהוא גזול לאחר שכתב אבל אם נתכוין לזכות בו וכו' כדי לאורויי דלא קאי אלא נתכוין לזכות בו וכו' וכך היא גם דעת הרא"ש למעיין בדבריו גם בתוספות בפרק כסוי הדם ופרק לולב הגזול לא הזכירו כלל מדין גזל כשכתבו חילוק זה דלא נתכוין לזכות בו אלא הזכירו דין שאול והיינו טעמא דכיון דאיירי באין לו בעלים לא שייך דין גזל אלא דין שאול ודו"ק:

ו **המודר הנאה משופר מותר לתקוע בו וכו'.** מימרא דרבא פרק ראוהו בית דין ופי' דאפילו המודר עצמו תוקע בו אבל הרי"ף (ז:) ובעל המאור (ז. ד"ה אמר רבא) גורסים מותר לתקוע לו פירוש אדם אחר תוקע לו וכן כתב הכל בו בשם הגאון דהוא עצמו אסור כיון דנהנה בתקיעתו ורבינו נמשך אחר גירסת הרא"ש שגורס לתקוע בו וכן כתבו הרמב"ם (פ"א ה"ג) וה"ר ירוחם (נ"ו ח"ב מח ע"ד) והאגודה (ר"ה פ"ג אות יד) מיהו למעשה נקטינן לחומרא חדא דהא חזינן דהתוקע נהנה בתקיעתו ועוד דהא אמר רבא גופיה המודר הנאה ממעין טובל בו טבילת מצוה בימות הגשמים אבל לא בימות החמה דאיכא הנאת הגוף אלמא אף על גב דעיקר דעתו בטבילה לשם מצוה אפילו הכי אסור בימות החמה כיון דאיכא נמי

דרכי משה

(ב) ועיין בזה בתוספות פרק לולב הגזול (לא: ד"ה באשרה) שהאריכו בזה: (ג) **כתב** הרשב"א בתשובה סימן כ"ג וסימן תר"ל דכל הפוסל בשופר ביום ראשון פסול ביום שני:

פרישה

(ג) **ואע"פ שהוא גזול.** פירוש אם הוא של עבודה זרה של גוי ולא נתכוין לזכות בו: (ד) **המודר הנאה משופר וכו' עד לאו ליהנות ניתנו.** עיין בדרישה דיש חילוק בין מודר הנאה לאומר קונם גם דוקא אחר יתקע לו ולאו הוא: **לאו ליהנות נתנו.** פירש"י דף כ"ח ע"א שלא נתנו לישראל להיות קיומם להם הנאה אלא לעול על צואריהם נתנו:

דרישה

תקפו [א] **תקיעת מצוה.** כתב הכל בו בשם גאון דדוקא אדם אחר תוקע לו והוא שומע אבל הוא עצמו אסור לתקוע בו אפילו תקיעת מצוה מפני שיש הרבה בני אדם נהנים כשהם עצמם תוקעין וכל מידי דאיכא הנאה לגוף ליכא לשרויי משום טעמא דמצות לאו ליהנות ניתנו וכתב הר"ן וכי אמרינן נמי דשרי דוקא במודר הנאה משום דמצות לאו ליהנות ניתנו אבל באומר קונם שופר לתקיעתו עלי אסור לתקוע אפילו תקיעה של מצוה שהנדרים חלים על דבר מצוה כדבר רשות אבל האומר שבועה שלא אשמע קול שופר של מצוה לוקה ושומע קול שופר של מצוה שאין השבועה חלה לבטל המצוה אלא בכולל באומר שבועה שלא אשמע קול שופר עכ"ל והטעם מפורש שם בתוספות דף כ"ח (ע"א ד"ה המודר) ובמרדכי (סי' תשיז) דלשון קונם חל על החפץ שנאסר לו ואין השופר משועבד לו אבל לשון שבועה שאוסר את עצמו על החפץ וכיון שהוא משועבד לו לא מצי לאסור עצמו ועיין ביורה דעה סימן [ר]ט"ו:

הגהות והערות

ד] **עיין** ברכי יוסף סימן זה אות ז לפי דברי הב"ח דמשוי פלוגתא בין גדולי הפוסקים דפליגי בגירסת הש"ס ולדינא, דהרי"ף ודעמיה גרסי בגמ' מותר לתקוע "לו" וס"ל כסברת הכלבו דהוא עצמו אסור לתקוע והרא"ש וסייעתו גרסי בגמ' מותר לתקוע "בו" וכן הוא שיטת הטור וסבירא להו דשריותא הוא לגביה דמודר, קשה היאך כתב הב"י דברי הכל בו בסתמא ולא כתב שזה מחלוקת הרי"ף והרז"ה, עם הרמב"ם והרא"ש והטור, ולא עוד אלא דהטור כתב מותר לתקוע "בו" ומייתי הב"י עלה דברי הכל בו כאלו הטור מודה ליה, ותו דכללא כייל לן מרן דכאשר תרי מגו תלתא מעמודי ההוראה שוו בשעוריהן זו הלכה, העלה על שלחנו כוותייהו, ואילו הכא שנים מכל הרמב"ם והרא"ש סברי מותר לתקוע בו הוא עצמו ונלוו אליהם הטור ורבינו ירוחם ופסק הב"י דלא כוותייהו דאחר תוקע, וכן קשה על המחבר שבשו"ע סימן זה סעיף ה פסק כגירסת הראשונים "לו" דאדם אחר תוקע בו. וביו"ד סימן רכ"א סעיף יג פסק המחבר שאפילו המודר עצמו מותר לתקוע בו כגירסת הראשונים "בו". ועיי"ש ש"ך ס"ק נט ובספר יום תרועה כח. ד"ה הדר ובמג"א סימן זה סק"ז, ועיי"ש בברכי יוסף שמסיק שאין כאן מחלוקת הפוסקים ומיישב סתירת דברי המחבר אהדדי:

חובתו: ו כל הקולות כשרים בשופר הילכך היה קולו עב מאד או דק מאד או באיזה ענין שיהיה כשר: ז [כ] **ניקב וסתמו שלא במינו אפילו אם אינו מעכב התקיעה לאחר הסתימה שחזר קולו לכמו שהיה בתחלה פסול אפילו**

בית חדש

הנאה הוא הדין בשופר ומיהו כשאין שם אחר שיכול לתקוע לו כדאי ו
הם הרמב"ם והרא"ש לסמוך עליהן בשעת הדחק ועיין לקמן בסימן
תקפ"ט (שו.) בדין המודר הנאה מחבירו: ז

ז **ניקב** וסתמו וכו' **אפילו** אינו מעכב התקיעה לאחר הסתימה שחזר קולו לכמות שהיה בתחלה פסול **אפילו** נשתייר בו רובו. אין לדקדק מלשונו דדוקא כשהיה מעכב קודם הסתימה הוא דפסול אבל אם לא היה מעכב לא קודם הסתימה ולא לאחר הסתימה אינו פסול כיון דאין קולו שלאחר הסתימה בא מן הסתימה ולא הוי שופר ודבר אחר דאם כן ה"ל לרבינו לפרש חילוק זה בהדיא לדעת הגאונים ותו שהרי לדעת הגאונים אפילו סתמו במינו אם מעכב התקיעה לאחר הסתימה פסול ואין חילוק דאפילו היה מעכב נמי קודם הסתימה ואין אומרים דאין כאן קול סתימה ואף על פי שה"ר אליהו מזרחי (בביאורו לסמ"ג הל' שופר יג ע"ד) כתב על זה שלא שמע טעם נכון מכל מקום הדין דין אמת ובית יוסף כתב דהטעם הוא מפני שאי אפשר שיהיה הקול שוה ונמצא שהוא קול שופר ודבר אחר ואם כן הכא נמי איכא למימר האי טעמא דאי אפשר שיהיה הקול שוה ותו כיון דסוף סוף הקול בא נמי מן הסתימה שלא במינו הוי קול שופר ודבר אחר אף על פי שלא היה מעכב קודם אלא ודאי אין חילוק וכן כל שאר מחברים שהעתיקו דעת הגאונים לא חילקו בזה אלא כתבו להדיא דלא מתכשר אלא בדאיכא תלתא למעליותא נשתייר רובו וסתמו במינו ואינו מעכב התקיעה ופירוש נשתייר רובו היינו שנשתייר רוב אורך השופר שלא ניקב בין שהשופר גדול או קטן והטעם דכל שלא נשתייר רובו ה"ל כאילו דבק שברי שופרות ואפילו יש שיעור שופר מן הנקב פסול אבל נשתייר רובו רובו ככולו (הוריות ג:) וכאילו לא ניקב ואז אפילו לא נשתייר שיעור שופר ממקום הנקב עד הנחת הפה כשר היכא דאיכא תלתא למעליותא וכתב ה"ר אליהו מזרחי שאפילו היה הנקב גדול וקרוב לאליו כשר כיון שנשתייר בו כחוט השערה יותר מאליו עיין עליו ונראה נמי דאם ניקב ברחבו ובהיקפו צריך נמי שישתייר בו רוב היקפו שלא ניקב ואפילו נשאר מהנקב שיעור שופר ולא דמי לנסדק ופירוש מעכב התקיעה כתב הרב המגיד (ה"ה ד"ה ניקב) שנחלש הקול קצת ויוצא משם כך פירש הרמב"ן:

בית יוסף

ו כל הקולות כשרים בשופר הילכך היה קולו עב מאד וכו' כשר. ברייתא בפרק ראוהו בית דין (כז:):

ז **ניקב** וסתמו **שלא** במינו **אפילו אם אינו מעכב התקיעה** וכו'. בפרק ראוהו בית דין (שם) תנן ניקב וסתמו אם מעכב את התקיעה פסול ואם לאו כשר ובגמרא (שם) ניקב וסתמו בין במינו בין שלא במינו פסול ר' נתן אומר במינו כשר שלא במינו פסול [במינו כשר] אמר רבי יוחנן והוא שנשתייר רובו מכלל דשלא במינו אף על פי שנשתייר רובו פסול איכא דמתני לה אסיפא שלא במינו פסול אמר רבי יוחנן והוא שנפחת רובו מכלל דבמינו אף על פי שנפחת רובו כשר והסכימו הפוסקים לפסוק הלכה כרבי נתן משום דכיון דרבי יוחנן מפרש מילתיה אלמא כוותיה סבירא ליה. ובהני תרי לישני דרבי יוחנן אף על פי שהרי"ץ גיאת (הל' ר"ה עמ' לד) פסק כלישנא בתרא הסכמת הפוסקים היא לפסוק כלישנא קמא ולחומרא: **ואהא** דתנן אם מעכב את התקיעה פסול פירש הר"ן (ו: ד"ה ניקב) אם מעכב את התקיעה עכשיו אפילו סתמו במינו פסול דכיון דמעכב את התקיעה נמצא שאינו בטל לגבי השופר והוה ליה קול שופר ודבר אחר ואם לאו שאינו מעכב את התקיעה עכשיו אף על פי שהיה הנקב מעכב מתחלתו כשר לפי שמה שסתמו בו בטל לגבי השופר ומיהו דוקא בשסתמו במינו ומתניתין רבי נתן היא כמו שנכתוב בגמרא (חידושי הר"ן ר"ה כז: ד"ה אמר ר' יוחנן) ולא מצי לפרושי שכל שמעכב את התקיעה קודם שנסתם פסול אף על פי שלאחר שנסתם אינו מעכב את התקיעה דהא בפלוגתייהו דרבי נתן ורבנן אמרינן בגמרא בלישנא בתרא דרבי יוחנן דכי אמרינן שלא במינו פסול דוקא בשנפחת רובו אבל נשתייר רובו בין לרבי נתן בין לרבנן כשר ובודאי נקב גדול כל כך אי אפשר שלא היה מעכב התקיעות מתחלה קודם שנסתם ואי הכי מתניתין אמאן תרמייה אלא ודאי אף על פי שמתחלתו היה מעכב כיון שעכשיו אינו מעכב כלומר שהסתימה מהודקת יפה הרי זה כשר לפי שהוא בטל לגבי השופר וכן הם דברי הרמב"ם בפרק א' מהלכות שופר (ה"ה) עכ"ל: **ואמאי** דתניא רבי נתן אומר במינו כשר כתב (הר"ן שם ד"ה הוסיף) משמע ודאי דכי מכשיר רבי נתן במינו דוקא בשאינו מעכב את התקיעה דהא מדשקיל וטרי רבי יוחנן אליביה משמע דכוותיה סבירא ליה ואם איתא דרבי נתן במינו מכשיר אפילו כשמעכב את התקיעה היכי מני סבר ליה כוותיה דהא רבי יוחנן הוא דאמר (שבת מו.) הלכה כסתם משנה ותנן אם מעכב את התקיעה פסול וסתמא קאמר אפילו היכא דסתמו במינו אלא ודאי כדאמרן: **ועל** לישנא קמא דרבי יוחנן כתב (שם ד"ה במינו) הילכך להאי לישנא ניקב וסתמו לא מתכשר אלא היכא דאיכא תלתא למעליותא נשתייר רובו וסתמו במינו ואינו מעכב את התקיעה עכ"ל וכך הם דברי הרמב"ם שכתב בפרק א' (ה"ה) סתמו במינו אם נשתייר רובו שלם ולא עיכבו הנקבים שנסתמו את התקיעה הרי זה כשר עכ"ל וזהו הפירוש שכתב רבינו בשם הגאונים ז"ל וכתב הרב המגיד שהעלה הרשב"א שכן עיקר: **אבל** הרא"ש (פ"ג סי' ה) כתב צריך לפרש דמעכב התקיעה לאחר שסתמו קאמר מתני' דכיון דהסתימה מעכבת את התקיעה הוי כמו שופר ודבר אחר כי נשתנה הקול מחמת הסתימה אבל על עיכוב הקול דקודם הסתימה לא חיישינן דכיון דעתה חוזר לכמות שהיה אין זה נקרא שופר ודבר אחר ומתניתין כרבנן דפסלי אפילו במינו דמתניתין סתמא קתני ובירושלמי (פ"ג ה"ו) דחיק לאוקמי מתניתין אף כרבי נתן ומוקי לה בשסתמו בשאינו מינו הילכך שופר שניקב

פרישה

ניקב וסתמו שלא במינו וכו'. כל זה הוא דעת הרמב"ם והגאונים כמו שסיים רבינו דסבירא להו דבעינן תלתא למעליותא דהיינו סתמו במינו ואינו מעכב וגם נשתייר רוב שופר אז כשר ואי בציר חד מהני תלתא פסול:

דרישה

[כ] **ניקב וסתמו שלא במינו.** בפרק ראוהו בית דין תנן ניקב וסתמו אם מעכב את התקיעה פסול ואם לאו כשר ובגמרא ניקב וסתמו בין במינו ובין שלא במינו פסול רבי נתן אומר במינו כשר שלא במינו פסול אמר רבי יוחנן והוא שנשתייר רובו מכלל דשלא במינו אפילו נשתייר רובו פסול איכא דמתני וכו' ופסקו הפוסקים כלישנא קמא דרבי יוחנן ולחומרא וכרבי נתן דקם רבי יוחנן לפרושי מילתיה ואהא דתנן אם מעכב את התקיעה פירש הר"ן אם מעכב את התקיעה עכשיו אפילו סתמו במינו פסול דכיון דמעכב את התקיעה נמצא שאינו בטל לגבי השופר והוה ליה קול שופר ודבר אחר ואם אינו מעכב את התקיעה עכשיו אף על פי שמתחלתו היה הנקב מעכב כשר לפי שמה שסתמו בו בטל לגבי השופר וכתבו הר"ן והרמב"ם וכל הגאונים דפלוגתא דרבנן ורבי נתן קיימא אהיכא דאינו מעכב דאילו מעכב בין במינו ובין שלא במינו פסול לדברי הכל ומתניתין דמפלגא בין מעכב לשאינו מעכב במינו איירי ורבי נתן היא ודעת הרא"ש ור"י דפלוגתייהו קאי אהיכא דמעכב את התקיעות דאילו בשאינו מעכב אפילו סתמו שלא במינו כשר לדברי הכל דלא מקרי קול שופר ודבר אחר אם לא כשנסתם שלא במינו ומעכב שזה שאינו מינו מקרי דבר אחר ומתניתין דמפלגא בין מעכב לשאינו מעכב רבנן היא ומיירי בין במינו בין שלא במינו אי נמי רבי נתן היא ומיירי דוקא בסתמו בשאינו מינו דאילו במינו אפילו מעכב כשר כן הוא טעם פלוגתת הפוסקים בקיצור ורבינו כתב כאן דעת הגאונים והרמב"ם ובסמוך כתב דעת הרא"ש ור"י:

לעשותו כיון שאין בו (יא) **אלא משום שבות דאמירה לגוי שבות ושבות דשבות במקום מצוה שרי והתוספות לא כתבו כן במסכת שבת** (קכא. ד"ה אין יט]): **כג ויכול ליתן לתוכו מים או יין לצחצחו אבל מי רגלים אף בחול אסור מפני הכבוד:**

סימן תקפז

פרטי רמזי דינים המבוארים בזה הסימן

[א] התוקע בבור או בחבית גדולה: [ג] שומע תחלת תקיעה בלא סופה או סופה בלא תחלתה:

א מקום הראוי לתקוע בו כיצד כגון מקום שתשמע בו התקיעה בלא ערבוב אבל אם שמע בערבוביא לא יצא. לפיכך העומד בבור או בחבית גדולה ותוקע ושמעו אחרים מבחוץ לא יצאו שאין שומעין אלא קול הברה אבל הוא עצמו

השנה (סי' ו) דמותר לצאת בו דלאו מוקצה הוא דהא חזי לישראל אחר דהבא לישראל זה מותר לישראל אחר (ביצה כה.) וכיון דשרי לטלטולי אפילו לאותו ישראל שרי לצאת בו דלא מצינו דאסרו חכמים הבאת חוץ לתחום אלא או אכילה או הנאה ומצות לאו ליהנות ניתנו וגם אין שייך לגזור שמא יאמר לגוי להביא לו כדי לצאת בו דלא שייך שיעשה מצוה הבאה בעבירה ולכך שרי לכולי עלמא וכן כתב רבינו בסימן תרנ"ה בשם הרשב"א וכן כתב המרדכי בפרק לולב הגזול (סי' תשמז) וכתב עוד שם המרדכי הוא הדין אם עשה גוי שופר ביום טוב מותר לתקוע בו עכ"ל: **ולענין הלכה** כיון דכל הני רבוותא מסכימים להתיר הכי נקטינן (ו) וכל שכן בנדון זה דמקום קיום מצוה הוא:

כג ויכול ליתן לתוכו מים או יין לצחצחו. שם במשנה ופירש רש"י (ד"ה אם) דאשמועינן דלא נימא מתקן מנא הוא: **ומ"ש אבל מי רגלים אף בחול אסור מפני הכבוד.** ברייתא שם (לג.):

תקפז א מקום הראוי לתקוע בו כיצד כגון מקום שתשמע בו התקיעה בלא ערבוב וכו' לפיכך העומד בבור או בחבית גדולה ותוקע וכו'. משנה בפרק ראוהו בית דין (כז:) התוקע לתוך הבור לתוך הדות לתוך הפיטס פירוש חבית גדולה א] אם קול שופר שמע יצא ואם קול הברה שמע לא יצא ובגמרא (שם) אמר רב הונא לא שנו אלא לאותם העומדים על שפת הבור אבל אותם העומדים בבור יצאו והרא"ש (סי' ח) גורס רב יהודה במקום רב הונא ופירש רש"י אותם העומדים בבור שהם קול השופר לעולם שמעו וכתב הרא"ש (שם) משמע מתוך פירושו אותם העומדים על שפת הבור פעמים שומעים קול שופר פעמים קול הברה וכן משמע לישנא דרב יהודה לא שנו דמתניתין מפלגא בין שמע קול שופר בין שמע קול הברה אלא לאותם העומדים על שפת הבור אבל העומדים בבור לעולם שומעים קול שופר ולא ידעתי מה הבחנה יש אם קול שופר שמע או קול הברה שמע אם תלוי בהבחנת האדם שיאמר שמעתי קול שופר או תלוי בעומק הבור או בהתקרב האדם על שפת הבור והתרחקו ממנו ולא מסתבר שיהיה תלוי בהבחנת האדם דמה ב] נשתנה תקיעת הבור פעמים קול שופר ופעמים קול הברה ואם תלוי בעומק הבור או בקירובו על שפת הבור וריחוקו כל זה צריך שיעור על כן נראה לי אף על גב דרב יהודה אמר לא שנו אין בא כי אם לפרש המשנה והכי פירושו לא שנו אם קול הברה שמע אלא לאותם העומדים על שפת הבור שהקול מתבלבל בבור קודם שיצא לחוץ ולעולם אינם שומעין אלא קול הברה אבל אותם העומדים בבור לעולם קול שופר הם שומעין ויצאו עכ"ל ודברי רבינו הם כדעת הרא"ש וזהו שכתב שאם שמעו אחרים מבחוץ לא יצאו שאין שומעין אלא קול הברה דמשמע דכל שעומדים בחוץ אין שומעין אלא קול הברה: **ומ"ש אבל הוא עצמו יצא.** לאו דוקא הוא עצמו אלא הוא הדין לאחרים שהם עמו בתוך הבור דכל שהם בתוך הבור הם שומעים קול שופר וכמבואר בדברי רב הונא: **והרמב"ם** כתב בפרק ב' (ה"ח) התוקע לתוך הבור או בתוך המערה אותם העומדים בתוך הבור והמערה יצאו והעומדים בחוץ אם קול שופר שמעו יצאו ואם קול הברה שמעו לא יצאו וזה מבואר שלא כדברי הרא"ש אלא כדמשמע מפירוש רש"י וכן עיקר: **ומ"ש** הרא"ש על זה לא ידעתי מה הבחנה יש אם קול שופר שמע או קול הברה וכו' נראה שכל אדם יכול להבחין אם הקול ששומע הוא קול שופר או אם הוא קול הברה וסיבת שומעו קול שופר או קול הברה נמשך מעומק הבור ומהתקרב האדם על שפת הבור והתרחקו

תקפז א מקום הראוי וכו' אבל הוא עצמו יצא ששומע קול שופר. לאו דוקא הוא עצמו אלא הוא הדין אחרים שהם עמו בתוך הבור כמבואר בסוגיא אלא לרבותא דדיוקא נקט הכי דטעמא ששומע קול שופר שהרי עומד הוא בבור והתם הוא דיצא אבל אם היה עומד על שפת הבור והכניס פיו לתוך הבור ותוקע לא יצא דלאו בתקיעה תליא מילתא אלא בשמיעה וכבר נתבאר בסימן תקפ"ה (ש.): **כתב** בית יוסף שרבינו כתב בשומעין עומדים על שפת הבור והתוקע עומד בתחלת התקיעה תוך לבור ובסופה חוץ לבור דלא יצאו וממילא משמע דהוא הדין לתוקע עומד תוך הבור או חוץ לבור מתחלת התקיעה עד סופה והשומע הוא שעומד בקצת זמן התקיעה תוך הבור ובקצתו חוץ לבור עכ"ל ואיני יודע מנין לו זה שהרי הרא"ש לא אמר אלא בתוקע עומד בבור מתחלת התקיעה ועד סופה והשומע אינו עומד שם אלא בתחלתה או בסופה התם הוא דלא יצא והטעם לפי שהקול מתבלבל תחלה בבור קודם שיצא לחוץ אבל בתוקע עומד חוץ לבור מתחלת התקיעה עד סופה והשומע עומד בבור בתחלת התקיעה או בסופה בהא סברא ישרה לומר דגם השומע יצא שאין הקול מתבלבל בבואו לבור וכן משמע מלשון המשנה שלא שנאה רק בתוקע לתוך הבור וכך מורין דברי הרא"ש ז"ל נ"ל:

דרכי משה

(ו) **וכן** פסק מהרי"ל (הל' שופר סי' ח) דמותר לתקוע בו ומשמע שם אפילו אם יש לו שופר אחר שאינו של איל וזה שהובא הוא של איל. ונראה דהוא הדין אם עשה גוי שאר איסור דרבנן כגון שעלה אחריו לאילן וכדומה דינו כאילו הובא מחוץ לתחום וכן כתב המרדכי פרק לולב הגזול דאם עשה גוי שופר ביום טוב מותר לתקוע בו ועיין לעיל סימן שכ"ה:

פרישה

(יא) **אלא משום שבות ואמירה לגוי שבות ושבות דשבות במקום וכו'.** כל"ל ופי' אפילו לישראל עצמו אין בו אלא איסור שבות ואם כן האמירה לגוי שבות דשבות דאמירה לגוי אפילו באיסור דאורייתא אין בו אלא שבות: **או יין לצחצחו.** פירש רש"י דאתי לאשמועינן דלא נימא מתקן מנא וק"ל:

הגהות והערות

יט] **תימה** שהתוס' לא כתבו שם אלא שבות דשבות אסור אמירה לגוי באיסורא דרבנן אבל לא שיהא אסור במקום מצוה, מיהו בגיטין ח ע"ב ד"ה אע"ג כתבו כן התוס' (הגהות רבי אברהם מסוכטשוב על הטור):

תקפז א] **כן** הוא הגירסא במשנה שבגמ' לפנינו לתוך "הפיטס" מלשון הללו בעלי פטסין ביצה טו ע"ב ופירש רש"י שם ד"ה בעלי פטסין חביות גדולות: ב] **כ"ה** בדפו"ר ב"י ובדפוסים המאוחרים איתא "דלמה" והוא ע"פ הרא"ש לפנינו שהגירסא "דלמה" נשתנה, ועיין קרבן נתנאל אות ע וז"ל מאחר דאין תלוי בעומק או התרחקות מהבור, וגי' ב"י "דמה" נשתנה וה"פ מה נשתנה תקיעת הבור ה"ל לחלק אם שמע תקיעות חוץ לבית הכנסת ואם קול הברה שמע לא יצא עכ"ל:

תקפה א בזמן הראוי לתקוע וכו' לפיכך אם שמע מקצת התקיעה בלילה וכו'. פירוש מאחר דבלילה אפילו דיעבד לא יצא כדתנן וכולן שעשו משעלה עמוד השחר כשר משמע אבל קודם עמוד השחר לא הילכך אפילו תקע מקצתה ביום נמי לא יצא שהרי כבר נתבאר דהשומע מקצת תקיעה לא יצא והכא אף על פי ששמע את כולה כיון שמקצתה בלילה לאו כלום הוא וזה ברור ודלא כמו שכתב הבית יוסף דלשון רבינו אינו מיושב בזה:

יצא ששומע קול שופר: ב ואם התחיל לתקוע בבור ועלה חוץ לבור וגמרה יצא שכל מה ששמע בין בפנים בין בחוץ היה קול שופר: ג והאחרים לא יצאו אף על פי שבסוף התקיעה שמעו קול שופר כיון שלא שמעו קולו בתחלה לא יצאו ששומע תחלת תקיעה בלא סופה או סופה בלא תחלתה ואין באותה מקצת שיעור תקיעה לא יצא. ובעל העיטור (הל' שופר צט.) כתב שאפילו אם יש במקצתה שיעור תקיעה לא יצא:

סימן תקפח

פרטי רמזי דינים המבוארים בזה הסימן

[א] איזה זמן ראוי לתקוע: [ב] שמע תשע תקיעות מתשעה בני אדם: [ה] בזמן הזה אם תוקעין בשבת בבית דין: אם מותר לומר לקטן שיתקע בשבת:

א בזמן הראוי לתקוע כיצד משעת הנץ החמה (א) עד הלילה דתנן כל היום כשר לתקיעת שופר ואם תקע משעלה עמוד השחר יצא אבל בלילה לא. (ב) לפיכך שמע מקצת תקיעה בלילה ומקצתה ביום לא יצא:

ממנו ושיעור דבר זה הוא תלוי בהבחנת האדם אם קול שופר שמע או קול הברה: כתב הר"ן (ז. ד"ה גמ') מסתברא כי היכי דמפלגינן בבור הכי נמי מפלגינן בפטם דאותם העומדים בתוך הפטם יצאו אבל הרמב"ם בפרק א' מהלכות שופר (ה"ח) חילק בבור ודות ובפטם לא חילק אפשר שדעתו מפני שהברתו גדולה אפילו העומדים בתוכו אם קול הברה שמעו לא יצאו עכ"ל ונראה שהביאו להרמב"ם לחלק בכך מדחזינן דרב הונא אמר לא שנו אלא לאותם העומדים על שפת הבור וכו' ולא אמר העומדים על שפת הבור והפטם אלמא דלא איירי אלא בבור והוא הדין לדות דבור ודות חד הוא אלא שזה בחפירה וזה בבנין ואף על פי שיש לדחות ולומר דהוא הדין לפיטם ורב הונא רישא דמילתא נקט לא נראה להרמב"ם לדחות כן:

ב ואם התחיל לתקוע בבור ועלה חוץ לבור וכו' שם (כח.) אמר רבה שמע מקצת תקיעה בבור ומקצת תקיעה חוץ לבור יצא ת"ש התוקע לתוך הבור או לתוך הדות או לתוך הפיטם אם קול שופר שמע יצא ואם קול הברה שמע לא יצא ואמאי ליפוק בתחלת תקיעה מקמי דליערבב קלא כי קאמר רבה בתוקע ועולה לנפשיה אי הכי מאי למימרא מהו דתימא זימנין דמפיק רישיה ואכתי שופר בבור וקא מערבב קלא קא משמע לן. ופירש רש"י אם קול שופר שמע. בלא קול הברה יצא: ואם קול הברה יצא: ואם קול השופר לא יצא: בתוקע ועולה לנפשיה. ואין אחר עמו לצאת בו אלא תוקע ועולה הוא דלדידיה תחלתה וסופה בהכשר דבתחלה הוא והשופר בבור ואמרינן לעיל (כז:) אותם העומדים בבור יצאו:

ג ומ"ש רבינו והאחרים לא יצאו אף על פי שבסוף התקיעה שמעו קול שופר כיון שלא שמעו קולו בתחלה וכו'. משמע דלעומדים על שפת הבור קאי ומה שסתם וכתב שלא יצאו היינו לדעת הרא"ש דסבר דעומדים על שפת הבור לעולם הם שומעים קול הברה דאילו לדעת הרמב"ם ורש"י אם קול הברה שמעו הוא דלא יצאו אבל אם קול שופר שמעו יצאו בודאי: והרא"ש (שם) כתב כלשון הזה אבל אחר ששמע מקצת תקיעה בבור ועלה ושמע סופה על שפת הבור או תחלתה בחוץ וסופה בפנים לא יצא שהשומע תחלת תקיעה בלא סופה או סופה בלא תחלתה לא יצא עד כאן: ורבינו כדי לקצר כתבה בשהשומעים עומדים על שפת הבור והתוקע עומד בתחלת התקיעה תוך הבור ובסופה חוץ לבור וממילא משמע דהוא הדין לתוקע עומד חוץ הבור או חוץ לבור מתחלת התקיעה ועד סופה והשומע הוא שעומד בקצת זמן התקיעה תוך הבור ובקצתה חוץ לבור ולדברי הרמב"ם ורש"י דבר פשוט הוא דדין הכי ודין הכי אם קול שופר שמע יצא: כתב רבינו ירוחם (נ"ו ח"ב מח ע"ד) השומע מקצת תקיעה שלא בחיוב ומקצתה בחיוב או שאמר למתעסק בתקיעות שהתחיל לתקוע כמתעסק בלא כיון להוציא ואמר ליה באמצע תכוין להוציאני ידי חובתי ותקע ומשך בה שיעור תקיעה לא יצא כיון דתחלתה לא הוי בחיוב ויש אומרים שיצא כיון דאיכא שיעור תקיעה בחיוב אף על פי שתחלתה לא הוי בחיוב ולאשון עיקר ולזה נראה שהסכים הרא"ש (שם) עכ"ל:

תקפח פרטי רמזי דינים המחודשים בזה הסימן

[ה] טעם למה לא תקנו לדחות יום ראש השנה כשחל להיות בשבת:

א בזמן הראוי לתקוע כיצד וכו' דתנן כל היום כשר לתקיעת שופר. משנה בפרק ב' דמגילה (כ:): ומ"ש רבינו ואם תקע משעלה עמוד השחר יצא. התם (כ.) תנן אין קורין את המגילה ולא מלין ולא טובלין ולא מזין עד הנץ החמה וכולן שעשו משעלה עמוד השחר כשר ויליף בגמרא (שם:) מקרא דמשעלה עמוד השחר מיקרי יום. ופירש רש"י (שם.) עד שתנץ החמה. שלא מספק לילה: וכולן שעשו משעלה עמוד השחר כשר. דמעלות השחר יממא הוא אבל לפי שאין הכל בקיאין בו צריכין להמתין עד הנץ החמה עד כאן. ומהתם שמעינן בכל דבר שמצותו ביום צריך לכתחלה לעשותו משתנץ החמה ואם עשה משעלה עמוד השחר כשר: ומ"ש אבל בלילה לא. פשוט הוא במשנה (שם:) שכתבתי בסמוך ומייתי לה בגמרא (שם) מדכתיב (במדבר כט א) יום תרועה יהיה לכם: ומ"ש לפיכך שמע מקצת תקיעה בלילה ומקצתה ביום לא יצא. בפרק ראוהו בית דין (כח.) אמר רבה שמע מקצת תקיעה קודם שיעלה עמוד השחר ומקצת תקיעה לאחר שיעלה עמוד השחר לא יצא וטעמא משום דכיון דתחלת התקיעה היתה שלא בשעת חיוב הוי שמע סופה בלא תחלתה דקיימא לן (שם) דלא יצא: ומיהו תיבת לפיכך שכתב רבינו אינו מיושב דהא לא נפיק ממאי דכתב בסמוך דאף על גב דתקיעה דלילה לא מפקא ידי חובה אם איתא דשמע סוף תקיעה בלא תחלתה הוה נפיק ידי חובה הכי נמי יוצא היה ידי חובה ולא אמרינן דלא יצא אלא משום דקיימא לן דשמע סופה בלא תחלתה לא יצא ואם כן מאי לפיכך ודוחק לומר דקאי גם למה שכתב

פרישה

תקפז ששומע קול שופר. והוא הדין לעומדים בבור נמי יוצאים ועיין לעיל סימן תקפ"ה מ"ש בדרישה: היה קול שופר וכו'. ובא לאשמועינן דלא נימא זימנין דמפיק רישיה ואכתי שופר בבור וקא מיערבב קא משמע לן:

תקפח (א) עד הלילה. דכתיב יום תרועה ולא לילה: עמוד השחר יצא. פירש רש"י דמשעלה עמוד השחר יממא הוא אלא לפי שאין הכל בקיאין בה צריכין להמתין עד הנץ החמה: (ב) לפיכך שמע מקצת וכו'. זה לשון בית יוסף ותיבת לפיכך שכתב רבינו אינו מדוקדק דהא אף על גב דתקיעה דלילה לא מפקא ידי חובה אם איתא דשמע סוף תקיעה בלא תחלתה הוה נפיק ידי חובה הכי נמי יוצא היה ידי חובה ולא אמרינן דלא יצא אלא משום דקיי"ל דשמע סופה בלא תחלתה לא יצא [ואם כן] מאי לפיכך עכ"ל ונראה דשפיר קאמר לפיכך:

כך כתב אבל זהו דבר תימה מהו ולונו בדבר שאינה מחויבת לא מדאורייתא ולא מדרבנן דנשים במלות עשה שהזמן גרמא אפילו מדברי סופרים פטורות וכמו שמוכח בפרק מי שמתו (ברכות כ:) גבי נשים חייבות בקידוש היום דבר תורה והאגור (סי' תתקי) כתב בשם רבינו ישעיה דוקא בלא ברכה שרי להו לנשים לתקוע לעצמן אבל אם בירכו גילו בדעתן שלשם חובה הן עושות הלא דעוברות על בל תוסיף ועוד דאיכא ברכה לבטלה עד כאן לשונו (א) ומה שכתב שעוברות על בל תוסיף אם מברכות אינו נכון כלל אלא שאין לי להאריך כאן:

ומ"ש רבינו בשם בעל העיטור.

משום איסור תקיעה ביום טוב ולא משום ברכה לבטלה. וכתב בעל העיטור אחר שיצא כבר אינו יכול לתקוע להוציאן אלא אם כן לא יצא שנמצא תוקע להוציא את עצמו וכן נוהגין באשכנז לתקוע לנשים היולדות קודם שיתקעו בבית הכנסת כדי שיוציא התוקע גם את עצמו ואבי העזרי כתב שאפילו אחר שיצא יכול לתקוע להן ולהוציא השופר בשבילן (ג) אפילו דרך רשות הרבים ולזה הסכים אדוני אבי הרא"ש ז"ל: ז (ג) המודר הנאה מחבירו מותר לתקוע לו תקיעה של מצוה דמצות לאו ליהנות ניתנו: ח—ט וצריך שיכוין התוקע להוציא השומע שאם תקע ולא כיון להוציא לא יצא דאמר רבי זירא

ג **וצריך** שיכוין התוקע וכו'. בפרק בתרא דראש השנה:

הוא בפסקי הרא"ש שם אף על פי שכתוב שם בלשון אחר הכל עולה לענין אחד וזה לשונו בעל העיטור (הל' שופר לט ע"ד ד"ה גרסינן במגילה) כתב דאין אחר תוקע להן אלא הן בעלמן ונהגו באשכנז לתקוע לנשים יולדות קודם שתקעו בבית הכנסת כדי שיוליא התוקע את עלמו וכן כתב הגהות מיימון (פ"ב אות א) פסק רבינו תם וכל רבותינו אחריו כרבי יוסי ומיהו הני מילי לתקוע לעלמן דומיא דסמיכה (חגיגה טז:) דשרי להו משום נחת רוח אף על גב דקלא נראה כעבודה בקדשים הכא נמי אף על גב דקלא נראה כחילול יום טוב שריא אבל אחר שכבר תקע לא יתקע להן דאין אומרים לאדם חטא בעבור נחת רוח כיון דכבר יצא ידי חובתו ואינו חייב בדבר התוקע להן הרי זה חילל יום טוב וכן כתב רבי אליעזר ממיץ (יראים השלם סו"ם תיט) והגאונים וכן הורה הר"ס ב] ואמר שהרולה לתקוע לנשים לריך לעשות קודם שיתקע שליח לבור בעוד שלא יצא ידי חובתו הוא בעלמו ואם המתין עד לאחר שיצא ידי חובתו הוא בעלמו אסור לתקוע להן ודלא כראבי"ה (ריש סי' תקלד) שהתיר הדבר עכ"ל והסמ"ג (שם ע"ב) גם כן לא הביא אלא דברי רבי אליעזר ממיץ בלבד: **ומ"ש רבינו בשם ראבי"ה.** כן כתב הרא"ש שם וזה לשונו וראבי"ה (שם) כתב כיון דנשים סומכות רשות אף על גב דדמי קצת לעבודה בקדשים הוא הדין בתקיעה שהיא חכמה ואינה מלאכה (ר"ה כט:) מותר לתקוע להן ואפילו מי שיצא כבר ומותר נמי להוציא את השופר לר"ה בבית הכנסת כדי לתקוע להן וכן נראה לי דלא גריעא אשה מקטן שלא הגיע לחינוך דמתעסקין בהם כדי שילמדו כל שכן לנשים דמכוונות למצוה עד כאן לשון הרא"ש וכן כתב המרדכי (סי' תשכ): **ולענין** הלכה כדאי הם לסמוך עליהם כל שכן במקום דאיכא רבוותא דסברי כוותייהו כמו שנתבאר בסמוך ועוד דטעמא דראבי"ה והרא"ש טעמא דמסתבר הוא ומיהו טוב שלא לברך כיון דפלוגתא הוא ספק ברכות להקל (ב):

ז **המודר הנאה מחבירו מותר לתקוע לו תקיעה של מצוה** וכו'. מימרא דרבא בפרק ראוהו בית דין (כח.) וכתב הר"ן (ז: ד"ה אמר) וזה לשונו כתב הרז"ה (המאור ז. ד"ה אמר רבא) דכי שרי דוקא בתקיעות דראש השנה שהן מלות מן התורה אבל בתעניות לא ולפי דבריו אף בתקיעות דראש השנה לריך לדקדק לפי שיש בהן מדרבנן אלא שאין מחוורין דבריו דמכל מקום מלוה איכא ומיהו מסתברא לי דכי אמרינן מותר לתקוע לו תקיעה של מלוה דוקא כגון שהוא תוקע מאליו להוליא המודר הנאה אבל כל שאמר ליה המודר תקע לי והוליאני אסור דשליחותיה קא עביד וראיה לדבר מדאמרינן בפרק אין בין המודר (לה:) גבי הא דאיבעיא לן התם הני כהני אי הוו שלוחי דידן או שלוחי דשמיא למאי נפקא מינה למודר הנאה אי אמרת שלוחי דידן הא קא מהני ליה ואסור ואמרינן נמי התם (לו:) אלא לדעתיה דבעל הכרי הא קא מהני ליה דקא עביד שליחותיה אלמא כל היכא דקא עביד שליחותיה אסור אלא ודאי הכא בתוקע מעצמו שלא בשליחותו של מודר עסקינן (ב*):

ח—ט **וצריך** שיכוין התוקע **להוציא** השומע וכו'. בפרק בתרא דראש השנה (לג:) תנן המתעסק לא יצא והשומע מן המתעסק לא יצא ובגמרא (לג:) המתעסק לא יצא הא תוקע לשיר יצא לימא מסייע לרבא דאמר התוקע לשיר יצא דילמא תוקע לשיר נמי מתעסק קרי ליה: **ואמאי** דתנן השומע מן המתעסק לא יצא דייק אבל השומע מן המשמיע לעלמו מאי יצא לימא תיהוי תיובתא דרבי זירא דאמר ליה רבי זירא לשמעיה איכוון ותקע לי ומשני דילמא איידי דתנא רישא מתעסק תנא סיפא נמי מתעסק ובפרק ראוהו בית דין (כח.) שלחו ליה לאבוה דשמואל כפאוהו ואכל מלה יצא אמר רבא ג] זאת אומרת התוקע לשיר יצא כלומר דמלות אינס לריכות כוונה ובתר הכי גרסינן (שם סע"ב) אמר ליה רבי זירא לשמעיה איכוון ותקע לי פירוש ד] תתכוין לתקוע בשמי להוליאני ידי חובתי ואוקימנא להא דרבי זירא כרבי יוסי דתניא שומע שומע לעלמו ומשמיע משמיע לפי דרכו אמר רבי יוסי במה דברים אמורים

דרכי משה

תקפט (א) **ועיין** לעיל סימן י"ז (אות א) מדין זה: (ב) **וכן** מהרי"ל (הל' שופר סי' יד עמ' רצג) פסק כדברי ראבי"ה והרא"ש וכתב דאין לתקוע לנשים עד אחר שתקעו בצבור ולא קודם לכן מיהו אם היא יולדת או חולה ואינה יכולה להמתין יתקע לה מיד. וכתב עוד (שם עמ' רצד) דהאשה תברך לעצמה ואם לא יכולה לברך יברך התוקע בשבילה ולי נראה כדברי בית יוסף דאם תוקעין לה אחר שיצא לא יברך לה התוקע דאף על גב דאין מוחין לנשים המברכות על מצות עשה מכל מקום מוטב שלא לברך כמו שנתבאר לעיל סימן י"ז (ד"מ ארוך ד"ה ויותר) אבל לברך אחר בשבילן נראה דאסור דהרי אמרו (ר"ה כט.) כל הברכות כולן אף על פי שיצא מוציא חוץ מברכת הלחם והיין והוא הדין לכל ברכת הנהנין שאם יצא אינו מוציא הואיל ואינו מחוייב בדבר אסור לחבירו לברך בשבילו וכל שכן בברכות אלו שהנשים בעצמן עדיף שלא לברך אלא שאין מוחין בידן שאין לאחר לברך בשבילן כן נ"ל. ועיין לעיל בסימן תקפ"ה (ד"מ ארוך אות ב) התוקע לחולה מי יברך. כתב אור זרוע (ח"ב סי' רסט סב ריש ע"ד) מעשה שהיה שתקע לאשה יולדת כל סדר שתוקעין בישיבה: (ב*) **[וסיים שם]** והא דשרי בתוקע לו מעצמו היינו דוקא במודר הנאה אבל אם אמר קונם תקיעותיו עלי אסור לתקוע לו אפילו תקיעה של מצוה דנדרים חלין על דבר מצוה אבל אם אמר בלשון שבועה שלא אשמע קול שופר של מצוה אינו חל עליו אלא בכולל שאומר שלא אשמע קול שופר סתם עכ"ל:

פרישה

(ג) **אפילו דרך רשות הרבים.** פירוש אף שמודה ב"ה שטלטול שלא לצורך אסור ביום טוב: (ג) **המודר הנאה מחבירו וכו'.** כתב הר"ן מסתברא דוקא כשהוא תוקע מאליו להוציא את המודר אבל כל שאומר לו המודר תקע והוציאני אסור דשליחותיה קא עביד והאריך ע"ש:

הגהות והערות

ב] **עיין** בספר הפרנס סימן תיב: ג] **ברא"ש** סימן יא שלפנינו הגירסא "רבה" ועיין רש"ש ובערוך לנר ד"ה רבא ובשפת אמת כח ע"ב: ד] **כן** פירש רש"י כט ע"א ד"ה איכוון:

ומ"ש אלמא בעינן דעת שומע שיכוין לצאת ודעת משמיע. אף על גב דמרבי זירא אין ראיה אלא דבעינן דעת משמיע מכל מקום נלמוד דעת שומע במכל שכן דכיון דבעינן דעת המשמיע שיכוין על זה להוציאו כל שכן דבעינן שהשומע עצמו יכוין לצאת בתקיעה זו דהא עיקר המצוה היא בשומע ובסמוך שכתב הילכך המתעסק וכו' עד והשומע ממנו לא יצא הוא לרבותא נומר שאף שיכוין השומע לצאת אפילו הכי לא יצא וק"ל:

לשמעיה (ד) איכוין ותקע לי פירוש התכוין להוציאני אלמא בעינן דעת שומע שיכוין לצאת ודעת משמיע שיכוין על זה להוציאו ולית הלכתא כרבא דאמר התוקע לשיר פירוש לשורר ולא נתכוין לתקיעת מצוה יצא דקיימא לן מצות צריכות כוונה וכן כתב בהלכות גדולות. הילכך המתעסק שאינו מכוין לתקיעת מצוה אלא מלמד לאחרים לתקוע לא יצא והשומע ממנו לא יצא. והני מילי דבעינן שיכוין בפרט להוציא זה השומע ביחיד התוקע אבל שליח צבור התוקע מסתמא דעתו להוציא כל השומעים דתנן (כז:) היה עובר אחורי בית הכנסת ושמע קול שופר או קול מגילה אם כיון לבו יצא ואם לאו לא יצא והרי"ץ גיאת פסק כרבא דמצות אין צריכות כוונה ותוקע לשיר יצא ומתעסק היינו טעמא דלא יצא שלא נתכוין לשמוע אלא לתקיעה בעלמא וכן פסק רבינו חננאל ורב שרירא שדר ממתיבתא דהלכתא כרבא ומיהו מדאשכחן לרבי זירא דאמר

בשליח צבור אבל ביחיד לא יצא עד שיתכוין שומע ומשמיע וטעמא ה] משום דשליח צבור דעתיה אכולי עלמא והרי"ף (ז:) לא הביא דברי רבא אלא דברי רבי זירא וכתב הרא"ש (פ"ג סי' יא) דהיינו משום דסבירא ליה דהכי הלכתא אף על גב דרבא והנך דשלחו לאבוה דשמואל סברי דמצות אינם צריכות כוונה הלכתא כרבי זירא דפליגי ביה תנאי בפרק ערבי פסחים (קיד:) גבי ירקות ורבי יוסי סבר מצות צריכות כוונה והכי נמי קאמר רבי יוסי בשמעתין (כט.) ורבי יוסי נימוקו עמו (גיטין סז.) וכן פסק בעל הלכות גדולות (הל' ברכות פ"ז י:, סוף הל' ר"ה לט.) וגרסינן נמי בירושלמי ו] היה עובר אחורי בית הכנסת וכו' הדא אמרה מצות צריכות כוונה ותניא נמי (כח:) נתכוין שומע ולא נתכוין משמיע וכו' עד שיתכוין שומע ומשמיע ואף על גב דשנינהו רב אשי ז] שינויי דחוקי נינהו ופשטא דמתניתין וברייתא דלא כוותיה הילכך אזלינן לחומרא ובעינן דעת שומע ומשמיע ואם תקע להוציא את עצמו אין חבירו השומע התקיעה יוצא עד שיתכוין לו והני מילי יחיד אבל שליח צבור כיון דדעתיה אכולי עלמא לא בעינן עד שמתכוין ליה גופיה עכ"ל: והר"ן (ז: ד"ה והרב אלפסי) כתב שיש סבורים לומר דלא פליגא דרבי זירא אדרבא דלא אמר רבי זירא איכוין ותקע לי למצוה אלא שצריך כוונה לשמוע ולהשמיע לשם תקיעת שופר כל דהו אפילו שלא לשם מצוה ולעולם כוונת מצוה לא בעינן אבל בעינן כוונה לשמוע ולהשמיע ויש שדנין כן מלשון הרי"ף והרז"ה (המאור ז. ד"ה לפום) הקשה דודאי מדאוקימנא להא דרבי זירא כרבי יוסי דאמר דביחיד לא יצא עד שיתכוין שומע ומשמיע משמע דרבי זירא בעי כוונת מצוה כרבי יוסי ואף רש"י (כט. ד"ה איכוין) פירש כן תקע לי להוציאני ידי חובתי משמע דסבירא ליה דרבי זירא פליגא אדרבא: לפיכך כתב הרמב"ן (מלחמות שם) דרבי זירא סבר מצות צריכות כוונה כלומר לצאת וכוותיה נקטינן וכן פסק הרמב"ם בפרק ב' מהלכות שופר (ה"ד) דצריך שיתכוין משמיע להוציא ושומע לצאת הא לאו הכי לא יצא אבל דעת הרבה מן הגאונים דקיימא לן מצות אין צריכות כוונה וכן דעת הרשב"א ז"ל (חי' ר"ה (השלם) כח: ד"ה אמר ליה ר' זירא) ח] וכתב רבינו שמואל דאף על גב דאמרינן מצות אין צריכות כוונה הני מילי בסתם אבל במתכוין שלא לצאת אינו יוצא ע"כ ודעת רבינו שמואל כתבו גם כן ה"ר יונה בסוף פרק קמא דברכות (ו. ד"ה ורבינו שמואל) גבי פתח בדחמרא וסיים בדשיכרא וכתב עוד שם (ד"ה אמנם) דאפילו מי שסובר דמצות אין צריכות כוונה הני מילי בדבר שיש בו מעשה אבל במצוה שתלויה באמירה בלבד ודאי צריך כוונה שהאמירה היא בלב וכשאינו מכוין באמירה ואינו עושה מעשה נמצא כמי שלא עשה שום דבר מהמצוה ט] ובאוהל מועד (הל' ק"ש כ.) כתב העושה מצוה ואינו רוצה לצאת באותה שעה לא יצא וכן כתבו רבותינו הצרפתים והרשב"א ז"ל (שו"ת ח"א סי' תנח) י] והרא"ה אומר שאפילו צוח שאינו רוצה לצאת ידי אותה מצוה יצא וחיזק סברא זו בראיות בפי' פסחים יא] גבי כפאוהו פרסיים ואכל מצה ע"כ וכבר כתבתי שה"ר יונה הביא דברי רבינו שמואל משמע דס"ל כוותיה וכיון שכן לא חיישינן לדברי הרא"ה בזה: ולענין הלכה כיון דהרי"ף והרמב"ם והרא"ש מסכימין דמצות צריכות כוונה הכי נקטינן: ודע שאף על פי שהרמב"ם כתב גבי שופר דבעי כוונה בהלכות חמץ ומצה כתב בפרק ו' (ה"ג) שאם אכל מצה בלא כוונה כגון שאנסוהו גוים יצא ידי חובתו וכבר כתבתי ישוב דבריו בסימן תע"ה (ריח: ד"ה כתב הרמב"ם): ומ"ש רבינו בשם רב שרירא. נראה שטעמו כאותם חכמים שכתב הר"ן (שם ד"ה והרב אלפסי) שהיו סבורים לומר דלא פליגא דרבי זירא אדרבא: אהא דתנן (כז:) היה עובר אחורי בית הכנסת ושמע קול שופר אם כיון לבו יצא ואם לאו לא יצא כתב הר"ן (ז. ד"ה ירושלמי) ירושלמי אמר רבי יוסי בר חנינא לא אמרן אלא בעובר אבל בעומד חזקה כיון (ג): אם שמע מקצת התקיעה בכוונה ומקצתה שלא בכוונה כתבתי בסוף סימן תקפ"ז (שה. ד"ה כתב רבינו ירוחם):

דרכי משה

(ג) כתב מהרי"ל (הל' שופר סי' ב עמ' רפז) דצריך לשומע ליזהר שלא יפסיק כלל תוך התקיעה אפילו כיחו וניעו אסור לרוק דלא יפסיק משמוע דבעינן ראשו וסופו של כל תקיעה ותקיעה לכן יזהר מלאכול דברים המביאים לידי כיחה וניעה ולכן היה מהרי"ל (שם) נזהר מלאכול אגוזים בראש השנה יב]:

פרישה

(ד) איכוין ותקע לי. פירש רש"י התכוין ותקע בשבילי פירוש להוציאני וסבירא ליה לרבי זירא דמצות צריכות כוונה אפילו כוונת המשמיע וכל שכן כוונת השומע ורבא פליג שם בגמרא בפרק בתרא דראש השנה וסבירא ליה דמצות אין צריכות כוונה ופסקו הרי"ף והרא"ש כרבי זירא דצריכות כוונה

דרישה

ורב שרירא שדר ממתיבתא וכו'. כתב ב"י ז"ל שנראה שטעמו כאותן חכמים שכתב הר"ן שהיו סוברים לומר דלא פליגי ר' זירא ורבא עכ"ל וקשה דמאי ענין לענין האי טעמא דר' שרירא הוא דיש חילוק בין דיעבד לכתחלה והר"ן חולק בין כוונות תקיעות בעלמא לכוונות תקיעות של מצוה כמו שכתב הבית יוסף בשמו ואם בא לומר שגם רב שרירא סבירא ליה דר' זירא ורבא לא פליג להא לא איצטריך לחכמים שהביא הר"ן:

הגהות והערות

ה] הטעם שכתב כאן הב"י כן הוא בגמ' כט ע"א עיי"ש: ו] עיין קרבן נתנאל אות ד שלפנינו בירושלמי ליתא ועיין תורתן של הראשונים בירושלמי דפוס וילנא ר"ה פ"ג ציון 20: ז] בגמרא (כח:) שלפנינו לא כתוב רב אשי: ח] וע"ג חידושי הרשב"א ברכות יג ע"ב ד"ה שמע, ושו"ת הרשב"א ח"א סימן שד"מ, ומגיד משנה הל' שופר פ"ב ה"ד, ארחות חיים הל' תקיעת שופר סו"ס ח: ט] עיין בספר "עקבי חיים" סימן ב אות ו: י] ועיין לקמן סי' תרנא ב"ח סעיף ד ד"ה ומ"ש בשם וכו' ומש"כ שם בהגהות והערות אות טו בשם המאמר מרדכי: יא] כ"ה בדפו"ר ב"י ובנדפס איתא בפי' דפסחים: יב] עיין לעיל סימן תקפג ד"מ אות א:

לשמעיה איכוין ותקע לי אמרינן לא ליעביד לכתחלה אלא יכוין במצוה ואם לא נתכוין יצא ואדוני אבי הרא"ש ז"ל פסק דמצות צריכות כוונה:

סימן תקצ

פרטי רמזי דינים המבוארים בזה הסימן

[א—ט] סדר התקיעות והכשרן וכל חילוקיהם:

א סדר תקיעה והכשרה דתנן סדר תקיעות (א) **שלש של שלש שלש דשלש פעמים כתיבי תרועה בתורה שתים בראש השנה ואחת ביובל וילפינן ראש השנה מיניה. ובכל תרועה ילפינן מקראי שיש תקיעה לפניה ולאחריה הרי שלש פעמים תקיעה תרועה ותקיעה ילפינן מקרא שהוא העברת קול פשוט: ב אבל תרועה לא ידעינן מאי היא אלא מדמתרגמינן תרועה יבבא אלמא שהוא כקול שאדם משמיע כשהוא בוכה ומילל דילפינן מאמיה דסיסרא דכתיב בה ותיבב. ועדיין אין אנו יודעין אם הוא כאדם הגונח מלבו כדרך החולה שמשמיע קולות קצרים קול אחר קול ומאריך בהם קצת והוא הנקרא גנח. או כאדם המילל ומקונן שמשמיע קולות קצרים תכופים זה לזה והוא הנקרא יליל. או אם הוא שניהם כאחד. הילכך מספיקא אנו עושין הכל** א] **תקיעה ושלשה שברים שהוא**

בית יוסף

תקצ פרטי רמזי דינים המחודשים המבוארים בזה הסימן

צריך לזקוף השופר: [ט] תקע בצד הרחב לא יצא: הרחיק השופר מפיו ונפח ותקע בו לא יצא:

א סדר תקיעה והכשרה דתנן סדר תקיעות שלש של שלש שלש. משנה בפרק בתרא דראש השנה (לג:) סדר תקיעות שלש של שלש שלש ופירש רש"י שלש של שלש שלש תקיעה ותרועה ותקיעה לכל אחת ואחת: **ומ"ש דשלש פעמים כתיבי תרועה בתורה וכו'.** שם תנו רבנן מנין שבשופר תלמוד לומר (ויקרא כה ט) והעברת שופר תרועה ומנין שפשוטה לפניה תלמוד לומר והעברת שופר תרועה ומנין שפשוטה לאחריה תלמוד לומר (שם) תעבירו שופר. ופירש רש"י והעברת. פשוטה משמע העברת קול אחד: תעבירו שופר. הרי העברה תחלה וסוף ותרועה כתיבא בנתים. ומנין לשלש של שלש שלש תלמוד לומר והעברת שופר תרועה (שם) שבתון זכרון תרועה (שם כג כד) יום תרועה יהיה לכם (במדבר כט א) ומנין ליתן את האמור של זה בזה ושל זה בזה תלמוד לומר שביעי שביעי לגזירה שוה הא כיצד שלש שהן תשע. ופירש רש"י ומנין שלש של שלש שלש. מנין דהנך פשוטה לפניה ולאחריה ותרועה באמצע עבדינן תלתא זימני למלכיות חדא ולזכרונות חדא ולשופרות חדא: תלמוד לומר. תרועה תלתא זימני לכל אחת פשוטה לפניה ופשוטה לאחריה: ומנין ליתן את האמור של זה בזה וכו'. לפי ששלש תרועות הללו לא נאמרו במקום אחד שהשתים נאמרו בראש השנה והאחת ביובל ומנין ליתן האמורות בראש השנה ביובל וליתן האמורות ביובל בראש השנה שיהו כאן וכאן שלש: שביעי שביעי לגזירה שוה. נאמר בראש השנה בחדש השביעי (ויקרא כג כד) ונאמר ביובל והעברת שופר תרועה בחדש השביעי (שם כה ט):

ב **ומ"ש אבל תרועה לא ידעינן מאי היא אלא מדמתרגמינן יבבא וכו'.** שם אמאי דתנן שיעור תרועה כשלש יבבות פריך בגמרא והתניא שיעור תרועה כשלשה שברים אמר אביי בהא ודאי פליגי דכתיב (במדבר כט א) יום תרועה יהיה לכם ומתרגמינן יום יבבא יהא לכון וכתיב באמיה דסיסרא (שופטים ה כח) בעד החלון נשקפה ותיבב אם סיסרא מר סבר גנוחי גנח ומר סבר ילולי יליל. ופירש רש"י גנוחי גנח. כאדם הגונח מלבו כדרך החולים שמאריכים בגניחותיהם: ילולי יליל. כאדם הבוכה ומקונן קולות קצרים סמוכים זה לזה: **ומ"ש רבינו דמספקא לן נמי אם הוא שניהם כאחד הילכך מספיקא אנו עושים הכל תקיעה ושלשה שברים וכו' עד על כן צריך תשר"ת שלש פעמים ותש"ת שלש פעמים ותר"ת שלש פעמים.** כל זה פשוט גבי הא דאיתא התם (לד.) אתקין רבי אבהו בקיסרי תשר"ת וכו' ואם תאמר כיון דמשום דמספקא לן דילמא תרועה דקרא הוי גנח ויליל עבדינן תשר"ת ליעביד נמי איפכא תקיעה תרועה שברים תקיעה דילמא יליל וגנח הוא הא פריך לה בגמרא ומשני סתמא דמילתא כי מיתרע באינש מילתא ברישא

בית חדש

תקצ א סדר תקיעה והכשרה דתנן וכו'. בפרק בתרא דראש השנה: **אבל תרועה לא ידעינן מאי היא וכו'.** שם אוקימתא דאביי דבהא פליגי תנא דמתניתין ותנא דברייתא דמר סבר גנוחי גנח ומר סבר ילולי יליל: **ומ"ש דמספקא לן נמי אם הוא שניהם כאחד.** אוקימתא דתלמודא לשם אליבא דר' אבהו למאי דאתקין בקסרי דמספקא ליה דילמא גנח ויליל. ויש לתמוה דכיון דחזינן דלא פליגי תנאי אלא אי גנוחי גנח או ילולי יליל וליכא תנא דקאמר דתרועה הוי גנוחי ויליל אם כן ר' אבהו למה מספקא ליה בהכי טפי וי"ל דלאו ספיקא ממש קאמר לענין דינא אלא לחילוקי המנהגים קורא ספק וכמו שכתבו כל המפרשים על שם רבינו האי דד"ת לכ"ע התרועה ענין בכייה היא מה לי בגניחה ומה לי בילילה ובכל ענין יוצא ידי חובת תרועה אלא דתנא דמתניתין היה שונה התרועה יבבות כמנהג הבכי של מקומו ותנא דברייתא היה שונה

פרישה

וזהו שסיים רבינו אלמא בעינן דעת שומע וכו' שזה אתיא מכל שכן דלדעת משמיע כמ"ש ומהאי טעמא נמי לא מתחיל אלא צריך התוקע שיכוין להוציא השומע ולכן סיים ולית הלכתא כרבא וכו': **וא"א ז"ל פסק וכו'.** עיין מה שכתבתי לעיל סימן תע"ה (דרישה אות ג):

תקצ (א) **שלש של שלש שלש.** בימי התנאים לא עשו אלא שלש כל אחת של שלש לפי שלא היה להן ספק כדלקמן. ופי' אחת למלכיות ואחת לזכרונות ואחת לשופרות בכל פעם תר"ת רש"י דף ל"ג ע"ב (ד"ה סדר תקיעות): **שהוא העברת קול פשוט.** בפרק בתרא דראש השנה (תנן) [תניא] מנין שבשופר ת"ל והעברת שופר תרועה ומנין שפשוטה לפניה ת"ל והעברת שופר תרועה והעברת פשוטה משמע העברת קול אחד ומנין שפשוטה לאחריה ת"ל תעבירו שופר הרי העברה תחלה וסוף ותרועה כתיבא בנתיים ומנין לשלש של שלש שלש ת"ל והעברת שופר תרועה שבתון זכרון תרועה יום תרועה יהיה לכם ואע"ג דלא כתיבו במקום אחד לומדין שביעי שביעי בגזירה שוה ליתן של זה בזה ואמר ביובל והעברת שופר תרועה בחדש השביעי ובראש השנה כתיב בחדש השביעי: **הלכך מספיקא אנו עושין הכל.** מחשש להריע בכאן ועיין בדרישה:

דרישה

תקצ הילכך מספיקא עושין הכל וכו'. וכתבו הרא"ש והר"ן שנשאל רב האי וכי עד שבא רבי אבהו ותיקן שיתקעו תשר"ת תש"ת תר"ת לא היו ישראל יוצאין ידי תקיעת שופר והשיב שבימי הקדמונים יש מהם שעשו תרועות יבבות קלות ומהם עשו יבבות כבדים שהם שברים אלו ואלו יוצאין ידי חובתן כי שברים כבדים הם תרועות ויבבות קלות הם תרועות רק שהיה הדבר נראה כחלוקה אף על פי שלא היה חלוקה ולכן בא ר' אבהו ותיקן שיהיו כל ישראל עושין מעשה אחד ולא יראה ההדיוט דבר בישראל כחלוקה ומ"ש דר' אבהו מספקא ליה אי גנוחי וכו' צ"ל דלא ספק ממש קאמר לענין דינא אלא לחילוקי המנהגים קורא ספיקא ולשון שאינו מדוקדק

הגהות והערות

תקצ א] **בדפוס** פייבי די שאקו איתא אנו עושין הכל "תשר"ת" תקיעה ושלשה שברים, וכ"ה בכתה"י, ועיין בחידושי וביאורי מהרש"ל לטור על מה שכתב הטור ועושין כן שלש פעמים כתב נ"ב זהו "תשר"ת":

ב י **(ב)** בן (ד) [ט] **הגוזל שופר ד ותקע בו יצא** [י] **אפילו לא נתיאשו הבעלים ממנו:**

ג ז [יא] **תקע בשופר של עבודה זרה של ישראל לא יצא שאינה בטלה עולמית וכתותי מיכתת שעוריה** ס **אבל בשל עבודה זרה של גוי** ה [יב] **וכן במשמשי עבודה זרה של גוי לא יתקע ואם תקע בו** (*) **יצא** ט **(ג) והוא שלא נתכוון לזכות בו.**

מגן אברהם

לא עיין בשבת דף כ"ח [ע"ב], עיין שם. והטעם, דאיתקש כל התורה לתפילין, כדאיתא בקדושין דף ל"ה [ע"א]. גם נראה לי (ט) דראם טהור הוא ב) דמתרגמינן (ותאו) [ודישן] ח] ורימא. ועוד, דהא יש לו קרנים, ולחד פירוש הוא סימן טהרה: **ד ותקע בו יצא.** דאין גזל בקול, (י) ועיין סוף סימן תנ"ד. ומכל מקום ז אין מברכין עליו, (יא) ועיין סוף סימן [ת]רל"א ט]. ונראה לי דמותר ליטול שופר חבירו בלא דעתו ולברך עליו, כמו שכתוב סימן (יב*) תרמ"ט סעיף (ד') [ה] [בהגה]. ואע"ג דשופר מתקלקל קצת בתקיעתו, הלא טלית מתקלקל ג"כ קצת ואפילו הכי שרי, כמו שכתוב סימן י"ד [סעיף ד]. וליכא למיחש שיתקע בו הרבה (יג) כמו בספרים, ג) דלמה יתקע יותר מכדי חיובו, כן נראה לי:

ט"ז מגן דוד

(ב) הגוזל שופר כו'. בירושלמי [סוכה ריש פ"ג] מה בין זה ללולב, בלולב כתיב [ויקרא כג, מ] ולקחתם לכם משלכם, ברם הכא כתיב [במדבר כט, א] יום תרועה יהיה לכם מכל מקום. נראה פירושו, דגבי לולב כתיב אצל לקיחה, משמע שהלקיחה תהיה משלכם, וכן בציצית כתיב [במדבר טו, לח] ועשו להם, דרשינן [סוכה ט, א] העשיה משלהם ולא גזול, מה שאין כן כאן כתיב יום תרועה יהיה לכם, סמוך לתרועה, ולא נזכר עשיית השופר כלל, שפירושו שתרועה תהיה מכל מקום לכם יהיה מאיזה צד שיהיה בלא עשייה כלל: **(ג) והוא שלא נתכוון לזכות בו.** פירוש, שלוקח אותו מן העכו"ם דרך גזילה, ואין כונתו לזכות בו שיהא שלו, אלא כדי שיתקע בו עכשיו, ועל זה כתב הטור [עמוד שמה] ואע"פ שהוא גזול הא אמרינן דיוצא בגזול, וכן כתב ברמזים [קיצור פסקי הרא"ש ראש השנה פ"ג סימן ט] בהדיא. ומו"ח ז"ל [ב"ח עמוד שמה דבור ראשון] רוצה לפרש זה אשופר של הפקר, ועיקר הדבר מפשוטו, וכתב על הב"י [עמוד שדמ ד"ה שופר] ושארי ליה מאריה. והוא שלא כמשפט, כי הוא גברא דמריה סייעיה:

באר הגולה

ו. הרא"ש [ראש השנה פ"ג סימן ט] מהירושלמי [סוכה פ"ג הלכה א; רמב"ם שופר א, ג והשגות הראב"ד שם]:

ז. ברייתא חולין דף פ"ט [ע"א] וכמו שפירשו התוספות [שם ד"ה והתניא] והרא"ש [ראש השנה] שם [ור"ן ראש השנה ז, א ד"ה אמר; מגיד משנה שופר א, ג בשם הרשב"א שם כח, א ד"ה ואם]:

ח. מימרא דרב יהודה, דף כ"ח [ע"א] וכמו שפירשו התוספות והרא"ש [הנ"ל] שם [ור"ן ומגיד משנה שם; מרדכי שם רמז תשטז]:

(*). דמצות לאו ליהנות ניתנו:

ט. שם בתוספות והרא"ש ושאר פוסקים [הנ"ל]:

הגהות והערות

ח] תוקן ע"פ מחצית השקל, פרי מגדים, רעק"א ולקוטי חבר בן חיים:

ט] תוקן ממהדורת פרלא תקמ"ה, וכן תיקנו לבושי שרד ותוספת שבת. והנתיב חיים הגיה דצ"ל סוף סימן תרמ"ט:

י] תוקן ע"פ כתי"ק של הלבושי שרד:

יא] נוסף ע"פ כתי"ק של הלבושי שרד:

יב] טעם זה נאמר בראש השנה כח, א לגבי שופר של עולה ושל שלמים. ועיין רש"י שם ד"ה ואם, שכתב טעם זה גם על שופר של עבודה זרה:

יג] במהדורת מכון חכמת שלמה ח"ב עמוד תפג ד"ה והנה:

יד] עיין טור סימן תקל עמוד שעא וב"י שם ד"ה ואם, שכן מוכח מגמרא ראש השנה כז, א:

ערך לחם למהריק"ש

תקפו　סוף סעיף ב **[יצא].** אבל אין מברכים עליו ועיין סימן תרמ"ט דין א':

שערי תשובה

(ד) **הגוזל.** עיין באר היטב. וברכי יוסף [אות י] כתב בשם ר' יעקב מולכו בתשובה כת"י דאם תקע שלא ברשות ונסדק חייב לשלם, דהוי שואל שלא מדעת, ויצא ידי חובתו דקיימא לן גזל שופר ותקע יצא. ואם לקחו ברשות פטור, דהוה ליה מתה מחמת מלאכה. והתקיעה עצמה שנסדק, אם מיד שתק יצא. ואם סיים התקיעה באותו שופר, לפום גמרא דידן יד] יצא, ולפום הירושלמי [ראש השנה פ"ג הלכה ג; פ"ד הלכה ין] לא יצא, דתחילתה בעי סופה, ע"ש:

באר היטב

(ד) **הגוזל.** ומכל מקום לא יברך עליו. ומותר ליקח שופר חבירו בלא דעתו ולברך עליו, מ"א [ס"ק ד], ע"ש. ואם נסדק בתקיעה פטור, עיין שו"ת הלכות קטנות חלק א' סימן ע"ט:

ביאור הגר"א

[ט] [סעיף ב] **הגוזל כו'.** ירושלמי ריש פרק ג' דסוכה שופר של עכו"ם ושל עיר הנדחת רבי אלעזר אומר כשר, תני רבי חייה כשר, תני רבי הושעיה פסול, הכל מודים בלולב שהוא פסול, מה בין שופר ומה בין לולב, אמר רבי יוסי בלולב כתיב [ויקרא כג, מ] ולקחתם לכם משלכם, לא באיסורי הנאה, ברם הכא יום תרועה יהיה לכם [במדבר כט, א], מכל מקום. אמר רבי אלעזר תמן בגופו הוא יוצא, ברם הכא בקולו הוא יוצא ויש קול אסור בהנייה. מה פליגין, בשגזל משופה, אבל אם גזל ושיפהו דמים הוא חייב לו. וקיימא לן כגמרא שלנו דבשופר של עבודה זרה יצא, כמו שכתוב [ראש השנה] כ"ח א', ואף דבעיר הנדחת אמרינן שם דלא יצא, מטעמא אחרינא הוא משום דכתית מיכתת שיעוריה ולאו משום איסור הנאה, וא"כ הוא הדין בגזול, ודלא כהגהות אשרי סוף ראש השנה [פ"ד סימן יד] ד"ה שופר כו', ב"י [עמוד שדמ ד"ה כתב]. וכן כתב הרא"ש שם [פ"ג סימן ט] ושאר פוסקים: [י] **אפילו לא כו'.** ממה שכתוב שם [בירושלמי] מה בין לולב לשופר תמן כתיב ולקחתם לכם משלכם כו', וזהו דוקא לפני ייאוש, דלא בעי ייאוש אלא משום מצוה הבאה בעבירה: [יא] [סעיף ג] **תקע.** עיין באר הגולה [אות ז], וכמו שכתוב בשופר של עיר הנדחת [ראש השנה כח, א] ואשרה דמשה ללולב [סוכה לא, ב] וסנדל של תקרובת עבודה זרה לחליצה [יבמות קג, ב — קד, א] שאין להם ביטול. ועיין מה שכתבתי בסימן תרמ"ט סעיף ג' [ס"ק יא]: [יב] **וכן במשמשי.** ר"ן [ראש השנה ז, א ד"ה אמר] ומגיד משנה [שופר א, ג] מגמרא עבודה זרה נ"ב [ע"ב]:

הגהות רעק"א

זכרים אלא דגדל ביערים, דאלו איל הבר שהוא בקמץ מאן מפיס שהוא זכר, וק"ל): ב) (מג"א ס"ק ג) **דמתרגמינן ודישן ורימא,** כצ"ל [מכת"י]: ג) (שם ס"ק ד) **דלמה יתקע יותר מכדי חיובו.** וגם הא אסור לתקוע יותר מחיובו, כדלקמן סימן תקצ"ו:

לבושי שרד

(ט) שם **דראם טהור.** כתב זאת משום דהתוספות כתבו בראש השנה שם [כו, א ד"ה חוץ] דראם שופרו פסול משום דמיקרי קרן, כדכתיב [דברים לג, יז] וקרני ראם קרניו, משמע דבלאו טעם זה הוי כשר אף על פי שהוא מין טמא, ומוכח כהעולת שבת. לזה כתב דבאמת טהור הוא, כי בפרשת ראה שמנה הכתוב חיות טהורות כתוב שם [שם יד, ה] ודישן ותאו, ותרגם אונקלוס על ודישן, ורימא. ועוד, דלחד פירוש בתוספות חולין שם הוי קרנים סימן טהרה בחיה: (י) שם סק"ד **ועיין סוף סימן תנ"ד.** נראה לי כוונתו בזה להקשות קושיא אחת, וזה כי בירושלמי [סוכה ריש פ"ג] יש שני טעמים דיוצא בשופר גזול, טעם אחד הובא בט"ז ס"ק ב' משום דאין לימוד לאיסור גזול. טעם שני, דאין גזל בקול. ונפקא מינה ביניהם, במצוה שהיא במעשה ולא בקול ואין לימוד בה לאסור גזול, לטעם ראשון יוצא בגזול, ולטעם שני אין יוצא אף דלית בה לימוד. והרמב"ם [שופר א, ג] הביא הטעם דאין גזל בקול, ומשמע דבכל מצוה שהיא במעשה אינו יוצא בגזול אף דלית בה לימוד למעט גזול, וכן משמע מדברי הב"י והפוסקים (בסימן) [סוף סימן] י] תרל"א, שכתבו דיוצא במגילה גזולה משום דאין גזל בקול, משמע דאי לאו הטעם לא היה יוצא. ועל זה הקשה המג"א דהא בסוף סימן תנ"ד לענין מצה גזולה לא קאמר הרא"ש [פסחים פ"ב סימן יח] דאינו יוצא בה אלא משום דאית בה לימוד מקרא, הובא בט"ז שם [ס"ק ד], דיליף בש"ס [מנחות ע, ב] גזירה שוה מצה מחלה, ע"ש. כן נראה לי כוונתו של המג"א. ונראה לי שזהו עצמו מה שהשיג הראב"ד [השגות שם] על הרמב"ם, הובא בב"י כאן [עמוד שדמ דיבור ראשון], ע"ש וק"ל: (יא) שם **ועיין סוף סימן תרצ"א,** [כצ"ל] יא]. דשם בסימן תרל"א לענין מגילה גזולה כתב גם כן דאין מברכין אף על פי דאין גזל בקול, דמכל מקום כיון שהוא בעבירה אין לברך עליה: (יב*) שם **תרמ"ט סעיף ה',** כצ"ל: (יג) שם **כמו בספרים.** דקיימא לן בחו"מ [סימן רצב סעיף כ] שאסור ללמוד בספר חבירו שלא מדעתו אפילו מעט, דשמא ילמוד הרבה ויתקלקל:

חכמת שלמה

תקפו (סעיף ג) **אבל בשל עבודה זרה של גוי וכן במשמשי עבודה זרה של גוי לא יתקע ואם תקע בו יצא וכו'.** נ"ב, הטעם מבואר בש"ס יב] שהוא מכח מצות לאו להנות ניתנו. והנה ידוע דברי הבעל המאור [ראש השנה ז, א ד"ה אמר] דסבירא ליה דמצות דרבנן להנות נתנו. והנה מדברי התוספות בפרק ב' דפסחים בסוגיא דחזקיה ורבי אבהו דפריך שם [כג, א] מתרומה דמערבין לנזיר ביין, וכתבו שם התוספות [ד"ה מערבין] דשם לא אזיל למאן דאמר [עירובין לא, א] אין מערבין אלא לדבר מצוה, דהרי מצות לאו להנות ניתנו וכו'. ולדברי הבעל המאור אתי שפיר, דיולאי אף למאן דאמר מערבין רק לדבר מצוה מכל מקום אף בשביל מצוה דרבנן מערבין, דהרי עירובין דרבנן, וממה נפשך, מן התורה אין צריך עירובין, ומדרבנן הרי הוי היום זה מצוה, וא"כ מצוה דרבנן להנות נתנו, בעל כרחך לא סבירא להו כהרז"ה. והנה דברי התוספות תמוהין, דלמה להו לומר דאזיל למאן דאמר מערבין לדבר הרשות, טפי הוי להו למימר דאזיל למאן דאמר מצות להנות ניתנו, כדסבירא להו לרב יהודה ורבא בתחלה במסכת ראש השנה [כח, א], ע"ש. והנה גוף קושייתם נמי לא קשיא, די"ל דאם איתא דסבירא ליה אין מערבין אלא לדבר מצוה, למה נקט מערבין לנזיר ביין וכו', הוה ליה למנקט דמערבין לנודר הנאה מככר דנמי מותר לאחר ואסור בהנאה לו ומכל מקום מערבין, ומדלא נקט כן מוכח דבדבר שנאסר לו בהנאה אין מערבין, ובעל כרחך דסבירא ליה מערבין לדבר הרשות ואסור באיסורי הנאה, ואתי שפיר ודו"ק בעזרת השם יתברך. ומדי דברי בזה אזכיר עוד מה שהקשה המהרש"א במה דמשני שם [תוספות פסחים שם ד"ה קליכם] קליכם [ויקרא כג, י] תרתי משמע, והקשה [מהרש"א על התוספות שם] א"כ במה דמשני לעיל [גמרא שם] בתרומה דתרומתכם כתיב [במדבר יח, כח], נמי קשה דהוי תרתי. ובאמת אתי שפיר, דהרי התוספות כתבו לעיל [שם כב, ב ד"ה מנין] דלכך איצטריך בערלה קרא להסקה בפני עצמו, דהוי סלקא דעתך דהוי דרך ביעורו וכו', וא"כ הכא נמי אם הוי כתיב רק תרומתך, כיון דבתרומה שייך נמי בשמן והוי דרך ביעורו כך, וא"כ הוי סלקא דעתך דרק להסקה מתירה דהוי דרך ביעורו כך, ולכך כתיב תרומתכם והוי תרי ריבויי לרבות גם שאר הנאה, מה שאין כן בחדש דהוי רק בתבואה, ובזה אין דרך ביעורו בכך, ואם מבערו באש הוי שלא כדרך הנאתו ומותר מן התורה, לכך הוי דינו חדא, לכך משני דאיצטריך לדבר אחר, ודו"ק ואתי שפיר בעזרת השם יתברך:

ועיין במג"א ס"ק ה' מה שכתב דאפילו דרך גזלה הוי עבודה זרה של ישראל, ועיין מה שכתבתי ראיה לזה בחיבורי על או"ח משנת תר"ט דף ל"ח בהשמטות (ו)לקונטרס לקיחה תמה, וכבר נדפס בחיבורי שנות חיים [סימן רטע], ע"ש ודו"ק. ועיין בחיבורי עבודת עבודה על מסכת עבודה זרה דף נ"ד בהשמטות [ד"ה בתוס' ד"ה הימה] יג] מה שכתבתי ליישב שיטת הרא"ש והטור על נכון בעזרת השם יתברך, גם לדחות הסברא מפירוש רש"י [עבודה זרה מב, א ד"ה אלמא] שהבאתי בספר החיים [ד"ה והוא שלא נתכוין], ע"ש ודו"ק:

אוצר מפרשים

ד (שם ס"ק ד) **אין מברכין עליו ועיין סוף סימן תרמ"ט,** כצ"ל: (נתיב חיים)

ה (שו"ע סעיף ג) **וכן במשמשי עבודה זרה של גוי.** על העבודה זרה קאי, לאפוקי אם היה משמשי של עבודה זרה של ישראל. אבל על המשמשים גופייהו לא אכפת לן אפילו היו של ישראל, כיון שהעבודה זרה אינה של ישראל. ועיין ביו"ד סימן קמ"ו [סעיף ב] ובב"י שם בריש הסימן [עמוד שה ד"ה כתב] מה שכתב בשם הרמב"ן [עבודה זרה נב, א ד"ה מאין] והראב"ד [שם נב, ב ד"ה כי קמבעיא ליה]: (דגול מרבבה)

משבצות זהב

(ב) הגוזל שופר. עיין ט"ז. בירושלמי ריש פרק לולב הגזול לכאורה מפרש דאין בקול דין גזל, ותרועה איך שיהיה הוה לכם, מה שאין כן לולב ומצה בעינן לכם הלקיחה, וסובר בירושלמי לא פליגי אהדדי. ועיין בר"מ ז"ל פרק א' משופר [הלכה ג] והשגות הר"א ז"ל, וצ"ע. ובב"ח [עמוד שמג ד"ה הגוזל] דיהיה משמע ריבויא, ובלבוש [סעיף ב] לכם איום קאי. ובשופר לא מצוה הבאה בעבירה הוה, דאין בקול גזל. ועיין מ"א [ס"ק] ד', ואי"ה שם יבואר לענין ברכה: **(ג) והוא.** עיין ט"ז. בב"ח הקשה על הב"י דאם יש לשופר בעלים לא שייך דזכה ישראל בה, אפילו כוון לזכות בו לאו כלום הוא, אלא מיירי משל הפקר, וגזול לאו דווקא. אבל הט"ז מפרש כפשוטו, שלא נתכוין לזכות בו הישראל, רק לגזול, הא אם עכו"ם נותן לו במתנה השופר תו הוה של ישראל וכתותי שיעוריה. ועיין מ"א [ס"ק] ה' מפרש בענין אחר, ואי"ה שם יבואר:

אשל אברהם

א] בודק בפרסות והוא שיכיר חזיר ואם קרן אין צריך להכיר חזיר, הא טלפים בעינן, וי"ל כרבנן דרבי דוסא. ועולת שבת הקשה דלא קיימא לן דמלאכת שמים בעינן ממותר בפיך, דאם לא כן למה לי קרא בתפילין תורת ה' בפיך, תירץ המ"א דמתפילין יליף כל התורה כולה בהיקשא דבעינן ממותר בפיך (הוא הדין נבילות וטריפות, רק טהור) ועיין אליה רבה [ס"ק ה]. ולדינא אם אין שופר רק קרן ממין טמא, בר"ן [ראש השנה ו, א ד"ה ומיהו אע"ג] הניח בצ"ע (ובר"מ) [ובדרכי משה] [אות א] וטוב להחמיר, וכאן כתב פסול, י"ל מחמת ספק. הלכך באין אחר תוקע בלא ברכה ביום טוב ראשון, וביום טוב שני י"ל ספק דרבנן לקולא, וצ"ע, ואי"ה בסימן תקפ"ט [משבצות זהב אות א] יבואר עוד. ועיין פרי חדש כאן [אות א] והביא דברי התוספות זבחים קי"ג ע"ב ד"ה אורזילא, ראם חיה טהורה, מתרגמינן אקו ודישן יעלה ורימא. ואם כן מה שכתבו התוספות בראש השנה [כו, א ד"ה חוץ] דראם שופרו פסול דקרן מקרי קרני ראם קרניו כו', דראם טהור הוא, ולזה נתכוין המ"א הא טמא פסול בלאו הכי [דאינו] מותר בפיך, ועיין עולת שבת. ומה שכתב המ"א ותאו ורימא, צ"ל ודישן ורימא, עיין פרשת ראה [דברים יד, ה]. [ומה שכתב] ולחד פירושא קרן סימן טהרה, הוא פירוש הריב"ס בתוספות חולין שם. ועיין במאיר נתיב [ערך אקו] אקו שם עוף, אולי טעות סופר הוא, והוא מין חיה טהורה ובכלל בהמה: **ד ותקע.** עיין מ"א. ואפילו קנה ביאוש ושינוי רשות י"ל דלא יברך, עיין סימן תרמ"ט במ"א אות ב'. ועיין סימן תרל"א סעיף י"א דמגילה גזולה יצא ידי חובתו, דאין גזל בקול. ויש ליישב מה שכתב הר"מ ז"ל הך טעמא פרק א' משופר [הלכה ג] ולא יום תרועה יהיה לכם [במדבר כט, א] מכל מקום [ירושלמי סוכה פ"ג הלכה א], דנפקא מינה במגילה גם כן. ואע"ג דסובר מצוה הבאה בעבירה בדרבנן יצא ידי חובתו כבסימן תרמ"ט [סעיף ה] להר"מ ז"ל [לולב ח, ט] ביום טוב שני יצא ידי חובתו בגזול, מכל מקום י"ל מגילה דברי קבלה כדברי תורה דמי, ומשום הכי אמר הטעם דאין גזל בקול:

מחצית השקל

של ישראל לאביהם שבשמים, כלפנים דמי (הרי דמדמה הש"ס תקיעת שופר לעבודה שלפנים, לכן בעינן שיהיה מטהורה, דהא מלאכת שמים היא). ומיהו לאו ראיה גמורה היא כו', עכ"ל. ונהי דהר"ן נסתפק, פסק רמ"א לחומרא לפסול מבהמה טמאה. ועל זה הקשה העולת שבת דהא טעמא דהר"ן לפסול משום דתני רב יוסף לא הוכשרו כו', והא לא קיימא לן בהא כרב יוסף, מדאיצטריך קרא בתפילין שיהיו נכתבים על עור בהמה טהורה דכתיב [שמות יג, ט] למען תהיה תורת ה' בפיך ודרשינן [שבת שם] מן המותר בפיך, ואם איתא דקיימא לן דלא הוכשרו למלאכת כו' קרא למה לי: **לא עיין בשבת דף כ"ח.** דשאל הש"ס אהא דלא הוכשרו וכו' [למאי הלכתא], ואמר לתפילין, ופריך תפילין בהדיא כתיבא למען תהיה תורת וגו' (ופירשו התוספות ד"ה תפילין דהאי דרשה היתה פשוטה ולא איצטריך לאשמועינן), ומסיק לרצועות תפילין שיהיו מעור טהורה. ופירש רש"י [ד"ה לעורן] דהני ליכא למילף מקרא דלמען תהיה תורת וגו' דהא לאו תורה כתיב בהו, ואיצטריך רב יוסף לאשמועינן כיון דמלאכת שמים בעינן שיהיו מטהורים. הרי מבואר להדיא דגם רב יוסף דאית ליה לא הוכשרו כו' מכל מקום אית ליה דרשה דלמען תהיה תורת וגו', ומהאי טעמא הוכיח דעל כרחך רב יוסף לא מיירי בעור כתיבת תפילין דלא איצטריך, כנזכר לעיל: **והטעם דאיתקש כו'.** כוונתו ליישב קושיות העולת שבת ולהיכן אזלא קושייתו, כיון דכבר ידעינן דלא הוכשרו כו' קרא דלמען תהיה וגו' למה לי, לזה כתב מ"א והטעם דאיתקש כו', דרב יוסף גופיה מנא ידע דלא הוכשרו כו', דלא משמע דהיא הלכה למשה. וגם כדי ליישב קושית העולת שבת צריך לומר דלאו הלכה למשה מסיני היא, אלא מדכתב קרא דלמען תהיה וגו' גבי כתיבת תפילין, דבעינן טהורה, ילפינן מזה כל התורה, דהא בלאו הכי מקשינן כל התורה לתפילין לענין מצות עשה שהזמן גרמא שהנשים פטורות, וכדאיתא בקדושין [לה, א]. ובספר חמד משה [ס"ק ג] נתפלא בדברי מ"א הנ"ל וכתב שדבריו צ"ע גדול, דהא הקישא דכל התורה לתפילין הוא מדכתיב [שמות יג, ט] והיה [לך] לאות על ידך, דהיינו תפילין, וסיים למען תהיה תורת וגו', דהיינו כל התורה, וכיון דכתיב בחד קרא מקשינן תורה לתפילין, אולם על כרחך לא צריך למילף כל התורה מתפילין אלא לענין מצות עשה שהזמן גרמא, אבל לענין דבעינן עור טהורה, בתורה כתיבה, דהא דרשינן [שבת שם] מבפיך מן המותר בפיך, והא תיבת בפיך גבי תורת ה' כתיבה, עכת"ד. ולענ"ד אין כוונת מ"א דילפינן כל התורה דבעינן טהורה מתפילין, אלא כוונתו נהי דסלקא דעתא דהש"ס דלמען תהיה תורת וגו' לא קאי אלא אכתיבת פרשיות תפילין וכדומה דכתיב בהו תורה, וכדפירש רש"י [שם], מכל מקום להמסקנא כוונת הכתוב למען תהיה תורת וגו' כל מה שהוא תורת ה' תהיה איזו מצוה שתהיה, אפילו אין במצוה ההיא כתיבה כלל מכל מקום בעינן בפיך מן המותר בפיך, ולכן אפילו רצועות תפילין דאין בהם כתיבה מכל מקום בעינן מן המותר בפיך. וראיה לזה דהא מקשינן בקדושין לענין מצות עשה שהזמן גרמא דנשים פטורות מתפילין מדכתיב תפילין ותורה בחד קרא, דהיינו (והיו) [והיה לך] לאות על ידך דהיינו תפלין וסיים למען תהיה תורת וגו' היינו כל התורה, וכי נשים אין פטורות ממצות עשה שהזמן גרמא כי אם ממצות עשה שיש בה כתיבה, זה ודאי ליתא, אלא פטורות מכל מצות עשה שהזמן גרמא, ועל כרחך דכל המצות נכללות בתיבת למען תהיה תורת וגו', אפילו מצות שאין בהם כתיבה, וכלם הוקשו לתפילין לפטור נשים אם הם מצות עשה שהזמן גרמא, וכיון דלמען תהיה תורת וגו' כולל אפילו מצות שאין כתיבה, לכן אפילו רצועות תפילין בעינן עור בהמה טהורה. וזה כוונת התרצן בשבת לא נצרכה אלא לרצועות, דניהו דדרשה למען תהיה תורת וגו' היתה פשוטה כמו שכתבו התוספות, כנזכר לעיל, מכל מקום הוי סלקא דעתא דכוונת הכתוב דוקא במצוה שיש בה כתיבה דהיינו פרשת התפלין וכדומה, ואכתי לא הוי ידעינן דרצועות בעינן טהורה, קא משמע לן רב יוסף דלא הוכשרו כו', וגלי לן דפירוש הכתוב הוא למען תהיה תורת וגו' כל מה שהוא תורת ה' אפילו אין בה כתיבה ואפילו רצועות צריך להיות מן המותר בפיך. ובזה נתיישבה קושית העולת שבת דאם איתא דקיימא לן לא הוכשרו כו' למה לי קרא דלמען תהיה תורת וגו' כנזכר לעיל, דאי לא הוי כתיב למען תהיה תורת וגו' לא הוה ידעינן דלא הוכשרו, אלא מדכתיב למען תהיה תורת וגו' וגילה לנו רב יוסף דפירוש הכתוב הוא תהיה מצוה מה שתהיה אפילו אין בה כתיבה מכל מקום בעינן מן המותר בפיך ואפילו רצועות. וזה כוונת מ"א במה שכתב והטעם דאיתקש כל התורה לתפלין כדאיתא בקדושין, ור"ל, דהטעם דאפילו רצועות שאין בהם כתיבה גם כן הוי בכלל למען תהיה תורת וגו', וראיה לזה דהא איתקש כל התורה לתפלין לענין מצות עשה שהזמן גרמא אפילו מצות שאין בהם כתיבה, ואם כן על כרחך צריך לומר דלמען תהיה תורת וגו' כולל כל המצות. עוד יש לומר דכוונת מ"א כמובן הפשוט דהוקשה כל התורה לתפלין ומזה ידעינן דלא הוכשרו וכו', דהא עיקר קרא אתי למצות תפילין, אלא דלמען תהיה תורת וגו' הוא נתינת טעם למצות תפלין, וכמו שכתב רמב"ן [שמות שם] דעל ידי תפילין תזכור יציאת מצרים, וכמו שכתוב בקרא בסיפא, וממילא תדע כי ה' הוא אדונך הפודך מבית עבדים וצריך אתה לשמוע בקולו, אם כן מסתמא תיבת בפיך דדרשינן מן המותר בפיך לא קאי על תורת ה' שהוא רק נתינת טעם, ויותר יש לומר דקאי ארישא על גוף המצוה דהיינו תפילין, וקאי על כל מצות תפילין אפילו על הרצועות, דהכל הוא בכלל והיה [לך] לאות על ידך, וזה קא משמע לן רב יוסף, ומיניה ילפינן לכל התורה דלא הוכשרו כו'. אבל פירוש ראשון מה שכתבתי נראה לי עיקר: **וגם נראה לי דראם טהור כו'.** נתכוון לחלוק על עולת שבת [ס"ק א] שכתב מדכתבו התוספות בראש השנה דף כ"ו [ע"א] ד"ה חוץ כו' אהא דתנן התם כל השופרות כשרים חוץ משל פרה, וכתבו התוספות וז"ל, הא דלא קתני נמי חוץ משל ראם כו', ושמא אין חלולים ואין ראוים לשופר, עד כאן לשונו. וכתב על זה העולת שבת וז"ל, ואם הראם מין טמא מוכח מדבריהם דשאר טמאים כשרים לשופר, עכ"ל (ובאמת לפי דבריו היה לו להקשות על הר"ן שם ו, א ד"ה ומיהו אע"ג שכתב שיש לומר שופר מבהמה טמאה פסול, וכתב (אח"ז) [לפני זה] ד"ה וכתבו כמו שכתבו התוספות דמהאי טעמא לא קתני מתניתין חוץ משל ראם משום דאינו ראוי לשופר, שאינו חלול, ע"ש, ועל כרחך צריך לומר דראם טהור, מדלא אמר דבלאו הכי פסול כיון שהוא טמא, כדדייק העולת שבת מן התוספות. או י"ל כיון דהר"ן גופיה לא בריר ליה דשופר של טמאה פסול לכן נקט תירוץ המספיק וודאי משום שאינו חלול, אם כן כן יש לומר גם כן להתוספות). ולכן כתב מ"א דוודאי טהור הוא, וליכא לדייק מהתוספות מידי: **דמתרגמינן ותאו ורימא.** על כרחך טעות סופר הוא, דעל תאו מתרגם המתרגם תורבלא, וצ"ל ודישן ורימא, כי כן תרגם המתרגם על אקו ודישן ויעלא ורימא. וכן כתב בספר חמד משה [סוף ס"ק ג]. וכן התוספות בזבחים דף קי"ג ע"ב ד"ה אורזילא כו' הוכיחו מתרגום הנ"ל דראם חיה טהורה וחלבו מותר, ע"ש: **ולחד פירושא הוא סימן טהרה.** היינו לפירוש ר"ת הנ"ל [ריש הס"ק], דהא כתבו התוספות [חולין נט, א ד"ה אלו] דלר"ת מתניתין דנדה [נא, ב] כל שיש לו קרנים יש לו טלפים אתיא ככולי עלמא, ועל כרחך מתניתין דנדה מיירי אפילו בקרני בהמה שאין משונים, וכמו שכתב מהרש"א [חולין שם ד"ה ודע], וכמו שהוכחתי לעיל, אם כן אפילו תימא דראם אין לו קרנים משונים רק קרני בהמה, עכ"פ מוכח דטהור הוא, כיון שיש לו קרנים על כרחך גם טלפים יש לו, ויצא מכלל טמאה, אלא שיש להסתפק בחזיר, וקרנים מוציאים מספק חזיר כנזכר לעיל. ואף על גב דקיימא לן [יו"ד סימן פ סעיף א] כפירוש ריב"ם, ולדידיה מתניתין דנדה רק כרבי דוסא אתיא, ולפי מה שכתב מ"א לעיל מתניתין דנדה על חיה קאי ומיירי בקרנים משונים כנזכר לעיל, אם כן אי ראם אין לו קרנים משונים אין ראיה ממתניתין דנדה דטהור הוא. מכל מקום כיון דלר"ת מוכח דטהור הוא, ולריב"ם אין ראיה דטמא, מסתמא גם ריב"ם מודה דטהור, ובפרט שיש ראיה מהתרגום דטהור הוא: (ס"ק ד) **ותקע כו'.** ועיין סוף סימן תנ"ד. לענין מצה גזולה: **ומכל מקום אין מברכין עליו: ועיין סוף סימן תרצ"א.** לענין מגילה, דיוצאים במגילה גזולה גם כן מהאי טעמא דאין גזל בקול, ומכל מקום כתב שם דאין מברכים עליו: **כמו בספרים.** שכתב רמ"א בסימן י"ד [סעיף ד] דאפילו מעט לא יקרא בהז שמא יקרא בהז הרבה ויתקרעו:

עטרת זקנים

ב] הגוזל שופר [בר"ן] **אפילו לא נתיאשו הבעלים כו'.** מיהו לכתחלה אף נתיאשו הבעלים לא יתקע בו, כן משמעות הפוסקים שכתבו בסתם בדיעבד יצא, אבל לכתחלה לא, משמע דאין חילוק בין נתיאשו ללא נתיאשו. ויש אומרים שופר הגזול פסול (הגהות אשר"י סוף ראש השנה בשם אור זרוע חלק ב סימן רעד). ודוקא אם גזל שופר משופה הוא פסול, אבל גזל קרן ושיפהו, דמים הוא חייב לו וכשר, וכן מפרש בירושלמי [סוכה פ"ג הלכה א]:

ג) מרדכי [ראש השנה רמז תשטו]:

ה נתכוון לזכות. משמע בטור [עמוד שדמ] וב"י [שם ד"ה שופר] ורא"ש [ראש השנה פ"ג סימן ט] דאפילו הוא של עכו"ם, אם נתכוון הישראל לזכות בו לא יצא, דהוה ליה עבודת אלילים של ישראל. והב"ח [שם ד"ה ומ"ש] כתב דמיירי בעבודת אלילים של הפקר, אבל אם יש לה בעלים אע"פ שנתכוון לזכות בה לא קנאה, והוה ליה עבודה אלילים של עכו"ם, עכ"ל. ולא נהירא, דהא קיימא לן דישראל אינו מבטל עבודת אלילים של עכו"ם, משום גזירה דלמא מגבה לה והדר מבטיל לה והוה ליה עבודה אלילים של ישראל, ☜ כדאיתא בע"א [עבודה זרה] דף מ"ב [ע"א], א"כ מוכח בהדיא דאע"פ שיש לה בעלים מקרי עבודת אלילים של ישראל, וכן משמע בתוספות סוכה דף ל"א [ע"ב ד"ה באשרה] ח דא"כ (טו) לא מקשה כלום דהוה ליה למימר דמיירי בעבודת אלילים שיש לה בעלים, וכן משמע ביבמות דף ק"ד [תוספות ריש ע"א]. והטעם, ט כיון דהישראל חייב באחריותו מקרי שלו, י וכן

מלינו גבי חמץ [סימן תמ סעיף א]. וגדולה מזו כתב הב"י ביו"ד ריש סימן קמ"ו [עמוד דש ד"ה ואפילו] דיש אומרים דאפילו לא זכה בה, כל שנקרא שמו עליו אין לה ביטול. ואף דלא קיימא לן הכי, (טו*) והראיה שמביא מנשתתפו [דמאי פ"ו משנה י] ליתא, כדאיתא בקדושין דף י"ז [ע"ב] דמוכח שם דכשנשתתפו זכה בה עד שלא באה לידו, ע"ש, מכל מקום כשזכה בה לכולי עלמא אסור אפילו בתורת גזילה: ו ☜ בנתבטל מערב יום טוב. אבל כשנתבטל ביום טוב א"כ נדחה כשנכנס יום טוב, (יז) ושוב אינו נראה, כיון שאין בידו לתקן, דהא אין ישראל יכול לבטלו. אבל בדבר שיש בידו לתקן (יח) אפילו נראה ונדחה לא הוה דחוי, כמו שכתוב סימן תרמ"ו סעיף ב', ועיין בב"י ש[ם] [עמוד תקסא ד"ה וראיתי] טז] דלע"ג דאסור למעטן ביום טוב מכל מקום הוי בידו למעט. יא (יט) וצ"ע ביו"ד סימן כ"ח סעיף י"א דפסק כסהו הרוח פטור מלכסות (כ*) אפילו [הכי] יז] חזר

שלא ה נתכוון (ה) לזכות בו ד) אבל אם נתכוון לזכות בו לא יצא דהוה ליה עבודה זרה של ישראל: הגה [יג] (יד) ג) ויש מחמירין דאפילו בשל גוי אינו יוצא אלא ו בנתבטל [יד] בערב יום טוב ועיין לקמן סימן תרמ"ט [סעיף ג'] טו]:

חכמת שלמה

(הגה שם) ויש מחמירין דאפילו בשל גוי אינו יוצא אלא בנתבטל בערב יום טוב. נ"ב, עיין במג"א [ס"ק ו] מה שתמה למה לא כתבו דהחיוב לכסות הוא רק מספק. ועיין מה שכתבתי בזה בעזרת השם יתברך בחיבורי על יו"ד מהדורא ד' בתשובתי לק"ק קראקא סימן פ' ליישב זה בפנים חדשות, ע"ש. דרך אגב גם עיין בחיבורי על או"ח שנת תד"ר דף ס"ד בהלכות לולב סימן תרמ"ו, ישבתי זה בעזרת השם יתברך, ע"ש ודו"ק. והנה בדין מה דקיימא לן כיון דהוי ספק אם יש דיחוי, ובהלכות לולב יח] ג"כ, ובכיסוי דם מוכח דסבירא להו להפוסקים בפשיטות דאין דיחוי, עיין בחיבורי ליו"ד מהדורא זיי"ן סימן ק"כ [עיין טוב טעם ודעת מהדורא קמא סימן מ] מה שכתבתי ליישב זה בעזרת השם, ע"ש ודו"ק: (שם) בנתבטל בערב יום טוב כו'. נ"ב, עיין מ"א [ס"ק ו] מה שכתב בזה, ועיין בחידושי לאו"ח בחיבור שנת תקפ"ט תרמ"ו בהשמטות מה שכתבתי בזה, ודו"ק:

שערי תשובה

(ה) לזכות. עיין באר היטב. ועיין בנודע ביהודה מהדורא תנינא [או"ח] סימן קי"א באם מכר עבודה זרה וקנה שופר בדמים אין תוקעים בו, ואם בשעה שמכר משך הקונה תחלה ואחר כך [נתן] המעות, עיין ביו"ד סימן קמ"ד בט"ז [ס"ק ג] וש"ך [ס"ק ד] שם, ועכ"פ היה מקום להקל בזה דהוי חליפי חליפים, ע"ש:

באר היטב

(ה) לזכות. דהיינו שלקחו מן העכו"ם דרך גזילה, ולא לזכות בו אלא כדי שיתקע בו עכשיו, ט"ז [ס"ק ד]. ועיין מ"א [ס"ק ה]:

ביאור הגר"א

[יג] [הגה] ויש מחמירין. כתירוץ ר"ת בתוספות [סוכה לא, ב ד"ה באשירה], וכמו שכתוב בעבודה זרה מ"ז א' כי אתא רב דימי אמר באשרה כו', ולא איפשטא. אבל הר"ן שם [עבודה זרה כ, א ד"ה וגרסי' תו עלה] כתב דמכל מקום איפשטה בסוכה ל"ג ב' ואין אסור אלא אם כן עבדו ביום טוב דהוי נראה ונדחה דלא איפשטא שם. ועיין מה שכתבתי לקמן סימן תרמ"ו סעיף ב' [ס"ק ד] דהרמב"ם [לולב ח, ה] סבירא ליה דאף בנראה ונדחה איפשטא הבעיא דלא הוי דיחוי. אבל תוספות אזלי לשיטתייהו דסבירא להו דלא איפשטא כלל, ושם דוקא משום דבידו לתקן, ועיין תוספות שם א' ד"ה נקטם כו' ושם ל"ב א' סוף הדיבור באשרה, ואם תאמר תפשוט כו'. ולפי דברי תוספות בהא דסימן תרמ"ו סעיף ב' דוקא דאשחור מעיקרא, וכן דעת הר"ן [עבודה זרה שם; סוכה טו, ב ד"ה ועלתה] כנזכר לעיל. והרב לא הגיה שם כלום: [יד] בערב יום טוב. שם [עבודה זרה] (מ"ו) [מז] א' ועיין תוספות שם [ד"ה אשירה]:

הגהות רעק"א

ד) (שו"ע סעיף ג) אבל אם נתכוון לזכות בו לא יצא. בספר פרשת הכסף על הרמב"ם הלכות עבודה זרה בהשמטה בסוף הספר כתב לתמוה, דהא במשמשיה אף בזכה בהם ישראל מהני ביטול, לפסק המחבר יו"ד סימן קמ"ו [סעיף ב], וצ"ע:

מחצית השקל

(ס"ק ה) נתכוון לזכות כו'. ודווקא עבודה זרה של גוי אם זכה בה ישראל אין לה ביטול, אבל משמשי או נוי עבודה זרה של גוי, אפילו זכה בה ישראל, פסק הרב ב"י ביו"ד סימן קמ"ו סעיף ב' דיש לו ביטול. אלא שהב"ח שם [סוף עמוד דש] חולק, כמו שכתב הש"ך בשמו [שם] ס"ק א': והב"ח כתב כו' אבל אם יש לה בעלים כו' והוה ליה עבודה זרה של עכו"ם. ומשמע דכהאי גוונא סבירא ליה להב"ח דיוצא בה משום שיש לה ביטול. אולם זה ליתא, דהא כתב ש"ך ביו"ד ריש סימן קמ"ו בשם הב"ח [שם] דאפילו לא זכה בה ישראל כגון שגזלה מכל מקום אין לה ביטול מדרבנן, דגזרינן אטו עבודה זרה של ישראל, ע"ש. אלא על כרחך צריך לומר נהי דאין לה ביטול כהאי גוונא מכל מקום יוצא בה, דלא מיקרי מכתת שעוריה כיון דמן התורה יש לו ביטול. ומצאתי און לי לסברא זו בתשובת שער אפרים סימן ל"ח [ד"ה ואף (השני)] שכתב לפרש דברי התוספות בסוכה דף ל"ה ע"א ד"ה לפי כו', שהקשו על מאי דאמר הש"ס [שם] דמהאי טעמא אין יוצאים באתרוג של ערלה לפי שאין בה היתר אכילה או דין ממון, תיפוק ליה דמכתת שעוריה, דהא מצותו בשרפה. וכתבו וז"ל, ואפשר דאפילו מדאורייתא הוי ערלה בשרפה, דילפינן לה מכלאי כרם כו', עכ"ל התוספות. וכתב בתשובת שער אפרים הנ"ל וז"ל, וזהו שדייקו התוספות ואפשר דאפילו מדאורייתא הוי בשרפה, דאי הוי מדרבנן לא שייך מכתת שעוריה, עכ"ל: ולא נהירא דהא קיימא לן כו' כדאיתא בע"א כו'. לישנא דהא קיימא לן צריך ביאור, דהכי איתא שם [מא, ב] עבודה זרה שנשתברה מאליה רבי יוחנן סבירא ליה לא הוי ביטול, וריש לקיש סבירא ליה הוי ביטול, ופריך הש"ס לריש לקיש מדתנן ישראל אין יכול לבטל עבודה זרה של גוי, ואמאי תהוי כעבודה זרה שנשתברה מאליה, ומשני אביי דמתניתין מיירי שפחסה לעבודה זרה בפניה ולא שברה, דעל ידי גוי כהאי גוונא הוי ביטול אבל לא על ידי ישראל. ורבא מוקי לה אפילו שברה ישראל מכל מקום לא מהני, משום דגזרינן דלמא מגבה לה כו'. הרי דלא איצטרך רבא לגזרה זו כי אם לריש לקיש, אבל לרבי יוחנן דקיימא לן כוותיה דעבודה זרה שנשתברה מאליה אסורה, דלא הוי ביטול, אין צריך לגזרה זו, ומן הדין אין ישראל יכול לבטל עבודה זרה של גוי, ואם כן למה כתב מ"א דהא קיימא לן כו'. אולם כוונתו, דוודאי מדריש לקיש נשמע לרבי יוחנן, כיון דלריש לקיש על כרחך צריך לומר דאפילו עבודה זרה שיש לה בעלים אי זכה בה ישראל אין לה ביטול, וודאי גם רבי יוחנן לא פליג עליה בהא,

לבושי שרד

(יד) הגה סעיף ג ויש מחמירין. סבירא להו דאפילו של נכרי דיש לה ביטול, מכל מקום כל זמן שלא נתבטל מיכתת שיעוריה: (טו) מג"א סק"ה לא מקשה כלום. דהקשו שם וביבמות, למה יוצא בשל נכרי הא נמי כתותי מיכתת דמדאגבהה קניא [והוה ליה עבודה זרה של ישראל] יט], והוצרכו לתרץ שאינו מתכוין לזכות, ולא תירצו שיש לה בעלים, אלא על כרחך דמכל מקום כיון שהישראל מתכוין לקנות ומקיימו באחריותו ונתחייב באונסין הוה ליה כדידיה, כמו חמץ לענין בל יראה דעובר היכא דחייב באחריותו לעיל בסימן ת"מ [סעיף א], ומשום הכי הוצרכו לתרץ שאינו מכוין לזכות, ור"ל שאינו מכוין כלל לגזול רק רוצה לתקוע בו, דאי מכוין לגזול קאי מיד באחריותו. וקצת קשה דנראה דלע"ג דלקחו רק לתקוע ורצונו להחזיר לו אחר התקיעה מכל מקום כיון שהוא בלי רצון הגוי הוה ליה גזלן לענין דחייב באחריותו, ואם כן צריך לומר דמיירי שהגוי הרשהו לתקוע בו, ואם כן אין מיושב דברי הטור שהביא הט"ז ס"ק ג', וקל להבין וצריך עיון: (טו*) שם והראיה שמביא מנשתתפו. גוי וישראל שנשתתפו ויש עבודה זרה ומעות, אסור לומר לגוי טול אתה עבודה זרה ואני מעות, ומשמע דליכא תקנה על ידי ביטול. ומשמע ליה להב"י דמיירי אפילו לא זכה הישראל בירושה עדיין: (יז) שם סק"ו ושוב אינו נראה. דזה הוא בעיא דריש לקיש במסכת עבודה זרה [מז, א] אם שייך דין דיחוי במצות, ולא איפסטא, ולכן אינו יוצא מספק: (יח) שם אפילו נראה. ר"ל, וכל שכן כאן דהוי דיחוי מעיקרא, כיון דלא היה ראוי ביום טוב מעיקרא כלל עד שנתבטל: (יט) שם וצ"ע ביו"ד. קושיא זו אינה דוקא אהרמ"א דכאן, אלא אהב"י [סימן תרמו עמוד תקסא ד"ה וראיתי] שהביא דכל שאין בידו תלוי בבעיא דריש לקיש כנזכר לעיל, ולכן הקשה אהטור והמחבר ביו"ד: (כ*) שם ואפילו הכי חזר ונתגלה חייב לכסות דאין דיחוי, כצ"ל:

הגהות והערות

טו] תוספת מהדורת אמ"ד תנ"ח:

טז] ממהדורת אמ"ד ת"פ הנוסח במג"א הוא "(ועבב"י)", בסוגריים, ללא תיבת "שם". ונראה שנשתבש כך ממה שבדפ"ר הנוסח "ועבב"י ש)", דהיינו שבמקום אות "ס" נדפס בטעות סוגר, ועל כן נראה שהנכון כבמהדורתינו. וע"ש מג"א ס"ק ג ובמחצית השקל שם:

יז] תוקן ממהדורת פראג תקמ"ה, וכעין זה הגיהו נזירות שמשון ולבושי שרד. ובמהדורת אמ"ד תקי"ד (פרופס) הגירסא "פטור מלכסות [ואם חזר ונתגלה חייב לכסות]", וכן הגיהו מאמר מרדכי, שיורי לקט ומקור חיים, וכ"ה במקלט דפ"א, וכעין זה הגיה תוספת שבת. ועיין מחצית השקל ופרי מגדים:

יח] בוונתו למה שכתב המג"א סימן תרמו ס"ק ג דבהדס רק משום דבידו למעט כשר, וע"ש בט"ז ס"ק ו:

יט] תוקן ע"פ כתי"ק של הלבושי שרד:

יט*] עיין שו"ת חתם סופר החדשות (מהדורת רש"א שטרן) סימן יב:

אוצר מפרשים

ו (מג"א ס"ק ה) ולא נהירא דהא קיימא לן. נ"ב, אי משום הא לא אריא, דרש"י פירש להתם [עבודה זרה מב, א ד"ה אלא] וקני לה בהגבהה דכל דבר הפקר כגון מציאה נקנית בהגבהה, עכ"ל. ואגב שיטפיה לא עיין בפירוש רש"י: (נתיב חיים)

ז (שם) כדאיתא בע"א. נ"ב, עיין תשובות חתם סופר או"ח סימן קע"ט יט*]. ביאור דברי רש"י שם [ד"ה אלא] עיין במחצית השקל [ד"ה והטעם] שנדחק: (חתם סופר)

ח (שם) דא"כ לא מקשה כלום. כבר נשמר הב"ח מזה, דקושית תוספות מדאמר רבא [ראש השנה כח, א] סתם עבודה זרה של נכרי, משמע אפילו אין לה בעלים רק שמצאה. אבל האמת יורה דרכו שסברתו היא סברא אמתית, כיון דישראל חייב באחריותו, שלו מקרי: (נתיב חיים)

ט (שם) כיון דהישראל חייב באחריותו מקרי שלו. ולפי זה אפילו נטלו שלא על מנת לזכות בו, שואל שלא מדעת גזלן הוא, והרי הוא באחריותו. ולא משכחת לה אלא בשל הפקר, או בשופר של עכו"ם ושאלו לישראל והתנה שאינו חייב באחריותו. ואולי כיון שאין דין שומרים אלא בישראל, ממילא אינו חייב באחריותו. ולפי זה ניחא דברי הטור שסיים אף על פי שהוא גזול, וצ"ע: (דגל מרבבה)

י (שם) וכן מצינו. צ"ע פסחים דף ה' סוף ע"ב, והוה ראיה לסתור. וביארתיו בחידושי [לפסחים, מהדורת חתם סופר תשנ"ג, חלק א עמוד לא ד"ה ועיין] בעזרת השם יתברך. ועיין תשובות חתם סופר או"ח סימן ס"ב ד"ה וכן קשה וכו', וסימן ק"פ ד"ה ואפילו וכו'. ועיין חתם סופר יו"ד סימן קכ"ז ד"ה אמנם וכו': (חתם סופר)

יא (שם ס"ק ו) וצ"ע ביו"ד. נ"ב, עיין רא"ש סוף מועד קטן [פ"ג סימן צו] דלא קשיא מידי. ועיין בספר קרבן נתנאל שם [אות נ] תמה על הרא"ש, ובחידושי [לעבודה זרה, מהדורת מכון חתם סופר תשנ"א, עמוד פה ד"ה והנה] ישבתי הכל בעזרת השם יתברך: (חתם סופר)

אשל אברהם

ה נתכוון. עיין מ"א. דעתו י"ל כל שנתכוון לגוזלה נמי הוה כעבודה זרה של ישראל, כיון דחייב באחריות, ודוקא שלא גזלה אלא העכו"ם נתן אותו לו לתקוע. ועיין ט"ז אות ג' ומה שכתבתי שם, יע"ש, ואי"ה באות ו' יבואר עוד: ו בנתבטל. עיין מ"א. הנה מחלוקת זה בתוספות סוכה ל"ב א' ד"ה באשירה דמשה, יע"ש, תירוץ ראשון בעבודה זרה של עכו"ס אף לא נתבטל יוצא דיעבד, דלאו כתותי, דאי מבטל לה כו' לכתחלה לא, דמאיס,

מחצית השקל

אלא דלא תימא הא אביי תירץ לריש לקיש תירוץ אחר שפחסה, ומדלא תירץ כרבא משום גזרה, תאמר דאביי סבירא ליה כמו שכתב הב"ח דאפילו מגבה לה ישראל יש לו ביטול כיון שיש לו בעלים, ואם כן אפילו לריש לקיש אליביה דאביי איתא לדינא דהב"ח. על זה כתב מ"א דהא קיימא לן כו', ר"ל, דאפילו תימא דאביי חולק על רבא בהא, מכל מקום הא קיימא לן כרבא לגבי דאביי (אף על גב דלא פליגי אליביה דנפשייהו), ואם כן לדידן דקיימא לן כרבא, על כרחך אפילו יש לה בעלים, אם זכה בה ישראל אין לה ביטול. ואף על גב שכתבתי לעיל דמודה הב"ח דמדרבנן אין לה ביטול, כמו שכתב ביו"ד, מכל מקום כיון דאין לו ביטול להב"ח אלא משום גזרה אטו עבודה זרה של ישראל כנזכר לעיל, אם כן תו אין לגזור דלמא מגבה לה כו', דהוי גזרה לגזרה. אלא על כרחך אי זכה בה ישראל אין לו ביטול מן התורה: וכן משמע בתוספות סוכה. דאהא דתנן התם אתרוג של אשרה לא יטול ואם נטל לא יצא, פריך והא אמר רבא לולב של עבודה זרה לא יטול ואם נטל יצא, ומשני מתניתין באשרה של ישראל דאין לה ביטול וכתותי מכתת שעוריה. והקשו התוספות, נהי דרבא מיירי בעבודה זרה של גוי שיש לה ביטול, מכל מקום מדאגבהה קניה והוי עבודה זרה של ישראל, כדאיתא במסכת עבודה זרה דלמא מגבהה לה והדר מבטל לה כנזכר לעיל, ותירץ דמיירי שהגביה על מנת שלא לקנותה. ואם איתא לדברי הב"ח, הוה ליה למימר דרבא מיירי ביש לה בעלים, דמסתמא דמילתא כך היא: וכן משמע ביבמות דף ק"ד. שהקשו התוספות כהאי גוונא אהא דאמרינן שם מנעל של עבודה זרה של גוי לא תחלוץ בו ואם חלצה חליצתה כשרה, והקשו התוספות גם כן כיון דאגבהה קניא והוי עבודה זרה של ישראל. ולהב"ח הוה מצי לתרץ דיש לה בעלים: והטעם כיון דהישראל חייב כו'. באמת פשטות לשון רש"י בעבודה זרה שם משמע כהב"ח, שכתב וז"ל בד"ה אלא כו', גזרה דלמא מגבה לה וקני לה בהגבהה דכל דבר הפקר כגון מציאה נקנית בהגבהה, עכ"ל. ומדהוצרך לטעם דכל דבר הפקר כו', משמע כהב"ח דמיירי בהפקר דוקא. ומ"א צריך לומר דסבירא ליה, מדלא אמר רבא בפירוש הכא במאי עסקינן בעבודה זרה של הפקר, אלא על כרחך מיירי אפילו ביש לה בעלים, מכל מקום מדאגבהה הוי עבודה זרה של ישראל הואיל וחייב באחריות. אך למה נאמר על ידי ההגבהה חייב באחריות, על זה כתב רש"י דקני ליה בהגבהה להתחייב באונסים דהא כל דבר הפקר ניקנית בהגבהה קנין גמור, לכן עכ"פ ביש לו בעלים נהי דלא קני קנין גמור על ידי הגבהה, מכל מקום קונה אותו לענין אחריות להתחייב באונסים: וכן מצינו גבי חמץ. בסימן ת"מ דגוי שהפקיד חמצו אצל ישראל, אם ישראל חייב באחריות הוה ליה כחמץ ישראל וצריך לבערו: כתב הב"י ביו"ד. בטור, לפי קצת נוסחאות בטור: והראיה שמביא מנשתתפו כו'. וז"ל הרב ב"י, יש ראיה מדתנן פרק ו' דדמאי גר וגוי שירשו את אביהם גוי, יכול לומר לגוי טול אתה עבודה זרה או יין נסך ואני מעות כו', ומסיק במסכת עבודה זרה דף ס"ד [ע"א] דדוקא בירושת הגר הקילו שלא יחזור לקלקולו על ידי שיפסיד חצי ירושתו, אבל בישראל אסור (משום דרוצה בקיומו של עבודה זרה ויין נסך, דאם יופסדו יפסיד הוא כנגדו חצי המעות), ותניא נמי הכי במה דברים אמורים שירשו אבל נשתתפו אסור. וכתב הרב ב"י מדקתני אסור סתמא, משמע דלית ליה תקנתא אפילו על ידי ביטול, והא הכא שלא זכה בה עדיין דומיא דירושה כו' עד שלא בא לרשות הגר, וקתני דאסור ולא מהני ביטול כיון שנקרא שמו עליה כו', עכ"ל הרב ב"י. ועל זה כתב מ"א נהי דשם במסכת עבודה זרה יש לומר כמו שכתב הרב ב"י דנשתתפו מיירי בלא זכה בה ואפילו הכי אין לה ביטול כיון שנקרא שמו עליו ואסור משום שרוצה בקיומו, רק בירושה הקילו שלא יחזור לקלקולו, אבל בקדושין דף י"ז מוכח דהאי דנשתתפו מיירי בזכה בה. דהכי איתא התם, אמר רבא גר יורש אביו גוי אינו אלא מדרבנן שלא יחזור לקלקולו, דתנן גר וגוי שירשו את אביהם גוי יכול לומר לו טול אתה עבודה זרה כו', ואי סלקא דעתך ירושת הגר דאורייתא אפילו לא באו לרשות הגר אמאי מותר לומר טול אתה עבודה זרה כו', הא חלופי עבודה זרה שקיל (פירש רש"י ד"ה כי לא באו נמי דהא כי מת אביו זכה בחצאין והשתא מחליף להו), אלא על כרחך דאינו יורש אלא מדרבנן. וכתבו התוספות ישנים דהשתא לא הוי חליפי עבודה זרה, דחכמים לא תקנו לו ירושה כי אם בהיתר כו'. תניא נמי הכי במה דברים אמורים כשירשו אבל נשתתפו אסור, עכ"ל הגמרא. ואם כן על כרחך צריך לומר נשתתפו מיירי בזכה בה, דהשתא שפיר מייתי תניא נמי הכי, דכיון דנשתתפו אסור משום שזכה בה אם כן הוא הדין אי ירושת הגר דאורייתא הוי כאלו זכה בה ואסור משום חליפי עבודה זרה, ואי משום שמא יחזור לקלקולו, מהאי טעמא סבירא לה לגמרא לסברא פשוטה דאין להתיר איסור תורה, ולא הביא ראיה כי אם דאסור להחליף כהאי גוונא. אלא ודאי דירושת הגר דרבנן, ולכן דוקא נשתתפו דזכה בה דהוי מדאורייתא שלו ולכן החליפין אסורים, מה שאין כן ירושה דלא הוי רק דרבנן הקילו. אבל אם איתא דנשתתפו מיירי בלא זכה, כמו שכתב הרב ב"י, ואסורו משום שנקרא שמו עליו, אם כן תיקשי מאי ראיה מייתי מנשתתפו דירושת הגר דרבנן דאם לא כן מה הפרש בין ירושה לנשתתפו, ולטעמך אפילו תימא ירושת הגר דרבנן מכל מקום עכ"פ נקרא שמו עליו ועדיין תיקשי למה בירושה הקילו ובנשתתפו אסור, ועל כרחך צריך לומר בירושה הקילו שלא יחזור לקלקולו דלא שייך בנשתתפו, אם כן מנא לן דירושתו דרבנן, דלמא לעולם דאורייתא ומשום שלא יחזור לקלקולו הקילו. ואי סבירא ליה לסברא פשוטה דמהאי טעמא אין להקל באיסור תורה, אם כן אין צריך לראיה מנשתתפו, אלא על כרחך נשתתפו מיירי בזכה בה, ואייתי ראיה דהיכי דזכה בה מן התורה אסור לומר טול אתה עבודה זרה כו' וכנזכר לעיל. אך עיינתי בתוספות במסכת עבודה זרה [שם ע"ב] ד"ה תניא נמי הכי, כתבו וז"ל, ומשום הכי פרק קמא דקידושין אחר שהוכיח ירושת הגר דרבנן מהא דגר וגוי הוצרך להביא תניא נמי הכי, שלא תדחה ראייתו אצל טעם ברירה, עכ"ל. ר"ל, דהיה אפשר לומר אפילו ירושת הגר דאורייתא מכל מקום לא מיקרי חליפי עבודה זרה, דהוברר הדבר למפרע שההיתר שנוטל זה היה חלקו מעיקרא ולא האיסור, אלא דלפי זה גם נשתתפו היה ראוי להתיר מטעם ברירה. ולפי זה אין לדחות ראיית הרב ב"י מקדושין, דאפילו תימא בנשתתפו מיירי בלא זכה מכל מקום שפיר אייתי ראיה, דודאי מסברא פשיטא ליה דאי הוי דאורייתא לא היו מתירים החליפין משום שלא יחזור הגר לקלקולו, אלא דלא תימא דמצד הדין שרי מטעם ברירה, ולכן אייתי ראיה מנשתתפו דאסור, ואי איירי בלא זכה ואין אסורו כי אם מדרבנן משום שנקרא שמו עליו, כל שכן דראייתו טובה, דהא בנשתתפו דאין בו רק איסור דרבנן אין מתירים משום ברירה, כל שכן אי ירושת הגר דאורייתא דאין להתיר משום ברירה. אך לפי מה שכתבו התוספות בקידושין [שם] ד"ה חליפי עבודה זרה שקיל, זה ליתא, שכתבו וז"ל, ואין לומר טעמא משום ברירה כו', דאם כן אפילו באו לרשותו נמי יהא מותר מהאי טעמא, עכ"ל. הרי דחולקים על דברי התוספות דמסכת עבודה זרה, ולזה אין צריך ראיה מברייתא דאין הטעם משום ברירה, ואם כן על כרחך צריך לפרש דברי הש"ס וראייתו כנזכר לעיל, ואתי שפיר דברי מ"א: מכל מקום כשזכה כו'. ר"ל, נהי דבלא זכה לא קיימא לן כהני יש אומרים, מכל מקום גם לדידן עכ"פ בזכה יש לומר דאין לו ביטול:

(ס"ק ו) בנתבטל כו'. א"כ נדחה כו'. הם דברי המרדכי [ראש השנה רמז תשטז] שהוא היש מחמירים שכתב רמ"א, שכתב כיון דבמסכת עבודה זרה דף מ"ז ע"א הוא איבעיא דלא אפשטא אי יש דיחוי אצל מצות, אם נאמר דחוזר ונראה, ולכך מספיקא אזלינן לחומרא: כיון שאין בידו כו'. הם דברי התוספות במסכת עבודה זרה [שם ד"ה אשירה] ובמסכת סוכה [לב, א סוף דיבור ראשון] שהקשו דהוה ליה למפשט מדתנן [סוכה לב, ב] הדס שהיו ענביו מרובים מעליו פסול ואם מיעטן כשר ואין ממעטין אותו ביום טוב, ואפילו הכי אמרינן שם [לג, ב] דאפילו מיעטן ביום טוב כשר, אלמא אין דחוי אצל מצות, ותירצו התוספות וז"ל במסכת סוכה דף ל"ב ע"א סוף ד"ה באשרה דמשה כו', וי"ל דשאני הדס דבידו לתקן, נהי דאסור למעט ביום טוב, מכל מקום בידו למעט, אבל בעבודה זרה אין בידו לבטל, דאין ישראל מבטל עבודה זרה של גוי, עכ"ל התוספות: אפילו נראה ונדחה כו' ועיין בב"י. ר"ל, דבסוכה דף ל"ג [ע"ב] אמרינן היכי דאשחרו הענבים מערב יום טוב דאז פוסלים, דכל זמן שהם ירוקים אין פוסלים, לכן כשאשחרו מערב יום טוב דהוי דיחוי מעיקרא קודם שנכנס יום טוב דאז מתחיל הדיחוי, ודאי חוזר ונראה, אבל היכי דאשחרו ביום טוב דהוי נראה ונדחה, דהא כשנכנס יום טוב היה כשר וביום טוב כשהושחרו נדחו, בזה איבעיא להש"ס [שם ע"א] אי מיעטן אי חוזר(ים) ונראה. ואפילו הכי פסק הרמב"ם [לולב ח, ה] דכהאי גוונא גם כן חוזר ונראה, וכן פסק הרא"ש [שם פ"ג סימן יא], ע"ש סימן תרמ"ו מה שכתב הרב ב"י [עמוד תקסא ד"ה וראיתי] ביישוב הדברים אע"ג דהוי איבעיא דלא אפשטא, וע"ש גם בט"ז [ס"ק ו]: פטור מלכסות אלא אם כן חזר כו', כצ"ל:

יד אפרים

(מג"א ס"ק ה) בדאיתא בע"א דף מ"ב כו'. ורש"י שם [ד"ה אלא] כתב, דלמא מגבה לה [וכו'] דכל דבר הפקר כגון מציאה ניקנה בהגבהה. הרי מבואר כהב"ח. אך יש לומר דקושית המג"א ממאי דקיימא לן דאף עבודה זרה שיש לה בעלים עכו"ם אין ישראל יכול לבטלה, ועל כרחך שגם רש"י ר"ל כיון שדבר הפקר ניקנה בהגבהה ממילא דגם ביש לה בעלים גזרינן אטו אין להם בעלים, או דילמא מפקיר לה ומגבה לה ישראל והדר מבטלה. אבל לשון המג"א לא משמע כן, וגם מדיהיב טעמא לפי שחייב באחריותו מבואר דסבירא ליה דהגבהה מהני ליה להיות כשלו, ולפי מה שכתבתי אין זה אלא מטעם גזירה. וגם שמה שכתבתי לפרש דגזרינן אטו אין לה בעלים, צ"ע, דאכתי אם הוא מבטל של עכו"ם קודם הגבהה הוי גזירה לגזירה, גזירה דלמא מגבה קודם ביטול ודלמא יבטל אף באין לה בעלים. ולכן נראה לי בזה כדעת הב"ח, דאע"ג דמטעם גזירה אמרינן דאין הביטול מועיל, מכל מקום כיון דמדינא מועיל ביטול בכהאי גוונא לא שייך כתותי מיכתת שיעוריה. ובדעת רש"י נראה שהוא מפרש כגון שאבדה עכו"ם ומצאה ישראל, שנקנה לו בהגבהה. ועיין ביו"ד סימן (קי"ו) [קמו] דעת הב"ח [עמוד דש ד"ה ומ"ש] דאף אם לא זכה בה, כגון שמצאה לפני יאוש או גזלה, מכל מקום אין לה ביטול מדרבנן. ועל כרחך דסבירא ליה דמכל מקום לא אמרינן דמיכתת שיעוריה בכהאי גוונא, כיון דלא זכה בה. וצ"ע לפי מה שכתב הט"ז ביו"ד שם [ס"ק ג] דגם בזכה בה רק מדרבנן אין מועיל ביטול, ע"ש. ומה שכתב המג"א טעם משום אחריות וראייתו מחמץ, אין ראיה, דהתם מרבינן מלא ימצא. וגם לפי מה שכתבתי בתשובה [בית אפרים או"ח סימן לז] אין בגזל עכו"ם חיוב אחריות אף אם גזל עכו"ם אסור, דמכל מקום לא קאי עליו והשיב את הגזילה. ואף דכל מלתא דאמר רחמנא לא תעביד אי עביד לא מהני, מכל מקום אי מיגניב או מיתביד פטור, וכן כתב בנודע ביהודה [מהדורא קמא] חלק [יו"ד] סימן פ"א, והארכתי שם, אם כן פשיטא דאין כאן חיוב אחריות:

(מג"א ס"ק ו) בנתבטל מערב יום טוב כו'. דבריו צריכים ביאור, ונראה לענ"ד

דכוונתו דמתחלה כתב לבאר דברי הרמ"א, דכל שאין בידו הוי דיחוי, והכא אין בידו הוא. ובאמת גם דיעה קמייתא לא פליג בהא, רק דסבירא לה דאפילו לא נתבטל כלל לא אמרינן בו מכתת שיעוריה, כיון שאפשר שיתבטל ע"י עכו"ם, אבל אם היה צריך ביטול גם אינהו מודים בזה (בידעינן) [דבעינן] דוקא שיתבטל מערב יום טוב, דאם לא כן היה לנו לחוש לדחויה. ודבר זה מוכרח לשיטת הטור [עמוד שדמ] ודעימיה, שהרי הש"ס [עבודה זרה מז, א] מייתי בעיא דריש לקיש דבעיא אם לולב של עבודה זרה מותר למצוה, וקאמר היכא דאסור להדיוט לא תבעי לך, כי תבעי לך בנטעו ולבסוף עבדו אליבא דרבנן דשמא מאוס לגבוה, כי אתא רב דימי אמר אשירה שבטלה קמיבעיא ליה אי יש דיחוי או אין דיחוי (והא קמיבעיא ליה לר"פ) [ותפשוט ליה מדתנן] כסהו ונתגלה כו' [ואמר רב פפא זאת אומרת וכו'], דרב פפא גופא קמיבעיא ליה דלמא לחומרא דוקא, ע"ש. והנה לשיטת הטור ודעימיה לכאורה קשה, דהאיך כתבו בסתם להתיר אף בלא ביטול, דהא אפילו בביטול מיבעיא ליה אם מותר לולבו למצוה משום דמאיס, ואע"ג (דמיירי) [דמותר] להדיוט, (ומ"מ) [ומכל שכן] באסור להדיוט ולא ביטל. ואין לומר דסבירא להו דלמאי דקאמר רב דימי באשירה שביטלה מיבעיא ליה סבירא ליה דאין כאן משום מאוס, דהא מכל מקום עכ"פ מוכח דביטול בעינן, ולכך סבירא ליה דהוי דיחוי, ולשיטת הטור דסבירא ליה דלא בעינן ביטול אם כן אף דיחוי אין כאן כלל, דמעולם לא נדחה. וכן הקשו התוספות בסוכה דף ל"ב [ע"א דיבור ראשון] על שיטה זו. וצריך לומר דסבירא להו דודאי רב דימי מפרש בעיא דריש לקיש באשירה שבטלה, ואיהו סבירא ליה מצות ליהנות ניתנו, והלכך קודם הביטול הוא דיחוי שהרי אסור בהנאה, ומיבעיא ליה אם יש דיחוי אצל מצות. מה שאין כן הטור ודעימיה סבירא להו כמו שאמר רבא בראש השנה [כח, א] ובסוכה [לא, ב] דאם [תקע יצא ואם] נטל יצא משום דמצות לאו ליהנות נתנו, אם כן אין כאן דיחוי כלל ואף בלא ביטול יצא (אבל אין לפרש דרב דימי סבירא ליה דכל זמן שלא ביטל אמרינן כתותי מיכתת שיעוריה אף על פי שהוא של עכו"ם ואפשר לבטלו, דאם כן מנא ליה להטור לפסוק דלא כוותיה כיון דלא אשכחן מאן דפליג עליו בהא, אלא ודאי סבירא ליה להטור דכולי עלמא מודים בהא, רק דטעמא דרב דימי משום דסבירא ליה מצות ליהנות ניתנו, ואשכחן אמוראי דפליגי בהא, וקיימא לן כרבא). ולפי זה אתי שפיר, דהטור מפרש בעיא דריש לקיש כרב דימי, וסבירא ליה דאין חשש משום מאוס כלל, רק דמצריך ביטול משום איסור הנאה, ואנן (ד)קיימא לן דמצות לאו ליהנות ניתנו. ואין לומר דהטור סבירא ליה דבעיא דריש לקיש הוי כלישנא קמא משום דמאיס, אלא דרבא פליג וסבירא ליה דאין חשש משום מאיס כלל, ופסיק כרבא, זה אינו, דמנא ליה דרבא פליג, דילמא רבא סבירא ליה כלישנא דרב דימי דבאשירה שביטלה קא מיבעיא לן, אלא על כרחך שבאמת הטור סבירא ליה לפסוק הלכה כלישנא דרב דימי דלא חיישינן למאוס, רק בהא דסבירא ליה מצוה ליהנות ניתנו לא קיימא לן כוותיה. ומעתה כך הם הצעות דברי המג"א, אחרי שביאר המרדכי שהביא הרמ"א דהכא הוי אין בידו כיון שאין בידו לבטלה כו', כתב דצ"ע ביו"ד. ר"ל, בין על הטור בין על רמ"א, דלמה פסקו שם דאין דיחוי, דהא על כרחך למה שפסקו כאן על כרחך כולהו סבירא להו דבעיא דריש לקיש לענין דיחוי איתמר אם יש דיחוי לקולא או לא, והוה ליה לפסוק גם שם כן. ובלא דברי הפוסקים כאן היינו אומרים דסבירא להו (כעיקר)

ד י [טו] **שופר של תקרובת עבודה זרה אפילו היא של גוי שתקע בו לא יצא משום דאינה בטלה עולמית:**

ה כ ז ג **המודר הנאה משופר** כ* **(ד)** [טז] **אדם** (ו) **אחר תוקע בו וזה יוצא ידי חובתו** ל ד [יז] **אבל אם אמר (ה)** (ז) **קונם שופר** (כו) **לתקיעתו עלי אסור לתקוע בו אפילו לתקיעה של מצוה:**

ו מ **היה קולו עב מאוד ☞או דק מאוד כשר שכל הקולות כשרים בשופר:**

ונתגלה [חייב] [ז] דאין דחוי אצל מצות, והוה ליה למימר (כא) **דיכסה** [רק] [ז] מספק כמו שכתוב כאן, דהא בגמרא בעבודה זרה דף מ"ז [ע"א] מדמי להו להדדי, וכן כתבו התוספות בסוכה דף ל"ג [ע"א ד"ה נקטם] ע"ש (כב) **דזה מקרי אין בידו**, עיין שם בדף ל"ב [ע"א תוספות דבור ראשון]. (כג) **ונראה לי לדעת הטור** [עמוד שדמ] והרב ב"י [שם ד"ה שופר] והפוסקים כמו שכתבו התוספות בע"א [עבודה זרה שם ד"ה מין] דבעיא דריש לקיש [שם] אינו אלא לכתחילה, ובזה מתורצים כל הקושיות שהקשו התוספות בסוכה [שם], ע"ש. ואם כן (כד) **הוי דינא הכי**, בדיעבד יצא אפילו בלא ביטול, ולכתחלה לא יטול אפילו אחר שנתבטל דמאיס כלפי גבוה, וכן כתוב סימן קנ"ד סעיף י"א. ולפי זה צריך לומר דהא דכתב בסימן י"א סעיף ח' (כה) **צמרה פסול**, היינו לכתחלה, דבדיעבד יצא, והוא הדין דקרנה פסול לכתחילה לשופר, והתם מיירי בעבודת אלילים של ישראל אלא שבעלי חיים אין נאסרים, ואפילו הכי מאיס לגבוה: ז **המודר**. ובשעת הדחק מותר לתקוע בו בעצמו, כמו שכתוב ביו"ד סימן רכ"א סעיף י"ג (ב"ח עמוד שמו דיבור ראשון):

(ד) אדם אחר תוקע. דמצות לאו ליהנות ניתנו. אבל הוא עצמו אסור לתקוע בו אפילו של מצוה, שיש הרבה בני אדם נהנים כשהם עצמן תוקעים: **(ה) קונם שופר לתקיעתו עלי.** זהו לשון נדר דאסר החפץ עליו, והנדרים חלים על דבר מצוה כדבר הרשות, כמו שכתוב ביו"ד סימן רט"ו [סעיף א], (כז) ממילא אם אמר שלא אשמע קול שופר, הוה לשון שבועה שאוסר נפשו על החפץ, ואין שבועה חלה על דבר מצוה. (כח) וב"י [עמוד שמה ד"ה המודר] הביא בשם התוספות [ראש השנה כח, א ד"ה המודר הנאה משופר] שכתבו [ד]בפרק ב' דנדרים [טז, ב] (כט) גבי סוכה [אמרינן] שאם אומר ☞ישיבת סוכה עלי קונם [או] אפילו אם אומר [קונם] שלא אשב בסוכה, אסור לישב בסוכה של מצוה, הכי נמי בשופר דאם אמר תקיעות שופר עלי קונם אסור לתקוע, אם לא נחלק דגבי סוכה בלא מצוה (ל) יש הנאה בישיבה, אבל שופר אי לאו מצוה אין הנאה בתקיעה דאינו מתכוין לשיר, עכ"ל. ואם אומר על אדם אחר, שלא אשמע קול שופר ממנו, או תקיעתו עלי [קונם] כב, נראה פשוט דחל אליבא דכולי עלמא, דהא אפשר לשמוע מאחר:

ביאור הגר"א

[טו] [סעיף ד] **שופר.** ר"ן [ראש השנה ז, א ד"ה אמר] ומגיד משנה [שם], עבודה זרה נ' א' ויבמות ק"ד א': [טז] [סעיף ה] **אדם אחר כו'.** משום שקצת בני אדם מתהנין מתקיעתם, כל בו [סימן סד כז, ג], וכגירסת הרי"ף [ראש השנה ז, ב] והמאור [שם ע"א ד"ה אמר] מותר לתקוע לו כו'. אבל גירסת הרא"ש [שם פ"ג סימן י] ושאר פוסקים כגירסת ספרים שלנו לתקוע בו כו': [יז] **אבל אם כו'.** נדרים ט"ז ב'. ועיין בתוספות ראש השנה [כח, א ד"ה המודר הנאה משופר], וכמו שכתבו הר"ן [נדרים טז, ב ד"ה אמר] ורא"ש שם [ד"ה אמר] דרבא לא פליג אאביי אלא באומר הנאת, דמצות לאו ליהנות ניתנו, אבל באומר ישיבת כו' דחל, כיון שפירש לאסור על עצמו, כמו שאוסר על עצמו לזרוק צרור לים אף שאין לו הנאה בו. וכתב הר"ן, הא אם אמר קונם סוכה עלי מותר לישב ישיבה של מצוה, כיון שלא פירש, כנזכר לעיל. וזהו שכתב [שו"ע] כאן קונם לתקיעתו כו', שפירש להדיא לתקיעתו. ועוד כתב [הר"ן] שם, ואם תאמר הא נדרים אין חלין על דבר שאין בו ממש, וי"ל כגון שאמר קונם סוכה לישיבתה. אבל בתוספות כתבו שאפילו אמר קונם ישיבת סוכה עלי, כיון שמזכיר החפץ. ותליא במה שכתוב סוף פרק א' [שם] י"ג [ע"א] באומר יאסר פי כו', וכן כתב הר"ן שם דנעשה כאומר קאמר, וכן פסק ביו"ד ריש סימן ר"ג, ועיין שם בהג"ה האומר דבור כו', וכן משמע מדברי תוספות הנ"ל שהביא הר"ן ישיבת סוכה כו'. והוא הדין כאן צריך לומר תקיעת שופר זה עלי. ועיין ב"י בסימן רל"ט שם [עמוד תקעג ד"ה וכתב]. ומכל מקום מדרבנן אסור אף אם לא הזכיר החפץ, כמו שכתוב שם י"ד א', וכן כתב הר"ן שם סוף פרק א' [יג, ב ד"ה באומר]:

לבושי שרד

(כא) שם **דיכסה רק מספק**, כצ"ל. ונפקא מינה דלא יברך על הכיסוי: (כב) שם **דזה מקרי אין בידו.** ר"ל, דאף דבידו לגלות, מכל מקום כיון שאין חייב לגלותו הוי ליה כאין בידו לענין דכבר נדחית בו מצות הכיסוי: (כג) שם **ונראה לי לדעת הטור.** דקדק לכתוב לשון זה, להורות דאהרמ"א נשאר הקושיא, דאיהו כתב כאן דיעה זו דסבירא לה דבדיעבד נמי לא יצא בנתבטל ביום טוב, אם כן הוה ליה להגיה שם ביו"ד דאין מברך. אבל הטור והב"י סבירא להו דבעיא דריש לקיש לענין דיחוי במצות הוא רק אם יקח לכתחלה (בזה) [לולב כזה] כ שנדחה ונראה, אבל דיעבד יצא, ממילא שם בכיסוי כשנתגלה מכסה בברכה: (כד) שם **הוי דינא הכי.** נראה לענ"ד דכתב כן דלא תיקשי למה לא חילק המחבר בין ביטלו בערב יום טוב לביטלו ביום טוב, נהי דדיעבד לא נפקא מינה כיון דפוסק דדיעבד יצא אפילו בלא ביטלו כלל, מכל מקום נפקא מינה לענין לכתחלה דאם נתבטל ביום טוב אסור עכ"פ לכתחלה מצד בעיא דריש לקיש. לזה כתב דגם לכתחלה אין נפקא מינה, משום דאפילו נתבטל מערב יום טוב אסור לכתחלה משום דמאיס לגבוה או למצוה, כמו שפסק המחבר בסימן קנ"ד, ע"ש, ודין זה הוא גם כן מבעיות דריש לקיש שם, ע"ש בש"ס: (כה) שם **צמרה פסול.** היינו משתחוה לבהמה צמרה פסול לציצית אע"פ דבעלי חיים אינן נאסרין משום נעבד, מכל מקום מאיס למצוה, וזה גם כן חד מהבעיות דריש לקיש שם, ולכן לפי מה שכתב תחלה דסבירא ליה להמחבר דבעיות דריש לקיש הוא רק לכתחלה, צריך לומר דהתם נמי הכוונה לכתחלה: (כו) שו"ע סעיף ה **לתקיעתו.** דדוקא ברישא דלא אסר על עצמו רק ההנאה מהשופר, ומצוה לא מיקרי הנאה, דלאו ליהנות ניתנו, מה שאין כן בהא שאסר התקיעה על עצמו, נאסר עליו התקיעה אף שאין בה הנאה: (כז) ט"ז סק"ה **ממילא אם אמר שבועה שלא אשמע**, כצ"ל: (כח) שם **וב"י הביא בשם התוספות שכתבו דבפרק ב' דנדרים**, כצ"ל. ודברי התוספות אלו הם שם במקומן בראש השנה ובהגהות אשר"י שם [פ"ג סימן י] שמסתפקים בדין זה דקונם לתקיעתו עלי: (כט) שם **[גבי סוכה אמרינן]** כא **שאם אומר ישיבת סוכה עלי קונם או אפילו אם אומר קונם שלא אשב בסוכה**, כצ"ל. ואע"ג דבלשון קונם שלא אשב בסוכה אסר נפשו על הסוכה, מכל מקום כיון שהזכיר לשון קונם שהוא נדר, מפרשין לשון שאמר, ואמרינן דכוונתו לאסור החפץ עליו, וחל על דבר מצוה: (ל) שם **יש הנאה בישיבה.** נראה ביאור דבריהם, דהיכא דאמר הנאת שופר או סוכה עלי קונם מפרשינן כוונתו על הנאה העיקרית, מה שאין כן תקיעה וישיבה של מצוה דלאו ליהנות ניתנו אינם בכלל ההנאה שאסר על עצמו. מה שאין כן כשלא הזכיר הנאה, אלא תקיעת שופר עלי או ישיבת סוכה עלי, בהא מפרשינן גם כן דכוונתו שלא יהנה מהם, אף על גב שלא הזכיר הנאה, מכל מקום סתם נדר הוא מהנאה, משום הכי יש חילוק, דבישיבת סוכה נכלל בלשונו גם ישיבה של מצוה, אף שאין ישיבתה העיקרית רק למצוה, מכל מקום כיון שיש גם הנאה נכלל בכלל ישיבת סוכה שאסר על עצמו, כיון דלא אמר הנאת סוכה עלי אלא ישיבת סוכה עלי, נכלל בזה אפילו הנאת ישיבה שאין עיקר כוונתו להנאה כגון של מצוה, מה שאין כן בשופר דכשתוקע למצוה אין בו הנאה כלל, מפרשינן כוונתו שאסר תקיעת שופר לשיר, אבל תקיעה דמצוה אינו בכלל, כן נראה לענ"ד ביאור דבריהם, ודו"ק:

באר הגולה

י. [ר"ן ומגיד משנה] שם:
כ. מימרא דרבא שם בראש השנה:
כ*. כל בו סימן סד כז, ג:
ל. ר"ן [שם ז, בב ד"ה אמר] ושאר פוסקים [כל בו שם ע"ג בשם הרמ"ה]. ועיין ביו"ד סימן רט"ו [סעיף א]:
מ. ברייתא שם דף כ"ז [ע"ב]:

עטרת זקנים

ג] **המודר הנאה משופר אדם אחר תוקע בו וזה יוצא** כו'. אבל הוא עצמו אסור לתקוע בו, מפני שיש הרבה בני אדם הנהנים כשהם בעצמם תוקעין, וכל מידי דאיכא הנאה לגוף ליכא לשרויי בשביל טעמא דמצות לאו ליהנות ניתנו (גירסת הרי"ף ראש השנה ז, ב ובעל המאור שם ע"א ד"ה אמר). ויש אומרים שהוא עצמו מותר לתקוע בו (טור עמוד שמה וגירסת הרא"ש שם פ"ג סימן י והרמב"ם שופר א, ג והר"ר ירוחם נתיב ו ח"ב מח, ד ואגודה ראש השנה סימן יד). ומיהו למעשה נקטינן לחומרא (מורי בב"ח עמוד שמה ד"ה המודר). אבל כשאין שם אחר שיכול לתקוע לו, כדאי הטור והרא"ש והרבינו ירוחם והרמב"ם והאגודה לסמוך עליהם בשעת הדחק, [ב"ח ריש עמוד שמו]. ועיין ביו"ד סוף סימן רכ"א סעיף י"ג ובסימן רט"ו סעיף א':
ד] **אבל אם אמר** קונם שופר **לתקיעתו עלי** כו'. דוקא שאמר בלשון נדר, מפני שהנדרים חלין על דבר מצוה כעל דבר רשות, אבל בלשון שבועה לא, דאין שבועה חלה על דבר מצוה אם לא בכולל, כדאיתא בהלכות נדרים [יו"ד סימן רלט סעיף ד] (ר"ן שם ז, ב ד"ה אמר כל בו סימן סד). הלכך האומר שבועה שלא אשמע קול שופר של מצוה שאין השבועה חלה לבטל המצוה, לוקה ושומע שופר של מצוה. אלא כשאומר שלא אשמע קול שופר סתם, דמיגו דחלה אקול שופר דלאו מצוה, חלה נמי אקול שופר דמצוה (ב"י עמוד שמה ד"ה המודר ר"ן שם מהררמ"י לבוש סעיף ה):

חכמת שלמה

(סעיף ה) **המודר הנאה משופר אדם אחר תוקע בו** וכו'. נ"ב, הנה התוספות הקשו בפרק ו' דשבועות [מד, ב ד"ה ורבן] למה אמרינן מצות לאו להנות ניתנו, הרי נהנה דפטור מפרוטה דרב יוסף, ע"ש. ולפענ"ד אתי שפיר, דהנה מה שפטור מליתן פרוטה לעני הוי רק כעין מבריח ארי וכפורע חובו של חבירו שלא מדעתו, ולכך כיון דבמודר הנאה מותר לפרוע חובו שלא מדעתו [יו"ד סימן רכא סעיף בן], לכך הכי נמי מה שפטרו מפרוטה לעני זה לא נחשב הנאה. ואף דפורע חובו מדעתו אסור [עיין ש"ך שם ס"ק ו], היינו דהתם כיון שאין דבר המכריחו לכך ועושה כן מדעתו גלי דעתיה דניחא ליה ושליחותיה קעביד, מה שאין כן בעושה מצוה הרי הוא מוכרח לקיים המצוה, ואם לא היה מוכרח יתכן שהיה נותן יותר הפרוטה לעני ולא יעשה המצוה, רק שהתורה הכריחתו לעשות המצוה, ובזה נפטר ממילא מן העני, כיון דעל ידי הכרח התורה הוי כן, הוי כשלא מדעתו. אבל בשומר שכר, כיון דהוי לו הנאה זה הוי כמדעתו, לכך אף מבריח ארי הוה הנאה כיון דהוה מדעתו, אבל במצוה הוי כשלא מדעתו. ועוד, במודר הנאה בתר דעת התורה תליא מילתא, ובדעת התורה לא נחשב מבריח ארי הנאה, אבל בשומר שכר דבזה בדעתו תליא מלתא, וכמו דמצינו בעלמא [בבא בתרא קעג, ב] בההיא הנאה דמהימן ליה גמר ומשעבד נפשיה, ולכך בדעתו הוי פרעון חוב נמי הנאה לכך הוי שומר שכר, ואתי שפיר. ואף דבשומר אבידה נמי הוי הכרח לקבל האבידה ולשמרו, מכל מקום עבור השמירה לא נעשה שומר שכר כידוע, רק על ידי שיטוח וניעור, ושטוח וניעור בידו לעשות על ידי אחר ואז יהיה חייב ליתן פרוטה לעני, כי הוא אינו עושה כלום, ואינו פטור רק כשהוא עושה בעצמו (וגם) [וזה] הוי מדעתו ממש, ולכך הוי שומר שכר. ובהכי הוי אתי שפיר תירוץ הב"ח מה שכתב המג"א [ס"ק ז] בשמו, מה שקשה מכאן למה שכתוב ביו"ד סימן רכ"א, ומתרץ הב"ח דיש חילוק בין איכא אחר או לא. ולכאורה אינו מובן, וצריך לומר דסמכינן בעת הדחק על הסוברים דבהנאת הגוף בהדי הנאת מצוה נמי לא נחשב הנאה וכו'. ולפי הנ"ל אין צריך לכך, רק באם איכא אחר אז אם האחר תוקע כיון דהוא אינו עושה כלום חייב בפרוטה לעני ואינו נהנה, רק כשתוקע בעצמו הוא פטור, וא"כ אם הוי מדעתו ונהנה בפרוטה דרב יוסף, לכך אסור. אבל אם ליכא אחר, אז כיון דמחוייב לתקוע שוב הוי כשלא מדעתו, והוי רק מבריח ארי, לכך מותר, ואתי שפיר בעזרת השם יתברך, ודוק היטב כי נכון הוא:

והנה ידוע מחלוקת הראשונים במה דקיימא לן [ראש השנה כח, ב] מצות לאו להנות ניתנו, אם הוי הנאת הגוף בהדי הנאת מצוה אם ג"כ לאו להנות ניתנו, או בזה מצות להנות ניתנו. והנה כעת נראה לי ראיה מפסחים פרק כל שעה בסוגיא דחזקיה ורבי אבהו, דפריך שם [כג, א] מנזיר רחמנא אמר [במדבר ו, ג] לא יאכל וכו' ותנן מערבין לנזיר ביין וכו', וקשה מה פריך, הרי דעת רבנן במסכת עירובין [לא, א] דאין מערבין אלא לדבר מצוה, וא"כ י"ל דהך משנה אתיא כמאן דאמר אין מערבין אלא לדבר מצוה ומצות לאו להנות ניתנו לכך מערבין לו ביין, ומה פריך. ובעל כרחך מוכח דהיכא דהוה הנאת הגוף בהדי הנאה מצוה הוי להנות ניתנו, וא"כ הכא נמי ניהו דתחלת העירוב הוי לדבר מצוה מכל מקום כיון דהניח העירוב שוב יכול לילך לשם אף בדבר הרשות לכל אשר יחפוץ, לכך בזה להנות ניתנו, ופריך שפיר, ודוק. מיהו י"ל דהסוברים דאף בהנאת הגוף בהדי מצוה נמי לאו להנות ניתנו י"ל דהם סבירא להו כדעת הרז"ה [המאור ראש השנה ז, א ד"ה אמר] דבמצות דרבנן להנות ניתנו, וא"כ אף הסוברים דאין מערבין אלא לדבר מצוה מכל מקום עבור מצוה דרבנן נמי מערבין מכח ממה נפשך, דמן התורה אין צריך עירוב, ומדרבנן בעי עירוב ובדרבנן נמי הוי מצוה, וא"כ פריך שפיר, דהרי מצוה דרבנן להנות נתנו, ואתי שפיר ודוק. ועיין מה שכתבתי לעיל [סעיף ג] בזה בענין אחר. והנה בשיטת הכל בו [סימן סד כז, ב] הנ"ל ודעימיה, וגם אם מותר לסכן באיסורי הנאה, ואם רק במודר הנאה סבירא ליה להכל בו כן או מכל איסורי הנאה, עיין מה שכתבתי בזה בהלכות יום הכפורים סימן תרכ"ג מענין לענין בסוגיא דיומא דף פ"ח, והוא בחיבורי לאו"ח משנת

משבצות זהב

(ד) אדם. עיין ט"ז. ועיין בטור [עמוד שמה] וב"י [ד"ה כתב]. ועיין פרי חדש כאן [אות ה] ומ"א אות ז', וביו"ד [סימן] רכ"א סעיף י"ג ובש"ך אות נ"ט. ועיין מ"א כאן אות ד', ואי"ה שם יבואר: **(ה) קונם.** עיין ט"ז. דאם אומר על אדם אחד הן קונם או שבועה, בוודאי חל, דלא נשבע לבטל מצוה, דהא אפשר לשמוע מאדם אחר. ואם אוסר בכולל, ג"כ י"ל דחל בשב ואל תעשה. ועיין אליה רבה אות ט' וסימן תקפ"ט סעיף ד', יע"ש:

אשל אברהם

דשל עכו"ם הוא, הא בטלו י"ל אף לכתחלה יוצא ידי חובתו. ור"ת פירש דכל זמן שלא נתבטל דיעבד נמי לא יצא ידי חובתו (כתותי או מאיס כו'), והא דיעבד יצא, שכבר נתבטל, ואפילו הכי לכתחלה לא דמאוס והיה שם עכו"ם עלה, ובתרתי פליגי. גם ליש מחמירין בעינן נתבטל מערב יום טוב, דאי לאו הכי דחוי מעיקרו בעיא דלא אפשטא בעבודה זרה מ"ז (ב') [א] ולחומרא, והיינו באין בידו, כההוא דעכו"ם, דישראל אין מבטל עבודה זרה של עכו"ם דלמא מגבה וזכה בה (עיין מ"א אות ה' ובעבודה זרה דף מ"ב ע"א), וכמו שכתבו התוספות בעבודה זרה (מ"ו [מז] א' ד"ה אשירה וסוכה ל"ג א' ד"ה נקטס דכסוי הדם אע"פ שבידו לגלות מכל מקום כיון שפטור חשיב אין בידו, יע"ש. והקשה המ"א ביו"ד סימן כ"ח (ו)סעיף (י"ד) [יא] כסהו הרוח וחזר ונתגלה חייב לכסות אע"ג דהיה דחוי וגרע מדחוי מעיקרו דהא הוה נראה ונדחה כו' ואין בידו (ולא דמי לסימן תרמ"ו סעיף ב' ענביו מרובים דמעטן אפילו ביום טוב דכשר דמקרי בידו, יע"ש), והא בעבודה זרה מ"ז [ע"א] מסיק אפילו דחוי מעיקרו בתיקו באין בידו, כל שכן נראה ונדחה דספק הוה באין בידו, והיה לומר יכסה מספק בלא ברכה, ואיך כתב סתם ביו"ד מכסה, משמע בברכה, והא ספק הוה. ועיין פרי חדש שם [יו"ד שם ס"ק יז] כתב אין הכי נמי מכסה בלא ברכה, יע"ש (ויש טעות סופר בדפוס וצ"ל כסהו הרוח ונתגלה חייב לכסות היה לו לומר מספק, לא ודאי). ומפרש המ"א ז"ל דהם סברי ביו"ד כמו שכתבו התוספות בעבודה זרה מ"ז א' ד"ה מי מאיס דמבעיא לכתחלה, ולפי זה הוא הדין מה דמסיק [עבודה זרה שם] באשירה שבטלה נמי י"ל בהך שיטה דודאי דיעבד פשיט ליה (באין) [דאין] דחוי אצל מצות אפילו נראה ונדחה ואין בידו, ולכתחלה בעי לה אי יש דחוי או לאו, והיינו לשיטת הטור [עמוד שדמ] דרבא בראש השנה כ"ח [ע"א] שופר עכו"ם "תקע" יצא אף קודם ביטול, ובעבודה זרה [שם] בעי אשירה שבטלה דלאו מאוס הוא עתה מכל מקום הואיל וערב יום טוב נדחה לכתחלה הוה מאיס אי בטלה אחר כך אי נראה אף לכתחלה, דרב פפא מספקא ליה, היינו ודאי האמת אין דחוי במצות דיעבד וממילא מברך בכסוי הדם כשחזר ונתגלה, ומבעיא ליה אי פשיט ליה אף לקולא, כלומר אף לכתחלה לא מחמירין כלל בדחוי, או לכתחלה עכ"פ מחמירין. ולפי זה לדעת המחבר בכאן משמע עבודה זרה של עכו"ם בלא בטלה דיעבד יצא, ולכתחלה אפילו בטלה לא, י"ל היינו בדחוי מעיקרא בעיא דלא אפשטא [עבודה זרה שם] ולחומרא (אע"ג כל בדרבנן תיקו לקולא, משום חומרא דעבודה זרה, או תירוץ אחר). והיינו דסימן קנ"ד סעיף י"א נרות עכו"ם כיון שמשן ונתבטלו, מכל מקום דחוי מעיקרא הוה לנר תפלה בבית הכנסת דומיא דנתבטל ביום טוב, אבל בלא דחוי מעיקרא י"ל עדיין דשרי לדיעה קמייתא. ובסימן י"א [סעיף ח] המשתחוה לבהמה לצמרה פסול לכתחלה, ומיירי ישראל השתחוה לבהמה אלא שאין בעלי חיים נאסרים להדיוט, ומבעיא לה [עבודה זרה שם] אי מאוס לציצית לכתחלה. ודיעבד שתלאן בבגדו י"ל יצא ואין צריך להסירם, וכל שכן כשיושב בחול בצבור כי האי גוונא, עיין סימן י"ג [סעיף ג], יע"ש, ועדיין צ"ע בכוונת דבריו: **ז המודר.** עיין מ"א. ועיין ש"ך שם ביו"ד אות נ"ט וט"ז [שם ס"ק] מ"ג. והנה באין דחק או למאן דאמר דלא יתקע כלל, אם מודר משופר הנאה ותקע להוציא אחרים ידי חובתן, צ"ע אם נאמר כיון דהוא עשה עבירה הוה מצוה הבאה בעבירה אף הם לא יצאו. ועיין ראש השנה כ"ח [ע"א] שופר של שלמים או עכו"ם תקע יצא לרבא מצות לאו להנות נתנו, אע"ג דנהנה התוקע, וי"ל. ועיין בספר כפות תמרים [יום תרועה שם ד"ה הדר]:

באר היטב

(ו) **אחר.** ובשעת הדחק מותר לתקוע בעצמו, ב"ח, [מ"א ס"ק ז]: (ז) **קונם.** זהו לשון נדר דאוסר החפץ עליו, והנדרים חלים על דבר מצוה כדבר הרשות, כמו שכתוב ביו"ד סימן רט"ו, ממילא אם אמר שלא אשמע קול שופר, הוי לשון שבועה שאוסר נפשו על החפץ ואין שבועה חלה על דבר מצוה, עיין ט"ז [ס"ק ה]:

מחצית השקל

והוה ליה **למימר דיכסה מספק.** כי היכי דנדע שלא יברך על הכיסוי, כמו שכתוב שם גבי כוי דהוי ספק בסעיף (ד') [ג]: **דהא בגמרא כו' מדמי להו להדדי.** ר"ל, דבכיסוי לא הוי דיחוי דהא בידו לגלותו, והיכי דבידו לא הוי דיחוי כמו שכתב לעיל, לזה כתב דעל כרחך זה לא הוי בידו, דהא בגמרא מדמי להדדי, ר"ל, דשם במסכת עבודה זרה דבעי ריש לקיש אשרה של גוי שבטלה אי לולבו כשר למצות אי יש דיחוי אצל מצות, ובעי למפשט מדתנן כסהו רוח לדם חיה ועוף אין צריך לכסות אלא אם כן חזר ונתגלה, ואמר רב פפא שמע מינה אין דיחוי אצל מצות, ודחי דרב פפא גופיה מספקא ליה, אי פשיטא ליה דאין דיחוי אפילו לקולא, או דלמא מספקא ליה ומספק צריך לכסות לחומרא, אבל לענין לולב דהוי קולא אפשר יש דיחוי, ולא אפשטא. וכיון דבעי למפשט לולב של אשרה מהאי דכיסוי, על כרחך צריך לומר דגם בכיסוי לא הוי בידו, דאי מיקרי בידו איך בעי למפשט לולב של אשרה דאין בידו: **וכן כתבו התוספות כו' דזה מקרי אין בידו.** וז"ל התוספות, הא דמדמה הכא האי דכיסוי הדם דבידו לגלות, מכל מקום היה לו לחשבו דיחוי הואיל ונפטר מלכסות לא נתחייב להוציאו מן הדיחוי כדי לחזור ולכסות, עכ"ל. ר"ל, דוקא במיעט הדס אי הוי רשאי למעטן ביום טוב ודאי מיקרי בידו, כי קרוב הדבר שימעטן כדי שיהיה לו הדס לצאת ידי מצוה שמחויב בה, ואף על גב דאסור למעטן ביום טוב, אריה הוא דרביע עליה ומכל מקום מיקרי בידו, וכן בלולב של אשרה אי ישראל היה יכול לבטל היה מיקרי בידו, שודאי יבטלו כדי לקיים על ידי זה מצות לולב. מה שאין כן בכיסוי, כיון דכסהו רוח אינו חייב לגלותו ולכסותו, קרוב הדבר שלא יגלהו, לכן לא מיקרי בידו: **ונראה לי דדעת הטור והרב ב"י כו'.** אין בזה כוונתו ליישב קושייתו, כי אם הוא ענין בפני עצמו, ולא קאי אדלעיל מיניה, ובא ליישב דעת הטור והרב ב"י מאי דקשה לדידהו כמו שאכתוב אחר זה, דהם סבירא להו דבעבודה זרה של גוי אפילו עדיין לא בטלו כיון דאפשר לבטל לא אמרינן כתותי מכתת שיעוריה, והוא כפי הסלקא דעתא דהתוספות בסוכה דף ל"ב הנ"ל, אבל למסקנת דבריהם הוכיחו כדעת יש מחמירים שכתב רמ"א מהכרח קושיא, ואם כן להטור ודעימיה צריך ליישב קושיות התוספות. והוא, דהתוספות בסוכה לכתחלה בעו למימר אהא דמשני הקושיא לרבא דאמר לולב של אשרה לא יטול ואם נטל יצא, ובמתניתין קתני דלא יצא, ומשני דמתניתין מיירי בעבודה זרה של ישראל דלית לה ביטול וכתותי מיכתת שיעורה. משמע, אבל רבא מיירי בעבודה זרה של גוי שיש לה ביטול דלא מכתת שעוריה ויצא אפילו קודם ביטול (וכגון שלא נתכוין ישראל לזכות בו. ומיירי ביום טוב שני דלא בעינן לכם). ודחו התוספות שיטה זו, דאם כן האי דאיבעיא לריש לקיש במסכת עבודה זרה לולב של אשרה אי כשר למצוה, אי אמרינן יש דיחוי אצל מצות, ומאי קא מבעיא ליה, הא לא נדחה מעולם, דאפילו קודם ביטול אם נטל יצא. לכן פירש ר"ת דאפילו עבודה זרה של גוי קודם ביטול לא יצא, ורבא מיירי אחר ביטול ואפילו הכי לכתחלה לא יטול דמאיס. ומכל מקום הקשו דאם כן תפשוט מרבא דאין דיחוי אצל מצות, מדאמר רבא דלאחר ביטול יצא, ובמסכת עבודה זרה משמע דלא אפשטא איבעיא דריש לקיש אי יש דיחוי אפילו משום חומרא. ולכן אסקו התוספות דרבא מיירי שנתבטל קודם יום טוב דלא חל עליו שם דיחוי מעולם, והאיבעיא דריש לקיש בעבודה זרה מיירי בביטלה ביום טוב דהוי דחוי מעיקרא, כשנכנס יום טוב, והיינו כדעת היש מחמירים דדוקא שנתבטל מערב יום טוב. ואם כן הטור ועומדים בשטתו דסבירא להו אפילו קודם ביטול יצא, צריך ליישב לדידהו קושית התוספות ממסכת עבודה זרה דמאי מבעיא לריש לקיש הא לא נדחה מעולם: **כמו שכתבו התוספות בע"א.** ד"ה מי מאיס כו', והיינו כפירוש מהרש"א שם, ודלא כמהר"ם לובלין, ע"ש: **ובזה מתורצים כו'.** דלעולם רבא דאמר יצא, מיירי קודם ביטול, ואיבעיא דריש לקיש לאחר ביטול אי שרי לכתחלה, אי יש דיחוי, ולענין לכתחלה הא היה נדחה קודם ביטול, או אין דחוי ואפילו לכתחלה מותר. וגם יתר קושיות תוספות שם נתיישבו: **ואם כן הוי דינא הכי.** ר"ל, לדעת הטור והרב ב"י, מה שאין כן לדעת יש מחמירים שהביא רמ"א: **יצא אפילו בלא ביטול.** והיינו מימרא דרבא: **ולכתחלה לא יטול כו'.** היינו איבעיא דריש לקיש דלא נפשטא ואזלינן לחומרא: **דמאיס כו'.** כן הוא בתוספות דעבודה זרה [ד"ה מין הנ"ל], דהטעם דלכתחלה לא, משום דמאיס, והיינו קודם ביטול, וממילא לאחר ביטול דמספקא לריש לקיש לענין לכתחילה משום יש דיחוי אצל מצות, דקודם ביטול היה אסור לכתחילה משום מיאוס: **סימן קנ"ד.** דנרות של עבודה זרה אף על גב שבטלן, דשריין להדיוט כמו שכתוב ביו"ד סימן קל"ט סעיף ט', מכל מקום אין להדליקן לצורך מצוה, דמאיס כלפי גבוה: **צמרה כו'.** ר"ל, המשתחוה לבהמה צמרה פסול לציצית: **היינו לכתחלה.** דהאמרינן שם בעבודה זרה בעי רב פפא המשתחוה לבהמה צמרה מהו לתכלת, ושקיל וטרי הש"ס תכלת דמאי, אי תכלת דציצית היינו איבעיא דריש לקיש. וסבירא ליה למ"א דכוונת הש"ס היא, אע"ג דספקו דרב פפא כיון דבעלי חיים אין נאסרים להדיוט, אי שריא לצורך מצוה, אי נאמר דמאיס ואסור או לא, והיינו איבעיא דריש לקיש באשרה שבטלה דשריא להדיוט מכל מקום נסתפק לגבוה אי יש דחוי אצל מצות ואסור לכתחלה משום דמאיס, כנזכר לעיל. וכיון שדימה צמר בעלי חיים שנעבדו עם איבעיא דריש לקיש, על כרחך כמו דריש לקיש לא איבעיא כי אם לכתחלה כנזכר לעיל, הוא הדין תכלת (לצאת) [לציצית] דגם כן הוי בכלל האי ספק, גם כן אינו כי אם לכתחלה: (ס"ק ז) **המודר כו'. כמו שכתוב ביו"ד כו'** (ב"ח). ר"ל, כאן משמע דוקא אדם אחר מותר לתקוע לו דמצות לאו ליהנות ניתנו, אבל הוא עצמו לא יתקע, דיש בני אדם שנהנים מתקיעות עצמן והוי הנאה מלבד המצוה. וביו"ד כתב שגם הוא עצמו מותר לתקוע. והש"ך שם [ס"ק נט] הקשה דדברי שו"ע דהכא ודהתם סותרים זה את זה. ובאמת כתב הב"ח דהוא מחלוקת הפוסקים, וכתב בשעת הדחק סמכינן על הפוסקים המתירים שגם הוא עצמו מותר לתקוע תקיעה של מצוה:

יד אפרים

[דעיקר*] כלישנא קמא, דריש לקיש במאוס קמיבעיא ליה, אבל לענין דיחוי אתי מלתא דרב פפא כפשטא בין לקולא בין לחומרא, ולכך פסק שם לענין כיסוי בפשיטות שאין דיחוי, אבל אחר שפסקו כאן דאם תקעו בשופר של עבודה זרה יצא ואף בלא ביטול, ועל כרחך סבירא להו דבעיא דריש לקיש כמו שאמר רב דימי, אם כן צ"ע למה פסק ביו"ד דודאי אין דיחוי, והוי ליה למימר דיכסנה רק מספק כו'. ועל זה כתב דדעת הטור והפוסקים כמו שכתבו התוספות בעבודה זרה, דבעיא דריש לקיש אינו רק לכתחלה, ומתורץ קושיות התוספות בסוכה. ור"ל, דלעולם סבירא להו כלישנא קמא דבעיא דריש לקיש אזלא לענין מאוס, אבל לענין דיחוי אתיא מלתא דרב פפא כפשטא דאין דיחוי אף לקולא, ולכך שפיר פסק ביו"ד דאין דיחוי, ומכל מקום אתי שפיר מה שפסקו כאן, דבלא ביטול שרי נמי וא"כ לא שייך דיחוי, ומטעם מאוס אין לחוש דמאוס אינו רק לכתחלה לבד, ומתורצים כל קושיות התוספות בסוכה. ור"ל, גם קושיא זו שהקשו דאי לא בטיל נמי א"כ מאי מיבעיא ליה לענין דיחוי, דזה אינו, דיש לומר דרב דימי סבירא ליה כרב יהודה בראש השנה [שם] דסבירא ליה דמצות ליהנות ניתנו, ואנן לא קיימא לן הכי. ועל זה כתב המג"א, ואם כן הוי דינא הכי כו' ולכתחלה לא יטול אף אחר שנתבטל משום דמאוס כו'. ר"ל, כיון דקיימינן השתא כלישנא קמא דמיירי האיבעיא אף היכא דלהדיוט שרי מכל מקום לכתחלה מבעיא ליה משום דמאוס, א"כ אף שנתבטל נמי מאוס. וכן כתבו התוספות שם [עבודה זרה מז, א ד"ה מין] דריש לקיש מיירי אף בנתבטל ואפילו הכי מבעיא דלמא דלכתחלה אסור משום דמאוס:

(ס"ז ס"ק ה) **ישיבת סוכה עלי קונם או אפילו אם כו'**, כצ"ל. ומה שכתב הט"ז שהב"י כתב כו', עיין בב"י שכתב דבתוספות דראש השנה כתבו דבפרק ב' אמרינן גבי סוכה. ונראה שגם כאן צ"ל בשם התוספות דראש השנה שכתב דבפרק ב' דנדרים כו':

(שו"ע סעיף ו) **או דק מאוד.** בש"ס [ראש השנה כז, ב] איתא או צרור, ופירש רש"י [ד"ה צרור] יבש כו'. ובטור [עמוד שמן] כתב, או באיזה ענין שיהיה. והמחבר השמיט זה, וצריך לומר שנכלל במה שכתב עב מאד:

הגהות והערות

כ] **תוקן** ע"פ כתי"ק של הלבושי שרד:

כא] **נוסף** ע"פ כתי"ק של הלבושי שרד:

כב] **נוסף** ממהדורת דיהרנפארט תל"ג:

ז י המודר הנאה מחבירו (ו) מותר לתקוע לו תקיעה של מצוה כ [יא] ודוקא כשהוא תוקע מאליו להוציאו [יב] אבל אם אמר לו המודר תקע (ז) והוציאני אסור: הגה [יג] ג) ואם אמר קונם תקיעותיו עלי בכל ענין אסור:

ח ל (ג) המתעסק בתקיעת שופר להתלמד לא יצא ידי חובתו וכן השומע מן המתעסק לא יצא מ [יד] וכן התוקע לשורר ולא נתכוון לתקיעת מצוה לא יצא נ נתכוין שומע לצאת ידי חובתו ולא נתכוון התוקע להוציאו או שנתכוון התוקע להוציאו ולא נתכוון השומע לצאת לא יצא ידי חובתו עד שיתכוון שומע ומשמיע:

ט ס מי שתקע ונתכוין להוציא כל השומע תקיעתו ושמע השומע ונתכוין (להוציא) [לצאת] [יב] ידי חובתו אף על פי שאין התוקע מתכוין לפלוני זה ששמע תקיעתו ואינו יודעו יצא שהרי נתכוין להוציא לכל מי שישמענו לפיכך מי שהיה ה [טו] מהלך (ג) בדרך או יושב בתוך ביתו ושמע תקיעות משליח צבור יצא אם נתכוין לצאת שהרי שליח ציבור מתכוין להוציא את הרבים ידי חובתן:

סימן תקצ

מספר התקיעות וקולותיה [א]. ובו ט׳ [ב] סעיפים:

א א כמה תקיעות חייב אדם לשמוע בראש השנה תשע לפי שנאמר תרועה ביובל [ויקרא כה, ט] ובראש השנה [שם כג, כד; במדבר כט, א] שלש פעמים וכל תרועה פשוטה לפניה ופשוטה לאחריה ומפי השמועה למדו שכל תרועות של חודש השביעי אחד הן בין בראש השנה בין ביום הכיפורים של יובל תשע תקיעות תוקעים בכל אחד משניהם תר״ת תר״ת תר״ת:

ב ב א תרועה זו האמורה בתורה נסתפק לנו אם היא היללה שאנו קורים תרועה או אם היא מה שאנו קורים שברים (א) או אם היא שניהם יחד [א] לפיכך כדי לצאת ידי ספק צריך לתקוע תשר״ת שלש פעמים ותש״ת שלש פעמים ותר״ת שלש פעמים:

מגן אברהם

סעיף ג׳ [בהגה]. ולא דמי לציצית, שב׳ מצות הן, מה שאין כן הכא דכולה חדא מצוה, כמו שכתב הרי״ף סוף ראש השנה [יא, א], עיין שם. מי שבא לבית הכנסת לצאת ידי חובתו עם הצבור, אף על פי שבשעה ששמע לא כוון לבו אלא סתמא, יצא. אבל הבא לבית הכנסת בסתמא לא יצא (רדב״ז חלק א׳ ק״ס ח״ב סימן תתט):

ה ☞ מהלך בדרך כו׳. ירושלמי [ראש השנה פ״ג הלכה ז] לא שנו אלא בעובר, אבל בעומד חזקה כיון (ר״ן שם ז, א ד״ה ירושלמי). וצ״ע הלא הוא יודע אם כיון אם לאו, ואפשר דמיירי אם שכח אם כיון אם לא:

תקצ א תרועה זו וכו׳. ולא די בתשר״ת ג׳ פעמים, דדלמא הוי שברים לחודא או תרועה לחודא, א) והוי השני הפסק, עיין סעיף ח׳:

ט״ז

(ג) המתעסק בתקיעת שופר כו׳. דקיימא לן כמאן דאמר [ראש השנה כח, ב] מצות צריכות כוונה, כן מסיק ב״י [עמוד שסב ד״ה ולענין הלכה]:

תקצ (א) או אם היא שניהם יחד. (א) בגמרא [ראש השנה לד, א] מספקא ליה לרבי אבהו כך. וקשה, מהי תיתי לומר כן, דהא במתניתין [שם לג, ב] תנן שיעור תרועה כג׳ (שברים) [יבבות], ובברייתא אמרינן כג׳ (יבבות) [שברים], ורמינן להו אהדדי, ומשני אביי דפליגי, דמר סבר גניחה ומר סבר יליל. אם כן ליכא לספוקי אלא או כמתניתין או כברייתא, אבל בשניהם יחד ליכא שום תנא. ונראה לי דהספק הוא לרבי אבהו בזה, דאפשר דלא פליגי מתניתין וברייתא, דתרווייהו בעינן גנח וילל, (ג*) ומתניתין תנא שיעור (הגנח) [הילל], וברייתא תנא שיעור (הילל) [הגנח], או דלמא דאין תרועה אלא אחד מהם ופליגי כדאביי, כן נראה לי. והקשו הראשונים למה תקנו תש״ת ותר״ת, בתקיעה ראשונה לא היו צריכים אלא לש״ת או ר״ת, והתקיעה האחרונה של תשר״ת תעלה לש״ת שאחר זה. ותירצו הרבה תירוצים, כמו שכתב בית יוסף [עמוד שסד דבור ראשון וד״ה והרא״ש]. ולענ״ד נראה דחכמים רצו להראות עיקר הדין, שבתקיעה של (ג) קשר״ק יאריך יותר מתקיעה של קש״ק, משום הכי פלגינהו לתרתי

באר הגולה

י. מימרא דרבא[א], שם דף כ״ח [ע״א]:

כ. הר״ן [שם ז, ב ד״ה אמר]:

ל. משנה שם דף ל״ב [ע״ב]:

מ. מסקנת הגמרא שם [לג, ב]:

נ. כרבי זירא שם וכרבי יוסי בברייתא שם דף כ״ט [ע״א] דמצות צריכות כוונה [רא״ש שם פ״ג סימן יא בשם הירושלמי, ובשם בעל הלכות גדולות ברכות פ״ז עמוד עט והלכות ראש השנה עמוד רמ, ובדעת הרי״ף שם ז, ב; רמב״ן במלחמות שם ע״א ד״ה אמר; רמב״ם שופר ב, ד]:

ס. משנה שם דף כ״ז [ע״ב]:

תקצ א. משנה וגמרא ראש השנה ל״ג [ע״ב]:

ב. ברייתא שם דפליגי אמתניתין וכדאתקין רבי אבהו שם [לד, א]:

ציונים לרמ״א

ג) ר״ן [ראש השנה ז, ב ד״ה אמר]:

יד אפרים

(שם ס״ק ה) מהלך בדרך כו׳ אם נתכוין כו׳. ירושלמי לא שנו אלא בעובר כו׳, כצ״ל:

הגהות והערות

יב] תוקן ע״פ מהדורת שאלוניקי שכ״ח, וכן הוא ממהדורת קראקא ש״ל, וכן הגיה מהריק״ש בערך לחם:

יג] שם פסק השו״ע דמצות צריכות כוונה. ועיין פרי מגדים פתיחה לברכות השחר ד״ה עוד ראיתי להזכיר, שכתב על זה ״איכא לעיונא ביה אם מתורת ודאי או רק ספק הלכתא״:

יד] לבאורה דברי רש״י קאי על הגמרא לעיל שם, דאיירי בתוקע לשיר אי יצא התוקע עצמו, וצ״ע:

תקצ א] כן הוא הנוסח בדפו״ר. אולם במהדורת ויניציאה שכ״ז (דיקבאלי) נדפס בטעות הכותרת של סימן תקפ״ט, וממהדורת קראקא ש״ל נוסף הכותרת הוא ״סדר הראוי לתקיעת שופר״, וכ״ה בדפו״א:

ב] במהדורות הראשונות של השו״ע כתוב ״ובו ט׳ סעיפים״, אך אף שבמהדורות הנ״ל יש י׳ סעיפים. ובמהדורת קראקא ש״ל תיקנו וכתבו ״ובו י׳ סעיפים״, וממהדורת קראקא ש״מ סעיף ט׳ וי׳ חוברו והיו לאחד, אך בכותרת נשאר כתוב ״ובו י׳ סעיפים״, וממהדורת אמ״ד ת״פ גם הכותרת שונתה וכתוב ״ובו ט׳ סעיפים״:

ג] עיין תוספות שם לג, ב סוף העמוד שהקשו כן, ותירצו ״ושמא כיון שעשו התקיעה לשם פשוטה שלאחר התרועה, לא רצו שתעלה לשם פשוטה שלפניה״:

ערך לחם למהריק״ש

תקפט סוף סעיף ז [המודר הנאה וכו׳]. ועיין סימן תקפ״ו סעיף ה׳: סעיף ט להוציא וכו׳. וצ״ל ולומר לצאת:

שערי תשובה

לרשות הרבים לצורך קטן, וגם לאיש ששמע תקיעות דמיושב אסור להוציא לצורך תקיעות דמוסף. וכן אסור להוציא הלולב לצורך נענועי ההלל מאחר דכבר יצא ידי חובתו מן התורה, ע״ש: (ג) בדרך. עיין באר היטב. וכתב בשמש צדקה [או״ח] סימן כ״ט שהקשו לו על מה שכתב הרב המגיד פרק ב׳ מהלכות שופר [הלכה ד] דלכך צריך כוונה כיון דעיקר המצוה הוא השמיעה, ואפילו התוקע, מה שאין כן באכילת מצה כו׳, דקשה על זה מדין חליצה דהוי מעשה, ועיין שם שכתב ליישב זה באורך. ובתשובת בן המחבר מברר ענין צריכים הכוונה במצות, עיין שם. ומה שכתב הרדב״ז בענין סומא, עיין בדבר שמואל סימן י״ב הסומא מוציא אחרים בתקיעת שופר ובכל מצות דאורייתא, ע״ש:

באר היטב

כמו ששמעתי אומרים שאנדרוגינוס חודש אחד הוא זכר חודש אחד הוא נקבה, ולא משמע כן בגמרא ובפוסקים. ועוד, דא״כ למה לי קרא למעוטי אנדרוגינוס דאין מילתו דוחה שבת [שבת קלה, א], אם הוא בחודש שנולד בו נקבה פשיטא, ואם הוא זכר קשה נמי האיך ידעינן שחודש הבא יהיה נקבה, וק״ל: (ג) בדרך. ירושלמי, לא שנו אלא בעובר, אבל בעומד חזקה כיון. וצ״ע הלא הוא יודע אם כיון אם לאו, ואפשר דמיירי אם שכח אם כיון אם לא, מ״א [ס״ק ה]. מי שבא לבית הכנסת לצאת ידי חובתו עם הציבור, אף על פי שבשעה ששמע לא כיון לבו אלא סתמא, יצא. אבל הבא לבית הכנסת בסתמא לא יצא, הרדב״ז חלק א׳ סימן ק״ס, [מ״א ס״ק ד]. סומא חייב בתקיעה, ואם היה מוחזק לתקוע בכל שנה וסלקוהו, אם לא ימצא בקי כמוהו יחזירוהו למנוי. ולכתחילה אין לסלקו מפני שהוא סומא אף על פי שנמצא בקי כמוהו, רדב״ז חלק א׳ סימן נ״ט וכנסת הגדולה, [מ״א ס״ק א]. ועיין שו״ת שער אפרים סימן כ״ז. תוקע שמת ונכנס אחר במקומו וכשגדל בנו רוצה לירש זכות אביו, עיין הלכות קטנות [ח״א] סימן ל״ט. ועיין בספר קול בן לוי דף כ״ח ע״ג [חשן המשפט ד״ה חד]:

ביאור הגר״א

[יא] [סעיף ז] ודוקא כו׳. עיין תוספות דנדרים ל״ה ב׳ ד״ה איבעיא להו כו׳: [יב] אבל אם אמר. שם ל״ה ב׳, כנזכר לעיל [ס״ק יא], ול״ו ב׳: [יג] [הגה] ואם אמר. כנזכר לעיל בסימן תקפ״ו [סעיף ה וס״ק יז]: [יד] [סעיף ח] וכן התוקע כו׳. עיין מה שכתוב בסימן ס׳ סעיף ד׳ [וס״ק ח]: [טו] [סעיף ט] מהלך. ירושלמי [ראש השנה פ״ג הלכה ז] לא שנו אלא בעובר, אבל בעומד חזקה כיון, והביאו הר״ן [שם ז, א ד״ה ירושלמי]. וזהו שכתב מהלך בדרך או כו׳:

הגהות רעק״א

תקצ א) (מג״א ס״ק א) והוי השני הפסק עיין סעיף ח׳. לפי זה יש לומר דלהשומע סגי בתשר״ת לפי מה דכתבנו בסימן (תקפ״ה) [תקפח] בגליון לקיים דברי הלבוש. אולם המעיין בלבוש שם יראה מה דמקיל בשומע, היינו רק במה ששייך לאותו סדר, כגון ב׳ תרועות או ב׳ שברים, אבל מה שאינו מאותו סדר הוי הפסק, אם כן בתשר״ת אם שברים לחוד או תרועה לחוד הוי תרועה, ממילא הוי איפך שלא מאותו סדר והוי הפסק אף להשומע:

לבושי שרד

(ו) שו״ע סעיף ז מותר לתקוע לו. דמצות לאו ליהנות ניתנו, ואין תקיעת מצוה בכלל איסור הנאה שאסר על עצמו, מה שאין כן כשאסר תקיעותיו אסור אפילו בזה שאינו הנאה, וכמבואר כך בסימן תקפ״ו [סעיף ה] לענין מודר הנאה משופר: (ז) שם והוציאני אסור. דכיון דבשליחותו עביד, יש לו הנאה במאי דעביד שליחותיה:

תקצ (א) ט״ז סק״א בגמרא מספקא ליה לרבי אבהו כך וקשה מהי תיתי לומר כן דהא במתניתין תנן שיעור תרועה כג׳ יבבות ובברייתא אמרינן כג׳ שברים דהיינו גניחות שהם ארוכים מיבבות ורמינן להו אהדדי, כצ״ל: (ג*) שם ומתניתין תנא שיעור הילל וברייתא תנא שיעור הגנח, כצ״ל: (ג) שם קשר״ק יאריך יותר. כמבואר בסעיף ג׳. ואף על גב דמבואר שם דאם מאריך הרבה אין לחוש, מכל מקום עשו היכרא, כדי שמתוך כך יבינו עיקר הדין דיש לכל אחד שיעור בפני עצמו:

משבצות זהב

(ג) המתעסק. עיין ט"ז. עיין סימן ס' [סעיף ד], ושם [פתיחה להלכות ברכת השחר ד"ה עוד ראיתי להזכיר] כתבנו די"ל לחומרא, לא לקולא, ואין דבר ברור, וצ"ע בברכה אחר כך. ועיין מ"א שם אות ג' בדרבנן מצות אין צריכות כונה. ומיהו יום טוב שני כיום טוב ראשון דמי, שלא לזלזל. והוא הדין מצה ולולב דכותיה, ועיין סימן תע"ה [סעיף ד] לענין מצה אנסוהו עכו"ם, יע"ש ובב"י שם [עמוד תקיג ד"ה כתב הרמב"ם]: **מה שכתב** המחבר [סעיף ז] המודר הנאה מחבירו, בסימן תקפ"ו [סעיף ה] מיירי משופר, יע"ש. ועיין פרי חדש [אות ז] אם אמר לחבירו תקע והוציאני יצא דיעבד, אף על פי שעבר על בל יחל, יע"ש. ואף למאן דאמר [תמורה ד, ב] כל מלתא דאמר רחמנא לא תעביד אי עביד לא מהני, י"ל היכא שלא יצויר, הא כהאי גוונא שבדה האיסור מעצמו, כמו דאיתא בחו"מ [סימן] ר"ח וכדומה לזה, ועוד הא ישנו בשאלה, וכמו השוחט בשבת שחיטתו כשירה [חולין יד, א], דומה קצת לזה, ואין להאריך:

תקצ **(א) או.** עיין ט"ז. ראש השנה ל"ג ב' (טעות סופר בדפוס, וצ"ל מתניתין יבבות ובריתא שברים, גנח ארוכה יותר מיליל). ועיין ב"ח [עמוד שסג ד"ה ומ"ש] הקשה כן. ותירץ לרבינו האי ניחא, ולהר"מ ז"ל [שופר ג, ב] דספק גמור מן התורה קשה, יע"ש. ועיין פני יהושע [ראש השנה לד, א ד"ה שם אתקין] תירץ, למאן דאמר [בגמרא שם] דיליף ממדבר [במדבר י, ט], התם במלחמה יש לומר תרווייהו גנח ויליל, יע"ש. והט"ז תירץ כו'. ועיין תוספות ראש השנה ל"ג ב' ד"ה שיעור, ובשאר מפרשים, הא די ג' פעמים תשר"ת ואחר כך פעם אחת ש"ת וב' פעמים תש"ת ופעם אחת ר"ת וב' פעמים תר"ת, ותקיעה אחרונה של תשר"ת תעלה לש"ת א' ותקיעה אחרונה של תש"ת תעלה לר"ת א'. ותירץ הט"ז ז"ל כי בסעיף ג' שתקיעה תשר"ת יותר ארוכה מתש"ת, ותקיעה תש"ת יותר ארוכה מתר"ת, אף על פי דאם מאריך הרבה בכולהו אין לחוש, מכל מקום עשו היכרא שלא לקצר בתשר"ת וכן בתש"ת מתר"ת, ומשום הכי פלגינהו לכל חד. ומשמעות המחבר כהר"מ ז"ל, ולשונו הוא בפרק (ב') [ג] מהלכות שופר [שם] דכולהו ספיקא דין תורה הוה, הלכך אף אם שמע תשר"ת ג' פעמים ותו לא, ולפניו שתי עיירות, באחת ישמע תר"ת תש"ת ובאחת תפלות, ילך לשופר, עיין סימן תקצ"ה. ומיהו צ"ע בזה, דיש לומר דהוה ספק ספיקא, שמא יצא בתשר"ת דזהו כוונת התורה, ושמא הפסקה בקול אחר לאו הפסקה, ובסעיף ח' מחמת ספק חוזר. ואם כן ודאי דרבנן וספק ספיקא תורה לקולא, יש לומר ודאי דרבנן עדיף, ואי"ה לקמן בסעיף ח' וסימן תקצ"ה [משבצות זהב ואשל אברהם אות א] יבואר עוד *.

אשל אברהם

ה מהלך. עיין מ"א. מצות צריך כוונה. ובספק אם אינו יודע אם כוון או לאו, בשל תורה לחומרא. ואף על גב דמשמע בכמה דוכתי דספק הוא אם מצות צריכות כוונה ולחומרא, לא הוה ספק ספיקא בזה, עיין מה שכתוב בסימן ס' [סעיף ד] [יג] בזה. ועיין סימן תקפ"ו בט"ז [משבצות זהב אות א] ומ"א [אשל אברהם אות א] לפי ריחוק המקום, י"ל דאף בבית הכנסת שייך קול שופר או קול הברה:

תקצ **א תרועה.** עיין מ"א. ראש השנה ל"ד א'. ועיין סעיף ח' דהוה הפסק. ועיין סימן תקל"ב [סעיף א] בסדרים, ואי"ה שם [משבצות זהב אות א] יבואר עוד. ועיין ט"ז [אות] א' אי הוה ספק תורה ממש או כרב האי, יע"ש:

מחצית השקל

ולא דמי לציצית שב' מצות הן כו'. וכתב בספר חמד משה [ס"ק בן] וז"ל, צריך עיון מאי שנא מהא דכתב מ"א סימן תרל"ט ס"ק (י"ג) [יז] לענין סוכה דההליכה לבית הכנסת הוי הפסק, והלא גם בסוכה מצוה אחת היא, עכ"ל. ולא ידעתי מאי קשיא ליה, דמאי הפרש יש בין ציצית לסוכה, דהא גם בציצית מה שכתב שתי מצות הן, הכוונה דאין ללבישה שניה שייכות ללבישה ראשונה, וא"כ אחר לבישה ראשונה נגמרה המצוה. מה שאין כן כאן בתקיעות דכל התקיעות ואפילו דמעומד יש להן שייכות לתקיעות מיושב, כי לפי תקנת חכמים צריך לתקוע בין דמיושב ובין דמעומד, וא"כ לא נגמרה המצוה עד ששמע כל התקיעות. וא"כ סוכה דומה ממש לציצית, דכשהלך לחוץ לסוכה כבר נגמרה מצות ישיבת סוכה הראשונה. **דע,** דמה שכתב בשו"ע סעיף ז' המודר כו' מותר כו' משום דמצות לאו ליהנות ניתנו מכל מקום אם אמר לו כו' אסור, דזהו מיקרי הנאה שעושה שליחותו. ואם אמר קונם תקיעתו כו' אסור, משום דנדרים חלין על דבר מצוה:

תקצ (ס"ק א) **תרועה כו'. ולא די כו'.** ולהאי ספקא לא חיישינן למיעבד גם תחלה תרועה ואחר כך שברים, דהא ספיקא נפק מדמתרגם על תרועה יבבא, והוא לשון יליל, אך אין אנו יודעים באיזה ענין, כמו שכתב בשו"ע. וגם זה בכלל ספק, דלמא תרתי בעינן. לכן בעינן לתקוע גם שברים תרועה, דלפעמים כי אתרע לאינש צער, לכתחלה גונח גניחות ארוכות דומיא דשברים, ואחר זה גניחות קצרות דומיא דתרועה, לכך בעינן תרתי. אבל איפכא לא עביד אינש לגנוח תחלה גניחות קצרות ואחר כך ארוכות, לכן לא בעינן למיעבד גם תרש"ת, דהיינו תחלה תרועה ואחר כך שברים. כן הוא בגמרא [ראש השנה לד, א]:

עטרת זקנים

תקצ א] לפיכך כדי לצאת כו'. ואם תאמר למה לי תשר"ת ג' פעמים כו', והלא בתשר"ת ג' פעמים ואחר כך ש"ת תש"ת תש"ת ר"ת תר"ת תר"ת סגי. כבר תירץ הר"ן [ראש השנה י, ב ד"ה הדר] בשם תוספות [ג] משום דלמא אתי למטעי, שאם אתה אומר שבתש"ת ראשון לא יחזור ויתקע, יטעו לומר שאין צריך לעשות אלא ש"ת:

חכמת שלמה

דימה לזה במה דאמרינן במנחות [כב, ב] לענין מין במינו, דאפשר להיות כמוהו נחשב מין במינו, ע"ש, כן י"ל בזה. ולכך בשופר דהזכרים חייבין ואי אפשר לפטור ממני, והוי חובת גברא ממש, לכך נחשבו נשים עם בפני עצמן והוי שלא בזמנו ולא שייך בל תוסיף, לכך מותרין לברך, אבל בציצית דהוי חובת מנא ולא חובת גברא, בזה כיון דגם על הזכרים אין חייב ממש ובידו לפטור אם לא ילבוש ד' כנפות, לכך לא נחשבו עם בפני עצמן, ונחשב זמנו גם לנשים כיון דהוי זמני לאנשים, לכך לא בעי כוונה לעבור, לכך כתב הטור שטוב שלא תברך, כן נראה לפענ"ד נכון בסברא והכרעה לדינא בזה. ועיין מה שכתבתי ראיה להטור בחידושי לאו"ח משנת תקל"י בסימן תרכ"ז, ע"ש ודוק. ועיין מה שכתבתי ראיה לדין זה דהרמ"א כאן בחיבורי לאו"ח משנת תד"ר בתשובה לק"ק קראקא בהלכות סוכה סימן תרל"א, ע"ש ודוק. ועיין במג"א כאן

ס"ק (ה') [ד] מה שכתב בשם הרדב"ז במי שבא לבית הכנסת וכו', ועיין בזה בחיבורי על הלכות נדה סימן תקל"ח בתשובה למדינת אונגארין שם דף ק"ע מה שכתבתי להקשות עליו מן הש"ס, ע"ש ודוק:

(סעיף ח) **המתעסק בתקיעת שופר להתלמד לא יצא ידי חובתו וכו'.** נ"ב, הנה הר"ן כתב בסוף ראש השנה [יא, ב ד"ה ותמהני] במשנה דהשומע מן המתעסק לא יצא, דאף למאן דאמר מצות אין צריכות כוונה הכא גרע, כיון דמכוין לחנך התינוקות הוי בת מינה ומחריב בה [זבחים ג, א], ע"ש. וקשה לי טובא מן הש"ס שם [ראש השנה לג, ב] דפריך השומע מן המתעסק לא יצא הא מן המשמיע לעצמו יצא לימא תיהוי תיובתא דרבי זירא דאמר לשמעיה אכוון ותקע לי, ומשני אידי. וקשה לי מה פריך לפי דעת הר"ן הנ"ל, הרי י"ל דאדרבא רבותא קא משמע לן דלעולם מצות אין צריכות כוונה ואם שמע מהתוקע שלא לשם מצוה כלל ודאי יצא ולא בעי שיכוין הלה להוציאו, רק רבי זירא מיירי דשמעיה כוון להוציא לעצמו, לכך כיון דבת מינה הוא מחריב בה, לכך צריך לכוין גם להוציא את רבי זירא, ולכך המשנה רבותא קא משמע לן דלא [מיבעיא] מן המשמיע לעצמו דהוי לשם מצוה ממש פשיטא דנחשב בת מינה ממש ומחריב בה ולא יצא, רק גם אם הוי כמתעסק או הוי סלקא דעתך כיון דאינו רק לחנך והשומע מכוין לשם מצוה ממש לא נקרא זה בת מינה ולא מחריב בה, לכך קא משמע לן דגם זה הוה בת מינה ומחריב בה ובעי כוונה, וזו קושיא גדולה לדעת הר"ן לפענ"ד, וצ"ע ודו"ק. גם קשה לי מאי פריך, הרי י"ל כמו דקיימא לן [בבא מציעא י, א] בתופס לבעל חוב במקום שחב לאחרים לא קנה ומגביה מציאה לחבירו קנה מכח מיגו דזכה לנפשיה וכו', נימא נמי בזה היכא דלא יצא עדיין התוקע לא בעי כוונה להוציא השומע מכח מגו דזכה לנפשיה, אבל אם כבר יצא התוקע אז בעינן כוונה, ורבי זירא מיירי שכבר יצא התוקע. אף שדוחק לומר כן דשמעיה יהיה יוצא קודם רבי זירא, על כל פנים נימא דרבי זירא סבירא ליה דלכתחלה בעי בכל ענין כוונה, והמשנה מיירי בדיעבד, וצ"ע ודו"ק:

והנה מה דמבואר בשו"ע המתעסק בתקיעת שופר להתלמד לא יצא ידי חובתו, הנה לכאורה אין הלשון של השו"ע מדוקדק, שנקט שלא כסדר. [ויתיישב] על פי מה שכתב הר"ן במסכת ראש השנה בב' מקומות [יא, א ד"ה ודאמרי; יא, ב ד"ה ותמהני] דאף למאן דאמר תקע לשיר יצא דמצות אין צריכות כוונה מודה דמתעסק לא יצא, דזה גרע במה שמכוין לשם מצוה לחנך התינוקות, כמו שכתוב במסכת זבחים [ג, א] דבת מינה מחריב בה דלאו בת מינה לא מחריב בה, ע"ש. ולפי זה אתי שפיר השו"ע, תחלה כתב דתוקע כדי להתלמד לא מהני, ואחר כך כתב בתוקע לשיר דלא יצא, זהו דרך לא זו אף זו, דלא מבעיא כוון להתלמד דהוי בת מינה דלא יצא, רק אף בתוקע לשיר דלאו בת מינה לא יצא. אך מה שכתב אחר כך בנתכוין שומע ולא נתכוין משמיע להוציא השומע שלא יצא, זה הוי זו ואין צריך לומר זו, דמה אם כוון רק לחנך התינוקות דהוי בת מינה ומחריב בה, מכל שכן אם כוון לצאת ממש ידי חובתו לשם מצוה דהוי בת מינה ומחריב בה כיון דלא כיון להוציא השומע, והוי קל וחומר דלא יצא, דמה המתעסק לא יצא כל שכן בזה. וכן הוי קל וחומר מתוקע לשיר, מה תוקע לשיר דלא הוי בת מינה ומחריב בה, מכל שכן בתוקע לשם מצוה ואין מכוין להוציא השומע דלא יצא, והוי זו ואין צריך לומר זו. אך הן אמת דקשה לי על הר"ן מן הש"ס דראש השנה דף ל"ג [ע"ב], דפריך שם בשומע מן המתעסק דלא יצא, הא שומע מן (השומע) [המשמיע] לעצמו יצא, (והא תניא) [לימא תהוי תיובתיה] וכו'. וקשה לפי דברי הר"ן מה פריך, נימא דאדרבא רבותא קא משמע לן דאף שומע מן המתעסק דלא כוון למצוה גמורה רק לחנך התינוקות והוי רק דרבנן מכל מקום בת מינה ומהני דלא יצא מן התורה, אף דמן התורה ליכא מצוה כלל ולא הוי מינו מן התורה מכל מקום לא יצא מן התורה וחייב לחזור ולתקוע מן התורה, ונפקא מינה לכמה דברים בין אם חייב מן התורה בין אם חייב מדרבנן, מכל שכן בנתכוין לצאת (מעצמו) [בעצמו] ולא כוון להוציא השומע דבזה הוי מינו ממש, והוי מצוה מן התורה בת מינה ומחריב בה, ובעינן כוונה לכולי עלמא, ואם לא כוון להוציא השומע לא מהני, והוי זו ואין צריך לומר זו, ומה פריך. והנה בזה הוי אתי שפיר לשון השו"ע, דמן הש"ס הנ"ל הוכיח דהמתעסק גרע מנתכוין לעצמו, ולכך כתב שפיר דרך לא זו אף זו, אך אע"פ כן על הר"ן קשה שפיר דמנא ליה (על הש"ס) [להש"ס] להקשות, דהרי יש סברא לומר דנתכוין לעצמו גרע ממתעסק לפי סברת הר"ן הנ"ל, ומה פריך, וצ"ע. והנה עיינתי בלשון רש"י שכתב [שם] בד"ה מתעסק הוא דלא וכו', אבל תוקע לשיר שמתכוין לתקיעה בעלמא יצא, עכ"ל. והוא תמוה, דהרי הש"ס רוצה להוכיח רק דאם תוקע לשם מצוה רק שאינו מכוין להוציא השומע יצא, ועל זה פריך מרבי זירא, ולמה ליה להזכיר כאן תוקע לשיר [יד]. ואין לומר דרש"י מפרש דמה שכתוב בש"ס אבל השומע מן המשמיע לעצמו היינו בתוקע לשיר, שמשמיע לעצמו כלומר לדעתו, ולא מכח חובת היום שמוטל עליו רק לדעתו, זה אינו, דרש"י כתב אחר כך בד"ה תנא סיפא נמי מתעסק וז"ל, ולעולם השומע מן המשמיע לעצמו שלא נתכוין להוציא את השומעין לא יצא, עכ"ל, אם כן משמע שגם הוא מפרש המשמיע לעצמו הוי רק שלא כוון להוציא את השומעין, אבל לעצמו כוון לצאת, וכמו שמוכח מלשון רבי זירא, ולמה תחלה פירש כוונה לשיר. ועוד קשה, דלפי דרכו דמוכח מכאן דלשיר נמי יצא הוי ליה להקשות מזה למאן דאמר מצות צריכות כוונה, ולמה פריך לרבי זירא דוקא, רק הוה ליה למימר שמע מינה מצות אין צריכות כוונה, כמו שכתוב בברכות [יג, א] ובכמה דוכתי שמע מינה מצות צריכות כוונה, הוה ליה למימר כאן להיפוך שמע מינה מצות אין צריכות כוונה, ולמה מזכיר דברי רבי זירא, ובעל כרחך מוכח כפירוש הר"ן דתוקע לשיר גרע ממתעסק, לכן פריך רק לרבי זירא, וצ"ע ודו"ק:

(סעיף ט) **לפיכך מי שהיה מהלך בדרך או יושב בתוך ביתו ושמע תקיעות משליח צבור יצא וכו'.** נ"ב, עיין במג"א [ס"ק ה] שהביא מה שכתב הר"ן בשם הירושלמי וז"ל, במה דברים אמורים בעובר, אבל בעומד חזקה כיון, עכ"ל. והמג"א תמה דהרי הוא ידע אם כיון או לא, ע"ש שנדחק בזה. ולפענ"ד נראה דנפקא מינה טובה, לפי מה דאיתא לעיל בשו"ע סימן ר"ט סעיף (ח') [ב] בהג"ה שאם היו אחרים שותין יין וכו' ובירך בורא [illegible]

מבהמה (ג) [א] ה טמאה פסול (ר"ן פ"ד דר"ה): **ב** (ד) [ב] (ט) ו הגוזל שופר ותקע בו יצא אפי' לא נתייאשו הבעלים ממנו: **ג** ז תקע בשופר (י) של עבודת כוכבים של ישראל לא יצא (יא) שאינה בטלה עולמית וכתותי מיכתת שעוריה (יב) ח אבל בשל עבודת כוכבים של עובד כוכבים וכן במשמשי עבודת כוכבים של עובד כוכבי' (יג) לא יתקע ואם תקע בו (יד) °) יצא (טו) * ט והוא שלא נתכוין (ה) [ג] לזכות בו אבל אם נתכוין לזכות בו לא יצא (טז) דהוה ליה עבודת כוכבים של ישראל

ה (הקשה שאלי הרב ר' מרדכי קראשניק פקק"ק ז"ל מהא דתנן במדה פ"ו כל שיש לו קרנים יש לו טלפים ומשמע שם דכ"ע היא וכמ"ש התוספ' בשם ר"ת בחולין ד' נ"ט וא"כ אינה בהמה טמאה ונראה לענ"ד דאיירי שילדתו בהמה טמאה והיוצא מן הטמא טמא כדתנן בפרק קמא דבכורות ו הרא"ש מהירוש' ז ברייתא חולין פ"ע וכמו שפירשו התוס' והרא"ש שם ח מימרא דרב יהודה ר"ה כ"ח וכמו שפירשו התוספות והרא"ש שם °(דמלות לאו ליהנות ניתנו) ט שם בתוספות והרא"ש וש"פ

באר היטב

(ג) טמאה. מה שקשה ר"מ רנק"ש דבהמה טמאה אין לה קרנים ע' אחרונים ובשו"ת חות יאיר סי' כ' ובי"ד סי' [פ'] ובפר"ח שם סי' פ' ס"ק ד' וע' ביד אהרן באורך: (ד) הגוזל. ומ"מ לא יברך עליו. ומותר ליקח שופר חבירו בלא דעתו ולברך עליו מ"א ע"ש. ואם נסדק בתקיעה פטור. הלק"ט ח"א סי' ע"ט: (ה) לזכות. דהיינו שלקחו מן העובד כוכבים

שערי תשובה

שליח לתקוע לו או לא רק כשמכוין להוציאו וכמו ש"ך דדעתי' אכ"ע ואף שלא נעשה שלוחם לתקוע מ"מ כיון שהוא מכוין להוציא והם מתכוונים לצאת וא"כ מה איכפת לן במה שהתנו עמו שלא להוציא אלו ולא שייך בזה ביטול שליחות כלל דלאו מתורת שליחות אתינן עלה וקלרתי וע"ש שכתב שאם המבררים כדין עשו (ר"ל שהענין היה ע"ד שכתב לעיל שיכולים לעכב) אלו שהתנו שלא כדין התנו אם עדיין רוצים ליתן לסיוע לפי יכולתם ושכר הראוי בשנת שלום שא"ל לפזר כ"כ. משא"כ אם המבררים שלא כדין ע"ש (ר"ל ע"ד שכתב לעיל שהרוב מב"כ כו' ומדברי הבני יהודה נראה שהדין מ"ש אם המבררים כו' היינו דספוקי מספקא ליה ויש פנים לכאן ולכאן וליתא) וא"ל שהעניים יכולים לכוף הב"ב על מדת סדום שזה נהנה וזה לא חסר ואין רשאים להתנות יש לחלק וגם כי מפני תיקון העולם אין לעשות כן דאל"כ יפרשו כמה וכמה מן הצבור בשכירות החזן וכדומה ויסמכו שיראי ה' יהיו שוכרים והם יצאו בזה עיי"ש:

[א] טמאה. ועיין בשו"ת חות יאיר סי' כ' שכתב בענין זה ליישב דברי ההג"ה שהוא מדברי הר"ן ע"ש ועיין בפר"ח כאן וביו"ד סי' פ' ובבר"י מ"ש בזה ועיין בשאילת יעבץ ח"א סי' נ"ן דקרני הבופלו הם פסולים לשופר דבופלו שאנו קורין הוא שור הבר דקיי"ל שהוא בהמה עיין ביו"ד סי' פ' וא"כ פשיטא דפסול ע"ש שתמה על המג"א ושכנה"ג: [ב] הגוזל. עבה"ט ובר"י כתב בשם ר"י מלכו בתשובה כת"י דאם תקע שלא ברשות ונסדק חייב לשלם דהוי שואל שלא מדעת ויצא י"ח דקי"ל גזל שופר ותקע יצא ואם לקחו ברשות פטור דה"ל מתה מחמת מלאכה והתקיעה עצמה שנסדק אם מיד שתק יצא ואם סיים התקיעה באותו שופר לפום גמרא דידן יצא ולפום הירושלמי לא יצא דתחלתה בעי סופה ע"ש: [ג] לזכות. עבה"ט ועיין בנ"ב מ"ת סי' קי"א באם מכר ע"ג וקנה שופר בדמים אין תוקעין בו ואם בשעה שמכר משך הקונה תחלה

משנה ברורה

בשופר הראשון (טז) ולכו"ע שופר של נבלה וטריפה כשר לתקוע בו: **ב** (ט) הגוזל שופר וכו'. ואינו דומה ללולב ומצה וציצית הגזולים לפי שמצות השופר אינו אלא השמיעה לבד (יז) ואין בשמיעת קול דיני גזל שהרי בשמיעתו אינו נוגע בשופר כלל ולפיכך אע"פ שתקע בו באיסור גזל כיון שבעיקר המצוה דהיינו השמיעה אין בה איסור גזל יצא י"ח וכ"ז בשתקע (יח) אבל לכתחלה אסור לתקוע בו בע"כ של בעל השופר ואפילו נתייאשו הבעלים ממנו ומכש"כ (יט)° דאין לברך עליו משום בוצע ברך וגו'. ועיין לעיל סימן י"א ס"ו בבה"ל דאפילו היה יאוש ושינוי רשות או שינוי מעשה ג"כ אין כדאי לברך. וכתבו האחרונים דמותר ליטול שופר של חבירו בלא ידיעתו (כ)° ולתקוע בו דניחא ליה לאינש למיעבד מצוה בממונו ובודאי היה מתרצה ורשאי לתקוע בו (כא) כל המאה קולות אע"פ שאינו מדינא כיון שנהגו כן בודאי לא ימחה בזה: **ג** (י) של עבו"ם של ישראל. כגון (כב) שעבד לשופר. וה"ה (כג) כששימש בו לפני הע"ז שלו שתקע לפניה: (יא) שאינה בטלה. ר"ל דכיון דא"א בשום פעם שתהא ניתרת וע"כ לאיבוד קאי לשרפה או להוליכה ליס המלח הרי הוא כמי שאינו (כד) ולא עדיף משופר כשר ורק שאין בו שיעור גדלו שהוא פסול וכ"ש הכא: (יב) אבל וכו' של עבו"ם. כגון (כה)° שמצא שופר ע"ז של נכרי או ששאל אותה ממנו: (יג) לא יתקע. משום דמאיס. ואפילו בנתבטל ג"כ אסור לכתחלה (כו) לכמה פוסקים: (יד) יצא. אפילו (כז) קודם שנתבטל והטעם דכיון שאפשר לבטלו כדין ע"ז של נכרי שנכרי מצי מבטל לי' לא שייך ביה לומר הרי היא כמי שאינה דאפשר לא תבא כלל לידי שריפה ואי משום שנהנה מאיסורי הנאה (כח) ג"כ לא אסור דקיום מצוה לא מיקרי הנאת הגוף אלא הוא גזירת מלך. ופשוט דאם אין לו שופר אחר תוקע בו לכתחלה כדי שלא לבטל המ"ע: (טו) והוא שלא נתכוין לזכות בו. בשעה שמצאו והגביהו מן הקרקע אלא הגביהו רק כדי לתקוע בו ועיין בה"ל: (טז) דהו"ל עבו"ם של ישראל. ואע"ג דישראל לא עבדה מ"מ אין לה בטול כיון דעכשיו היא של ישראל (כט) ויש שכתבו דלא קאי רק אעבודה זרה של עכו"ס אבל לא אמשמשי ע"ז דבמשמשי ע"ז של עכו"ס אפילו באו ליד ישראל לא מחמרינן בהו כולי האי ויש להם

ביאור הלכה

* והוא שלא נתכוין לזכות. עיין מ"ב שפירשנו דקאי אמציאה וכה"ג כן הוא ביאור הענין לפי פשוטו וכמו שפירש הב"ח וכן בריטב"א ובלשון רש"י בע"ז דף מ"ב בד"ה אלא עי"ש ועיין ב"ח שדעתו בזה דדוקא באין לע"ז בעלים אבל ביש לה בעלים ולא נתיאשו עדיין אפילו מתכוין לזכות לא מהני דבמה נפקע כח הבעלים הראשונים ולענ"ד דכונת הב"ח הוא רק להשיג על ב"י דלדידיה איירי הטור בריש דבריו ג"כ בענין שישראל גזל השופר מן הנכרי ולכן מקשה דא"כ אפילו מתכוין לזכות ג"כ לא מיקרי של ישראל אבל בענין אבידה אין שום נ"מ בין נתיאשו ללא נתיאשו דלגבי נכרי בזה שאבד נפקע כחו ולא בעינן בענין אבידה יאוש אלא גבי ישראל אבל גבי עובד כוכבים הלא אבידתו מותרת אלמא דנפקע כחו את"כ מצאתי במאמר מרדכי שגם הוא הסכים כן לדינא (אלא דהוא סבר דגם באבידה דעת הב"ח לחלק בין לפני יאוש לאחר יאוש וע"כ השיג עליו ובאמת אין

שער הציון

(טז) אחרונים: (יז) פוסקים: (יח) ב"ח ופר"ח: (יט) מג"א וא"ר וגה"ש ומטה יהודא וכן מלדד בחמד משה בסימן תרל"א ודלא כפר"ח. ומיהו אף לדידיה אם קנה שופר גזול לא יתקע בו אם יש לו אחר דאוי לו לזה שנעשה סניגורו קטיגורו כדמוכח בירושלמי ע"ש בדבריו: (כ) ועיין לעיל בסימן י"ד במ"ב סקי"ג לענין טלית וה"ה לענינינו דדוקא באותו מקום אבל להוציאו מביתו לביהכ"נ או איפכא אסור דאפשר שמקפיד עליו והוי גזל ועיין עוד שם מש"כ בשם הפמ"ג: (כא) מטה אפרים: (כב) ריטב"א ר"ה ד' כ"ח: (כג) ב"י יו"ד סי' קמ"ו: (כד) פוסקים: (כה) ב"ח ופר"ח וכ"כ בריטב"א דה"ה שאול ואף דע"י שאילה הוא חייב באחריות ע"כ דעי"ז אינו נחשב כשלו שלא יהא מהני ליה בטול או כמ"ש הדגמ"ר דכיון דאין לעכו"ס דין שומרים ממילא אינו חייב הישראל באחריות: (כו) והוא בעיא דלא איפשיטא לפירוש התוספות בע"ז דף מ"ז ד"ה מי מאיס וכן דעת ריטב"א ר"ה כ"ח בשיטת רש"י וכ"כ הר"ן בשם הראב"ד בע"ז איברא דהר"ן והרשב"א בסוכה (שהוא ג"כ להריטב"א כידוע) הכריעו לשיטת רש"י בביטל מותר לכתחלה וצ"ע. אך שיהיה יש להחמיר בזה משום דכן משמע דעת רמ"א לקמן בסי' תרמ"ט ס"ג ע"ש וכן משמע הכרעת מ"א בסק"ו ומטה יהודא עי"ש: (כז) רש"י ורוב הפוסקים: (כח) גמרא: (כט) עולת תמיד וגליון רש"א ביו"ד שם ועיין בחי' רע"א בענינינו:

י שם כ מימרא דרבא שם נר"ה ל הר"ן וש"פ ועיין בי"ד סימן רט"ו

(ויש מחמירין דאפילו בשל עובד כוכבים אינו יוצא (יז) * אלא בנתבטל (יח) בערב י"ט) (מרדכי) (וע"ל סי' תרמ"ט סעיף ג): ד ישופר (יט) של תקרובת עבודת כוכבים אפי' היה של עובד כוכבים שתקע בו לא יצא (כ) משום דאינה בטלה עולמית: ה (כא) כהמודר הנאה משופר (כב) אדם (ו) אחר תוקע בו וזה יוצא י"ח לאבל אם אמר (ז) (כג) קונם לתקיעתו עלי (כד) אסור

שערי תשובה

ואח"כ [נתן] המעות עיין ביו"ד סי' קמ"ד בט"ז וש"ך שם ועכ"פ היה מקום להקל

באר היטב

דרך גזילה ולא לזכות בו אלא כדי שיתקע בו עכשיו. ט"ז ועמ"א:

(ו) אחר. ובשעת הדחק מותר לתקוע בעצמו. ב"ח: (ז) קונם. זהו לשון נדר דאסר החפץ עליו והנדרים חלים ע"ד מצוה כדבר הרשות כמ"ש בי"ד סי' רט"ו ממילא אם אמר שלא אשמע קול שופר הוי לשון שבועה שאוסר נפשו על החפץ ואין שבועה חלה ע"ד מצוה.

ביאור הלכה

כונת הב"ח אלא לענין גזל אבל לענין אבידה גם הוא מודה וכמו שכתבנו) ועיין במ"א שהשיג על הב"ח בעיקר דינו ולדידיה אפילו בגזל מן העכו"ם נמי הוי ליה כעבודת כוכבים של נכרי הבא לידי ישראל ומטעם דאע"פ שאינו קונה קודם שנתייאשו הבעלים מ"מ הרי הוא חייב באחריות כדין כל גזלן ובשביל זה קמה ברשותו עיין בדבריו וכבר דיברו בזה הרבה אחרונים יש שמסכימים עמו ויש שחולקים עליו לענין גזל עיין בח"מ ובמטה יהודה ובמחה"ש ובבגדי ישע ושארי מפרשים. ודע דבשו"ע כתב והוא שלא נתכוין לזכות וכו' והוא לשון הטור ומשמע מזה דבסתמא אינו זוכה ואפשר לומר הטעם כיון דהוא ריעותא לדידיה שהרי לפ"ז אינו שוה לו כלום דאין לו ביטול מסתמא איסורא לא ניחא ליה דליקני אכן מלשון הרא"ש פרק ראוהו ב"ד ומלשון התוס' יבמות ק"ד והרה"מ פ"א מהלכות לולב בשם הרשב"א וכן הר"ן מבואר דדוקא במגביה ע"מ שלא לזכות ומוכח דבסתמא ניקנית ליה בהגבהתו וכ"כ במרדכי ר"ה להדיא דבסתמא קנה [ובדפוס מוקף תיבת בסתם ואינו מוכרח דמסוגית דבריו משמע דבסתמא קני] ול"ע ובמאמר מרדכי מצאתי שכתב דמדברי ר' מנוח מבואר דבסתמא אמרינן שלא נתכוין לזכות ע"ש ועיינתי בר' מנוח פ"א מה' שופר ומצאתי שדבריו סותרים זה את זה וכנראה ט"ס יש שם ואין ללמוד מדבריו כלל לדינא:

* אלא בנתבטל מעיו"ט. עיין מ"ב מה שכתבנו דאם לא נתבטל בשעה שקידש היום וכו' מקור דברי הוא מלשון רש"י בסוכה דף ל"ג ע"א ד"ה ולולב מסוכה לא יליף וכ"כ שם בעמוד ב' בד"ה ה"ג עי"ש אלא דבאמת קשה שהרי זמן מצות לולב מתחיל מעמוד השחר ואילך וא"כ אפילו נתבטל בלילה הוי כמו קודם הזמן ומצאתי לבעל ערוך לנר שעמד שם בזה ועי"ש

משנה ברורה

להם ביטול וכמו דפסק המחבר ביו"ד סימן קמ"ו ס"ב (ל) ויש שמחמירין גם בזה: (יז) אלא בנתבטל. הטעם כנ"ל דכיון שהוא אסור בהנאה הרי הוא כחסר מן שיעורו שהוא פסול ואע"ג שאפשר לבטלה מ"מ עדיין לא נתבטל ובאיסורו קאי: (יח) בעיו"ט. דאם לא נתבטל בשעה שקידש היום א"כ לא היה ראוי אז לתקוע בו (לפי שיטה זו שפסול לתקוע בו קודם ביטול) ונדחה אז וא"כ אפילו ביטלו העכו"ם אח"כ ביו"ט והותר מ"מ (לא) שמא יש דיחוי אצל מצות וכבר נפסל. ולענין דינא קי"ל כסברא הראשונה (לב) שהוא סברת רוב הפוסקים ואפילו בלא נתבטלה כלל (לג) יכול לתקוע בו אם אין לו אחר (לד) רק אם ימצא אח"כ שופר כשר צריך לתקוע בו מחדש לצאת ידי סברא זו (לה) ובלי ברכה: ד (יט) של תקרובת עכו"ם. פי' בהמה שהקריבוה לקרבן לפני ע"ז (לו) ועשאו מקרניה שופר: (כ) משום דאינה בטילה וכו'. וכתותי מיכתת שיעוריה וכנ"ל: ה (כא) המודר הנאה משופר. כגון שאמר קונם הנאת שופר עלי: (כב) אדם אחר וכו'. ר"ל אע"ג דאין יכול להפקיע עצמו ממצות שופר בשביל נדר זה דמצוה לאו ליהנות ניתנו (לח) ומ"מ כתבו האחרונים דבשעת הדחק שאין לו אחר מותר לו בעצמו לתקוע רק שאין לו לתקוע (לט) כ"א עשרה [ב] קולות דהיינו תשר"ת תש"ת תר"ת שהם מעיקר הדין: (כג) קונם לתקיעתו עלי. שלא הזכיר הנאה ור"ל שאמר (מ) קונם השופר לתקיעתו עלי וע"כ חייל כיון (מא) שפירש לאסור על עצמו השופר לתקוע בו כמו שאוסר ע"ע הצרור לזרוק בו אף שאין לו הנאה אבל אם אמר סתם (מב) קונם שופר עלי מותר לתקוע בו תקיעה של מצוה: (כד) אסור לתקוע וכו'. ואפילו (מג) פירש בנדרו תקיעה של מצוה והטעם דנדרים (מד) איסור חפצא הוא וחל אפילו על דבר מצוה (מה) ואפילו לשמוע תקיעת שופר מאחר ג"כ בכלל איסור זה. ודע דיש (מו) פוסקים שר"ל שאין חל הנדר אא"כ אסר השופר עליו כגון שאמר שופר עלי בקונם לתקוע בו אבל באסר עליו התקיעה כגון שאמר תקיעת שופר עלי בקונם אינו חל דהתקיעה אין בו ממש ונדרים אין חלין אדבר שאין בו ממש. אמנם (מז) כמה פוסקים סוברין שחל אף בזה כיון שעכ"פ הזכיר בנדרו חפצא סתמא דמילתא כונתו לאסור החפץ עליו. וכ"ז לענין איסור תורה (מח) אבל מדרבנן איכא איסורא בכל גווני אפילו בנדר שאין בו ממש כמבואר ביו"ד סימן ר"ג וע"כ אסור לתקוע בו קודם שיתיר הנדר. ומפורש בפוסקים דכ"ז בנדר אבל בשבועה אינו יכול להפקיע א"ע ממצות תקיעת שופר דמושבע ועומד מהר סיני לקיים מצות התורה אם לא שכלל

שער הציון

(ל) ב"ח וש"ך שם. ובאמת אין דברי הב"ח שם נראין בהבנת דברי הר"א ממי"ץ עיין בירא"ים סימן ק"ב שמבואר להדיא כב"י אלא דפסק השו"ע שם אינו לכו"ע בלא"ה שהרי הב"י גופא כתב דמדברי הראב"ד מוכח שלא כדברי הר"א ממיץ ובזה לדקו דבריו [ושלא כב"ח שהשיג עליו שם בזה] וכמבואר בהדיא ברשב"א סוכה ל"א ובר"ן שם בהבנת דברי הראב"ד ואף דגם הוא קשרי בביטל ע"ז גופיה הלא גם בזה חלקו עליו הר"ן והרשב"א שם ומטעם דלא אשכחן זה רק בשהיה ע"ז והמשמשים ברשותו משא"כ בשוכה כבר ישראל במשמשים אלא דנראה דהב"י סמך בזה להקל בכל גוונא אר"א ממיץ וסמ"ג וטור משום דהוא מילתא דרבנן דמן התורה לא מחמרינן בע"ז של ישראל אלא בשעבדה הישראל דוקא וע"כ יש להקל גם בענייננו: (לא) בעיא בע"ז דף מ"ז עי"ש ובתוס' סוכה דף ל"א בד"ה באשירה: (לב) רש"י רמב"ן ורשב"א וריטב"א והרא"ש והר"ן וכתב שכן גם דעת הרי"ף וכ"כ הרה"מ שהוא דעת רוב הפוסקים וגם הרמ"א שהגיה כן מ"מ בסימן תרמ"ט השמיט הגהתו ורמזה ברמז: (לג) ואפשר דצריך גם לברך עליו: (לד) מ"מ אין לו להביאו מחוץ לתחום או לעבור על שבות אחר בשביל זה כההיא דסעיף כ"א כ"כ המטה אפרים: (לה) מטה אפרים: (לו) רמב"ן רשב"א וריטב"א ביבמות דף ק"ב ובריטב"א ר"ה כ"ז[א] עי"ש אבל בהקריב השופר לע"ז אינו נאסר דדוקא בכעין ד' עבודות שבפנים נאסר אם לא שהיה דרך עבודתה בכך עי"ש בדבריהם: (לז) כל בו וש"פ שהעתיקוהו: (לח) ב"ח ומג"א ובמאמ"ר וש"א העירו שע"כ עיקר סברא זו אינה אלא חששא בעלמא שהרי בשופר של ע"ג תוקעין בו לכתחלה אי לאו סברא דמאיסא ומטעמא דלאו ליהנות ניתנו המצות ולא חיישינן שמא יהנה גופיה בתקיעה וע"כ דאינו אלא לכתחלה היכי דאיכא אחר ובספר כפת תמרים כתב דהכל לפי האדם אם מרגיש שבטבעו אינו נהנה מתקיעתו מותר לתקוע בו לכתחלה: (לט) מטה אפרים: (מ) ר"ן והמחבר קיצר הלשון ואי לא הזכיר שם שופר הלא הוא דבר שאין בו ממש ואין איסורו אלא מדרבנן וכ"כ בבית מאיר ומסתברא דאם אין לו אחר יתקע בו: (מא) הגר"א: (מב) כ"מ מהגר"א וכן הכיא הא"ר בשם רי"ו: (מג) אחרונים: (מד) פוסקים: (מה) כ"מ מהשו"ע וכ"כ במאמ"ר: (מו) הר"ן: (מז) תוספות ומסקנת הא"ז בהלכות ר"ה וכל בו בשם הרמ"ה ורי"ו: (מח) ביאור הגר"א:

הגהות ותיקונים: א) כח: ב) אולי צ"ל ל' קולות - שונה הלכות.

לתקוע בו אפי' תקיעה של מצוה: ו מהיה קולו עב מאד או (כה) דק מאד כשר שכל הקולות כשרים בשופר: ז (כו) אם ניקב נאם לא סתמו (כז) * אף על פי שנשתנה קולו כשר (כח) (מיהו אם יש שופר אחר אין לתקוע בזה כי י"א * שאין לתקוע בשופר (ח) [ד] נקוב) (כל בו ותשובת הרא"ש) (כט) סואם סתמו שלא במינו אע"פ שאינו מעכב את התקיעה לאחר סתימה שחזר קולו

מ בברייתא שם כ"ז נ ירושלמי כתבוהו התוס' והרא"ש שם ס משנה שם וכר' נתן בברייתא שם וכלישנא קמא דר' יוחנן טור בשם הגאונים ורמב"ם בפ"א

באר היטב

עט"ז: (ח) נקוב. אפילו נשתייר בו שיעור תקיעה משום שקולו פגום. כל בו מ"א. וע' ט"ז ופשוט דנסדק אינו בכלל זה ודינו

שערי תשובה

מה דהוי חליפי חליפין ע"ש: [ד] נקוב. ועיין בשו"ת מהר"י הלוי פלפול ארוך בדברי הרא"ש במעכב התקיעה קודם שסתמו וחזר לכמות שהיה ועיין ביד אפרים מ"ש מזה ע"ש:

משנה ברורה

שכלל בשבועתו לאסור עצמו בשמיעת כל תקיעה דמשמע אפילו בתקיעה של רשות ובזה חל שבועתו בכולל לאסור גם בשל מצוה וישתדל להתיר שבועתו. ואפילו גבי נדרים (מט) אם אסר עצמו לשמוע שופר מפלוני אינו נפקע בזה ממצות תקיעת שופר וצריך לבקש איש אחר לשמוע ממנו שופר ואם לא ימצא אחר (נ) אסור לשמוע מאיש זה (נא) אפילו אסר עצמו בשבועה שאינו כנשבע לבטל את המצוה שבשעה שיצא שבועה מפיו לא היתה לבטל שהרי אינו מצווה לשמוע מאיש זה דוקא: ו (כה) דק מאד. וה"ה אם היה (נב) צרוד ויבש: ז (כו) אם ניקב וכו'. אקדים לזה הסעיף הקדמה קצרה והוא. איתא בגמרא ת"ר ניקב וסתמו בין במינו ובין שלא במינו פסול ר' נתן אומר במינו כשר שלא במינו פסול. וכתבו הפוסקים דקי"ל כר"נ ואמרינן שם דהא דמכשר ר"נ במינו היינו דוקא כשנשתייר רובו שלא ניקב והנה בביאור הסוגיא יש דיעות בין הראשונים הרמב"ם וסייעתו מפרשים דר"נ קאי דאין מעכב התקיעה דהיינו אחר סתימה חזר קולו לכמות שהיה תחלה קודם שניקב ואפ"ה אין כשר אלא במינו נמצא בעינן תלתא למעליותא אינו מעכב התקיעה ובמינו ונשתייר רובו אבל אם חסר אחד מאלו פסול זו היא הדעה ראשונה שהובא כאן והרא"ש וסייעתו ס"ל דר"נ קאי רק אמעכב התקיעה ואפ"ה כשר במינו ובשאינו מעכב אפילו שלא במינו כשר אם נשתייר רובו וממילא לפי ביאור זה הוי לקולא דלא בעינן אלא תרתי דהיינו מינו ורובו ואפילו מעכב או רובו ואינו מעכב ואפילו אינו מינו וזהו שסיים המחבר לקמיה ואם הוא שעת הדחק וכו' היינו שאז יש לסמוך על הרא"ש וסייעתו: (כז) אע"פ שנשתנה קולו כשר. שכל הקולות כשרים בשופר וכנ"ל והיינו אפילו לכתחלה לדעת המחבר וכתבו הפוסקים דאפילו (נג) לא נשתייר בו שיעור תקיעה דהיינו טפח שלם בלי נקבים נמי כשר (נד) ומ"מ כתבו האחרונים דאם היה (נה) רובו של שופר (נו) נקוב אפילו נשתייר בו שיעור תקיעה שלם ג"כ פסול דרובו ככולו ועיין בבה"ל: (כח) מיהו וכו' כי י"א וכו'. ס"ל (נז) דשופר נקוב פסול כמו שופר שנסדק ויש לנו לחוש לדעה זו לכתחלה (נח) ואפילו נשתייר בו שיעור תקיעה למעלה לצד הפה שאין בו נקב כלל ומ"מ משמע (נט) דגם לסברא זו היינו דוקא היכי שהנקב מורגש בתקיעה שהקול נפגם על ידו ונשתנה קולו אבל היכי שקולו צלול אין נקב כזה חשוב ותוקעין בו לכו"ע: (כט) ואם סתמו וכו'. ר"ל דאע"ג דכשלא סתמו כשר לדעת המחבר כשסתמו גרע טפי (ס) דכשסתם בשאינו מינו א"כ אינו שומע קול שופר בלחוד רק קול

ביאור הלכה

שהאריך בזה איברא דגם מלשון הש"ס שם דקאמר איליא דאשחור מאתמול וכו' משמע ג"כ כרש"י ול"ע: * אע"פ שנשתנה קולו כשר. עיין במ"ב מש"כ דבעינן שישתייר עכ"פ רובו דאם רוב ארכו ניקב הו"ל ככולו הוא מדברי הב"ח והפר"ח ועי"ש עוד בב"ח שתמה על הטור שלא חילק בזה והביא שרבינו ירוחם כתב להדיא דדוקא בשנשתייר רוב (אבל אם לא נשתייר רובו פסול אם מעכב את התקיעה ע"ש ומשמע דאם אינו מעכב את התקיעה כשר אפילו לא נשתייר רובו ואולי דהוא אזיל לשיטתו דס"ל אפילו בנסתם הנקב אם אינו מעכב התקיעה כשר אפילו לא נשתייר רובו וגם אינו מינו) אכן באמת תמיה לי אם נקב אינו פוסל בשופר א"כ דהוא שלם דמי ומאי איכפת לן שרובו נקוב וגבי נסתם שאני דהתם אתינן מטעם דשופר וד"א מעורב בו או מטעם דהו"ל כשתי שופרות משו"ה בעינן שיהא עכ"פ רובא בלא ריעותא ולא משגחינן תו במיעוטא שיש בו ריעותא משא"כ הכא דאין זה ריעותא כלל ולכאורה יש להשיב דלפ"ז גם בנסתם די לנו שיהא רובו בלי סתימות אבל יכול להיות מלא נקבים ובלשון הפוסקים והמחבר מבואר דדוקא אם נשתייר רובו שלם ומשמע דבמנוקב פסול אפילו יהיו הנקבים פתוחות שלא נסתמו אבל באמת יש לדחות דהפוסקים מיירי בשהיה נקב אחד גדול ונסתם (עיין ברמב"ן ורא"ש) וע"ז אמרו דדוקא בשלא היה הנקב גדול כ"כ שלא ישאר רוב שופר שלם דאם היה הנקב למשל מחצה שופר ונסתם א"כ חצי שופר מעורב עם סתימה אבל אה"נ דאם היה הנקב מיעוט שופר ונסתם אפילו יש בשאר השופר נקבים ג"כ כשר דהנקבים אינם פוסלים ואפשר שגם רבינו ירוחם שהזכיר בענינינו שישתייר רובו ג"כ כונתו שהנקב לא יהיה גדול כ"כ שימשך עד חצי השופר דאם נמשך וכ"ש אם נמשך עד רובו א"כ הו"ל ככולו והרי השופר פתוח בכולו ואין שם שופר עליו ואם פסלינן בנסדק כ"ש בזה אבל מיש נקבים קטנים הרבה אפילו הנקבים על כל השופר מאי איכפת לן כיון שאין הנקבים פוסלין ובין נקב לנקב יש שופר א"כ אינו נסדק. אח"כ מצאתי ברא"ש סימן ו"ו שכתב ואשמועינן בברייתא וכו' משמע ג"כ דבניקב ע"פ רובו כשר אף שהוא מעכב את התקיעה וגם לא נשתייר בו שיעור שופר ובריטב"א מצאתי שכתב ואם לא סתמו כלל לדברי הירושלמי כשר ואפילו נפחת רובו ויש בו שיעור שופר שכל הקולות כשרין בשופר אבל לפי גמרא דילן יש להחמיר ולדון כשלא סתמו כלל לפסול אם מעכב התקיעה שלא אמרו בגמרא דילן שכל הקולות כשרין בשופר אלא כשהוא בעצמו שלא מחמת ריעותא עכ"ל ומשמע מיניה דבאין בו שיעור שופר גם לירושלמי יש להחמיר דלא כהרא"ש ועוד נשמע מיניה דבאינו מעכב התקיעה גם לגמרא דידן יש להקל אף שנפחת רובו אם נשאר בו שיעור תקיעה:

* שאין לתקוע בשופר נקוב. בב"י הביא זה בשם כל בו ותשובת הרא"ש ובאמת נמצא זה גם בפירוש המשנה להרמב"ם ז"ל ואם ניקב יש בו דינים והוא כי הוא צריך לסתום הנקב וכו' ומשמע בבירור שהוא מפרש המשנה כפירוש השני של הכל בו שהובא בב"י ע"ש וכן בריטב"א כתב שהבבלי חולק על הירושלמי בזה ולהבבלי אם לא סתמו כלל פסול אם מעכב התקיעה והנה ראיתי קצת פלא בדברי הפמ"ג בענינינו דבסק"ז במשב"ז מגלד דאפילו לדעת המחבר דמיקל בשופר נקוב מ"מ בעינן אפילו בשופר ארוך שיהיה עכ"פ רוב שופר שלם בלי נקבים וא"כ לפ"ז הרמ"א דמחמיר הוא אפילו באופן זה אין לתקוע בו לכתחלה ובסק"ט מגלד דאף לדעת רמ"א

שער הציון

(מט) אחרונים: (נ) מיירי שהזכיר בעת הנדר שם שופר כגון קונם שופר של פלוני לתקיעתו עלי דאל"ה הוא דבר שאין בו ממש: (נא) מט"א: (נב) גמרא: (נג) ב"י בשם רא"מ וכ"כ ש"א: (נד) ב"ח ופר"ח: (נה) ואפילו הוא שופר ארוך בעינן שיהא רובו שלם [כ"מ בפמ"ג]: (נו) והיינו דוקא בארכו אבל ברחבו אפילו אם ניקב רוב היקפו כיון שנשתייר ממקום ההוא ולמעלה שיעור תקיעה שלם כשר וכדלקמיה בס"ט לענין נסדק ואם ניקב רק מיעוט היקפו אפילו לא נשאר ממקום ההוא ולמעלה שיעור תקיעה ג"כ כשר [ב"ח ופר"ח]: (נז) כן מוכח בכל בו שיטת הדעה הזו: (נח) מ"א בשם הכל בו: (נט) כן משמע בכל בו שהפגם הוא משום שנשתנה קולו וכן מצאתי בריטב"א דדוקא במעכב התקיעה הא לא"ה שרי אף לתלמודא דידן ע"ש וכן משמע ממ"א בסק"ח ע"ש: (ס) עיין בב"י:

בו: **כג** (פט) ב יכול ליתן בתוכו מים או יין לצחצחו ג אבל מי רגלים אף בחול אסור (צ) מפני הכבוד:

ב משנה שם ד' ל"ג ג ברייתא שם דף ל"ג

תקפז דין התוקע לתוך הבור. ובו ג' סעיפים:

א א התוקע (א) בתוך (א) הבור (ב) * או בתוך המערה (ג) אותם העומדים בתוך הבור והמערה יצאו (ד) והעומדים בחוץ ב אם קול השופר שמעו (ה) יצאו (ו) * ואם קול הברה שמעו (ז) לא

א משנה ר"ה כ"ז וגמ' שם ב כפי' רש"י ורמב"ם בפ' ב'

באר היטב

(א) הבור. והיינו שהוא בבנין תחת הקרקע כגון מרתף. ונ"ל דאם רובו בנוי למעלה מן הקרקע אע"פ שמקצתו תוך הקרקע שרי.

משנה ברורה

א' בין ביום שני: **כג** (פט) יכול ליתן וכו'. אע"ג (קצא) דמתקנו בכך כיון דלא מינכרא מילתא דהוי עובדא דחול שהרי מדיחין כלים ביו"ט שרי: (צ) מפני הכבוד. פי' מפני כבודו של מקום (קצב) שלא יהיו מצות בזויות עליו ולכן אפילו אם התוקע מוחל ע"ז ג"כ אסור [אחרונים]:

א (א) בתוך הבור. הוא דינא דמשנה (א) וכתבו הראשונים שמשנה זו לצורך נשנה בשעת הגזירה שגזרו האומות שלא יקיימו ישראל את המצות ונתחבאו בבורות ובמערות לקיים: (ב) או בתוך המערה. וה"ה (ב) מרתף וכה"ג מקום שהוא תחת הקרקע שקול התקיעה מתערב עם קול הברה לעומדים בחוץ. ובבנין שרובו על הקרקע ומקצתו בתוך הקרקע שרי דע"י שרובו למעלה מן הקרקע לא מתבלבל הקול ונשמע קול שופר אף לעומדים מבחוץ ועיין בה"ל מ"ש בזה: (ג) אותן העומדים בתוך וכו'. דבתוך הבור גופא (ג) אינו נשמע קול הברה ולאו דוקא אם כל גופם בבור (ד) אלא אפילו הכניסו רק ראשם לבור סגי: (ד) והעומדים מבחוץ. ובהיה כולו בתוך הבור (ה) רק שראשו חוץ לבור כעומד מבחוץ דמי: (ה) יצאו. והוא שיתכוין התוקע להוציאם (ו) או בש"ץ שדעתו מן הסתם להוציא לכו"ע: (ו) ואם קול הברה שמעו. פי' (ז) שעם קול השופר שמעו לבסוף קול הברה לא יצאו שהרי קול פסול מעורב עם קול השופר: (ז) לא יצאו. וכתבו הפוסקים (ח) דסיבת ד"ז תלוי בעומק הבור

ביאור הלכה

* או לתוך ב) המערה. עיין מ"ש במ"ב דבבנין שרובו על הקרקע וכו' הוא דברי המ"א וטעמא משום דעיקר קול הברה בא מעומק הבור וכמו שכתב הרא"ש לשיטת רש"י אבל ע"ג קרקע ליכא קול הברה ומסתבר ליה להמג"א דאפילו ברוב הבנין ע"ג קרקע נמי אין קול הברה נשמע ולפ"ז אם יש בבית מקום נמוך כעין בור ותקע שם יצא. ומ"מ נראה דכ"ז אם אין המקום הנמוך מכוסה אלא הוא מעורב ומחובר עם הבית אבל אם זה המקום מכוסה בקרשים בודאי אפשר להשמע שם קול הברה והרי הוא כמרתף וגם באינו מכוסה אפשר דדוקא באינו עמוק הרבה אבל אם המקום עמוק הרבה אפשר דאינו מועיל במה שהוא מיעוט לגבי בנין שעל גביו וצ"ע. ודע דבמשנתינו נקט בור ודות לענין קול הברה וכפי המבואר בש"ס ב"ב דף ס"ד בור בקרקע ודות בבנין ולפי פירוש הרמב"ם בפירוש המשנה בנין הדות הוא ע"ג קרקע עיין בפירושו במתניתין דר"ה ובב"ב פ"ד ובכלים פ"ה וכן פירש רש"י בסוגין דף כ"ז איברא דלכאורה רש"י סותר את עצמו דבעירובין ק"ב ע"ב פירש שבור ודות שניהם בתוך הקרקע עי"ש וכן הרמב"ם בהלכות מכירה פכ"ה כתב ג"כ דדות הוא בקרקע אלא שהוא בבנין ועיין בא"ר שהקשה על דברי המ"א הנ"ל מהא דדות לפירוש קמא שהוא בנוי ע"ג קרקע הרי דגם בבנין שע"ג קרקע אפשר להיות קול הברה ומשום זה כתב להחמיר בכל גווני עי"ש ולדידיה מה שאמר שם בגמרא אחד הבור ואחד הדות בקרקע היינו שעומק הדות הוא בקרקע ודוחק אכן באמת נראה לומר לשיטת המ"א דלכו"ע דות הוא בתוך הקרקע כבור ומחולות א) דכחדא חשוב להו בפרק המוכר את הבית וכן משמע שם בסוגיא דף ס"ג ע"ב עי"ש אלא שבנוי בכתלים והכתלים גבוהים ומגיעים מעל שטח הבור וכמו בורות שלנו שהכתלים יוצאים שיעור אמה או יותר מעל הקרקע ונראה עוד שהדות הוא מקורה מלמעלה וזה שכתב המ"א שהוא כעין מרתף ולפ"ז אין סתירה כלל בין הפירושים דגם המפרשים שכתבו דדות הוא ע"ג קרקע כונתם להכתלים העודפים והיוצאים אבל עיקר הדות הוא כמו בור חפור בקרקע לכו"ע וניחא בזה לשון פירוש המשנה להרמב"ם בפ"ד דב"ב שכתב דאין הבור ודות נראין עי"ש ובזה מיושב הכל ופשוט דבזה שיוצאים הכתלים ממעל לא משוי להוא כבנין שע"ג קרקע שהרי הוא מועט לגבי הדות שבתוך הקרקע ונראה שזה היה דעת מ"א בפירוש דות ולהכי הסמיך לדינא דדות האי דבנין שרובו ע"ג הקרקע משוי ליה לבנין וכן נראה שפירש הגר"ז בדבריו עי"ש וכן נכון לדינא. ודע דבעניינינו השמיט הרמב"ם דינא דדות וכתב מערה במקומה והוא כמו שכתבנו דדות הוא ג"כ מקורה מלמעלה כעין מערה. ודע עוד דיש להסתפק במה שנהוג בבניני חומה לעשות קומה תחתונה והוא דירה גמורה מתחת לקרקע והחלונות הם למעלה מן הקרקע סמוך לארץ התוקע שם מה דינו להעומדים בחוץ אולי אין הקול מתגלגל שם ומתערב עם קול הברה כמו בבור ודות וצ"ע:

* ואם קול הברה שמע לא יצא. עיין במ"ב שדבר זה תלוי לפי עומק הבור והתרחקו ממנו וכתב הט"ז דלפ"ז אפילו בתוקע בבהכ"נ ויש עומדים בחוץ קצת רחוק ממנו יש בזה ג"כ שייכות הבחנה לפי הריחוק מביהכ"נ ע"ש [ואין להקשות על דבריו ממתניתין דלא אשכח דינא דקול הברה אלא בבור ודות ואם איתא הו"ל למיכלל גם ביהכ"נ בהדייהו ולענין עומד מחוץ לו בריחוק מקום וכמו דתניא בסיפא אחורי ביהכ"נ לענין כונה ומשמע מזה דלא שייכא כלל דינא דערבוב קלא בבית ואפילו בריחוק מקום י"ל דרבה להשמיענו להיפוך דאפילו בעומד סמוך לו ממש ושמע קול השופר בודאי יצא ג"כ דלא יצא כגון היכא שלא כיון לבו ודוחק] ונראה מהט"ז דמפרש קול הברה קול חלוש וקול הנשמע מחוץ לבנין ומרחוק אינו כ"כ חזק כמו קול שנשמע מקרוב ומבפנים אבל לענ"ד דקול הברה האמור לענין שופר פירושו קול מעורבב וכלישנא דגמרא בסוגיין ליפוק בתחילת תקיעה מקמיה דליערבב קליה וקול כזה אינו נשמע מחוץ לבנין שע"ג קרקע ואפילו בעומד רחוק ממנו אלא בקול שיצא מתחת הקרקע וכן מצאתי להדיא לרבינו מנוח ז"ל על מה שכתב הרמב"ם בור ומערה אמר המפרש בור זהו בחפירה והוא עגול ומערה הוא מקורה בקירוי ומרובעת ודרך אלה המקומות כשאדם צועק ומדבר או תוקע בהן שמתבלבל הקול ונראה כאילו אחר מדבר כנגדו ואותן העומדים בבור וכו' לפי שהקול אינו מתבלבל להם אבל העומדים בחוץ שהקול מתבלבל להם יותר מאשר בבור וכו' עי"ש. אח"כ מצאתי בהלכה ברורה ובמטה יהודה שחולקים ג"כ על הט"ז וע"ש במטה יהודה שמסיים דלא אמרו אלא בבור אבל במקומות שוים פשיטא דלא שני לן בין עומדים בקרוב או ברחוק דכל שמגיע להם הקול לעולם קול שופר הם שומעים ואם הם רחוקים יותר גם הקול לא שמעו עי"ש ומ"מ למעשה אין לזוז מדברי הט"ז שכל האחרונים העתיקו דבריו להלכה דהשומע קול שופר מאחורי ביהכ"נ בריחוק

שער הציון

(קצא) ריטב"א: (קצב) רמב"ם: (א) ר"ן בשם ר"ה גאון וכ"כ הריטב"א: (ב) מג"א: (ג) מלשון רש"י משמע דשם לעולם נשמע קול שופר אכן מלשון הריטב"א מבואר דמן הסתם נשמע שם קול שופר ונראה לו דקול הברה שמע בודאי לא יצא עיי"ש ואפשר שגם רש"י וש"מ מודים לזה: (ד) ריטב"א: (ה) גמרא: (ו) ר"ה כ"ט: (ז) רש"י וכן מוכח בש"ס דקאמר דליפוק בתקיעה מקמי דליערביה קליה [ועיין ג"כ בבה"ל מ"ש בשם הרמב"ן וריטב"א בזה] אכן בטור כתב שאין שומעין אלא קול הברה ואולי ל"ד נקט: (ח) ב"י בשם הרא"ש ומש"כ ויש אומרים עוד וכו' הוא דעת הט"ז:

הגהות ותיקונים: א) ומחילות: ב) בתוך

יצאו (ח) וכן התוקע לתוך (ג) חבית גדולה וכיוצא בה אם קול שופר שמע יצא ואם קול הברה שמע לא יצא: **ב** ג אם התחיל לתקוע בבור (ט) ועלה חוץ לבור וגמרה יצא שכל מה ששמע בין בפנים בין בחוץ היה קול שופר: הגה (י) וכן אותם שהיו בבור (ג) בתחלת התקיעה (גמרא): **ג** ד השומע מקצת תקיעה (יא) °שלא בחיוב ומקצתה בחיוב או שאומר לתוקע (יב) במתעסק כוין להוציאני ידי חובתי (יג) ותקע ומשך בה שיעור תקיעה (יד) ה לא יצא (טו) ו וי"א (ד) שיצא

ג מימרא דרבא שם ד ר' ירוחם °)כגון קודם עלות השחר) ה שם בשם י"א ושכן עיקר ושלזה נראה שהסכים הרא"ש וכ"כ הטור בשם בעל העיטור ו שם בשם י"א וכ"כ הטור

באר היטב

מ"א: (ב) חבית. אפי' העומד בתוכו. ר"ן מ"א. ואפילו התוקע עצמו שם תלוי בהבחנתם אם קול שופר שמעו יצאו. עטרת זקנים: (ג) בתחלת. אפי' לא יצאו לחוץ יצאו י"ח דכשאדם בבור והשופר בחוץ שומע קול שופר ב"ח מ"א. וט"ז ס"ק ג' לא כ"כ ע"ש: (ד) שילא.

משנה ברורה

או בריחוק המקום וכל אדם יש בידו להבחין ולהכיר אם קול שופר שמע בלחוד או מעורב בו קול הברה ויש אומרים עוד דאפילו התוקע בביהכ"נ ויש עומדים בחוץ קצת רחוק ממנו שייך בזה ג"כ הבחנה לפי הריחוק מביהכ"נ ועיין בה"ל מ"ש בזה (ט) ויש מי שמחמיר ואומר דלעומדים מבחוץ תמיד נשמע קול הברה (י) ויש לחוש לדעה זו שלא בשעת הדחק ולתקוע עוד פעם אבל בלי ברכה עד שיהיה ברור לו שקול הברה שמע: (ח) וכן התוקע וכו'. המחבר לא חילק כאן בין עומדים בתוך החבית לעומד חוצה לה וכמו שחילק לענין בור (יא) משום דאין דרך ב"א ליכנס בתוך חבית כמו שדרך ליכנס בבור ורק מכנים השופר לשם ותוקע והוא עומד מבחוץ (יב) וי"א דמש"ה לא חילק בזה המחבר דבחבית קול הברתה גדולה ואפילו העומד בתוכה אפשר ששומע קול הברה וע"כ יש להחמיר בזה ולחזור ולתקוע בלי ברכה אלא א"כ ברור לו שקול שופר שמע: **ב** (ט) ועלה חוץ לבור וכו'. ומיירי (יג) שביחד הוציא ראשו והשופר מן הבור ומילתא דפשיטא הוא דשרי אלא דקמ"ל דלא חיישינן למיגזר דילמא אפיק רישיה מעל לבור ואכתי שופר בבור ותקע ואפשר בזה לשמוע קול הברה (גמרא). ובהוציא השופר תחלה וראשו עדיין בבור ותקע אם חיישינן בזה לקול הברה (יד) תלוי בפלוגתת הפוסקים אם מחוץ לבפנים נשמע קול הברה ויתבאר במשנה ברורה לקמיה: (י) וכן אותם שהיו בבור וכו'. פי' (טו) ועלו ג"כ ביחד עם התוקע ושמעו גמר התקיעות בחוץ ויצאו ידי חובתם ג"כ מטעם הנ"ל שכל מה ששמעו היה קול שופר (טז) ויש מקילים בזה אפילו לא יצאו כלל רק שמעו גמר התקיעות שתקע בחוץ בהיותם בבור ול"ח לקול הברה דדוקא מבפנים לחוץ נשמע קול הברה אבל לא מבחוץ לפנים ולמעשה יש להחמיר (יז) בשלא יצאו לתקוע שנית בלי ברכה אם אינו ברור להם שקול שופר שמעו. התוקע שהכניס שופר לבור ותקע והוא בעצמו עומד כולו מבחוץ העומדים בבור יצאו בתקיעתו (יח) והוא עצמו לא יצא אא"כ ברור לו שקול שופר שמע: ג (יא) שלא בחיוב. כגון קודם עמוד השחר וכדלקמן בסימן תקפ"ח: (יב) במתעסק. להתלמד או לשם שיר בעלמא דלא יצא וכדלקמן סימן תקפ"ט ס"ח: (יג) ותקע ומשך. ר"ל שהאריך תקיעתו בשבילו: (יד) לא יצא. שהרי עכ"פ (יט) חסר לו התחלת התקיעה (כ) וה"ה נמי אם כל התקיעה היה בחיוב אלא שהוא נכנס באמצע התקיעה או שילא מביהכ"נ באמצע התקיעה ושוב לא שמע לא יצא אע"פ שהיה שיעור תקיעה במה ששמע וכמאן דשמע חצי שיעור תקיעה דמי: (טו) וי"א דיצא. וסברא ראשונה (כא) עיקר וצריך לחזור ולתקוע ואעפ"כ (כב) לא יברך עליו דספק ברכות

ביאור הלכה

בריחוק מקום תלוי לפי הבחנתו אם שמע קול שופר או קול הברה ומדברי ר' מנוח ג"כ אין ראיה לנגד דברי הט"ז שאע"פ שהוא מפרש קול הברה הוא ע"י בלבול הקול אפשר דע"י ריחוק מקום נקרא ג"כ קול הברה ועיין בגיטין דף פ"ט לא ששמע קול הברה אלא כדי שיהא נרות דולקות ומטות מולעות אלמא דקול הברה אינו מונח דוקא על בלבול הקול אלא על קול בעלמא לא על דבר ברור וע"י הבל הבור שהוא עומד מתבלבל הקול ואינו נשמע קול שופר ברור אף שהוא בסמוך וסברת הט"ז וש"א דע"י ריחוק מקום מחוץ לבנין ג"כ אין הקול שופר ברור. ודע עוד דבש"ס קמותבינן אהא דס"ד דתחילת תקיעה בלי סוף תקיעה כשר מהא דהתוקע לתוך הבור אם קול שופר שמע יצא ואם קול הברה שמע לא יצא ואמאי ליפוק בתחילת תקיעה מקמיה דליערבב קליה ומשמע מזה דעירבוב הקול אינו בא בתחילת התקיעה אלא באמצעיתא וקשה מנ"ל דהיה שיעור תקיעה מקמי דהתחיל הקול להתערבב [ולדעת הי"א דאם היה שיעור תקיעה אף להמסקנא יצא ולס"ד דגמרא אף בלא היה שיעור תקיעה יצא ניחא וקושיתינו היא לדעה ראשונה] ומצאתי להרמב"ן והריטב"א שעמדו בזה ותירצו דאפשר מדלא קתני אם קול הברה הוא אלא קול הברה שמע משמע אף שהיה גם קול שופר בתחילתו ובכשיעור אפ"ה לא יצא אם שמע גם קול הברה וכתבו עוד וא"נ קים להו לחכמים דלא מערבב קלא בבורות אלא למאן דמאריך טובא ותקע בהו עכ"ל ולפי תירוץ זה עיקר חשש דקול הברה הוא דוקא בהאריך בהתקיעות טובא אבל במאריך בכל תקיעה ושברים רק כפי השיעור שנתנו חכמים ליכא כלל קול הברה אמנם מכל הפוסקים דסתמו בזה לא משמע כן וע"כ דס"ל כתירוץ קמא של הרמב"ן. ודע עוד דטבע הוא לתוקע בין ההרים או ביער נשמע קול החוזר ומדסתמו הפוסקים ולא הזכירו דיש ליזהר בענין זה משמע דאין זה עירבוב הקול אלא הקול נכפל אחר שנגמר הקול הראשון:

שער הציון

(ט) רא"ש וכן נראה שם דעת הריטב"א עיין שם בפירושו למשנה אכן להלן שם בד"ה ר"ה נראה לכאורה שמפרש כפירוש שאר מפרשים: (י) ט"ז והוסיף עוד סברא דדילמא אין אנו בקיאין להבחין בין קול שופר לקול הברה וכ"כ הגר"ז ומטה אפרים: (יא) כ"כ בכסף משנה בשם הר' טודרוס בכוונת דברי הרמב"ם ומסתייע שם מלשונו (שהוא ג"כ לשון המחבר) שלא כתב התוקע בתוך החבית אלא לתוך דמשמע שעומד בחוץ וגם דעת הר"ן בעצמו היה כן עיי"ש וכן דעת הכל בו וכ"כ בא"ר בשם מעגלי לדק וכן הסכים בפר"ח: (יב) ר"ן בכוונת דברי הרמב"ם והעתיקו כן רוב האחרונים: (יג) רבינו מנוח ומה שהקשה המ"א דא"א לצמצם וא"כ שמא יצא השופר תחלה קודם לאזנים ושמע רגע אחד באזניו בפנים קול הברה מבחוץ אינו מוכרח דאין הקול מתחלף מקול צלול לקול הברה בשיעור חוט השערה [ודע דהרי אפילו השומע בחוץ והתוקע בפנים איתא בגמרא דמתחלה הקול צלול וכ"ש בזה] וכונת הגמרא הוא רק שלא יוציא כל ראשו מן הבור קודם שמעלה השופר: (יד) עיין במ"א סק"ז[א] דילא והוא אזיל לטעמיה בסק"ד דמבחוץ לבפנים קול שופר נשמע. ודע דמסעיף זה מבואר דדינא דקול הברה שייכא אפילו לענין התוקע בעצמו וטעמא דמילתא הוא דמלות שופר הוא השמיעה ולא התקיעה וכמו שכתב הרא"ש בפ"ד סימן ה': (טו) ב"י ט"ז ונהר שלום ומטה יהודה וכ"כ החת"ס בהגהותיו: (טז) ב"ח ומג"א ופר"ח: (יז) מטה אפרים: (יח) פמ"ג ותפיס דמ"מ מחויב בדבר מיקרי להוציא אחרים: (יט) וה"ה לענין התוקע בעצמו שאם תקע התחלת התקיעה כמתעסק ואח"כ התכוון וגמר התקיעה לשם מצוה ג"כ לא יצא: (כ) פר"ח ומטה יהודה ופמ"ג בדעת הט"ז לקמן סימן תקפ"ח ויבואר שם במשנה ברורה ואין לחלק בין היה מקצת תקיעה פסולה כמו בתוקע מקצת קודם עלות עמוד השחר ובין ענינינו שהתקיעה כולו בחיוב רק הוא לא שמעה בכולה דזהו רק לפי ס"ד דש"ס דף כ"ח ע"א אבל לפי המסקנא דכי קאמר רבה בתוקע ועולה לא שני לן כלל וכל שלא שמע כולה תקיעה לא יצא וכן משמע ברא"ש בסוגין עיי"ש ועיין לקמן בסימן תקפ"ח ס"ד במ"ב: (כא) מ"א בשם הפוסקים וכ"כ הגר"א: (כב) מטה אפרים:

הגהות ותיקונים: א) סק"ג:

א תקפ"ח במחבר ס"א. עי' סי' תקס"ד בקיצור חזו"א.

אי איכא שיעור תקיעה בחיוב: הגה וה"ה אם שמע מקצת התקיעה קול הברה כגון שהיה התוקע בבור והוא עומד בחוץ (ה) (טז) ובאמצע התקיעה יצא לחוץ (טור):

תקפח זמן תקיעת שופר. ובו ה' סעיפים:

א משנה מגילה כ' ב מימרא דרבה ר"ה כ"ח ג מימרא דר' יוחנן וברייתא שם ל"ד וכגירסת הרי"ף

א [א]זמן תקיעת שופר (א) ביום ולא בלילה [א] ומצותה משעת הנץ החמה ואילך * ואם תקע משעלה עמוד השחר[א](ב) יצא [ב]ואם שמע מקצת תקיעה קודם שעלה עמוד השחר ומקצתה אחר שעלה עמוד השחר (ג) לא יצא: הגה ואם היה שיעור תקיעה במה ששמע ביום (ד) נתבאר סי' תקפ"ז סעיף ג': **ב** * [ג]שמע (ה) ט' תקיעות בט' שעות ביום (ו) יצא ואפי' הם מט' בני אדם תקיעה מזה

שערי תשובה

[א] ומצותה. עיין באשל אברהם ועיין בבר"י במח"ב כתב עוד בשו"ת שלו חיים שאל ח"ב סימן יו"ד אות ג' במה שנהגו בתקיעות ר"ה לתקוע בהנץ החמה כתבתי בספר מח"ב ובקונטרס מורה באצבע לבטל מנהג זה אף שכתבו שמהרב"ך ורבו הרמ"ז נהגו כן וכתבתי מהרמ"ז כתב שיש מקום לזה ע"פ הסוד מ"מ איני חש לסודות שלא גילה האר"י ז"ל וגם המקובל בריחוק מקום אם נראה לו ברור שקול שופר שמע יצא ע"ש ועיין הלק"ט סי' רע"ו:

באר היטב

ורא"ש עיקר. פוסקים ואחרונים: (ה) ובאמצע. כתב מהרי"ל יזהרו כל העם שלא להקיא בשעת התקיעות וכן שלא לוישפר"ן למען ישמעו כל העם קול שופר ונכון שיניחו התינוקות בבית דדוקא במגילה עבדינן משום שמחה ואם א"א להניחם יחזיקם האשה אצלה בביהכ"נ של נשים שלא יבטלו וכתב הט"ז העומדים חוץ מביהכ"נ

ביאור הלכה

* ואם תקע משעלה עמוד השחר יצא. עיין לעיל בסימן נ"ח בבה"ל דדעת הגר"א ועוד איזה אחרונים דעמוד השחר נקרא משהאיר פני המזרח ולא קודם וראיה לשיטתם ממה דאיתא בתענית דף י"ב עד מתי אוכל ושותה עד שיעלה עמוד השחר דברי רבי ובתוספתא פ"א ובירושלמי הלכה ד' איתא בשם רבי עד שיאיר המזרח ש"מ דחד הוא. אמנם בסוכה דף כ"ט ברש"י ד"ה תרתי משמע דתרי זמני ניהו ועה"ש הוא קודם ובחידושי הריטב"א שם משמע דלא פסיקא ליה דבר זה ע"ש וצ"ע:

* שמע ט' תקיעות וכו'. עיין מה שכתבנו במ"ב לענין אם הפסיק מחמת אונס וקשה לי לפי מה שהכריע הרב מג"א בסימן ס"ה שלא להחמיר בהפסיק מחמת אונס אלא א"כ בשהאונס הוא בגוף הדבר כגון שלא היה האדם ראוי מחמת גוף נקי או שלא היה המקום ראוי שלא היה נקי א"כ לכאורה ל"ש זה רק בתפלה או בבהמ"ז ובהלל ומגילה שעכ"פ אסור להזכיר שם ולאמר דברי תורה במקום מטונף משא"כ בתקיעות שאינה רק מעשה מצוה והיכן מצינו שאסור לקיים מצוה כשגופו אינו נקי או במקום שאין נקי האם אסור ללבוש טלית של ד' כנפות כשגופו או המקום אינו נקי לא מצינו כן בשום מקום וצ"ע. ובמטה אפרים מצאתי שכתב וז"ל נראה שאם התחיל

משנה ברורה

ברכות להקל ויותר טוב שישמע הברכה מאחר שלא יצא עדיין: (טז) ובאמצע התקיעה יצא לחוץ. ר"ל התוקע והשלימה על שפת הבור ונמצא שהעומדים בחוץ שמעו רק סוף התקיעה דפלגא קמא היתה תקיעה פסולה ואם היה שיעור תקיעה על שפת הבור תלוי בשני דיעות הנ"ל (כג) וה"ה אם שמע מתחלה קול שופר כגון שהיה עם התוקע בבור ובאמצע התקיעה יצא לחוץ ולא שמע רק קול הברה נמי לא יצא דבעינן שמיעת קול שופר כשר מתחלה ועד סוף. וכתבו האחרונים (כד) דיזהרו כל העם שלא להוציא כיחם וניעם בשעת תקיעה כדי שישמעו כל הקולות מתחלתם ועד סופם וכן לא יביאו ילדיהם אצלם וג"כ מטעם זה ומוטב שיהיו אצל אמותיהם בביהכ"נ של נשים דנשים אינן מחויבות מן הדין בתקיעת שופר (כה) ומ"מ נראה דקטנים שהגיעו לחינוך מצוה להביאם ולהחזיקם אצלו ויאיים עליהם שישמעו התקיעות ולא יבלבלו להצבור:

א (א) ביום ולא בלילה. דכתיב (א) יום תרועה יהיה לכם. ואם נמשך עד בין השמשות (ב)[?] יתקע בלי ברכה: (ב) יצא. דמן הדין משעלה עמוד השחר יממא הוא לכל הדברים (ג) אלא לפי שאין הכל בקיאין בו וזמנין דאתי לאקדומי הצריכו חכמים לכתחלה להמתין עד הנץ דיום ברור הוא לכל. ולא בעינן עד שיעלה כל גוף השמש על הארץ אלא משעת תחלת הנץ ג"כ מותר לכתחלה (פמ"ג). מיהו כ"ז מעיקר דין תורה [או בשעת הדחק (ד) כגון שצריך לצאת לדרך וכה"ג] אבל חכמים תקנו לתקיעות שופר במוספין (ה)[?] ואמרו בגמרא בטעמא דשעת הגזירה היתה שלא יתקעו ישראל בשופר והיו אורבין להם כל שש שעות של זמן תפלת שחרית לכך העבירוה לתקוע במוספין ומטעם זה נראה (ו)[?] דנהגו כל ישראל מימות הקדמונים גם בתקיעות דמיושב שלא להיות מן הזריזין המקדימין ולתקוע בתחלת היום אלא סמוך לתפלת המוסף אחר קריאת התורה (ז) ואפילו יחיד התוקע לעצמו ג"כ ידקדק לתקוע אחר ג' שעות לערך כדי שתקיעתו תהיה בשעה שהצבור עומדים בתקיעה: (ג) לא יצא. דסוף תקיעה בלא תחלה לא מהני ולא מידי וכדלעיל בסימן תקפ"ז ס"ג [וה"ה אם שמע מקצת תקיעה ביום ומקצתה אח"כ בלילה ג"כ לא יצא דתחלה בלא סוף ג"כ לא מהני ולא מידי וכנ"ל שם] ונראה דאפילו היום שנוהגין לתקוע ל' קולות לצאת ידי כל ספק נריכין ג"כ ליזהר שאף תקיעה ראשונה לא תהיה אפילו מקצתה קודם אור היום: (ד) נתבאר בסימן תקפ"ז ס"ג. ולפי מה שכתבנו שם דהעיקר כדעה א' א"כ בכל גווני לא יצא: **ב** (ה) ט' תקיעות וכו'. נקט לישנא דגמרא וכפי עיקר הדין דבעינן רק ט' קולות דהיינו תקיעה תרועה תקיעה ג' פעמים ולדידן בשמע הג' סדרים בט' שעות וכדלקמן בסימן תק"ל ס"ב: (ו) יצא. (ח) בדיעבד אם כיון לצאת ואפילו (ט) הסיח דעתו והפסיק בדבור בנתיים וכתב המג"א דכ"ז בששהה בייהם שלא מחמת אונס הא בשהה

שער הציון

(כג) גמרא: (כד) מ"א בשם מהרי"ל בריש סימן תקפ"ט: (כה) מטה אפרים: (א) גמרא: (ב) עיין במ"ב סימן ס"ז ס"ק א' וכן מלדד הפמ"ג דאפילו ביום א' יתקע בלי ברכה: (ג) רש"י ור"ן: (ד) כברייתא דברכות ד' ל' וכההיא דלקמן ר"ס תרנ"ב עיי"ש: (ה) ר"ה ל"ב ע"ב וכתבו בתוס' ובאו"ז דאע"ג שבטל השמד לא עבדינן כדמעיקרא אעפ"י דזריזין מקדימין למצות דחיישינן שמא יחזור הדבר לידי קלקולו: (ו) עיין שאלתות פ' זאת הברכה ובאלפסי שלהי ר"ה וברמב"ם סוף ה' שופר ובאו"ז סימן רע"ה בשם כל הגאונים ולפ"ז נראה שאין מקום להא דמובא בשע"ת בשם איזה גדולים שנהגו להיות מן הזריזין עיי"ש ויותר לפי מה שפירש הריטב"א ח"ל שהיתה להם שעת צרה שלא היו רשאין לקיים המצות אלא בסתר ולא היו תוקעין אלא עד תום היום שנתפזרו בני אדם לכאן ולכאן עיי"ש ולפ"ז שפיר שייכא האי תקנה גם בתקיעות דמיושב להמתין עד שעה שבני אדם מתפזרין: (ז) כנ"ל וכ"כ במטה אפרים: (ח) ר' ירוחם: (ט) ר"ן:

וזה צריך פשוטה אחרונה * תקיעה אחת מוציאה את (ג) (יב) שניהם: **ה** ‏י"ט של ר"ה שחל להיות (ג) בשבת (יג) אין תוקעין בשופר: הגה (יד) ואסור לטלטלו אם לא (טו) לצורך (ד) גופו ומקומו (א"ז והג"א ס"פ במה מדליקין):

תקפט מי הם הראוים לתקיעת שופר. ובו ט׳ סעיפים:

א ‏אכל (א) שאינו מחוייב בדבר אינו מוציא אחרים י"ח: **ב** ‏בחרש שוטה (ב) וקטן פטורים וחרש ‏גאפילו מדבר ואינו שומע אינו מוציא (ג) דכיון דאינו שומע לאו בר חיובא הוא: הגה (ד) אבל (א) שומע ואינו מדבר מוציא אחרים י"ח (ב"י): **ג** ‏ראשה פטורה משום דהוי מצות עשה שהזמן גרמא: **ד** ‏האנדרוגינוס (ה) מוציא את מינו טומטום (ו) אפי' את (ג) מינו אינו מוציא: **ה** ‏ומי שחציו עבד וחציו בן חורין (ז) אפילו עצמו אינו מוציא וצריך שיתקע לו בן חורין להוציאו: **ו** [א] ‏זאעפ"י שנשים פטורות (ח) יכולות לתקוע (ט) ‏חוכן אחר שיצא כבר יכול לתקוע להוציאן

ו משנה ר"ה כ"ט

א שם במשנה ב שם ג כל בו ורשב"ץ ד משנה קידושין כ"ט ה ברייתא ר"ה שם ו מימרא וברייתא שם ז ברייתא' ל"ג וכתוספתא' דאמי דר' יוסי ור"ש הוא וכ"פ הרא"ש בשם ר"ת וה"ה בשם רשב"א בשם הראשונים וכ"פ הר"ן ממ"ש גדול המצוה ועושה וכו' מדקאמר גדול ש"מ דאינו מצווה ועושה נמי יש לו שכר ח טור בשם אבי העזרי והרא"ש

א (ז) בתקיעת שופר המצוה היא השמיעה, ואין התקיעה אלא תנאי, הלכך כי היכי שאין (חציו עבד) מוציא את מינו מפני שעליו לשמוע תקיעה שלמה, וכששמע מחציו עבד לאו תקיעה היא, כן אינו מוציא את עצמו, שהרי צריך לצאת בשמיעה, והרי לא שמע תקיעה שלמה. אבל כששמע ממחויב אע"ג דשמיעתו אינה שלמה חיובית אלא תערובתית, לא איכפת לן דכחיובו קיומו. משא"כ בשאר מצוות שבגוף (כגון תפילין) אע"ג דלא שייך לעשותם כי אם בגוף שלם (וחציו עבד לא חשיב גוף שלם) מכל מקום כחיובו כן קיומו, וכי היכי דחיובו בתערובות, קיומו ג"כ כך. כ"ט ד' סיכום.

שערי תשובה

[א] אע"פ שנשים פטורות כו'. וכתב בשאגת אריה סי' כ"ד[א] שיותר ראוי לאיש לתקוע לאשה משתתקע היא לעצמה או אשה לאשה וע"ש סי' כ"ו[ב] שאסור להוציא לולב או שופר לרה"ר לצורך אשה שתטול לולב או תשמע תקיעת שופר. וע"ש סי' כ"ז[ג] שמותר להוציא לרה"ר לצורך איש

באר היטב

ואינו כן דעת הט"ז עיין שם: (ג) שניהם. דוקא כל התקיעה נוכל להשתמש לזה ולזה אבל להפסיק חד תקיעה חציה לזה וחציה לזה לא ט"ז: (ג) בשבת. עיין מ"א וט"ז. ודע שהרמב"ם ורש"י ז"ל פליגי בפי' מקדש ומדינה דהרמב"ם ז"ל ס"ל דבכל מקום שנזכר מקדש ירושלים בכלל ומדינה היינו שאר גבולים אבל ירושלים אינו בכלל מדינה ורש"י ז"ל ס"ל דמקדש היינו מקדש דוקא ומדינה היינו ירושלים ושאר גבולים ושמעתי מקשים משם חכמי א"י מהא דאמרינן ביומא על מתני' דעשרה נסים נעשו לאבותינו בבית המקדש ופריך בגמרא פתח במקדש וסיים בירושלים וכפי דעת הרמב"ם דס"ל דבכלל מקדש הוי ירושלים א"כ מאי פריך הא בכלל מקדש הוי ירושלים. ועי' יד אהרן שהרבה להקשות עוד: (ד) גופו. ודיו"ט אסור להשתמש בו כלל כמ"ש סי' תרס"ה דהוקצה למצותו מ"א: (א) שומע. אפילו לכתחלה יכול אחר לברך והוא תוקע ב"ח. וחרש ששומע ע"י כלי כמין חצוצרות חייב בשופר הלק"ט סמ"ה: (ג) מינו. דשמא טומטום זה נקבה וזה זכר אבל אנדרוגינוס שוין כולם שיש להם זכרות ונקבות כ"ה ברמב"ם בהלכות אישות וכ"כ רמ"א בסי'

ביאור הלכה

* תקיעה אחת מוציאה את שניהם. עיין משנה ברורה מש"כ דוקא כל התקיעה וכו' הוא מדברי הט"ז והיינו בשמשך לכל אחד שיעור תקיעה ומשמע מל"ש דדברי הט"ז קאי לדעה ראשונה שם בסימן תקפ"ז אבל לדעה שניה דלא בעינן כולא תקיעה יוצאין בזה ולענ"ד מלשון הט"ז משמע דדעתו דבזה שצריך להפסיק התקיעה לשנים גרע טפי וכמו דאיתא שם בסוגיא לענין חד גברא דאפילו אם נאמר דדי בתחלת התקיעה או בסופה לבד מ"מ היכי דצריך להפסיקה לשנים גרע טפי ה"נ בענייננו בתרי גברי היכי דצריך להפסיקה לשנים לא מהני אכן בספר נהר שלום חולק על הט"ז ודעתו דאפילו לדעה ראשונה שם יוצא בזה דע"כ לא פליגי בסוף סימן דלעיל אלא היכא דתחילתה לא הוי בחיוב אבל אי כולא בחיובא לכו"ע יצא ואין זה ענין לאפסוקי תקיעתא שלא נאמר אלא לחד גברא שאינה עולה לו לשני תקיעות כיון שנתחייב בקולות מופסקים עי"ש וצ"ע:

משנה ברורה

כדי לצאת בשתיהם ולא יצא אלא באחת מהם וראוי להחמיר כסברא זו ועיין ביאור דעה זו בבה"ל: **ד** (יב) שניהם. דוקא כל התקיעה נוכל להשתמש לזה ולזה אבל להפסיק חד תקיעה חציה לזה וחציה לזה כגון שתקע תקיעה ארוכה שיש בה כשיעור ב' תקיעות ואחד התכוין לצאת מראשה עד חציה והשני מחציה עד סופה לא מהני ולא מידי דלא מפסקינן לה לתקיעה ועיין לעיל סימן תקפ"ז במ"ב ס"ק י"ד: **ה** (יג) אין תוקעין בשופר. גזירה שמא (כד) יטלנו בידו לילך אצל בקי ללמוד ויעבירנו ד"א בר"ה: (יד) ואסור לטלטלו. דהוא כלי (כה) שמלאכתו לאיסור: (טו) לצורך גופו. שרוצה לשאוב בו מים וכה"ג (כו) ודוקא בשבת מותר דכיון דאין תוקעין לא הוקצה למצותו משא"כ ביו"ט אף שאין איסור טלטול בשופר אפילו כל היום [וכדלקמן בסימן תקנ"ו בט"ז ס"ק ב'] (כז) מ"מ להשתמש בו אסור שהרי הוקצה למצותו וכמו לענין אתרוג עיין בסימן תרס"ה:

א (א) שאינו מחוייב בדבר. היינו שאינו מחוייב בעצם וכדלקמיה אבל אם הוא מחוייב אלא שיצא בהמצוה (א) יכול להוציא ואפילו לברך בשביל חבירו: **ב** (ב) וקטן. אפילו אם הוא בן י"ג שנה כ"ז שלא ידעינן שהביא ב' שערות (ב) אינו יכול לתקוע להוציא אחרים: (ג) דכיון דאינו שומע וכו'. שהרי אנו מברכין וציונו לשמוע קול שופר: (ד) אבל שומע ואינו מדבר וכו'. ואפילו לכתחלה יכול אחר לברך והוא תוקע [אחרונים]. חרש ששומע ע"י כלי כמין חצוצרות (ג) חייב בשופר: **ד** (ה) מוציא את מינו. דכל אנדרוגינוס שוין שיש להם זכרות ונקבות ואם הוא בכלל זכר גם חבירו הוא בכלל זכר אבל אינו יכול להוציא את שאינו מינו דשמא הוא בכלל נקבה: (ו) אפילו את מינו וכו'. דשמא אם יקרע ימצא שטומטום זה נקבה וחבירו זכר. ואף ביום ב' שהוא דרבנן נקטינן ככל חומרת יום א' ומיהו אף ביום א' אם שמע זכר מטומטום חוזר ותוקע בלא ברכה [פמ"ג]. טומטום ואנדרוגינוס אף דחייבין לתקוע מ"מ לא יברכו דברכה הוא דרבנן וספיקא לקולא [וכדלעיל בסימן י"ז ס"ב]: **ה** (ז) אפילו עצמו. דלא אתי צד עבדות שבו (ד) ומוציא צד חירות שבו: **ו** (ח) יכולות לתקוע. ולא אמרינן דכיון דפטורות יש חילול יו"ט בתקיעתן (ה) דקי"ל גדול המצווה ועושה ממי שאינו מצווה ועושה אלמא דמי שאינו מצווה ועושה נמי שכר יש לו. וה"ה (ו) קטן יכול לתקוע אף לכתחלה כדי שיתחנך וכדאיתא לקמן בסימן תקנ"ו בהג"ה: (ט) וכן אחר שיצא כבר. ר"ל אף שיצא ולא אמרינן דכיון שהוא עצמו אינו צריך עתה לתקוע תו עובר משום שבות כשתוקע בשבילן דמ"מ קצת מצוה יש להן בתקיעתן כנ"ל: אבל

שער הציון

(כד) גמרא: (כה) עיין בביאור הגר"א: (כו) מ"א וש"א: (כז) אבל לצורך מקומו מותר [סע"ש ופשוט]: (א) כדלעיל בסימן תקפ"ה: (ב) מבואר בפוסקים דחזקה דרבא אינו מועיל לענין דאורייתא: (ג) אחרונים: (ד) גמרא: (ה) פוסקים: (ו) מ"א ודלא כב"ח:

הגהות ותיקונים: א) ק"ד: ב) ק"ו: ג) ק"ז:

(י) ט׳אבל אין מברכות ולא יברכו להן: הגה והמנהג שהנשים מברכות על מלות עשה שהזמן גרמא ע״כ גם כאן תברכנה לעצמן אבל אחרים לא יברכו להן (יא) אם כבר יצאו ואין תוקעין רק לנשים אבל אם תוקעין לאיש המחוייב מברכין לו אע״פ שכבר יצאו כמו שנתבאר סי׳ תקפ״ה ס״ב הגה א׳ (ד״ע): ז (יב) י׳המודר הנאה מחבירו מותר לתקוע לו תקיעה של מצוה כ׳ודוקא כשהוא תוקע (יג) מאליו להוציאו אבל אם אמר לו המודר תקע (יד) והוציאני אסור: הגה ואם אמר קונס תקיעותיו עלי בכל ענין אסור (ר״ן): ח ל׳המתעסק בתקיעת שופר (טו) להתלמד לא יצא י״ח וכן השומע מן המתעסק לא יצא א׳מ׳וכן התוקע לשורר ולא נתכוון לתקיעת מצוה לא יצא נ׳נתכוון שומע לצאת י״ח ולא נתכוון התוקע להוציאו או שנתכוון התוקע להוציאו (טז) ולא נתכוון השומע לצאת לא יצא ידי חובתו עד שיתכוון שומע ומשמיע: ט ס׳מי שתקע ונתכוון להוציא כל השומע תקיעתו ושמע השומע ונתכוון לצאת י״ח אע״פ שאין התוקע מתכוון לפלוני זה ששמע תקיעתו ואינו יודעו יצא שהרי נתכוון להוציא לכל מי (יז) שישמענו לפיכך (יח) מי שהיה מהלך (ג) [ג] בדרך או יושב בתוך ביתו (יט) ושמע תקיעות מש״צ יצא אם נתכוון לצאת שהרי ש״צ מכוון להוציא את הרבים י״ח:

באר היטב

י״ז ס״ב ע״ש. והמ״א כתב ורי״ף פי׳ דאע״פ שחבירו גם כן אנדרוגינוס [אם] באותו פעם שהוא נקבה הוי חבירו זכר אינו מוציאו עכ״ל עיין שם ובר״ף שלפנינו לא מצאתי כן. ועוד דלפ״ז משמע שפעם הוא זכר ופעם הוא נקבה כמו ששמעתי אומרים שאנדרוגינוס חדש א׳ הוא זכר וחדש א׳ הוא נקבה. ולא משמע כן בגמרא ובפוסקים ועוד דא״כ ל״ל קרא למעוטי אנדרוגינוס דאין מילתו דוחה שבת אם הוא חדש שנולד בו נקבה פשיטא ואם הוא זכר קשה נמי האיך ידעינן שחדש הבא יהיה נקבה וק״ל: (ג) בדרך. ירושלמי ל״ש אלא בעובר אבל בעומד חזקה כוון ול״ע הלא הוא יודע אם כוון אם לאו ואפשר דמיירי אם שכח אם כוון אם לא מ״א. מי שבא לבהכ״נ לצאת י״ח עם הצבור אע״פ שבשעה ששמע לא כוון לבו אלא סתמא יצא אבל הבא לבהכ״נ בסתמא לא יצא הרדב״ז ח״א סימן ק״ס. סומא חייב בתקיעה ואם היה מוחזק לתקוע בכל שנה וסלקוהו אם לא ימצא בקי כמוהו יחזירוהו למנויו. ולכתחלה אין לסלקו מפני שהוא סומא אע״פ שנמצא בקי כמוהו רדב״ז ח״א סי׳ כ״ט וכנה״ג ועיין שו״ת שער אפרים סי׳ כ״ו. תוקע שמת ונכנס אחר במקומו וכשגדל בנו רוצה לירש זכות אבות עיין הלק״ט סי׳ ל״ט ועיין בס׳ קול בן לוי דף כ״ח ע״ג:

שערי תשובה

שהוא מסופק אם תקע אם לא תקע וכן לטומטום וה״ה לולב עכ״ל והמח״ב כתב שהוא תפס במונח דס״ד לחומרא מדאורייתא ואנן נקטי׳ דרק מדרבנן א״כ כאן אסור וע״ש סי׳ ק״ח א׳ שאסור להוציא השופר לר״ה לצורך קטן וגם לאיש ששמע תקיעות דמיושב אסור להוציא לצורך תקיעות דמוסף וכן אסור להוציא הלולב לצורך נענועי ההלל מאחר דכבר יצא י״ח מן התורה ע״ש: [ג] בדרך. עבה״ט וכתב בשמש צדקה סי׳ כ״ט שהקשו לו על מ״ש ה״ה פ״ב מהלכות שופר דלכך צריך כונה כיון דעיקר המצוה הוא השמיעה ואפי׳ התוקע משא״כ באכילת מצה כו׳ דקשה ע״ז מדין חלילה דהוי מעשה יע״ש שכתב ליישב זה באורך ובתשו׳ בן המחבר מברר ענין צריכים הכונה במצות ע״ש ומ״ש הרדב״ז בענין סומא עי׳ בדבר שמואל סי׳ י״ב הסומא מוציא אחרים בתקיעת שופר ובכל מצות דאורייתא עי״ש:

משנה ברורה

(י) אבל אין מברכות וכו׳. דמהו וציונו בדבר שאינה מחויבת לא מד״ת ולא מדברי סופרים דאשה במ״ע שהזמן גרמא פטורות אף מדרבנן: (יא) אם כבר יצאו. וע״כ (ז) י״א דיתקע להם קודם שישמע התקיעות בביהכ״נ אבל במ״א מסיק בשם מהרי״ל שלא יתקע בשלשה שעות ראשונות משום דאז מיפקד דינא ואין כדאי לתקוע ביחידות אלא יתקע להן אחר תקיעות ביהכ״נ והם יברכו לעצמן (ח) או שיכוין בלבו שלא לצאת בתקיעות ביהכ״נ ואז יוכל אח״כ ג״כ לברך בשבילן: ז (יב) המודר הנאה וכו׳. כגון ראובן שהדיר ע״ע שלא יהנה משמעון אפ״ה מותר לשמעון לתקוע לו דמצות לאו ליהנות ניתנו ואין תקיעות מצוה בכלל איסור הנאה שאסר ע״ע משא״כ כשאסר תקיעותיו (ט) אסר אפילו בזה שאינו הנאה: (יג) מאליו. אפי׳ כשאומר מי שרוצה להוציאני ידי חובתי יתקע (י) שרי דבכה״ג לאו שליחותיה קעביד: (יד) והוציאני אסור. דכיון דבשליחותיה עביד יש לו הנאה במאי דעביד שליחותיה (יא) ובדיעבד יצא [פמ״ג בשם הפר״ח]: ח (טו) להתלמד וכו׳. ואם מתכוין בזה גם לצאת ידי מצוה כתב הא״ר דיצא והיינו בעשה התקיעות כדין: (טז) ולא נתכוון השומע לצאת. זה מיירי כשבא לביהכ״נ בסתמא (יב) אבל אם בא לביהכ״נ לצאת ידי חובה עם הצבור אע״פ שבשעה ששמע לא כיון לבו אלא בסתמא יצא: ט (יז) שישמענו. אבל אם היו תוקעין בבית לחולה וליולדת והיה ביתו סמוך לו ושמע לא יצא דמסתמא לא נתכוין זה להוציא אלא החולה [מ״א]: (יח) מי שהיה מהלך בדרך וכו׳ אם נתכוון לצאת וכו׳. איתא בירושלמי לא שנו אלא בעובר אבל בעומד חזקה כיון ועיין בא״ר שכתב דכונת הירושלמי בעובר ועומד לשמוע קול תקיעות דאז אמרינן (יג) אף דאינו זוכר אם כיון אז לצאת מ״מ חזקה שכיון אבל בשהיה עומד בביתו לא אמרינן חזקה כיון. סומא חייב בתקיעות ואם היה מוחזק לתקוע בכל שנה וסלקוהו אם לא ימצאו בקי כמוהו יחזירוהו למנויו. ולכתחלה אין לסלקו מפני שהוא סומא אע״פ שנמצא בקי כמוהו [מ״א בשם הרדב״ז]: (יט) ושמע תקיעות משליח צבור וכו׳. ובלבד (יד) שלא עמד רחוק מביהכ״נ כ״כ שאפשר שלא ישמע קול שופר רק קול הברה:

שער הציון

(ז) לבוש: (ח) מ״א: (ט) דלא גרע ממי שאוסר ע״ע לזרוק צרור ליס דאסור ג״כ אף שלא נהנה מזה כיון שפירש בהדיא: (י) פר״ח אם לא שאמר מי שישמע קולי יתקע להוציאני דאסור [בשם הר״ן]: (יא) ומ״מ אינו מבורר דהא הו״ל מצוה הבאה בעבירה ולכמה פוסקים הוא לעיכובא אף דיעבד עיין סי׳ כ״ה וסי׳ תרמ״ט: (יב) מ״א בשם הרדב״ז: (יג) מ״א: (יד) ע״ז בסימן תקפ״ז וא״ר והגר״ז וש״א:

באר הגולה

ט הרמב״ם והגה׳ בשם רש״י וסמ״ג והאגור בשם רבי ישעיה י מימרא דרב שם כ״ח כ ר״ן ל משנה שם ל״ג מ מסקנת הגמרא שם נ כרבי זירא שם וכרבי יוסי ברייתא שם כ״ט דמצות צריכות כוונה ס משנה שם כ״ו

קיצור חזו״א

א במחבר ס״ח. שומע כמדבר (בעצמו) אינו אלא כששומע (מהמוציאו) ברכה ודיבור של מצוה. וכן לענין תקיעת שופר אינו יוצא בשמיעה, אלא בקול שופר של מצוה. הלכך אינו יוצא מחרש שוטה וקטן ולא ממתעסק, וכן כשלא כיון חברו להוציאו, דלדידי׳ לא הוי קול שופר של מצוה. כ״ט א׳, ד׳, קיצור.

סימן ס

דין ברכות לקריאת שמע ואם צריכים כונה.

ובו ה' סעיפים:

א א [א] **ברכה שניה** (א*) **אהבת עולם:** הגה [ב] א*) ויש אומרים אהבה רבה ב*) וכן נוהגין בכל אשכנז: ב א) [ג] **ואינה פותחת בברוך מפני שהיא סמוכה לברכת יוצר אור:** (ואם היא פוטרת ברכת התורה עיין לעיל ג*) סימן מ"ז):

ב ג [ד] **קרא קריאת שמע בלא ברכות יצא ידי חובת קריאת שמע** ד **א** [ה] **וחוזר וקורא** (א) **הברכות בלא קריאת שמע** [ו] **ונראה לי שטוב לחזור ולקרות קריאת שמע עם הברכות:**

ג ה **(א)** [ו*] **סדר הברכות** א **אינו מעכב ב שאם הקדים שניה לראשונה יצא ידי חובת ברכות:**

ד ו [ז] **יש אומרים שאין מצות צריכות כוונה** ז [ח] **ויש אומרים שצריכות כונה לצאת**

מגן אברהם

ס **א וחוזר וקורא.** ואפילו לא קראן כלל יצא ידי חובת קריאת שמע, א) עיין סימן נ"ח סעיף ו': **ב שאם הקדים.** ואע"ג דאינה פותחת בברוך, וכל ברכה שאין בה מלכות אינה ברכה, מכל מקום כיון דנתקנה סמוכה לחבירתה, אף כשקורא אותה בפני עצמה אין בה שם ומלכות (כסף משנה קריאת שמע א, ח). א) ובתשובות הרשב"א [ח"א] סימן שי"ז כתב הטעם, משום דהוי ברכה קצרה, ב) וצ"ע, ועיין בטור סימן ו'. **איתא בכוונות** [ל, א; שער הכוונות ענין כוונת יוצר] **ובכתבים** [פרי עץ חיים שער קריאת שמע פ"ג] **דהזכירות הללו הם מצות עשה, לכן כשיאמר ובנו בחרת, יזכור מתן תורה. וקרבתנו, מעמד הר סיני. לשמך הגדול, מעשה עמלק, שאין השם שלם. להודות לך, הפה לא נברא רק להודות ולא לדבר לשון הרע, וזהו זכירת מעשה מרים. וזכרתם את כל מצות ה', זהו שבת ששקולה כנגד כל המצות** [ירושלמי ברכות פ"א הלכה ה]. **וכשיאמר והביאנו לשלום מארבע כנפות הארץ, יניח הכנפות של הטלית שעל כתפיו ליפול למטה, עכ"ל. ובילקוט** [שמעוני] **פרשת בחקותי** [רמז תרעא] **מביא ג"כ זכור את אשר הקצפת** [את] **ה' אלהיך במדבר וגו'** [דברים ט, ז], **זכור בפה, ע"ש בשם (ספרי)** ו) [תורת כהנים] [ריש בחקותי]. **[ו]ונראה לי שיזכור זה כשיאמר באהבה, לאפוקי באותו פעם לא היו אוהבין השם. וצריך טעם** ד) **למה תקנו לקרות פרשת עמלק מה שלא תקנו**

ט"ז

ס **(א) סדר הברכות כו'.** בטור כתב זה בשם רב האי, ולא חילק בין יחיד לצבור. ותמה ב"י [ד"ה וברכות] שהרי הרא"ש [ברכות פ"ב סימן א] ורשב"א [שם יא, ב ד"ה ושמע] כתבו בשם רב האי לחלק בין יחיד לצבור, דהיינו דבצבור דוקא סדר אינו מעכב אבל ברכות עכ"פ מעכבות, וביחיד אפילו לא אמרן כלל אינו מעכב. ונראה דטעות סופר הוא בטור, וצ"ל אלא לענין זה קאמר בגמרא [שם יב, א] שאין מעכבות שאם שינה הסדר לומר ראשונה לבסוף ושניה תחלה אינו מעכב, ג) והביא דירושלמי [שם פ"ב הלכה א] מיירי דוקא ביחיד אבל בצבור מעכבין, ע"כ. ולענין הלכה פסק השו"ע ג) דלא כרב האי בחילוק יחיד וצבור, שכן מסקנת הרשב"א [שם]:

שערי תשובה

מלך נאמן ומכל מקום בהשלמת הג' תיבות יסמוך על מה ששומע מפי הש"ץ כשחוזר ה' אלקיכם אמת, אבל ביחיד יש לו לומר אל מלך נאמן, כיון שבזוהר [זהר חדש רות צה, א] קורא לו מעוות [קהלת א, טו] כו', ע"ש. ובשל"ה [עניני תפלה ד"ה אע"פ שאמרו] כתב שנראה בעיניו מנהג הספרדים שלא יענה אמן, ויסיים עם הש"ץ כדי שלא להפסיק בין האהבה לקבלת עול מלכות שמים. ולכן בין בשחרית ובין בערבית מסיים באהבה, ושוב אחר הפסוק של קריאת שמע חוזר ומתחיל ואהבת, ע"ש. ומכל מקום אם סיים קודם הש"ץ יש לענות אמן, ויכוון אל מלך נאמן כמו שכתוב בסימן ס"א [סעיף ג בהגה]. ועיין בפרח שושן כלל א' סימן ט"ו הטעם דלא יענה אמן, אע"ג דמותר להפסיק מפני יראה וכבוד כמו שכתוב בטור סימן ס"ו, כיון שעוסק בשבחו של מקום אין לו להפסיק בשבח אחר. וע"ש [בפרח שושן] שכתב במי שצריך להניח טלית ותפילין והוא אחר ברוך שאמר, לכתחילה יסמוך קצת פסוקי דזמרה, ויניחם בין מזמור למזמור, ובדיעבד אם הניחם בין ברוך שאמר לפסוקי דזמרה לא הפסיד הברכה, ע"ש. ועיין לעיל סימן נ"ג בבאר היטב ס"ק ג' **בשם גינת ורדים** [חלק או"ח כלל א סימן נא-נב] **ומה שכתבתי שם**, ולקמן סימן ס"ו [בבאר היטב ושערי תשובה ס"ק ו]:

ס (א) הברכות. עיין באר היטב. והנוהגין על פי האר"י ז"ל אומרים אהבת עולם כמו שכתב המחבר, רק בשבת י"ל אהבה רבה כמבואר בספר פרי עץ

באר היטב

ס **(א*) אהבת.** וכן גורס הזוהר והאר"י ז"ל [פרי עץ חיים שער קריאת שמע פ"ג]: **(א) הברכות.** ואפילו לא קראן כלל יצא ידי חובת קריאת שמע, עיין סימן נ"ח סעיף ו', [מ"א ס"ק א]. כתב בספר הכוונות ד' זכירות הם, והם [א',] ה) זכירות מתן תורה, כמו שכתוב [דברים ד, ט-י] זכור את יום אשר עמדת וגו'. ב', זכור את אשר עשה לך עמלק [שם כה, יז]. ג', זכור את אשר עשה ה' למרים וגו' [שם כד, ט]. ד', זכירת מצרים. והד' זכירות אלו יכוין, כשיאמר ובנו בחרת יכוין במעמד הר סיני ו). שאז בחר בנו מכל עם וקרבנו לקבל תורתו. לשמך הגדול, יכוין מעשה עמלק, כי אין השם מלא עד שימחה שם עמלק. להודות לך, יכוין שהפה והלשון נבראו כדי להודות ולהלל שמו, ולא לדבר לשון הרע, ובזה יזכור מעשה מרים. וזכירת מצרים יכוין בפרשת ציצית על פסוק אני ה' אלהיכם אשר הוצאתי אתכם מארץ מצרים, עכ"ל, [מ"א ס"ק ג]. וזכרתם את כל מצות זהו ציצית ששקולה נגד כל המצות [נדרים כה, א]. וכתב המ"א [שם] ובילקוט מביא ג"כ שצריך ג"כ לכוון זכור את

ביאור הגר"א

ס [א] [סעיף א] **ברכה כו'.** גירסת הרי"ף [ברכות ה, ב] ורא"ש [שם פ"א סימן יב] ורבנן אומרים אהבת עולם תניא נמי הכי אין אומרים אהבה רבה אלא אהבת עולם וכן הוא אומר כו', וטעות סופר בספרים שלנו. וכתב [הרי"ף] וקיימא לן כרבנן, דתניא כוותייהו. והא דאמר שם [ברכות יא, ב] השכים לשנות כו', ושם מאי ברכה אחת כו', הכל מימרא דשמואל הוא, ואזיל לטעמיה, אבל אנן קיימא לן כרבנן: [ב] [הגה] **ויש אומרים כו'.** מכל (מג"ל) [הנ"ל] [ס"ק א], מה שאין כן בערבית דלא מיירי שם, תוספות [שם ד"ה ורבנן] ורא"ש [שם]: [ג] [שו"ע] **ואינה כו'.** כמו שכתוב בפסחים ק"ד ב' וברכות מ"ו א'. ולא הוצרך שם אלא בברכה אחרונה, שקריאת שמע מפסקת ביניהם. ובמתניתין שם [ברכות יא, א] אחת ארוכה כו' פירש הרמב"ם [פירוש המשניות פ"א משנה ד] קצרה שאינה מתחלת בברוך, וכן פירש הרשב"א [שם ד"ה אחת], וכתב דאי אפשר לומר להאריך ולקצר כמשמען, דהא אמרינן [שם מ, ב] (מנימין) [בנימין] רעיא כו', ואמרינן [שם יב, א] פתח בדשכרא כו', אע"פ שמאריך לפירוש הרי"ף [שם ו, א]. ועוד הוכיח [הרשב"א] מירושלמי [שם פ"א הלכה ה] דלא כרש"י [שם יא, א ד"ה אחת ארוכה] ותוספות [שם ד"ה אחת], ועיין מה שכתבתי לקמן סימן ס"ט ג): [ד] [סעיף ב] **קרא כו'.** מתניתין ריש פרק ב' [ברכות יג, א] היה קורא כו', ואמר עלה בירושלמי [שם הלכה א] אמר ר' בא זאת אומרת ברכות אינן מעכבות. ואף שרב האי גאון [מובא ברשב"א שם יא, ב ד"ה ושמע] כתב דוקא ביחיד אבל בציבור מעכבות, כמו שכתוב שם י"ב א', דסדרן דוקא אינו מעכב, ושם בציבור, כמו שכתוב אמר להם הממונה, והוא הדין דמעכבות לקריאת שמע. מכל מקום הסכים הרשב"א [שם] לסברא ראשונה דהברכות לא קאי על קריאת שמע, דאם לא כן היאך מקילין להפסיק בין הפרקים, ומקילין בהן יותר מבאמצע, כסף משנה [קריאת שמע ב, יז]. ועיין מ"א סימן ר"ו ס"ק ד': [ה] **וחוזר כו'.** ר"ל, אף על גב דאינן מעכבות לקריאת שמע ויצא ידי חובת קריאת שמע אף אם לא בירך כלל, מכל מקום ידי חובת ברכות לא יצא ויכול לברך בלא קריאת שמע, כי לא נתקנו על קריאת שמע, שאינו מברך וצונו. וזה שכתוב בסוף פרק ג' [ברכות כב, ב] אם יכול לעלות כו', אף שאין פנאי לברך, ויברך אח"כ. ובסוף פרק קמא [שם י, ב] לא הפסיד הברכות, אף שהפסיד הקריאת שמע ואינו אלא כקורא בתורה. וזה שכתוב לעיל [ס"ק ד] סדרן אינו מעכב, ומברך אחר קריאת שמע. וגדולה מזו אמרו [שם יב, א] כל שלא אמר אמת ויציב שחרית כו': [ו] **ונראה לי כו'.** כדי לעמוד בתפלה מתוך דברי תורה, כמו שכתוב בירושלמי [ברכות] פרק קמא [הלכה ה] ר' יוסי ור' אחא נפקין לתעניתא כו', כמו שכתבתי לעיל ריש סימן נ"ח [ס"ק ד]. אע"ג דבעי למימחי להון, משום שקראו שלא בזמנו, כמו שכתוב שם: [ו*] [סעיף ג] **סדר הברכות כו'.** כנזכר לעיל [סעיף ב]: [ז] [סעיף ד] **יש אומרים כו'.** כמו שכתוב בראש השנה כ"ח [ע"א] **שלחו ליה כו'** אמר רבה ח) זאת אומרת כו', רבא אמר לצאת כו' [שם ע"ב], והוי ר' זירא [שם] יחיד לגבייהו. וכן ר' יוסי [שם כט, א] יחידאה הוא, דתנא קמא פליג עליה, כמו שכתוב בפרק ערבי פסחים קי"ד ב'. וכן מסקנא דסוגיא דריש פרק בתרא דערובין [צה, ב], וכן קיימא לן כרב בפרק ב' דחולין [לא, א] בנדה שנאנסה וטבלה, דרב נחמן סבירא ליה כותיה, כמו שכתבו שם הפוסקים: [ח] **ויש אומרים כו'.** כר' זירא בראש השנה שם [כח, ב], ואע"ג דשלחו ליה [שם ע"א]. דריש לקיש [פסחים שם] דייק מתניתין דפסחים ורבא ורבה ח) פליגי עליה. קיימא לן כר' זירא, ושם ע"א].

הגהות רעק"א

ס א) (מג"א סק"ב) **ובתשובות הרשב"א [וכו'] דהוי ברכה קצרה.** ומבואר בארוכה בתשובות (תולדות אדם) [הרשב"א] המיוחסות להרמב"ן [סימן קנב ורנב]: ב) (שם בא"ד) **וצ"ע.** דהא באמת מכל מקום ברכה קצרה בעינן ג"כ שם ומלכות, ובלא מלכות לא הוי ברכה (הגה, ובמחצית השקל כתב פירוש אחר):

באר הגולה

ס א. ברכות י"א [ע"ב] וכרבנן הרי"ף [שם ה, ב ורמב"ם קריאת שמע א, ו]: ב. טור: ג. [ברכות] שם י"ג [ע"א] וירושלמי (ד') [שם פ"ב הלכה א ורא"ש שם סימן א בשם רבינו חננאל ד) ורשב"א בתשובה ח"א סימן מז ושיט]: ד. רב האי [מובא ברשב"א ברכות יב, א ד"ה ושמע מינה ובשו"ת שם] והרשב"א [שם] מהיא דברכות דף י"ב [ע"א]: ה. ירושלמי (ד') [שם ורא"ש שם בשם רב האי]: ו. תוספות [שם יג, א ד"ה בקורא] ורבינו יונה [שם ז, א ד"ה היה]: ז. בעל הלכות גדולות [הלכות ברכות ריש פ"ב ופ"ז; סוף הלכות ראש השנה] והרא"ש בפרק (ב') [ג] דראש השנה [סימן יא]:

ציונים לרמ"א

ס א*) גמרא ברכות יא, ב וכרב יהודה אמר שמואל ותוספות שם ד"ה ורבנן ורא"ש שם פ"א סימן יב והטור בשם הגאונים: ב*) טור: ג*) סעיף ז:

הגהות והערות

ס א] ברש"י לא כתב מענין זה כלל, אלא רק גורס אהבה רבה, ע"ש:
ב] ממהדורת אמ"ד ת"פ ואילך הושמט:
ג] עיין ברכת אליהו דאולי צ"ל רע, דשם מובא הדין של פתח בדשיכרא:
ד] כ"כ בר"ח ריש פרק היה קורא דברכות אינן מעכבות, והביא את דברי הירושלמי. אך בקטע שלאחריו הוא מחלק בזה בין יחיד לציבור, עיין אור זרוע ח"א הלכות קריאת שמע סימן לא ובספר הגר בברכות שם שהביאו כן בשם הר"ח, אך ברא"ש כתב דהר"ח פליג על רב האי:
ה] תוספת מהדורת דובנא תק"פ:
ו] בבאר היטב הראשון כתב בזה"ל, כשיאמר ובנו בחרת יזכור מתן תורה, ובוקרבתנו מעמד הר סיני. וכן הוא במ"א:
ז] בילקוט העתיק את כל הנוסח מהתורת כהנים, אך כלשון הזה כתוב ג"כ בספרי דברים פיסקא רנו על מחיית עמלק:
ח] בגמרא הגירסא רבא אמנם גירסת הרא"ש שם "רבה":

משבצות זהב

ס **המחבר [סעיף א]** פסק אהבת עולם, ואין אהבה רבה, ומיהו רק התחלה יש שינוי ומכאן ואילך אין שינוי, עיין ב"ח [ד"ה ברכה] (ופירש"י) א [ופרישה] [אות א]. והא דבחרו בשחרית דווקא אהבה רבה ובערבית אהבת עולם, חדשים "לבקרים רבה" אמונתיך [איכה ג, כג], בשחר, פרישה [שם], ואהבת עולם אהבתיך כו' [ירמיה לא, ב], בערבית. ונוסח ספרדיים שחרית וערבית אהבת עולם, ר"מ פרק א' מקריאת שמע הלכה ו': **(א) סדר.** עיין ט"ז. עיין ב"י וב"ח [ד"ה וברכות] ופרישה [דרישה אות א] ועיין מה שכתבתי במ"א [אות] א'. ואבאר קצת, לרב האי אם קרא קריאת שמע בלא ברכות אף על פי שיצא ידי קריאת שמע ככל המצות, דקיימא לן ברכות אין מעכבות, מכל מקום ידי מצוה "כתקנה" לא יצא, וממילא כשחוזר ואומר הברכות אח"כ צריך לחזור ולקרות קריאת שמע ג"כ. והא דריש פרק היה קורא [ברכות יג, א] אם כיון [לבו] יצא ואין צריך לחזור ולקרות, ביחיד איירי, הא ציבור קורא קריאת שמע שנית עם ברכותיה. שנית סובר רב האי דברכות מעכבות "זו" את "זו" דאם לא אמר אלא אחת ולשניה לא אמר כלל, אף ידי אותה שאמר לא יצא, וברכה לבטלה הוה, כי חז"ל (מקנו) [תקנו] לומר דווקא שתיהם, וכהניא דברכות י"ב א' דאנשי מעמד היו אומרים אהבה רבה וכי מטא זמן יוצר אור אמרי, ולאו דחויא הוא, וכן פסק הר"מ ז"ל בפרק ו' מתמידין ומוספין הלכה ד' דאהבה רבה אמרי, (עיין מה שכתבתי בסימן נ"ח אשל אברהם אות ה). ויש נפקא מינה

אשל אברהם

ס **א וחוזר.** עיין מ"א. הנה האדון ז"ל דיבר בקצרה, והם דברים ארוכים. עיין טור וב"י [ד"ה וברכות] וב"ח [ד"ה וברכות] ופרישה [אות ג ודרישה אות א], כי הטור כתב על רב האי דסדר אין מעכב, הקדים שניה לראשונה וראשונה לשניה, כפל, (עיין פרישה אות ד ואליה רבה ס"ק ג כתב כן), אלא דהרא"ש [ברכות פ"ב סימן א] הביא דברי רבינו חננאל ורב האי שמע מינה תרתי הוה לרבינו חננאל מחלק בין ציבור ליחיד, אבל רב האי אין מחלק רק אם אמר הברכות רק שלא על הסדר, דהיינו הקדים אהבה רבה ליוצר אור, או תרווייהו לאחר קריאת שמע, או אמת ויציב קודם קריאת שמע יוצא ידי חובתו, אבל אם לא אמרם כלל אף ידי קריאת שמע לא יצא, וזהו הכפל. ומשום הכי אמר המ"א אל תטעה לומר כן בהמחבר שמה שכתב "וחוזר" וקורא הברכות שזהו מלה תנאיות היא, שאין כן אלא הוא ענין בפני עצמו שצריך לקראם, שאין חוזרים רק על הקריאת שמע שגם בפני עצמם ניתקנו, (עיין ב"י סימן מ"ו ד"ה וכתב וכן משמע ברכות י"ב ע"א כי מטא יוצר אור אמרי, ועיין באר הגולה אות ד), אבל ידי קריאת שמע יוצא אף לא אמרם כלל. ומה שכתב בסימן נ"ח סעיף ו', הוא דאם קרא קריאת שמע בשלש [שעות] אם יאמר הברכות בד', די"ל דווקא אם לא קרא כלל קריאת שמע בשלש דלהכסף משנה פרק א' מקריאת שמע [הלכה יג] קריאת שמע זמנה כל היום ורבנן עקרוה מיניה לאחר ד', משום הכי עד ד' תקנו קריאת שמע עם ברכותיה, מה שאין כן כהאי גוונא י"ל דבד' אין אומר הברכות. ויראה דאפילו הכי אומר הברכות, דאדרבה ברכות כל היום זמנם, דאין מברכין אשר קדשנו במצותיו וצונו על קריאת שמע, אלא חז"ל תקנו עד ד' כמו זמן תפלה. ומיהו הא קאמינא דכהאי גוונא אין שייך [לומר] ונראה לי דטוב לקרות קריאת שמע פעם שנית שיוצא ידי קריאת שמע כתקנה לחוש לרב האי לצאת כתקנה, אדרבה כבר עבר זמנה וכתקנה לומר עכ"פ קרא בג' שעות *: **ב שאם הקדים.** עיין מ"א. כסף משנה פרק א' מקריאת שמע הלכה ח', ועיין מה שכתבתי בט"ז [אות א]. מה שכתב בד' זכירות, ואי יציאת מצרים נוהג ביום ולילה דין תורה או לאו, אי"ה אבאר בסימן ס"ו וסימן ס"ז [משבצות זהב סוף אות א]. פרשת עמלק היינו

מחצית השקל

ס (ס"ק א) **וחוזר כו'. יצא ידי חובת קריאת שמע כו'.** באמת הרב ב"י [סוף ד"ה וברכות] כתב וז"ל, ומשמע מדבריהם דלמאן דאמר [ברכות יא, ב] ברכות מעכבות זו את זו כלומר שאם לא אמר אלא ברכה אחת כו' ואף ידי זו שבירך לא יצא, הוא הדין נמי אם קורא קריאת שמע בלא ברכותיה אף ידי קריאת שמע לא יצא, ולמאן דאמר ברכות אין מעכבות זו את זו אם קרא קריאת שמע בלא ברכותיה ידי קריאת שמע מיהו יצא, עכ"ל. וכיון דקיימא לן ברכות מעכבות זו את זו אלא דסדר ברכות אין מעכבות כדאיתא בסעיף ג', א"כ גם ידי קריאת שמע כתקנה לא יצא, ועל כרחך צ"ל דמה שכתב מ"א דיצא ידי קריאת שמע היינו מדאורייתא, אבל ידי קריאת שמע כתקנה באמת לא יצא: (ס"ק ב) **שאם כו'. וכל ברכה כו'.** הם תרי קושיות, ניהו כשסומך אהבה רבה ליוצר אור אין צריך ברכת אהבה לפתוח בברוך, כדין כל ברכה הסמוכה לחברתה שאין פותחת בברוך, וגם אפילו בחתימתה אין בה מלכות וכל ברכה שאין בה מלכות אינה ברכה, ואם סמכה ואמרה אחר יוצר אור לית לן בה, מכל מקום עכשיו כשאומר אהבה רבה בפני עצמה היה ראוי שתתחיל בברכה וגם להזכיר בה מלכות בפתיחתה: **דהוי ברכה קצרה וצ"ע.** ר"ל, דהא הוא מטבע ארוך ולמה קראה קצרה: **ועיין בטור סימן ו'.** ר"ל, שכתב שיש להסמיך אלקי נשמה לברכת התורה לפי שאינה פותחת בברוך לפי שהיא סמוכה לברכת התורה, לכן לא יפסיק ביניהם, ואע"ג שלפי דברי מ"א כיון שנתקנה סמוכה לחברתה אפילו אומרה בפני עצמה אין צריכה לפתוח בברכה, מכל מקום לכתחלה ודאי עדיף להסמיכה, וכאן איירי כגון שהוא אנוס: **איתא בכוונות כו' וצריך טעם כו' ועיין סוף סימן תרפ"ה.** ר"ל, דשם כתב מ"א דוודאי מן

לבושי שרד

דאמר קדוש קדוש הוי סיום ברכה, ודין זה נמשך ממילא דאם טעה באופנים מתחיל באופנים וכמו שכתבתי תחלה, וק"ל:

ס (א) **מ"א סק"א עיין סימן נ"ח.** דמבואר שם דאחר ד' שעות קורא קריאת שמע בלא הברכות. ואם איתא דלא יצא ידי חובת קריאת שמע בלא הברכות, הוה ליה כלא קרא כלל, ולמה יקרא קריאת שמע אחר ד' שעות: (ב) **ט"ז סק"א והיא דירושלמי.** ר"ל, דקאמר שם [בירושלמי] דברכות אין מעכבות כלל אפילו לא אמרן, מיירי ביחיד, ממילא לגירסא זו הזכיר הטור החילוק בין יחיד לצבור: (ג) **שם דלא כרב האי.** דאף על גב דהשו"ע כתב כאן סדר הברכות אינו מעכב, לא תידוק מיניה דברכות עכ"פ מעכבות, דזה אינו, דהמחבר סיים יצא ידי חובת ברכות, אבל ידי חובת קריאת שמע יצא אפילו לא אמר הברכות כלל, כמבואר בסעיף ב', וק"ל: (ד) **מג"א סק"ב למה תקנו לקרות.** ר"ל, שבת פרשת זכור:

אוצר מפרשים

ס א (שו"ע ס"ג) **אינו מעכב.** עיין בספר אליה רבה [ס"ק ב] בפירוש הטור ורב האי בזה, ועל תמיהת הב"י [ד"ה וברכות] בענין זה, ע"ש: (אשל אברהם, א)

עטרת זקנים

ס א] **ואינה פותחת בברוך כו'.** צ"ל כן אבינו אב הרחמן כו', ואין צ"ל כן תחנינו ותלמדינו, כי אין צריך אלא ד' פעמים לשון לימוד כמו שכתוב בפירוש של סדור, [ו]אי הוה גרסינן כן תחנינו ותלמדינו אז יהיו ה' פעמים לשון לימוד. ואין צ"ל הגיבור, אלא הגדול והנורא. וכשיגיע למארבע כנפות הארץ יקח ד' ציצית (שהם ד' כנפות הארץ) ב]. ויכוין להאיר עליה בד' ציצית שהם ד' כנפות הארץ הציצית של מלכות הנקראת ארץ, ויקבלה בידו בהיותם מפוזרים, כמו שיאירו הד' ציציות יחד המלכות. ויקבלם בידו השמאלית, ותשים בצד השמאל נגד הלב עד ונחמדים לעד (בספר לחם מן השמים):

חכמת שלמה

ס (סעיף ד) **יש אומרים שאין מצות צריכות כוונה וכו'.** נ"ב, הנה לדיעה זו גופא יש פלוגתא אם מכוין בפירוש שלא לצאת, אם גם בזו יצא או לאו. והנה נראה לי כעת ראיה ברורה דאם אין צריכות כוונה גם במכוין שלא לצאת יצא, ונפקא מינה למצוה דרבנן דלכולי עלמא אין צריכות כוונה אף במכוין שלא לצאת יצא. והראיה ממסכת מנחות דף ז' (ע"ב) [ע"א] דקאמר שם אמר ר' יוחנן זאת אומרת כלי שרת מקדשין שלא מדעת וכו', וקשה מה בכך שמקדשין שלא מדעת הרי כאן אפשר שיכוין בפירוש שלא לקדש כדי שיוכל אחר כך לקמוץ, ובעל כרחך מוכח אם לא בעינן דעת אף דהתנה בפירוש נמי לא מהני ובעל כרחך מקדש, א"כ הכי נמי אם מצות [אין] צריכות כוונה אף שמכוין או אומר בפירוש שלא לצאת יצא, וזה ראיה ברורה לפענ"ד בעזרת ה' ודו"ק. הנה מה שקשה על דעת הסוברים דאם כוון [שלא] לצאת לכולי עלמא לא יצא ממסכת ערכין ומסכת סוכה, עיין מה שכתבתי ליישב זה על נכון בתשובה בתבורי טוב טעם ודעת מהדורה ו' סימן קי"ב הלכות מזוזה בתשובה לק"ק ווישנילא, ע"ש ודו"ק. עיין במג"א ס"ק ג' בשם הרדב"ז דבמצוה דרבנן לכולי עלמא לא בעי כוונה, ונסתפקתי לפי מה שכתב הר"ן בראש השנה [יא, ב ד"ה ומתמהינן] גבי שומע מן המתעסק לא יצא, דאף למאן דאמר דלא בעי כוונה אם כוון לשם מצוה אחרת גרע, דמה מינה מחריב בה, עיי"ש. ויש לעיין בדרבנן מה דינו, אם בזה אף בדרבנן בעי כוונה כיון דכוון לשם מצוה אחרת, או בדרבנן אף בכהאי גוונא לא בעי כוונה. ונראה לכאורה להביא ראיה לזה מש"ס יומא דף (פ"ח ע"א) [פז, ב], דקאמר שם רב תפילת נעילה פוטרת של ערבית, ופריך מהברייתא דבמוצאי יום הכפורים מתפלל מעין שמונה עשרה וכו', ע"ש. וקשה מה פריך, נימא דרב מיירי באם בא לימלך תחלה אז אנו מורים לו שיכוון בתפילת נעילה לפטור אף מערבית, ואז באמת פטור, אבל הברייתא מיירי אם לא כוון בנעילה לפטור של ערבית, א"כ בזה לא גרע מאם התפלל ערבית ולא כוון לצאת בו ידי חובתו דלא יצא למאן דאמר דהוי חובה, א"כ מכל שכן דבנעילה לא מפטר אם לא כוון לשם ערבית. ואין לומר דפריך רב לשיטתו דסבירא ליה בחולין [לא, א] נדה שנאנסה וטבלה דמותרת, וסבירא ליה דמצות אין צריכות כוונה, דמה בכך הרי כאן כיון דהתפלל גם לנעילה ודאי דבעי כוונה וכמו שכתב הר"ן הנ"ל. ובעל כרחך הטעם כיון דתפלה דרבנן, ובדרבנן אף אם הוי למצוה אחרת נמי לא בעי כוונה, ודו"ק. ואין להקשות דאכתי לתרץ במכוין שלא לצאת בפירוש, זה אינו, דהרי הברייתא קא משמע לן הדין לכתחילה אין עושין ואמר בשחרית מתפלל שבע ומתודה בערבית מתפלל מעין שמונה עשרה, וא"כ אם איתא דבעינן דוקא שיכוון שלא לצאת ידי ערבית, הוה ליה להזכיר גם זה דבנעילה מתפלל שבע ויכוון שלא לצאת. ובעל כרחך מיירי דלא הוה כוונה בפירוש שלא לצאת, אבל אם בסתמא נמי לא יצא קשה שפיר כיון דלא נתן לו עצה זו, בעל כרחך מיירי דלא נתן לו עצה שיכוון לצאת ידי ערבית בעל כרחך מיירי בסתמא לכך לא יצא ידי ערבית, ורב מיירי אם רוצה לכוון לפטור גם את של ערבית אז פוטרת, ובעל כרחך דמצוה דרבנן אף שכוון לשם אחרת נמי לא בעי כוונה, ודו"ק היטב. ועיין בחיבורי על או"ח משנת חקל"ט בהלכות ציצית סימן ח' בתשובה לק"ק פודסייץ מה שכתבתי מדין זה, ע"ש ודו"ק. הנה דעת רבינו יונה [ברכות ו, א ד"ה אמנם] דאף למאן דאמר מצות אין צריכות כוונה, מכל מקום מה דהוה דיבור בעי כוונה בודאי, ובעל כרחך דדיבור אינו כמעשה. ולפענ"ד יש להוכיח מפירוש רש"י ממסכתא מנחות דף ב' ע"ב [ד"ה] אבל מחשבה דמנכרא לכל וכו' וז"ל, הך מחשבה דקדשים הוצאת דיבור בפה הוא וכו'. מה בעי רש"י בזה, ואין דרכו של רש"י להיות פסקן רק פרשן, וגם אין ענינו לכאן דוקא רק מוכיח הוה ליה לפרש כן. אך נראה דכוונת רש"י ליישב מה דקשה על רבנן [מנחות שם] למה פסלי רבנן, הרי קיימא לן [קידושין נט, ב] דמעשה מוציא מידי מעשה ומידי מחשבה, וא"כ כאן נמי דמעשיו מוכיחין עליו דהא למנחה זו, למה יופסל מכח מחשבתו שחושב להיפוך. לכך מפרש רש"י דהך מחשבה היינו דיבור, והדיבור הוי כמעשה ממש, כדאמרינן בעלמא [סנהדרין סה, א] עקימת שפתיו הוה מעשה, א"כ מעשה זו של הדיבור מוציא מידי מעשה המוכיח להיפוך. ויהיו די"ל להיפוך דהמעשה מוכיח מוציא מידי מעשה הדיבור, מכל מקום אלא כיון דשניהם שקולים א"כ מה אולמא דהך מהך, הרי יש לומר להיפוך נמי דמעשה הדיבור מוציא מידי מעשה המוכיח, וכיון דאיכא למימר כך ואיכא למימר כך שוב לחומרא אזלינן. ועוד, הרי אם יהיו שקולים סלק זה כנגד זה ונשאר המחשבה בלב ופוסל גם כן, או אף אם נשאר סתמא נמי פסול, דבעלמא בעלמא הוה סתמא כשר בקרבן גם מחשבה שבלב אינו פוסל, היינו מכח דיש כאן מעשה הקרבה עכ"פ, ויהיו דאינו מעשה המוכיח, מעשה עכ"פ הוה, לכך הוי סתמא לשמו וכשר, גם מחשבה שבלב אינו פוסל בזה. אבל כאן כיון דאיכא דיבור שלא לשמו דהוה נמי כמעשה, וא"כ סלק מעשה כנגד מעשה והוה כלא היה כאן מעשה כלל, לכך סתמא נמי פוסל, ומכל שכן מחשבה שבלב שפוסל שוב בזה, כן נראה לפענ"ד כוונת רש"י. ומזה יהיה מוכח דסבירא ליה לרש"י דדיבור הוה כמעשה ממש, ולא כרבינו יונה, ודו"ק. הנה מפורש בפוסקים דאף להסוברים דאין צריך כוונה מכל מקום במתכוון שלא לצאת לא יצא. ויש להסתפק אם די בלב, אם בלבו כוון שלא לצאת נמי לא יצא, או לא, רק דברים שבלב אינן דברים, ורק אם אמר שמכוין שלא לצאת אז לא יצא. והנה יש לפשוט זה ממה דגרסינן בירושלמי מסכת שבת פרק ר' אליעזר דמילה [פי"ט הלכה ב] וז"ל, תני ישראל מל את הכותי והכותי אינו מל את ישראל מפני שמכוין לשם הר גריזים דברי ר' יודן, אמר ר' יוסי וכי היכן מצינו שמילה צריכה כוונה יהא מל והולך עד שתצא נפשו, עכ"ל. והנה מה שכתוב יהא מל והולך עד שתצא נפשו אין לו הבנה, ופירוש הקרבן [ה]עדה [ד"ה עד] דחוק מאד. דמה לי קללה זו או אחרת. אך נראה הכוונה דהנה דעת התוספות דנכרי סתמא קעביד, ומה דסתמא לשמו קאי כשר בנכרי, ומה דסתמא לאו לשמו קאי פסול בנכרי. ולפי זה זה יהיה כוונת ר' יוסי, דר' יודן סבירא ליה דאף בסתמא לשמו קאי בעינן כוונה לשם מצוה, ולכך פוסל בנכרי שמא מכוונים להר גריזים, ואף דהוה רק דברים שבלב מכל מקום ניהו דאינו מועיל, והוה כמו סתמא, וסתמא נמי פסול. אבל ר' יוסי [סבירא ליה] דמה דסתמא לשמו קאי כשר בלא כוונה, רק במכוין שלא לשמו אז פסול, והרי בזה שוב דברים שבלב אינן דברים, שוב אינו מזיק רק אם אומר בפירוש כן, אבל בלב הוי דברים שבלב ואינן דברים. ולכך אמר ר' יוסי וכי היכן מצינו מילה לשמה, דהרי סתמא לשמו קאי, והיינו דאין לתלות שזה להנאתו, דהרי אטו יהיה מל והולך עד שתצא נפשו, היינו של הנימול, ודאי אין כוונתו לצאת נפשו, וא"כ אין כוונתו רק לתקן גברא, וא"כ הוה סתמא לשמו, וא"כ לא בעינן כוונה, שוב אף אם מכוין שלא לשמה הוי דברים שבלב ואינן דברים. ומוכח מזה דהיכי דלא בעי כוונה אף אם מכוין שלא לשמו לא מהני לקבלו, רק אם אומר בפירוש כן ולא בלב, כן נראה לפענ"ד כעת, אולי יזכיני ה' בזמן אחר לבאר יותר, ודו"ק היטב:

בעשיית אותה מצוה ג (ב) [ט] ג) וכן הלכה:

ה ס [י] **הקורא את שמע ולא** כיוון לבו **בפסוק ראשון שהוא שמע ישראל לא יצא** ידי חובתו והשאר **אם לא** כיוון לבו **אפילו** היה קורא בתורה **או** מגיה הפרשיות האלו בעונת קריאת שמע ד **יצא והוא** שכיון לבו בפסוק (ג) ראשון:

סימן סא

דין במה צריך לדקדק ולכוון בקריאת שמע.

ובו כ"ו סעיפים:

א א א) [א] **יקרא** קריאת שמע (א) בכונה **(א)** [ב] **באימה ביראה ברתת וזיע:**

ב ב [ג] **אשר אנכי מצוך היום** היינו לומר בכל יום יהיו בעיניך כחדשים **ולא** כמי שכבר **שמע** אותו הרבה **פעמים** שאינו **חביב אצלו:**

ג ג בקריאת שמע **יש** (א) **רמ"ה תיבות** ב) וכדי להשלים **רמ"ח** כנגד **אבריו של אדם** [ד] **מסיים** שליח ציבור **ה' אלהיכם אמת א** ג) **וחוזר ואומר** בקול

מגן אברהם

בזכירות אחרים, עיין סוף סימן תרפ"ה [סעיף ז]. וי"ל דמתן תורה יש לנו חג עצרת, והוא הדין שבת. ומעשה מרים ומעשה עגל לא תקנו, מפני שהיא גנותו של ישראל: ג וכן הלכה. ודוקא במצוה דאורייתא, אבל מצוה דרבנן אין צריך כוונה (רדב"ז חלק א' כ"ד סימן אלף לד י) ומשפט צדק חלק ב' סימן ס"ב כנסת הגדולה סימן תקפ"ט הגה"ט): ד יצא. אע"ג דבסעיף ד' פסק דמצות בעי כוונה, היינו שיכוין לצאת, אבל כוונת הלב שישים על לבו מה שהוא אומר, אין צריך אלא בפסוק ראשון, עיין ב"י סימן ס"ג [ד"ה כתב הרמב"ם, ובשו"ע] סעיף ד' בשם הרשב"א [ברכות יג, ב ד"ה שמע]. ואע"ג דאמרינן בגמרא [שם יג, א] בקורא להגיה לא יצא, היינו כשאינו קורא כהלכתו, כמו שכתבו תלמידי רבינו יונה [שם ז, א ד"ה היה], אבל בקורא כהלכתו יצא, כן נראה לי. ובכסף משנה [קריאת שמע] פרק ב' [הלכה א] משמע דסבירא ליה דאפילו לא כיון לצאת רק בפסוק ראשון יצא. וכן משמע לשון הרמב"ם [שם], ה) ועיין מה שכתבתי סימן ס"ג סעיף ה' [ס"ק ח]:

סא א וחוזר ואומר. ובמקום שלא נהגו לחזור אין מוחין בידם (פנים חדשות הלכות ק"ש וברכותיה ב, א בשם ר"ל חביב שו"ת רלב"ח סימן ע"ג ור"מ אלשקר סימן (טו) [סו] ורש"ך ח"ג סימן (ל"ג) [לא] ורא"ם חלק א' סימן א' ועיין שם סימן ב'). ובספר עשרה מאמרות מאמר אם כל חי ח"א סימן (י"ג) [יז] ד) כתב דש"ץ אינו אומר בלחש אמת, ויחיד אומר בלחש אמת ואינו חוזר ואומר אמת, ונמצא דהוי רמ"ח תיבות מכוון. אבל אם אומר בלחש אמת וחוזר ואומר אמת, הוי רמ"ט תיבות, עכ"ל. ובזה מיושב פשטא דתלמודא [ברכות

ט"ז מגן דוד

סא (א) באימה ביראה כו'. בטור הביא המדרש [ויקרא רבה פרשה כז, ו] לא הטרחתי עליכם לקרותה לא עומדים ולא פרועי ראש כו'. משמע דטרחא לא בעינן, אבל אי עביד אינש בפריעת ראש שפיר דמי, ואע"ג דלענין לא עומדים אמרינן בסימן ס"ג [סעיף ב] דמי שקורא מעומד הוא עבריינא, שאני התם שאין לו לעמוד בחנם, דבזה עובר על דברי בית הלל [ברכות י, ב], ולולי זאת אין איסור בדבר מצד עצמו, משום הכי אמר שפיר שלא הטריח אותנו בעמידה, אבל אין איסור בדבר. אלא לענין פריעת הראש קשה, דהא יש איסור בפריעת ראש כדאיתא פרק כל כתבי [שבת קיח, ב], וכמו שכתב הטור לעיל בסימן ב' דצריך שיכסה ראשו דיש בזה קלות ראש, וכמו שכתבתי בסימן ח' [ס"ק ג]. ונראה לי דלא קשה מידי, דמידי הוא טעמא דאסור בגילוי הראש משום קלות ראש, שהוא כאלו אין עליו עול, וכאן שצריך עכ"פ אימה ורתת וזיעה, אי הוה אז בגילוי הראש הוי נמי דרך אימה, אלא שלא הטריחנו

באר הגולה

ת. רמב"ם פרק ב' מהלכות (ת') [קריאת שמע] [הלכה א] וכרבי מאיר שם בדף י"ג [ע"ב]:

סא א. טור ורב עמרם [ח"א סימן כז ע"פ ויקרא רבה פרשה כז, ו]:

ב. (ויקרא רבה פיסקא בחודש השלישי) א) [ספרי דברים פיסקא לג ורב עמרם שם]:

ג. זוהר סוף פרשת וירא אליו יי' ב) ובתיקונים תיקון (י"א) [י] [ומזהר חדש רות ל, ג וב"י ד"ה יש נוהגים בשם מנהג ספרד ומהר"י אבוהב ואבודרהם עמוד עז]:

ערך לחם למהריק"ש

סא סעיף ג מסיים שליח ציבור ה' אלדיכם אמת. נהגו שפעם אחת אומר אותו בלחש והשני שאומר להוציא הציבור אומרו בקול רם, והטעם דכיון דאמת חותמו של הקדוש ברוך הוא [שבת נה, א] אם אומר אותו בקול רם שתי פעמים מיחזי כשתי רשויות: וחזרת שלש תיבות אלו ולא אחרות הוא מוכרח להשלמת רמ"ח כדאיתא בזוהר [זוהר חדש רות לה, א]:

שערי תשובה

חיים [שער קריאת שמע פרק ג]. וכתב בשלמי ציבור [צב, א] קבלתי בשם מהר"ם ווילנא ז"ל שביום הכפורים י"ל אהבה רבה, ודברים של טעם הם למביני מדע כו'. וע"ש שכתב שבכת"י מהרח"ו מצאתי שצ"ל ליראה ולאהבה את שמך, ע"ש: (ב) וכן הלכה. עיין באר היטב. וכן כתב הפרי חדש סימן תפ"ט [אות ד], ועיין בברכי יוסף שם [אות יג]:

סא (א) בכונה. עיין באר היטב. ומחזיק ברכה [אות א] כתב שבזוהר חדש [פרשת אחרי מות עז, א] מפליג בעונש מי שאינו מכוון, דפרשה ראשונה

באר היטב

אשר הקלפת את ה' אלהיך וגו', ויכוין זה באומרו באהבה לאפוקי באותו פעם שלא היה באהבה, ע"ש. וקודם קריאת שמע יכוין לקיים מצות עשה של קריאת שמע. מי שהיה מברך ברכות קריאת שמע ומלא עצמו (בהאל הגדול) [בהגדול], ונסתפק לו אי קאי בשם קדשך הגדול בטחנו שבאהבת עולם, או בהגבור והנורא קדוש הוא שבברכת יוצר אור, חוזר לברכה ראשונה, פרי הארץ חלק או"ח סימן ג'. אבל בתשובת גינת ורדים חלק או"ח כלל א' סימן י"א פסק שאינו חוזר לברכה ראשונה, דספר ברכות להקל. ומהיות טוב יחזור לראש ברכה שניה, ע"ש, וכן פסק היד אהרן [הגה"ט], ע"ש. ועיין לקמן סימן ס"ז [סעיף א]: (ב) וכן הלכה. ודוקא במצוה דאורייתא, אבל מצוה דרבנן אין צריך כוונה, רדב"ז, מ"א [ס"ק ג]: (ג) ראשון. אע"ג דבסעיף ד' פסק דמצות בעי כוונה, היינו שיכוין לצאת, אבל כוונת הלב שישים על לבו מה שהוא אומר, אין צריך אלא בפסוק ראשון, עיין מ"א [ס"ק ד]. ועיקר הכונה עד על לבבך. ועיין סימן ס"ג סעיף ד' ועיין כסף משנה, [מ"א שם]:

סא (א) בכונה. תוספות בסוף פרק קמא [ברכות יג, ב ד"ה בקשו] כתבו דבירושלמי [שם פ"א הלכה ה] אמרו, דלהכי ג' פרשיות שתקנו בקריאת שמע לפי שבהן עשרת הדברות. על כן צריך האדם לכוין בהם באמירת קריאת שמע, אם עבר על אחת מהם. בה' אלהינו, יקבל דיבור אנכי ה' אלקיך. ה' אחד, דיבור לא יהיה לך. ובפסוק ואהבת, יקבל דיבור לא תשא. ובפסוק וכתבתם, דיבור לא תחמוד. ובפסוק ואספת, דיבור לא תגנוב. ובפסוק ואבדתם מהרה, דיבור לא תרצח. ובפסוק למען ירבו ימיכם, דיבור כבד את אביך. ובפסוק ולא תתורו, דיבור [ו]לא תנאף. ובפסוק למען תזכרו, דיבור זכור את יום השבת,

ביאור הגר"א

שם כותיה, ור' יוסי נימוקו עמו. ובירושלמי ט) על מתניתין דראש השנה שם [פ"ג הלכה ז] היה עובר כו', דייק הדא אמר מצות צריכות כוונה. ותניא נמי הכי [ראש השנה כח, ב] נתכוין שומע ולא נתכוין משמיע כו'. ואע"ג דבגמרא [שם] שנינהו, שנויי דחיקי נינהו. וגם הא דשלחו ליה כבר פסק הרמב"ם [חמץ ומצה ו, ג], אע"ג דסבירא ליה [שופר ב, ד] כר' זירא, כמו שכתב הר"ן [ראש השנה ז, ב ד"ה לפיכך] דלר' זירא אמרינן כמו שכתוב שם [ע"א] מהו דתימא התם אכול כו', דלא כרבא [שם]. וגם ליכא למימר דר' זירא סבירא ליה ג"כ דאין צריכות כוונה, והא דאמר איכוין כו' לשם תקיעה כל דהו כמו שפירשו קצת מפרשים דהא אוקים ליה כר' יוסי, ור' יוסי סבירא ליה בערבי פסחים [שם] דצריכות כוונה, ועיין תוספות שם קט"ו א' ד"ה מתקיף כו': [ט] וכן הלכה. דפשטא דמתניתין וברייתות דסוף פרק ג' דראש השנה כן משמע, ושינויי דגמרא שינויי דחיקי נינהו, כנזכר לעיל [ס"ק ח], וכן בירושלמי הנ"ל [שם]: [י] [סעיף ה] הקורא כו'. דסבירא ליה [רמב"ם קריאת שמע ב, א] מדקבע שם [ברכות יג, א] כל הסוגיא עד כאן בעי כוונה בתר דאמר שמע מינה מצות כו' בקורא כו', משמע דשאר אף בקורא להגיה, ועיין רשב"א בחידושיו [שם ע"ב ד"ה שמע ישראל] ובתשובה [ח"א] סימן שד"מ שתמה על דבריו:

סא [א] [סעיף א] יקרא קריאת שמע בכונה כו'. דלא אמרו [ברכות יג, ב] עד כאן צריכות כוונה אלא בדיעבד: [ב] באימה כו'. ממה שכתוב במדרש [ויקרא רבה פרשת אמור פרשה כ"ז [סימן ו] אמר ר' יצחק משל למלך ששלח כו' לא עומדין על רגליכם כו', משמע הא אינך צריך: [ג] [סעיף ב] אשר כו'. ספרי פרשת ואתחנן [דברים פיסקא לג]: [ד] [סעיף ג] מסיים כו'. אבל בגמרא [שם יד, ב] משמע דהיחיד מסיים אמת ואינו חוזר, כמו שכתוב שם חוזר ואומר כו'. אבל הש"ץ אינו מסיים תחלה באמת, כמו שכתוב שם ההוא דנחית כו' כל אמת כו'. וודאי כי אמת עולה מן המנין, אע"ג דהוא מן הברכה, וראיה, שאף ט"ו ווי"ן עולין, וכל שכן לפי פירוש הרב בהג"ה ויש עוד טעם אחר כו'. אלמא אמת עולה מן המנין. ודבריו עיקר, כמו שכתבתי שם [ס"ק ח] וכן כתב המ"א

הגהות רעק"א

ג) (שו"ע ס"ד) וכן הלכה. עיין בפרי מגדים בפתיחה להלכות ברכות השחר [ד"ה עוד ראיתי], די"ל דמדין ספק דאורייתא הוא, [ע"כ]. ואם עשה מצוה [כת"י] בלא כוונה י"ל דחוזר לעשות המצוה בכוונה מספק, ולא יברך:

הגהות והערות

ט] לפנינו בירושלמי ליתא, עיין השמטות הירושלמי ראש השנה פ"ג ד"ה ברא"ש. ומקורו ברא"ש שם סימן יא:

י) עיין עוד במ"א סימן לד:

סא א] עיין מחצה"ש סוף אות א, ולכאורה גם פיסקא שור או כשב קאי על מש"כ בסעיף א ולא על סעיף ב, וכ"כ בביאור הגר"א ס"ק ג:

ב] כך הביא הב"י ד"ה יש נוהגים, לפנינו ליתא בזוהר שם:

ג] בכת"י פיסקא זו נמצאת בסוף ס"ק ד וכאן נמצאת הפיסקא שלפנינו בדפוס ס"ק ב וצ"ב:

ד] תוקן ע"פ מקור חיים:

ה] ועי"ש במחצית השקל ס"ק ט:

ו] קטע זה נדפס בכל הדפוסים בסוף סימן קו, ומקומו כאן, ואינו מבעל עטרת זקנים אלא תוספת של המדפיס, וכתב שם בריש דבריו בזה"ל, מקום כבודו הוא בסימן ס"א כו':

ז] עיין באר הגולה אות ג:

ח] תוקן במהדורת ווארשא תרל"ז:

ט] כ"כ בדפ"ר ובאליה רבה. ובאבודרהם כתב ואז תקבל עליך עול מלכות שמים:

י) תוקן במהדורת ווארשא תרל"ז:

הגהות הסמ"ע

סא סעיף ג וחוזר ואומר. [כ"כ] הזוהר [פרשת] וירא:

ערוך השלחן

סימן ס'

סעיף א

ברכה שניה היא אהבה רבה לפי נוסח אשכנז ואהבת עולם לפי נוסח ספרד ובגמרא [י"א:] יש פלוגתא בזה וכתבו רבותינו בעלי התוספות דלכן תקנו לומר בשחרית אהבה רבה ובערבית אהבת עולם ע"ש וזהו כנוסח אשכנז והרי"ף פסק אהבת עולם והמעיין בגמרא ובר"יף יראה שיש שינוי נוסחא מהגמרא להרי"ף דבגמ' גרסינן תניא נמי הכי אין אומרים אהבת עולם אלא אהבה רבה ובר"יף הגירסא תניא נמי הכי אין אומרים אהבה רבה אלא אהבת עולם ע"ש והטור כתב בשם הגאונים אהבה רבה ותמיהני שהפוסקים לא הביאו גירסת הגמרא כלל [ולא אבין לגירסת הרי"ף למה צריכה הברייתא לומר אין אומרים אהבה רבה אלא אהבת עולם וה"ל לומר אומר אהבת עולם ולגירסא שלנו ניחא משום דבקרא מצינו אהבת עולם בירמיה ל"א לכן אומר שאין לומר כלשון הכתוב אמר להרי"ף קשה דהא בקרא לא מצינו לשון אהבה רבה וי"ל ע"פ המבואר בפרי עץ חיים דאהבה רבה מדריגה גבוהה מאהבת עולם אך בזמן הזה א"א לומר כן וזהו שאומר אף על פי שמדריגה גבוה היא מ"מ אין לומר כן ודו"ק]:

סעיף ב

אם ברכת אהבה רבה פוטרת ברכת התורה נתבאר בסי' מ"ז וסדר הברכות אינו מעכב שאם הקדים אהבה רבה ליוצר אור אומר אח"כ יוצר אור וא"צ לומר עוד פעם אהבה רבה ומ"מ אין ברכה זו פותחת בברוך מפני שבעיקר תקנתה היא אחר יוצר והוה סמוכה לחבירתה וכן הק"ש אינו שייך להברכות דאם קרא ק"ש בלא הברכות יצא ידי חובת ק"ש מדאורייתא וחוזר וקורא הברכות בלא ק"ש ומ"מ כתב רבינו הב"י בסעיף ב' שטוב יותר לחזור ולקרא ק"ש עם הברכות ע"ש ופשיטא שכן הוא דעיקר תקנתא דרבנן לקרא ק"ש על סדר הברכות וא"כ גם ידי ק"ש כתקונה לא יצא [מחה"ש סק"א. וגם בב"י מוכח כן ודו"ק] ודוקא סדר הברכות אין מעכבות אבל הברכות עצמן מעכבות בין ביחיד בין בצבור ודלא כמי שסובר דביחיד לגמרי אין מעכבות דאינו כן [עב"י וט"ז ודו"ק]:

סעיף ג

נכון הוא שכשיאמר ובנו בחרת וכו' לזכור מעמד הר סיני שאז בחר בנו כדכתיב [דברים ד, ט] פן תשכח את הדברים וגו' יום אשר עמדת לפני ה' אלהיך בחורב וכשיאמר לשמך הגדול יזכור מעשה עמלק דאין השם שלם עד שימחה זרעו של עמלק וכדכתיב [דברים כה, יז] זכור את אשר עשה לך וגו' וכשיאמר להודות לך יזכור שהפה נברא להודות לו ית' ולא לדבר לשון הרע ויזכור מעשה מרים כדכתיב [דברים כד, ט] זכור את אשר עשה ה' אלהיך למרים וגו' וכשיאמר באהבה יזכור על מה דכתיב [דברים ט, ז] זכור את אשר הקצפת את ה' אלהיך במדבר וכשיאמר וזכרתם את כל מצות ה' יזכור על שבת שקולה כנגד כל המצות וכדכתיב [שמות כ, ז] זכור את יום השבת כלומר שלעולם תזכור יום השבת וכמאמרם ז"ל [פסיקתא רבתי כ"ג] מחד בשבתא לשבתא ולכן בשיר של יום אנו אומרים היום יום ראשון בשבת וכו' וכשיאמר מארבע כנפות הארץ יניח כנפי הטלית שעל כתפיו לפול למטה [מג"א סק"ב ואנו אין חוששין לזה ועי' בפרע"ח שער הק"ש פ"ג ותבין על מה שאין נוהגין כן ודו"ק]:

סעיף ד

ודע דזכירות אלו יש שאומרים אותם אחר התפלה ונדפסו בסידורים ששה זכירות זכירת יציאת מצרים זכירת מתן תורה זכירת עמלק זכירה דהקצפה זכירת מרים וזכירת שבת ואינו אלא הידור בעלמא דלא מצינו בגמרא ובפוסקים חיוב זכירות אלו רק זכירת יציאת מצרים הוא חיוב בכל יום ערב ובוקר מדאורייתא וזכירת עמלק הוא חיוב מדאורייתא לקרא פעם אחת בשנה ולכן קיי"ל דפרשה זכור היא מן התורה כמו שיתבאר בסי' תרפ"ה וזכירת שבת היא חיוב בכל שבת לזכור בתפלה ובקידוש כדדרשינן זכור את יום השבת זכרהו על היין אבל שארי הג' זכירות לא מצינו חיוב כלל להזכירם [עמג"א ססק"ב ודוחק דאם התורה חייבה להזכירם אין לנו להביט על הגנאי ועוד למה זכירת יצ"מ פעמים בכל יום וזכירת עמלק פעם אחת בשנה וזכירת שבת בכל שבת]:

סעיף ה

ויראה לי דהענין כן הוא דזכירת יציאת מצרים כתבה התורה [דברים טז, ג] למען תזכור את יום צאתך מארץ מצרים כל ימי חייך וזהו כמו דכתיב שתזכור בכל יום ומכל מרבינן הלילות כדאיתא ספ"ק דברכות הרי צותה התורה מפורש להזכיר בכל יום ובזכירת עמלק כתיב [דברים כה, יט] והיה בהניח וגו' תמחה את זכר וגו' וגילתה התורה דתכלית זכירה זו כדי לקיים תמחה וזהו לעתיד לבא כמובן ולכן די כשנזכירה פעם בשנה שבכל שנה אנו מצפים לתכליתינו בחדש ניסן כמו שאמרו חז"ל [ראש השנה י"א.] בניסן נגאלו ובניסן עתידין וכו' ולכן מסמיכין זכירת עמלק קודם פורים הסמוך לניסן וזכירת שבת כיון דכתיב זכור את יום השבת לקדשו בע"כ דהזכירה הוא רק על יום השבת דאין קידוש אלא בשבת אבל במתן תורה לא כתיב כלל לשון זכירה וכן כתוב בתורה רק השמר לך וגו' פן תשכח וגו' יום אשר עמדת לפני ה' אלהיך בחורב וזהו שמירה בלב דזכור דרשו חז"ל במגילה [י"ח.] ובספרא שהוא בפה ובכאן לא כתיב זכירה ושמירה בלב אנו מקיימין בכל עת ובכל שעה בקיום התורה והמצוה וזכירה דהקצפה נראה להדיא שנאמרה רק לדור המדבר דהכי מוכחי קראי בפ' עקב שהתחיל שמע ישראל אתה עובר היום את הירדן וגו' לא בצדקתך וגו' אתה בא לרשת את ארצם וגו' וידעת כי לא בצדקתך וגו' כי עם קשה עורף אתה זכור אל תשכח את אשר הקצפת וגו' הרי מפורש שלדור המדבר נאמרה וכן בזכירת מרים דרישא דקרא הוא השמר בנגע הצרעת ואינו בזמן הזה ואינו בח"ל ובספרי מסמיך זה על איסור לשון הרע והוא איסור ככל

האיסורים ואינו בזכירה והזכירה היא על נגע הצרעת לעשות כדין [כנלע"ד]:

סעיף ו

כתב רבינו הב"י בסעיף ד' י"א שאין מצות צריכות כונה וי"א שצריכות כונה לצאת בעשיית אותה מצוה וכן הלכה עכ"ל ובסעיף ה' כתב הקורא את שמע ולא כיון לבו בפסוק ראשון שהוא שמע ישראל לא יצא ידי חובתו והשאר אם לא כיון לבו אפילו היה קורא בתורה או מגיה הפרשיות האלו בעונת ק"ש יצא והוא שכיון לבו בפסוק ראשון עכ"ל ביאור דבריו שיש מחלוקת בין הפוסקים אם כל מי שעושה מצוה צריך לכוין שיצא י"ח מצוה בעשיה זו או אם א"צ לכוין לצאת י"ח המצוה אלא אף לא כיון יצא י"ח מצוה ויתבאר זה בסי' תרפ"ט ויש מהראשונים שאמרו דאפילו למאן דס"ל מצות א"צ כונה זהו במצות מעשיות דעשייתו הוי כונת המצוה אבל מצוה התלויה בדיבור ודאי צריך כונה דבלא כונה הוה כאינו עושה כלום [תר"י ספ"ק דברכות]:

סעיף ז

והנה רבינו הב"י פסק דמצות צריכות כונה דכן דעת רוב הפוסקים וזה שכתב בסעיף ה' אינו לכונת המצוה אלא ענין אחר והיינו לשום על לבו מה שאומר ולכן פסוק שמע ישראל שהוא עיקר קבלת עול מלכות שמים צריך לשום על לבו דאל"כ אין זה קבלת מלכות שמים כלל והוי כתפלה בלא כונה [מג"א סי' ס"ג סק"ז] ולכן אם לא כיון צריך לחזור ולאומרו בכונה כמ"ש בסי' ס"ג ע"ש אבל השאר אפילו לא כיון כיון שאמר התיבות כולן יצא והרי אף בתפלה אם לא כיון א"צ לחזור אף בברכה ראשונה כמ"ש לקמן סי' ק"א ותפלה רחמי נינהו דודאי צריך כונה כ"ש בק"ש [עמג"א סק"ד שכתב בשם הכ"מ דאפילו לא כיון לצאת רק בפסוק ראשון יצא והולכים לשיטתם דמדאורייתא יצא ידי ק"ש בפסוק ראשון וכמ"ש בסי' ס"ג סק"ח ע"ש ומצוה דרבנן א"צ כונה כמ"ש בסק"ג ואין כן דעת האחרונים כמ"ש בסי' נ"ח סעיף ט"ו ולדעתינו שם בסעיף ט"ז כולן מן התורה ע"ש ודו"ק]:

סעיף ח

לפי מה דקיי"ל מצות צריכות כונה יש ליזהר בכל מצוה לכוין לשם מצוה וא"צ לכוין לשם מצוה זו אלא סתם לשם מצוה דכן מבואר מרש"י ריש פ"ב דברכות שכתב מצות צריכות כונה שיהא מתכוין לשם מצוה ע"ש והכונה היא בלב וא"צ אמירה בפה ואף על גב דבקדשים אמרינן ספ"ד דזבחים לשם ששה דברים הזבח נזבח וכו' ומשמע בריש זבחים דהיא אמירה בפה ע"ש זהו משום שיש כמה מינים בקרבנות לפיכך צ"ל לשם איזה מין הוא זובח והנה בשם אמרינן דסתמא נמי כשר דסתמן לשמן קאי ע"ש ואין לשאול דא"כ למה צריכות מצות כונה וכי עדיפי מקדשים דגם סתמא כשר דאין זה דמיון דהתם הבהמה כבר הוקדשה לפיכך גם בסתמא עומדת בקדושתה משא"כ בשארי דברים שהם צריכים עתה להתקדש בקדושת המצוה ואם לא יכוין עתה לשם מצוה אינו כלום וכן מוכח מלשון רש"י שם שכתב בסתמן לשמן עומדים הלכך כל כמה דלא עקר שמייהו בהדיא הוי לשמן עכ"ל הרי שכתב דלא עקר שמייהו כלומר הקדושה הקודמת [ומה שהקשה שם מאשה משום דהיה סבור לדמות אשה להקדש כדאמרינן ריש קדושין דאסר אכולי עלמא כהקדש ומ"מ תירץ דלאו לגירושין עומדת]:

סעיף ט

ונוהגין לקבץ הציצת בעת שאומרים והביאנו לשלום מארבע כנפות הארץ ויש נוהגים ליטול רק השני ציצת שלפניו וכשמגיע לוראיתם אותו נוהגין להסתכל בהציצת ונוהגין לנשק הציצת וכל אלו הדברים לחיבוב מצוה ומדינא אינו מעכב:

מקדושה (ז) (כח) ואילך, ואם טעה קודם קדושה צריך להתחיל (כט) בראש (הר״י והרא״ש פרק אין עומדין והגהות מיימוני פ״י מהלכות תפלה וטור):

ס דין ברכות לקריאת שמע ואם צריכים כוונה, ובו ה׳ סעיפים:

א [א]ברכה שניה (א) ׳אהבת עולם׳ (הגה ויש אומרים ׳אהבה רבה׳ (ב) וכן נוהגין בכל אשכנז). [ב]ואינה פותחת ב׳ברוך׳ מפני שהיא סמוכה לברכת ׳יוצר אור׳. ואם היא פוטרת ברכת התורה, עיין לעיל סימן מז: ב [ג]קרא קריאת שמע בלא ברכה יצא ידי חובת קריאת שמע, (ג) [ד]וחוזר וקורא (ח) [ח] הברכות בלא קריאת שמע. *ונראה לי שטוב לחזור ולקרות קריאת שמע (ד) עם הברכות: ג [ה]סדר הברכות אינו מעכב, *שאם הקדים (ה) שניה לראשונה (ו) יצא ידי חובת ברכות: ד (ז) [ו]*יש אומרים שאין מצוות צריכות כוונה

א ברכות י״א וכרבנן הרי״ף ב טור ג שם י״ג ובירושלמי דף ד׳ ד רב האי והרשב״א מההיא דברכות דף י״ב ה ירושלמי ד׳ ו תוספות ורבינו יונה

באר היטב

(ז) ואילך. טעה מאופנים ואילך אין צריך לחזור, אלא מלאל ברוך ואילך דמשם ואילך כתחלת ברכה. טעה באופנים מתחיל מאופנים ואילך, כיון שסיים קדוש סיים הברכה, עמ״א:

(ח) הברכות. ואפילו לא קראן כלל יצא ידי חובת קריאת שמע, עיין סימן נח סעיף ו. כתוב בספר הכוונות: ד׳ זכירות הם והם א׳ זכירת מתן תורה כמה שנאמר זכור את יום אשר עמדת וגו׳, ב׳ זכור את אשר עשה לך עמלק, ג׳ זכור את אשר עשה ה׳ למרים וגו׳, ד׳ זכירת מצרים. והד׳ זכירות

שערי תשובה

[ח] הברכות. עבה״ט. והנוהגין עפ״י האר״י ז״ל אומרים אהבת עולם כמ״ש המחבר, רק בשבת י״ל אהבה רבה כמבואר בספר פע״ח. וכתב בש״צ

משנה ברורה

נעימות״: (כח) ואילך. אם ב״אופנים״ טעה צריך להתחיל מ״והאופנים״, ואם ב״לאל ברוך נעימות״ צריך לחזור לתחלת ״לאל ברוך נעימות״. ואף דקיימא לן לקמן בסימן קכו דהשני צריך להתחיל מתחלת הברכה שטעה הראשון, (יח) שאני הכא, דמכיון שענו ״קדוש קדוש״, משם ואילך כתחלת ברכה דמי: (כט) בראש. שאין חולקין ברכה אחת לשתים. (יב) וזה דוקא בזמן שהיו נוהגין להוציא בברכת קריאת שמע, אבל כהיום שהמנהג שכל אחד מברך לעצמו ואין שום אחד יוצא בברכת שליח־צבור, אם נשתתק השליח־צבור בברכת ״יוצר אור״ וכהאי גוונא בכל הברכות [לבד מתפלה], אסור השני העומד תחתיו לחזור ולהתחיל ממקום שכבר אמר מתחלה בעצמו:

א (א) ׳אהבת עולם׳. פירוש, תחלת הברכה מתחלת ״אהבת עולם״, (ח) אבל כל נוסח הברכה וחתימתה היא כמו שאנו אומרין בברכת ״אהבה רבה״, אף לדעה זו: (ב) וכן נוהגין. היינו בבוקר, אבל בערב נוהגין לומר ״אהבת עולם״. והטעם שנהגו לומר בבוקר ״אהבה רבה״, משום דכתיב ״חדשים לבקרים רבה אמונתך״. וכל זה לכתחלה, (ג) אבל בדיעבד אף אם אמר כל הנוסח של ״אהבת עולם״ בבוקר, יצא ידי חובתו: ב (ג) וחוזר וקורא וכו׳. רוצה לומר, (ג) אף־על־גב דאינן מעכבות לקריאת שמע ויוצא ידי חובת קריאת שמע אף אם לא בירך כלל, מכל מקום ידי חובת ברכות לא יצא, ויכול לברך בלא קריאת שמע, כי לא נתקנו דוקא על קריאת שמע, שאין מברך ״אשר קדשנו במצוותיו וציונו״: (ד) עם הברכות. (ד) כדי לעמוד בתפלה מתוך דברי־תורה, (ה) וקריאת שמע זו נחשבת כקורא בתורה: ג (ה) שניה לראשונה. והוא הדין (ו) אם אמר ברכת ״אמת ויציב״ קודם קריאת שמע, או שאלו הברכות אמר אחר קריאת שמע, (ז) או אפילו אחר התפלה: (ו) יצא. בדיעבד. ואם בירך ברכה אחת ושניה לא בירך כלל, יוצא מיהא ידי חובתו בההיא שבירך. ועיין בביאור הלכה: ד (ז) יש אומרים. דע דלפי המתבאר מן הפוסקים, שני כוונות יש למצוה: אחת, כוונת הלב למצוה עצמה, ושנית, כוונה לצאת בה, דהיינו שיכוין לקיים בזה כאשר צוה ה׳, כמו שכתב הב״ח בסימן ח. וכוונת המצוה שנזכר בזה הסעיף אין תלוי כלל בכוונת הלב למצוה עצמה, שיכוין בלבו למה שהוא מוציא מפיו ואל יהרהר בלבו לדבר אחר, כגון בקריאת שמע ותפלה וברכת־המזון וקידוש וכדומה, דזה לכולי עלמא לכתחלה מצוה שיכוין בלבו, ובדיעבד אם לא כיון יצא, לבד מפסוק ראשון של קריאת שמע וברכת אבות של תפלה, כמו שמבואר לקמן; רק שמחולקים בענין אם חייב לכוין קודם שמתחיל המצוה לצאת בעשיית אותה המצוה. ולמצוה מן המובחר כולי עלמא מודים דצריך כוונה, כדאיתא בנדרים: רבי אליעזר בן צדוק אומר: עשה דברים לשם פועלם, ונאמר ״ותהי יראתם אותי מצות אנשים מלומדה״, וכמו שכתב הגר״א

ביאור הלכה

* ונראה לי שטוב וכו׳. עיין בפרי־מגדים שכתב, שכוונת השולחן־ערוך בזה משום שחושש לדעת רב האי שפוסק דלא יצא כתיקונה בלא ברכות. והוא לפלא, דהלא אפילו לדעת רב האי הסדר אינו מעכב כלל, ומכיון שחוזר אחר קריאת שמע הברכות יצא ידי חובת קריאת שמע כתיקונה, עיין בבית־יוסף [ודוחק לומר דזה דוקא אם היה אז בדעתו תיכף לברך הברכות, וזה איידי בלא היה בדעתו]; ועוד, הלא הבית־יוסף סובר דאפילו לדעת רב האי ביחיד יוצא, והשולחן־ערוך אינו מחלק בדבריו. והאמת כמו שהעתקתי בפנים בשם הגר״א. ולפי זה אפילו אם קרא קריאת שמע בתוך ג׳ שעות והברכות הוא מברך אחר ג׳ שעות, אפילו הכי צריך לקרות עוד הפעם קריאת שמע, כמו שהביא הגר״א דבר זה מן הירושלמי, עיין שם, דלא כהפרי־מגדים באשל־אברהם בסעיף־קטן א: * שאם הקדים וכו׳. עיין במשנה ברורה בסעיף־קטן ו במה שכתב ואם בירך וכו׳; דלא מיבעי לדעת השולחן־ערוך שפסק בסעיף ב דברכות אין מעכבות לקריאת שמע, דלא כרב האי, בוודאי אין מעכבות זו את זו גם־כן, כמו שכתב בבית־יוסף; ואפילו לדעת רב האי שסובר דברכות מעכבות זו את זו, היינו דוקא בצבור ולא ביחיד, כמו שכתב בבית־יוסף. ואף שהב״ח והפרישה פליגי על הבית־יוסף בדעת הטור בדברי רב האי וסוברים דשוה יחיד לצבור, אבל כבר הסכים הדרכי־משה הארוך והלחם־חמודות והט״ז והגר״א כפירוש הבית־יוסף. ועיין במשבצות־זהב בסעיף־קטן א: * יש אומרים שאין מצוות צריכות כוונה. בין אם הוא עושה בעצמו ואין מתכוין לצאת בה ידי חובה ובין אם שמע מאחר, כגון מגילה ושופר,

שער הציון

(יח) לבוש ומגן־אברהם: (יב) חיי־אדם: (ג) פשוט: (ח) ב״ח ופרישה: (ג) הגר״א ופרי־מגדים: (ד) הגר״א בשם הירושלמי: (ה) לבוש: (ו) פרישה ופרי־מגדים: (ז) מגן־אברהם בסימן נט סעיף־קטן א וברכות י״ב ע״א:

ז בעל הלכות גדולות והרא"ש בפרק ג דראש־השנה

***זויש אומרים (ח) שצריכות כוונה (ט) *לצאת בעשיית אותה מצוה, (ג) [נ] (י) *וכן הלכה:**

שערי תשובה

קבלתי בשם מהר"ם וילנא ז"ל שביום־הכפורים י"ל אהבה רבה, ודברים של טעם הם למביני מדע כו' וע"ש שכתב שבכת"י מהרח"ו מצאתי שצ"ל ליראה ולאהבה את שמך ע"ש: [נ] וכן הלכה. עבה"ט. וכ"כ הפר"ח סימן תפט ועיין בברכי־

באר היטב

אלו יכוין, כשיאמר ובנו בחרת יכוין במעמד הר־סיני שאז בחר בנו מכל עם וקרבנו לקבל תורתו, לשמך הגדול יכוין מעשה עמלק, כי אין השם מלא עד שימחה שם עמלק, להודות לך יכוין שהפה והלשון נבראו כדי להודות ולהלל שמו ולא לדבר לשון הרע, ובזה יזכור מעשה מרים, וזכירת מצרים יכוין בפרשת ציצית בפסוק אני ה' אלהיכם אשר הוצאתי אתכם מארץ מצרים, עכ"ל. וכתב המ"א שצריך ג"כ לכוין זכור את אשר הקצפת את ה' אלהיך וגו' ויכוין זה באמרו 'באהבה' לאפוקי באותו פעם שלא היה באהבה ע"ש. וקודם ק"ש יכוין לקיים מ"ע של ק"ש. מי שהיה מברך ברכות ק"ש ומצא עצמו בהאל הגדול ונסתפק לו אי קאי בשם קדשך הגדול בטחנו שבאהבת עולם או בהגבור והנורא קדוש הוא שבברכת יוצר אור, חוזר לברכה ראשונה, פרי־הארץ חלק א"ח סימן ג, אבל בתשובת גינת־ורדים חלק א"ח כלל א סימן יא פסק שאינו חוזר לברכה ראשונה דספק ברכות להקל, ומהיות טוב יחזור לראש ברכה שניה ע"ש, וכ"פ היד־אהרן ע"ש וע"ל סימן סז: (ג) וכן הלכה. ודוקא במצוה דאורייתא אבל מצוה דרבנן א"צ כוונה, רדב"ז מ"א:

משנה ברורה

על הא דאיתא בסימן ח, עיין שם: **(ח) שצריכות כוונה.** ואם לא כיון לצאת ידי חובתו בעשיית המצוה לא יצא מן התורה, וצריך לחזור ולעשותה. ואפילו אם ספק לו אם כיון, אם הוא מצוה דאורייתא, ספיקא לחומרא, כן כתב הפרי־מגדים בסימן תקפט, עיין שם. ונראה לי דלא יברך אז על המצוה, דבלאו הכי יש כמה דעות בענין הברכה אפילו אם ודאי לא כיון בראשונה: **(ט) לצאת.** לפיכך התוקע להתלמד, או המברך ברכת־המזון עם קטנים לחנכם במצוות והוא היה גם־כן חייב בברכת־המזון, ושכח אז להתכוין לצאת בה גם־כן עבור עצמו, וכן כהאי גוונא בכל המצוות שעשאם לשום איזה ענין, לא יצא ידי חובתו. ועיין בט"ז בסימן תפט שמוכח מדבריו דהמברך עם קטנים הנ"ל לא יצא אפילו למאן דאמר מצוות אין צריכות כוונה, דהוי כמכוין בפירוש שלא לצאת. (ס) ואם כוונתו בעשיית המצוה לשום איזה ענין וגם לצאת בה ידי המצוה, יצא: **(י) וכן הלכה.** כתב המגן־אברהם בשם הרדב"ז, דזה דוקא במצוה דאורייתא, אבל במצוה דרבנן אין צריך כוונה. ולפי זה, כל הברכות שהם גם־כן דרבנן, לבד מברכת־המזון, אם לא כיון בהם לצאת יצא בדיעבד. אך מכמה מקומות בשולחן־ערוך משמע שהוא חולק על זה, וכן מביאור הגר"א בסימן תפט משמע גם־כן שאין לחלק בין מצוה דאורייתא למצוה דרבנן. ודע, דכתב המגן־אברהם לקמן בסימן תפט סעיף־קטן ח, דאף דהשולחן־ערוך פסק להלכה דמצוות צריכות כוונה, ואם־כן היכא שלא כיון בפעם ראשונה צריך לחזור ולעשות המצוה, אף־על־פי־כן לא יברך

ביאור הלכה

ולא התכוון בהשמיעה לצאת בה ידי חובת המצוה (ב"י רי"ג ורי"ט). והוא הדין בכל מצוות התלויות באמירה כגון קריאת שמע וברכת־המזון. ויש אומרים דבדבר שאין בו אלא אמירה לכולי עלמא צריכה כוונה, בית־יוסף סימן תקפט. והני מילי שמכוין לפעולה זו שהוא עושה רק שאין מכוין לצאת בזה ידי המצוה, כגון בענין תקיעות שתוקע לשיר או להתלמד וכדומה בשאר המצוות, אבל אם הוא מתעסק בעלמא וממילא עלה המצוה בידו, כגון שנופח בשופר ועלה תקיעה בידו וכהאי גוונא בשאר המצוות, לכולי עלמא לא יצא, רמב"ן במלחמות בראש־השנה ושיטה מקובצת ברכות י"ג עמוד א, וכהאי גוונא מוכח מתלמידי רבינו יונה במה שכתב בענין קורא להגיה, עיין שם. ודע עוד, דדוקא אם הוא ידע שהוא חייב עדיין במצוה זו שהוא עושה, אבל אם הוא סבור שהוא פטור ממנה, כגון שנטל לולב ביום א' דסוכות וקסבר שהוא ערב סוכות או שקסבר שלולב זה פסול הוא, לכולי עלמא לא יצא, וראיה ממה שכתוב בסימן תעה סעיף ד, דאם היה סבור שהוא חול או שאין זו מצה לא יצא ידי חובתו, והרי במידי דאכילה שאין מתכוין כמתכוין דמי, כמו שכתב המגן־אברהם שם, ואף־על־פי־כן לא יצא. ואין לומר דאף־על־פי־כן יש לדחות, דשם הוא לפי מאי דפסקינן בעלמא מצוות צריכות כוונה, ורק בעניני אכילה מחמת ההנאה שנהנה לא נוכל לבטל עשייתו כאלו לא עשה ונחשב הדבר כאלו מתכוין, ועל־כן אמרינן דאם לא ידע שהיום פסח לא נוכל לומר עליו כאלו התכוון, מה שאין כן אם נאמר דמצוות אין צריכות כוונה בשום פעם גם בכהאי גוונא יצא, דזה אינו, דהלא בר"ן בראש־השנה מביא ראיה לדין זה, דאי לאו הכי למה ליה לאבוה דשמואל למינקט כפאוהו פרסיים, לאשמעינן יותר רבותא דאפילו בחד מהני גווני יצא, ואם־כן עדיין תקשי לפי מה דאמר רבא שם זאת אומרת וכו' דקסבר מצוות אין צריכות כוונה, אלא ודאי דאפילו אין צריכות כוונה, בכהאי גוונא לא יצא. וצריך עיון גדול על הרב בעל הלבוש שם דמסיק שם טעם לדין זה דמצוות צריכות כוונה. ובמתכוין בפירוש שלא לצאת, לכולי עלמא לא יצא, בית־יוסף בסימן תקפט:

* **ויש אומרים שצריכות כוונה.** פירוש, מן התורה, כן כתב הרשב"ם להדיא בפסחים דף קיד ע"ב ד"ה אף־על־גב, וכן משמע פשטיה דסוגיא בראש־השנה דף כח ע"ב בגמרא אבל זכרון תרועה כתיב וכו', משמע דפלוגתייהו בדאורייתא, וכן כתב הלבוש ושארי אחרונים, דלא כהפרי־מגדים שמסתפק בזה. ודע דכל זה הוא בשארי המצוות, אבל מצוה התלוי באכילה, כגון כזית מצה בפסח והוא הדין אכילת כזית בסוכה בלילה ראשונה, דעת השולחן־ערוך לקמן בסימן תעה סעיף ד דיצא בדיעבד אפילו אם לא כיון, והב"ח מחמיר שם גם בזה, עיין שם. ועיין בב"ח ובפרי־מגדים בסימן ח ובסימן תרכה דמשמע מדבריהם דמצות ציצית וסוכה הכוונה בהם לעיכובא כמו בשאר המצוות, ולפי זה אם קראוהו לתורה ולוקח טליתו או טלית הקהל לעלות לבימה, שאז זמנו בהול ומסתמא אינו מכוין אז בלבישתו לקיים המצות־עשה של ציצית, ממילא עובר בזה על המצות־עשה, אם לא כשמכוין לשם מצוה ואז יוכל לברך גם־כן; והעולם אינם נזהרין בזה, ואולי שטעמם דכיון שאין רוצה ללבוש אז את הטלית, ואינו לובשו אלא מפני כבוד התורה לשעה קלה, אין זה לבישה המחייבתו בציצית, דדומיא דמי שלובש להראות לקונה מדתו שפטור אז מציצית. ועצה היעוצה, לעשות כמו שכתב השערי־אפרים, הבאתי את דבריו לעיל בסימן יד סעיף ג בביאור הלכה, עיין שם: * **לצאת.** עיין במשנה ברורה בסעיף־קטן ט במה שכתב דהמברך עם הקטנים לא יצא ידי חובתו. ואף־על־פי־כן נראה לי דאם לא אכל כדי שביעה, דאז חיוב ברכת־המזון שלו הוא מדרבנן, אפשר דיש לסמוך בדיעבד על דעת הרדב"ז, שכמה מהאחרונים הסכימו לדבריו דבמצוה דרבנן אין צריך כוונה לצאת ואין צריך לחזור ולברך. ואף דהט"ז כתב דזה הוי כמכוין שלא לצאת, והביא לזה ראיה מדברי הרא"ש, תמוה, דהרא"ש והרי"ף לשיטתייהו דסבירא להו בעלמא מצוות צריכות כוונה, כמו שכתב הרא"ש בראש־השנה, אבל למאן דסבירא ליה מצוות אין צריכות כוונה, אימא הכי נמי דיצא כמו תוקע להתלמד, ובלאו הכי ראייתו צריך עיון גדול כמו שהקשו עליו היד־אפרים והאליה רבה, עיין שם. ולכתחלה, מי שיש עליו חיוב ברכת־המזון ורוצה לברך עם קטנים לחנכם, יתנהג באחת משתים, או שיכוין לצאת בזה גם־כן עבור עצמו ויוצא בזה, כמו שכתבנו במשנה ברורה בשם האליה רבה, או שיכוין בפירוש שלא לצאת ויברך אחר־כך עבור עצמו: * **וכן הלכה.** עיין במשנה ברורה במה שכתב: וכן מביאור הגר"א וכו', עיין שם בסעיף ד בשולחן־ערוך בביאור הגר"א שדוחק את עצמו להעמיד הדין דשולחן־ערוך אליבא דמאן דאמר מצוות אין צריכות כוונה, ובאמת השולחן־ערוך בעצמו פסק

שער הציון

(ס) אליה רבה בסימן תקפט:

ה ח‏הקורא את 'שמע' ולא (יא) כיון לבו בפסוק ראשון שהוא 'שמע ישראל' לא יצא ידי חובתו. והשאר אם לא כיון לבו, אפילו היה קורא בתורה (יב) או מגיה הפרשיות האלו בעונת קריאת שמע, יצא, והוא שכיון לבו בפסוק (ג) ראשון:

ח ורמב"ם פרק ב מהלכות (תפלה) [קריאת שמע] וכרבי מאיר שם בדף יג

סא דין כמה צריך לדקדק ולכוין בקריאת שמע, ובו כ"ו סעיפים:

א א‏יקרא קריאת (א) שמע (א) [א] (ב) בכוונה (ג) באימה ביראה (ד) ברתת וזיע: ב ב‏אשר אנכי

א טור ורב עמרם ב ויקרא רבה פיסקא בחודש השלישי

באר היטב

(ג) ראשון. אע"ג דבסעיף ד פסק דמצות בעי כוונה היינו שיכוין לצאת, אבל כוונת הלב שישים על לבו מה שהוא אומר א"צ אלא בפסוק ראשון, עמ"א ועיין סימן סג ס"ד, ועיין כ"מ:

שערי תשובה

יוסף שם:

[א] בכוונה. עבה"ט. ומח"ב כתב שבזוהר חדש מפליג בעונש מי שאינו מכוין,

(א) בכוונה. תוספות בספ"ק כתבו דבירושלמי אמרו דאותם ג' פרשיות שתקנו בק"ש לפי שבהן עשרת הדברות, ע"כ צריך האדם לכוין בהם באמירת ק"ש אם עבר על אחת מהם: בה' אלהינו יקבל דיבור אנכי ה' אלהיך, ה' אחד דיבור לא יהיה לך, ובפסוק ואהבת יקבל דיבור לא תשא, ובפסוק וכתבתם דיבור לא תחמוד, ובפסוק ואספת דיבור לא תגנוב, ובפסוק ואבדתם מהרה דיבור לא תרצח, ובפסוק למען ירבו ימיכם דיבור כבד את אביך, ובפסוק ולא תתורו דיבור לא תנאף, ובפסוק למען תזכרו דיבור זכור את יום השבת ששקול ככל התורה. ובפסוק אני ה' אלהיכם

משנה ברורה

עוד עליה, שלענין ברכה צריך לחוש לדעת היש־אומרים שאין צריך כוונה, ועיין בביאור הלכה. ודע עוד, דכתב החיי־אדם בכלל סח, דמה דמצרכינן ליה לחזור ולעשות המצוה היינו במקום שיש לתלות שעשיה הראשונה לא היתה לשם מצוה, כגון בתקיעה שהיתה להתלמד או בקריאת שמע שהיתה דרך לימודו וכדומה, אבל אם קורא קריאת שמע כדרך שאנו קורין בסדר תפלה, וכן שאכל מצה או תקע ונטל לולב, אף־על־פי שלא כיון לצאת יצא, שהרי משום זה עושה כדי לצאת אף־על־פי שאינו מכוין, עד כאן לשונו. ורוצה לומר: היכא שמוכח לפי הענין שעשייתו הוא כדי לצאת, אף־על־פי שלא כיון בפירוש יצא, אבל בסתמא בוודאי לא יצא, כדאיתא בתוספות סוכה [דף ל"ט ע"א ד"ה עובר עי"ש]. וכל זה לענין בדיעבד, אבל לכתחלה ודאי צריך ליזהר לכוין קודם כל מצוה לצאת ידי חובת המצוה, וכן העתיקו כל האחרונים בספריהם, עיין בחיי־אדם בכלל כא ובדרך־החיים הלכות קריאת שמע ובמעשה־רב: ה (יא) כיון לבו. כוונה זו האמורה כאן איננו הכוונה האמורה בסעיף ד, דשם הוא הכוונה לצאת ידי חובת מצוה, זה בעינן לכל הפרשיות [כמו שכתב הריטב"א בראש־השנה ושיטה מקובצת בברכות], מה שאין כן כוונה זו הוא להתבונן ולשום על לבו מה שהוא אומר, ולכך הוא לעיכובא רק בפסוק ראשון, שיש בו עיקר קבלת עול מלכות שמים ואחדותו יתברך. (ט) ויש אומרים שאפילו כוונה לצאת הוא לעיכובא רק בפסוק ראשון: (יב) או מגיה. (י) והוא שקורא כהלכתה:

ביאור הלכה

בסימן ס דצריכות כוונה, יותר טוב הוה ליה לתרץ משום דספירה דרבנן כמו שמתרץ האליה רבה; אלא ודאי דסבירא ליה שאין לחלק בזה. ולענין אם צריך לחזור ולברך כשעשה פעם ראשון אפילו מצוה דאורייתא שלא בכוונה, כתבנו בשם המגן־אברהם דאין לחזור ולברך, ומצאתי שכן כתב גם־כן השיורי כנסת הגדולה בסימן תפט עי"ש. ועיין בפרי־מגדים בפתיחה דמספקא ליה אם הא דפוסק השולחן־ערוך להלכה דצריכות כוונה הוא מטעם ודאי או משום דספיקא דאורייתא לחומרא, ונפקא־מינה לענין דרבנן, ובחיבורו בסימן תקפט ובסימן תפט כתב נפקא־מינה גם־כן לענין ברכה [הוא סותר למה שכתב בפתיחה עי"ש]. ולא ראשון הוא בזה, כי גם העולת־שבת כתב דטעם השולחן־ערוך הוא מחמת ספק, כמו שמובא בשמו באליה רבה בסימן ריג, ולכן הוקשה לו בכמה מקומות, עיין שם באליה רבה. ומשמע מדברי הפרי־מגדים בסימן תפט בסעיף־קטן ח שרוצה לצדד גם דעת המגן־אברהם

א (א) שמע. היינו (א) כל קריאת שמע, דמה שנתבאר בסוף סימן הקודם הוא רק לענין דיעבד: (ב) בכוונה. אליהו רבא הביא בשם הכל־בו, והוא בירושלמי סוף פרק קמא דברכות, דבקריאת שמע מרומז עשרת הדברות: ב"ה' אלהינו" מרומז "אנכי ה' אלהיך"; "ה' אחד", דיבור "לא יהיה לך"; ובפסוק "ואהבת" מרומז דיבור "לא תשא", דמאן דרחים למלכא לא משתבע בשמיה לשיקרא; ובפסוק "וכתבתם", דיבור "לא תחמוד", דכתיב "ביתך" ולא בית חבירך; ובפסוק "ואספת דגנך", דיבור "לא תגנוב", ד"דגנך" ולא תאסוף דגן חבירך; ובפסוק "ואבדתם מהרה", דיבור "לא תרצח", דמאן דקטל יתקטיל; ובפסוק "למען ירבו ימיכם", דיבור "כבד את אביך"; ובפסוק "ולא תתורו וגו' ואחרי עיניכם", דיבור "לא תנאף"; ובפסוק "למען תזכרו" וגו', דיבור "זכור את יום השבת", שהוא שקול ככל התורה; ובפסוק "אני ה' אלהיכם", דיבור "לא תענה בריעך עד שקר". על־כן צריך האדם להתבונן בהם בעת אמירת קריאת שמע, כדי שלא יבוא לעבור על אחת מהן: (ג) באימה ויראה. ונראה (נ) דאימה ויראה זו היא באופן זה, שיכוין בשעה שהוא קורא את שמע לקבל עליו עול מלכות שמים, להיות נהרג על קידוש השם המיוחד, דזהו: "בכל נפשך", אפילו נוטל את נפשך, ועל זה אמר הכתוב "כי עליך הורגנו כל היום", כי אז בכוונה זו יקראנה באימה ויראה ורתת וזיע: (ד) ברתת וזיע. כתב הטור בשם רב עמרם: לישוייה איניש לקריאת שמע בכל זמן דקרי לה כפרוטגמא חדשה [הוא כתב ציווי המלך על בני מדינתו], ויחשוב בלבו: אלו מלך בשר ודם שולח פרוטגמא חדשה, בוודאי היו כל בני המדינה קוראין אותה באימה ויראה ברתת וזיע; קל־וחומר לקריאת שמע, שהוא פרוטגמא של מלך מלכי המלכים הקדוש־ברוך־הוא, שחייב כל אחד לקרותה באימה ויראה ברתת וזיע. וכתב הפרישה, דלהכי המשילו לפרוטגמא כתב וציווי המלך, לומר לך שלא תקרא קריאת שמע בחטיפה ובמרוצה ובעירבוב הדברים, אלא במתון מלה במלה ובהפסק בין דבר לדבר, כאדם הקורא ציווי המלך שקורא במתון גדול כל ציווי בפני עצמו להבינו על תכונתו, כך יקרא קריאת שמע, כל ציווי וציווי עונש ועונש הנזכר בו ישים אל לבו להבינו, כי הוא ציווי המלך הגדול ברוך הוא:

שער הציון

(ט) כסף־משנה: (י) מגן־אברהם: (א) הגר"א: (נ) ב"ח:

אמר ר"ל זאת אומרת [א] מצות צריכות כוונה כיון דלא בעידן חיובא דמרור הוא דאכיל ליה בבורא פה"א הוא דאכיל ליה ודילמא לא איכוון למרור הלכך בעי למהדר לאטבולי לשם מרור דאי סלקא דעתך מצוה לא בעיא כוונה למה לך תרי טיבולי והא טביל ליה חדא זימנא ממאי דילמא לעולם [ב] מצות אין צריכות כוונה ודקאמרת תרי טיבולי למה לי כי היכי דליהוי היכירא לתינוקות וכי תימא א"כ לישמעינן שאר ירקות אי אשמעינן שאר ירקות הוה אמינא היכא דאיכא שאר ירקות הוא דבעינן תרי טיבולי אבל חזרת לחודא לא בעי תרי טיבולי קמשמע לן דאפי' חזרת בעינן תרי טיבולי כי היכי דליהוי ביה היכירא לתינוקות ועוד תניא אכלן דמאי יצא אכלן בלא מתכוין יצא אכלן לחצאין יצא ובלבד שלא ישהא בין אכילה לחבירתה יותר מכדי אכילת פרס תנאי היא דתניא רבי יוסי אומר אע"פ שטיבל בחזרת מצוה להביא לפניו [א] חזרת וחרוסת ושני תבשילין ואכתי ממאי דילמא קסבר רבי יוסי מצות אין צריכות כוונה והאי דבעינן תרי טיבולי כי היכי דתיהוי היכירא לתינוקות א"כ מאי מצוה מאי שני תבשילין אמר רב הונא סילקא וארוזא רבא הוה מיהדר אסילקא וארוזא הואיל ונפיק מפומיה דרב הונא [ה] אמר רב אשי שמע מינה (א) דרב הונא לית דחייש להא דרבי יוחנן בן נורי דתניא רבי יוחנן בן נורי אומר [ו] אורז מין דגן הוא וחייבין על חימוצו כרת ואדם יוצא בו ידי חובתו בפסח חזקיה אמר אפי' דג וביצה שעליו רב יוסף אמר צריך שני מיני בשר אחד זכר לפסח וא' זכר לחגיגה רבינא אמר אפילו גרמא ובישולא פשיטא היכא דאיכא שאר ירקות מברך אשאר ירקות בורא פרי האדמה ואכיל והדר מברך על אכילת מרור ואכיל היכא דליכא אלא חסא מאי אמר רב הונא מברך מעיקרא אמרור ב"פ האדמה ואכיל ולבסוף מברך עליה על אכילת מרור ואכיל

מתקיף

תוספות

זאת אומרת מצות צריכות כוונה. ריש לקיש סבר דמתני' סתמא קתני ומיירי אפי' יכול למצוא שאר ירקות אין לו לטרוח אחר שאר ירקות אלא עושה שני טיבולין במרור והיינו משום דמצות צריכות כוונה וכיון דלא בעידן כו' ובורא פרי האדמה הוא דאכיל ליה כלומר שלא בירך על אכילת מרור ודילמא לא איכוון ודילמא לאו דוקא כלומר ודאי לא איכוון למרור דאין מצוה אלא עד טיבול שני אחר מצה הלכך בעי למהדר ואטבולי פי' ולברך על אכילת מרור ולא נקט וברוכי משום דרב חסדא אית ליה בשמעתין [ח] למברך על אכילת מרור בטיבול ראשון והא דקאמר ובבורא פרי האדמה אכיל ליה היינו כלומר שאינו אוכל לשם אכילת מרור אלא אכלו לצאת בבורא פרי האדמה דאי סלקא דעתך לא בעי כוונה אם כן יצא חובת מרור בטיבול ראשון אע"ג דאכלו לפני מצה וכתיב [ט] על מצות ומרורים לא הויא עיכובא אמאי צריך תרי טיבולי במרור הוה ליה לאהדורי אשאר ירקות משום היכירא בטיבול ראשון ואחר מצה בטיבול שני יאכל מרור והגמרא דחי דלעולם אין צריכות כוונה ומהדרינן אשאר ירקי משום היכירא וכדי לאכול מרור אחר המצה ומתניתין קמ"ל היכא דליכא שאר ירקי דאפי' במרור בעינן תרי טיבולי כדי לאכול מרור כמצוותו ומשום היכירא ולא אמרי' שלא יאכל מרור עד לבסוף ולא נחוש להיכירא:

אכלן דמאי יצא. אבל ודאי לא יצא אע"ג דמעשר ירק דרבנן כדאמרינן גבי מצה בכל שעה (לעיל דף לה:) אבל לא בטבל ומוקי לה בטבל טבול מדרבנן ואיתקש מרור למצה [י] ובדמאי יצא נמי במצה משום דאי בעי מפקיר נכסיה וחזי ליה [כ] וטעמא דהחמירו בודאי דרבנן דטבל דאורייתא מפיק התם (לעיל דף לה:) מלא תאכל עליו חמץ יצא זה שאיסורו משום בל תאכל טבל ואיתקש מצה לחמץ:

אכלן בלא מתכוין יצא. קשיא לריש לקיש ואע"ג דריש לקיש דייק ממתניתין ע"כ מתניתין לא איירי בכל ענין אלא בדליכא שאר ירקות וקא משני תנאי היא וכיון דאיכא תנא דסבר כריש לקיש דייק שפיר ריש לקיש ממתניתין דצריכות כוונה כי מסתמא איירי בכל ענין אפי' איכא שאר ירקות:

סילקא וארוזא. וכ"ש שני מיני בשר:

לית דחש לה לדר' יוחנן בן נורי. וטעמא דאינו בא לידי חימוץ אלא לידי סרחון בפ' כל שעה (לעיל לה.):

שני מיני בשר. פירוש ר"ח צלי זכר לפסח ומבושל זכר לחגיגה ולא נהירא דקיימא לן כבן תימא (לעיל דף ע.) דאין חגיגה נאכלת אלא צלי דמתניתין [ל] אתיא כוותיה לכך נראה דתרוייהו מבושלין וכן משמע לשון תבשילין:

אחד זכר לפסח ואחד לחגיגה. כשחל י"ד להיות בשבת אין צריך רק בישול אחד [°] דחגיגת י"ד אינה דוחה את השבת [מ] ומיהו אומר ר"י דמ"מ אין לחלק דדמי לחובה אם היינו מניחים מלעשות שני תבשילין וגם יש לחוש שמא לא יעשו בשאר פסחים ואין שום חשש אם אנו עושין אע"ג דלא צריך דליכא למיחש שמא יבנה בית המקדש ויאמרו אשתקד עשינו זכר לחגיגה בשבת והשתא נמי נקריבה בשבת [ל] דהקרבה מסורה לזריזין [מ] וכשיבנה משה ואהרן יהא עמנו [נ] וליכא למיטעי אך הבא להניח מלעשות שני תבשילין אין מזהירין אותו:

אמר רב הונא מברך כו'. רב הונא סבר כריש לקיש דבעי כוונה ואפי' אית ליה שאר ירקות עביד במרור שני טיבולי:

מתקיף

רשב"ם

זאת אומרת מצות צריכות כונה. משום הכי בעי תרי טיבולי שמא לא נתכוון לשם מרור הואיל ובירך בורא פרי האדמה כשאר ירקות דעלמא: דילמא הא קמשמע לן דבעינן תרי טיבולי. משום תינוקות שישאלו ועבדינן היכירא טובא: אכלו לחצאין. חצי זית בפעם ראשונה וחצי זית בפעם שניה ובמרור קא איירי: תנאי היא. דהאי תנא לית ליה צריכות כוונה ורבי יוסי אית ליה צריכות כוונה: שמע מינה. מדקאמר רב הונא דמבשלין אורז בפסח ולא חייש לחימוץ לית דחש לה לדרבי יוחנן: אפילו דג וביצה שעליו. שהיו רגילין להטיח את הדג בביצים: ואחד זכר. לחגיגת ארבעה עשר: גרמא ובישולא. חתיכת בשר ומן המרק: פשיטא היכא דאיכא שאר ירקי. מברך מעיקרא איירקי בורא פרי האדמה דאסור ליהנות מן העולם בלא ברכה וכיון דיש לו שאר ירקות הכי שפיר טפי שיברך בפה"א על הירקות תחלה דהיינו ברכה הראויה להם ויפטור את המרור הבא אחריו מברכת בפה"א ואח"כ יברך על החזרת על אכילת מרור:

ולבסוף

רשב"ם

זאת אומרת מצות צריכות כוונה. משום הכי בעי תרי טיבולי שמא לא נתכוון בראשון לשם מרור הואיל ובירך עליו בפה"א כשאר ירקות דעלמא שהרי אין עדיין אכילת מצות מרור לברך עליו על אכילת מרור עד לאחר המצה: דילמא הא קמ"ל. דבעינן תרי טיבולי משום תינוקות שישאלו ועבדי היכירא טובא ומיהו ממרור קמא יצא ידי חובתו. ומהדר [ב] ר"ל א"כ דמשום היכירא דתינוקות לחוד נקט תרי טיבולי ולאו לאשמועינן מצות צריכות כוונה לישמעינן שאר ירקות בטיבול ראשון ומרור בטיבול שני דאיכא נמי היכר לתינוקות. [ג] אבל במרור לחודיה לא בעינן תרי טיבולי דכולי האי לא עבדינן משום היכירא דתינוקות להקדים אכילת מרור קודם זמנו: ועוד תניא. בהדיא דמצות אין צריכות כוונה ותיובתא דריש לקיש: אכלן דמאי יצא. דאי בעי מפקר לנכסיה והוי עני וחזי ליה השתא נמי חזי ליה [ה]: אכלן חצאין. חצי זית בפעם ראשון וחצי זית בפעם שני ובמרור מיירי: תנאי היא. דהאי תנא לית ליה מצות צריכות כוונה ורבי יוסי אית ליה: אע"ג שטיבל בחזרת. טיבול קמא היכא דליכא שאר ירקות: מצוה להביא כו'. כלומר מצוה להביא מן התורה דאכתי לא קיים מצות אכילת מרור הואיל ולא נתכוון דמצות צריכות כוונה: אי הכי מאי מצוה להביא כו'. מדיאן הוה ליה למיתני: סילקא. תרדין ורבותא היא וכל שכן שני מיני בשר: הואיל ונפק מפומיה דרב הונא. בשביל חיבתו להראות הלכה כמותו: ש"מ. מדקאמר רב הונא שמבשלין אורז בפסח ולא חייש לחימוץ לית דחש לדר' יוחנן בן נורי: אפי' דג וביצה שעליו. שהיו רגילין להטיח את הדג בבילים והיינו רבותא דאע"ג דדמי לתבשיל אחד חשיב שני תבשילין: ואחד זכר. לחגיגת ארבעה עשר הבאה עם הפסח [י]: שני מיני בשר. צלי כנגד הפסח ומבושל כנגד חגיגה כך פירש רבינו חננאל מרומי: גרמא ובשולא. חתיכת בשר ומרק שנתבשלה בו: פשיטא היכא דאיכא שאר ירקות. מברך מעיקרא בטיבול ראשון אשאר ירקות בורא פרי האדמה דאסור ליהנו' מן העולם הזה בלא ברכה [י] דכיון שיש לו שאר ירקות הכי שפיר טפי שיברך בפה"א תחלה דהיינו ברכה הראויה להן ויפטור את המרור מברכת פרי האדמה ואחר כך יברך על החזרת על אכילת מרור:

ולבסוף

רבינו חננאל

אמר ר"ל זאת אומרת מצות צריכות כונה דכיון דהאי חזרת לאו בעידן חיובא דמרור אכיל ליה בבורא פרי האדמה אכיל ליה לפיכך בעי טבול אחרינא דלא אכוון בקמייתא. **ואקשי' ודלמא מצות אין צריכות כונה** ואמאי מטבלינן תרי דימני כי היכי דתהוי הכירא לתינוקות וישאלו אמאי מטבלינן תרי זימני. **ואסיקנא** אפי' במרור לחודיה בעינן תרי טבולי כי היכא דלהוי היכרא לתינוקות ולאו משמע דמצות צריכות כונה. **ועוד תניא** אכלן דמאי או אכלן בלא כונה או חצאין יצא ובלבד שלא ישהה באכילת חצאין בין אכילה לאכילה יתר מכדי אכילת פרס הנה תניא בהדיא דלא בעו כונה. **ופרקי' תנאי היא** דתניא ר' יוסי אומר אע"פ שטבל בחזרת מצוה להביא לפניו מצה וחזרת והרוסת ושני תבשילין. לאו מכלל דר' יוסי סבר מצות צריכות כונה. **ודחי' ודלמא ר' יוסי נמי צריך תרי טבולי** כי היכי דלהוי הכירא לתינוקות. **ואמרי'** אם כן אמאי קתני מצוה אלא משום דסבר מצות צריכות כונה: **מאי שני תבשילין** אמר רב הונא אפי' סלקא וארוזא. אמר רב אשי ש"מ מדקאמר אורז מבושל דלית הלכתא כר' יוחנן בן נורי דאמר אורז מין דגן הוא. חזקיה אמר אפי' דג וביצה. רב יוסף אמר שני מיני בשר אחד זכר א) לצלי ואחד זכר לחגיגה מבושל. ורבינא אמר אפי' גרמא ובישולא הן שני תבשילין. **אסיקנא היכא דאיכא שאר ירקי** מברך אשאר ירקי בורא פרי האדמה ואכיל וכי מטי לאכילת מרור מברך על אכילת מרור ואכיל ליה. **היכא דלית ליה** אלא חזרת בלבד היכי עביד.

חשק שלמה על ר"ח

א) נ"ל אחד צלי זכר לפסח ואחד מבושל זכר לחגיגה כנ"ל וכ"כ הרשב"ם והתוס' משמו כאן.

מסורת הש"ס עם הוספות

א) [ברכות יג. עירובין לה:], ב) [עירובין שם ראש השנה דף כח:], ג) כעי"ז בסוכה דף לב: וסנהדרין עב., ד) ברכות דף לז. לעיל דף לה., ה) לעיל לה:, ו) לעיל סט:, ז) ברכות לה., ח) קטו., ט) במדבר ט יא, י) לקמן קכ., כ) [לקמן קטז. עיין תוספות שם ד"ה כולו], ל) כמו בסוכה דף מא., מ) לעיל נט:, נ) יומא ה ע"ב.

הגהות הב"ח

(א) גמ' שמע מינה מדרב הונא דלית לחייש:

גליון הש"ס

תוס' ד"ה אחד זכר לפסח וכו' דחגיגת י"ד אינה דוחה את השבת. ע"ל נט ע"ב תוס' ד"ה בי"ד שחל ובדף ע ע"ב תוספות ד"ה מ"ט:

ליקוטי רש"י

מצות צריכות כוונה. שיהא מתכוין לשם מצות [ברכות יג.]. שהעושה מצוה צריך שיכוין בה וכו' ואי לא מכוין למצוה וכו' ואין כאן מצוה [עירובין צה:]. לצאת ידי חובתו [שם]. מצות אין צריכות כוונה. דבלאו מתכוין יוצא ידי חובתו [ר"ה כח:].

הגהות וציונים

א] בכת"י נוסף מצה וכ"ה בר"ח ברי"ף ובראי"ש: ב] משמע דלא גריס תיבות "וכי תימא" (מראה כהן). וכ"ה בכת"י בגמ': ג] כאן הס"ד, ומה"ד אבל במרור לחודיה לא בעינן תרי טיבולי (רש"ש, מראה כהן):

ולבסוף אכיל. בלא ברכה משום דבעינן תרי טבולי: ומבטל ליה. לטעם מלה לדאורייתא: שהיה כורכן בבת אחת. פסח מלה ומרור: זכר למקדש כהלל. זכר למה שהיה עושה הלל בזמן שבהמ"ק קיים שהיו אוכלים פסחים: צריך נטילת ידים. משום המשקין שהידים שניות וכל הפוסל בתרומה מטמא משקין וכו' [ט]:

צריך

מתקיף לה רב חסדא לאחר שמילא כריסו הימנו חוזר ומברך עליה אלא אמר רב חסדא מעיקרא מברך עליה בורא פרי האדמה ועל אכילת מרור ואכיל ולבסוף אכיל אכילת חסא [א] בלא ברכה בסוריא [ב] עבדי כרב הונא ורב ששת בריה דרב יהושע עביד כרב חסדא [א] והלכתא כוותיה דרב חסדא רב אחא בריה דרבא מהדר אשאר ירקות לאפוקי נפשיה מפלוגתא [ב] אמר רבינא אמר לי רב משרשיא בריה דרב נתן הכי אמר הלל [ג] משמיה דגמרא לא ניכרוך איניש מצה ומרור בהדי הדדי וניכול משום דסבירא לן [ג] מצה בזמן הזה דאורייתא ומרור דרבנן ואתי מרור דרבנן [ד] ומבטיל ליה למצה דאורייתא ואפילו למ"ד [ד] מצות אין מבטלות זו את זו ה"מ דאורייתא בדאורייתא או דרבנן בדרבנן אבל דאורייתא ודרבנן אתי דרבנן ומבטיל ליה לדאורייתא מאן תנא [ו] דשמעת לי' מצות אין מבטלות זו את זו הלל היא [ז] דתניא אמרו עליו על הלל שהיה כורכן בבת אחת [ח] ואוכלן שנאמר [א] על מצות ומרורים יאכלוהו אמר [א] רבי יוחנן חולקין עליו חביריו על הלל דתניא יכול יהא כורכן בבת אחת ואוכלן כדרך שהלל אוכלן תלמוד לומר [ב] על מצות ומרורים יאכלוהו אפילו זה בפני עצמו וזה בפני עצמו מתקיף לה רב אשי אי הכי מאי אפילו אלא אמר רב אשי האי תנא [י] הכי קתני יכול לא יצא בהו ידי חובתו אא"כ כורכן בבת אחת ואוכלן כדרך שהלל אוכלן תלמוד לומר על מצות ומרורים יאכלוהו אפילו זה בפני עצמו וזה בפני עצמו השתא דלא איתמר הלכתא לא כהלל ולא כרבנן [ב] מברך על אכילת מצה [ה] ואכיל והדר מברך על אכילת מרור [ו] ואכיל והדר אכיל מצה וחסא בהדי הדדי בלא ברכה זכר למקדש כהלל אמר רבי אלעזר אמר רב אושעיא [ג] כל שטיבולו במשקה צריך נטילת ידים אמר רב פפא שמע מינה האי חסא

צריך

רשב"ם

ולבסוף אכיל. בלא ברכה משום דבעי' תרי טבולי: מצה בזמן הזה דאורייתא ומרור דרבנן. וטעמא מפרש בשילהי פירקין (דף קכ.): אפילו למ"ד כו'. דכיון דכי הדדי נינהו כולהו קיום מצות נינהו ולא מבטלי אהדדי: ומבטל לה. לטעם מלה לדאורייתא: כורכן בבת אחת. (מלה) פסח מלה ומרור כורכן בכרך אחד כמו כורכו בגמי (עירובין דף קג:): יאכלוהו. כל אחד בפני עצמו מדלא כתיב יאכלו (אותו [י]) ואנא ידענא דאפסח קאי דכתיב לעיל ואכלו את הבשר: מתקיף לה רב אשי כו'. ומיהו חולקין עליו חביריו כרבי יוחנן אבל מהכא לא שמעינן: והשתא דלא איתמר הילכתא לא כהלל ולא כרבנן. דהא רבנן דברייתא מודו להלל דכריכה נמי שפיר דמי אבל ר' יוחנן קאמר דפליגי עליה דרבנן לגמרי לית להו כריכה כלל: מברך. אמלה לחודא כו': זכר למקדש כהלל. כמו שהיה עושה הלל בזמן שבית המקדש קיים שהיו אוכלים פסחים: כל שטיבולו במשקין. כגון ירק בכותח או בחומץ צריך נטילת ידים משום משקה שהידים שניות וכל הפוסל את התרומה מטמא משקים להיות תחלה [ט]:

צריך

תוספות

מתקיף לה רב חסדא לאחר שמילא כריסו כו'. רב חסדא נמי נראה דסבר כר"ל דבעי כוונה אעפ"כ סבר דאין נכון לברך בטיבול שני כיון שכבר מילא כריסו דאי סבר אין צריכות כוונה ה"ל למימר בהדיא דנפיק בטיבול ראשון ואם יברך בטיבול שני הויא ברכה לבטלה ולא צריך לרב חסדא לאהדורי אשאר ירקי ומברך לרב חסדא בטיבול ראשון על אכילת מרור אע"ג דעיקר מצות מרור לא נפיק אלא בטיבול שני אחר מלה [ה] מועלת הברכה שבירך בטיבול ראשון לטיבול שני מאחר שאכל ממנו מעט בטיבול ראשון מידי דהוה אברכת שופר דמברך אתקיעות דישיבה ומועלת ברכה לתקיעות שבעמידה שהם עיקר ונעשית על סדר ברכות והשתא כל אלו אמוראי סברי דבעי כוונה וסתמא דמסדר הש"ס סבר הכי מדאיצטריך לפסוק כרב חסדא ואי אין צריכות כוונה פשיטא דלא יברך בטיבול שני דאפילו לא בירך בטיבול ראשון נפק ביה ואי יברך בטיבול שני הויא ברכה לבטלה ולית הלכתא כוותיה דאבוה דשמואל דאית ליה בפרק ראוהו ב"ד (ר"ה דף כח.) אין צריכות כוונה דקאמר בכפאו ואכל מלה יצא ומוקי לה בכפאוהו פרסיים והתם לא מייתי מאכלו בלא מתכוין משום דלגבי אכילה לא בעינן כוונה כולי האי כמו בתפלה ותקיעה ומש"ה נמי לא מייתי הכא ברייתות דהתם דבעו כוונה דגבי תפלה ותקיעה בעי כוונה טפי כדפרישית:

והדר אכיל חסא בלא ברכה. ונראה דאין צריך לברך בפה"א אע"ג דהגדה הוי הפסק כדפרישית לעיל [י] ולא מיפטר בברכה של טיבול ראשון מ"מ ברכת המוציא פוטרתן דהוה להו דברים הבאים בתוך הסעודה מחמת הסעודה [כ] שהרי ירקות גוררין הלב וקרי ליה נמי למרור פרפרת הפת וכן אמר בכילד מברכין (ברכות ד' מב.) בירך על הפת פטר את הפרפרת פרפר' היינו דברים הממשיכים האכילה כגון דגים קטנים ותמרים וירקות והיו רגילים לאוכלם בתוך הסעודה בין מאכל למאכל ולכך פטר את הפרפרת לפי שבא לגורך שעל ידי כך אוכל יותר ואין לומר דפרפרת היינו דבר שבא ללפת בו את הפת דהא הוי בכלל הא דקתני התם [ל] דמברך על העיקר ופוטר את הטפילה וקאמר נמי רבי חייא [מ] פת פוטרת כל מיני מאכל ורב פפא נמי פסיק התם [נ] הלכתא דברים הבאים תוך הסעודה מחמת הסעודה והיינו הפרפרת כדפי' אין טעונין ברכה לא לפניהם ולא לאחריהם שלא מחמת הסעודה תוך הסעודה כגון תאנים וענבים שאינן באין להמשיך המאכל ולא ללפת אלא לתענוג צריכין ברכה לפניהם ולא לאחריהם אחר הסעודה אפילו פרפרת טעונין ברכה בין לפניהם בין לאחריהם וה"ר יוסף טוב עלם כתב בסדרו [ס] למה שאר ירקות באין תחלה לפטור חזרת מברכה ראויה לה [ע] וליתא דהא משום היכרא באין [ה] ולא שייך כאן חבילות [פ] אלא בתרי מילי ועוד דרב חסדא מברך שתיהן אחזרת ועוד דמשמע דלא פטר ליה פת ושמא אינו מחשיבו פרפרת הפת כיון שאינו אוכל ממנו אלא כזית:

אתי מרור דרבנן ומבטל למצה דאורייתא. וכל שכן דאי לא הוי מרור אפי' מדרבנן דמבטל להמצה כדמשמע לקמן [צ] והא דשרי בהקומץ (מנחות דף כג:) מצה מתובלת לא אתו בשמים ומבטלו למצה דאין מן הבשמים כי אם דבר מועט [ק] ודלא כאותן שאסרו מצה מתובלת בשם רש"י אף בימים אחרונים משום דמחמעי לה:

אלא אמר רב אשי. אין נראה כפירוש הקונטרס דמשבש רב אשי מילתיה דרבי יוחנן שהרי טוב להגיה הברייתא אפילו לחסר [ר] כמו שאנו מגיהין כמה ברייתות מלשבש דברי ר' יוחנן אלא רב אשי מתקיף אבני ישיבה דמפרשי דחולקין רבנן ואסרי לכרוך דא"כ מאי אפילו אלא רבנן סברי דבכל ענין מצותן בין ע"י כריכה בין כל אחד לבדו ופליגי אהלל דמצריך לכרוך ונקטי רבנן אפילו משום הלל וא"ת מנא לן דסבר הלל דאין מבטלות דילמא שאני הכא דגלי קרא ועוד הא לרבנן נמי אין מבטלות דהא אם כרכן נמי יצא וי"ל מדסבר דלכתחלה יש לו לכרוך ודיעבד נפיק כי לא כריך אם כן בעלמא אין מבטלות דאי מבטלות א"כ איצטריך קרא הכא להתיר כריכה ולומר דהכא לא מבטלי והלכך לרבנן דמוקי קרא בדיעבד שמעינן דבעלמא מבטלות ושאני הכא דגלי קרא:

אלא מברך אמצה ואכיל ומברך אמרור כו'. אם היה כורך שניהם יחד תחלה הוה אתי מרור דרבנן ומבטל למצה ואם היה אוכל מצה בלא מרור תחלה כשהיה כורכן אחר כך אתי מצה דרשות ומבטל מרור דרבנן ומיהו אי הוה קיימא לן כהלל הוה עבדינן הכי מצה לחודא והדר מצה ומרור בכריכה כיון שצריך לעשות מדרבנן מצות כריכה כהלל הוה דרבנן ודרבנן:

כל שטיבולו במשקה צריך נטילה. פי' בקונ' אע"ג דקי"ל (חולין דף קו.) הנוטל ידיו לפירות ה"ז מגסי הרוח כיון דאיכא משקין [ש] וקיי"ל (פרה פ"ח משנה ז) כל הפוסל את התרומה מטמא משקין להיות תחלה הוה להו הנך פירות כמו נהמא וצריך ליטול כמו בנהמא ואין נראה לפרש כן דאם כן כי פריך [ע] למה לי נטילת ידים הא לא נגע ומאי נפקא מיניה אפילו אי לא נגע כיון דסוף סוף אכיל משקה המטובל לא גרע מאוכל מחמת מאכיל דבעי נטילת ידים [פ] ועוד וכי לא ידע המקשה דאיכא למיחש דילמא נגע כדאמר רב פפא ונראה דנטילה דהכא לא משום קדושה ונקיות כמו בנהמא אלא משום שלא יטמא המשקין להיות תחלה ויהא אסור לשתותן ולפסול את גופו [צ] כדתנן בפ"ב דחולין (דף לג.) השוחט ולא יצא מהן דם כו' הא יצא מהן דם אין נאכלין בידים מסואבות ואמר נמי בסדר הסיבה (ברכות דף מג. [ק]) הביאו להן יין כל אחד נוטל ידו אחת פי' שלא יטמא היין ויפסול גופו והתם סגי ביד אחת

אבל

עין משפט נר מצוה

עט א מיי' פ"ח מהל' מלה הלכה יב סמג עשין מא טוש"ע א"ח סי' תעה סעיף ג:

פ ב מיי' שם הלכה ו טוש"ע שם סעיף א:

פא ג מיי' שם הלכה א ופ"ו מהל' ברכות הלכה א סמג שם ועשין כז טוש"ע א"ח סי' תעג סעיף ו וסי' קנח סעי' ד [רב אלפס ברכות פ"ח דף מה. וברא"ש פ' כל הבשר סי' יו"ד]:

רבינו חננאל

ואסיקנא רב חסדא אמר מברך אחזרת מעיקרא בורא פרי האדמה ועל אכילת מרור ובסוף אוכל חזרת בלא ברכה והלכתא כרב חסדא. רב אחא מהדר אשאר ירקי לאפוקי נפשיה מפלוגתא: אמר רבא לא ניכול איניש מצה ומרו' בהדי' הדדי דסביר' לן (מצה) [דמרור] בזמן הזה דרבנן ואתי מרור דרבנן ומבטל מצה דאורייתא ואפי' למאן דאמר מצות אין מבטלות זו את זו ה"מ דאורייתא ודאורייתא כגון מצה ומרור בזמן שבית המקדש קיים דתרוייהו מדאורייתא אבל בזמן הזה דמרור דרבנן הוא לא. מאן תנא דאמר מצות אין מבטלות זו את זו הלל דתניא אמרו עליו על הלל שהיה כורך המרור על המצה ואוכלו בבת אחת כו'. אמר ר' יוחנן חלוקין עליו חבריו על הלל דתניא יכול לא יהא אדם יוצא ידי חובתו בפסח אלא אם כן כורכן בבת אחת מצה ומרור ואוכל כדרך שהלל אוכלן ת"ל על מצות ומרורים יאכלוהו [אפי'] זה בפני עצמו וזה בפני עצמו. השתא דלא אתמר הלכתא לא כרבנן ולא כהלל מברך אמצה לחודיה ואכיל ומברך אמרור לחודיה ואכיל והדר כריך ליה למרור אמצה ואכיל להו בבת אחת בלא ברכה זכר למקדש כהלל: אמר ר' אושעיא כל שטיבולו במשקין צריך נטילת ידים. אמר רב פפא ש"מ מדקתני מרור צריך

הגהות וציונים

א] "אכילת חסא" ליתא בכת"י וכן ליתא ברי"ף ובראש"ש: ב] בכת"י בסורא: ג] הלל זה אמורא היה (ר"ן) ובראש"ש הגירסא רב הלל וכ"ה בכת"י (דק"ס): ד] בכת"י נוסף תנא דהלל הוא והכי כו', ועיין במלחמות שדוחה גי' זו. ועיין מהר"ב רנשבורג: ה] בכת"י מברך אמצה לחודה ואכיל וכ"ה בהרבה ראשונים: ו] בכת"י מברך אמרור לחודה ואכיל וכ"ה בהרבה ראשונים: ז] בס"א ליתא (גליון): ח] מובא ביוצר לשבת הגדול אין ערוך (עייש"ה): ט] ושם נוסף ושאין לומר שתי ברכות כאחת. עי' מהרש"א: י] הרש"ש מגיה לחסר אפילו כמו: כ] ברש"י וברשב"ם ליתא ועיין במהרש"א:

מסורת הש"ס עם הוספות

א) כעי"ז בברכות לח:, ב) [יבמות דף פו. וע"ש בפירש"י קדושין נג. ע"ש בפירש"י], ג) [לקמן קטז: קכ.], ד) עי' תוס' לקמן עמוד ב ד"ה ידי, ה) עיין תוס' מנחות כב: ד"ה מכאן, ו) [זבחים עט.], ז) שם:, ח) עי' תוס' לקמן קכ. ד"ה באחרונה, ט) מתני' פ"ח מ"ז דפרה ולעיל יד:, י) קג: ד"ה רב אשי, כ) ברכות מא:, ל) שם מד., מ) לעיל קב:, נ) בתוד"ה אלא מברך, ס) [וע"ע תוספות זבחים עט. ד"ה אלא ותוספות מנחות כג: ד"ה אלא למ"ד], ע) לקמן ע"ב, פ) [חולין דף קז:], צ) מעילה יז:, ק) [עיין מ"ש תוספות שם ד"ה כל אחד כו' ותוספות חגיגה יח: ד"ה הנוטל].

גליון הש"ס

תוס' ד"ה מתקיף לה ר"ח וכו' מועלת הברכה שבירך בטיבול הראשון. עי' לקמן קכ ע"א תוס' ד"ה באחרונה: שם ד"ה והדר אכיל וכו' ולא שייך כאן חבילות. עיין ברכות לט ע"ב תוס' ד"ה הכל מודים:

הגהות מהר"ב רנשבורג

א] בגמ' אמר ר' יוחנן חולקין עליו חביריו על הלל. נ"ב עיין מאור סוגיין ולשון רשב"ם ותוספות בשו"ת שער אפרים סי' נ"א נ"ג נ"ד ובשו"ת בית יעקב סי' ס"א בארוך מאד וכמדומה שכולם שמו אחר הדלת לשון הרז"ה והרמב"ן בספר המלחמות סוגיין יעוש"ה: ב] שם תלמוד לומר על מצות ומרורים יאכלוהו. נמחקו תיבות על מצות ומרורים וצ"ב [מצות על מרורים] וכ"ל לפרשב"ם בד"ה יאכלוהו והבן ודו"ק:

תורה אור השלם

א) בַּחֹדֶשׁ הַשֵּׁנִי בְּאַרְבָּעָה עָשָׂר יוֹם בֵּין הָעַרְבַּיִם יַעֲשׂוּ אֹתוֹ עַל מַצּוֹת וּמְרֹרִים יֹאכְלֻהוּ: [במדבר ט, יא]

ליקוטי רש"י

משמיה דגמרא. דבר שקיבל מכל בני הישיבה שקיבלו מרבותיהם [יומא יז:]. כך קיבל מרבו ורבו מרבו וכו' ולאו מן דעתיה [יבמות פו.]. כך נקבעה גמרא ושגורה בפי בני בית המדרש [קידושין נג.]. מצה בזמן הזה דאורייתא. לילה הראשון חובה [רשב"ם לקמן קכ.]. שהיה כורכן בבת אחת ואוכלן. ולא אתי טעם מרור ומבטל ליה לטעם מלה [זבחים עט.].

א צריך לשקועיה בחרוסת משום קפא דאי ס"ד לא צריך לשקועיה נטילת ידים למה לי הא לא נגע ודילמא לעולם אימא לך לא צריך לשקועיה וקפא מריחא מיית אלא למה לי נטילת ידים דילמא משקעו ליה ואמר רב פפא ב לא נישהי איניש מרור בחרוסת דילמא אגב חליה דתבלין מבטיל ליה למרוריה ובעינן טעם מרור וליכא אדבריה רב חסדא לרבנא עוקבא ודרש ג נטל ידיו בטיבול ראשון נוטל ידיו בטיבול שני אמרוה רבנן קמיה דרב פפא הא בעלמא איתמר דאי סלקא דעתך הכא איתמר למה לי נטילת ידים תרי זימני הא משא ליה ידיה חדא זימנא אמר להו רב פפא אדרבה הכא איתמר דאי ס"ד בעלמא איתמר למה לי תרי טיבולי אלא מאי הכא איתמר נטילת ידים תרי זימני למה לי הא משא ליה ידיה חדא זימנא אמרי כיון דבעי למימר אגדתא והלילא דילמא אסוחי אסחיה לדעתיה ונגע אמר רבא ד בלע מצה יצא בלע מרור לא יצא בלע מצה ומרור ידי מצה יצא ידי מרור לא יצא כרכן בסיב ובלען אף ידי מצה נמי לא יצא אמר רב שימי בר אשי מצה לפני כל אחד ואחד מרור לפני כל אחד ואחד וחרוסת לפני כל אחד ואחד ואין עוקרין את השלחן אלא לפני מי שאומר הגדה רב הונא אומר כולהו נמי לפני מי שאומר הגדה ה והלכתא כרב הונא למה עוקרין את השולחן אמרי דבי ר' ינאי ו כדי שיכירו תינוקות וישאלו אביי הוה יתיב קמיה דרבה חזא דקא מדלי תכא מקמיה אמר להו עדיין לא קא אכלינן אתו קא מעקרי תכא מיקמן אמר ליה רבה ז פטרתן מלומר מה נשתנה: ח אמר שמואל א) לחם עוני (כתיב) ט לחם שעונין עליו דברים תניא נמי הכי לחם עוני לחם שעונין עליו דברים הרבה דבר אחר לחם עוני עני כתיב מה עני שדרכו בפרוסה אף

רש"י

צריך לשקועיה בחרוסת משום קפא. ארס שבחזרת שהשרף שבחזרת יש בו ארס כדרך הבצלים: הא לא נגע. ידו במשקה: הא בעלמא איתמר. בשאר טיבולין שאין קבע צריך שיטול ידיו לטיבול דכשנטל ידיו לראשון לא היה יודע שסוף שני לבוא: דאי ס"ד הכא. גבי מרור איתמר אמאי הא משי ליה חדא זימנא בטיבול ראשון: אסחיה לדעתיה ונגע. בבשרו: בלע מצה. ולא לעסה יצא: בלע מרור (לא) יצא. [אי] אפשר שלא טעם בו טעם מרור: בלע מצה ומרור. יחד ולא אכל עדיין לא מזה ולא מזה יצא ידי מצה שאינה צריכה טעם אבל ידי מרור לא יצא הואיל ולא לעסו ואוכל מצה עמו אין לו שום טעם: כרכן. שניהם יחד בסיב הדקל לא יצא שהרי לא היה ממש בפיו לא זה ולא זה: ואין עוקרין את השלחן. א"נ להגביה קערה כשמתחיל הגדה אלא מלפני הגדול שבהן שעושה הסדר ואומר ההגדה:
אף

רשב"ם

צריך לשקועיה בחרוסת משום קפא. ארס שבחזרת יש בו ארס כדרך הבצלים[ג] והלכך צריך נט"י לטיבול ראשון כדלקמן שהרי נוגע במשקין כשמשקע את החזרת בחרוסת. ור"ח פירש קפא תולעת דתניא בתרומות[ד] התולעים שבעיקרי אילנות ואת הקפא שבירק יבחושין שבחומץ ושביין מותרין סינן במסננת אסורין דכיון דפריש ממקום רביתיה הוי ליה כשרץ השורץ על הארץ כדאמר בשילהי אלו טריפות (חולין דף סז.) ועיקר: הא לא נגע. ידו במשקה: אגב חולייה. שנותנין בו תפוחין כדמוכח לקמן[ה] זכר לתפוח: לטיבול ראשון. של שאר ירקי: לטיבול שני. חזרת: הא בעלמא איתמר. בשאר טיבולין שבשאר ימות השנה שאינן קבע וכשנוטל ידיו לראשון לא היה יודע שסוף שני לבוא והסיח דעתו: דאי ס"ד הכא. גבי מרור איתמר אמאי הא משא ליה ידיה חדא זימנא בטיבול ראשון: אסחיה לדעתיה. ונגע בשום דבר טינוף: בלע מצה. ולא לעסה יצא שהרי קיים בערב תאכלו מצות (שמות יב) שהרי אכילה היא לו ומיהו לכתחלה טעם מצה בעינן[ו]: בלע מרור לא יצא. דבעינן טעם מרור וליכא דמשום הכי קפיד רחמנא למרר את פיו של אוכל זכר לוימררו את חייהם[ז] (שם א) כך מצאתי כתוב בכל הספרים ובפי' ר"ח. ורבינו פי' בלע מרור יצא א"א שלא יהא בו טעם מרור בלע מצה ומרור יחד ולא אכל עדיין לא מזה ולא מזה ידי מצה יצא ידי מרור לא יצא הואיל ולא לעסו ואכל מצה עמו אין לו שום טעם. ולפי הכתוב בספרים צריך לפרש בלע מצה ומרור ידי מצה מיהו יצא דלא תימא אף ידי מצה לא יצא דאיכא תרתי לריעותא שלא טעם טעם מצה וגם לא נגע בגרונו שהמרור חוצץ בינתים: כרכן. שניהן יחד בסיב הגדל סביב הדקל לא יצא שהרי לא היה ממש בפיו לא זה ולא זה וכזורק אבן לחמת[ח] דמי: מצה לפני כל אחד ואחד. מנהג שלהן היה להסב על המטות והיה שלחן לפני כל אחד ואחד הלכך צריך מצה ומרור לפני כל אחד ואחד על שולחנו אבל לדידן אין צריך כי אם לפני מי שעושה הסדר והוא יחלק לכל אחד מצה ומרור: ואין עוקר את השלחן. שמצוה היא לעקור את השלחן כדלקמן כי היכי דליהוי הכירא לתינוקות וה"מ לדידהו דהוי להו שלחן קטן לפני מי שאומר הגדה לבדו וכן לכל אחד אבל אנו מסלקין את הקערה שבה מצה ומרור ושני תבשילין לסוף השלחן ודי לנו בכך. ויש שנוהגין להגביה את הקערה על הכף ומוליכין הבשר מן הקערה ולאו מלתא היא דהא דאמר לקמן[י] בשר אין צריך להגביה ה"מ בשעה שאומר הגדה פסח שהיו אבותינו כו' וכיון[כ] דלא מצי למימר פסח זה אם[ל] היה מגביהו לתבשיל שהיה בידו נראה כמקדיש בהמתו מחייס אבל כשמגביה הקערה כדי שיכיר תינוק וישאל היאך נראה כמקדיש קדשים לפיכך אין צריך להוציא ממנה התבשיל וגם הגבהתה חנם ואין כאן היכר לתינוק אבל עוקרין הקערה לגמרי ויניחנה בקרן זוית כאילו כבר אכלו כדי שיכיר התינוק וישאל דדמי לעקירת שלחן: פטרתן מלומר מה נשתנה. דתניא לקמן[מ] חכם בנו שואלו ואם לאו שואל הוא לעצמו מה נשתנה וכיון ששאלו לנו מה נשתנה אין אנו צריכין לומר מה נשתנה אלא להשיב על דבריו (של בנו) לפי שנשתעבדנו במצרים אנו עושין כל הדברים הללו:
אף

תוספות

אבל במרור נוגע בב' ידיו וקאמר הסיבו מביאין[ד] להם מים אע"פ שכל אחד כבר נטל ידו אחת חוזר ונוטל ב' ידיו אע"ג דאמרינן (ידים פ"ב מ"א) נטל ידו אחת משטיפה אחת טהורה צריך ליטול שתיהן ולפי[ה] שנטילה ראשונה לא היתה לשם קדושה לכך[ו] סבר המקשה דבהך נטילה ליכא למיגזר שמא יגע ולפי זה נראה דאין לברך על אותה נטילה כיון דליכא הכא מצוה לשמוע דברי ר"א בן ערך (חולין דף קו.) וכ"ש אנן שאין אנו נזהרין מלטמאות עצמנו ומלאכול אוכלין טמאין ואין אנו צריכין לאותה נטילה והמברך הרי זה מברך ברכה לבטלה ובכל סדרים כתיב שצריך על הנטילה לברך ואין נראה כדפרישית: קפא. פי' ר"ח תולעת כדתניא[ט] התולעת שבעיקרי זיתים ושבעיקרי גפנים והקפא שבירק והיבחושין שביין וחומץ הרי אלו מותרים וא"ת תיקשי מינה לשמואל דאמר בסוף אלו טריפות (חולין דף סז.) קישות שהתליע באיביה אסור משום שרץ השורץ על הארץ ומיהו שמואל סבר כאידך ברייתא דמייתי התם ומיהו ק"ק דמ"מ אמאי לא מייתי הך ברייתא התם ועוד שמואל היכי אכיל מרור בפסח וכי תימא דבדיק להו שלא יהא שם קפא א"כ אמאי צריך חרוסת כיון דליכא קפא ושמא ברוב ירקות אין בהם קפא וסמיך שמואל ארובא ומשום סכנה דקפא[י] חיישינן למיעוטא וצריך חרוסת: צריך שיטול בטיבול שני. לאו דוקא נקט בטיבול שני דהא עביד ליה בתר המוציא דבעי נטילת ידים אלא אגב טיבול ראשון נקט טיבול שני והנטילה נמי גם לצורך טיבול בא: אסוחי מסח דעתיה ונגע. תימה מה צריך להאי טעמא תיפוק ליה דנטילה ראשונה לא היתה לשם קדושה אלא שלא יטמא את המשקין[כ] וי"ל דס"ד דכיון שנטל יועיל אפילו לנהמא דחולין לא בעי כוונה[ל] לכן צריך להאי טעמא: ידי מצה יצא ידי מרור לא יצא. וא"ת כיון שאין במרור זה מצוה מדרבנן ליבטיל מרור להאי מצה דבהדיה וי"ל דלא שייך ביטול אלא כשלועסן יחד דאז מבטל טעם אחד את חבירו אבל כשהם שלמים אפילו יהיה יותר מחבירו לא מבטל ליה: מצה לפני כל אחד ואחד מרור כו'. נראה דטעמא כדי שיטעום תיכף לברכה מיד כיון שזאת הברכה היא לשם חובה אבל בשאר ימות השנה דאין הברכה חובה אין צריך לטעום תיכף לברכה מיד: למה עוקרין את השלחן. דוקא שלהן שהן קטנים אבל שלנו שהן גדולים איכא טורח גדול בעקירתו נהגו לסלק הקערה לצד אחד[ז] דליהוי כעקירת שלחן ומה שנוהגין לסלק שני תבשילין בשעת הגבהה כדי שלא יהא נראה כמקדיש קדשים בחוץ וכן יסד ה"ר יוסף בסדרו[מ] מושך מהקערה שני תבשילין ומגביה קערה ולימא הא לחמא עניא כו' ולא יתכן דהא דאמר[י] בשר אינו צריך להגביה היינו בשעה שאומר פסח זה[ס] דאז ודאי נראה כאוכל קדשים: כדי שיכיר התינוק וישאל. כלומר ומתוך כך יבא לישאל בשאר דברים אבל במה ששאל למה אנו עוקרין השלחן לא יפטר ממה נשתנה והיא דאביי לא פי' הגמ' אלא תחלת שאילתו:
מה

עין משפט נר מצוה

פב א ב ג מיי' פ"ח מהל' מצה הל' ו וח סמג עשין מא טוש"ע א"ח סי' תעה סעיף א:
פג ד [מיי' פרק ו מהל' מצה דין ב] טוש"ע שם סעיף ג:
פד ה מיי' שם פ"ח הלכה ב וסמג שם טוש"ע א"ח סי' תעג סעיף ד:
פה ו מיי' שם פ"ז הל' ג טוש"ע שם סעיף ו:
פו ז ח שם סעיף ז:

רבינו חננאל

נטילת ידים צריך לשקועיה משום קפא כדי שתמות הקפא שבאותו הירק מן החומץ שבחרוס'. פי' קפא תולעת דתניא [בתוספתא] דתרומות האוכל תולעים שבעיקרי אילנות ואת הקפא שבירק חייב יבחושין שבחומץ ושביין א) מותרין סננן במסננת אסורין. דאי לא משקע ליה למה ליה נטילת ידים: אדבריה רב חסדא לרבנא עוקבא ודרש הנוטל ידיו בטבול ראשון צריך שיטול ידיו בטבול שני. ואמרי' למה לי נטילת ידים שני' הא משא ידיה חדא זימנא. ופרקי' כיון דמפסיק בינייהו ואמר אגדתא והלילא דלמא מסח דעתיה ונגע במידי דמטנף הלכך צריך נטילת ידים שניה: אמר רבא בלע מצה יצא בלע מרור לא יצא בלע מצה ומרור ידי מצה יצא ידי מרור לא יצא כרכן בסיב ובלען אף ידי מצה לא יצא. אמר רב שימי בר אשי מצה ומרור וחרוסת בפני כל אחד ואחד ואין עוקרין השלחן אלא לפני מי שאומר הגדה. רב כהנא[ט] אמר כלהו לפני מי שאומר הגדה ולמה עוקרין השלחן כדי שישאלו התינוקות כי הא דאביי הוה יתיב קמי רבא חזי דמגבה פתורא אמר אכתי לא אכילנן כו': גרסי' בפ' כיצד מברכין על הפירות אמר רב פפא הכל מודים [בפסח] שמניח פרוסה בתוך שלימה ובוצע מ"ט לחם עוני כתיב. וקיי"ל מפני שהוא יום טוב צריך לבצוע על שתי ככרות כשבת דכתיב ביה לקטו לחם משנה הלכך בפסח מניח פרוסה בתוך שלימה ובוצע ומסתברא אפרוסה ויש אומרים אשלימה. תניא לחם עוני לחם שעונין עליו דברים פי' אומר עליו הגדה מצה זו שאנו

חשק שלמה על ר"ח

א) בתוספתא שם שלפנינו הגי' אסורין אך הגר"א ז"ל הגיה מותרין וגי' רבינו מסייע ליה ודברי הגר"א ז"ל ביו"ד סי' פ"ד סק"ח תמוה לפי זה וצ"ע.

מסורת הש"ס עם הוספות

א) עיין תוס' סוטה יח. ד"ה בעי, ב) לעיל דף לו., ג) עי' עירובין כט סע"א ורע"ב, ד) תוספתא פ"ז הי"ב, ה) דף קטז., ו) ברכות לח:, ז) לקמן דף קטז:, ח) לעיל יב:, ט) תוספתא תרומות פרק ז הי"ב, י) לקמן קטז., כ) לעיל ע"א תוד"ה כל, ל) חולין לא., מ) בפיוט לשבת הגדול המתחיל אלקי הרוחות:

תורה אור השלם

א) לֹא תֹאכַל עָלָיו חָמֵץ שִׁבְעַת יָמִים תֹּאכַל עָלָיו מַצּוֹת לֶחֶם עֹנִי כִּי בְחִפָּזוֹן יָצָאתָ מֵאֶרֶץ מִצְרַיִם לְמַעַן תִּזְכֹּר אֶת יוֹם צֵאתְךָ מֵאֶרֶץ מִצְרַיִם כֹּל יְמֵי חַיֶּיךָ: [דברים טז, ג]

ליקוטי רש"י

אדבריה. הנהיגו ומטייל עמו במבואות העיר [ביצה כט.]. שעונין עליו דברים. שגומרים עליו את ההלל ואומרים עליו הגדה [לעיל לו.].

הגהות וציונים

א] בכת"י ליתא תיבת "אתר". ושם הגי' וקא מעקריתו תכא וכו' (דק"ס): ב] צ"ל כיון (רש"ש): ג] צ"ל ואם (רש"ש): ד] דקאמר הסיבו הביאו להם מים כצ"ל (מהרש"א): ה] צ"ל לפי (מהרש"א ע"ש): ו] צ"ל ולכך (מהרש"א ע"ש): ז] נדצ"ל לצד אחר: ח] צ"ל פסח שהיו אבותינו אוכלין (מראה כהן): ט] כ"ה בכת"י ובהרבה ראשונים וליתא כדלפנינו בגמ' רב "הונא":

[דף קיג ע"ב - קטו ע"ב]

דף קיג ע"ב **תוד"ה ואין לו בנים** כו' ומי שאין לו תפילין כו' וציצית בבגדו מיירי בשיש לו כו' עכ"ל. לכאורה בצילית הוצרכו לכל זה דאם אין לובש בגד בת ד' כנפות אינו חייב לעשות צילית אבל תפילין דחובת הגוף ניניהו דודאי חייב לקנות לו תפילין ולקיים מלות תפילין ויש ליישב קצת משום דהיא דתפילין לריכין גוף נקי כו' כמ"ש בסוף דבריהם הולרכו לזה ודו"ק: **תוד"ה ג' חייהן** כו' דהכא **לא** מיירי **אלא** בהנך דהוו תולדות כו' דדמי להנך ג' הקב"ה **אוהבן** כו' עכ"ל. ק"ק לדבריהם מאי תולדות אדם שייך במי שאינו משתכר טפי מהנהו דהתם [א] ודו"ק:

ח"א דף קיג ע"ב ג' הקב"ה **שונאן** כו'. אלו ג' מדות נוגעין בין איש לחבירו אלא דקאמר כל האהוב למטה אהוב הוא גם למעלה וכה"ג קאמר בג' שהקב"ה שונאן המדבר א' בפה כו' נוגעים בין איש לחבירו וקמ"ל דכל שאינו נוח לבריות אינו נוח למקום: **מצוה לשנאותו** [ב] **[שנאמר יראת ה' שנאת וגו']**. ומשמע ליה דאיירי נמי בכה"ג מדכתיב בסיפיה דקרא שנאתי בלשון יחיד דאי בדאיכא סהדי כ"ע נמי מסנו סנו ליה וק"ל: **הרחמנין** כו'. פירשב"ם יותר מדאי כו' ע"ש דודאי מדות הרחמנות היא ממדות הטובות אלא ביותר מדאי קאמר וכן הרתחנין מלינו [ג] בת"ח דאורייתא מרתחא כו' וכן אניני דעת דודאי דיש לאדם להקפיד בדבר המאום כדלעיל בפרקין אלא ביותר מדאי קאמר: **והחברין** כו'. פי' כההיא דפ"ק דשבת [ד] תחת נכרי ולא תחת חבר כו'. ובפ' הבע"י [ה] בגוי נבל גו' אלו חברים והן כומרים בפרסיים כפירש הערוך: **צוה כנען אהבו** כו'. לפי שנגזר על בניו להיות עבדים כמ"ש [ו] ויהי כנען עבד למו וע"פ מ"ש לעיל דהעבדים אוהבין זה את זה קאמר הכא דבניו אהבו זה את זה ואהבו את הגזל ע"פ מ"ש [ז] מרבה עבדים מרבה גזל ואהבו את הזמה מרבה שפחות מרבה זמה ושנאו את אדוניכם כי לכ"א מבניו יש לו אדון לפי הגזירה שיהיו עבדים ואל תדברו אמת כמ"ש [ח] כנען בידו מאזני מרמה: **ה' דברים נאמרו בסוס** כו'. וזש"ה [ט] כי גאה גאה סוס ורוכבו וגו' דהיינו הסוס שרוחו גסה והמצרי שנקרא רהב [י] ע"ש גאותו וכמ"ש [יא] פרעה נתגאה כו' הקב"ה שהוא גאה על גאים רמה והגביה אותן לזורקן למטה בים כדכתיב [יב] תהומות יכסיומו ירדו וגו': **ולא מצי מגרש** כו'. פי' דלא מלי קאי בגרושין: **גמרא שאין שואלין בכלדיים שנאמר תמים** וגו'. פרשב"ם חוזי כוכבים וכן פי' בערוך ע"ש וכבר כתבנו בזה בפ"ד נדרים [יג] בההיא דכל המתמם עצמו וכו' ע"ש: **היודע בחברו שהוא גדול** כו'. בברייתא דשנו חכמים הלומד מחבירו אפי' אות אחת לריך לנהוג בו כבוד כו' והכא הוסיף לומר דאפי' לא למד ממנו אלא שהוא יודע בו שהוא גדול ממנו בדבר אחד חייב לנהוג בו כבוד שנאמר כל קבל די רוח יתירא ביה דהיינו שיש לו רוח ודבור אחד יתירה עליו ומפורש ביה הכבוד גבי דריוש שנאמר ומלכא עשית להקמותיה על כל מלכותיה וק"ל [נדרים פ"ה ע"ש]: **הוא יוסף איש צרידא** כו'. בפ' הוציאו לו [יד] ל"ג איש צרידא אלא גרסי' הוא יוסף הבבלי ושאר כל השמות דחשיב הכא חשיב נמי התם ולא ידענא למה היה לו ולאביו כל השמות הללו דכיוצא בזה במשה ויתרו אתו כולהו לדרשה:

דף קיד ע"א **תוס' בד"ה צריך לנהוג** כו' דבלמד ממנו כו' **אלא ב' דברים** כו' עכ"ל. ר"ל דבלא למד ממנו כי הכא א"צ לעשותו רבו ואלופו אלא שצריך לנהוג בו כבוד [טו] וק"ל: **תוד"ה עד שמגיע** כו' ומדקרי למרור **פרפרת הפת רמז במשנה** כו' עכ"ל. ר"ל מדנקט ליה למרור בהאי לישנא ומהא דקתני במתני' הביאו לפניו מצה וחזרת כו' אינו רמוז כ"כ דאימא איזה שירצה יקדים אלא דה"א לומר שני שמות כא' וק"ל: **תוד"ה הביאו לפניו מצה לפי שעקרו השלחן** כו' ומיד כשעוקרין מחזירין כו' עכ"ל. הוצרכו לזה לפי פירוש ר"ח דהביאו לפניו דרישא היינו הבאת השלחן ומסתמא המצה עליו אלא לפי שעקרו אותו כדי שישאלו כדלקמן ומיד כשעוקרין ומחזירין כו' ר"ל ולא מניחין אותו שם עקור עד אחר גאל ישראל שהרי צ"ל בהגדה מצה זו כו' וק"ל: **תוד"ה אע"פ שאין חרוסת מצוה וא"ת אמאי לא אתי חרוסת דרשות** כו' עכ"ל. ה"ה דה"מ להקשות כן אפילו לר"א בר צדוק דאמר מצוה בחרוסת דודאי אינו אלא מצוה דרבנן ואתי דרבנן ומבטל מרור דאורייתא דר"א בר צדוק בזמן הבית היה [טז] ואפילו במרור בזמן הזה דהוה נמי מרור דרבנן כדלקמן מ"מ לר"י דחלוקין חביריו על הלל וס"ל דאורייתא מבטל דאורייתא וה"ה דרבנן מבטל דרבנן כדלקמן וק"ל:

[יז] [**ח"א דף קיד ע"א** **דאכיל אליתא טשי בעיליתא** כו'. פי' בערוך שמתחבא בעלייה מפחד הקלב שתבעו כו' ע"ש]:

דף קיד ע"ב **תוד"ה זאת אומרת** כו' ר"ל סבר דמתני' **סתמא** קתני ומיירי כו' עכ"ל. הוצרכו לכל זה משום דמשמע להו דלר"ל נמי בעי ב' טיבולין משום היכרא דאל"כ תקשי ליה ל"ל תרי טיבולי כלל ליעבד ההוא חד טיבול שאחר המצות וליכוון ועיין במרדכי: **תוד"ה אכלן דמאי** כו' וטעמ' דהחמירו בודאי דרבנן **דטבל דאורייתא** מפיק כו' עכ"ל. דאי בטבל מדאורייתא הוה יצא מדאורייתא ידי מצה לא הוו מחמירו ביה אפילו בודאי דרבנן טפי מבדמאי וק"ל: **תוד"ה ב' מיני בשר** כו' לכך נראה דתרווייהו מבשלין כו' עכ"ל. לכאורה תרוייהו צולין הל"ל לבן תימא ואפשר דאין לחוש לצלותן כיון דאינן באין חובה אלא לזכר בעלמא ולשון תבשילין הכי משמע להו דלא בעי לצלותן וק"ל: **תוד"ה אמר רב הונא** כו' רב **הונא** סבר כר"ל כו' **ואפי' אית ליה שאר ירקות** כו' עכ"ל. כצ"ל דהיינו שאין לו לטרוח אחר שאר ירקות כמ"ש לעיל לר"ל דע"כ ס"ל לרב הונא כר"ל דאל"כ היאך יברך בטיבול שני כיון שכבר יצא בטיבול ראשון ה"ל ברכה לבטלה כמ"ש לקמן [יח] ודו"ק:

דף קטו ע"א **תוד"ה מתקיף לה** כו' והתם **לא** מייתי מאכלו כו' **לא בעינן כוונה כולי האי כמו בתפלה ותקיעה** כו' עכ"ל. [א] צ"ע לחלק התם בהכי דהא רבא מייתי התם מכפאו ואכל מצה אתקיעה [יט] ועיין שם בתוספות [כ] תירוץ אחר בזה וק"ל: **תוד"ה והדר אכל חסא** כו' **דהגדה הוה הפסק** כו' **ולא מפטר בברכה של טיבול ראשון** כו' עכ"ל. היינו בברכת בורא פה"א שהוא ברכת הנהנה ה"ל הגדה הפסק אבל בברכת מרור לא הוה הפסק כמ"ש התוספות לעיל לרב חסדא מ"ד אשופר כו' וק"ל: **בא"ד למה שאר ירקות באין תחלה** כו' **ולא שייך כאן חבילות אלא בתרי** כו' עכ"ל. שכתב שם הטעם שאין לומר ב' ברכות כאחד כו' דהיינו דאין עושין מלות חבילות ועל זה קאמרי דהכא שייכי ב' ברכות כא' כיון דאינה אלא מצוה א' ואינה דומה לקידוש ולבהמ"ז כדלעיל [כא] וק"ל: **תוד"ה אתי מרור** כו' וכ"ש **דאי לא** הוה מרור **אפילו** מדרבנן דמבטל לה מצה כדמשמע כו' עכ"ל. דאז הוה מרור רשות ומבטל למצה דמצוה וק"ל: **תוד"ה אלא אמר רב אשי** כו' ונקטי רבנן **אפילו** משום הלל כו' עכ"ל. דלדידהו כיון דאית להו בעלמא דמבטלות ושאני הכא דגלי קרא דשרי נמי ע"י כריכה כמ"ש התוספות לבסוף א"כ לא הל"ל אפילו זה בפני עצמו כו' דאדרבה דזה בפני עצמו כו' עדיף להו אלא לפי סברת הלל דבעלמא אין מבטלין ואין חילוק בין כרך ובין לא כרך והכי [כב] גלי קרא דכריכה עדיפא קאמרי רבנן שפיר אפילו זה בפני עצמו כו' אך לא ידענא מי הכריח [כג] לומר להלל דלא גלי קרא אלא לכתחלה יש לכרוך אימא דאף לעיכובא קאמר קרא ועיין בזה במרדכי וק"ל: **תוד"ה כל שטיבולו** כו' **פירוש בקונטרס** כו' ה"ל **הנך פירות כמו נהמא וצריך** כו' עכ"ל. אין זה פירש"י ולא פירוש רשב"ס הכא דאיכא לפרושי כדבריהם ור"ל כמו נהמא דגזרו ביה נטילה משום סרך תרומה דשני עושה בו שלישי ואסמכוה אקרא והתקדשתם [כד] וק"ל: **בא"ד וכי לא ידע המקשה דאיכא למיחש דלמא נגע כדקאמר רב פפא** כו' עכ"ל. ר"ל דמקשה [כה] הוא ניהו רב פפא דקאמר אי ס"ד לא נריך לשקועיה נט"י ל"ל כו' ודו"ק: **בא"ד ולפסול את גופו כדתנן** כו' **הא יוצא מהן דם אין נאכלין בידים** כו' עכ"ל. לא הבנתי ראייתם דהתם לאו משום הא [כו] דמשקה הוא אלא שהבשר נעשה מוכשר ע"י הדם כדפרכינן התם הא יצא מהן דם כו' והא אין ב' עושה ג' בחולין [כז] ודו"ק: **בא"ד ואמרי' נמי בסדר הסיבה הביאו להם יין** כו' דקאמר הסיבו הביאו להם מים כו' עכ"ל. כצ"ל וברייתא היא בפ' כילד מברכין [כח] [ב] מיהו התוספות כתבו שם טעם אחר לנטילת ידו א' ליין דאינו אלא משום כבוד ברכה ודו"ק:

דף קטו ע"ב **בא"ד לפי שנטילה ראשונה לא היתה לשם קדושה ולכך סבר המקשה** כו' עכ"ל. כצ"ל והוא מסקנת תירוצא אדלעיל דלפי פי' זה דנטילה ראשונה דטיבול לא [כט] משום קדושה הוא כמו נהמא ניחא דהוה סבר המקשה דהיינו רב פפא דליכא למגזר ביה שמא יגע ודו"ק: **תוד"ה אסוחי** כו' תימה מה צריך להאי **טעמא** ת"ל כו' **לא היתה לשם קדושה** כו' עכ"ל. היינו לשיטתם דלעיל מיהו גם בזה נראה ליישב כיון דנקט במלתיה טיבול שני אגב טיבול ראשון הוצרך למימר האי טעמא דאסוחי מסח כו' ודו"ק: **תוד"ה ידי מצה** כו' **וא"ת כיון שאין במרור זה מצוה מדרבנן** כו' עכ"ל. קושטא הוא דקאמר דאין בזה המרור אפילו מצוה דרבנן מיהו א"נ דהוה מצוה דרבנן במרור הזה תקשי ליבטיל מרור דרבנן מצה דאורייתא אפילו בזמן הזה לרבא [ל] וק"ל:

קרני ראם

דף קטו ע"א [א] צ"ע לחלק. נ"ב לדעת התוס' לחלק דהיכי דרוצה באכילתו וא"כ כיון שנהנה ודאי מהני אף בלא כונה משא"כ בכפאו על אכילתו ל"ה זה כמתעסק בחלבים משום דהרי אינו חפץ באכילתו ומש"ה בכפאו ואכל ראיה ולאו מהכא ועיי"ש בסוגיא ותבין: [ב] מיהו התוס'. נ"ב מיהו בסוגיא א"א לפרש משום כבוד ברכה דבנוטל שתי ידיו ל"מ כבוד ברכה דמחשב כגסי רוח עיי"ש בתוס':

הגהות והערות

א] עיין דו"מ. ב] נוסף על פי דפו"ר. ג] תענית ד ע"א. ד] דף יא ע"א. ה] יבמות סג ע"ב. ו] בראשית ט, כו. ז] אבות פ"ב מ"ז. ח] הושע יב, ח. ט] שמות טו, א. י] ישעיה ל, ז. יא] פסיקתא זוטרתא שמות טו, א. יב] שמות טו, ה. יג] דף לב ע"א ד"ה כל. יד] יומא נב ע"ב. טו] עיין רש"ש. טז] עיין מצפה איתן ודו"מ. יז] על פי דפוס טשערנאוויץ (דבש תמר). יח] דף קטו ע"א ד"ה מתקיף לה. יט] ר"ל אע"ג דבאמת אמרינן התם דלולי רבא היינו מחלקים בין מצה לתקיעת שופר מ"מ רבא דלא ס"ל לחלק ולמד ממלתא דשמואל דאמר כפאו ואכל מצה הי' לו ללמוד מברייתא זו ולענ"ד נראה לתרץ דס"ל להתוס' דכפאו גרע מלא כוונה ולכן דייקו התוס' וכתבו דלגבי אכילה לא בעינן כוונה כולי האי ור"ל אבל קצת כוונה בעינן גם גבי אכילה ולכן מכפאו דלא הוי כוונה כלל למד רבא לתקיעת שופר אבל מאכלו בלא מתכוין לא הי' יכול ללמוד לתקיעת שופר ודו"ק (גנזי יוסף). ועי' רש"ש. כ] ר"ה דף כח ע"א ד"ה אמר רבא. כא] דף קב ע"ב. כב] צ"ל והכא. כג] בדפו"ר "הכריחם", ועיין במעיל שמואל. כד] עיין ברכות נג סוף ע"ב. כה] בדפו"ר "המקשה". כו] בדפו"ר משום "לתא" דמשקה. כז] עיין דו"מ ובקע"י שם. כח] ברכות מג ע"א. כט] כ"ה בדפו"ר ובד' וילנא "לו". ל] עיין דו"מ.

34666343R00113

Made in the USA
Middletown, DE
08 July 2023